“十三五”江苏省高等学校重点教材
（编号：2020-1-128）

U0894296

发展经济学

（第三版）

高　波　编著

微信扫码　查看更多资源

南京大学出版社

图书在版编目(CIP)数据

发展经济学 / 高波编著. —3 版. —南京：南京大学出版社，2023.6
ISBN 978-7-305-27058-1

Ⅰ. ①发… Ⅱ. ①高… Ⅲ. ①发展经济学 Ⅳ. ①F061.3

中国国家版本馆 CIP 数据核字(2023)第 097357 号

出版发行 南京大学出版社
社　　址 南京市汉口路 22 号　　邮　　编 210093
出 版 人 金鑫荣

书　　名 发展经济学
编　　著 高 波
责任编辑 武 坦　　编辑热线 025-83592315

照　　排 南京开卷文化传媒有限公司
印　　刷 南京京新印刷有限公司
开　　本 787 mm×1092 mm 1/16 印张 26 字数 632 千
版　　次 2023 年 6 月第 3 版 2023 年 6 月第 1 次印刷
ISBN 978-7-305-27058-1
定　　价 69.80 元

网　　址：http://www.njupco.com
官方微博：http://weibo.com/njupco
微信服务号：njuyuexue
销售咨询热线：025-83594756

第三版前言

增长和发展是人类社会进步的永恒的主题。当前,人类社会正处于“世界之变、时代之变、历史之变”的大变革时期,全球化进程步入了新的发展阶段。气候变化危机、贫富差距拉大、民粹主义崛起、全球治理体系滞后等全球性问题挑战加剧了全球化的脆弱性。而新型冠状病毒感染疫情的爆发、大国竞争的加剧和数字技术的发展也为全球化进程增添了诸多不确定因素。2008 年全球金融危机爆发后,发达国家至今尚未完全复苏。金融自由化、高科技发展过程中出现的财富分配不均衡等问题,使得逆全球化浪潮风起云涌,这一浪潮已经几乎渗透到了地球的每一个角落,严重冲击了既有的国际贸易格局,扰乱全球分工格局,阻碍全球创新扩散和科技进步,更加激化了社会矛盾,引发政治和国际关系不稳定甚至国际冲突。与此同时,世界正在发生新一轮科技革命和产业变革,国际分工体系加速演进,全球价值链、产业链、供应链深度重塑。在如此纷繁芜杂的世界中,发展中国家面临更多的发展机遇和现实挑战。所以,加强发展经济学的理论研究和实践,显得尤为重要。

《发展经济学》第二版自 2017 年出版以来,在南京大学等高校使用,获得了广泛好评。江苏省教育厅 2020 年将该教材遴选为“十三五”江苏省高等学校重点教材,要求对第二版教材进行修订。为此,我广泛收集了学术界对第二版教材的修改意见,结合多年学术研究和教学实践,经过反复的推敲、斟酌和讨论,重新拟定了本书的逻辑思路和写作大纲。本书尽可能充分彰显发展经济学近年来在理论和实践上取得的重大进展,探讨发展中国家经济发展的一般规律,并充分展示中国的发展理论和发展实践的研究成果。全书共分五篇,第一篇是总论,阐述发展中国家的崛起,发展经济学的研究对象和研究方法,发展经济学的产生和演变,发展经济学的研究范式,增长理论及其模型,探讨贫困、收入分配和人的全面发展问题。第二篇着重分析增长和发展的源泉及因素,讨论自然资源、物质资本和金融发展、人力资源和人力资本、知识、创新和技术进步对经济增长和发展的作用机制及绩效。第三篇重点分析发展中国家的结构转变与发展，内容包括工业化、信息化、城市化和城市发展、农业转型和农村发展以及区域经济发展。第四篇阐述在开放经济条件下经济全球化与国家竞争优势、生态环境与可持续发展问题。第五篇侧重探讨发展中国家的制度、政府与市场、文化对经济发展的影响机制及其绩效。

第三版教材的写作和修订，有幸邀请到李勇刚博士、王英杰博士、孔令池博士、樊学瑞博士、李言博士、黄婷婷博士、吕有金博士和我指导的在读博士研究生陈诚、苗真子等人。他们精益求精的工作态度，使我十分受益。在初稿完成后，我仔细地对全书进行了多遍统稿。由于学识及所掌握的资料有限，尽管做了大量细致深入的工作，但是错误之处还是在所难免，恳请各位读者给予指点和谅解。

本书在编写过程中得到了来自各个方面的大力帮助，在此，对给予长期支持和帮助的人们致以深深的谢意。南京大学出版社的编辑武坦为本书的出版付出了大量的心血和辛勤的劳动。在此，我对他表示敬意和衷心的感谢。

我长期从事发展经济学教学和研究，在本书的写作和修改过程中亦付出了大量劳动，深刻领悟到学术研究之路没有捷径亦没有尽头，编好教材讲好课是大学老师的天职。未来要更加奋发，为提升教学质量鞠躬尽瘁。

高波　谨识

2023 年 5 月 20 日于南京大学

第二版前言

增长和发展是人类社会永恒的主题。增长和发展在给人们提供最基本的生活必需品和劳务的同时，不断增进人们的财富、快乐和幸福，并提升人类的尊严和扩展人类的自由，赋予生命更多的精彩和意义。当今世界，对于增长和发展来说，创新是一个不竭的动力和源泉，创新是经济增长和发展的永动机。在人类漫长的历史长河中，新思想、发明和创新是推动人类社会进步、促使经济发展和增进民生福祉的最终要素。创新的内涵十分丰富，理论创新、制度创新、科技创新和文化创新缺一不可，产业创新、市场创新、商业模式创新和管理创新相得益彰。创新驱动经济增长，核心是科技创新，关键是促使全要素生产率提高，本质是提高经济增长的效率和质量。

现代经济增长的200年，以工业革命为发端，正是一部科技创新史。按照康德拉季耶夫1926年提出的长波周期理论，基于科技创新周期而产生的产业革命周期，从谷底复苏到下一个谷底，大致经历了五轮经济周期：第一轮(1782—1845)，纺织工业和蒸汽机技术。第二轮(1845—1892)，钢铁和铁路技术。第三轮(1892—1948)，电气和重化工业。第四轮(1948—1991)，汽车和电子计算机。第五轮(1991年至今)，信息技术。由美国次贷危机引发的2008年全球金融危机，标志着第五轮长波周期上升阶段结束，世界经济正处于由信息技术革命推动的第五轮长波周期的下行阶段。历史经验表明，世界经济要彻底走出这种深度调整和低迷状态，必须依靠新一轮的科技创新和产业革命。

从长周期决定因素来看，第五轮经济周期，是信息技术革命、经济全球化和市场经济三位一体的历史过程。信息化是全球化的基础条件。全球化的浪潮难免受到地理、种族、民族、国界和战争的阻碍；但在当下，逆全球化的思维和行动不能阻止全球化的浪潮，这一浪潮已经几乎渗透到了地球的每一个角落，促使产品、资本、财富、人口、政治和文化等在全球快速交流，因而加强全球治理尤其重要。市场经济是人类最伟大的制度创造。社会信息化、经济全球化和市场经济相结合，大大降低了信息的不对称性，促进了交易成本的下降，消弭了一系列有形和无形的壁垒，扩展了市场的范围，为创新提供了持续的动力和条件。

在信息化、全球化和市场经济进程中，发达国家一直发挥着主导和推动作用，并从根本上改变了发展中国家和地区所处的国际环境和发展条件。一是和平与发展成为时代主题，市场竞争已经取代战争成为解决资源争端的主要手段，发展成为提升竞争力和实现国家崛起的唯一途径。二是信息传递与文化交流加速，进一步传播了发展的愿景，改变了传统的思维模式，涌现出大量成功的模式和榜样，大大增强了发展中国家和地区消除贫困、摆脱束缚的决心和信念。三是全球市场的扩展和国际分工的深化，创造了实现比较优势的条件，为发展中国家和地区持续稳定发展提供了更多的机遇和空间。四是资本的全球扩展伴随着激烈的国际竞争，迫使发展中国家和地区实现更大的努力、更快的学习和更多的创新，从而获得更加广泛的发展利益。

面对信息化、全球化和市场经济发展的挑战和机遇，发展中国家和地区积极主动地应对，从而推动发展实践，并取得显著成效。首先，信息化、全球化和市场经济极大地加快了生产要素、商品和劳务在全球范围的流动和配置，发展中国家和地区正在从全球市场获取发展资源，开辟商品和服务市场。发展中国家和地区不再局限于本土所拥有的生产要素，而是从全球市场中通过贸易、合作、学习和模仿等方式获得发展所必需的自然资源、物质资本、人力资本、知识资本、制度资本和文化资本，以突破制约发展要素的"瓶颈"。同时，努力开拓国内、国际市场，应对日趋激烈的商品和服务市场竞争。其次，信息化、全球化和市场经济的深化，促使发展中国家和地区不断探索新的发展路径。世界产业结构的调整和传统产业的信息化，使发展中国家和地区在推进工业化、城市化和农业现代化的过程中注入了全新的内涵。事实上，发展中国家和地区的产业结构、城乡结构和人口结构的转变已经融入全球体系，积极参与了国际分工并促进产业升级。再次，信息化、全球化和市场经济的进展，引致发展中国家和地区重新确立和调整发展战略。发展中国家和地区普遍选择了市场竞争战略和开放经济战略，充分利用国内、国际两个市场，实现和建立比较优势和竞争优势。同时，发展中国家和地区长期推行可持续发展战略和人的全面发展战略，既增进人们的福祉，促进人与自然的和谐，又在多元文化的相遇和融合中形成普世价值与人类的终极理想。

当然，并不是所有的发展中国家和地区都能分享到信息化、全球化和市场经济带来的发展机会和潜在利益，还有相当数量的发展中国家及其民众徘徊在国际要素市场和全球产业链之外。因此，这一类发展中国家和地区需要在信息化、全球化和市场经济的浪潮中调整心态，合理定位，通过变革主动改变现状，充分吸收和借鉴其他发展中国家和地区的发展经验，创造后发优势，从而推动本土的发展并分享全球范围的发展成果。

根据发展中国家和地区伟大的发展实践和宝贵的发展经验，经济学家对发展的理论和政策进行了全面而深入的研究，获得了重大的理论突破。一是归纳、总结大量的新现象和新实践，如对知识创新、外国直接投资、产业链、产业集群、城市体系的探讨等融入发展理论体系；二是广泛应用经济学的新理论和新命题，合约与交易成本理论、转型秩序理论、后发优势理论、竞争优势理论以及“后华盛顿共识”在发展理论中占据非常重要的地位；三是探索新范式和开发新思维，发展理论的核心思想从“使政策正确”“使价格正确”演进到“使制度正确”，并试图构建充分反映发展实践的全新的理论范式和分析框架。近年来，发展经济学十分注重对新时代、新实践、新理论的探索，使其具有越来越强的生命力和竞争力。

从发展环境的急剧变化，到发展实践的巨大成功和发展理论的重大突破，对编写《发展经济学》教材提出了更高的要求。这对于编写一本能较好地体现上述发展的《发展经济学》，无疑是一种挑战。本书的编写，试图概括发展中国家的最新发展实践和经济学家的最新理论观点，将浩繁的案例、数据和视角组织到一个条理分明的知识框架中，进而形成本书的特色。

第一，在分析框架上，本书围绕经济发展，以增长理论为依据，吸收、借鉴了发展经济学领域最新的经济理论、经验结果和实践案例，将来自宏观经济学、新制度经济学、产业经济学、农业经济学、城市和区域经济学、金融和国际贸易理论等多方面的思想和观点较为合理地“集聚”在一个体系中，增进了发展经济学的内在逻辑性和系统性。

第二，在内容设计上，本书既兼顾了对核心概念、基本理论的介绍，也突出了对实证研究成果的梳理和评述，这样做既能够满足教学中规范严谨的需要，也为那些希望找到前沿问题做深入研究的读者提供方便。为了更好地贴近中国学生的学习需求，本书注重对中国发展经验的总结，毕竟在发展政策方面，我国已经进行了一些最壮观和最有创造力的实验，现在已经到了将这些发展政策和发展经验加以展现和评价的时候了。另外，为了使本书的内容更具现实性和前瞻性，书中的数据大部分更新到了更近的年份。

第三，在文献收集评述方面，本书力求反映经典和最新的文献。在发展经济学的两个大的兴盛时期，涌现出了大量经典文献，而且每年都有不少的新论文发表，为了方便读者快捷地掌握这些文献，本书按照经典和创新的原则进行了遴选，反映了该领域的基本理论与最新进展。同时，在教材编写过程中，吸收、借鉴了大量发展经济学领域经典的著作，本书将这些经典著作以参考书目的形式安排到了全书的最后，以方便读者查阅和参考。

第四，本书试图将发展原理与政策分析相结合。发展经济学的生命力在于对实践的指导，只有经过实践检验并获得成功的发展原理才值得传授和应用。因此，本书坚持理论密切联系实际，注重将最新理论应用于实践加以检验。

南京大学出版社2008年出版了我和张志鹏合著的《发展经济学：要素、路径与战略》一书，2010年我被遴选为“马克思主义理论研究和建设工程”重点教材《发展经济学》编写课题组首席专家。在撰写全国统编教材的过程中，我决定重新编写一本既适合于本科生又可用于研究生教学的《发展经济学》教材。经过反复的推敲、斟酌和讨论，我提出了本书的逻辑思路和大纲安排，邀请崔宝玉博士和我指导的在读博士研究生王英杰、黄妍妮、樊学瑞、孔令池、郑建锋、黄婷婷、李言等人参与撰写初稿。在初稿完成后，我对全书进行了多次的充实、修改和完善。尽管我们做了大量细致深入的工作，但是错误之处还是在所难免，恳请各位读者给予指点和谅解。

在撰写本书的过程中，我们得到了来自各个方面的大力帮助。首先，在广泛的学术领域中，我从一些学者的著作中获取了思想、材料和营养，是国际、国内一批发展经济学学术巨人为本书打下了坚实的基础。其次，得益于南京大学的领导和同事的极大支持和热情鼓励。洪银兴教授一以贯之对我个人的成长和学术研究给予关心、指导和实质性帮助。多年来和我共同教授这门课的搭档赵华博士，给予我很多有益的建议。南京大学商学院行政系统卓有成效的后勤保障，为我们的教学和科研创造了很好的条件。再次，多年来与我密切合作的博士研究生、硕士研究生和我教授过的本科生同学，他们的需求和建议是我撰写这本教材的真正动力。在此，我要对给予我们长期支持和帮助的人们致以深深的谢意。

毋庸置疑，这本书也是我们与南京大学出版社精密合作的产物。南京大学出版社的耿飞燕女士、徐媛女士和吕音女士为本书的出版付出了大量的心血和辛勤的劳动。在此，我对她们深表敬意和衷心的感谢。

高　波

2017年5月20日于南京大学

目　　录

第一篇　总　　论

第二篇　发展要素

第三篇　结构转型

第四篇　全球化与发展

第五篇　制度与发展

第一篇 总 论

导 论

发展经济学作为一门专注于研究发展中国家经济发展问题的经济学分支学科，20世纪中叶以来在理论和实践上取得了重大进展。当今世界，作为一个群体，发展中国家仍然存在一些共同的经济社会特征，发展经济学的理论创新和发展中国家的发展实践具有广阔的空间。中国是世界上最大的发展中国家，不但发展实践取得了巨大的成功，而且形成了独具特色的发展理论。中国的发展理论和发展实践，对发展中国家具有普遍的借鉴价值和极大的实践指导意义。

一、发达国家与欠发达国家的分野

发达国家和欠发达国家的差距是在工业革命以后拉大的。18世纪最先发生在英国的工业革命，开启了人类现代经济增长的历程。1776年，亚当·斯密(Adam Smith)《国民财富的性质和原因的研究》(*An Inquiry into the Nature and Causes of the Wealth of Nations*)一书发表以来，对经济发展和可持续增长的追求及探索一直成为经济学家、企业家和政策制定者十分着迷的领域。在公元的第一个千年，全球经济几乎处于停滞状态。在公元1000年，非洲、日本和亚洲(不包括日本)的真实人均GDP水平高于欧洲，但差距不是很大，分别高于欧洲4%、6%、12.5%。① 公元1000—1820年，世界人均国内生产总值的增长率一直在年均0.05%左右徘徊。② 工业革命发生之后，那些最先启动工业化的国家，经济增长开始加速。从全球层面看，1700—2012年人均产值的年平均增长率为0.8%。这期间，1700—1820年为0.1%，1820—1913年为0.9%，1913—2012年为1.6%。全球人均产值增长率最高的1950—1970年达到年平均2.8%。③ 第二个千年的全球经济绩效要远远优于公元的第一个千年。在公元1000年和1998年间，全世界人口增长了22倍，人均收入增长了13倍。而在上一个千年，人口仅增长了6倍且人均GDP略有下降。④

迄今的考古研究表明，大约在7万年前，人类的祖先已经在地球上为生存而奔波了，人类发生了认知革命。历史学家是这样描述的："人是一种比较罕见的动物，是一种四处游荡、会用工具的食肉兽，是一种野人。他们的群体人数很少，语言很不发达。唯一的财

---

① Maddison A, " The World Economy: A Millennial Perspective", OECD, 2001, 126.
② Maddison A, " The World Economy: A Millennial Perspective", OECD, 2001, 28.
③ [法]托马斯·皮凯蒂:《21世纪资本论》,巴曙松等译,中信出版社,2014,第94页。
④ Maddison A, " The World Economy: A Millennial Perspective", OECD, 2001, 27.

产是随身带着的东西。他的一生都耗费在猎取食物上，有时长时间饿着肚子，有时却可以饱餐一顿。他跟着动物游荡，像动物跟随它们的食物和按季节迁徙一样。他无拘无束，时刻会有灾难临头。”①幸运的是，大约到了 12000 年前，人类发生了农业革命。人类开始修建房屋，将许多东西据为己有，不再单靠狩猎来获取食物，而是有目的地耕种土地和保存食物，定居下来从事经常性的定期工作。这表明，人类已经不再是一种自然动物，而变成了经济动物。而到了大约 500 年前，人类发生了科学革命，让历史画下句点而另创新局。②

从开始定居农业到罗马帝国的鼎盛时期的 8000 年间，人类创造了农耕文明。道格拉斯·C. 诺思(Douglass C. North)将农耕文明看作“第一次经济革命”，他认为纵贯其中的主要趋势有：人口明显增长；从狩猎、采集到农业的过渡是渐进的；国家的政治组织初次出现了；技术发明获得了重大进展；贸易发展和扩大了；市区初次发展起来；出现了不同形式的经济组织；不同的所有权及产权构成各类经济组织的基础；出现了值得注意的经济增长；收入分配明显地变得不均等了。这些变化趋势显示出了农业的革命性意义，亦为下一次经济革命奠定了必要的基础。③

农耕文明时代出现过一些辉煌的文明，比如说中国的宋朝。宋代的农业在唐朝的基础上有了长足的发展。从广度而言，主要表现为耕地的增加；从深度而言，表现为耕作制度的改进、耕作技术的提高、经济作物地区的较多出现和单位面积产量的提高等。据蒙文通先生④考证，宋代平均每亩产量约 2 石，比唐代约高 30%。经济作物无论是种茶、种棉、种植甘蔗，还是栽桑养蚕，产量均高于唐代。生产分工也更精细，主要表现在经济作物上，比如宋代的茶叶生产，在秦岭两淮以南的地区出现了以专门种植和加工茶叶为生的园户，且产量颇丰。农产品种类也有明显增多的迹象。宋朝对传统农作物大为推广，尤其是小麦在南方的推广尤为显著。水稻在北宋时的淮河黄河流域进行了推广。同时，棉花种植得到了普遍的推广。南宋后期，棉花种植从两广和福建扩展到了长江流域(甚至北宋时期还有“木棉收千株，八口不忧贫”之说)。宋代的农业进步为当时的经济社会发展奠定了良好基础。宋代的农业快速发展促进了经济的突飞猛进，创造了前所未有的财富，并创造了宋朝这个中国古代历史上空前繁荣的朝代。然而，尽管这些文明使人们的生活水平得到了持续的提高，但从总体上而言，人类控制自然环境的能力还是比较低下的，大多数人在生存、教育、劳动及人权保障上处境艰难。

到了 18 世纪，一系列发明使英国的棉纺织业得以彻底改观，并促成了一种新的生产模式——工厂体系的出现。同时，其他工业部门也取得了类似的、往往是相关的进步，它们一起进步，相辅相成，推动工业前沿的不断扩展。这些发明丰富且种类繁多，无从细述，大多属于以下三类：① 迅速、常规、精确而不知疲倦的机器代替了人工技术和努力。② 无生命的动力资源代替了有生命的动力资源，特别是发动机的发明将热转化为功，敞开了动力几乎无限制的供应。③ 新的、颇为丰富的原材料，尤其是矿产资源，最终还有人造材

① [英]H. G. 韦尔斯：《世界史纲：生物和人类的简明史》，曼叶平、李敏译，北京燕山出版社，2004，第 115 页。
② [以色列]尤瓦尔·赫拉利：《人类简史：从动物到上帝》，林俊宏译，中信出版社，2014，第 3 - 4 页。
③ [美]道格拉斯·C. 诺思：《经济史中的结构与变迁》，陈郁、罗华平等译，上海三联书店，1991，第 101 -127 页。
④ 蒙文通(1894—1968)，原名尔达，字文通，我国现代杰出的历史学家。

料，代替了动植物资源。[①] 这些变化造就了工业革命，亦被称为“第二次经济革命”。这是人类文明获得新突破的又一个分水岭。

1750 年至 1830 年的持续经济增长过程，从根本上改变了英国人以及所有西方人的生活方式和生活标准。对于这些变化，马克思、恩格斯在 1848 年的《共产党宣言》里概括性地总结道：“资产阶级在它的不到一百年的阶级统治中所创造的生产力，比过去一切世代创造的全部生产力还要多，还要大。自然力的征服，机器的采用，化学在工业和农业中的应用，轮船的行驶，铁路的通行，电报的使用，整个大陆的开垦，河川的通航，仿佛用法术从地下呼唤出来的大量人口——过去哪一个世纪料想到在社会劳动里蕴藏有这样的生产力呢？”[②]对于这一时期的变化，道格拉斯·C. 诺思是这样概括的：① 人口前所未有的增长。② 西方社会达到的生活水平是以往不可比拟的。③ 在西方社会，农业不再是主导的经济活动；在经济中，工业和服务业在重要性上取代了它。④ 西方世界变成了一个城市社会，所有事物都与专业化扩大、劳动分工、相互依赖和不可避免的外部性相关联。⑤ 技术变革连续不断，已经变成了常规。[③]

经济学家对英国 1780—1913 年部分年份的定量分析向人们展示了那个时期的基本状况。克拉夫茨(Micholas Crafts)等人的研究表明(见表 0－1)，在这一时期，英国的 GDP 增长呈现出稳定的加速度，没有出现投资飞速翻番的迹象，劳动力快速地非农化，直接税率很低，正规教育和有形资本方面的投资仍然不足。这一景象虽然并不是很出色，但它却成为走向发达国家的一个典范。[④]

表 0－1 工业革命后的方方面面(1780—1913 年部分年份)

指 标	1780 年	1820 年	1870 年	1913 年
人均国内生产总值(GDP)(1990 的美元标准 PPP)	1 787	2 099	3 263	5 032
GDP 增长率(%)	1.0	1.9	2.4	1.4
全要素生产率(TFP)增长(%)	0.05	0.40	0.75	0.45
农业雇佣人口份额(%)	45	35	22.7	11.8
投资占 GDP 的比例(%)	6.0	8.3	8.7	8.7
研究与开发支出占 GDP 的比例(%)	—	—	—	0.02
有文化的成年人口(%)	50	54	76	96
小学教育入学率(%)	—	36	76	100
初中教育入学率(%)	—	—	1.7	5.6
总出生率(每千人)	34.9	40.2	35.2	4.1
出生时预期寿命(岁)	34.7	39.2	41.3	53.4

① [美]戴维·S. 兰德斯：《国富国穷》，门洪华等译，新华出版社，2001，第 255 页。
② 《马克思恩格斯文集》第 2 卷，人民出版社，2009，第 36 页。
③ [美]道格拉斯·C. 诺思：《经济史中的结构与变迁》，陈郁、罗华平等译，上海三联书店，1991，第 179－180 页。
④ [英]尼古拉斯·克拉夫茨：《发展的历史视角》，载杰拉尔德·迈耶、约瑟夫·斯蒂格利茨主编《发展经济学前沿：未来展望》，本书翻译组译，中国财政经济出版社，2003，第 222 页。

续 表

指 标	1780年	1820年	1870年	1913年
平均直接税率(%)	2.4	3.9	1.4	1.7
收入的基尼系数	0.487	0.519	0.471	0.482

注:估计数据直到1820年都是指大英帝国,此后指英国。增长和投资率是一段时间的平均数。

为什么工业革命没有发生在宋代的中国,中世纪的欧洲,早期的意大利和“黄金时代”的荷兰,而是发生在18世纪的英国?英国为何能够冲破习惯和常规知识的甲壳而达成新的生产方式?这一问题之所以重要,是因为它蕴含了经济增长和发展的秘密,隐藏着可供“后来者”崛起的路径。经济史学者戴维·S. 兰德斯(David S. Landes)认为,关键的、富有欧洲特征的成功根源主要有三个方面:① 越来越大的进行学识探求的自主权。② 以一种共同的、具有含蓄对抗性的方法的形式,在不统一中发展统一,亦即创造一种论证的语言,使其跨越国界和文化差异得以确认、使用和理解。③ 发明的发明,亦即研究的常规化及其传播。[①] 这一高度概括的结论虽然并不一定能够全面揭示历史的经验,但却可以为后发国家提供重要的启示。

欧洲的中心经历了一个由北向南迁移的过程。在1500年前后,中心从威尼斯转移到了安特卫普,在1500—1560年,中心又回归地中海,转移到热那亚,之后又在1590—1610年迁往阿姆斯特丹,并在那里维持了近两个世纪的时间。在1780—1815年,欧洲的中心移位到伦敦。沿着英国开辟出来的道路,在19世纪中叶,欧洲北美的其他国家开始发生类似的转变。根据麦迪森(Angus Maddison)的数据,在1879年,美国的经济总量已经超过英国成为全球最大的经济体,美国人均GDP在1906年首次超过英国。1929年,欧洲中心横越大西洋,最终定位于纽约。加拿大的发展比美国约晚半个世纪,从1850年到20世纪上半叶,加拿大制造业的发展大致可以分为3个时期:1850—1870年是迅速发展时期,在这一时期加拿大GDP的年增长率达到了3.38%,纺织工业、钢铁、车辆和农机具制造开始发展起来。1873—1895年是缓慢增长时期,加拿大制造业在这一时期也取得了巨大的进步。1896年以后再进入快速增长时期,两次世界大战为加拿大的工业化提供了重要的发展契机,丰富的资源和战争的巨大需求带动了制造业的崛起。到第二次世界大战结束时,加拿大已经实现了工业化,是仅次于美国的第二个富裕国家。

19世纪下半叶,第一个非欧民族的日本开始了工业化。日本的工业化始于1868年的“明治维新”,明治政府提出了“殖产兴业”政策,试图动用国家的力量完成工业化。日本抓住了欧美工业革命的契机,在短短的时间里从一个落后的农业国变成资本主义工业化强国。1870年,日本成立工部省,聘请外籍专家和技术人员,培养指导资本主义工业化的高级技术人才。同时,大力引进欧美的机器设备、科学技术和经营管理制度,建立国营的现代工业企业。明治政府进行币值改革,用硬币代替纸币,稳定了通货,为私人投资企业铺平了道路,出现了创办企业的高潮。1885年以后,随着制造业发展速度不断加快,日本

① [美]戴维·S. 兰德斯:《国富国穷》,门洪华等译,新华出版社,2001,第278页。

进入现代工业化阶段。1901—1914 年，日本的工业年增长率为 6.3%，居同期主要资本主义国家首位。

与工业革命紧密联系在一起的一个名词是资本主义。尽管资本主义，“既可以当作快乐与新生命之原动力，也可以视为许多失望与灾害的渊薮，”但这一名词究竟表达了什么含义，却常常是模糊不清的。按照黄仁宇的定义，“资本主义是一种经济的组织与制度，内中物品之生产与分配，以私人资本出面主持。大凡一个国家采取这种制度以扩充国民资本为当前主要任务之一，所以私人资本也在其政治生活中占有特殊的比重。”①这一定义显示了早期工业化国家的经济社会特征，表明了先行者的制度条件。

马克斯·韦伯(Max Weber)通过对欧洲经济发展史的考察，对资本主义的本质和特征提出了更全面的认识，他指出当代资本主义存在的最起码的先决条件，是把合理资本会计制度作为一切供应日常需要的大工业企业的标准。这种会计制度需要以下条件：第一，占有土地、设备、机器和工具等一切物质生产手段作为独立经营的私人工业企业可任意处置的财产。第二，它需要有市场自由，也就是说，在市场上对贸易没有任何不合理的限制。第三，资本主义的会计制度以合理的技术，也就是最终包括使用机械化在内最大可能的程度上运用计算技术，为先决条件。第四，可预测的法则。资本主义形式的工业组织，如要合理的运用，就必须能依靠可预测的判断和管理。第五，自由劳动。必须有不但在法律上容许，而且在经济上被迫到市场上不受限制地出卖自己劳动的人们的存在。第六，经济生活的商业化，即普遍使用商业手段来表明企业和财产所有权。②

事实上，除了上述特征外，资本主义国家兴起还具有一些对外的更为残酷的特征，包括：一是全球市场的扩张；二是对外殖民；三是大规模战争。从一定意义上来说，这三个特征是相互联系的，对财富的追求必然引导强国对海外市场和殖民地的扩张，而在扩张过程中，各种类型的战争作为“政治的继续”而成为解决争端的最终手段。尽管帝国主义并不等同于资本主义，但是从 15 世纪到 20 世纪下半叶，发达资本主义国家事实上是以武力征服和财富掠夺为标志的殖民主义。长达 500 年的殖民统治，给殖民地或半殖民地国家带来的不仅是屈辱的血泪史，也给当地留下了混杂的制度、思想和组织以及可供模仿的榜样，激发了殖民地人民发奋图强、急起直追的民族独立意识。当帝国主义的模式不断被模仿和走向极端时，资本主义国家间的争斗先后引发了规模空前、损伤惨重的两次世界大战。

资本主义发展的初始时期(1820—1870 年)是经济增长最缓慢的时期，当时经济增长的主要动力几乎全部来自一些欧洲国家和西方衍生国。欧洲国家和西方衍生国的人均 GDP 增长率都在 0.5%以上，而同期的亚洲、拉丁美洲和非洲的人均 GDP 增长率均不足 0.2%，亚洲(不含日本)的人均 GDP 增长率甚至出现了负增长。1870—1913 年，世界各地区的人均 GDP 增长率较前一段时期都有所上升，尤其是日本和拉丁美洲，增长势头强劲，且没有地区出现负增长现象。1913—1950 年，由于两次世界大战和大战之间出现的世界贸易和资本市场的崩溃，以及移民的中断，这一时期的经济增长明显低于它的增长潜力

① [美]黄仁宇：《资本主义与二十一世纪》，上海三联书店，1997，第 1、191 页。
② [德]马克斯·韦伯：《经济通史》，姚曾廙译，上海三联书店，2006，第 174 页。

(见表0-2)。

表0-2 1000—1950年世界及主要地区人口、人均GDP和GDP增长率(年均复合增长率)

年份		1000—1500年	1500—1820年	1820—1870年	1870—1913年	1913—1950年
人口	西欧	0.16	0.26	0.69	0.77	0.42
	西方衍生国	0.07	0.43	2.87	2.07	1.25
	日本	0.14	0.22	0.21	0.95	1.31
	亚洲(不含日本)	0.09	0.29	0.15	0.55	0.92
	拉丁美洲	0.09	0.06	1.27	1.64	1.97
	东欧和苏联	0.16	0.34	0.87	1.21	0.34
	非洲	0.07	0.15	0.40	0.75	1.65
	世界	0.10	0.27	0.40	0.80	0.93
人均GDP	西欧	0.13	0.15	0.95	1.32	0.76
	西方衍生国	0.00	0.34	1.42	1.81	1.55
	日本	0.03	0.09	0.19	1.48	0.89
	亚洲(不含日本)	0.05	0.00	−0.11	0.38	−0.02
	拉丁美洲	0.01	0.15	0.10	1.81	1.42
	东欧和苏联	0.04	0.10	0.64	1.15	1.50
	非洲	−0.01	0.01	0.12	0.64	1.02
	世界	0.05	0.05	0.53	1.30	0.91
GDP	西欧	0.30	0.41	1.65	2.10	1.19
	西方衍生国	0.07	0.78	4.33	3.92	2.81
	日本	0.18	0.31	0.41	2.44	2.21
	亚洲(不含日本)	0.13	0.29	0.03	0.94	0.90
	拉丁美洲	0.09	0.21	1.37	3.48	3.43
	东欧和苏联	0.20	0.44	1.52	2.37	1.84
	非洲	0.06	0.16	0.52	1.40	2.69
	世界	0.15	0.32	0.93	2.11	1.85

资料来源:Maddison A.,“ The World Economy: A Millennial Perspective.” OECD, 2001, 126.

人类的经济发展十分不均衡。到20世纪50年代,世界明显分化出富国和穷国两大群体。当前公认的富裕国家有20多个,包括经济合作与发展组织(OECD)的大部分成员国。最重要的7个国家是美国、英国、德国、日本、法国、意大利、加拿大,这7个国家又形成“七国集团”(Group of Seven)。在1950年,西欧的人均GDP约高出非洲5倍,约高出亚洲(不包括日本)7倍。西方衍生国的人均GDP高出非洲11倍,高出亚洲(不包括日本)15 倍多。最富有地区和最贫穷地区之间的人均 GDP 差距达到了 15∶1。① 显然，贫穷国家主要是在 1820 年开始的一轮经济“竞赛”中落后的(见表 0－3)。

表 0－3 1000—1950 年世界及主要地区人均 GDP 水平和地区间差距(1990 年国际元)

年 份	1000 年	1500 年	1820 年	1870 年	1913 年	1950 年
西欧	400	774	1 232	1 974	3 473	4 594
西方衍生国	400	400	1 201	2 431	5 257	9 288
日本	425	500	669	737	1 387	1 926
亚洲(不含日本)	450	572	575	543	640	635
拉丁美洲	400	416	665	698	1 511	2 554
东欧和苏联	400	483	667	917	1 501	2 601
非洲	416	400	418	444	585	852
世界	435	565	667	867	1510	2114
最大地区差距	1.1∶1	2∶1	3∶1	5∶1	9∶1	15∶1

资料来源：Maddison A.，“ The World Economy：A Millennial Perspective.” OECD，2001，126.

二、发展中国家的界定与分类

随着富国和穷国分化趋势的拉大，地球上出现了一个两极分化的经济俱乐部：一极日益富裕，一极更趋贫困。穷国主要是那些获得独立的原殖民地、半殖民地国家。在获得政治和经济上独立后，这些国家在自己的名称上需要有所改变，以能够更为客观和正面地描述它们的状况和变化。发展中国家(Developing Countries)、欠发达国家(Less Developed Countries)、第三世界(The Third World)等成为发展文献中常用的概念。1964 年，联合国第一届贸易和发展会议，标志着发展中国家正式成为联合国组织文件和发展文献中的一个术语。发展中国家明确含有乐观意味，它是发达国家的对称，指欠发达、贫困国家，说明这类国家经济发展水平相对落后，正在发展和追赶。第三世界曾是发展中国家更具有政治含义的同义语，该概念是指以那些不属于北大西洋公约组织、华沙条约组织的其他国家。在发展中国家这一名称下，聚集了众多发展中国家和地区。

二战后，多数发展中国家在政治上走向独立，在经济上各自选择不同道路和方式以谋求发展。经过近 3/4 个世纪的摸索与努力，发展中国家不仅从整体上开始崛起，而且在各个时期都有一些发展中国家或地区取得迅速成长，显示出发展中国家能够通过自己的奋斗和实践实现全面的跃升。20 世纪 60 年代以来，发展中国家或地区的崛起浪潮大致可分为两个阶段，之前是中小国家和地区异军突起，之后是发展中大国的崛起。20 世纪 60—70 年代，韩国、新加坡、中国台湾和中国香港被称为“亚洲四小龙”，利用本地的劳动力优势适时调整经济发展战略，迅速走上工业化道路，成为东亚和东南亚地区的经济火车头，引起全世界瞩目。此后，泰国、马来西亚、印度尼西亚和菲律宾四国又被称之为“亚洲

① Maddison A，“ The World Economy：A Millennial Perspective”，OECD，2001，126.

四小虎”，在20世纪90年代实现了经济的突飞猛进。20世纪90年代之后，巴西(Brazil)、俄罗斯(Russia)、印度(India)、中国(China)和南非(South Africa)等发展中大国被称之为“金砖国家”(BRICS)。在发展中国家和地区逐步崛起的进程中，虽然存在各种各样的问题和争论，在发展战略上也有挫折与失误，如一些拉美国家20世纪60—80年代经历了阶段性增长后又陷入停滞，但无论如何，事实证明，发展中国家和地区是有能力实现繁荣、富强和全面发展的。

在发展中国家这样一个庞大阵营中，各国的发展水平、历史、文化和制度等方面千差万别，但根据理论研究以及政策实践的不同需要，还是可以将这些国家进行分类。下文介绍几个国际组织对发展中国家的分类。

联合国将发展中国家分为三组：最不发达国家、非石油输出国发展中国家和石油输出国组织成员国(OPEC)。最不发达国家(The Least Developed Countries，LDC)是指发展中国家中经济上最落后、最贫困的国家。1971年联合国发展计划委员会确定了符合最不发达国家的三条标准：① 人均国内生产总值在100美元以下(以后均以1971年价格为固定价格，适当调整)；② 制造业在国内生产总值中所占比重低于10%；③ 识字人数占人口比重不到20%。联合国于1971年按此标准确认21个发展中国家为最不发达国家。衡量标准后来有所调整。1991年3月，联合国发展计划委员会对最不发达国家的标准做出新的规定。这一规定把最不发达国家定义为人口规模在7 500万以下，长期遭受发展障碍的低收入国家，特别是人力资源开发水平低和有严重结构性缺陷的国家，并调整了判断最不发达国家的标准。最不发达国家的统计标准和进入退出机制，由联合国经济和社会理事会(ECOSOC)发展政策委员会负责，每三年审定一次。联合国发展政策委员会把最不发达国家定义为面临严重结构性障碍和经济高度脆弱的特定低收入水平国家群体。2002年，分别从收入水平、发展的结构性障碍和经济脆弱性三个方面，设置了人均国民总收入、人力资本指数(Human Assets Index，HAI)和经济脆弱性指数(Economic Vulnerability Index，EVI)三类判定量化指标，沿用至今。2021年判定的LDC国家的指标阈值为：① 收入水平。依据2018—2020年世界银行按图表集法(Atlas method)计算的人均国民收入三年平均值，低于1 018美元进入最不发达国家名单，高于1 222美元则退出最不发达国家名单。② 人力资本指数。从医疗和教育两个方面反映人力资本水平，考察国家发展的能力和机会，是5岁以下儿童死亡率、儿童发育不良发生率、孕产妇死亡率、中学生入学率、成人识字率和中等教育入学率性别平等指数6个指标经无量纲化处理后的算术平均值，最不发达国家的进入阈值为60，退出阈值为66。③ 经济与环境脆弱性指数。反映国家经济和环境脆弱程度，考察冲击国家增长和发展的长期负面因素，包括经济脆弱性和环境脆弱性两个方面，是农业，林业，渔业占GDP的比重、偏远和内陆、商品出口集中度、商品和服务出口的不稳定性、低海拔沿海地区人口比例、生活在干旱地区的人口比例、农业生产的不稳定性、灾害受害者8个指标经无量纲化处理后的算术平均值，最不发达国家的进入阈值为36，退出阈值为32。按照上述三条标准，联合国界定的最不发达国家共有46个。

世界银行根据每年7月1日公布的低中高收入划分标准确定当年的经济体分组，并发布在《世界发展指标》中。1989年，世界银行首次确定了低、中、高收入经济体阈值。

1997年世界银行把210个经济体[按照1995年人均国民生产总值(GNP)标准]分为四组[①]:① 高收入经济体是指人均GNP在9 386美元以上,共52个国家(或地区)。② 中高收入经济体,人均GNP在3 036～9 385美元,包括30个国家(或地区)。③ 中低收入经济体,人均GNP在765～3 035美元,共65个国家(或地区)。④ 低收入经济体,人均GNP在765美元以下,包括63个国家(或地区)。世界银行2001年开始用人均GNI这一术语对世界经济体分组。2020年,世界银行把217个经济体按照人均国民收入(GNI,按世界银行图表集法计算)分为四组:① 高收入经济体是指人均GNI在12 695美元以上,共80个国家(或地区)。② 中高收入经济体,人均GNI在4 096～12 695美元,包括55个国家(或地区)。③ 中低收入经济体,人均GNI在1 046～4 095美元,包括55个国家(或地区)。④ 低收入经济体,人均GNI在1 045美元及以下,包括27个国家(或地区)。

三、发展中国家的经济社会特征

一般而言,发展中国家在资源禀赋、意识形态、制度政策、文化传统、殖民经历、战争和历史的偶然等方面存在差异。各国也选择了不同的发展道路,采取了不同的国家发展战略,政府扮演了不同的角色、采取了不同的积累方式、确定了工业化的顺序和贸易政策。尽管如此,发展中国家作为一个群体,大多数发展中国家具有相似的经济社会特征。

概括而言,大多数发展中国家仍然具有以下几个方面的经济社会特征。

(一) 收入水平低,贫富差距大

收入水平低下是发展中国家一个最显著也是最基本的特征。2019年,全球人均GNI为11 553.39美元,低收入经济体的人均GNI只有820.86美元,中等收入经济体的人均GNI为5 522.53美元,高收入经济体达到46 036.05美元,中国人均GNI为10 390美元。低收入和中等收入经济体(统称为发展中国家)的人均GNI是5 050.91美元。若比较高收入经济体和低收入经济体的收入水平,那么,前者的收入(46 036.05美元)是后者(820.86美元)的56倍。若比较发达国家和发展中国家的收入水平,那么,发达国家的人均GNI是发展中国家的8.3倍。由此可见,发展中国家和发达国家的收入差距之大。按汇率估算的人均收入低估了发展中国家的实际收入水平。当按购买力平价方法估算时,每个发展中国家的人均收入都大幅提高,发展中国家和发达国家的收入差距将会缩小。比如,使用购买力平价代替汇率作为换算比例,2019年,低收入经济体的人均GNI为2 403国际元,中等收入经济体的人均GNI为11 893.14国际元,高收入经济体的人均GNI为52 637.33国际元。高收入经济体的收入(52 637.33国际元)约是低收入经济体(2 403国际元)的22倍。[②]

贫富差距大也是发展中国家的一个明显特征。发展中国家不仅人均收入低,而且绝大多数的国民收入都集中在少数的富裕阶层手中。在发达国家,最富有的20%人口约占收入或消费的40%,最贫穷的40%人口约占收入或消费的20%。在一些发展中国家,这一差距悬殊极大,20%的富人的收入大约是40%的穷人的5～10倍,最贫穷的40%人口占收入或消费的比例甚至低于10%,且越是经济落后、贫困的国家,贫富差距就越大。

---

① 这一分类标准的数值因年份而调整。有关数据可在世界银行网站查询,http://www.worldbank.org.

② 以上所引人均GNI数据均来自世界银行网站数据库(WDI)。

(二) 贫困现象严重,生活质量低下

贫困是发展中国家的核心特征。极端贫困,是指那些没有能力获取满足基本需要资源的人群,凡生活在低于某一特定的最低生活水准的人都计算在内。这个特定的最低生活水准适用于任何国家。关于贫困人口的统计数据,1990—2015 年由世界银行发布的《世界发展报告》或《世界发展指标》中予以披露。联合国大会在 2015 年 9 月 25 日通过新的"可持续发展目标(2015—2030)"之后,全球贫困人口的统计数据改由联合国在每年发布的《可持续发展目标报告》中披露。生活在极端贫困中的世界人口比例从 2010 年的 15.7% 下降到了 2015 年的 10.1%,随后在 2019 年下降到了 8.4%。全球减贫的步伐自 2015 年以来开始放缓,并且因新型冠状病毒肺炎疫情暴发而进一步受挫,2020 年全球极端贫困人口自 1998 年以来首次出现上升。世纪疫情大爆发,叠加气候变化和冲突对消除贫困构成的威胁,引致 2020 年极端贫困率上升到 9.5%,贫困人口增加 1.19 亿至 1.24 亿,其中 60%在南亚。在"新贫困人口"中,每 10 个人中就有 8 个人生活在中等收入国家和地区,这使得 2016 年以来取得的减贫进展化为泡影。这一轮新型冠状病毒感染疫情的影响不会是短期的。联合国预测,到 2030 年全球贫困率预计为 7%,仍将有约 6 亿人生活在极端贫困中,无法实现消除贫困的目标。①

全世界营养不足的发生率从 2005 年的 12.4%下降到 2015 年的 8.3%。粮食供应链中断、收入减少、社会不平等加剧、粮食环境改变以及价格上涨,使得新型冠状病毒感染疫情对饥饿和粮食安全具有更多深远的影响。2020 年,世界上有 7.2 亿到 8.11 亿人面临饥饿,比 2019 年增加多达 1.61 亿人。营养不足的发生率从 2019 年的 8.4%上升到 2020 年的 9.9%。饥饿影响到非洲 21%的人口,而在亚洲以及拉丁美洲和加勒比地区也分别有 9.0%和 9.1%的人口挨饿。全世界营养不足人口中,亚洲占一半多(4.18 亿)、非洲占三分之一(2.82 亿)。2000 年至 2019 年间,全球 5 岁以下儿童死亡率减半,从 7.6%下降到 3.8%。②同一时期,全球新生儿死亡率(出生后 28 天内死亡)从 3%下降到 1.7%。尽管如此,2019 年仍有 520 万儿童在五岁生日前死亡,其中几乎一半(240 万)发生在出生后的一个月内。虽然死亡人数有大幅下降,但是大部分儿童的死亡原因用现有医疗手段是可以得到预防或治疗的。③ 确保所有儿童完成小学和中学教育的进展一直很缓慢。2010 年至 2019 年,全球小学和中学的完成率分别从 82%上升到 85%和从 46%上升到 53%。在撒哈拉以南的非洲,小学完成率从 2010 年的 57%上升到 2019 年的 64%,而中学完成率从 26%上升到 29%,使该地区落下的最远。④

(三) 人口增速快,赡养负担重

除了日本和美国,世界上人口过亿的人口大国都是发展中国家。世界上每出生 100

① 资料来源:联合国经济和社会事务部,《2021 年可持续发展目标报告》,2021,第 26 页。网址:https://unstats.un.org/sdgs/report/2021/.

② 资料来源:联合国经济和社会事务部,《2021 年可持续发展目标报告》,2021,第 28 页。网址:https://unstats.un.org/sdgs/report/2021/.

③ 资料来源:联合国经济和社会事务部,《2021 年可持续发展目标报告》,2021,第 30 页。网址:https://unstats.un.org/sdgs/report/2021/.

④ 资料来源:联合国经济和社会事务部,《2021 年可持续发展目标报告》,2021,第 34 页。网址:https://unstats.un.org/sdgs/report/2021/.

个婴儿，约 6 个出生在发达国家，94 个出生在发展中国家。发展中国家人口占世界总人口的 2/3 以上，出生率一般较高，在 3.5%～4%，而发达国家的出生率在 1.5%以下。人口快速增长的一个结果是在发展中国家儿童占总人口的比率较高。在许多发展中国家，从业劳动力必须抚养的儿童大约是发达国家的一倍。虽然发达国家年龄在 65 岁以上的人口较多，但发达国家的赡养负担，即儿童和老人的数目一般占总人口 1/3 左右，而发展中国家的这一比例却高达 1/2。人口增长过快和赡养负担沉重给发展中国家带来了一系列的经济和社会问题，如失业增加、公共设施匮乏、交通拥堵、环境恶化等，阻碍了经济的发展，加深了国家的贫困。

（四）二元结构明显，劳动生产率低下

在大多数发展中国家，传统的农业部门和现代工业部门并存，但大多数人口生活、工作在农村，城乡经济严重分化，呈现二元状态。从就业结构看，根据国际劳工部的数据，2009 年，低收入国家从事农业生产的劳动力占 61%，工业占 19%，服务业占 20%。中等收入国家从事农业生产的劳动力占 22%，工业占 34%，服务业占 44%。而高收入国家从事农业生产的劳动力仅占 4%，工业占 26%，服务业占 70%。由此可见，发展中国家对农业部门的依赖。① 从城市化水平看，发展中国家城市化率比较低，人口的城乡分布较不平衡。在发展中国家，生活在城市的总人口大约占全国总人口的 50%，而在发达国家，这一比例高达 80%以上。农村人口的数量众多不仅表明了生产方式的相对落后，而且意味着众多人口的生活方式、生活水平低下。相比于发展中国家，发达国家不存在二元经济结构，发达国家的农业和工业都已实现现代化，劳动生产率与工资的差距要比发展中国家小得多。

发展中国家对农业生产具有较严重的依赖性，决定了劳动生产率水平的低下。而且，这一趋势由于发展中国家较高的人口增长率、不断增长的失业率以及受教育程度低下而不断加剧。2014 年，发展中国家人口占世界总人口的比率高达 80%，占世界 GDP 的份额却只有 32.1%。相比而言，发达国家人口占世界总人口的比率只有 19%，占世界 GDP 的份额却达到 67.9%。据此估算，发达国家与发展中国家的相对 GDP 之比为 9∶1，换句话说，发展中国家的劳动生产率仅仅只有发达国家的 1/9。

（五）资源压力大，生态环境问题严重

尽管资源和生态环境问题是一个世界性的难题，但是这一问题在广大发展中国家更为突出，其影响也更为重大。在多数发展中国家，与相对迅速和不均衡的人口增长和经济发展同时出现的是地球自然环境各个方面的退化。在发展中国家，按照目前的资源消耗和使用方式，不可能实现可持续性。土地正以惊人的速度退化，工业污染和农业生产所排放的有害废物威胁到水质和空气质量。气候正在变化，二氧化碳和其他温室气体的排放量继续上升，随之而来的是海平面升高、旱涝灾害日趋严重的威胁。水对经济增长和发展至关重要，随着水需求的不断增加，越来越多的人面临水带来的压力（每年每人不足 1 700 立方米）。发展中国家中，大部分国家的人面临长期广泛的水资源匮乏问题。②

---

① [英]A. P. 瑟尔沃：《发展经济学》，第 9 版，郭熙保、崔文俊译，中国人民大学出版社，2015，第 66 页。

② 资料来源：世界银行，《2015 年世界发展指标》，中国财政经济出版社，2015，第 62 页。

(六) 公共资本作用大,宏观经济不稳定

发展中国家在宏观经济上也存在一些独特性。在供给行为方面,公共资本在总资本中的占有量大,在社会生产中的作用大,政府支出的变化对宏观经济影响大。在政府预算方面,在发展中国家,银行不是执行银行职能,而是财政职能;在财政收入方面,非税收入占财政收入总额的比重大;税收征管能力小、难度大;国债及政府债券发行范围、种类受限。在产品和资产交易的开放性方面,大多数发展中国家在国际市场上没有能力左右进出口产品的价格;发展中国家大多采用固定汇率制,而不是弹性汇率制,汇率体制二元性特征明显;发展中国家大多是净债务人(资本进口);完全的资本自由流动在大多数发展中国家都没有成为现实,同时资本管制严重。在私人行为方面,发展中国家的私人决策规则与发达国家差距很大,如信贷、外汇配给、税收等对私人消费、投资、资产需求产生直接影响。在宏观经济稳定方面,通货膨胀率、赤字水平通常高于发达国家,国际贸易和金融条件的变化带来的外部冲击,极易诱发资本大规模外逃、发生汇率危机等。如果存在制度缺陷并且被操纵,国家发生宏观经济危机或金融危机的可能性较大。事实上,发展中国家的危机已经有规律地频繁发生,相关统计表明,1970—2007 年共发生了 124 次经济危机。①

(七) 市场运行不完善,法规制度尚未健全

由于长期遭受殖民掠夺和传统生产关系的束缚,以及国家独立后政府干预不当,发展中国家的市场和价格制度先天残缺不足,后天发育不良,市场体系及其作用机制不够完善,与市场相关的许多法律制度的基础不是根本不存在,就是极其薄弱。国内经济各部门之间联系微弱、支离破碎,对外则严重依赖。市场运行经常受到严重扭曲,无法发挥作为资源配置基本手段的功能。例如,在金融市场方面,金融制度不健全,普遍的金融管制,同时存在非正式金融部门,缺乏金融创新。在一些国家,受操纵的银行体系是一个利益交换体系:对少数几家大银行给予市场权力的保护,然后这些银行以优惠的条件向少数特定的企业发放贷款,而这些企业未必是预期风险调整回报最高的企业。在劳动力市场方面,许多国家为正式经济部门的工人制定了相当详尽的规章制度,但是针对在不受监管(往往安全性也较低)的非正式经济部门中就业的"体制外人员"的监管条例和规定要少得多。各经济部门之间通常都存在一定程度的自愿性转移,而非正式经济部门的内部构成多种多样,既包括微型企业主和一些收入超过正式部门工人的个体户,也包括许多雇佣条件恶劣得多的工人。

(八) 受发达国家支配,国际地位脆弱

在当代国际事务中,无论在政治上,还是在经济上,或是在文化上,发展中国家往往依附于发达国家,受发达国家支配。发达国家不仅占据控制国际贸易格局的支配地位,还拥有决定以什么条件向发展中国家转移技术、进行外援和私人资本投资的专断权力,与发展中国家显然是不平等的关系。此外,发达国家习惯于以主人或强者的身份自居,发达国家

---

① Laeven L, Valencis F, "Systemic Banking Crises: A New Database", *International Monetary Fund Working Paper*, WP/08/224, 2008.

向发展中国家提供援助和贷款往往附带苛刻的政治和经济条件，如改善人权状况、实行多党制、采取严厉紧缩政策等。

四、发展经济学的研究对象

一般认为，发展经济学（Development Economics 或 Economics of Development）起源于20世纪40年代末期，作为亚洲、非洲和加勒比地区新出现的国家政治独立的经济对应物。之后，它的影响迅速扩大到拉丁美洲和其他低收入地区。基于多种多样的原因，政府和学界一直对发展中国家的经济状况、经济政策、增长和发展水平具有浓厚兴趣。迄今为止，已有大量的国际组织、研究机构和研究人员围绕该领域进行思索和实践，无论是在发达国家的研究所还是在发展中国家的课堂上，发展经济学都占有一席之地；无论是在联合国的机构中还是在发展中国家的政府部门，发展理论都有大量的信奉者；无论是诺贝尔经济学奖获得者还是政治与文化变革的推动者，发展问题都是他们共同关注的焦点。

发展经济学的研究对象是发展中国家的经济发展问题。对于处于贫困状态的欠发达国家，从发展中国家的角度来探讨经济发展的各种问题，着重探讨与长期变化有关的要素、结构、制度、战略和政策以及这些因素的变化对长期经济增长和发展的影响。亦有人把发展经济学称作发展中国家经济学（Economics of Developing Countries）。当然，这里强调发展中国家的经济发展，并不是说发达国家的经济问题不属于发展经济学的研究范畴，事实上，发达国家曾经走过的发展道路和采取的发展政策对当今欠发达国家是非常具有借鉴意义的，因而也属于发展经济学的研究领域。

对于发展经济学而言，除了具有独特的研究对象，还必须有一些相对稳定的基本假定。无论这些假定是明确的还是隐含的，都作为理论分析的前提而存在，内在地规定着所有的研究内容。早期的发展经济学文献通常利用标准的瓦尔拉斯经济学假设，包括规模经济不变、完全竞争、完备信息、低交易成本及外部效应、制度中性、对价格敏感并出清市场的调整等。现在，这些假设已遭受到广泛的长期攻击，取而代之的是，信息不对称、经济当事人的战略互动、不完善和不完全市场的动态外部效应、规模经济、多重均衡及自我强化机制等。这一转变反映了经济学家对发展中国家实际情况的更深入了解，也体现了现代经济学的新进展。需要指出的是，近年来新制度经济学、行为经济学以及神经元经济学的兴起，为更精确地理解发展经济学的基本假定提供了新材料，因而必须结合发展中国家的实际情况来确立理论研究的基石。

发展经济学最初主要是由发达国家的经济学家所创立，因此，尽管发展经济学研究的是发展中国家的经济问题，由于这些经济学家长期受到西方正统经济学的熏陶，西方经济学家还是常常把正统经济学（通常称为新古典经济学）的基本原理和方法用来分析发展中国家的经济发展问题。因此，有人认为发展经济学只是西方经济学的基本原理在发展中国家的具体应用。但是，需要指出的是，尽管发展经济学吸收了西方经济学的一些基本原理和方法，但是它是一门独立的学科，有着自己的研究对象和理论体系。正如发展经济学家托达罗（Michacl P. Todro）所言：尽管发展经济学常常以标准的或者改进过的形式引用其他经济学分支的相关原理和概念，但在很大程度上，发展经济学是一个正在迅速形成自己的分析特点和方法论特色的研究领域。发展经济学较之传统的新古典主义经济学，甚至是政治经济学，在更大程度上必须关注经济、文化和政治诉求。它必须深入关注使家庭、地区甚至国家陷于贫困的机制，在这些机制下，过去的贫困会导致将来更大的贫困，还要特别关注能够突破这些陷阱最为有效的战略。①

由于发展中国家的异质性及发展过程的复杂性，发展经济学必须是折中的，它要设法将传统经济分析的相关概念和理论与新模型相结合，并从研究非洲、亚洲和拉丁美洲的过去与现在的发展经验中整合出更为宽泛的多学科方法。随着新理论和新数据的不断出现，发展经济学正处于风口浪尖。这些理论和数据有时证实有时又挑战着看待世界的传统方法。然而，发展经济学的最终目的并未因此改变：它帮助我们理解发展中的经济，旨在帮助改善全球绝大多数人口的物质生活水平。②

事实上，发展经济学的存在并不是因为它具有与发达国家经济学不同的独特理论，而是在于它具有与发达国家差别很大的独特现实。因此，解释这些现实，完全可以利用从发达国家总结出来的经济理论，也需要提出新的模型和思路。只要发展经济学具有独特的研究对象、研究方法，这门学科就有存在的必要。正如杰拉尔德·迈耶(Gerald M. Meier)所说的："只要发展中国家区别于发达国家的那些特点仍然存在，发展经济学这门分支学科就仍然有存在的必要。尽管有一套基本原则，但是它们在任何一个国家的具体运用，将取决于该特定国家的经济结构、制度、政体、行政能力、文化和历史。要赋予它们活力，就要把它们加以扩展和转化。完成了这种扩展和转化，也就是创造了一个专业。发展经济学的构成，一部分是对处理发展背景下出现的问题的一般经济学的精炼，另一部分是某些特殊的思想，这些思想已被证明对发展中国家的发展研究是有用的。"③

发展经济学的产生对发展中国家的经济发展起到了非常大的促进作用，对整个经济学学科的发展也做出了相当大的贡献。这里引用发展经济学家 A. P. 瑟尔沃(A. P. Thirlwall)的论述："发展文献表明，发展经济学家做了许多其他学科的经济学家所没有做的事情。在这个过程中，他们不仅创建了新的模型，而且依据环境而修正现有的理论。这门学科通过理论分析所做的贡献大大地丰富了整个经济学，而且这些理论可能应用于其他学科。由发展经济学家发明的概念和观点包括低水平均衡陷阱概念、大推进理论、动态外部性、二元性模型、循环累积因果关系理论、依附概念、增长极分析、人口与增长模型、乡—城人口流动模型、社会成本—收益分析的发展、贫困化增长概念、结构性通货膨胀模型、两缺口分析概念、市场缺失理论、寻租研究等。这些理论创新没有一个是从其他分支学科借鉴而来，但是其他分支经济学却从发展经济学家建造的理论中借用了不少东西。国际经济学的教学再也不局限于均衡经济学的范围之内，劳动经济学也在使用二元性和二元劳动力市场的概念，而结构性通货膨胀和两缺口分析也已经成为宏观经济学中不可分割的一部分。"④

① [美]迈克尔 P. 托达罗、斯蒂芬 C. 史密斯：《发展经济学》，第 12 版，聂巧平、程晶蓉译，机械工业出版社，2020，第 7 页。

② [美]迈克尔 P. 托达罗、斯蒂芬 C. 史密斯：《发展经济学》，第 12 版，聂巧平、程晶蓉译，机械工业出版社，2020，第 7 - 8 页。

③ [美]杰拉尔德·迈耶：《导言：发展的思想》，载杰拉尔德·迈耶、约瑟夫·斯蒂格利茨主编，《发展经济学前沿：未来展望》，本书翻译组译，中国财政经济出版社，2003，第 28 - 29 页。

④ [英]A. P. 瑟尔沃：《增长与发展》，郭熙保译，中国财政经济出版社，2001，第 13 页。

五、发展经济学的研究方法

发展经济学家曾经将大量的热情放在对经济发展的规范分析上，他们设计很多的指标，用于测度经济发展的福利效果，每一种理论后面都迫不及待地跟随着相应的战略对策。然而，很多政策建议缺乏有力的实证分析，一些方案不但没有为发展经济学带来荣耀的光环，而且使这门最有希望的学科陷入了泥潭。过分追求为现实服务，再加上在发展问题上所持的复杂感情，无疑大大降低了这门学科的客观性和有效性。

发展经济学在研究方法上的一个重大转变是由规范分析向实证分析的转变。在发展经济学的研究中，通常将经济分析划分为四个层次：第一层次，用一组数学函数描述经济发展的环境，如效用函数、生产函数、预算约束等。第二个层次，用数学规划的方法描述个体的自利决策。第三层次，更多复杂的数学工具被用来描述自利决策之间交互作用的后果。上述三个层次都只是描述客观事实，称为经济发展的实证分析。当发展经济学家进行实证分析时，他们不涉及价值判断的问题，只是证明在一定的条件下哪些将会发生以及什么是经济发展的机制。第四层次，被称为福利分析或规范分析，即提出一些涉及价值判断的问题。遵循这种研究方法，在无形的行为和有形的发展现象之间建立起一种联系，对命题进行证实或证伪。对那些经过经验证据检验了的发展机制，则可以作为符合现实的理论推荐给决策者。

这种实证分析客观地解释发展问题并不等于发展经济学就放弃了消除贫困促进公平的使命，相反，只有在对发展中国家现实和运行规律做出科学认识的基础上，才有可能提出正确可行的建议。正如哈耶克(Hayek)所指出的："人不是而且也永远不会是他自己命运的主宰，因为人的理性乃是通过把他引向他可以习知新东西的未知且未可预见的境况之中的方式而持续不断地取得进步的。"①发展经济学只是给人们的理性思考提供了一个新境况中的新问题，一劳永逸和一蹴而就的想法都是幼稚的，因为理性思考只能够在黑暗的未知世界中照射出一小片亮光而已。

随着越来越多的经济发展研究从规范转向实证，经济学家们对研究的准则和方法提出了新的要求。J. B. 奈特(J. B. Knight)指出，"可以认为最好的研究是面向问题，而不是面向技巧。应该选择一个问题，然后运用所有相关的技巧去解释并解决这个问题。有理论是必要的，但仅仅有理论是不够的。除非还采用其他方法，否则理论化本身很容易一无所获，因为除了根据逻辑的和美学的外观之外很难评价一种理论。只进行数字罗列和经济计量分析是不够的。分析的'底线'应该是做出解释。解释的质量取决于理论化的能力，也取决于对所研究现象的全面了解。这可能就要求愿意打破传统的经济学界限，并考察历史、政治学和制度。这也要求有远见的敏锐观察和常识，这是通常区分优秀经济学家和仅仅受过良好教育的经济学家的质量标准。"②

与规范研究转向实证研究相伴随的是发展经济学在研究方法上由理论研究向实证研究的转变。虽然理论研究在过去发挥了重大作用，但近年来实证研究已经占据了发展经

① [英]冯·哈耶克：《哈耶克论文集》，邓正来选编译，首都经济贸易大学出版社，2001，第635页。
② [美]J. B. 奈特：《发展经济学的演变》，载巴拉舒伯拉曼雅姆、拉尔主编《发展经济学前沿问题》，梁小民译，中国税务出版社，北京图腾电子出版社，2000，第19页。

济学研究的主流。“在任何发展经济学的主要会议或刊物上发表的重要论文都具有以下特征：它们会关注作者收集的实证数据的问题或现象，提出能被数据支持的理论假设，然后进行经济计量学的预算和检验。即使是理论论文也要求更多地涉及实证事实，以强化动机和逻辑。”①在美国各类发展经济学研讨会上宣讲的论文中，有90%主要是实证研究的。出现这一趋势，一方面得益于更为详细和更易获得的国别统计数据；另一方面则受到了计量经济分析方法和信息处理技术的有力推动。

然而，实证研究也隐藏着许多危险，不但一些数据的质量令人怀疑，而且在计量经济分析工具上也存有缺陷。典型的实证论文所面对的主要问题是如何处理计量中可能存在的各种偏差。计量经济分析中的一些新方法的采用可能有利于找到“因果关系”，但是并不能带来合理的因果解释和令人满意的理论检测。对此，一些研究者提出，要找到理论研究和实证研究之间的平衡点。随着实证研究成果的积累，理论研究需要充分利用这些实证成果，并继续研究那些尚未解决的理论问题。这样，理论研究和实证研究才能齐头并进，实现“理想状态”的发展经济学。②

发展经济学的研究方法以唯物论和辩证法为指导，综合吸收各学派和各领域的特长，做到规范分析、数理模型分析、统计分析、现代计量分析和案例分析等方法紧密结合。规范分析是指根据一定的价值判断，提出某些分析处理经济问题的标准，明确理论分析的前提，作为制定经济政策的依据，并研究如何才能符合这些标准。它要回答的是“应该是什么”的问题。与规范分析法相对应的是实证分析法。凯恩斯(John Nevill Keynes)在《政治经济学的范围与方法》一书中用规范分析和实证分析对两种不同的科学进行了分类。实证，就是讲是什么，比较客观，不做任何评价，只给出一个客观道理，客观描述事物现在存在的一个状态。规范，就是做评价，有自己的主观观点，描述事物应该是一个什么样的状态。③ 对于发展经济学而言，发展经济学家重视研究发展的目标、政策规范和标准，以指导发展中国家的发展实践。在规范分析的基础上，常用的发展经济学研究方法主要有以下几种。

(一) 结构分析方法

结构分析是指对某一事物的各个组成部分的属性及其彼此间的关系进行研究。发展经济学中的结构分析是指对影响发展中国家经济增长和经济发展及其相互关系进行研究的方法。结构分析方法是结构主义发展经济学家在探讨经济发展问题时经常使用的研究方法之一。结构主义发展经济学家有关结构分析方法的基本理论可以概括为三个方面：① 对经济结构构成的分析；② 对经济结构与经济现象直接相互关系的分析；③ 对与经济增长相伴随的结构变迁或结构转型的分析。结构分析法常使用的数学工具主要有统计分析方法、投入—产出模型以及可计算一般均衡模型(简称CGE模型)。对与经济增长相伴随的包括产业结构转变在内的结构转型的研究，被公认为结构主义发展经济学家在方法

① 迪利普·慕克吉：《理论研究在当今的发展经济学中是否太少》，载《比较》，中信出版社，2007第28期，第83－84页。

② 拉维·坎布尔：《“理想状态”的发展经济学：不过分理论，不过分实证，但要小心熊》，载《比较》，中信出版社，2007第28期，第116页。

③ [英]约翰·内维尔·凯恩斯：《政治经济学的范围与方法》，党国英、刘惠译，华夏出版社，2001，第22页。

论和经济理论两个方面对当代发展经济学所做出的重要贡献。

(二) 数理模型分析方法

数理模型分析方法是指在经济分析过程中,运用数学符号和数字算式的推导来研究和表示经济过程和现象的研究方法。这种分析方法可以使经济过程和经济现象研究的表述简洁清晰,其推理更加直观方便和精确,使经济学的理论框架更加条理化、逻辑化和明了化。通过对经济现象的分析,抽象出经济发展各因素之间的联系和各变量之间的关系及其总体变化趋势,并在此基础上,建立起描述这些关系和趋势的相应模型。模型分析包括总量模型、结构模型和单项模型等。有些模型是适合于发展中国家的一般模型,而有些模型只适合于特定国家,部分模型则针对国家间的经济关系。模型分析方法的应用可以较好地突出主要联系,显示经济规律,便于深入研究问题。

(三) 动态均衡分析方法

一国经济发展是一个长期演变的动态过程。在这一过程中,经济系统的各要素和结构总在不断组合和协调之中。发展经济学侧重于动态的和非均衡的分析。由于发展中国家经济系统的要素及结构处于一个长期演变过程中,特别是制度环境与国际局势并不稳定,这就要求发展经济学既要借鉴新古典主义的竞争性均衡分析,又要借鉴内生增长理论的动态最优均衡分析。当今相对前沿的动态随机一般均衡分析方法,同样适用于对发展中国家经济发展的分析。动态随机一般均衡模型(Dynamic Stochastic General Equilibrium, DSGE 模型)吸收了理性预期、动态优化以及一般均衡分析等现代经济学的革命性理论进展,将对经济增长、经济波动、货币与财政政策等宏观经济现象的分析建立在微观经济行为的基础之上,考虑各个经济主体如何在不同的约束条件下实现最优化决策,包括代表性家庭效用最大化行为、代表性厂商利润最大化行为和中央银行的决策行为等。这在方法论上极大地填补了宏观经济学与微观经济学之间连接的空缺,为宏观经济学的科学应用和规范性发展奠定了重要的方法论基础。显然,多种均衡方法的采用有利于深入考察经济系统的形态、形成原因以及变动趋势和原理。

(四) 计量经济学分析方法

计量经济学分析方法越来越多地成为经济学研究的主要分析方法之一。随着发展中国家相关数据的不断积累和完善,利用现代计量经济学分析方法可以更好地从定量和实证的角度,探讨发展中国家的经济发展规律。运用协整(Co-Intergration Models)、向量自回归(Vector Auto-Regressionmodels)、误差修正(Error Correction Models)、脉冲响应(Impluse Function)、动态面板 GMM 估计法(Dynamic Panel Generalized Method of Moments)、动态空间面板模型(Dynamic SpatialPanel Models)、面板数据联立方程模型(Panel Data Simultaneous Equations Models)、单差法、倍差法等方法,对发展过程进行实证检验,同时检验政府政策对经济发展和经济增长的影响。

(五) 随机对照实验方法

随机对照实验方法(Randomised Controlled Trials, RCT)是一种实验经济学分析方法。2019 年,诺贝尔经济学奖颁给了阿比吉特·班纳吉、埃丝特·迪弗洛和迈克尔·

克雷默等三位经济学家，他们在全球减贫问题研究中开创性地使用了随机实验方法。随机对照实验是一种评估某项干预措施或某个干预项目的因果效应的方法。该方法试图回答一系列的“反事实”问题：如果存在某种政策干预的话，会出现什么情况？如果在相反的情况下，这种政策干预并没出现，又会出现什么样的情形？当识别可能存在多关联渠道的复杂因果关系时，通过每次控制单个影响因素进而完成对因果关系的准确识别，以达到“内部有效性”(Internal validity)。① 随着随机对照实验的广泛运用，其研究领域不断扩展，主要包括教育、农业、健康、金融、劳动力市场、政治经济学、政治参与等多项发展议题。随着涉及内容的不断扩展，随机对照实验开始逐渐运用于评估更为复杂的经济问题。②

(六) 历史比较分析方法

历史比较分析方法是指对两种或两种以上性质比较相近的事物做比较，总结归纳出这些事物的异同之处。无论是在社会科学研究还是在自然科学研究中，比较分析法都有着非常广泛的应用。比较分析法对于深化人们对事物的认识进而为人们的决策提供参考具有非常重要的作用。发展中国家包括规模、形态各异的多个国家，而且这些国家在发展要素、发展战略和发展绩效上有所不同，因而需要采取多角度的比较分析，通过比较探索经济发展的一般规律。通过比较，可以揭示经济发展的共同性的趋势，探索不同国家在不同条件下所选择的不同发展道路和发展战略。

(七) 案例分析方法

案例分析法是一种由特殊到一般的认识事物的方法，由于符合人们认识事物的习惯，因而在日常生活中人们或多或少地会采用。案例分析法成为一种正式的、专业性的认识事物的方法是由哈佛大学开发完成的，被用于培养高级商业管理人才。案例分析法从具体的实践出发，并结合抽象的理论从而提高人们对理论学习和对事物的了解。对于发展经济学而言，虽然历史无法重现，但发达国家的发展经验可以为发展中国家提供重要的借鉴和启示，发展中国家的发展经验亦可以被其他发展中国家所学习。因此，通过案例研究，选择有代表性的发达国家或发展中国家，获取有关增长和发展的实际资料，分析这些国家的社会经济条件和发展进程，从中总结出有普遍性的发展经验，提出有关的政策建议，对于发展中国家具有重要参考价值。

六、本书的逻辑结构

20世纪中叶以来，发展中国家呈现出逐步分化和多样化的趋势，发展经济学积累了大量的理论和实证成果。丰富的素材和复杂的对象在为本书提供可用资源的同时也增加了选择的难度。

本书在介绍一般发展理论的同时注重对中国发展经验的研究。作为一个发展中大国，中国几乎涵盖了主要的发展问题，对中国发展道路的解释也成为一个极具挑战性的课

① Banerjee A, Duflo E, “The Economic Lives of the Poor”, *Journal of Economic Perspectives*, 2007, 21(1): 141-168.

② Duflo E, Kremer M, Robinson J, “Nudging Farmers to Use Fertilizer: Theory and Experimental Evidence from Kenya”, *The American economic review*, 2011, 101(6): 2350-2390.

题。为此,在本书的各章中都对中国的相应问题做了专门论述。这样的内容安排与本书的研究目标是相一致的,既是将中国作为发展中国家的典型案例加以分析,也是为了适应中国学生研究发展经济学的独特需要,深化对中国发展问题的认识。可以说,是从发展经济学的视角来考察中国,也是从中国的视角来验证和发展经济发展理论。全书由五个部分组成:

第一部分是总论,包括导论、第一章至第三章。阐述发展中国家的崛起,发展经济学的研究对象和研究方法,发展经济学的产生和演变,发展经济学的研究范式、增长理论及其模型,探讨贫困、收入分配和人的全面发展问题。

第二部分包括第四章至第七章。着重分析增长和发展的源泉及因素,讨论自然资源、物质资本和金融发展、人力资源和人力资本、知识、创新和技术进步对经济增长和发展的作用机制及绩效。

第三部分包括第八章至第十一章。重点分析发展中国家的结构转变与发展,内容包括工业化、信息化、城市化和城市发展、农业转型和农村发展以及区域经济发展。

第四部分包括第十二章和第十三章。在开放经济条件下,讨论经济全球化与国家竞争优势、生态环境与可持续发展问题。

第五部分包括第十四章至第十六章。侧重探讨发展中国家的制度、政府与市场、文化对经济发展的影响机制及其绩效。

本书的这一逻辑安排虽然不能囊括发展经济学的全部研究成果,却可以获得最新的经验和认识。对于发展中国家的人们,尽管不可能通过对本书的阅读掌握到发展的"秘方",但是可以利用经济学分析工具,寻找到一些线索和获得一些启示。

本章小结

人类的经济发展十分不均衡。到 20 世纪 50 年代,世界明显分化出富国和穷国两大群体。1950 年,最富裕地区和最贫穷地区之间的人均 GDP 差距达到了 15∶1。贫穷国家主要是在 1820 年开始的一轮经济"竞赛"中落后的。

发展中国家是发达国家的对称,指欠发达、贫困国家,这类国家经济发展水平相对落后,正在发展和追赶。发展中国家被联合国、世界银行分成多种类型。多数发展中国家具有相似的经济社会特征:收入水平低、贫富差距大,贫困现象严重、生活质量低下,人口增速快、赡养负担重,二元结构明显、劳动生产率低下,资源压力大、生态环境问题严重,公共资本作用大、宏观经济不稳定,市场运行不完善、法规制度尚未健全,受发达国家支配、国际地位脆弱等。

发展经济学的研究对象是发展中国家的经济发展问题。从发展中国家的角度,探索经济发展的各种问题,着重探讨与长期增长和发展有关的要素、结构、制度、文化、战略和政策以及这些因素的变化对长期经济增长和发展的影响。发展经济学的研究方法建立在规范分析的基础上,运用结构分析、数理模型分析、动态均衡分析、计量经济学分析、随机对照实验、比较分析和案例分析等方法深化实证分析。

本章思考题

1. 如何进行发展中国家的分类?
2. 发展经济学的研究对象是什么?
3. 发展中国家有哪些经济社会特征?
4. 发展经济学的主要研究方法有哪些?
5. 结合中国实际谈谈学习发展经济学的重要性。

第一章　经济发展理论和发展度量

发展是人类所面临的最重大的挑战。① “第二次世界大战以来，没有哪个经济学领域像经济发展那样在其主要范式上经历了那么多意外的变化。发展经济学的曲折对发展政策产生了深刻的影响。特别是，主要的发展范式决定了与政府在经济中的理想作用、政府干预的程度、干预的形式和方向以及政府—市场互动的实质等问题有关的政策处方。”② 随着研究范式的转变，发展经济学走过了一个从产生、鼎盛到衰落、复兴的轮回。发展经济学在 20 世纪中叶以来的变化确实值得认真反思和客观评价，需要为这门曾经最有希望而且至今肩负重大责任的经济学科提供新的理论认识和分析工具，需要整合本学科的框架以容纳大量的研究成果。

第一节　发展的内涵和发展阶段

一、经济增长和经济发展

经济增长(Economic Growth)是指一个国家或地区在一定时期内生产产品和服务能力的扩大，也即社会财富或社会总产品量的增加。一般以实际的国民生产总值(GNP)或国内生产总值(GDP)等总量指标的增长率来表示，即扣除了物价变动因素，反映一个国家或地区社会总产品量的真实变动。实际的总的 GNP 或 GDP 除以一个国家或地区的总人口，得到人均 GNP 或 GDP，是反映居民收入水平高低的综合指标。

经济发展(Economic Development)比经济增长包含的内容更为丰富。一般而言，经济发展除了包括经济增长之外，还包括经济结构的变化。① 投入结构的变化。自然资源质量的改善和生产要素的高级化。② 组织结构的变化。生产组织和管理形式从传统的小生产方式转向现代的大公司。③ 产业结构的高级化。在国民经济中，第一产业的劳动力和产值比重趋于下降，第二产业比重趋于上升，第三产业比重逐渐扩大，最终成为经济中最大的部门。④ 空间结构的变化。在产业结构的转换过程中，农村人口不断向城市流动，城市化与工业化相互促进，城乡之间、区域之间的空间结构更加协调。⑤ 产品构成的变化与质量的改进。生产出来的产品和服务构成适应消费者需求的变化，产品与服务质量不断提高，品种更加多样化。⑥ 居民生活品质的提高。随着人均收入的持续增加，一

---

①　[美]世界银行：《1991 年世界发展报告》，中国科学院—清华大学国情研究中心译，中国财政经济出版社，1991，第 1 页。

②　[美]艾尔玛·阿德尔曼：《发展理论中的误区及其对政策的含义》，载杰拉尔德·迈耶、约瑟夫·斯蒂格利茨，《发展经济学前沿：未来展望》，本书翻译组译，中国财政经济出版社，2003，第 73 页。

般居民营养状况、居住条件、医疗卫生条件和受教育程度明显改善，文化生活更加丰富多彩，人均预期寿命延长，婴儿死亡率下降，物质与文化环境比以前更加舒适。⑦ 分配状况的改善和贫困的下降。收入和财产的不平等程度趋于下降，贫困人口趋于减少。综上所述，发展是一个改进人们生活质量的过程，既增加 GDP，又改善分配，增长数量和质量均得到提高。

库兹涅茨(Kuznets)(1971 年诺贝尔经济学奖得主)在 20 世纪 50—70 年代基于对发达国家现代经济增长的研究，先后出版了《现代经济增长》等重要著作。[①] 按照库兹涅茨的定义，一国的现代经济增长，是指向本国居民供应品种日益增多的经济货物的能力的长期增长，这种日益增长的能力，是以不断进步的技术及其所要求的制度上的和思想意识上的调整为基础。[②] 这一对现代经济增长的定义不仅包括总量方面的特征，也包括经济结构、国际关系和制度、意识形态等方面的特征。库兹涅茨归纳了现代经济增长的六个特征：一是发达国家的人均产值和人口增长率很高。二是生产率快速增长。三是经济结构迅速转变。四是与经济结构密切相关的社会结构和意识形态发生了迅速变化。五是由于技术进步，特别是交通运输技术的发展，发达国家在 19 世纪末走向世界，瓜分世界。六是现代经济增长的扩散，有扩散到世界范围的倾向。近些年来，"内生增长理论"也有用增长一词泛指发展过程的倾向。

缪尔达尔(Myrdal)(1974 年诺贝尔经济学奖得主)将发展看作是全部社会体系的向上运动。他提出的"循环积累因果原理"，对经济发展问题提供了不同的方法论。它指的是从动态的角度看待社会经济，则经济中各要素存在着相互的循环积累因果关系。某一个经济要素改变会带动另一个要素的改变，而这一要素反过来会反馈给前一个要素从而循环加强该要素的变化，导致社会产生的变动沿着这一方向不断加剧。因此，社会经济的各个要素的常态不是均衡，而是循环往复地相互影响，具有累积效应的不断运动。

迈克尔 · P. 托达罗和斯蒂芬 C. 史密斯将发展看作使整个社会和社会体系实现"更好"或者"更人性化的"生活的一个持续提高的过程。发展的内在含义包含三个核心要素，即生计、自尊和自由，代表着所有个体和社会追求的共同目标。它们都关乎人类的基本需求，这些需求无论何时、无论在何种社会和文化背景下都一直存在。① 生计，指满足基本需求的能力。从这个意义上讲，我们可以认为，经济发展是改善生活质量的必要条件。如果没有个人层面和社会层面上真实且持续的经济增长，人类的潜能将不可能实现。很显然，一个人"只有满足了基本的生存需要，才能追求更多"。因此，提高人均收入，减少收入不平等现象，是发展的必要条件而非充分条件。② 自尊，是指作为一个人而存在，一种不被他人当作工具以实现其目的的价值感和自我尊重感。自尊的性质和形式会因社会与文化的不同而不同。然而，随着发达国家的"现代化价值观"的传播，许多曾经拥有强烈自我价值观的发展中国家，在与经济和技术都较发达的社会接触时，就感受到严重的文化迷失。这是因为国家的繁荣已经成为衡量价值的一个普遍性指标。由于发达国家赋予物质价值以重要性，如今，人们正日渐将价值与自尊只赋予那些拥有经济财富和技术力量的国

① Kuznets, S, "Modern Economic Growth", New Haven: Yale University Press, 1966.

② [美]西蒙 · 库兹涅茨:《现代经济增长》,戴睿、易诚译,北京经济学院出版社,1989,第 446 页。

家——“发达”国家。③ 自由，指摆脱奴役的选择自由。在这里，自由应该从如下几层意义上来理解：从匮乏的物质生活条件中解放出来，从来自自然、他人、不幸、压迫性的制度和教条化的信念，尤其是那种自认为注定贫穷的信念等社会奴役中解放出来。自由是指，在追求我们称之为发展的这一特定社会目标时，社会及其成员可以不断扩大选择范围，同时减少外部限制。自由还包含各种不同的政治自由的成分，比如人身安全、法治、言论自由、政治参与和机会均等。①

阿马蒂亚·森(Amartya Kumar Sen)(1998年诺贝尔经济学奖得主)对发展内涵做出了更为全面深刻的阐释。他指出，发展可以看作扩展人们享有的真实自由的一个过程，而那些将发展视为国民生产总值增长或个人收入提高、工业化、技术进步、社会现代化等观点只是狭隘的发展观。为什么要从扩展实质性自由的角度来看待发展呢？集中地说，自由不仅是发展的首要目的，也是发展的主要手段。森认为自由居于发展的中心地位，不仅有评价性原因，也有实效性原因。大量的经验事实表明，“政治自由(表现为言论民主和自由选举)有助于促进经济保障。社会机会(表现为教育和医疗保健)有利于经济参与。经济条件(表现为参与贸易和生产的机会)可以帮助人们创造个人财富以及用于社会设施的公共资源。不同类型的自由可以相互增强”②。

阿马蒂亚·森创立了建构性自由和工具性自由的理论。他指出，自由在发展中具有“建构性作用”和“工具性作用”。自由的建构性作用是关于实质自由对提升人们生活质量的重要性。实质自由包括免受困苦的基本的可行能力，以及能够识字算数、享受政治参与等的自由。这意味着发展的过程就是扩展人类自由的过程。自由的工具性作用，是关于各种权利、机会和权益(Entitlements)是如何为扩展人类一般自由，从而为经济发展做出贡献的。自由的工具性作用包括若干种不同的但相互关联的组成部分，诸如政治自由、经济条件、社会机会、透明性保证和防护性保障。这些工具性自由能帮助人们更自由地生活并提高他们在这方面的整体能力，同时它们也相互补充。这些工具性权利、机会、权益具有很强的相互关联，这些关联可以是正的或者是负的。发展的过程受这些关联的强烈影响。③

增长并不一定能带来发展。联合国《1996年人类发展报告》指出了五种有增长而无发展的情况：一是无工作的增长(Jobless Growth)，指经济增长未能制造足够多的工作岗位，甚至恶化了就业形势。二是无声的增长(Voiceless Growth)，指经济增长未能带来民众参与和管理公共事务，自由表达自己的意见和观点的可能性。三是无情的增长(Ruthless Growth)，指经济增长导致收入分配格局的恶化，财富的扩大带来新的贫困阶层。四是无根的增长(Rootless Growth)，指经济增长对文化的多样性造成破坏，经济增长使得一些发展中国家失去了自己的文化家园和历史。五是无未来的增长(Futureless Growth)，指的是经济增长对资源、环境和生态造成破坏，破坏了经济增长的可持续性。可见，对于发展而言，着力提升经济增长的质量至关重要。

① [美]迈克尔·P. 托达罗、斯蒂芬·C. 史密斯：《发展经济学》，第12版，聂巧平、程晶蓉译，机械工业出版社，2020，第15-16页。

② [印]阿马蒂亚·森：《以自由看待发展》，任赜、于真译，中国人民大学出版社，2002，第1-8页。

③ [印]阿马蒂亚·森：《以自由看待发展》，任赜、于真译，中国人民大学出版社，2002，第29-45页。

二、发展阶段的划分

在经济增长阶段的划分上，亚当·斯密首先将以往历史划分为“狩猎社会”“畜牧社会”和“农业社会”。李斯特(List Friedrich)①在斯密的基础上，又增加了“农工业社会”和“农工商社会”两个阶段。这种划分基本采用的是从生产或供给角度的评估方法，以一定历史时期占支配地位的生产方式和由此形成的支配整个经济的产业为依据。其中，我们可以清晰地发现所存在的支配性产业的替代轨迹。马克思是经济发展阶段理论的奠基人。现代理论中影响较大的增长阶段说主要有三种，即罗斯托(Rostow)的六阶段说、钱纳里的三阶段说和波特的四阶段说。与确定阶段理论不同的是，艾尔玛·阿德尔曼(Irma Adelman)关于多种发展道路并存的观点。

(一) 马克思的经济发展阶段理论

马克思将经济发展定义为一个生产力与生产关系相互作用的过程。生产工具演化阶段论是马克思从生产力的角度创立的经济发展阶段论。他以制造工具的材料为依据，将资本主义社会以前的生产工具的发展分为三个时代：石器时代、青铜器时代和铁器时代。从机器的起源和发展来看，他将生产工具的发展分为若干个阶段：“简单的工具，工具的积累，复合的工具；由一个发动机(即人手)开动复合工具，由自然力开动这些工具；机器；有一个发动机的机器体系；有自动发动机的机器体系。”从生产关系的角度，马克思认为，生产因素的结合方式，即所有制形式，是划分经济时期的重要依据。马克思曾对世界上不少国家和地区的所有制形式的演化进行过长期的研究。在这个漫长的研究过程中，他对经济发展阶段理论不断完善，最后按照生产资料所有制形成了“公—私—公”的经济演化阶段。他在研究俄国公社的现状与前途时，产生了人类社会(或所有制)发展三大阶段的思想，即原生社会(原始公有制社会)、次生社会(私有制社会)、再次生社会(古代公有制的复归)。每个大阶段又可以进一步分为原生的、次生的、再次生的若干个小阶段。所有制发展三大阶段论，是马克思在晚年时对社会发展理论所做出的一个重要贡献。

(二) 罗斯托的经济增长阶段论

罗斯托关于经济增长阶段的理论，在20世纪60年代至70年代的相关著述中逐步完善，他在1960年出版的《经济增长的阶段》一书中把人类社会的发展历史划分为五个阶段：传统社会、准备起飞阶段、起飞阶段、走向成熟阶段和大众高消费阶段。在1971年的《政治和成长阶段》中，增加到六个阶段，依次为传统社会阶段、准备起飞阶段、起飞阶段、走向成熟阶段、大众高消费阶段和追求生活质量阶段。在这六个阶段中，与当前发展中国家关系最为密切的是前面三个，即传统社会、准备起飞阶段和起飞阶段。这六个阶段的划分，是以“动态生产理论”为基础的。动态生产理论使得罗斯托有可能辨识“主导部门”，这些主导部门的增长是经济增长的推动力。增长阶段的更替表现为主导部门序列的变化。

(三) 钱纳里的产业升级阶段理论

1986年，钱纳里在与他人合著的《工业化和经济增长的比较研究》一书中，依据人均国内生产总值，将传统社会到现代化社会分为三个阶段六个时期。第一阶段是初级产品

---

① [德]弗里德里希·李斯特：《政治经济学的国民体系》，陈万煦译，商务印书馆，1981。

生产阶段。第一个时期是传统社会，以农业为主。第二个时期是工业化初期阶段，产业结构由农业逐步向工业转变，工业中则以食品、纺织、烟草、采掘、建材等初级产品的生产为主。第二阶段是工业化阶段，经济中心由初级产品生产向制造业生产转移。第三个时期是工业化中期阶段，工业中重工业快速增长，第三产业开始迅速发展。第四个时期是工业化后期阶段，这一阶段第一、第二产业发展较为充分，第三产业成为经济增长的主要力量。第三阶段是发达经济阶段。第五个时期是后工业社会，制造业内部结构发生转变，由资本密集型产业为主导产业向技术密集型产业为主导产业转换，居民消费升级，开始追求高质量产品和高档消费品。第六个时期是现代化社会，第三产业中知识密集型产业在服务业中占据越来越重要的地位，人们消费的欲望呈现出多样性，追求个性。①

(四) 波特的“竞争发展阶段”论

1990 年，波特(Michael E. Porter)在《国家竞争优势》一书认为，国家竞争优势的形成包括要素驱动阶段、投资驱动阶段、创新驱动阶段和财富驱动阶段四个阶段。首先是“要素(劳动力、土地及其他初级资源)驱动的阶段”，波特认为大多数国家仍停留在这一阶段。工业化国家已进入了第二阶段，即“投资驱动的发展阶段”。这一阶段以大规模投资为特征，由于规模经济的作用，产品价格大幅度下降，市场规模不断扩大，技术不断物化为物质资本，分工和专业化已高度发展。随着闲暇和收入的增加，消费日益多样化，教育水平开始大幅度提高，信息积累速度加快，人口转变已经完成，人口结构趋于老龄化，服务业日渐重要，创新越来越成为经济增长的动力，人类社会便进入了第三个阶段，即“创新驱动的发展阶段”。在这一阶段，社会必须做出调整以提供创新的环境，个人价值受到尊重。知识产权的保护、学术交流和学术机构的运营、人力资本的高度积累、一般性益智活动的普及、国民素质的普遍提高和教育回报率的增加，所有这些因素都已具备。波特认为这是发展的最高阶段，此后就是他提出的“衰落阶段”或“财富驱动的发展阶段”。财富积累到特定水平，人们从专注于生产性投资转向非生产性活动，生产率下降，经济停滞，消费不能相应节制而引起长期通货膨胀。②

(五) 艾尔玛·阿德尔曼对多种发展道路的阐述

艾尔玛·阿德尔曼(Irma Adelman)认为并非所有国家都经过相同发展阶段，采取相同发展道路，她对在工业革命期间一些特定国家群体所走过的道路做出三种主要的区分。一是工业革命先行者大规模的工业自治化(以英国和美国为代表)。二是工业革命的后进国家由政府领导的工业化过程(如法国、德国、意大利、日本、俄国和西班牙)。三是拥有较多社会资本的小国中政府援助的、开放经济的以及平衡发展的进程(如比利时、丹麦、荷兰、瑞典和瑞士)。

经济合作与发展组织成员国不仅在 19 世纪的历史轨迹不同，发展的目标不同，而且今天也表现出不同的成熟资本主义的风格。资本主义都有其自身的特点：政府和商业部门之间的互动形式不同；政府对生产性企业和基础设施的拥有程度不同；政府与工会的关

---

① [美]H.钱纳里、S.鲁宾逊、M.赛尔奎因：《工业化和经济增长的比较研究》，吴奇、王松宝等译，上海三联书店，1989，第 70 - 99 页。

② [美]迈克尔·波特：《国家竞争优势》，李明轩、邱如美译，华夏出版社，2002，第 532 - 561 页。

系不同;政府管制、控制和监管金融系统的方法不同;这些国家的金融系统、商业组织和工会的结构不同;政治分权的程度不同;工会和公司经营、工会和政体之间的关系也不同。资本主义形式上的这种差异既来自这些国家所走过的不同发展道路,也来自它们最初在文化和价值上的区别。因此,在最终目标上的不同不仅强化了非唯一性,还表明了路径依赖。随着时间的推移,不同的发展道路和不同的发展目标已经导致了经合组织成员国各不相同的不平等状态、福利水平以及发展演变。这些事实表明,“发展是一个复杂的、非唯一的、非线性的过程,这个过程取决于国家初始的条件,取决于它们的经济、制度、社会文化和政治历史。”①

第二节　发展理论范式及其演变

一、发展理论的多种范式②

早期的经济发展思想,为 20 世纪 40 年代发展经济学分支学科的创建奠定了理论基础。在呼吁和推动发展经济学的挑战、革命和死亡的声音并不是来自这门学科以外,而主要是来自这门学科内部的流派之争。因此,与其说发展经济学衰落或兴起,不如说发展经济学中的某一理论流派退出舞台或占据主导更为准确。

如果仅从关注的问题来看,从 20 世纪 40 年代到今天,发展经济学似乎画了一个圈,从终点又回到了起点。艾尔玛・阿德尔曼指出,“发展经济学兜了一个圈子,又回到了古典发展经济学家所主张的观点,即政府在经济发展中具有一种关键的作用。”③当然,如果从研究范式的演变来考察,则可以发现今天的发展经济学已具有全新的内容和视野。范式是共有的范例,是一个成熟的科学共同体在某段时间内所认可的研究方法、问题领域和解题标准的源头活水。④ 一种新范式的出现,意味着对某一研究领域的探索形成共同的理论框架或规则,并建构新的理论体系。如果发展经济学经过一次研究范式的重大转变,则将有效地增强人们对发展中国家的认识和对经济发展机制的理解。从发展经济学的学说史来看,这种重大的范式转变主要发生过两次(见图 1－1)。

图 1－1 表明,经济增长和经济发展的思想并不诞生于 1945 年之后,而是与资本主义同步出现的。如果自早期重商主义算起,在发展经济学作为一门学科兴起之前,经济增长和经济发展的思想早在 15 世纪出现,以后的古典经济学者大都从不同视角观察和分析过经济增长和经济发展问题。他们的这些思想被统称为早期发展思想,尽管蕴含了有关经济增长和发展的远见卓识,为后来者提供了大量的观点和素材,但是在一定意义上约束和规定了发展经济学的研究进路。

① [美]艾尔玛・阿德尔曼:《发展理论中的误区及其对政策的含义》,载杰拉尔德・迈耶、约瑟夫・斯蒂格利茨,《发展经济学前沿:未来展望》,本书翻译组译,中国财政经济出版社,2003,第 85－90 页。

② 本节参阅高波,《经济发展理论范式的演变》,载《南京大学学报(哲学·人文科学·社会科学)》,2010 年第 1 期。

③ [美]艾尔玛・阿德尔曼:《发展理论中的误区及其对政策的含义》,载杰拉尔德·迈耶、约瑟夫·斯蒂格利茨,《发展经济学前沿:未来展望》,本书翻译组译,中国财政经济出版社,2003,第 82 页。

④ [美]托马斯・库恩:《科学革命的结构》,第 4 版,金吾伦、胡新和译,北京大学出版社,2012,第 88 页。

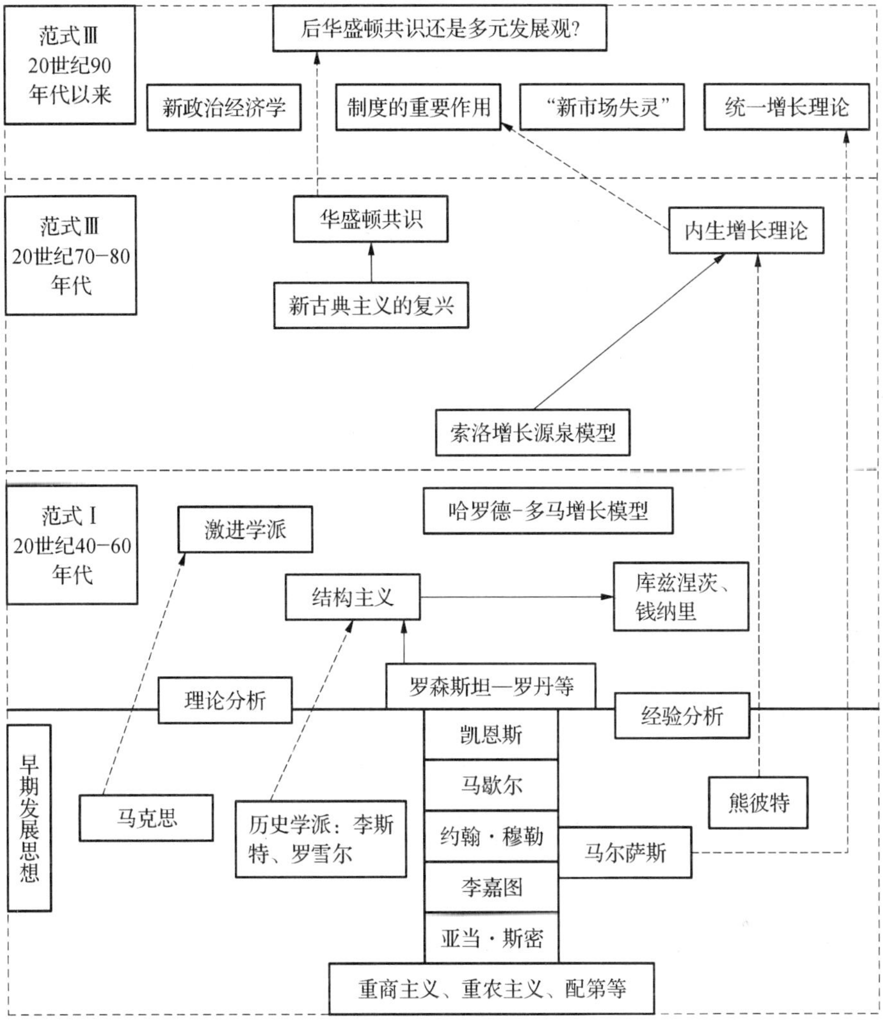

图 1-1 发展经济学的范式转变

发展经济学的范式Ⅰ出现在 20 世纪 40—60 年代，被称为结构主义主导的发展理论，其核心观点是："使政策正确"。这一范式的特征是：关注和相信政府干预的影响；认为国家应该直接去纠正市场失效，并取代缺失的市场制度。在范式Ⅰ主导的这一阶段，发展经济学是一片繁荣兴旺的景象。

范式Ⅱ出现在 20 世纪 70—80 年代，被称为新古典主义主导的发展理论，其核心观点是："使价格正确"。该范式的特征是：越来越相信自由市场的力量；认为发展经济学基本上就是标准经济分析在特定经济发展背景下的运用。实际上，在这一阶段，发展经济学在整体上停滞了一段时期后，又开始进入复兴。

范式Ⅲ出现在 20 世纪 90 年代以来，被称为新制度主义与发展理论的新发展，其核心观点是："使制度正确"。这一新的研究范式越来越强调制度设计的重要性；更详细地考察了发展中国家市场不完善的源泉，并试图就这些不完善对政府政策提供某些启发，以及就这些不完善对激励和市场绩效的影响做出评估。

发展经济学在研究范式上出现的两次大转折，反映在发展目标的演进以及多个分析层面和政策含义的转变上。具体来说，在发展的目标上，经历了从GDP到非货币指标、自由、可持续发展的一系列演进；在宏观经济增长理论上，出现了哈罗德-多马增长模型、索洛的新古典增长模型、当今非常繁荣的"内生增长理论"和统一增长理论；在资本积累上，则先后强调了对有形资本、人力资本、知识资本、社会资本、文化资本的重要作用；在国家与市场的关系上，最初提出发展中国家存在市场失灵，而后是非市场失灵，之后又是新市场失灵以及现在的制度失灵问题；在政府干预问题的看法上，开始重视发挥规划与计划的作用，之后转变为建立简洁的政府，在东亚经济奇迹出现后又提出了政府与市场的互补作用；与上述的理论认识相适应，在发展战略和政策改革上，也在不同时期提出了"使价格适当""使所有政策适当""使制度适当"等多种取向。这些转变虽然不能够详尽描述发展经济学的演进，但却可以把握其学术思想和政策措施的互动脉络。综合上述发展经济学演变，参考杰拉尔德·迈耶的逻辑线索，用图1－2简要地进行表述。①

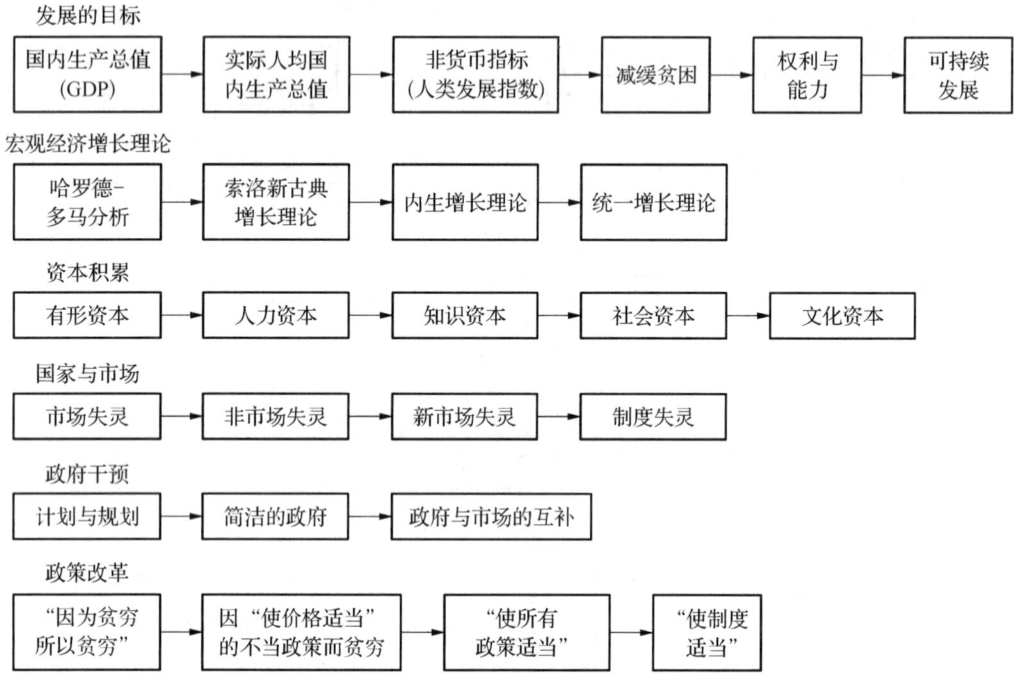

图1－2　发展思想的演进

在回顾发展经济学的学术史之前，有必要对增长和发展理论演进的内在动力做一个简要的分析和评论。

(1) 发展经济学研究范式的转变受到经济学理论的影响和制约。

主流经济学的溢出效应是强大的，它通常从发达国家兴起，最终影响到发展中国家的理论走向。发展经济学的兴起可以说是对新古典经济学研究空白的一个填补，当新古典

① ［美］杰拉尔德·迈耶：《导言：发展的思想》，载杰拉尔德·迈耶、约瑟夫·斯蒂格利茨，《发展经济学前沿：未来展望》，本书翻译组译，中国财政经济出版社，2003，第2页。

经济学缺乏足够的兴趣和有效的工具来解释和解决发展中国家经济困境时,发展经济学则以一种"新型"经济学的面目出现。但随着新古典经济学本身分析工具的增强和解释能力的提高,"双经济学"就失去了意义。特别是,自 20 世纪 60 年代以来新制度经济学、行为经济学的兴起,在很大程度上激发了发展经济学的"革命"。此外,在金融理论、贸易理论、劳动经济学等领域的大量创新,也推动了发展经济学的"进步"。

(2) 发展经济学研究范式的转变体现了实践检验与理论创新的互动过程。

发展经济学的任务既是解释现实,也是强调改变世界。这一突出的实践性使得任何发展理论都能够在较短的时期内得到检验,一旦理论预测与实践不符,政策效果不能实现,就意味着新一轮的发展理论创新的开始,而这些创新通常是在总结成功发展经验基础上提出的。随着实践检验与理论创新之间互动次数的增加,发展经济学在整体认识上越来越与现实相一致了。

(3) 发展思想的提出和演进通常会受到意识形态的强烈影响。

发展经济学影响人们的收入与生活水平,也影响各国之间的政治经济关系。因此,这门学科更容易受到意识形态的影响,其研究目标与研究范式的转变也在深层次上反映着意识形态的要求。事实上,"不论思想是由国外引进的还是在发展中国家内部产生的,它们都应避免意识形态的偏见。意识形态的信仰已经非常容易地渗透到了发展思想当中。在战后殖民地的背景下,发展经济学最初常常被看作关于怨恨或不满的经济学。中心和外围的情绪化的而不是逻辑上的。作为一个政策导向型和解决问题型的学科,发展经济学也是易受到意识形态影响的学科,无论意识形态是左翼的还是右翼的。对国家与市场之间适当平衡的严谨思考常常被忽略掉了。"①事实上,发达国家以及世界银行等国际组织意识形态的转变曾经而且现在还在深刻地影响着发展经济学的理论演进和政策选择。

二、结构主义主导的发展理论

凯恩斯的理论为发展经济学范式Ⅰ提供了新思维,同时,苏联 20 世纪 30 年代相对成功的工业化和马歇尔欧洲复兴计划给很多新兴独立国家的领导人留下了深刻的印象,也为早期的发展经济学家提供了新的发展模式。在范式Ⅰ主导的阶段,通常认为发展是由内部经济驱动的一个良性的循环过程——现代化促进现代化。根据这种观点,有些国家一直处于不发达状态,是因为它们没有这种良性循环的过程,由于协调上的失灵,它们陷入了一种低水平陷阱。结论是:政府强有力的干预是走出这种陷阱的一种办法。② 尽管这一时期的经典发展经济学家对走出低水平陷阱所要求的政策取向有争论,如对平衡增长和不平衡增长的争论,但他们大部分都认为,致力于发展的政府在直接促进金融、投资补贴以及直接进行基础设施和"基本工业项目"的投资等方面具有重要的作用。因此,可以将这一时期的经济发展理论概括为"使政策正确"的结构主义主导的发展理论。

---

① Stiglitz, Joseph E, "Knowledge for Development: Economic Science, Economic Policy, and Economic Advice",In Boris Plesovic, Joseph E. Stiglitz, eds., "Annual World Bank Conference on Development Economics", *World Bank*, 1998.

② Krugman, Paul, "The Fall and Rise of Development Economics", Available at 〈http:/web. mit. edu/krugman/www/dishpan.html〉,1999.

(一) 超发展理论的兴起

第二次世界大战结束后的最初几年,由于战后经济重建问题引起了人们的重视,促使三种早期关于发展问题著作的发表,即斯塔利(Staley, E.)的《世界经济发展》(1944)、曼德尔鲍姆(Mandelbaum, K.)的《落后地区的工业化》(1947)和罗森斯坦-罗丹的《东欧和东南欧工业化问题(1943)》。其中,罗森斯坦-罗丹(Paul Rosenstein-Rodan)的论文《东欧和东南欧工业化问题》是一篇标志性的但却引发许多种解释的文章。一些经济学家认为该论文在本质上是一篇凯恩斯主义的文章,讨论乘数与加速数之间的相互影响;另外一些经济学家则认为罗森斯坦-罗丹主张增长必须基本上是"平衡"的,才能取得成功。还有一些经济学家则试图援引收入、储蓄和人口增长之间相互作用的机制来构造低水平均衡陷阱。

罗森斯坦-罗丹认为在1943年的那篇论文中提出了四点创见。第一点是论证了"过剩农业人口",即伪装失业的问题。过剩农业人口的存在,虽然是经济上的一个弱点,但也可能成为推动发展的力量。第二点是提出了"货币性外在经济"的概念。这种外在经济能带来规模经济,即递增收益。为了获得这种收益,必须在几个互为补充的工业部门同时实行有计划的工业化。第三点是强调基础设施的重要性。在消费品工业建立之前必须大规模地筹集大量的、不可分割的社会分摊资本,即建立起基础设施,而单靠私人市场的积极性是不能及时地做到这一点的。第四点是强调了"技术性外在经济"的作用。①

墨菲(Murphy)、施莱佛(Shleifer)和维什尼(Vishny)1989年的论文中对大推进做了一个正式的表述。他们在一个具有合成需求外溢的不完全竞争经济背景下分析了罗森斯坦-罗丹关于多个部门同步工业化可以获利的观点,②表明了单个厂商水平上的规模经济可以加总形成整个经济水平上的战略性互补。但此时,该理论已被埋没多年了。

保罗·克鲁格曼(Paul Krugman)提出了"超发展理论"(High Development Theory),用于概括1943年到1958年的发展理论,罗森斯坦-罗丹(1943)的文章标志着这一时代的开始,赫希曼(1958)的文章则基本上标志着这一时代的终结。克鲁格曼认为,20世纪40年代的发展经济学著作或多或少有意识且清楚地包含一种认为战略性互补在发展过程中起重要作用的理论:外部经济来源于一种循环关系,即进行大规模生产的投资决策取决于市场规模,而市场规模又取决于投资决策。不管这个理论是否符合实际情况,至少它的逻辑很完美。

克鲁格曼认为,20世纪40年代崭露头角的发展经济学未能"成功地"汇入主流经济学,其主要原因是它们的缔造者没有用一种适于当时已有的建模技术的方法表达他们的思想。致命的问题是该领域的先驱没有明确地说明市场结构,即在他们所描述的假象经济中的竞争状况。他认为发展经济学的衰落一个重要的原因是超发展理论不使用正式的模型来表达,而其根本原因则是:无法使规模经济与完全竞争市场结构相容。③ 虽然规模经济对于超发展理论来说非常关键,但它却很难引进主流经济理论的正式模型。由此,发

① [美]杰拉尔德·迈耶、达德利·西尔斯:《发展经济学的先驱》,谭崇台译,经济科学出版社,1988,第212页。

② Kevin M Murphy, Andrei Shleifer, Robert Vishny, "Industrialization and the Big Push", *Journal of political Economy*, 1989(5): 1003-1026.

③ [美]克鲁格曼:《发展、地理学与经济理论》,蔡荣译,北京大学出版社,中国人民大学出版社,2000,第6-8页。

展经济学的创始人不能十分清晰地表述自己的观点，使得他们很难与其他经济学家交流基本的思想，甚至这些创始人彼此之间也难以沟通。时至今日，有关外部经济、战略互补性和经济发展等问题的思想，在学术上仍然得到承认，或许仍然对实践有指导意义。

(二) 范式Ⅰ的模型、观点与特征

1. 结构主义的含义

在发展经济学第一阶段，重要的发展经济学家有 10 多位，除了罗森斯坦-罗丹(Rosenstein-Rodan)，还包括纳克斯(Nurkse)、科林·克拉克(Clark)、赫希曼(Hirschman)、阿瑟·刘易斯(Lewis)、缪尔达尔、普雷维什(Prebisch)、钱纳里(Chenery)、罗斯托、辛格(Singer)、丁伯根(Tinbergen)等。他们中绝大部分人都被归为"结构主义"这一含义较为模糊的流派中。

"结构主义"这个词最早产生于拉丁美洲关于通货膨胀的论著，认为要了解它们的高通货膨胀就必须了解这些经济的结构。该术语被更广泛地理解为穷国经济是缺乏伸缩性的，即结构问题阻碍了发展进程，如各种障碍、制度、瓶颈和约束限制了变动；大多数物品与要素的供给是缺乏弹性的；产品和要素市场往往是非常不完全的。结构主义方法倾向于提供一个不依靠市场力量和通过行政行为控制变化的理论基础。与此相适应，"结构变革理论"研究的核心问题是：不发达的经济利用什么样的经济机制，使国内经济结构从以仅能维持生存的传统农业为主，转变为现代化、城市化、多样化的制造业和服务业经济。

以结构主义为主导，20 世纪 50 年代和 60 年代发展经济学家创造了数目可观的新概念和新模型，包括两缺口模型、不平衡增长、剩余出路、荷兰病、隐蔽失业、结构性通货膨胀、依附、指导性计划、适用技术、大推进、增长极、不断上升的储蓄比率、低水平均衡陷阱等。在这些模型中，除了前述的"超发展理论"中所包含的需求互补性和平衡增长的思想外，另外两个重要的理论模型是二元经济模型和结构变革模型。

在这一阶段，发展经济学研究中有几次大的争论：一是平衡增长和不平衡增长的争论；二是关于国际贸易体制的争论；三是结构主义者与货币主义者在拉丁美洲通货膨胀问题上的论战；四是二元经济理论的提出和发展。通过这些争论，范式Ⅰ逐步完善，成为发展理论的主流。

2. 二元经济模型

二元经济模型最初是由 W. 阿瑟·刘易斯于 20 世纪 50 年代中期系统提出的，后来费景汉和古斯塔夫·拉尼斯对这一理论加以修正、扩充和公式化。该模型被公认为是解释发展中国家发展过程的一般理论，在范式Ⅰ中具有基础性的地位作用。该模型不仅被用于分析发展中国家内部的经济发展，还扩展出国际二元结构论、地理上的二元结构等。

在二元经济模型中，不发达经济由两个部门组成：一个是传统的、人口过剩的、仅能维持生存的农村部门，以劳动的边际生产率等于零为特征；而另一个则是高劳动生产率的现代城市工业部门，是从仅能维持生存部门转移出来的劳动力逐渐进入的部门。该模型研究的重点是集中于劳动力的转移过程和现代部门的产出与就业的增长上。现代部门这一增长和就业扩张的过程被假定一直持续到新的工业部门将所有的农村剩余劳动力都吸收完毕为止。随着现代部门工资和就业的继续增长，劳动供给曲线变为向上倾斜。伴随经

济活动不断地从传统的乡村农业向现代城市工业的转移，将会发生经济结构的变动。

当然，二元经济的现状并不一定会导向经济增长，还会带来收入分配上的变化。结构主义代表人物缪尔达尔认为，由于结构刚性，经济的不均衡必然伴随着分配不均，使富者愈富，贫者愈贫。经济发展的过程，就不是“扩散效应”(Spreading Effect)而是“回波效应”(Backwash Effect)。这一结果还将反映在国际经济运行机制之内，市场力量趋向于累积地加剧国际的不平等。

3. 结构变革模型

结构变革模型的基本假定是，发展是一个可以确定的增长和变化的过程，在所有国家中发展的特征都是相似的。

结构变革模型致力于考察在新产业取代传统农业作为经济增长动力的一段时期内，一个不发达经济的经济、产业和制度结构变动的连续过程。该模型认为，除了物质和人力资本的积累之外，一个国家的经济结构也要有一些相互联系的变化，以便完成从传统经济体系向现代经济体系的转变。这些经济结构变革实际上包含了所有经济函数的改变，包括生产的转变和消费者需求构成的变化，国际贸易，资源利用以及诸如城市化和国家人口的增长及分布等这些经济社会因素的变化。基于对国内国际条件的考虑，结构主义思路的发展经济学家在分配上主张对收入增量的重新分配；在对外贸易政策上主张进口替代或出口鼓励发展战略。

经济增长是生产结构转变的一个方面，生产结构的转变首先要适应需求结构的变化，而且能够更有效率地对技术加以利用。在预见力不足和要素流动有限制的既定条件下，结构转变有可能在非均衡的条件下发生，在生产要素市场上尤其如此。因此，劳动和资本从生产率较低的部门向生产率较高的部门转移，能够加速经济增长。① 总体而言，结构变动分析者对“正确的”经济政策结合可以产生自我持续增长的有利模式这一点，持一种乐观的态度。

4. 范式Ⅰ的基本特征

以结构主义为核心的范式Ⅰ成为发展经济学第一阶段的主流，这一范式不仅在理论界产生了巨大的影响，更为重要的是它被应用于许多发展中国家的实践。综合其理论观点和政策主张，范式Ⅰ的基本特征主要是：唯资本论、唯工业化论和唯计划化论。

(1) 强调物质资本积累的重要性和必要性。范式Ⅰ认为劳动力是一般发展中国家比较充裕的生产要素，不会成为经济增长的约束条件，束缚经济增长的首要因素被归结为资本匮乏。因此，如何提高资本形成率被看成推动发展中国家经济增长的极其紧迫的问题。这一观点可以说是当时发展理论家们的共识。

(2) 强调工业化的重要性和必要性。工业化问题一直是发展理论研究的焦点。范式Ⅰ认为，发展中国家的主要经济部门是传统农业，这成为发展中国家与发达国家经济上的主要差别之一。因此，在这一阶段，工业化被看作摆脱贫困、实现经济发展的必由之路。另一方面，工业化以及与之相联系的城市化，被认为是吸收剩余劳动力的唯一途径。

① [美]H.钱纳里、S.鲁宾逊、M.赛尔奎因：《工业化与经济增长的比较研究》，吴奇、王松宝等译，上海三联书店，1989，第22－25页。

(3) 强调计划化的重要性和必要性。强调计划化、强调国家干预，是强调资本积累和工业化逻辑上的必然结果，因为加速资本积累和调节工业布局及进程，不能寄希望于私营部门和自发活动，大推进论、平衡增长论，甚至二元结构论都包含着计划化和国家干预的意味。事实上，在范式Ⅰ的指导下，20 世纪 50 年代成为对计划化热情最高的年代。

(三) 激进主义的发展理论

在范式Ⅰ占据主导的时期，激进主义发展理论形成一股令人注目的力量。虽然在具体的理论观点上，激进主义与结构主义有着显著的差异，但是从研究范式上来看，二者却又是相近的。它不仅是对正统发展思想的批评，也是对国际货币基金组织的新古典主义和货币主义方法的一种激进反映。这一思潮的代表人物包括巴兰(Baran)、阿明(Amin)、弗兰克(Frank)、桑克尔(Sunkel)、多斯-桑托斯(Dos-Santos)、伊曼纽尔(Emmanuel)和卡尔多索(Cardoso)等人。

从理论渊源上来看，激进主义或多或少地受到马克思主义的影响，采用了马克思主义的观点和方法分析发展中国家国内的阶级关系和国际环境中帝国主义和殖民主义的势力。在研究范式上，激进主义对新古典经济学的批评比结构主义更为尖锐，更加彻底，认为新古典经济学脱离历史，脱离实际，运用纯粹的逻辑，其理论体系不过是空中楼阁而已。激进主义进一步根据发达国家与发展中国家内部条件和外部条件，从历史与现状去认识发达国家对发展中国家的“支配—依附”关系，特别重视影响发展的社会、政治和文化因素。

激进经济学家认为，世界经济体系是由两个部分组成的，发达国家位于中心，发展中国家则处于外围。外围与中心有很大差异。首先，外围的资本主义模式是中心国家通过殖民统治或凭借其政治经济优势强加于外围国家的，外围国家未发生摧毁封建主义基础的资产阶级革命，前资本主义制度尚未崩溃，也未形成成熟的资本家阶级，因此外围处于受中心支配的封建领土和买办的控制之下。其次，外围经济的主导部门是出口部门和奢侈品生产部门，这两个部门的发展既受到国外需求的约束，又受到国内市场狭小的限制，从而使外围经济受制于中心国家。

以中心—外围论为基点，激进经济学家提出了依附论，从此“依附”进入了发展经济学的词汇表。多斯-桑托斯指出，低度发展，并不是资本主义以前的落后状态，相反，却是一种特定形式的资本主义——依附性的资本主义发展的结果。依附是一种决定性的处境，在这种处境中，一些国家的经济受其他国家经济发展和扩张的制约。某些国家能够通过自身的动力进行扩张，而其他国家处于依附地位，其扩张只能是处于支配地位国家扩张的反映。这时，两个或多个经济相互依存的关系便成为一种依附关系。多斯-桑托斯认为，拉丁美洲的依附经历了三个阶段：殖民时代的商业性依附，19 世纪末得以巩固的金融—工业依附和战后的技术—工业依附。

概括来讲，激进主义发展理论主要关注三个重大问题：一是对发展中国家落后的历史及其欧美社会的根源问题的分析；二是对国际资本主义体系的形式和运行问题的探讨；三是对国际剥削与不平等交换问题的思考。

三、新古典主义主导的发展理论

发展经济学范式Ⅱ取代范式Ⅰ成为主流有着深刻的时代背景。由于结构主义的政策主张并没有取得预期的经济成效，新古典主义思想开始运用于经济发展战略和政策的制定，尤其赢得了世界性组织中两个最富于权威性的国际金融机构——世界银行和国际货币基金组织的决定性支持。与此同时，一些能充分表达发展中国家代表意见的国际组织，诸如国际劳工组织、联合国开发计划署和联合国贸易发展会议等，也受到自由市场和新保守主义思想的影响。范式Ⅱ的中心论点可以概括为：经济不发达的结果，来自错误的价格政策，以及发展中国家政府过度活动引起的太多的国家干预所导致的资源配置不当。因此，对政府、市场各自在经济发展中的作用，应进行重新评价，强调利用市场力量解决发展问题。简要地说，范式Ⅱ将"使价格正确"作为自己最核心的政策取向，在这一见解的指导下，20 世纪 80 年代发展中国家的主要注意力转向取消宏观和微观经济的僵化体制。

（一）范式Ⅱ的理论基础与政策主张

1. 新古典主义的复兴

新古典主义的复兴奠定了范式Ⅱ的理论基础。持新古典主义思路的发展经济学家有彼特·鲍尔(Bauer)、雅可布·维纳(Viner)、哈伯勒、舒尔茨(Schultze)、明特(Myint)、哈里·约翰逊(Johnson)、贝拉·巴拉萨(Balassa)、迪拉尔·拉尔(Lal)等人。经过 20 世纪 60—70 年代的奋斗，新古典主义终于在 70 年代末、80 年代初统一了发展研究，成为发展经济学的新正统。

新古典主义的复兴表现为对经济计划化和市场作用的重新评价上。从 20 世纪 60 年代中期，对计划化的批评已经开始，至 20 世纪 60 年代晚期，"计划化的危机"已经出现在许多著作和文章的题目上了。20 世纪 80 年代初的一些文献，明确提出几个关键性思想：其一，强调市场的重要性以及政府干预和中央计划的局限性；其二，强调人力资本的重要性；其三，强调政府的经济政策不当可能带来危害。新古典主义的应用范围进一步扩大，在农业问题、国际贸易问题、项目评估问题等各种研究领域，新古典主义理论和方法都占据了重要地位。

2. 范式Ⅱ的基本观点

范式Ⅱ继承了马歇尔的"经济生物学"的观点，将经济发展过程看作一个渐进的、连续的过程。同时，还将经济发展过程看作一个和谐的、累积的过程，经济发展的结果会一般地使所有收入阶层受益。因为随着经济发展会出现纵向的"涓流效应"(Trickling Down Effect)和横向的"扩散效应"，这两种效应会自然而然地促使经济发展的利益得到普及。

在理论分析上，范式Ⅱ从发展中国家经济有伸缩性的假设开始。这种经济的特征是理性经济行动，即存在使风险和时间贴现的利润或效用最大化的经济主体。要素是流动的、供给曲线是富有弹性的、制度影响是有限的，这些确保了产品和要素市场的充分竞争。因此，范式Ⅱ是研究市场与价格，并预期它们一般能很好运行的模式，而且在市场与价格运行有问题的地方寻找纠正这些缺点的市场和定价方法(如税收和补贴)。

在国际贸易问题上，范式Ⅱ认为，如果对外贸易自由化，穷国和富国都会得益；富国向穷国投资，借方和贷方同样有利；富国向穷国传播管理和技术，双方都会有好处。因此，他们认为不是南北冲突，而是自由化的国际经济秩序的维持，才会实现南北双方的共赢。

在发展策略上，范式Ⅱ认为，发展中国家的落后并非来自发达国家和国际机构控制的掠夺活动，而是因为在发展中国家经济中随处可见的政府的过度管制、腐败、效率低下和缺乏经济刺激。所需要的是通过市场价格这只“看不见的手”来实现资源配置和刺激经济增长。

3. 范式Ⅱ的政策主张

范式Ⅱ认为，价格是经济发展的核心问题，但发展中国家的价格扭曲现象，成为经济发展的最大制约。价格扭曲的关键，是政府政策的误导和政策体系的冲突，因而又提出为了“使价格正确”首先要矫正政策的主张。

概括而言，范式Ⅱ的政策主张主要有三个基本观点：一是主张保护个人利益、强调私有化的重要性。个人利益的存在是市场机制发挥作用的前提，也是激励个人付出努力的基础。二是反对国家干预，主张自由竞争、自由放任。认为发展中国家政策的重点应放在市场竞争上，即使是不完善的市场也要胜过不完善的计划；政府干预应尽可能少。只有这样，政府行为才可以激励投资者的竞争，从而提高经济获得的价值。三是主张经济自由化，包括贸易自由化和金融自由化。从比较优势理论出发，范式Ⅱ强调贸易自由化对所有国家都有利，尽管它不是经济增长与发展的充分条件，但在很多情况下却是一个必要条件。

（二）华盛顿共识

20 世纪 80 年代末期和 90 年代早期，在美国财政部、国际货币基金组织、世界银行以及其他拥有一定影响力的思想库之间所达成的所谓“华盛顿共识”，成为范式Ⅱ的集中体现。

威廉姆森(Williamson)[①]将所谓的“华盛顿共识”归结为 10 个要素① 财政纪律。预算赤字应该被严格控制，以至于国家不必用征收通货膨胀税的方式来弥补财政赤字。② 公共支出优先性的转变。支出应该从那些政治敏感领域撤出，重新配置到那些经济收益较高且潜在地有助于改善收入分配的领域。③ 税收改革。税收改革包括扩大税基和降低边际税率，其目的是增强激励，在不降低可实现的经济繁荣程度的前提下提高收入水平的平等性。④ 金融自由化。金融自由化的最终目标是利率由市场来决定，但是实践表明，在市场缺乏信心的情况下，市场决定的利率往往可能过高，以至于对生产性企业和政府的财务偿还能力产生威胁。⑤ 汇率。各国需要统一的(至少是以贸易交易为目的)汇率体系，汇率应该维持在有足够竞争力的水平之上，以此刺激非传统部门的迅速增长，并保证这些出口部门在将来维持竞争能力。⑥ 贸易自由化。数量性贸易限制应该被迅速取消，而代之以关税，同时关税应该逐渐降低，直到统一的低关税水平 10%(或至多达到 20%)。⑦ 外国直接投资。阻碍外国公司进入本国市场的各种壁垒应该被取消，外国公司和本国公司应该被允许在同等条件下进行竞争。⑧ 私有化。国有企业部门应该实现私有化。⑨ 放松管制。政府应该取消那些阻碍新企业进入或限制竞争的各种管制措施，并保证所有管制措施都应该以安全性、环境保护和金融机构的审慎监管为标准进行重新

① Williamson J, “What Washington Means by Policy Reform”, Chapter 2, in John Williamson(ed.), “Latin American Adjustment: How Much Has Happened?,” *Institute for International Economics*, 1990.

审视。⑩ 产权。法律体系应该在不导致过高成本的前提下提供安全有效的产权保护,并应该在非正式部门提供同样的产权保护。

从上述内容可以看出,"华盛顿共识"的核心内容是:开放和自由化将导致增长,它对发展中国家的建议是稳定货币和自由贸易、开放国内市场、叫政策制定者早点回家,停止干预。"华盛顿共识"告诉转轨经济国家,只要将大规模国有企业私有化并维持相应的金融指标和宏观经济指标,经济增长就会启动而且不断持续下去。然而,这种建立在新古典经济学信条基础之上的过于乐观主义的共识,在整个转轨过程中遭到越来越多的否定和抨击。斯蒂格利茨甚至质疑所谓"华盛顿共识"是否真正存在。

20 世纪 90 年代前期,拉丁美洲发展中国家、东欧以及苏联转轨国家,基本按照"华盛顿共识"进行了广泛的经济改革和经济转轨,其中包括金融和贸易的自由化以及国有企业的大规模私有化运动。经济学家以这些成败参半的改革和转轨实践来重新审视"华盛顿共识",发现了原有共识的许多不完善之处,因此在"华盛顿共识"的基础上又增添了新的 10 条内容:① 除其他方式外,通过维持财政纪律来提高储蓄水平;② 将公共支出转化为方向明确的社会支出;③ 除其他方式之外,通过引进经济上敏感的土地税来改革税收体系;④ 加强银行的监管;⑤ 维持竞争性汇率,使得汇率在保持浮动的同时作为名义锚发挥作用;⑥ 实施区域内贸易自由化;⑦ 除其他方式外,通过私有化和放松管制(包括劳动力市场)来建立竞争性市场经济体系;⑧ 为所有经济主体明确界定产权;⑨ 建立关键性的制度,诸如独立的中央银行、强大的预算部门、独立而廉洁的司法部门以及担负生产性使命的企业代理人制度;⑩ 提高教育支出,将教育支出倾斜到初级和中等教育。新的 10 条共识在基本原则和政策趋向上与原有的"共识"并没有明显区别,但新的共识突出强调了制度建设在经济改革和经济转轨中的重要性,注意到了建立关键性的组织和制度以及提高制度质量在整个制度变迁过程中的巨大作用。这些转变在一定程度上体现了范式Ⅲ的主导思想。

四、新制度主义与发展理论多元化的发展趋势

(一) 范式Ⅲ的形成及其理论特征

学术思想史表明,许多卓越的思想通常早在人们认识到其重要性前的数十年甚至数百年就产生了,遗憾的是这些微弱而重大的思想往往被淹没在流行的谬论之下。例如,孟德尔修士对遗传理论的探索、爱因斯坦在专利局里对相对论的思考。在经济学上,也存在着类似的状况。事实上,发展的制度观点早在范式Ⅰ占据主导地位的时候就已经被提出了。

1937 年,罗纳德·哈里·科斯在"企业的性质"一文中提出了交易成本的理论。彼特·鲍尔在《关于发展的异议》中指出:经济成就的取得主要取决于人们的能力和态度,也取决于他们的社会政治制度。这些决定性因素的差异在很大程度上可以解释经济发展水平和物质进步速度的快慢。① 这些早期的思想溪流最终在 20 世纪 90 年代汇集成范式Ⅲ的新潮流。

① [美]詹姆斯·A. 道、史迪夫·H. 汉科:《发展经济学的革命》,黄祖辉、蒋文华译,上海三联书店、上海人民出版社,2000,第 1 页。

新古典主义将制度、政治、法律、文化等因素视为经济运行的既定因素或外生变量，然而，在既定的制度安排的基础上，范式Ⅱ的政策主张却未能使发展中国家的经济摆脱困境。因此，20 世纪 80 年代以来，新制度经济学的基本假设和理论观点被引入发展经济学，将制度作为经济活动中的一个重要的内生变量，逐渐形成了发展经济学的新制度主义理论。一方面，“已为人们普遍认可的事实是，经济发展不存在普遍适用的模式，要考虑非经济因素。因此，在确定一个国家经济是繁荣还是停滞时，需要考虑产权、文化和政治方面的因素”。① 另一方面，现实的世界是正交易费用的世界，在这个世界中，政治、法律等制度结构对于资源配置和经济增长的影响都非常显著。

范式Ⅲ的观点认为经济发展的问题不仅仅是理顺价格以及理顺对外价格而带来的开放。制度对于增长来说同样重要，或者更具体地说，交易成本影响增长和发展的进程。这种观点所依据的是内生增长理论的变种。这一范式的代表人物主要有科斯(Coase)、道格拉斯·诺思(North)、拉坦(Ruttan)、速水佑次郎(Hayami)、克鲁格(Krueger)、奥斯特罗姆(Ostrom)、弗鲁博腾(Furubotn)、青木昌彦(Aoki Masahiko)等人。而所借鉴的学术流派包括新制度经济学、新经济史学、公共选择理论、宪政经济学、比较制度分析等多个领域。与前两个范式相比较，范式Ⅲ主要有以下几方面的理论特征。

1. 修正了理性假定，突出了微观分析

范式Ⅲ基于客观环境的不确定性与主观计算、预测能力的局限性，强调了发展中国家人们行为的有限理性，这一假定与新古典主义有所不同。在研究方法上，继续采用新古典的微观均衡分析方法，成本收益的经济计算与实证检验方法，同时增加了案例分析方法的比例，进化博弈思想亦被引入对制度的演化分析中。

2. 重视制度因素和时间因素的内生作用

范式Ⅲ认为“制度是重要的”，制度不仅决定了人们之间的相互关系，而且构造了政治、经济和社会方面的交易的激励结构，因此其注意力集中在制度、激励和信息这些决定经济绩效的因素上。由于制度变迁决定了经济发展和社会变迁，为了对经济发展的历史进程给出一个一致的、有逻辑性的解释，范式Ⅲ也充分考虑了时间因素和历史条件。

3. 关注个体自利行为与集体活动的相互影响

新制度主义假定存在约束个人利益最大化行为的政治法律制度。一些在政治和经济市场上的各种非生产性寻利活动在本质上是制度现象，只有通过制度的手段才能根本解决。因此，范式Ⅲ也将政府行为纳入经济分析，关注政府采取补贴和其他更直接的干预方式在发展和转型中的作用。

总之，范式Ⅲ的出现，不仅是对结构主义的革命，也是对新古典主义的再革命，它可以被看作范式Ⅱ在某种意义上的延伸和演进，同时在关注政治、法律和制度因素上，它又与范式Ⅰ存在许多相似之处。最根本的区别是：当结构主义者认为制度是外生障碍时，新古典经济学家假设制度问题不存在，新制度经济学则宣称“制度是重要的”。

① [美]詹姆斯·A. 道、史迪夫·H. 汉科：《发展经济学的革命》，黄祖辉、蒋文华译，上海三联书店、上海人民出版社，2000，第 3 页。

(二)"后华盛顿共识"与多元化的发展理论

制度和组织对于经济绩效的影响至为深远,"华盛顿共识"的失误可以归结为新古典经济学对经济转轨过程中制度建设的重要性的忽视。对此,著名经济学家诺思发表评论说,西方新古典经济学理论缺乏对制度的分析,因此在对经济绩效的源泉进行分析的时候往往不得要领。毫不夸张地说,尽管新古典经济学花费很大力气研究有效的产品和要素市场的运作,但是很少有经济学家理解那些对市场创造非常重要的制度要求(Institutional Requirement),因为他们仅仅想当然地认为这些制度本来已经存在。为了维持经济增长,为使有效的产品和要素市场的运作成为可能,要建立一系列的政治和经济制度,这些制度可以提供低成本的交易以及值得信任的承诺。

科勒德克[①]在总结"华盛顿共识"缺陷的时候,提出该共识所忽视的 8 个要素:① 转型经济缺乏自由市场经济所必需的组织架构;② 转型经济中金融中介较弱,难以有效配置私人资产;③ 转型经济在私有化之前缺乏对国有企业的商业化;④ 转型经济中企业管理不善导致管理者难以在放松管制的经济中实施有效的公司治理;⑤ 转型经济中缺乏竞争政策有效实施所必需的制度设施;⑥ 转型经济的法律框架和司法体系不完善,不能有效实施税收征管和企业合同;⑦ 地方政府效率低下,难以承担和处理地区发展所面临的挑战;⑧ 转型经济国家缺乏非政府组织(Nongovernmental Organizations, NGOs)来支持新兴市场经济和市民社会发挥功能。显然,这些缺陷反映了制度的重要性,表明在市场化、自由化和私有化过程中需要重视制度和组织的建设,重视转型国家在不同社会历史环境和文化背景下形成的特殊路径依赖特征。

正是针对上述存在的问题,斯蒂格利茨批评指出,华盛顿共识是不恰当的,华盛顿共识既不是成功增长的必要条件,也不是充分条件,尽管它的政策建议在特定国家的特定时期曾是有意义的。因此,他提出了"后华盛顿共识"(post-Washington Consensus)的问题,[②]简要来看,"后华盛顿共识"对经济转型与发展中的信息问题、机会主义与腐败、政府管理职能等方面进行了深刻反思,特别是对于文化差异性和路径多元性有了更全面的认识,强调不同的文化传统和意识形态可能导致和要求完全不同的变迁路径。这些认识,是新制度经济学的理论探索,是各国转型与发展实践的启示。

发展经济学范式Ⅲ产生以来,发展理论日益趋向多元化。一是强调制度和制度变迁对经济发展的内生决定。二是内生增长理论和统一增长理论兴起,并与发展理论相融合。三是资源、环境与可持续发展理论已成为一个重要的研究领域。四是关于社会资本理论的研究和应用,已融入经济发展理论之中。五是越来越关注文化、文化变迁对经济发展的影响研究。六是更加重视经济发展的微观基础。

---

① [波]科勒德克:《从休克到治疗》,刘晓勇、应春子译,上海远东出版社,2000。

② [美]约瑟夫·E. 斯蒂格利茨:《后华盛顿共识的共识》,毛增余译,载黄平、崔之元主编《中国与全球化:华盛顿共识还是北京共识》,社会科学文献出版社,2005。

第三节 发展的度量及指标体系

一、发展度量的含义

度量经济发展是一个极其复杂的问题。发展度量，指的是采用一套可观察、可测度和可比较的指标，衡量社会经济的发展进程。从理论上说，对经济发展的度量必须符合经济发展的含义及其基本的目标，这就要求既要反映发展的数量方面，也要体现其质的方面的改善；既要反映经济方面的增长，也要体现非经济的社会方面的进步。20 世纪 60—70 年代，发展的理念还局限在经济增长和经济结构变化领域。相应地，度量发展的指标以国民生产总值等单一指标为主，发展政策几乎是经济政策的同义语。随着发展内涵的不断拓展，发展指标更加多元，延伸到了社会、公平和环境等多个维度。

二、国民生产总值和国内生产总值

衡量发展的核心指标是国民生产总值(GNP)和国内生产总值(GDP)。国民生产总值和国内生产总值，或人均 GNP 和人均 GDP 是国际组织和众多国家早期采用的作为衡量一国经济发展程度的重要指标，即使在现在，这类指标也具有相当大的权重，在一些发展中国家甚至是最重要的政绩评价指标。这类指标考虑到了人口增加和总产出水平的相互关系，可以在一定程度上反映一国或一地区实际的经济发展水平和生活消费水平。这类度量指标之所以得到青睐，是由于它的通用性强，简单明了，易于收集和整理比较，如通常使用实际 GNP 或 GDP 的增长率来表示经济增长率。当然，这类指标的缺陷也是明显的。例如，难以体现经济发展中的结构变化和动态内容；没有及时反映所生产的产品和劳务的类型及其带来的福利情况；不能反映经济增长所导致的环境污染等社会代价；在比较各国发展水平时会因汇率换算而出现误差；等等。

三、联合国社会发展研究所的指标体系

1970 年，联合国社会发展研究所选用了 16 项指标度量发展。这个指标体系着眼于社会经济综合发展状况，以福利为中心，重点考察了卫生、营养和教育状况，反映“基本需求”战略的基本要求。这些指标(见表 1－1)，既有出生时的预期寿命、人均每日消费的动物蛋白质、中小学注册人数、每间居室平均居住人数等社会指标，也包括每个男性农业工人的农业产量、人均消费电力的千瓦数、制造业在国内生产总值中的百分比等经济指标。该度量方法和指标的缺点在于，大多采用“人均”指标，不利于反映社会与经济结构的变动。

表 1－1 联合国社会发展研究所的 16 项指标体系

(1) 出生时的预期寿命	(4) 中、小学注册入学人数
(2) 2 万人以上地区人口占总人口的百分比	(5) 职业教育入学比例
(3) 人均每日消费的动物蛋白质	(6) 每一居室平均居住人数

续 表

(7) 每千人中读报人数	(12) 人均消费钢的千克数
(8) 从事经济活动人口中使用电、水、煤气等的百分比	(13) 能源消费(人均消费煤的千克数)
(9) 每个男性农业工人的农业产量	(14) 制造业在国内生产总值中的百分比
(10) 农业成年男性劳动力的百分比	(15) 人均对外贸易额
(11) 人均消费电力的千瓦数	(16) 工薪收入者占整个经济活动人口的百分比

四、物质生活质量指数

20世纪70年代莫里斯等人提出了物质生活质量指数(Physical Quality of Life Index, PQLI),它是为测度物质福利的水平而开发的一个综合指标,用以衡量国家的综合生活质量水平。

该方法是用预期寿命、婴儿死亡率和识字率等3项指标组成一套简便的综合指数,每项指数都用百分制表示每个国家的成绩。采取这一方法,计算简便易行,能够有效区分一国在人均收入与物质生活质量方面的不一致,但也存在局限性。首先,它没有反映一个国家的全部社会福利状况。构成PQLI的3个指标中,反映健康状况的有两个指标,这实际上是赋予健康指标以双倍的权重。这可能适用于最贫穷的国家,但不适用于一般发展中国家,对富国更缺乏敏感性。无论如何,仅用三个指标反映一个国家的福利水平显得太粗糙、太简单,因为社会福利的内容是广泛的。因此,根据这一指数并不能断定PQLI高的国家其境况就一定好于PQLI低的国家。其次,应当在指数中包含物质生活质量。即便是最贫穷的人们,不仅希望自己的婴儿存活,希望自己长寿,并有最基本的文化知识参与社会生活,同时也希望自己的家庭能尽快摆脱贫困的物质生活环境。再次,PQLI只是测度了一个国家社会发展的结果,而未能反映出发展的过程。因而,它只是一个"宏观的"指数,不能反映具体发展计划或政策的过程及其成就。最后,在计算方法上采用简单平均,将每个指标看作对发展的作用相同,缺乏一定的理论依据。

总而言之,PQLI所关心的是发展政策能否成功地满足贫困国家人民的基本需要这一问题,并不力图测度所有的"发展",也不测度自由、公平、安全或其他无形的东西。同时,它也不包括"生活质量"一词所意指的许多其他社会和心理特征,诸如安全、公平、自由、人权、就业、满意感等。因而,它被冠以"physical"生活质量指数的称号,而不是一个全面的"发展"指标。

五、人类发展指数

联合国发展计划署(UNDP)在1990年首次发表的《人类发展报告》中提出用"人类发展指数"来度量发展。这一指数由三个主要指标构成,即健康、教育程度与生活水准。健康维度以出生时的寿命预期来衡量;教育程度以预期受教育年限和平均受教育年限这两个指标的算术平均值获得;生活水准以人均GNI来表示(近年来按2017年不变购买力平价计算)。这三个指标是按0到1分级的,0为最坏,1为最好。在算出每个指标的等级后,再求出三个维度指数的几何平均值,便得到一个综合的人类发展指数。

2008年以前,按指数的高低对世界100多个国家进行排序,并根据指数水平分为三组:低人类发展指数(0～0.50)、中等人类发展指数(0.51～0.79)、高人类发展指数(0.80～1)。从2009年开始,联合国发展计划署把人类发展指数分为四组,即很高人类发展水平、高人类发展水平、中等人类发展水平和低人类发展水平。根据《2021/2022年人类发展报告》,2021年有66个国家(或地区)具有极高人类发展水平,指数范围在0.800～0.962,平均值是0.896;有49个国家(或地区)具有高人类发展水平,指数范围在0.703～0.796,平均值是0.754;有44个国家(或地区)具有中等人类发展水平,指数范围在0.550～0.699,平均值是0.636;有32个国家(或地区)具有低人类发展水平,指数范围在0.385～0.549,平均值是0.518。

在这种分类方法下,一些发展中国家虽然经济发展水平并不显著,却由于在"人类发展"上的成就被划归到高发展程度国家的行列。表1-2列出了2021年排名前20位和后20位国家或地区的人类发展指数。

表1-2 部分国家(地区)人类发展指数值(2021年)

排名前20位国家(或地区)	HDI指数值	排名后20位国家(或地区)	HDI指数值
瑞士	0.962	苏丹	0.508
挪威	0.961	马达加斯加	0.501
冰岛	0.959	冈比亚	0.500
中国香港	0.952	埃塞俄比亚	0.498
澳大利亚	0.951	厄立特里亚	0.492
丹麦	0.948	几内亚比绍	0.483
瑞典	0.947	利比里亚	0.481
爱尔兰	0.945	刚果民主共和国	0.479
德国	0.942	阿富汗	0.478
荷兰	0.941	塞拉利昂	0.477
芬兰	0.940	几内亚	0.465
新加坡	0.939	也门	0.455
比利时	0.937	布基纳法索	0.449
新西兰	0.937	莫桑比克	0.446
加拿大	0.936	马里	0.428
列支敦士登	0.935	布隆迪	0.426
卢森堡	0.930	中非共和国	0.404
英国	0.929	尼日尔	0.400
日本	0.925	乍得	0.394

续 表

排名前20位国家(或地区)	HDI指数值	排名后20位国家(或地区)	HDI指数值
韩国	0.925	南苏丹	0.385
美国	0.921		

数据来源:联合国发展计划署《2021/2022年人类发展报告》,https://hdr.undp.org/system/files/documents/global-report-document/hdr2021-22pdf_1.pdf.

注:前20名里比利时和新西兰并列。

第四节 发展的目标与可持续发展目标

一、发展的多重目标

无论从哪一视角来看,增长、发展和现代化都被看作发展中国家应该为之努力和前进的方向。这也就意味着发展中国家不能够和不应该继续保持现有的收入水平、社会结构和生活方式,而是应将发达国家作为本国的榜样,模仿、追赶甚至超越发达国家。也就是说,"工业发达的国家为较不发达的国家展现了其将来的图画"①。这样一个隐含前提的形成,既是发展中国家被动采取的行为,也是发展中国家主动确立的战略。在早期,许多发展中国家的行为通常是被看作由于外来殖民者的侵略造成的,为了回应外来压力,避免"落后就要挨打"的状况,发展中国家被迫放弃原有的观念、制度和技术,将经济增长和社会变革作为努力的方向。但是,如果从发展中国家自身来考察的话,则可以发现,增长、发展和现代化也是发展中国家政府或其部分民众的主动选择行为。也就是说,外来压力仅仅为变革提供了条件,发展中国家中人们对于诸多经济、政治和社会目标的追求才促成了增长或发展的出现。这也就意味着,发展中国家会根据自己的偏好来理解增长和发展的含义,来设定增长和发展的目标。虽然这些目标受到许多偶然因素(如战争、灾害等)的影响往往偏离了出发点,但至少在一定时期内,确立增长和发展目标会对后果产生重要影响。

那么,发展中国家真正追求的目标是什么呢?对此,一些福利经济学的研究者认为是幸福。因为,"对于大多数人来说,幸福虽说不是生活的唯一终极目标,但也是主要的生活终极目标"②。所以,"我们可以这样认为,幸福是人们的一个根本目标,幸福本身就是一种目标。对于其他我们所需要的事物就不是这样的,如工作保障、地位、权力,特别是金钱(收入),我们并不因这些事物本身而需要它们,我们之所以需要它们是因为它们能够给我们提供一种使我们变得更幸福的可能性与机会"③。

对收入水平与幸福之间的实证研究显示了更为复杂的结果。通过对不同国家的比

① 《马克思恩格斯文集》第5卷,人民出版社,2009,第153-157页。

② Yew-Kwang NG, "Happiness Survey: Some Comparability Issues and an Exploratory Survey Based on Just Perceivable Increments", *Socail Indicators Research*, 1996, 38(1): 1-27.

③ [瑞]布伦诺·S.弗斯、阿洛伊斯·斯塔特勒:《幸福与经济学》,静也译,北京大学出版社,2006,第192页。

较，人们发现收入与幸福之间存在一种积极的关系，且边际效用将随收入的增加而降低。收入增加确实能明显地在发展中国家提高幸福水平，但在富足国家的作用是非常小的。[①]如果考虑到贫困通常会降低幸福感的话，那么，经济衰退可能也意味着幸福水平的降低。显然，经济增长与追求幸福这两个目标在一定意义上并不是矛盾的，相反，幸福也需要建立在经济增长基础之上。

从发展中国家的实践来看，经济增长仅是诸多发展目标中的一项内容。事实上，发展目标几乎涵盖了社会方方面面的问题。诺贝尔经济学奖得主冈纳·缪尔达尔对南亚国家的现代化理想进行了论述，他发现至少有以下几种奋斗目标：① 理性。② 发展与发展计划。③ 生产率的提高。④ 生活水平的提高。⑤ 社会和经济的平等化。⑥ 改进制度和态度。⑦ 民族团结。⑧ 民族独立。⑨ 政治民主。⑩ 群众民主。⑪ 社会纪律与“民主计划”。⑫ 派生的价值前提。虽然这些目标相互之间存有一定联系，但在发展的实践中往往难以协调实现。[②]

发展目标与一个国家或地区所具有的文化背景密切相关。每个国家都有自己独特的梦想，这些梦想在一些方面相似，在其他方面却具有明显差异。例如，杰里夫·里夫金教授[③]认为，“美国梦强调经济增长、个人财富的积累和独立自主。新的欧洲梦则更关注可持续发展、生活质量和相互依赖。美国梦效忠于工作伦理。欧洲梦更加协调于闲适和深度游戏。美国梦与这个国家的宗教遗产及深层的精神信仰不可分割。欧洲梦的世俗性深入骨髓。美国梦是融合性的，我们把成功归因于切断了同旧有文化之间的纽带、在美国大熔炉里成为自由的行动者；相反地，欧洲梦基于保存原有文化身份、在多元文化的世界上生存。”因此，在确立发展目标的过程中，必须在满足基本需求的基础上结合各国文化传统，体现出发展目标的多元化趋势。

二、联合国千年发展目标

经过半个多世纪的发展实践，国际社会特别是发展中国家对于发展的目标具有越来越合理的认识，提出了更为具体的目标，这一目标集中体现在联合国的千年宣言中。千年发展目标源自 189 个国家在 2000 年通过的《联合国千年宣言》。多数目标和具体目标依据 20 世纪 90 年代的全球局势制定，限定到 2015 年实现。

《2015 年联合国千年发展目标报告》指出，过去二十年间极端贫困率显著下降。1990 年发展中世界近一半的人口依靠低于一天 1.25 美元生活，而到 2015 年这一比例下降至 14%。全球生活在极端贫困中的人数下降超过一半，从 1990 年的 19 亿下降至 2015 年的 8.36 亿，其中大多数进展是在 2000 年后取得的。1990 年以来，发展中地区营养不足的人口的比例接近减半，从 1990—1992 年的 23.3%下降至 2014—2016 年的 12.9%。2015 年发展中地区的小学净入学率达到 91%，比 2000 年的 83%有所提高。相比 15 年前，现在更多的女孩在上学。发展中地区整体而言已经实现消除小学、中学和高等教育中两性差距的具体目标。1991 年至 2015 年，脆弱就业的女性占整个女性就业的比例下降了 13 个

① [瑞]布伦诺·S. 弗斯、阿洛伊斯·斯塔特勒：《幸福与经济学》，静也译，北京大学出版社，2006，第 102 页。
② [瑞]冈纳·缪尔达尔：《亚洲的戏剧——南亚国家贫困问题研究》，方福前译，首都经济贸易大学出版社，2001，第 30－37 页。
③ [美]杰里夫·里夫金：《欧洲梦》，杨治宜译，重庆出版社，2006，第 5 页。

百分点。与之相比,脆弱就业的男性比例下降了 9 个百分点。1990 年至 2015 年,全球 5 岁以下儿童死亡率下降超过一半,从每 1 000 名活产婴儿中 90 人死亡降至 43 人死亡。1990 年以来,全世界孕产妇死亡率下降了 45%,其中大部分发生在 2000 年以后。2000 年至 2013 年,新感染艾滋病毒的人数下降了约 40%,从估计 350 万下降至 210 万。2000 年至 2015 年,主要是撒哈拉以南非洲的 5 岁以下儿童,避免了超过 620 万例因疟疾死亡。全球疟疾发病率下降了约 37%,疟疾死亡率下降了 58%。1990 年以来,消耗臭氧物质基本上已消除,预计到 21 世纪中叶臭氧层即可恢复。2015 年,全球 91%的人口使用经改善的饮用水源,而 1990 年只有 76%。发展中地区居住在贫民窟的城市人口比例从 2000 年的约 39.4%下降至 2014 年的 29.7%。2000 年至 2014 年,来自发达国家的官方发展援助实际值增长了 66%,达到 1 352 亿美元。世界人口的互联网普及率从 2000 年的稍高于 6%上升到了 2015 年的 43%。由此,32 亿人接入了全球内容和应用网络。

三、2030 年可持续发展目标

2015 年是关键的转折点,是千年发展目标计划的收官之年,也是新的可持续发展目标启动之年。2015 年 9 月 25—27 日,联合国可持续发展峰会在纽约总部召开,联合国 193 个成员国在峰会上正式通过《改变我们的世界——2030 年可持续发展议程》。该纲领性文件包括 17 项可持续发展目标(见表 1 - 3)和 169 项具体目标,用以指导 2015—2030 年的全球发展工作,旨在采用综合方式在 15 年内消除极端贫穷、战胜不平等和不公正以及遏制气候变化,转向可持续发展道路。然而,在新型冠状病毒感染疫情发生之前,全球减贫进展已经放缓,全世界无法在 2030 年消除极端贫困。以各种形式衡量的国家内部和国家间的不平等都在朝着正确的方向发展,基尼系数是衡量收入不平等最常用的方法之一,新兴市场和发展中国家的平均基尼系数一直在下降。尽管疫情引发经济放缓,但气候危机持续不减。人类活动的暂时减少使排放量出现短暂下降。然而,2020 年温室气体浓度继续增加,达到了历史新高。如果不采取关键举措使经济转向碳中和,温室气体排放量将继续增加。

新型冠状病毒感染疫情的影响使实现可持续发展目标的进程发生逆转。全球极端贫困自 20 世纪 90 年代末亚洲金融危机以来在 2020 年首次出现上升。根据当前预测,2030 年全球贫困率预计为 7%,仍将有约 6 亿人生活在极端贫困中,无法实现消除贫困的目标。根据国际货币基金组织 2020 年 10 月《世界经济展望》估计,新型冠状病毒感染疫情将使新兴市场和发展中国家的平均基尼系数达到 42.7%,这将会扭转全球金融危机以来收入不平等的下降趋势。尽管有全球新型冠状病毒感染疫情,世界各国都在推进气候行动以适应不断变化的气候环境,发达国家向发展中国家提供的气候资金继续增加,体现了支持全球向低碳排放和具有气候适应力的未来转变的持续承诺。①

① 资料来源:联合国经济和社会事务部:《2021 年可持续发展目标报告》,2021,第 26、46、52、53 页。网址:https://unstats.un.org/sdgs/report/2021/.

表 1-3 联合国可持续发展目标(2015—2030)

1. 在全世界消除一切形式的贫困
2. 消除饥饿,实现粮食安全,改善营养和促进可持续农业
3. 确保健康的生活方式,促进各年龄段人群的福祉
4. 确保包容和公平的优质教育,让全民终身享有学习机会
5. 实现性别平等,增强所有妇女和女童的权能
6. 为所有人提供水和环境卫生并对其进行可持续管理
7. 确保人人获得负担得起的、可靠和可持续的现代能源
8. 促进持久、包容和可持续经济增长,促进充分的生产性就业和人人获得体面工作
9. 建造具备抵御灾害能力的基础设施,促进具有包容性的可持续工业化,推动创新
10. 减少国家内部和国家之间的不平等
11. 建设包容、安全、有抵御灾害能力的可持续城市和人类住区
12. 采用可持续的消费和生产模式
13. 采取紧急行动应对气候变化及其影响
14. 保护和可持续利用海洋和海洋资源以促进可持续发展
15. 保护、恢复和促进可持续利用陆地生态系统,可持续地管理森林,防治荒漠化,制止和扭转土地退化,阻止生物多样性的丧失
16. 创建和平和包容的社会以促进可持续发展,让所有人都能诉诸司法,在各级建立有效、负责和包容的机构
17. 加强执行手段,重振可持续发展全球伙伴关系

资料来源:https://sustainabledevelopment.un.org/content/documents/94632030%20Agenda_Revised%20Chinese%20translation.pdf.

第五节 中国的经济发展

一、中国的发展奇迹

新中国成立以来,在农业国的基础上,中国开始了快速工业化和现代化的进程,经济发展在曲折波动中趋势向好。1953—1978 年,中国 GDP 增长率年均达到 6.15%,是同期世界上增长较快的经济体之一。改革开放以来,中国实现了 40 多年 GDP 年均 9%以上的高速增长,成功完成了经济起飞,稳居世界第二大经济体,创造了世界经济增长史上的“中国奇迹”。在高速经济增长过程中,中国经济发展绩效显著。

中国发展取得巨大进步,突出地表现在中国人类发展指数稳步提升。中国的人类发展指数从 1980 年的 0.43 上升至 2021 年的 0.768,2021 年在 191 个国家中列第 79 位,已进入高人类发展水平国家组(见图 1-3)。这主要得益于中国经济的快速增长与社会政策的进步。改革开放以来,中国的人类发展水平获得了巨大进步,居民生活水平快速提升、健康状况持续改善、受教育程度显著提高,居民的获得感、幸福感、安全感显著增强,实现了从低人类发展水平向高人类发展水平的跨越,成为人类发展历史上的一个奇迹。人类发展水平稳步上升,是目前世界上唯一一个由1990年时期的低人类发展水平组提升至高人类发展水平组的国家。人口健康状况进一步改善,人均预期寿命由1981年的67.8岁稳步提升到2022年的78.2岁,累计提高10岁。目前,中国居民的主要健康指标总体上优于中高收入国家平均水平,提前实现联合国千年发展目标。教育事业取得辉煌成就,九年义务教育巩固率达到93.8%,普及程度超过世界高收入国家平均水平。除了人类发展倡议的收入、健康和教育等三个组成部分之外,中国人类发展的其他方面也取得了显著进展。改革开放40余年来,中国在减贫方面取得了举世瞩目的成绩,2013年中国开始实施精准扶贫、精准脱贫战略,有效解决了"最后一公里"的问题,对于消除绝对贫困意义重大。以2010年国家贫困标准计算,1978—2019年,中国农村贫困发生率从97.5%下降到0.6%,农村贫困人口从7.7亿下降到550万,减少近7.65亿,占同期全球减贫人数的75%。2021年,中国政府宣布现行贫困标准下农村贫困人口全部脱贫,历史性地解决了绝对贫困问题。①

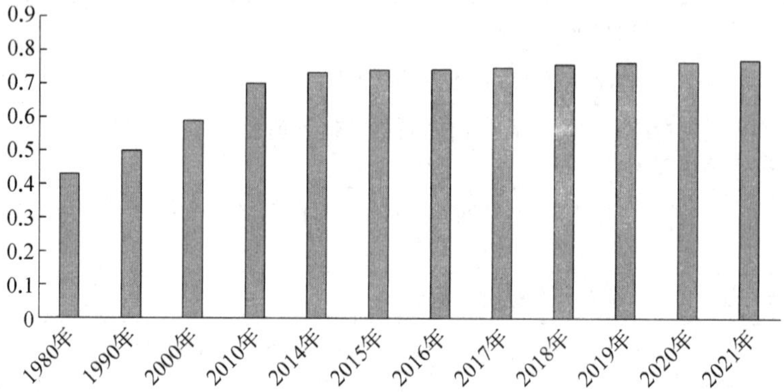

图1-3 中国人类发展指数的进步

二、中国的新发展理念

(一) 新发展理念提出的背景和意义

理念是行动的指南,发展理念是发展实践的制度基础。党的二十大报告强调,发展是党执政兴国的第一要务。实现高质量发展是全面建设社会主义现代化国家的首要任务。着力推进高质量发展,必须完整、准确、全面贯彻新发展理念。

在深刻总结国内外发展经验和深入分析国内外发展大势的基础上,2015年10月,党的十八届五中全会通过了《中共中央关于制定国民经济和社会发展第十三个五年规划的建议》,首次提出创新、协调、绿色、开放、共享的新发展理念。2017年10月,党的十九大报告将"坚持新发展理念"写入新时代坚持和发展中国特色社会主义的十四条基本方略之

① 财政部、国务院发展研究中心与世界银行:《中国减贫四十年:驱动力量、借鉴意义和未来政策方向》,2022,第3-4页,第7页。网址:http://www.cikd.org/detail? docId=1516697223440736257.

中，成为党和国家事业发展必须长期坚持和全面贯彻的基本方略。这为中国的高质量发展提供了根本遵循。

新发展理念，不仅对推进中国特色社会主义现代化建设具有重要的理论意义和现实意义，而且对发展中国家的经济发展同样具有重要的指导意义。20世纪80年代以来，一些发展中国家陷入"中等收入陷阱"，难以摆脱传统增长的范式，在探寻新的发展理念和发展道路上没有找到出路。中国的新发展理念提出了一系列关于发展战略、发展思路、发展方向、发展着力点和发展绩效等理论观点和实践路径。这对于发展中国家跨越"中等收入陷阱"同样具有普遍的理论价值和实践意义。新发展理念为构建基于中国实践的中国发展经济学提供了重要的理论基础。

(二) 新发展理念的内涵

新发展理念是指创新发展、协调发展、绿色发展、开放发展和共享发展。下文对新发展理念分别进行简要论述。

1. 创新发展

创新发展置于新发展理念之首。创新是经济发展的第一动力，是建设现代化经济体系的战略支撑。坚持创新发展，把创新摆在国家发展全局的核心位置，不断推进理论创新、制度创新、科技创新、文化创新等各方面创新，使创新永无止境，使创新成为引领增长和发展的内生动力。这体现了对人类社会发展规律的深刻认识。

创新驱动发展是我国经济发展阶段性变化和发展动力转换的客观要求。经过40多年的改革开放，中国已从要素、投资驱动转向创新驱动的发展阶段，稳居全球第二大经济体和第一贸易大国，但还不是经济强国、创新强国，关键领域核心技术受制于人的局面没有根本改变。现实中，中国创新能力不强，科技发展水平总体不高，科技对经济社会发展的支撑能力不足，科技对经济增长的贡献率远低于发达国家水平。随着国际竞争日趋激烈，全球新一轮科技革命和产业变革带来了重大机遇和挑战，把创新摆在国家发展全局的核心位置，进而依靠创新创造国际竞争力和建立国家竞争优势。这将摆脱过去依靠要素投入推动经济增长的路径依赖，探索走出一条适合中国情境的发展道路，找准新增长点和驱动力，抢占国际科技和产业的制高点，实现发展动力转换和经济持续发展，在国际竞争中走向前列。

2. 协调发展

协调发展是经济可持续发展的内在要求。协调既是发展手段，也是发展目标，同时还是评价发展的标准和尺度。协调发展不等于平衡发展，更不是平均发展。协调发展体现了辩证法，协调是发展平衡和不平衡的统一，是发展短板和潜力的统一。由平衡到不平衡再到新的平衡是事物发展的基本规律。所以，经济发展是否协调，要视经济发展阶段和发展实践而定。推进协调发展，需要找出短板，在补齐短板上多用力，通过补齐短板挖掘发展潜力、增强发展后劲。这就将协调发展与我国的发展战略联系起来了。

当前，中国发展质量、发展效益和发展后劲亟待提高，发展不平衡不充分的问题比较突出，特别是区域发展不平衡、城乡发展不平衡、产业结构不合理等矛盾仍很突出。中国发展失调是一个长期存在的问题，突出表现在产业、城乡、区域、经济和社会等方面。因此，要正确处理经济发展中的重大关系，着力推进产业、城乡、区域协调发展，促进经济社会协调发展，促进新型工业化、信息化、城镇化、农业现代化同步发展，在增强国家硬实力的同时持续提升国家软实力，不断增强发展的整体性。

3. 绿色发展

绿色发展是永续发展的基本条件和人与自然和谐共生的美好境界。绿色发展理念的提出，是对建立在科学发展观基础上的可持续发展理念的升华。绿色发展，并非传统意义上的关注环境保护、生态修复等问题，而是把马克思主义生态理论、世界各国的有益探索与我国绿色发展的实践相结合，将生态文明建设融入经济、政治、文化、社会建设的各方面和全过程，从而形成具有现实特征和中国情境的新发展理念，是对可持续发展理论的延伸和扩展，具有深刻的理论价值和实践意义。

一是在经济发展层面，绿色发展是依靠创新驱动的绿色低碳转型发展。现实中，传统产业、传统发展方式和发展路径所面临的可持续发展、效率增长的压力和难度越来越大，中国经济发展方式转变已经进入实现质的有效提升和量的合理增长、依靠创新驱动的发展阶段。绿色发展是科学发展，是"四化同步"的发展，是保护和改善生态环境就是保护和发展生产力的发展。绿色发展，要求建构科技含量高、资源消耗低、环境污染少、绿色低碳的产业结构、生产方式和生活方式，实现经济社会的绿色低碳转型和培育绿色低碳的产业链和增长点。

二是在政治建设视角，绿色发展是嵌入党和政府执政兴国全过程的、行动自觉的、更高境界的发展哲学。绿色发展理念要求党和政府持续提高执政兴国的能力和水平，坚持节约资源和保护环境的基本国策，坚定走生产发展、生活富裕、生态良好的文明发展道路，创造人类文明新形态，实现中华民族的永续发展。

三是从自然生态环境来看，绿色发展是创造生态财富，是实现可持续发展，人与自然是生命共同体，真正建立人与自然和谐共生的世界。绿色发展的理念，是把生态文明建设放在突出地位，将生态文明建设融入经济社会发展全过程和各环节，实现经济社会发展与生态文明水平的协同提升。绿色发展理念破除了"发展"与"绿色"之间的二元对立，实现生态文明建设与经济社会的一体化发展，彻底摆脱"先污染后治理"和"边污染边治理"的传统路径依赖，从而走出经济社会可持续发展的新路径。

4. 开放发展

开放发展是国家自立自强、繁荣富强的康庄大道。改革是推进中国经济发展的内生动力，开放同样是促进中国经济发展的强大动力。推进高水平对外开放，以开放促改革发展，在改革发展中扩大对外开放，稳步扩大规则、规制、管理、标准等制度型开放，是中国增长和发展不断取得成功的重要法宝。开放发展的理念，是中国向世界宣布"中国开放的大门永远不会关上"，并揭示了"中国的命运与世界的命运息息相关"的内在共赢逻辑。中国主张，中国和世界共同构建人类命运共同体。

当前，中国正处于中高收入跨入高收入国家门槛的敏感时期，中国同国际社会的互联互动空前紧密，国际经济合作和竞争局面正在发生深刻变化，全球经济治理体系和规则正在面临重大调整。这意味着中国要依托超大规模的市场优势，以国内大循环吸引全球资源要素，推进国内国际双循环协同发展，增强国内国际两个市场两种资源两类规则的联动效应，持续提升国际贸易投资合作的质量和水平。过去 40 多年，中国是对外开放和经济全球化的受益者，未来在开放发展中，中国要主动担当经济全球化的引领者，积极参与全球经济治理和公共产品供给，提高中国在全球经济治理中的制度性话语权。在开放发展中，中国要构建世界一流宜商环境，加快建设贸易强国，提升 FDI、OFDI 的质量和水平，稳步推进资本市场开放，有序推进人民币国际化，深度参与全球产业分工和合作，不断提高在全球价值链、创新链、产业链、供应链中的地位，增强应对全球危机的经济韧性。开放发展要推进高水平对外开放，内含主动开放、双向开放、公平开放、全局开放和共赢开放等思想。

5. 共享发展

共享发展是中国社会主义建设的本质要求，是社会主义发展的根本目的。共享发展理念注重解决社会公平正义问题，实质上是坚持以人民为中心的发展思想，体现逐步实现共同富裕的要求。因此，共享发展是全民共享、全面共享、全民共建、渐进共享的社会主义建设的历史过程。

当前，中国经济发展的“蛋糕”越做越大，人民生活水平、居民收入水平、社会保障水平持续提高。但是，分配不公问题比较突出，收入差距、城乡区域公共服务水平差距较大，在共享改革发展成果上还有不完善的地方。未来既需要继续做大“蛋糕”，也需要把“蛋糕”分公平，让广大人民群众共享改革发展成果，是社会主义的本质要求，是社会主义制度优越性的集中体现，是党坚持全心全意为人民服务根本宗旨的重要体现。因此，必须坚持发展为了人民、发展依靠人民、发展成果由人民共享，做出更有效的制度安排。在政策指向上和实际工作中，要全面解决好人民群众关心的教育、就业、收入、社保、医疗卫生、食品安全等问题，使发展成果更多更公平更实在地惠及广大人民群众，使全体人民在共建共享发展中有更多获得感和幸福感。共享发展理念，是共同富裕理论的新发展。所以，要着力落实共享发展理念，进而努力实现共同富裕的目标。

（三）新发展理念之间的关系

新发展理念并非相互独立的五个理念，新发展理念是一个不可分割的完整系统的理论体系。这五大发展理念的内涵和指向相互依存、相得益彰，形成一个有机的整体。新发展理念作为一个集合体，五大发展理念相互贯通、相互促进、内在关联，不可相互替代，要深刻理解、整体把握、全面贯彻、统一落实，不可顾此失彼。这五大发展理念，创新是第一动力，协调是内生特征，绿色是普遍形态，开放是制度基础，共享是根本目的，集合成一个整体，构成推进高质量发展和现代化建设的生生不息的动力之源。

新发展理念是完整系统的发展理论创新，将贯穿高质量发展阶段和现代经济体系建设的全过程，是中国式现代化建设的理论指针和实践指南。创新发展是从发展要素和发展动力来说的，要把要素驱动、投资驱动的经济发展方式转变为创新驱动的经济发展方式。这就要实施创新驱动发展战略，加快实现高水平科技自立自强，积聚力量进行原创性引领性科技攻关，增强自主创新能力，推进创新链产业链资金链人才链深度融合，聚力获取后发优势和建立先发优势，进而促进科技进步和全要素生产率提高。协调发展是从结构转型和平衡发展来说的，由非平衡发展战略转换为平衡发展战略，着力推进新型工业化、信息化、城镇化和农业现代化同步发展，实现需求结构、产业结构、城乡结构、区域结构协调发展，坚持经济建设、政治建设、文化建设、社会建设、生态文明建设和国防建设的均衡发展，提升协调发展的关联效应和正向溢出效应。绿色发展是从资源环境生态与经济发展关系视阈来说的，坚持绿色富国、绿色惠民，努力为民众提供更多优质生态产品和大力创造生态财富，实现经济与资源环境生态的可持续发展，实现人与自然的和谐共生。开放发展是立足全球的战略思维，要通过高水平对外开放，吸引和利用全球资源要素和市场，开拓创新，持续获得比较优势并建立竞争优势。在开放发展中，不断主动与外界交换信息和能量，学习和交流先进经验、先进科学技术和技能，持久提升学习能力，进而引入或建立新的生产函数，持续获取溢出效应和学习效应。共享发展是针对社会公平正义和共同富裕而言的，要着力改革和完善收入分配制度，合理安排国民收入分配在国家、企业、居民的比例，扭转收入分配差距扩大的趋势直至最终缩小收入分配差距，大力培育中等收入阶层，坚决守住不发生规模性返贫底线，逐步实现共同富裕目标，为持续增长奠定坚实基础。新发展理念覆盖发展经济学的基本问题，是发展理论的高度升华，是发展实践的行动指南。

三、中国的发展目标与中国式现代化①

现代化是发展中国家经济发展过程中共同追求的愿景和目标。现代化的本质是从传统社会向现代社会转型，主要包括结构转型和体制转型。现代化是一个世界性现象，是人类从农业文明向工业文明的转变，是一场人类经济社会形态的全方位革命性转型。现代化的一般特征：第一，现代化是从传统社会向现代社会转变的过程。第二，现代化是一个全方位的转变过程，现代化发展意味着整个系统的上升运动。第三，现代化是一个动态概念，具有时代性和阶段性的特征。第四，现代化道路的多样性。发展中国家的国情和文化不同，因而理应选择适合本国的现代化道路。

中国的现代化进程经历了资本主义“近代化”与社会主义“现代化”两大历史阶段。历史证明，中国近代资本主义化的现代化未能取得成功。新中国成立后，中国的现代化进程步入社会主义工业化、现代化阶段。经过70多年的艰苦探索和成功实践，中国式现代化正由追赶型现代化逐步转向赶超型现代化，创造人类文明新形态。

(一) 20世纪50年代到70年代末制定的奋斗目标：从实现工业化到实现四个现代化

中国从落后的农业国变为先进的工业国，是中国共产党人孜孜以求的奋斗目标。早在1945年，毛泽东在《论联合政府》的著名讲话中就提出：“在新民主主义的政治条件获得之后，中国人民及其政府必须采取切实的步骤，在若干年内逐步地建立重工业和轻工业，使中国由农业国变为工业国。”新中国成立之时，面对旧时代的经济遗产，在医治好战争创伤、基本恢复国民经济之后，中国共产党和中国政府就把工业化摆上重要的议事日程，提出“要在一个相当长的时期内，逐步实现国家的社会主义工业化”。1954年，第一届全国

① 参阅高波、吕有金：《中国式现代化道路：理论逻辑、现实特征与推进路径》，《河北学刊》，2022年第6期。

人民代表大会第一次提出工业、农业、交通运输业和国防四个现代化。1964年,第三届全国人民代表大会提出,建设现代农业、现代工业、现代国防和现代科学技术的社会主义强国。

随着实践的发展和认识的深化,20世纪60、70年代,中国形成了建设四个现代化的奋斗目标,提出"从第三个五年计划(即1966年)开始,我国国民经济的发展,可以按两步来设想:第一步,用十五年时间,即在1980年以前,建成一个独立的比较完整的工业体系和国民经济体系;第二步,在20世纪内,全面实现农业、工业、国防和科学技术的现代化,使我国国民经济走在世界的前列"。

(二)20世纪70年代末到21世纪初修订的奋斗目标:从解决温饱到实现小康,再到全面建设小康社会

改革开放以来,中国的发展进入了新的历史时期。1970年代末,在"四个现代化"基础上,邓小平首次提出"中国式现代化"概念。邓小平强调"能否实现四个现代化,决定着我们国家的命运、民族的命运"①。指出:"我们的现代化建设,必须从中国的实际出发。"②"要适合中国情况,走出一条中国式的现代化道路"③。

1987年,召开的中共第十三次代表大会上,系统阐述了中国现代化建设三步走的战略部署,即第一步,实现国民生产总值比1980年翻一番,解决人民的温饱问题。第二步,到20世纪末,使国民生产总值再增长一倍,人民生活达到小康水平。第三步,到下个世纪中叶,人均国民生产总值达到中等发达国家水平,人民生活比较富裕,基本实现现代化。

2002年,党的十六大郑重地宣告,"我们胜利实现了现代化建设'三步走'战略的第一步、第二步目标,人民生活总体上达到小康水平"。然而生产力依然不够发达,在发展过程中出现了城乡差距、地区差距和居民收入差距扩大的趋势,所达到的小康"还是低水平的、不全面的、发展很不平衡的小康"。因此,这次会议提出了全面建设小康社会的总目标,并从经济建设、政治建设和文化建设等方面提出了一系列具体目标,包括到2020年,在优化结构和提高效益的基础上,力争使国内生产总值比2000年翻两番,基本实现工业化;工农差别、城乡差别和地区差别扩大的趋势逐步扭转,人民过上更加富足的生活;形成比较完善的现代国民教育体系、科技和文化创新体系、全民健身和医疗卫生体系;可持续发展能力不断增强,生态环境得到改善等。

党的十六大之后,中国经济延续了前20多年高速增长的态势,现代化建设在各个领域都取得了新的重要进展。同时,快速发展过程中形成的结构性矛盾依然存在,有些矛盾进一步凸显。根据新的形势,党的十七大对于全面建设小康社会,提出了一系列新的更高要求,主要包括增强发展协调性,转变发展方式取得重大进展,在优化结构、提高效益、降低消耗、保护环境的基础上,实现人均国内生产总值到2020年比2000年翻两番;扩大社会主义民主,更好保障人民权益和社会公平正义;加强文化建设,明显提高全民族文明素质;加快发展社会事业,全面改善人民生活;建设生态文明,基本形成节约能源资源和保护

① 《邓小平文选》(第二卷),人民出版社,1994,第162页。
② 《邓小平文选》(第三卷),人民出版社,1993,第2页。
③ 《邓小平文选》(第二卷),人民出版社,1994,第163页。

生态环境的产业结构、增长方式、消费模式等。

（三）21世纪20年代到21世纪中叶的奋斗目标：全面建成小康社会到建设社会主义现代化强国

党的十八大进一步提出两个"百年奋斗目标"：一个是在中国共产党成立一百周年时全面建成小康社会；一个是在新中国成立一百周年时建成富强民主文明和谐的社会主义现代化国家。党的十九大提出从2020年到21世纪中叶分两个阶段安排。第一阶段，从2020年到2035年，在全面建成小康社会的基础上，基本实现社会主义现代化。第二个阶段，从2035年到21世纪中叶，把我国建成富强民主文明和谐美丽的社会主义现代化强国。

党的十九大报告指出，我国经济已由高速增长阶段转向高质量发展阶段，正处在转变发展方式、优化经济结构、转换增长动力的攻关期，建设现代化经济体系是跨越关口的迫切要求和我国发展的战略目标。这是党的十九大首次提出现代化经济体系概念，现代化经济体系建设的目标是要实现高质量发展，推动经济发展质量变革、效率变革和动力变革，提高全要素生产率。党的十八届五中全会首次提出创新、协调、绿色、开放、共享的新发展理念，并贯穿高质量发展阶段和中国式现代化建设的全过程。党的十九届六中全会通过的《中共中央关于党的百年奋斗重大成就和历史经验的决议》指出："党领导人民成功走出中国式现代化道路，创造了人类文明新形态，拓展了发展中国家走向现代化的途径。"党的二十大报告指出，中国式现代化是人口规模巨大的现代化，是全体人民共同富裕的现代化，是物质文明和精神文明相协调的现代化，是人与自然和谐共生的现代化，是走和平发展道路的现代化。

中国式现代化在吸收和借鉴西方现代化经验的基础上，基于国情，走中国特色的现代化道路，开创了世界现代化发展的新范式。这对于那些致力于谋求现代化的广大发展中国家而言，提供了可行的全新的发展范式和借鉴价值。中国式现代化是中国人民长期探索的结果，并为世界繁荣和发展注入了新动力。中国式现代化，坚持"四化同步"发展，实现全体人民共同富裕，追求人与自然和谐共生。中国式现代化的生动实践，为世界现代化提供了中国经验和中国智慧，为解决世界现代化难题贡献中国方案。

本章小结

经济发展比经济增长包含的内容更为丰富，除了包括经济增长之外，还包括经济结构的变化。发展是一个改进人们生活质量的过程，既增加GDP，又改善分配，增长数量和质量均得到提高。罗斯托的六阶段说、钱纳里产业升级阶段理论和波特的四阶段说是影响较大的发展阶段理论。

经济学产生以来，一直就有经济发展思想。发展经济学自20世纪40年代末期建立以来，经济发展理论范式经历了两次重大的转变，发展理论趋向多元化。

从经济发展的含义出发，依据对发展目标的理解，设计一套符合经济发展内在要求的度量指标体系，一直是理论界争论的热门话题。相对于传统的人均国民生产总值和人均国民收入，人类发展指数成为当前应用较为广泛的指标体系。

发展中国家在确立发展目标的过程中，必须在满足基本需求的基础上结合各国文化传统，因而体现出发展目标的多元化趋势。经过半个多世纪的发展实践，国际社会特别是发展中国家对于发展的目标的认识更加合理，这一目标集中体现在189个国家在2000年通过的《联合国千年宣言》中。以2015年为转折点，联合国的发展目标实现了从千年发展目标向可持续发展目标的转变。

新中国成立以来，在农业国的基础上开始了快速工业化和现代化的进程，经历了改革开放前经济起飞的助跑期，改革开放后成功完成了经济起飞，稳居高人类发展水平国家组，创造了世界经济发展史上的"中国奇迹"。党的十八届五中全会通过了《中共中央关于制定国民经济和社会发展第十三个五年规划的建议》，首次提出创新、协调、绿色、开放和共享的新发展理念，这将贯穿高质量发展阶段和现代化建设的全过程。中国经济社会发展目标不断调整，1978年以前，发展目标从实现工业化调整为实现四个现代化；1978年以来，从解决温饱到实现小康，再到全面建成小康社会的调整，建成富强民主文明和谐美丽的社会主义现代化强国。党的二十大擘画了到2035年和21世纪中叶推进中国式现代化建设的宏伟蓝图，进而实现中华民族伟大复兴。

本章思考题

1. 增长与发展的区别和联系是什么？
2. 如何理解发展的目标？
3. 阐述经济发展的阶段理论，并做比较分析。
4. 试对发展经济学的三种理论范式进行比较分析。
5. 简述新发展理念的内容以及不同发展理念之间的关系。

第二章　经济增长理论和增长核算

尽管现实中仍然存在没有发展的增长，但可持续增长彻底改变了人类的生存方式和生活质量。伴随着长期经济增长，人类的生产方式、生产力、生产关系和经济结构，以及政治结构和社会结构发生了深刻的变化。经济增长的重要性不言而喻，它能满足人们日益增长的物质文化生活需要，是一国从贫穷走向富裕，从弱国走向强国，并不断提升国家竞争优势的核心支柱。探求经济增长的奥秘是经济学最迷人的领域所在。长期以来，人们不懈追求，试图发现经济增长的源泉，揭开经济增长的秘密，探索经济增长的规律。新中国成立以降，尤其是改革开放以来，作为人口规模最大的巨型经济体，中国创造了世界经济增长史上的“中国奇迹”。中国经济增长的理论和实践，为其他后发的发展中国家提供了普遍的经验借鉴。

第一节　经济增长的历史分析和典型事实

一、经济增长的历史分析

经济增长由真实人均收入的变化率来度量，年增长率为1%的国家每70年使其生活水平提高1倍，而年增长率为3%的国家每25年使其生活水平提高1倍。可见，经济增长率的持续差距会产生生活水平的显著差异。

增长总是包含一个纯人口部分和一个纯经济部分，为此，我们将产出增长率分解为两个部分，即人口增长率和人均产出增长率。① 如果产品增长比人口增长快，则会出现经济增长。② 而人口增长终将成为经济增长的根本动力。由表2-1可以看出，从18世纪开始的现代经济增长起飞时期，GDP年增长率相对温和，增长率中的人口部分和经济部分所占的份额大致相同。1700—2012年全球GDP的年均增长率为1.6%，其中人口和人均GDP的增长率均为0.8%。全球人口增长率在1913—2012年达到1.4%，远远高于1700—1820年和1820—1913年的0.4%～0.6%，其中亚洲和非洲在1913—2012年达到前所未有的1.5%和2.2%的年增长率。与之相对，1700—1913年，欧洲的人口增长率达到历史峰值，但在1913—2012年出现回调，增速下降了一半，1913—2012年约为0.4%，远远低于1820—1913年的0.8%，出现了所谓的“人口转型”现象，即预期寿命的持续提高不再抵消出生率的降低，人口增长速度逐渐回到较低的水平。如图2-1所示，经济增长

① ［法］托马斯·皮凯蒂：《21世纪资本论》，巴曙松等译，中信出版社，2014，第73页。

② ［美］道格拉斯·C. 诺思、罗伯斯·托马斯：《西方世界的兴起》，厉以平、蔡磊译，华夏出版社，1999，第12页。

起飞花费了很长时间，整个 18 世纪的人均 GDP 增长率 0.1%，直到 19 世纪开始提高，至 20 世纪才真正成为普遍现象。全球人均 GDP 在 1950—1990 年的年增速超过 2%，主要是由于欧洲国家的追赶，在 1990—2012 年又超过了 2%，主要得益于亚洲国家的追赶，尤其是中国（这段时间中国的官方统计显示年增长率超过 9%）。

表 2-1 工业革命前后的世界、欧洲、美洲、非洲和亚洲的增长状况

地区	指标	1700—1820 年	1820—1913 年	1913—2012 年	1700—2012 年
世界	人口增长率(%)	0.4	0.6	1.4	0.8
	人均 GDP 增长率(%)	0.1	0.9	1.6	0.8
	GDP 增长率(%)	0.5	1.5	3	1.6
欧洲	人口增长率(%)	0.5	0.8	0.4	0.6
	人均 GDP 增长率(%)	0.1	1	1.9	1
	GDP 增长率(%)	0.6	1.8	2.3	1.6
美洲	人口增长率(%)	0.7	1.9	1.7	1.4
	人均 GDP 增长率(%)	0.4	1.5	1.5	1.1
	GDP 增长率(%)	1.1	3.4	3.2	2.5
非洲	人口增长率(%)	0.2	0.6	2.2	0.9
	人均 GDP 增长率(%)	0	0.4	1.1	0.5
	GDP 增长率(%)	0.2	1	3.3	1.4
亚洲	人口增长率(%)	0.5	0.4	1.5	0.8
	人均 GDP 增长率(%)	0	0.2	2	0.7
	GDP 增长率(%)	0.5	0.6	3.5	1.5

资料来源：piketty.pse.ens.fr/capital21c.

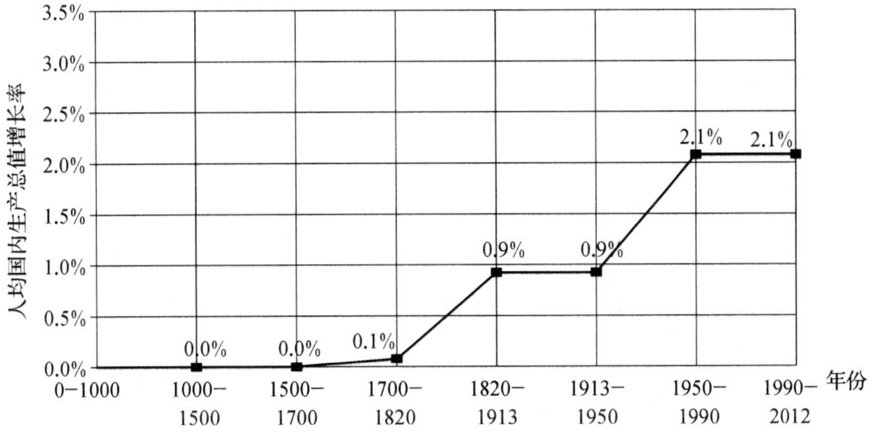

图 2-1 从古代到 2012 年全球人均国内生产总值增长率

资料来源：piketty.pse.ens.fr/capital21c.

安格斯·麦迪森的研究表明，从中世纪到工业革命时期的经济增长微乎其微，从19世纪早期阶段到第一次世界大战，经济增长显著加速。第一次世界大战间的经济萧条，以及第二次世界大战使得增长放慢。第二次世界大战后，各国迎来了经济增长的黄金年代及史无前例的经济快速扩张期。考虑到这一时期人口的加速增长，经济增长更为非凡。随着1973年石油危机的爆发，经济增长再次放缓。总体来看，19世纪以前，传统农业主导经济的命脉，国家之间的收入差距是微不足道的。19世纪，人均收入的年均增长率达到1%，20世纪则超过了2%。人均收入水平的快速增长极大地提高了普通老百姓的福利和经济能力。

在世界经济增长的同时，各国之间的增长速度并不相同。在过去的300年，随着工业革命在某些国家产生，那些国家便率先进入经济高速增长的阶段，世界各国间的收入差距也因此拉大了。数据表明，目前最富裕国家（瑞士）的人均收入大约是最贫穷国家（布隆迪）的400多倍。纵观历史，发达国家的增长路径大致相仿，而贫穷国家的经济一直停滞不前。由于发达国家在持续增长，因此它们与穷国之间的差距还在扩大。

根据历史数据，我们可以追踪各国长期增长的情况，以及国家之间收入分配的格局（见图2-2）。曲线Ⅰ代表美国、英国、加拿大、澳大利亚和新西兰，与世界其他国家一样，人均收入水平在1800年以前长期停滞不前。然而，从1800年开始，这些国家作为一个群体率先迎来了经济持续较快增长的时期。图2-2中的曲线Ⅱ代表日本。虽然19世纪下半叶启动了工业化进程，但早期日本人均收入的增长一直比较缓慢。在1950年前后，开始了突飞猛进的增长，20世纪末已接近第一组发达国家的水平。曲线Ⅲ代表西欧国家，它们的工业化起步较早，1925年人均收入已达到相当高的水平。此后，这些国家的经济增长同日本的情形相似，明显加快了。曲线Ⅳ代表东欧国家，它们的发展水平与发达国家始终存在差距，但在1950年后，增长速度明显提高。曲线Ⅴ代表巴西、俄罗斯、印度、中国以及南非在内的金砖国家，整体呈现稳步上升的趋势，这些国家的发展水平和发达国家仍然有很大差距。另外一个引人注目的事实是，非洲国家（曲线Ⅵ）的人均收入水平长期停滞在勉强维持生计的水平，其中一些最贫穷的国家至今尚未呈现增长的迹象。

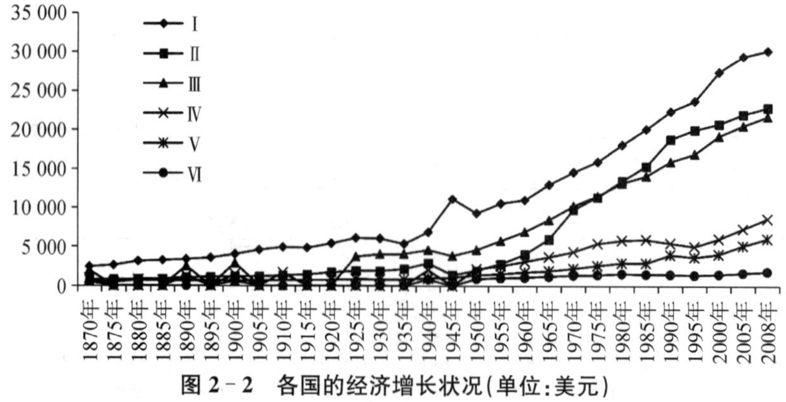

图2-2 各国的经济增长状况(单位:美元)

注：Ⅰ代表美国、英国、加拿大、澳大利亚和新西兰，Ⅱ代表日本，Ⅲ代表西欧，Ⅳ代表东欧，Ⅴ代表巴西、俄罗斯、印度、中国以及南非在内的金砖国家，Ⅵ非洲。1870—1998年是实际数，1999—2008年是预测数。

资料来源：http://www.ggdc.net/maddison/maddison-project/data.htm.

二、经济增长的典型事实

尼古拉斯·卡尔多(Nicholas Kaldor)认为经济理论家应以对一理论所试图解释的“典型”事实的总结作为研究开端，秉承这一思想，他通过对统计资料分析，在1958年的演讲中提出了关于资本主义经济增长的六个“典型事实”(Stylized Facts)①：① 产出和劳动生产率以稳定的比率持续增长；② 每个工人的资本数量持续增长；③ 利润率水平从长期看是稳定的，但在短期是波动的并与投资的波动相联系；④ 在长期，资本产出比是稳定的；⑤ 利润在收入中的比率是稳定的；⑥ 劳动生产率的增长和总产出的增长在不同国家呈现巨大差异。这些“典型事实”表明，从长期看，经济增长率、劳动生产率和工资率是稳定增长的；虽然资本—劳动比率持续增长，但资本—产出比率、利润率、利润和工资的收入分配比率是稳定的。所有这些变量随着经济周期而波动。这些从统计资料中得出的“典型事实”具有令人惊奇的规则性，以至于经济学家不得不对照这些“典型事实”检验自己的理论或做出新的解释。查尔斯·琼斯(Jones)②在卡尔多研究的基础上，在20世纪经济增长的基础上，进一步总结了经济增长方面的主要事实，他认为世界经济增长存在着以下突出的事实。

事实1，国家间在人均收入方面存在巨大差异，最贫穷国家的人均收入比最富裕国家人均收入的5%还要少。例如，1990年，印度和津巴布韦只有1 000美元左右的人均GDP，只比美国人均GDP的5%稍多，撒哈拉沙漠以南的非洲国家甚至更穷。一个代表性的埃塞俄比亚或乌干达工人必须工作一个半月才能挣到一个代表性的美国工人一日所得，埃塞俄比亚GDP中约有40%花在食品上，而在美国只有7%。

事实2，经济增长率在国家间有显著的差异。增长率方面一个微小的差别可以导致在人均收入方面产生巨大的差距，随着时间的推移，那些负增长或低增长国家的人均收入与高增长国家之间的鸿沟会越来越大。

事实3，增长率并不一定长期保持稳定。

事实4，各国在世界人均收入分布中的相对位置并非不变，各国均可以从穷国变为富国，反之亦然。

琼斯认为上述4个事实可以广泛应用于世界各国，而后他又列举出了美国经济增长的一些特征，这些特征也为大多数国家在“长期”中所具有。

事实5，美国在19世纪，经济增长具有三个特征。① 资本的实际回报率 r，并没有显示出上升或下降的趋势；② 收入中归于资本及劳动的部分 rK/Y、wL/Y 均没有显示什么趋势；③ 人均产出的平均增长率为正并相对不变，这意味着，美国显示出稳定持续的人均收入增长。

事实6，产出的增长与国际贸易量的增长两者紧密相关。

事实7，熟练和非熟练劳动力倾向于从贫穷国家或地区向富裕国家或地区移民。虽然这种劳动力迁移的成本可能很高，但它告诉我们关于真实工资的一些信息，在高收入地

① Nicholas Kaldor, “Capital Accumulation and Economic Growth”, *The Theory of Capital*, 1961(5), 177-222.

② [美]查尔斯·I. 琼斯：《经济增长导论》，舒元等译，北京大学出版社，2002，第1-15页。

区，熟练及非熟练劳动力的回报一定是高于低收入地区，否则，劳动力将不会愿意支付迁移的高成本。就熟练劳动力而言，这种情形引出一个有趣的谜：假定熟练劳动力在发展中国家是稀缺的，显然可以获得最高的要素报酬。那么，为什么熟练劳动力不会移民到发展中国家？

查尔斯·琼斯和保罗·罗默（Jones & Romer）总结了新的典型化事实①：① 市场范围的扩大。全球化和城市化促进了货物、创意、资金和人员的流动，进而扩大了所有劳工和消费者的市场范围。② 加速增长。几百年来，人口和人均 GDP 的增长在加速，从几乎为零增加到 20 世纪观察到的较快增长。③ 现代增长速度的差异。人均 GDP 增长速度的差异随着与前沿科技水平的差距增加而增大。④ 较大的收入和全要素生产率（TFP）差异。投入的不同只能解释人均 GDP 跨国差异中的不到一半。⑤ 工人人均人力资本增加。世界各地的人均人力资本大幅度增加。⑥ 相对工资的长期稳定。人力资本相对于非熟练工人而言不断增加，但这种量的增加并没有造成其相对价格的不断下降。

上述有关经济增长的典型事实表明，作为一种现象，经济增长是有规律可循的，是由一定内在机制决定的。这就要求对增长现象做出合理的经济解释，即对增长的决定因素和其源泉进行深入探索。这一工作一方面表现为各种增长模型的建立和扩展；另一方面则表现为对各个增长要素的细致分析，结合这些理论成果，人们对于经济增长现象及其本质有了更为深刻的认识。

三、全球化与经济增长的典型特征②

1820 年以来，人类经历了两波经济全球化。大多数经济史学家认为，1914 年之前 100 年的全球化，是第一波全球化。这是以英国为首的西方市场经济国家，发动了第一波全球化浪潮。之后全球化遭遇逆流。二战结束后，在美国等国的推动下第二波全球化兴起。全球化对世界经济发展产生了深刻的影响，世界经济表现出一些典型特征或事实。

事实 1，全球化进展显著时期，人口、人均 GDP、商品出口增长更快，而资本收益率相对稳定且快于经济增长率。全球化发展时期，全球增长超过了全球化停滞时期，这既是贸易增长的原因亦是它的结果。

事实 2，全球化不会自动地对所有国家产生溢出效应，并不意味着所有经济体出现相似的增长，同一经济体在不同时期经济增长速度不同，不同经济体经济增长速度存在显著差异。

事实 3，全球化是一个渐次推进的过程，全球化的水平和程度虽有波折但总体呈上升之势。在第二波全球化期间，全球货物和服务贸易发展、国际资本流动表现十分亮眼，成为全球化的一个重要特征。

事实 4，第二波全球化期间，全球直接投资活动蓬勃发展，外商直接投资（FDI）和对外直接投资（OFDI）活跃的经济体，在全球直接投资活动中扮演了重要的角色。

事实 5，全球化重塑世界经济地理，世界各国和地区深度融入全球产业链、价值链和创新链。20 世纪 90 年代以来，世界上构建了由国际大买家或跨国公司所主导和控制的

① Charles. I. Jones, Paul. M. Romer, "The New Kaldor Facts: Ideas, Institutions, Population, and Human Capital", *American Economic Journal: Macroeconomics*, 2010, 2(1): 224 - 245.

② 高波：《全球化转型发展与中国角色》，《浙江工商大学学报》，2022 年第 2 期。

全球产业链和全球价值链(简称 GVC)的生产分工体系。已经或正在融入全球化的国家和地区,一般在全球生产分工体系中都占据一席之地。创新链对于全球产业链、价值链的构建和拓展发挥着核心功能。世界各国 R&D 的总投入在全球所处的位置,与参与全球价值链分工的产出占世界总产出的比重有很强的关联性。

事实 6,全球化促进了新创意的产生,推动了知识的扩散和传播,这促使发达国家更加趋同,而发展中国家依靠提高科技水平、专业知识及技能和鼓励大规模的教育、培训投入可以引致追赶型增长。

事实 7,全球化降低了人口迁移的成本,熟练和非熟练劳动力倾向于从贫穷国家或地区向富裕国家或地区移民。

第二节 经济增长模型

一、哈罗德-多马模型

哈罗德-多马模型作为经济增长模型的开端,是范式Ⅰ的重要基础,代表了该时期对经济增长机制与对策的认识。为了使凯恩斯的理论长期化和动态化,1939 年,哈罗德(Harrod)在英国的《经济学杂志》上发表了《论动态理论》一文。① 1948 年,他在此文基础上写成《动态经济学导论》一书,进一步阐述了他的经济增长思想。② 1946 年 4 月,多马发表了有关经济增长的论文《资本增长、经济增长率和就业》,在这篇论文里,他研究了美国经济衰退与投资之间的关系。③ 虽然这篇论文的本意并不在于研究经济增长,但多马的增长模型与哈罗德模型被合称为哈罗德-多马增长模型,已经成为经济史上最广泛应用的增长模型。

哈罗德-多马模型以下列假定为前提:① 将一个社会生产的多种多样的产品抽象地综合为一种产品。这种产品用于满足个人消费之后的剩余产品,可作为追加投资所需要的生产资料,继续投入生产。② 只有两种生产要素,劳动是除资本以外的另一种生产要素。并且,资本与劳动、资本与产量的配合比率是固定的。③ 不管生产规模大小,单位产品生产成本不变,也就是说,规模报酬不变。但如增加两种要素中的一种,则受收益递减规律的支配。④ 不存在技术进步。以这些假定为前提,哈罗德-多马模型具体考察了稳态经济增长所需具备的条件。

为了替换陈旧的或磨损了的资本物(建筑物、设备和材料),任何一种经济都必须将其国民收入的一个既定比例用于储蓄。然而,为了实现增长,必须有体现资本形成净增长额的新投资。假定在总资本 K 和国民生产总值 Y 的规模之间存在被称为资本—产出比的经济关系,资本—产出比为 k。进一步假定国民储蓄率 s,是国民总产出的固定比率,新的总投资取决于总储蓄水平,这样,就可以建立起经济增长的简单模型。

---

① Harrod R F, "An dynamic theory", *The Economic Journal*, 1939, 49(193): 14 - 33.

② Harrod R F, "Towards a dynamic economics", *Macmillan*, 1948.

③ Domar E D, "Capital Expansion, Rate of Growth, and Employment", *Econometrica*, 1946, 14(2): 137 - 147.

(1) 储蓄(S)是国民收入(Y)的某种比率 s,即

$$S = sY \tag{2.1}$$

(2) 假定净投资(I)为资本存量 K 的增加额,用 ΔK 表示,则

$$I = \Delta K \tag{2.2}$$

由于总资本存量 K 与整个国民收入或产出 Y 存在比率关系,从而有

$$\frac{\Delta K}{\Delta Y} = k \tag{2.3}$$

(3) 由于国民总储蓄必须与总投资 I 相等,即 $S = I$,可以得出

$$sY = k\Delta Y \tag{2.4}$$

再将式(2.4)两边先被 Y 除,再被 k 除,便可得到哈罗德-多马模型的简洁表达形式。

$$\frac{\Delta Y}{Y} = \frac{s}{k} \tag{2.5}$$

该方程简明扼要地表述了国民生产总值的增长率$\left(\frac{\Delta Y}{Y}\right)$是由国民储蓄率 s 和资本—产出比率 k 共同决定的。这一结果反映了在没有政府干预的情况下,国民收入的增长率和储蓄率之间的直接或正向关系,而与经济中的资本—产出比成反向或负的关系。哈罗德-多马模型作为制定计划的理论基础或一种预测手段,在许多国家得到了应用。这一模型的主要魅力也许在于它的简洁性。如果相对稳定,根据基本方程式,增长率与储蓄率正相关。为了实现某一目标增长率,只要取得该增长率所需要的储蓄率就可以了。反过来,如果估算出可能达到的储蓄率,该方程式可以告诉人们国民收入的增长率可能是多少。

二、新古典增长模型

运用新古典方法研究经济增长问题开始于索洛(Solow, 1956)①和斯旺(Swan, 1956)②的论文,在经过卡斯和库普曼斯的改造之后,逐步形成了一个具有新古典范式的经济增长理论。新古典增长模型既是范式Ⅱ的核心基础,也是发展理论演进的重要标志。新古典增长模型是在哈罗德-多马模型基础上通过将第二个要素劳动和第三个独立的变量技术引入拓展而成。与哈罗德-多马模型中固定系数和规模报酬不变的假设前提不同,新古典增长模型认为,当分别讨论劳动和资本的报酬时,报酬是递减的,而当两个要素结合在一起时,其报酬是不变的。外生决定的技术进步对长期增长中的残值因素做出了解释。

(一) 总量生产函数

新古典增长模型的核心是新古典生产函数,如果忽略技术变化,假定总产量变化是由两种要素—资本和劳动生产出来的,则有总量生产函数:

$$Y = F(K, L) \tag{2.6}$$

① Slow Robert M, "An Contribution to the theory of economic growth", *Quarterly Journal of Economics*, 1956, 70(2): 65 - 94.

② Swan T W, "Economic Growth and Capital Accumulation", *Economic Record*, 1956(32): 334 - 361.

式中，Y 是产出，K 是资本，L 是劳动。索洛的目的，是考察和论证"有保证的和自然率的基本对立"的特殊性质，其论文(1956)大部分专门论述一个长期增长模型，该模型接受除固定比例以外的所有哈罗德-多马假定。具体来看，这一生产函数满足如下性质：

(1) 对所有 $K>0, L>0$，有 $F(\cdot)$ 关于每一投入具有正的和递减的边际产品：

$$\frac{\partial F}{\partial K}>0, \frac{\partial^2 F}{\partial K^2}<0$$

$$\frac{\partial F}{\partial L}>0, \frac{\partial^2 F}{\partial L^2}<0$$

(2) $F(\cdot)$ 具有规模不变收益，即

$$F(\lambda K, \lambda L)=\lambda F(K, L), \lambda>0$$

(3) $F(\cdot)$ 满足稻田(Inada)条件，即

$$\lim_{K \to 0} F_K=\lim_{L \to 0} F_L=\infty$$

$$\lim_{K \to \infty} F_K=\lim_{L \to \infty} F_L=0$$

(二) 资本积累

生产函数式(2.6)具有规模收益不变的特点，这意味着生产函数可以写成：

$$y=f(k) \tag{2.7}$$

其中，$y=\frac{Y}{L}, k=\frac{K}{L}, f(k)=F(k, 1)$。

资本存量的变化可能有两个原因：投资增加资本存量，原有资本磨损(折旧)减少资本存量。

人均投资量是人均产出量的一部分，即 $s \cdot y$。将 y 用生产函数代换，人均投资量可以表示为人均资本存量的函数。

$$i=s \cdot f(k) \tag{2.8}$$

k 越大，$f(k)$ 和 i 也就越大。假定每年资本存量有 δ (折旧率)部分磨损，因此，每年折旧的数量是 $\delta \cdot k$。投资和折旧对资本存量的影响可以表述为如下方程：

资本存量的变动 = 投资 − 折旧

$$\Delta k=i-\delta k \tag{2.9}$$

因为投资=储蓄，资本存量的变动也可以写成：

$$\Delta k=s \cdot f(k)-\delta k \tag{2.10}$$

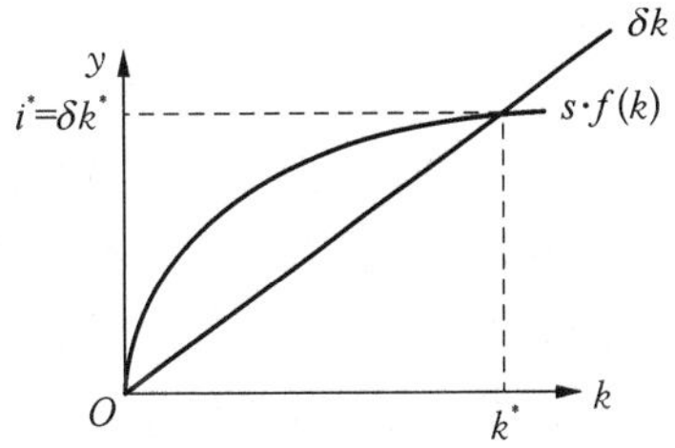

图 2-3 投资、折旧和稳态

图 2-3 画出了在资本存量 k 的不同水平上，投资和折旧的数量。资本存量越大，产量和投资也越大，但同时折旧量也越大。图 2-3 表明，存在一个唯一的资本存量水平，在这一水平上投资与折旧量相等。如果经济中资本存量处于该水平，资本存量将不发生变化，因为使之改

变的两种力量—投资和折旧正好平衡。也就是说，在这一资本存量水平上，$\Delta k=0$。这一资本存量水平被称为资本的稳态水平，以 k^* 表示。

稳态代表了经济的长期均衡。不论经济的初始水平如何，它终究要走向稳态。假如资本存量初始水平低于稳态水平，投资大于折旧。随着时间的推移，资本存量会增加，与产量一同增长，直至达到稳态水平。反过来，如果资本存量的初始水平高于稳态水平，投资小于折旧，资本的磨损快于新增的速度，资本存量会减少，同样会走向稳态。一旦资本存量达到稳态水平，投资等于折旧，资本存量水平既不上升也不下降。

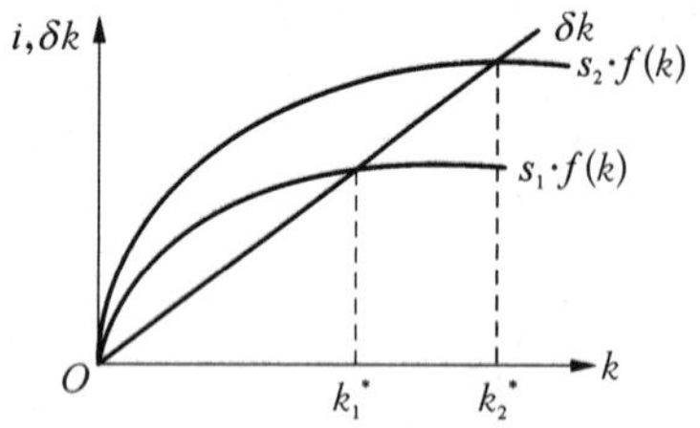

图 2-4　储蓄率变化的影响

如果储蓄率发生了变化，经济会发生什么变化呢？如图 2-4 所示，假定经济从稳态开始，储蓄率为 s_1，资本存量为 k_1^*，储蓄率 s_1 提高到 s_2，使 $s\cdot f(k)$ 曲线向上移动。在初始储蓄率为 s_1 和初始资本存量为 k_1^* 时，投资量恰好补偿折旧数量；储蓄率上升后，投资增加，超过折旧。因此，资本存量将逐渐上升，直到经济进入新的稳态 k_2^* 为止。此时，资本存量和产出水平都比原来的稳态水平要高。

索洛模型表明储蓄率是稳态资本存量水平的一个决定性因素。如果储蓄率高，经济将有较大的资本存量和较高的产出水平；如果储蓄率低，经济将有较少的资本存量和较低的产出水平。较高的储蓄将导致较快的增长，但这一点只在短期内成立。储蓄率提高使增长率提高，直到经济进入新的稳态。如果经济保持高储蓄率，它也会保持较大的资本存量和较高的产出水平，但它不会永远保持高增长率。

分析了储蓄率与稳态资本水平和收入水平的关系，接下来讨论最优的资本积累量。我们的意图是描述政府政策如何影响储蓄，如何影响经济的资本和产出水平。我们假定政策制定者可以选择储蓄率和稳态。选择稳态时，政策制定者的目标是使社会各成员的经济福利最大化。社会各成员并不关心资本数量，他们甚至不关心产出水平，他们关心的只是他们能够消费的产品和劳务数量。因此，试图提高经济福利水平的政策制定者会选择有最高消费水平的稳态，有最高消费水平的稳态成为资本积累的黄金律水平，表示为 k^{**}。

为找出黄金律稳态，我们从国民收入核算的恒等式 $y=c+i$ 入手。将该式变形可得

$$c=y-i \tag{2.11}$$

将产出和投资用各自的稳态值代换，可得

$$c^*=f(k^*)-\delta k^* \tag{2.12}$$

这一方程表明稳态消费量是稳态产量和稳态折旧量的差额，它表明增加的资本存量对稳态消费有两种影响：使产量增加，但更多的产量必须用来更新折旧资本。

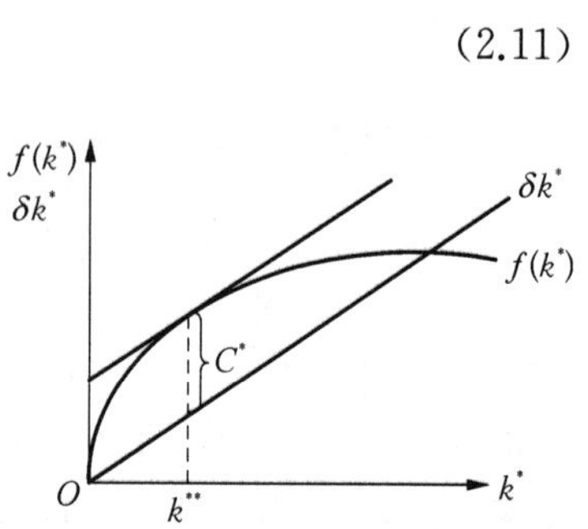

图 2-5　稳态产出与稳态折旧值

图 2-5 绘出了稳态产量与稳态折旧量。该图表明存在一种资本存量水平——黄金律水平 k^{**}，它使消费

最大化。

当稳态资本存量处于 k^{**} 水平时，资本的边际产品量等于折旧率：$MPK=\delta$ 或 $MPK-\delta=0$。这就是黄金律的条件。

（三）人口增长

上述分析表明，资本积累本身不能解释持续的经济增长。为了解释经济增长，我们需要引进影响经济增长的其他要素，先来考虑人口增长这一因素。

假定人口和劳动力以一固定增长率 n 增长。人口增长会如何影响稳态？为了回答这一问题，我们必须探讨人口增长是如何影响资本积累量的。如前所述，投资增加资本存量，折旧减少资本存量。现在第三个因素出现了，劳动力人数的增长导致人均资本量减少。资本积累的增量可以表示为

$$\Delta k = i - \delta k - nk \tag{2.13}$$

方程右端的三项分别表示新增投资、折旧和人口增长对人均资本存量的影响。新增投资使 k 增加，折旧和人口增长使 k 减少，用 $s \cdot f(k)$ 代换 i，得

$$\Delta k = s \cdot f(k) - (\delta + n)k \tag{2.14}$$

$(\delta+n)k$ 是使人均资本存量不变所必需的投资量。在稳态中 $\Delta k=0$，$i^*=(\delta+n)k^*$。

人口增长对经济的影响表现在三个方面：首先，在有人口增长的稳态中，人均资本和人均产量不发生变化，由于劳动力数目按 n 的速度增长，总资本量和总产量也按 n 的速度增长。其次，人口增长为一些国家富裕而另一些国家贫穷提供了一种解释。图 2－6 表明人口增长率从 n_1 减少到 n_2 时，人均资本的稳态水平从 k_1^* 提高到 k_2^*。最后，人口增加影响资本积累的黄金律水平，使消费最大化时 k^* 是这样一种水平，在这一水平上有 $MPK=\delta+n$ 或 $MPK-\delta=n$。

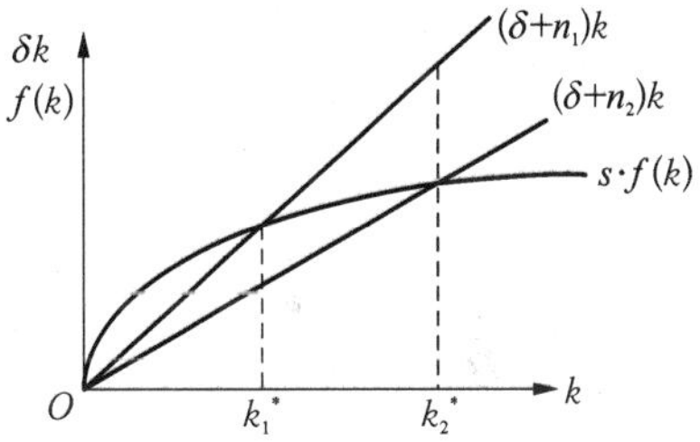

图 2－6 人口增长的影响

（四）技术进步

我们现在将技术进步这一影响经济增长的第三个因素纳入模型。为了纳入技术进步因素，我们必须回到生产函数，将生产函数写成：

$$Y=F(K, AL) \tag{2.15}$$

式中，Y 是产出；K 和 L 分别是资本和劳动；A 是一个新变量，称为劳动效率。AL 是以效率单位计算的劳动量（简称效率劳动）。

关于技术进步最简单的假设是技术进步造成劳动效率以某种固定速度增长，这一类技术进步称为劳动扩大型（Labor Augmenting）技术进步，劳动效率增长的速度（用 g 表示）称作劳动扩大型技术进步的速度。劳动力的增长速度是 n，每单位劳动的效率以 g 的速度增长，效率劳动的增长率是 $n+g$。

将技术进步表示成劳动扩大型，令 $k=K/AL$，表示每单位效率劳动的人均资本量，

$y = Y/AL$，表示每单位效率劳动的产量，则有 $y = f(k)$，所以

$$\Delta k = sf(k) - (n + g + \delta)k \tag{2.16}$$

经济处于稳定状态时，满足如下均衡增长条件：

$$sf(k^*) = (n + g + \delta)k^* \tag{2.17}$$

技术进步的引入并没有实质上改变我们关于稳态的分析，存在 k 的某一水平 k^*，在这一水平上，每单位效率劳动的资本和每单位效率劳动的产量是常数，经济将进入长期均衡。

表 2-2 列出了技术进步对经济增长的影响。每单位效率劳动的资本量 k 在稳态下是常数。由于 $y = f(k)$，每单位效率劳动的产出量也是常数。人均产出量以 g 的速度增长，总产量以 $n + g$ 的速度增长，表明技术进步导致人均产量的持续增长。储蓄率的提高只能使经济在进入稳态之前实现增长，一旦经济进入稳态，人均产量的增长率决定于技术进步的速度。

表 2-2　存在技术进步的索洛模型的稳态增长率

变　量	符　号	增长率
每单位效率劳动的资本量	$k = K/AL$	0
每单位效率劳动的产量	$y = Y/AL = f(k)$	0
工人人均产量	$Y/L = Ay$	g
总产量	$Y = AL \cdot y$	$n + g$

三、内生增长理论

新古典模型假定技术进步率是由非经济因素外生地决定的，但从经济事实看，技术进步依赖于各种经济决策，技术进步来自那些追逐利润的企业所做出的产业创新，同时也依赖于科学基金、人力资本的积累以及各项经济活动。因此，技术是一种由经济系统本身决定的内生变量。在内生增长模型出现之前，有学者已经进行了各种尝试，把技术内生化。内生增长理论主要探讨影响经济增长的四个“I”：Innovation（创新，即技术对经济增长的影响），Interdependence（相互依赖，即国际贸易对经济增长的影响），Inequality（不平等，即收入分配对经济增长的影响）和 Institution（制度，即政治和社会因素对经济增长的影响）。相对而言，内生增长理论更集中于讨论创新、技术进步、人力资本和国际贸易等方面。

（一）内生增长理论的特征与类别

新古典增长模型的基本结论是：资本收益递减规律（源于新古典生产函数）导致资本积累动力逐渐消减；除非存在外生的人口增长或技术进步，经济不可能实现持续增长；政府政策只有水平效应，没有增长效应。据此可以推断，如果各国经济都采用相同的技术，各国生产率的增长速度将趋于一致。这并不是说，各国的增长率不能有暂时的甚至是长期的差异，那些刚刚进入持续增长过程的国家，比起那些增长过程已持续一段时间的国家，增长速度可更快一些。某些国家人口增长快慢，储蓄率高低，以及气候条件的不同，都

可能使增长率的差异长期存在。但无论如何，增长率在长期内的趋同是一个重要的推断，这种趋同在发达国家的增长经验中已有所表现，但在拉丁美洲、非洲和亚洲的一些国家，却不见踪迹。这一现象激发了经济学家对增长理论的深入探讨，寻找经济增长的内在机制。

所谓内生增长理论，不外乎从经济本身寻找某种内在机制，使资本收益递减不至于太快。增长的关键决定因素是内生于模型的，长期增长是在模型之内而非被一些诸如未加解释的技术进步之类的外生变量所决定，这正是内生增长理论得名的原因。

对于技术(A)内生化，所面临的问题是如何在一个动态的、一般均衡分析框架下处理规模报酬递增。如果要把 A 内生化，那么使得 A 增长的决策必须得到报偿，正如 K 和 L 要得到报偿一样。但是，当 A 被固定不变时，由于 F 表现出在 K、L 上规模报酬不变，那么 F 必须要在 K、L 和 A 这三个要素上表现出规模报酬递增。但欧拉定理告诉我们，当存在规模报酬递增时，不是所有的生产要素都能够获得等于其边际产出的回报。因此，要找到不同于通常的瓦尔拉斯竞争均衡理论来解释这一点。①

最简单的方法是直接放弃资本收益递减的假定，这正是 AK 模型的做法。AK 模型又称凸性模型或线性模型，它假定产出是资本存量的线性函数而放弃了资本收益递减的假定。这类模型的主要贡献是揭示了“线性”对内生增长的重要性，但它同新古典增长模型一样，并没有深入地研究技术进步的内在机制。

此外，大部分内生增长模型是围绕技术进步或知识积累的内在机制展开的，并以此克服资本收益随资本存量的增加而下降的趋势。然而，把技术变迁理论融入新古典框架中是困难的。因为这样做的话标准的竞争性假设就不可能得以维持。因为，技术进步来自新思想、发明和创新，涉及新观念的创造，而这是部分非竞争性的，具有公共品的特征。对于一种给定的技术——也就是说，对于一种给定的知识状态——假定标准的竞争性生产要素(如劳动、资本和土地等)规模报酬不变是合理的。换言之，在给定有关如何生产的知识水平的情况下，以相同的劳动、资本和土地再复制一个企业从而得到 2 倍的产出是可能的。但是，如果生产要素中包括非竞争性的观念，则规模报酬递增。而这些递增报酬与完全竞争冲突。特别地，非竞争性的旧观念的报酬与其当前的生产成本——零——相一致，这将不能为体现于新观念创造之中的研究努力提供适当的奖励。② 具体而言，包含新思想、知识积累或技术进步的模型不得不面临如下难题：如果把知识积累和技术进步视为有意识的研究开发(R&D)投资的结果，则难以维持完全竞争的分析框架；如果保留完全竞争，则难以通过市场机制对知识积累的生产提供补偿和市场激励。

面对上述困境，有两种基本的处理方式：一是在缺乏对不完全竞争框架进行动态均衡分析技术之前，增长经济学家一般通过外部性对知识积累和技术进步进行处理。即将知识积累或技术进步视为其他经济活动的无意识副产品(即其他经济活动具有外部性或溢出效应)，从而不需要对知识积累进行补偿，于是可以维持完全竞争的研究框架。这是第一轮内生增长理论的核心思想。另一种方法是放弃完全竞争的假定，把知识积累视为企

① [美]菲利普·阿吉翁、彼得·霍依特：《内生增长理论》，陶然、倪彬华、汪柏林译，北京大学出版社，2004，第 21 页。

② [美]巴罗、萨拉-伊-马丁：《经济增长》，何晖、刘明兴译，中国社会科学出版社，2000，第 18 页。

业进行有意识的研究开发投资的结果，从而在模型中明确引入技术进步。即将迪克西特-斯蒂格利茨模型引入增长理论，从而能够对不完全竞争进行简洁的处理。这是第二轮内生增长理论的核心思想。

总之，尽管内生增长理论包括形式各异的诸多模型和不同的分析角度，这些模型都强调个人效用最大化，只不过在修正效用函数的形式、修改其约束条件上有所差异。模型的重大理论突破则来自对总量生产函数及其假设的修正。主要的内生增长模型大致可分为三类：一是通过假定产出是资本存量的线性函数而放弃了资本收益递减假定的 AK 模型；二是假定知识积累或技术进步是其他经济活动（如投资）"副产品"的外部性模型或溢出模型；三是明确地将技术进步视为企业有意识地研究开发结果的 R&D 模型。其他的内生增长模型实际上都可归结为上述模型之一或这些模型的某种组合。相对而言，外部性模型具有简洁，便于扩展和应用，易于进行计量检验的优点，R&D 模型则更符合人们的直觉，具有更明确的经济含义和更坚实的微观基础。下面将依次对这几种思路做简要的分析和评论。

（二）内生增长的 AK 方法及其扩展

内生增长模型的关键性质是资本报酬不再递减。一个不存在报酬递减的最简单的生产函数是函数 AK。

$$Y = AK \tag{2.18}$$

式中，A 是一个反映技术水平的正常数。不存在报酬递减似乎是不大符合真实世界，但是，如果以一种包括人力资本的更广泛意义来理解 K，这种思想就变得更具有说服力了。

显然，AK 函数对应于 $\alpha = l$ 时的柯布-道格拉斯生产函数。假定资本积累方程仍为通常的 $\dot{k} = sy - (n+g+\delta)k$，由生产函数 $y = AK$ 和资本积累方程可得 $\frac{\dot{Y}}{Y} = \frac{\dot{K}}{K} = sA - (n+g+\delta)$，即人均产出和人均资本的增长率均为 $sA - (n+g+\delta)$。显然，只要 $sA > (n+g+\delta)$，经济就可以实现持续的增长。由此可以看出，即使不存在人口增长和外生的技术进步（$n+g=0$），AK 模型也可以产生内生增长（人均产出增长率为 $sA-\delta$）。这表明，一个被 AK 技术所描述的经济在没有任何技术进步的情况下也可呈现出正的长期人均增长。

与新古典模型不同，AK 模型并没有预测出绝对或条件收敛，是其一大缺陷。针对 AK 模型对经验规律即条件收敛的违反，可以对 AK 模型进行简单的扩展，从而在保留资本收益不变特征的同时恢复模型的收敛性质。考虑到新古典生产函数能够产生收敛，AK 生产函数能够产生内生增长，将二者结合在一起，就可以得到既具有内生增长又具有收敛性质的经济增长模型。例如，假定生产函数是 AK 函数和柯布-道格拉斯生产函数的组合 $Y = AK + K^{\alpha}(BL)^{1-\alpha}$。当 K 较小时，该生产函数表现出了新古典生产函数的性质，但随着 K 的增加，它渐进地收敛于 AK 形式；也就是说，该生产函数具有资本收益递减的性质（从而具有收敛性质），但资本边际产品的递减是有下界的（从而产生内生增长）。①

① ［美］巴罗、萨拉-伊-马丁：《经济增长》，何晖、刘明兴译，中国社会科学出版社，2000，第 27 - 28 页。

(三)内生增长的外部性模型或溢出模型

1. 阿罗-罗默模型

阿罗(Arrow)①于 1962 年在《边干边学的经济含义》一文中提出了著名的"干中学"(Learning by Doing)模型,将从事生产的人获得知识的过程内生于模型。谢辛斯基(Sheshinski)②在 1967 年也提出了类似的分析框架。阿罗从普通的劳动与资本的科布-道格拉斯常规模型收益生产函数推导出一个规模收益递增的生产函数。阿罗认为经验的积累可以形成人力资本,即使不通过正规或者非正规的学校教育,不脱离生产岗位,在师傅带徒弟的工作经验积累中也能形成人力资本,从而可以带来递增收益。因为学习是经验的不断总结,经验来自行动,经验的积累体现于技术进步之上。

随着经验知识的积累,单位产品成本随生产总量递减,这一结论源自飞机制造工程师怀特(Wright)的经验研究。他发现生产既定型号的第 n 架战机的劳动需要量是其生产过飞机总数 N 的立方根。这一关系称为"学习曲线"(Learning Curve)或"进步比率"(Progress Ratio)。据此,阿罗提出了"边干边学"的假说,他将边干边学看作投资的副产品,提高一个厂商的资本存量会导致其知识存量相应增加。知识是公共产品,收益递增是外在于厂商的,任一给定厂商的生产力是全行业的边干边学进而是积累的总投资的递增函数。

假定把经济增长过程中的要素投入分为有形的要素投入与无形的要素投入两类的话,学习和经验本应是无形的要素投入。将学习的过程引入生产函数中,必须解决两个问题,一是选择代表"经验"的变量;二是决定这一变量怎样进入生产函数中。阿罗在模型中选取资本积累作为代表经验的变量,也就是把学习和经验用物质资本来表述,于是学习和经验这些意味着技术进步的无形要素投入就以有形的要素投入表现出来,即人力资本作为一个有形的要素投入表现出来。其生产函数形式为 $Y=A(K)\cdot F(K,L)$,这里 Y、K、L 和 A 分别表示总产出、资本、劳动和技术因子。资本 K 在表达式中出现两次,但含义不同,$F(K,L)$ 中的 K 表示资本投入,属于生产要素;$A(K)$ 中的 K 表示"经验"变量,$A(K)$ 是 K 的增函数,即当"经验"增加时,技术得到不断改善。阿罗认为,随着物质资本投资的增加,"干中学"会导致人力资本水平相应提高,技术进步内生化的设想得以实现。

罗默③在探索内生增长机制时借鉴了阿罗的思想,他注意到,历史数据没有显示出增长率的下降趋势。一方面,世界经济领导者——18 世纪的荷兰、19 世纪的英国、20 世纪的美国——单位人时平均收入增长率是后来者居上的;另一方面,从 11 个国家随机的长达 10 年的年均增长率来看,居后 10 年的增长率超过前 10 年的概率均超过 50%,这意味着一国倾向于增长加快而非放缓。根据这些证据,罗默得出结论,有着固定技术变化率的索洛模型不足以解释长期经济趋势。随之,他以"干中学"为基础建立了一个模型,强调知

---

① Arrow Kenneth J, "The Economic Implications of Learning by Doing", *Review of Economic Studies*, 1962, 29(6): 155-173.

② Sheshinski Eytan, "Optimal Accumulation with Learning by Doing", in Karl Shell, ed., Essays on the Theory of Optimal Economic Growth, MIT Press, 1967: 31-52.

③ Paul Romer, "Increasing Returns and Long-Run Growth", *Journal of Political Economy*, 1986, 94(5): 1002-1027.

识积累的外部性。在罗默的框架中,外部性存在于知识中,这与阿罗认为外部性存在于资本中不同。

罗默模型中的关键假设是每个企业的知识都是公共品,任何其他企业都能无成本地获得。积累私有知识的企业会不经意地对总的公共知识存量做出贡献,而公共知识存量提高了每个企业的生产率。换言之,知识一经发现就立即外溢到整个经济范围内。在这种情况下,私有知识的边际生产率递减使得所有企业的表现如同在完全竞争市场中一样,即都是作为价格的接受者,然而整体经济随着知识边际生产率上升呈现出规模经济,干中学和外溢效应正好抵消了单个生产者所面临的报酬递减。由于不存在对总体知识的回报递减,增长率不是必然下降的;增长率能够随着时间推移而上升,直到其最终收敛于一个稳定的增长率,或者增长率能无限上升。

2. 宇泽-卢卡斯模型

宇泽弘文(Hirofumi Uzawa)①在1965年发表的“经济增长总量模式中的最优技术变化”一文中提出了被认为是最早的人力资本增长模型,他运用两部门模式结构,描述了一个人力资本和物质资本都能生产的最优增长模式。该模式的基本思路是:技术变化源于专门生产思想的教育部门,假定社会配置一定的资源到教育部门,则会产生新知识(人力资本),而新知识会提高生产率并被其他部门零成本获取,进而提高生产部门的产出。因此,在宇泽模式中,将产出描写为由有形要素和教育部门带来的技术共同决定的函数,无须外在的“增长发动机”,仅由于线形产出的人力资本就能导致人均收入的持续增长。

卢卡斯(Lucass)的增长模型②以宇泽模型为基础,强调了人力资本的重要性,他将人力资本作为独立因素纳入经济增长模型,运用更微观、个量的分析方法,将舒尔茨的人力资本和索洛的技术进步的概念结合起来,具体化为“专业化的人力资本”,认为这是经济增长的原动力。在阿罗的框架中,外部性存在于资本中,在罗默的框架中,外部性存在于知识中,而在卢卡斯的框架中,外部性存在于人力资本中。卢卡斯认为,每一单位人力资本的增加除了引起产出的提高外,还同时引起社会平均人力资本水平的提高,而社会平均人力资本水平决定社会平均的运作效率,总体效率的提高又使每个企业和个人从中收益,也就是说人力资本的积累方式具有一定的外部性。

卢卡斯认为,人力资本积累是经济得以持续增长的决定性因素和产业发展的真正源泉,并使之内生化。卢卡斯认为人力资本积累可以通过两种途径获得:一是通过脱离生产的正规、非正规学校教育;二是通过生产中边干边学、工作中的实际训练和经验积累。卢卡斯假定生产函数的形式为

$$Y=K^{\alpha}(hL)^{1-\alpha} \tag{2.19}$$

式中,h 是人均人力资本。他假定人力资本的变化为

$$\dot{h}=(1-u)h \tag{2.20}$$

① Hirofumi Uzawa, “Optimal Technical Change in an Aggregative Model of Economic Growth”, *International Economic Review*, 1965, 6(1): 18-31.

② Lucass R, “On the Mechanics of Economic Development”, *Journal of Monetary Economics*, 1988, 22(1): 3-42.

式中，u 是花费在工作上的时间比例；$1-u$ 是花费在积累技能上的时间比例。可见，在技能积累上花费时间的增加将会导致人力资本增长率的增加。

卢卡斯首先提出了论述两种类型的资本及其产出的影响模型。在模型中，卢卡斯将资本划分为有形资本和无形资本，把劳动分为纯体力的原始劳动和劳动技能型的人力资本，并认为专业化人力资本才是经济增长的真正动力。在模型中，技术进步具体化为体现在生产中的一般知识和表现为劳动者的劳动技能的人力资本，将人力资本划分为一般知识型人力资本和特殊技能人力资本。这样，技术进步和人力资本就更具体化、微观化了。

接着，卢卡斯提出了研究人力资本的外在效应形成模型。卢卡斯进一步区分了人力资本所产生的两种效应，通过正规和非正规教育形成的"内在效应"通常表现为资本等生产要素的收益递增。而"溢出效应"也来自对人力资本的投资，每一单位人力资本的增加除引起产出的提高外，还同时引起社会平均人力资本水平的提高，而社会平均人力资本水平决定社会平均的运作效率，该效率的提高又使每个企业和个人从中受益，即人力资本积累具有一定的外部性。由于存在人力资本的外部性，经济中最优产出增长率高于均衡增长率。另外，整个经济的生产具有规模收益递增的性质，经济可以实现内生的增长。

卢卡斯增长模型具有两个重要含义：① 经济增长不再如新古典增长理论所假设的那样，通过资本积累过程实现，而是通过人力资本积累过程实现。人力资本的积累通过外部性作用机制，实现经济的持续增长。② 它可以用于解释国际的要素流动。对于资本和劳动力在国际的流动主要表现为从低收入国家到发达国家的现象，新古典增长理论无法解释。但依据卢卡斯的增长理论，则可以比较好地解释这一现象。由于人力资本积累的外部性，即使发达国家与发展中国家的资本—劳动比率相同，当发达国家人力资本水平高于发展中国家时，发达国家的资本和劳动力的边际收益均大于发展中国家，这样便导致资本和劳动力由人力资本水平较低的发展中国家流向人力资本水平较高的发达国家。

（四）以R&D为基础的增长模型

技术具有不同于传统经济物品的两大特点：它是非竞争性的和部分排他性的。非竞争性意味着生产表现为规模收益递增；部分排他性则为从事 R&D 活动的厂商提供了激励（外部性模型抓住了技术的第一个特征，但没有抓住第二个特征）。R&D 模型明确地将技术进步或创新归结为厂商有意识的、旨在获取垄断收益的活动，并运用垄断竞争的分析框架进行分析。R&D 模型之所以能够提出，在很大程度上得益于产业组织理论的进展，使经济学家能够对规模收益递增和不完全竞争进行简洁的分析和处理。其中，迪克西特-斯蒂格利茨（D-S）模型对 R&D 模型尤其产生决定性的影响。几乎所有的 R&D 模型都吸收了迪克西特和斯蒂格利茨的技巧：不是将创新视为产品种类的增加，就是将创新视为固定种类的产品质量的改进。其中，格罗斯曼和赫尔普曼、塞格斯特罗姆采用了原本意义上的 D-S 函数（即把 D-S 函数视为效用函数）；罗默、阿吉翁和霍依特则把它作为生产函数。

以 R&D 为基础的增长模型主要有两类：一类是将技术进步理解为产品种类的增加（如新行业的开辟），一类是将技术进步理解为产品质量的改进（如同类产品的升级换代）。这两类模型的主要区别在于后者引入了熊彼特的"创造性毁灭"概念，即新产品的出现往往意味着旧产品的被淘汰。产品质量改进模型的讨论思路是:技术进步表现为陈旧的、质量等级较低的中间品逐渐退出最终消费品的生产,从而使得中间品的平均质量得以改进,带来最终消费品生产的数量或质量的提高,进而引发经济的持续增长。格罗斯曼和赫尔普曼模型①,阿吉翁和霍依特②建立了替代性的分析框架。在这些模型中产品的质量逐步改进,每种新产品高度可替代质量较低的一种类似产品,但很少能替代其他产品。随着创新的推进,高质量的产品夺取了旧的、低质量产品的市场份额,即"创造性毁灭"的特征。

1. 罗默的R&D增长模型

以保罗·罗默1990年模型为基础,对R&D增长模型加以简要介绍。罗默③明确提出了如何构建追求利润最大化,从而带来内生技术进步的个体微观经济。罗默将创意和经济增长的关系公式化,表述为下列形式:创意—垄断—报酬递增—不完全竞争。"创意"经济学与规模报酬递增和不完全竞争紧密相连,只要保证创意只存在固定成本,则报酬递增是显而易见的。

罗默模型通过引入期望从其发明中获利的研究人员从事的研究工作,将技术进步内生化。这一过程核心要素是市场结构和经济激励。模型建立的基础包括技术进步是经济增长的核心;大部分技术进步乃是出于市场激励而致的有意识行为的结果,即技术进步是内生的;知识商品与其他商品不同,它可以一用再用,无须追加成本,其成本只是生产开发本身的费用。模型的主要创新在于投入研发中的资源的生产率与对研发的累计投资之间的关系。在这一模型中,创新者的目标是发明新产品,新产品将给他们带来利润,因此提供了一个创新的激励。但是,在不经意中,他们也创造了大量公共知识,这些知识被其他创新者利用。因此,过去进行的研发越多,知识存量越大,以后进行研发的成本就越低。这种前向的研发溢出效应,随着时间推移减少了研发的成本,但也会因产品供应者之间的竞争而导致利润的递减,从而创新的激励随时间推移上升或下降取决于相对于利润来说,研发成本的下降有多快。

模型假设劳动力供给不变,即不考虑人口变动的外生经济增长因素;总人力资本存量不变,其用于市场的份额是固定的,放弃的消费等于资源从消费部门转入资本品部门。将经济划分为三个部门:研究与开发部门、中间产品生产部门和最终产品生产部门。生产中使用四种投入:有形资本 K、非技术劳动 L、人力资本 H 和技术 A。记人力资本为 $H(t)$,它可以分解为两个部分:投入研发部门的 $H_A(t)$ 和用于最终产品部门生产的 $H_Y(t)$。模型中有两个重要的部分:一个生产函数以及一系列生产要素投入的方程。总生产函数描述了资本存量 K、劳动力 L 以及创意的存量 A 与产出 Y 之间的关系。

$$Y = K^{\alpha}(AL_Y)^{1-\alpha} \tag{2.21}$$

其中,A 是介于0和1之间的一个参数,暂且假定生产函数是给定的。对于一个给定技术水平 A,生产函数中 K 和 L 的规模报酬不变。然而,如果创意 A 也被视为投入的生

① Grossman Gene M, Elhaman Helpman, "Quality Ladders in the Theory of Growth", *Review of Economic Studies*, 1991, 58(1): 43-61.

② Aghion Philippe, Peter Howitt, "A Model of Growth through Creative Destruction", *Econometrica*. 1992, 60(1): 323-351.

③ Paul Romer, "Endogenous Technological Change", *Journal of Political Economy*, 1990, 98(5): 71-99.

产要素时，就存在报酬递增，即两倍的资本、劳动和创意存量的投入，会得到多于两倍的产出。

三个部门之间的关系如图 2－7 所示。研发部门产生出新的创意，这些新创意以新品种的资本品形式——新的计算机芯片、传真机、打印机等——出现，研发部门将生产某种特定资本品的专利权出售给中间产品部门，然后中间产品部门，作为一个垄断者，生产出资本品并向最终产品部门出售，最后再由其生产出最终产品。①

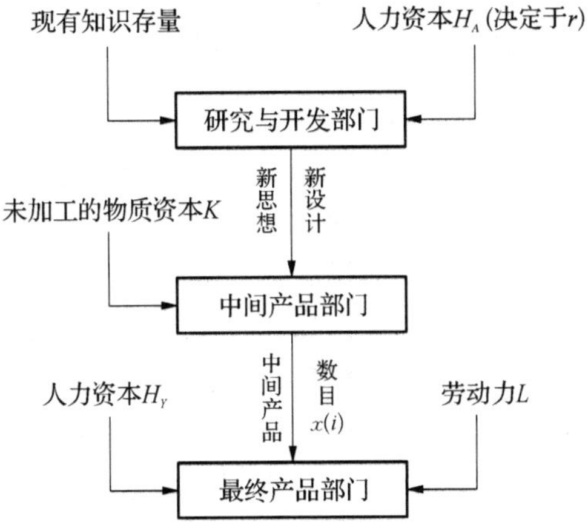

图 2－7 内生技术进步的经济增长模式

具体来说，研发部门投入人力资本与现有的知识存量，产出新产品的设计思想 $A(t)$。分配于研发的人力资本越多，设计的知识存量越大，研发部门的劳动生产率增长就越快，产出水平越高。由于存在知识溢出效应，$A(t)$ 能够无限地增大，从而通过研发活动使发现新的中间产品成为可能，并且通过增加中间产品的数目，用于生产最终产品，增加产出。中间产品部门投入新设计和已有的产出，生产中间产品 $x(1)$、$x(2)$ 等。对应某一资本品 i，企业 i 是其唯一的生产者和出售者，该企业因此处于垄断地位而面对向下倾斜的需求曲线。最终产品生产部门投入劳动力 L，人力资本 H_Y 和中间产品 $x(1)$、$x(2)$ 等，产出最终产品 Y。当经济中存在技术进步且表现为中间产品种类数目的扩大时，由于不同种类中间产品相互独立，资本总量的增加并不会导致边际产品递减，即一单位资本品的边际产出率不受引入其他资本的影响。因此，技术进步能够提高资本收益率，使最终产品的生产呈现出规模收益递增的特征。

均衡经济增长的条件表明，长期增长率由社会中的总人力资本存量、研究与开发部门中的人力资本配置以及市场利率共同决定。因此，一个国家的人力资本水平越高，经济增长越快。长期增长并不受自然人口增长率的影响，与人口水平毫无关系。同时，市场利率的高低，直接影响到投入研究与开发部门中的人力资本的边际产值，从而决定社会固定的人力资本存量在最终产品生产与研究开发活动中的配置。利率越低、研发部门中人力资本投入越多，技术增长速度越快，长期增长率也会得到同样的结果。

规模收益递增是由内生知识增长引起的。对于研究与开发部门而言，知识具有正外部性。对于中间产品部门而言，新知识引起分工深化。这两种效应都造成最终产品生产的规模收益递增。拥有足够人力资本的研究开发主体受到技术机会和市场需求的双重驱动，在自身发展利益的激励下，利用已有的知识存量和技术基础进行有效的技术开发活动，为中间产品即资本品存量的增长提供可能。新的中间产品的增加，作为内生技术的来源作用于最终产品生产过程，使产出增加。这种技术开发活动，无论是技术创新还是技术模仿，都能够达到增加中间产品种类的目的。但是，在国际比较的范围内，技术创新是决

① [美]查尔斯・I. 琼斯：《经济增长导论》，舒元等译，北京大学出版社，2002，第 98 页。

定性的活动，因为只有它的成果能够统御和引导整个行业的长远发展，并且通过始终领先的技术地位获取超额垄断利润。①

2. 熊彼特增长模型②

以熊彼特所说"新的创新必然会带来产品质量的升级，因此新的产品必然会取代旧的产品，而拥有新产品的企业将会打破当前产业稳定的格局成为垄断者，破坏了原有的市场"为核心思想，以数学表达式的形式来模拟"创造性破坏"的过程。熊彼特增长模型是一个质量阶梯模型，因此认为创新生产新的产品必然会使得旧的产品和技术被遗弃。模型假定所有的研究都是由企业完成的，每次创新都能够为创新企业带来未来产业的垄断地位，获取垄断市场的租金并一直持续到下次创新的产生。模型按照熊彼特学派提倡的创新具有不确定性为基础，认为经济增长是由一系列随机提升质量的创新产生。而这些创新则是由不确定性的研究活动创造的，因此创新的进程被假定为某种随机过程。因此每期创新产生的间隔具有随机性，但是相邻两期研发活动之间具有确定的关系，当期的研发活动与对下一期研发活动的预期成反比。对下期研发活动和利润预期越高，当期垄断市场利润的时间便越短，从而减小了当期研发创新活动的热情。

(1) 基本的模型构造。

基本模型不考虑资本积累的情况。假设经济体中有一系列数量为 L 的个体，它们有线性的跨时偏好。

$$\mu(y)=\int_0^\infty y_t e^{-rt}\mathrm{d}t \tag{2.22}$$

式中，r 是时间偏好率，也等于利率。每一个体都有一单位的劳动力流，因此 L 等于总劳动力供给流。消费品的产出取决于一种中间产品的投入 x，生产函数为

$$Y=Ax^\alpha$$
$$\alpha\in(0,1) \tag{2.23}$$

式中，Y 表示最终产品的产出；A 是中间投入品的生产率的参数；x 是中间产品的使用数量。α 介于 0 和 1 中间。创新意味着一种新的中间产品被发明，并取代旧的中间产品，而这种新产品的使用将提高技术参数 A，提高幅度为常数 $\gamma>1$。

工人分为两种，一种为非技术型工人，主要从事最终产品的生产，在模型中假定为常数(可以被忽略)；另一种为技术型工人，这类工人的一部分用于中间产品的生产或研发。

$$L=x+n \tag{2.24}$$

式中，x 代表中间产品生产部门中所使用的劳动力数量；n 代表研发部门中所使用的劳动力数量。中间产品只由生产中间产品的技术工人生产，假定按照线性函数的形式，因此生产中间产品的工人等于中间产品的投入。假设创新是按照泊松进程随机产生的，泊松到达率为 λ，由于泊松进程具有可加性，因此 n 个研究人员的期望泊松到达率为 λn。当企业

① 孟夏:《经济增长的内生技术分析》，天津人民出版社，2001，第 81－85 页。

② [美]菲利普·阿吉翁、彼得·霍依特:《内生增长理论》，陶然、倪彬华、汪柏林译，北京大学出版社，2004，第 50－56 页。

成功创新后便会垄断所在市场，直到下一个创新者取代它。在研究阶段，企业的目标就是最大化地从研发中获得预期利润，投入研发部门的劳动力由套利条件所决定：

$$\omega_\tau = \lambda V_{\tau+1} \tag{2.25}$$

式中，τ 是已经发生的创新数目；$V_{\tau+1}$ 代表外部企业对第 $\tau+1$ 次创新的预期报酬的贴现值；ω_τ 为工资；$\lambda V_{\tau+1}$ 是每小时研发的期望价值。公式左边是研发部门中工作 1 小时的预期价值，即一项创新的流概率 λ 乘以其价值 $V_{\tau+1}$，公式右边是制造业中工作 1 小时的价值。这个套利条件与劳动力市场方程(2.24)一起构成了熊彼特模型的骨架。

此外，垄断厂商在最终产品生产环节追求利润最大化。

$$\pi_\tau = \max_x [P_\tau(x)x - \omega_\tau x] \tag{2.26}$$

式中，$P_\tau(x)$ 为第 τ 个创新者向最终产品部门销售中间投入 x 单位的价格。假设最终产品部门是完全竞争的，因此 $P_\tau(x)$ 必然等于生产最终产品过程中中间投入的 x 的边际产出，因此，根据公式(2.23)，有 $P_\tau(x) = A_\tau \alpha x^{\alpha-1}$。

根据最大化问题的一阶条件，可以得到关于 π_τ 和 x_τ 的表达式。

$$x_\tau = \arg\max_x [A_\tau \alpha x^\alpha - \omega_\tau x] = \left(\frac{\alpha^2}{\omega_\tau / A_\tau}\right)^{1/(1-\alpha)} = \left(\frac{\omega_\tau}{A_\tau}\right)$$

$$\pi_\tau = \{A_\tau \alpha x^\alpha - \omega_\tau x\} = \left(\frac{1}{\alpha} - 1\right)\omega_\tau x_\tau = A_\tau \tilde{\pi}\left(\frac{\omega_\tau}{A_\tau}\right)$$

π_τ 和 x_τ 都是经过生产力调整后的工资率 ω_τ / A_τ 的递减函数。π_τ 随 ω_τ 的递减，使得当前研发对预期的未来研发有负向依赖。也就是说，对未来研发劳动力的更高需求将会使未来的工资上升，从而减少下一个创新者能获得的利润流。这又会不利于当前的研发，也就是说，它会使 n_τ 下降。

因此，下面给出的两个条件可以完全描述这个模型：

套利方程，反映了劳动力可以在制造业或研发部门之间进行自由配置，经过代出 $V_{\tau+1}$ 和 $\pi_{\tau+1}$，并注意 $A_{\tau+1} = \gamma A_\tau$，将式(2.25)两边同时除以 A_τ，可以得到

$$\omega_\tau = \lambda \frac{\gamma \tilde{\pi}(\omega_{\tau+1})}{r + \lambda n_{\tau+1}} \tag{2.27}$$

劳动力市场出清方程，反映了劳动力市场具有无摩擦性，并决定了经过增长调整后的工资率作为制造业部门的剩余供给劳动力 $L - n_\tau$ 的函数。

$$L = n_\tau + \tilde{x}(\omega_\tau) \tag{2.28}$$

式中，对制造业劳动力的需求 $x_\tau = \tilde{x}(\omega_\tau)$ 是经过增长调整后的工资率的递减函数。

(2) 稳定状态的增长。

一个稳定状态(或平衡增长)均衡可以简单定义为系统(2.27)和(2.28)的静态解，其中 $\omega_\tau \equiv \omega, n_\tau \equiv n$。换句话说，在研发部门和制造业部门之间的劳动力配置以及经过生产力调整后的工资率都不随时间发生变化，因此，每一次新的创新出现后，工资、利润和最终产出都会以一个大小为 γ 的规模增加。

在一个稳定的状态中，套利方程和劳动力市场出清方程就变为

$$\omega = \lambda \frac{\gamma \tilde{\pi}(\omega)}{r + \lambda n} \tag{2.29}$$

$$n + \tilde{x}(\omega) = L \tag{2.30}$$

由于这两个曲线的斜率一负一正，因此稳定状态的均衡 $(\hat{n}, \hat{\omega})$ 是唯一的。同时，在稳定状态下经过生产力调整后的利润流 $\tilde{\pi}$ 为

$$\tilde{\pi} = \frac{1-\alpha}{\alpha}\omega x = \frac{1-\alpha}{\alpha}(L-n) \tag{2.31}$$

式(2.29)可以改写为

$$1 = \lambda \frac{\gamma \frac{1-\alpha}{\alpha}(L-n)}{r + \lambda n} \tag{2.32}$$

根据这个公式，稳定状态的研发水平 n 是 α 的减函数，也就是说，它是中间产品垄断生产者面临的弹性需求曲线的减函数。换句话说，产品市场的竞争对于增长显然是不利的；竞争越多，成功的创新者多获得的垄断利润规模越小，因此创新的概率就越小。

稳定状态中，在第 τ 个和第 $\tau+1$ 个创新之间的成产消费品(或最终产品)流为

$$y_\tau = A_\tau \hat{x}^\alpha = A_\tau (L - \hat{n})^\alpha \tag{2.33}$$

这就意味着：

$$y_{\tau+1} = \gamma y_\tau \tag{2.34}$$

τ 代表创新的序列，$\tau = 1, 2, 3\cdots$ 那么，最终产品在时间上的变化，即作为 t 的函数的变化又怎样呢？

从式(2.34)，我们知道最终产品的对数 $\ln y(t)$ 在每一次创新发生之后将增加数量为 $\ln\gamma$ 的值。但是，两次连续创新之间的时间间隔是随机的。因此，最终产出对数 $\ln y(t)$ 的时间路径本身是一个随机的阶段跳跃式函数，而每一个跳跃的规模等于 $\ln\gamma$，每一个跳跃之间的时间间隔也可以描述成参数为 $\lambda\hat{n}$ 的指数分布。使用 t 和 $t+1$ 之间的单位时间间隔，我们有 $\ln y(t+1) = \ln y(t) + (\ln\gamma)\varepsilon(t)$，其中，$\varepsilon(t)$ 是 t 和 $t+1$ 之间创新的数目。给定 $\varepsilon(t)$ 是一个参数为 $\lambda\hat{n}$ 的泊松分布，我们可以推出 $E[\ln y(t+1) - \ln y(t)] = \lambda\hat{n}\ln\gamma$，其中公式右边就是平均增长率。

因此，我们可以得到稳定状态平均增长率的一个非常简单的表达式：

$$g = \lambda \hat{n} \ln y \tag{2.35}$$

把这个公式与前面对稳定状态研发数量 $\hat{n}$ 的比较静态分析结合在一起，我们就能够知道参数变化对平均增长率影响的轨迹。劳动力市场规模 L 的增加或利率 r 的减少，以及市场竞争程度 α 的增加都会提高 $\hat{n}$，从而也提高了 g。创新规模 γ 的增加和/或研发部门生产力 λ 的上升也会促进增长，它或者是通过增加 $\lambda\ln\gamma$ 直接促进，或者是通过增加 $\hat{n}$ 间接促进。

(五) 对内生增长理论的评述

尽管内生增长理论从多方面揭示了经济增长的驱动机制，也有大量的实证研究进行

了检验。然而,通过对内生增长理论研究文献的回顾和总结,夏威尔·萨拉-伊-马丁认为可以从中得到的重要知识是:

(1) 不存在经济增长的简单决定因素。

(2) 初始的收入水平是最重要的而且是最稳健的(决定)变量(因此条件收敛是数据反映的最稳健的经验事实)。

(3) 政府的规模并不显得至关重要。重要的是"政府的质量"(对经济有害的政府是制造恶性通货膨胀、外汇市场扭曲、巨额财政赤字和无效官僚体系等现象的政府)。

(4) 人力资本的大部分测量指标与增长之间的联系很弱。不过,与健康相关的有些测量指标(如预期寿命)与增长具有稳健的相关性。

(5) 制度(如自由市场、产权和法治)对于增长而言是重要的。

(6) 更加开放的经济体增长得更快。①

四、统一增长理论

(一) 统一增长理论的产生

长期以来,经济学家们对经济增长的源泉以及世界上不同国家和地区之间经济增长的差异提供了各种解释,但似乎都只能从某个侧面来提供解释,并未构建起一个完整统一的框架。统一增长理论通过引入生育率选择时的数量和质量的替代关系,强调了技术进步和人力资本积累对经济发展的贡献,很好地解释了工业化国家长期发展过程中的人口转变、增长方式转变等诸多问题。

加洛尔和韦尔(Galor & Weil)把西方工业化国家的发展史按照人口和经济增长的模式分为三个阶段:人口增长和技术进步缓慢,人均收入长期维持在低水平的马尔萨斯时期;人均收入和人口快速增长的后马尔萨斯时期;以及人均收入和技术稳定增长,而人口增速与人均收入负相关的现代增长时期。② 索洛模型和内生增长理论通过对物质和人力资本积累、技术进步的研究,很好地解释了现代增长时期的经济增长。但是,这些理论由于没有探讨人口增长的决定作用,所以不能解释西方工业化国家长期发展过程中人口和经济增长模式的转变过程。

统一增长理论与新古典增长理论和内生增长理论最大的不同在于人口增长的内生决定,而关于统一增长理论的现代经济研究最先开始于贝克尔(Becker)。③ 贝克尔认为,一些经济因素的变化对生育率有着重要的作用,他详细地分析了生育行为中孩子数量和质量的选择,但还仅限于微观层面的分析。贝克尔和巴罗(Becker & Barro)将统一增长理论引入一个宏观经济分析框架下,分析了生育成本、利率、技术进步、时间偏好、社会养老保障和税收体系等对人口增长率的影响。④ 贝克尔等令人信服地指出了生育率选择在经

① [美]夏威尔·萨拉-伊-马丁:《15 年来的新经济增长理论:我们学到了什么?》,中信出版社,2005,第 133 页。

② Galor O, Weil D, "Population, technology and growth: From the Malthusian regime to the demographic transition and beyond", *American Economic Review*, 2000(90): 806 - 828.

③ Becker Gary S, "An Economic Analysis of Fertility", *Demographic and Economic Change in Developed Countries*, *Universities-National Bureau*, 1960: 225 - 256.

④ Becker Gary S, Robert J Barro, "A Reformulation of the Economic Theory of Fertility", *Quarterly Journal of Economics*, 1998(1).

济转型中的关键作用，并由此解释了不同经济体收入水平和经济增长的差异。其中，生育行为中数量和质量的替代关系起着决定性的影响。然而，他们并没有给出经济如何从一个均衡过渡到另一个均衡，即转型的动态轨迹。

但是，西方经济通过工业革命摆脱了马尔萨斯经济，之后通过人口转变进入现代增长阶段，理论上需要一个统一的模型来解释这一过程。加洛尔建立了一个长期增长模型，通过内生化人口增长，将马尔萨斯时期、后马尔萨斯时期和现代增长时期统一起来，有别于内生增长模型，因此称为统一增长理论。① 关键假设是技术进步可以提高教育对人力资本积累的作用；并且，技术进步率与人口总量正相关。经济发展初期，由于教育的边际成本高于边际收益，经济处于人力资本增长停滞的马尔萨斯时期，但人口总量的缓慢上升最终将促进技术进步。而技术进步提高了教育的边际收益，促使家庭投入教育，经济增长加速。但是，由于收入效应，人口同样加速增长，此时经济处于后马尔萨斯时期。随着经济进一步发展，教育的收入效应将超过生育的收入效应，表现为教育替代生育。于是，人口增长开始放缓，人均产出保持稳定增长，最终发展到现代增长时期。

统一增长理论很好地解释了一个国家不同发展阶段和不同国家之间人口和经济增长的差异性，有力地刻画了经济发展和转型的动态轨迹和内在机制，具有强大的解释力和广泛的适用性，对于发展中国家如何转变增长模式、实现工业化具有重要的借鉴意义。

（二）基本模型②

考虑一个迭代跨期模型，经济体用劳动（以效率单位来衡量）和土地两类生产要素生产一种同质产品。生产函数设定如下：

$$Y_t = H_t^{\alpha}(A_t X)^{1-\alpha} \tag{2.36}$$

式中，时期 $t=0,1,2,3,\cdots$，X 为土地量，是固定值；H_t 为劳动的效率单位，是家户对于子女人力资本的投资决策的内生变量，因此每单位劳动力的产出为

$$y_t = h_t^{\alpha} x_t^{1-\alpha} \equiv y(h_t, x_t) \tag{2.37}$$

式中，$h_t \equiv H_t/L_t$，代表每位劳动力的效率单位；$x_t \equiv (A_t X)/L_t$，为每位劳动力的有效资源拥有量。

经济个体的最优化问题则被设定为跨期决策：在作为子女的第一阶段，个体需要消费他们父母的部分资源禀赋；而在作为父母的第二阶段，经济个体的最优决策就要涉及消费、工资收入、劳动效率单位供给、在养育孩子和工作之间的时间分配和子女数量与质量上的最优选择。效用函数表示如下：

$$u^t = (c_t)^{(1-\gamma)}(n_t h_{t+1})^{\gamma} \tag{2.38}$$

$$\text{s. t. } w_t h_t n_t(\tau + e_{t+1}) + c_t \leqslant w_t h \tag{2.39}$$

式中，n_t 为个体在 t 期的子女数量；h_{t+1} 表示每个子女的人力资本水平，取决于教育水平

① Galor O, "From stagnation to growth: Unified growth theory", In: P. Aghion & S. Durlauf(eds), *Handbook of economic growth*, Vol. 1A. Amesterdam: North-Holland, 2005.

② 范小仲、张跃平：《经济学前沿理论》，华中师范大学出版社，2014，第 170－180 页。

和技术进步率。表达如下：

$$h_{t+1}=h_{t+1}(e_{t+1},g_{t+1})，且\ h_{eg}(e_{t+1},g_{t+1})>0 \tag{2.40}$$

式中，$g_{t+1}=(A_{t+1}-A_t)/A_t=g(e_t,L_t)$，表示技术进步率，是教育水平和人口的函数。而人口的增长函数为 $L_{t+1}=n_tL_t$。

在这样一个分析体系里，统一增长理论解释了工业化的起因以及经济转型过程中人口、技术水平、人均收入、教育水平等变量的变迁过程，并提出摆脱马尔萨斯陷阱的关键在于如何控制人口规模、技术进步对人力资本的积累和生育模式所产生的影响。

（三）统一增长理论的应用

统一增长理论旨在为人类历史的发展提供一种解释。伴随人类社会的发展和经济转型，一些重要问题，如农业起源、工业革命以及人力资本的出现等，均可以在统一增长理论的框架下给出较好的解释。

1. 对农业起源的解释

人类在约 12 000 年前进入农业社会，对人类开化以及工业革命等产生了深远的影响。统一增长理论认为，可以从技术进步、人口增长以及其后变迁等角度来解释农业起源的问题。玛索和迈尔斯（Marceau & Myers）①将从采集狩猎时期进入农业社会的原因归结为人类的技术进步，因为技术水平的提高，使得个体生产效率提高，人们可以选择独立生产方式而非经济集体，这样人类就从采集狩猎时期进入了农业社会。贝克尔认为，人口结构变迁和技术进步的相互作用是经济进入农业社会的重要原因，因为在采集狩猎时期，经济中没有内生技术进步，而技术溢出效应是使得经济进入农业生产阶段的重要原因。

2. 对工业革命的解释

工业革命对人类社会的发展产生了深远的影响，而关于工业革命产生的原因也是统一增长理论关注的一个重要方面。奥克罗和威廉姆森（Rourke & Williamson）②认为，英国贸易的开放是产生工业革命的必要条件。琼斯③强调人口密度的不断上升是促进工业革命的重要原因。当人口规模达到一定水平后，知识和思想的外溢性就愈发明显，这有利于提高经济的技术水平，从而推动工业革命的产生。福伦达和沃什（Voigtander & Voth）④论证了欧洲人口结构变迁使得欧洲发生工业革命的概率增加，同时运用法国数据和中国数据做了分析，发现法国从农业社会快速过渡到工业社会的可能性比英国低 25%，而 18 世纪的中国发生工业革命的可能性则很小。

---

① Nicolas Marceau, Gardon Myers, "On the Early Holocene: Foraging to Early Agriculture", *Economic Journal*, *Royal Economic Society*, 2006, 116(513): 751－772.

② Rourke K H, Williamson J G. "Did Vasco da Gama Matter for European Market? Testing Frederick Lane's Hypotheses Fifty Years Later", *NBER Working Paper*, 2005, No11884.

③ Jones Charles I, "Was an Industrial Revolution Inevitable? Economic Growth Over the Very Long Run", *The B. E. Journal of Economic Growth*, 2006, 11(4): 319－361.

④ Nico Voigtlander, Hans-Joachim Voth, "Why England? Demographic Factors, Structural Change and Physical Captial Accumulation during the Industrial Revolution", *Journal of Economic Growth*, 2006, 11(4): 319－361.

3. 对东亚奇迹的解释

统一增长理论的创新之处在于将不同的人均收入理解为连续的正常发展过程，而不是由不同变量所决定的不同均衡增长路径。从这种统一连续的角度来看，东亚奇迹实际上并不是真正的奇迹，而是一种追赶现象。青木昌彦(Aoki Masahiko)根据这一理论将经济发展分成了五个阶段，并且分析了中、日制度演变。[①] 他把中国的晚清时期、日本的幕府时期等发展阶段分为 M 阶段(马尔萨斯阶段)；而在确定向后马尔萨斯阶段转变的起始点时，他将该阶段又细分为两个子阶段；第一阶段为国家工业化，对应着政府对工业积累的显著干预，特点是人均 GDP 温和地增长，伴随着中等程度的结构转变，比如 1957 年至 1977 年的中国与 1880—1956 年的日本，被称为 G 阶段。随后是第二个子阶段，劳动人口占总人口的比重增加，并且劳动力从农业部门向工业部门转移，在这种快速的结构转变与人口红利的影响下，人均 GDP 迅速增长，比如 1977—1989 年的中国与 1955—1969 年的日本。因此该阶段被称为 K 阶段，即库茨涅茨过程。在 K 阶段结束之后，人均 GDP 可持续增长的可能性取决于经济稳定和工业部门人均产出能力的提高，尤其是全要素生产率和对人力资本的投资。青木昌彦称其为 H 阶段，因为它是以人力资本为基础的内生增长。随后东亚发生的人口转型，则源于 H 阶段的低生育率和这一阶段医疗保健与生活舒适度提高所带来的平均寿命延长。此外，更长的学校教育带来的人力资本投资的增长，降低了年轻人群实际的工作参与率。在东亚，这三种趋势由于从 G 阶段向 H 阶段的转变被高度压缩正以前所未有的速度发生。只要人均产出进一步增加，各种力量的平衡能够提高劳动参与率并扭转生育率的下降趋势等，人均产出也许依然可以持续增长。但是，如果技术与人口特征的这种发展趋势从根本上要求人们以新的方式参加社会博弈，那就可能出现一个新的经济发展阶段，即后人口转变阶段，简称为 PD 阶段。青木昌彦对于经济发展的五个阶段的划分，指出了东亚经济发展的共同模式，而且基本上与统一增长理论的研究相一致。

总的来说，统一增长理论使用一个相对完整的框架，描述了工业革命过程中人口、技术、教育以及收入水平等宏观经济变量的相互作用，并成功地刻画了一个经济体如何从马尔萨斯均衡发展到持续增长的工业化均衡。相对于其他经济增长理论而言，统一经济增长理论是一种更为广义的理论，与地理学、生物学、历史学、人口学、社会学等不同学科交融在一起，从而可以更好地解释经济增长的源泉以及经济增长的差异问题。但是，统一增长理论仍然具有自身的不足。首先，统一经济增长理论是一个动态体系，但其动态的特征更多地来自经济中的供给面。而对于经济中的需求层面，统一经济增长理论模型中消费者并不对其未来的消费或者其子孙后代的福利进行决策，因此仅是一个静态的决策问题。此外该模型对于消费者的储蓄和投资问题的忽视削弱了其在理论上的完整性。其次，统一经济增长理论虽然成功地解释了经济体摆脱马尔萨斯陷阱走向长期增长的内在机制，但是，在技术分析上仍要借助于比较复杂的动力系统分析，这种不够直观的分析方法也部分地削弱了其直观上的经济含义。

---

① 青木昌彦:《经济发展的五个阶段及中日制度演化》,《比较》,2011 年第 5 期。

第三节 经济增长核算

一、经济增长因素分析

经济增长因素分析是研究影响经济增长的源泉、因素，并度量它们所起作用的大小，以寻求促进经济增长的途径与方法。经济增长核算理论既是增长模型的具体应用，也是经济统计和数据分析的重要结果。这一理论主要包括经济增长核算方法、全部要素生产率分析、部分要素生产率分析（又称经济增长因素分类分析）。

影响经济增长的要素涉及有形要素（自然资源、资本、劳动等）和无形要素（技术、组织、教育和制度等）。这些要素不仅仅在数量上能够影响经济增长，还可以在质量和配置效率上对经济增长发挥作用。单纯依靠有形要素投入实现的是粗放型经济增长，依靠无形要素投入实现的是集约型经济增长。影响经济增长的因素，是生产过程中使产出量发生变化的所有因素。其中，技术进步是经济增长的最重要因素。

丹尼森（Denison）是对增长因素进行定量分析并获得成果的主要经济学家之一，他将观察到的国民收入增长分解成其构成要素，以便说明经济增长的原因。丹尼森在 1962 年出版了《美国经济增长因素和我们面临的选择》一书，分析和比较了 1909—1929 年和 1929—1957 年两段时间美国经济增长因素的变化情况。1974 年出版的《1929—1969 年美国经济增长核算》一书，把对美国经济增长因素的分析，由原来的 1909—1957 年延伸到 1969 年。[①] 1976 年，丹尼森与他人合写了《日本经济怎么增长得这样快》，分析了 1953—1971 年日本经济增长因素。[②]

按丹尼森的定义，增长核算指的是将所采用的国民产量或人均产量增长率在改变和引起增长的决定因素之间进行分配。他将影响经济增长的因素分为两大类七小类，做此分类后，他估算了各种因素对美国经济增长的贡献。从表 2-3 可以看出，美国 1929—1969 年国民收入平均每年增长 3.33%，由总投入量增长提供的是 1.81 个百分点，总投入量的 1.81 个百分点中，劳动提供的是 1.31 个百分点，资本提供的是 0.50 个百分点。劳动和资本又可以进一步分解为多个因素。此外，还有知识增进、资源配置改善、规模经济等方面的贡献。

表 2-3 美国国民收入的增长因素

增长因素	增长率(%)			占国民收入增长率的比重(%)		
	1929—1969	1929—1948	1948—1969	1929—1969	1929—1948	1948—1969
国民收入	3.33	2.75	3.85	100.0	100.0	100.0
总投入量	1.81	1.49	2.10	54.3	54.2	54.6

① Denison Edward F, "Accounting for United States Economic Growth, 1929—1969", *The Brookings Institution*, 1974.

② Denison Edward F, William K Chung, "How Japan's economy grew so fast: the sources of postwar expansion", *The Wilson Quarterly*, 1976.

续 表

增长因素	增长率(%)			占国民收入增长率的比重(%)		
	1929—1969	1929—1948	1948—1969	1929—1969	1929—1948	1948—1969
劳动	1.31	1.36	1.30	39.9	49.5	33.8
就业	1.08	1.02	1.17	32.4	37.1	30.4
工时	−0.22	−0.23	−0.21	−6.6	−8.4	−5.5
年龄-性别构成	−0.05	0.01	−0.10	−1.5	0.4	−2.6
教育	0.41	0.40	0.41	12.3	14.5	10.6
未分解的劳动	0.09	0.16	0.03	2.7	5.8	0.8
资本	0.50	0.13	0.80	15.0	4.7	20.8
存货	0.09	0.05	0.12	2.7	1.8	3.1
非住宅性建筑和设备	0.20	0.03	0.36	6.0	1.1	9.4
住宅	0.19	0.06	0.29	5.7	2.2	7.5
国际资产	0.02	−0.01	0.03	0.6	−0.4	0.8
土地	0.00	0.00	0.00	0.0	0.0	0.0
单位投入量的产出量	1.52	1.26	1.75	45.6	45.8	45.5
知识增进	0.92	0.62	1.19	27.6	22.5	30.9
改善的资源配置	0.29	0.29	0.30	8.7	10.5	7.8
农业投入的减少	0.25	0.27	0.23	7.5	9.8	6.0
自我雇佣的减少	0.04	0.02	0.07	1.2	0.7	1.8
住宅居住率	0.01	0.02	−0.01	0.3	0.7	−0.3
规模经济	0.76	0.29	0.42	10.8	10.5	10.9
非正常因素	−0.06	0.04	−0.15	−1.8	1.5	−3.9

资料来源：Edward F. Denison, “Accounting for United States Economic Growth, 1929—1969,” *The Brookings Institution*, 1974.

如果把表 2-3 中前三列的增长率数字换算成各因素增长率占国民收入年平均增长率的百分比，可以看出，在 1929—1969 年间，总投入量的贡献占国民收入年平均增长率的 54.3%，单位投入量的产出量的贡献是 45.6%。就总投入量来看，劳动投入量的贡献占 39.9%，而资本投入量只占 15%。分阶段来看，1929—1948 年和 1948—1969 年，总投入量的贡献占国民收入年平均增长率、单位投入量的产出量的贡献基本保持不变。1948—1969 年相比 1929—1948 年的劳动投入量的贡献下降了近 16 个百分点，相对地，资本投入量的贡献约上升了 16 个百分点。

比较 1929—1969 年知识增进和劳动力完成的工作量在国民收入年平均增长率中所占的比重，可以看出知识增进所占的 27.6%的比重大于包括就业和工时在内的劳动力完成的工作量所占的比重(25.8%)。如果把教育因素加到劳动投入量中，劳动则成为最重要的增长因素,在 1929—1948 年,它几乎占了国民收入年平均增长率的一半,其次才是知识增进,第三是资本投入,第四是规模经济,第五是资源配置的改善。如果把教育因素独立出来,它的重要性在规模经济和资源配置这两个因素之上。丹尼森特别强调知识增进的重要性,他认为,在整个战后年代,由于知识增进而提高的年增长率稳定在 1.2%的水平上。这就是说,20 世纪 60 年代末,由于知识增进而增加的总产量,两倍于 20 世纪 40 年代末由于知识增进而增加的总产量。由于 60 年代末和 40 年代末相比,美国国民收入增加了 1 倍,因此他断定知识增进是长期内真实的生产率提高的基本因素。

二、全要素生产率及其测算

生产率按衡量投入要素的范围大小不同可以分为“单要素生产率”(Single Factor Productivity, SFP)和多要素生产率(Multi Factor Productivity, MFP)或者“全要素生产率”(Total Factor Productivity, TFP)。OECD 在《生产率测算手册》中将 TFP 定义为:“测算所有投入要素对增长贡献的一种能力”(The Capacity of Capturing All Factors' Contribution to Output Growth)。经济学家使用全要素生产率的概念来度量用于生产的所有投入要素的综合效果。①

全要素生产率(TFP)研究的目的是在数量上确定不同投入因素对经济增长的贡献。单要素生产率(如劳动生产率和资本生产率)只考虑了一种要素的投入,而全要素生产率所分析的是所有的投入要素,是指总产出量与全部生产要素投入量之比,即所有投入要素的生产率之和。在一个典型的数据集中,产出的增长超过了投入的贡献。产出增长率与投入增长的贡献之间的差距表示全要素生产率的增长率,即,它表示各种形式的技术变化总的影响。② 在经济增长核算理论中,全要素生产率是一个“剩余”,等于产出增长率与各个被计算到的投入要素增长率加权和之差。一般而言,全要素生产率包含一个国家的技术水平,也包含与经济系统相关的政策和制度因素。经济系统的基础设施水平,如交通和信息网络设施,也是影响全要素生产率的因素。

全要素生产率概念是逐步演变而完善的。斯蒂格勒(Stigler)在 1947 年的研究中已独立地提出了全要素生产率的概念和分析方法。索洛(1957)③计算了美国非农业私营部门 20 世纪上半叶的全要素生产率增长。他发现,可由全要素生产率的增长解释的增长比率约为产出增长率的 80%。根据此测算,全要素生产率的增长是美国经济增长的主要源泉。然而,索洛没有考虑投入要素质量的改进。其他研究者考虑到了此类改进。在乔根森和格里利谢斯(Jorgenson and Griliches,1967)④所做研究的基础上,戴尔·乔根森在改进经质量调整的投入变量的构造方面做了大量工作。这些改进大大减少了要以度量的全要素生产率对产出增长的贡献。但是,全要素生产率始终是增长的主要源泉,即使对进行了最细致的质量调整的国家来说也是如此。⑤

① E. 赫尔普曼:《经济增长的秘密》,王世华、吴筱译,中国人民大学出版社,2007,第 20 页。

② E. 赫尔普曼:《经济增长的秘密》,王世华、吴筱译,中国人民大学出版社,2007,第 21 页。

③ Solow Robert M, “Technical Change and The Aggregate Production Function”, *Review of Economics and Statitics*, 1957: 312 - 320.

④ Jorgenson D W, Griliches Z, “The Explanation of Productivity Change”, *Review of Economic Studies*, 1967, 34(3): 249 - 283.

⑤ E. 赫尔普曼:《经济增长的秘密》,王世华、吴筱译,中国人民大学出版社,2007,第 22 页。

测算全要素生产率的方法主要有三类:第一类是非参数估计方法。这种方法的理论模型来自新古典增长理论,通过获得样本点的观测数据后直接利用线性优化给出距离函数和边界生产函数的方式进行估算,主要包括 Malmquist 生产率指数法和数据包络分析法(DEA)。第二类是参数估计方法。采用这种方法,一般是先构建一个总量生产函数,将总产出或增加值作为因变量,将不同的投入变量作为自变量,采用不同的方法估计生产函数中的各个参数,最为典型的是索洛残差法、隐性变量法和潜在产出法。索洛残差法和隐性变量法都是假设经济资源得到充分利用,忽略了全要素增长的另一个重要组成部分——技术效率提升的影响。而潜在产出法弥补了这一缺陷,全面考虑了技术进步和能力实现率改善对全要素生产率增长的影响。但潜在产出法以产出缺口估算为基础,易导致全要素生产率估算偏误。第三类是半参数估计方法,通过一并建立参数关系和非参数关系,控制生产率冲击这类不可观察因素,以获得对生产函数的一致性估计,能够有效解决生产函数的样本选择偏误和内生性问题,主要包括 Olley-Pakes 方法(简称 OP 法)①、Levinsohn-Petrin 方法(简称 LP 法)②以及 Ackerberg 等方法(简称 ACF 法)③。为了更好地估算技术进步率和技术效率,根据是否需要对生产函数做出明确假设,又可以分为两种方法:随机前沿分析法(SFA)和数据包络分析法(DEA)。其中,随机前沿分析法(SFA)是参数估计方法,数据包络分析法(DEA)是非参数估计法。由于经济计量学方法容易出现参数估计不稳定等统计上的问题,而非参数方法将指数方法与生产函数相联系,更适合于定期的生产率统计研究,因而数据包络分析法成为采用最广泛的测量全要素生产率的方法。

全要素生产率的增长是产出增长中无法用生产要素投入增长解释的剩余增长。丹尼森在 1985 年出版的《1929—1982 年美国经济增长趋势》一书中,将经济增长分解为生产要素投入量和生产要素生产率(即全要素生产率)。设定柯布-道格拉斯生产函数,假设满足规模报酬不变的条件:

$$Y_t = A_t F(K_t, L_t) \tag{2.41}$$

式中,Y_t 代表国民收入;A_t 代表技术水平或全要素生产率;K_t 和 L_t 代表资本和劳动力两项生产要素的投入。对式(2.41)先取对数再求导,得到增长核算的核心方程(2.42)。

$$dY/Y = \alpha dK/K + (1-\alpha)dL/L + dA/A \tag{2.42}$$

式中,dY/Y 表示年度国民收入的增长率;α 和$(1-\alpha)$是两个加权项,分别代表资本和劳动力在要素投入中所占的份额。该方程将国民收入的增长分解为资本 dK/K、劳动力 dL/L 和技术进步的增长 dA/A 之和。

根据美国国民收入历史统计数据,丹尼森进行了考察和分析,其结果如表 2-4 所示。

---

① Olley G Steven, Ariel Pakes, "The Dynamics of Productivity in the Telecommunications Equipment Industry", Econometrica, 1996, 64(6): 63-97.

② Levinsohn James, Amil Petrin, "Estimating Production Func tions Using Inputs to Control for Unobservables". Review of Economic Studies, 2003, 70(4): 317-341

③ Ackerberg D, Caves K, Frazer G, "Structuraldentification ofProductionFunctions", manuscript. Department of Economics, UCLA, 2006.

表 2-4　国民收入增长的源泉(1929—1982 年)

增长因素	增长率(%)	占总增长率(%)
国民收入	2.92	100.0
总要素投入	1.90	65.1
劳动	1.34	45.9
资本	0.56	19.2
单位投入的产量	1.02	34.9
知识	0.66	22.6
资源配置	0.23	7.9
规模经济	0.26	8.9
其他	−0.13	−4.5

资料来源:Edward Dension, "Trends in American Economic Growth, 1929—1982," *The Brookings Institution*, 1985.

如表 2-4 所示,丹尼森估算出美国 1929—1982 年年均 2.92%的增长率中,1.90%来自资本和劳动力投入的增加,1.02%是生产要素生产率的增长,即全要素生产率的增长。丹尼森将生产要素生产率的增长分解到知识、资源配置、规模经济等若干要素上。知识对生产要素生产率增长的贡献最大,超过 60%。丹尼森认为,知识是最重要的增长因素,其中技术知识和管理知识进步的重要性是同样的,不能只重视前者而忽视后者。规模经济对生产要素生产率的贡献仅次于知识。当经济运作的规模扩大时,每单位产量所需的投入更少,从而节约成本,带来规模经济效应。资源配置这一因素对生产要素生产率增长的贡献也不可忽视。例如,资本从传统产业转移到高技术产业导致产量的增加和收入的增长。

图 2-8 显示了世界七大经济体(G7)在 1960—1995 年全要素生产率增长对产出增长的比率。对全要素生产率和产出增长的估计来源于乔根森和伊普(2001, Table12-4, Table12-6),他们使用经过质量调整的资本存量和劳动投入。不管他们进行了多么仔细地调整,接近 47%的日本产出增长以及超过 42%的德国和 43%的意大利的产出增长可归因于全要素生产率增长,从中可以看出,对于这些国家的产出增长来说,全要素生产率增长是重要的。加拿大生产率提高的速度最慢,其全要素生产率对产出增长的贡献是这些国家中最小的,仅为 15%。

杨(Young)①1995 年文献,对四个东亚新兴工业化国家(NICs)及地区——韩国和新加坡、中国香港、中国台湾——在 1966—1990 年全要素生产率增长对产出增长的比率做了仔细的计算。在这些年中,劳动力参与大大增加了。在一些国家或地区,高储蓄率导致资本这种投入要素的快速积累。考虑到这些趋势并对投入要素的质量改进进行调整后,杨发现,仅在新加坡,全要素生产率的增长对产出增长的比率特别小,为2.3%;

① Young Alwyn, "The Tyranny of Nurnbers: Confronting the Statistical Realities of the East Asian Growth Experience", *Quarterly Journal of economics*, 1995, 110: 641-680.

在韩国，全要素生产率增长占产出增长的比率为 16.5%；在中国台湾，全要素生产率增长占产出增长的比率为 27.7%；在中国香港，1966—1990 年全要素生产率增长占产出增长的比率为31.5%。剩余的产出增长可归因于积累。这些研究发现，出现了一些争议。最引人注目的一次争论是围绕东亚经济增长模式而进行的。1994 年，保罗·克鲁格曼(Paul R. Krugman)依据一些经验研究，在《外交事务》杂志上撰文指出，东亚的经济增长完全可以用要素投入的增加来解释，全要素生产率没有贡献，因此他推断在东亚经济的增长中没有技术进步的成分，不存在所谓的“东亚奇迹”，并认为东亚经济的增长不可持续。①

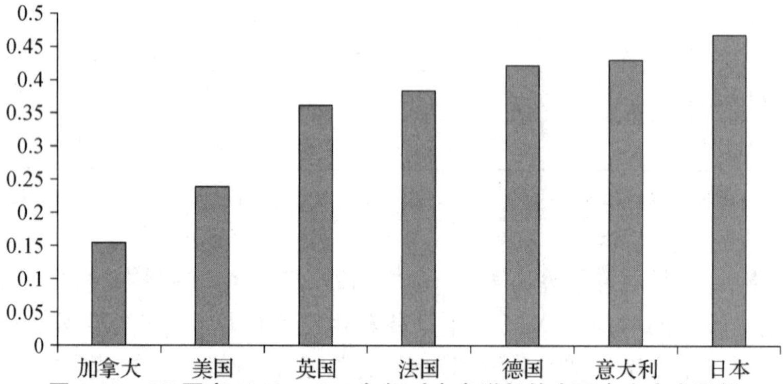

图 2-8　G7 国家 1960—1995 年相对产出增长的全要素生产率增长

资料来源：Jorgenson and Yip(2001)。②

对此，后期一些学者围绕全要素生产率的理解对克鲁格曼进行了反驳。表 2-5 是世界银行对发展中国家 1960—1987 年要素投入和全要素生产率提升对产出增长贡献的统计。从发展中国家的实际情况看，增长的源泉主要是要素投入本身的增长，全要素生产率的贡献较小，而东亚地区全要素生产率增长对经济增长的贡献达到 28%。

表 2-5　发展中国家要素投入和全要素生产率的增长率(1960—1987 年)

	GDP 增长率(%)	劳动增长率(%)	资本增长率(%)	全要素生产率(%)
非洲	3.3	1.0	2.3	0.0
东亚	6.8	1.1	3.8	1.9
欧洲、中东和北非	5.0	0.7	2.9	1.4
拉丁美洲	3.6	1.2	2.4	0.0
南亚	4.4	0.9	2.9	0.6
68 个国家	4.2	1.0	2.6	0.6

资料来源：世界银行：《1991 年世界发展报告》，中国财政经济出版社，1991 年。

① Krugman P, “The myth of Asia's miracle”, *Foreign Affairs*, 1994, 73(6): 62-78.

② Jorgenson D, Yip E, “Whatever Happened to Productivity Growth?”, In Charles R Hulten, Edwin R Dean, and Michael J Harper, eds., New Developments in Productivity Analysis Chicago: University of Chicago Press, 2001.

第四节　中国的经济增长

一、经济起飞和现代经济增长

美国经济学家罗斯托将起飞定义为是一种工业革命，对生产方法的剧烈改变直接有影响，在比较短的一段时期内有决定意义的后果。① 中国走向近代化的酝酿准备过程的最初历史原点，应当追溯到1000年前后的宋代，从1000年到1949年，中国先后失去了近现代化的历史机遇，经济起飞严重滞后。中国在20世纪50年代前期进入经济起飞助跑期，1953—1978年GDP增长率年均达到6.15%。经过改革开放前经济起飞的助跑期，1978年改革开放迎来了中国的经济起飞。中国经济起飞从改革开放开始到2000年左右，20多年达到东西方起飞持续时间的一般尺度。

经济起飞以来，中国真正开始了现代经济增长(见表2-6)。1990年实现GDP总量比1980年翻两番，比预计到2000年实现的目标提早了10年；1997年实现人均GDP比1980年翻两番，比预计目标提早了3年。中国经济总量从1978年相当于美国的6.30%、占世界GDP的比重2.25%，提高到2020年相当于美国70.32%左右、占世界GDP的比重17.38%左右。中国的人均收入稳步提高，经济地位显著上升。按照世界银行的数据，中国从1978年人均国民收入(GNI)200美元的低收入国家，经过二十年的艰苦奋斗，到1998年达到800美元，成为下中等收入国家，再到2010年人均国民收入达到4 340美元，跻身上中等收入国家行列，并稳居世界第二大经济体。

表2-6　改革开放以来中国的经济增长

年　份	GDP(亿元)	人均GNI(美元)	GDP比上年增长(%)	年份	GDP(亿元)	人均GNI(美元)	GDP比上年增长(%)
1978	3 678.7	200	11.7	1988	15 180.4	330	11.2
1979	4 100.5	210	7.6	1989	17 179.7	320	4.2
1980	4 587.6	220	7.8	1990	18 872.9	330	3.9
1981	4 935.8	220	5.1	1991	22 005.6	350	9.3
1982	5 373.4	220	9	1992	27 194.5	390	14.2
1983	6 020.9	220	10.8	1993	35 673.2	420	13.9
1984	7 278.5	250	15.2	1994	48 637.5	470	13
1985	9 098.9	290	13.4	1995	61 339.9	540	11
1986	10 376.2	310	8.9	1996	71 813.6	650	9.9
1987	12 174.6	320	11.7	1997	79 715.0	750	9.2

① [美]罗斯托:《经济增长的阶段:非共产党宣言》,郭熙保、王松茂译,中国社会科学出版社,2001,第52页。

续 表

年份	GDP（亿元）	人均 GNI（美元）	GDP 比上年增长（%）	年份	GDP（亿元）	人均 GNI（美元）	GDP 比上年增长（%）
1998	85 159.5	800	7.8	2010	412 119.3	4 340	10.6
1999	90 564.4	860	7.7	2011	487 940.2	5 040	9.6
2000	100 280.1	940	8.5	2012	538 580.0	5 910	7.9
2001	110 863.1	1 010	8.3	2013	592 963.2	6 740	7.8
2002	121 717.4	1 110	9.1	2014	643 563.1	7 470	7.4
2003	137 422.0	1 280	10	2015	688 858.2	7 890	7
2004	161 840.2	1 510	10.1	2016	746 395.1	8 210	6.8
2005	187 318.9	1 760	11.4	2017	832 035.9	8 670	6.9
2006	219 438.5	2 060	12.7	2018	919 281.1	9 540	6.7
2007	270 092.3	2 510	14.2	2019	986 515.2	10 310	6
2008	319 244.6	3 100	9.7	2020	1 013 567.0	10 520	2.2
2009	34 8517.7	3 680	9.4	2021	1 149 237.0	11 880	8.4

注：GDP 为名义 GDP，GDP 增长率为实际 GDP 增长率。人均 GNI 为世界银行按图表集法衡量的人均国民总收入。

资料来源：国家统计局：《中国统计年鉴(2022)》，中国统计出版社，2022。WDI，世界银行网站，http://data.worldbank.org.cn/indicator/NY.GNP.PCAP.CD。

中国 40 多年的高速增长创造出了巨大的经济成就和社会财富，综合国力有了显著增强，人民生活水平明显提高。但是，中国的工业化、城市化过程还没有完成，中国的收入水平仍然较低。2021 年，中国人均 GNI 为 11 880 美元，在全球 217 个经济体中，中国人均 GNI 相当于中高收入国家水平，仍未进入高收入国家行列。中国的经济总量大并不能掩盖经济发展水平仍然不高的现实，经济较发达地区的经济发展状况并不能代表中国经济所达到的普遍水平。中国作为全球最大的发展中国家，在经济增长的道路上仍然面临挑战。

二、全要素生产率测算

(一) 对中国全要素生产率的研究

国内外学术界多次估算过中国经济的全要素生产率及其对经济增长的贡献，具体测算结果如表 2-7 所示。可以看出，研究结论之间存在很大差别。之所以存在如此大的差异，一是由于各项研究采用的方法不同；二是由于数据的来源和质量及设定存在很大差异。

表 2-7 关于中国全要素生产率测算代表性的研究

研究人员或机构	时 间	主要结论	采用方法
UNIDO（联合国产业发展组织，2005）	1962—2000 年	TFP 增长率为 0.5%，对经济增长的贡献是 7.9%	普适前沿模型

续 表

研究人员或机构	时 间	主要结论	采用方法
OECD(经合组织，2005)	1978—2003年	报告期内TFP增长率为3.7%，1993年后增长率持续下降	索洛残差法
蔡跃洲，付一夫(2017)	1978—2014年	1978—2014年，TFP增长对GDP增长平均贡献度为39.4%	宏观TFP增长率测算分解模型
许宪春、张钟文、常子豪、雷泽坤(2020)	1985—2015年	1985—2015年，TFP年均增长率为2.3%，对GDP增长贡献了24%	增长核算法
李言、高波、雷红(2018)	1978—2016年	研究地区全要素生产率的水平值	索洛残差法
许永洪、孙梁、孙传旺(2020)	1992—2017年	1992—2000年，TFP的增长率水平逐渐下降。2001—2007年，TFP增长率水平有所回升。2007年以后，TFP增长率水平逐渐下降。2010—2017年，TFP增长率水平在1%的水平上下波动	ACF方法
APO(亚洲生产率组织，2021)	1970—2019年	1970—1990年TFP增长率为0.1%；1990—2010年为1.8%；2010—2019年为1.5%；2000—2010年TFP增长对经济增长的贡献为21.5%；2010—2019年为18.6%	索洛残差法

资料来源：蔡跃洲、付一夫：《全要素生产率增长中的技术效应与结构效应——基于中国宏观和产业数据的测算及分解》，《经济研究》，2017年第1期。许宪春、张钟文、常子豪、雷泽坤：《中国分行业全要素生产率估计与经济增长动能分析》，《世界经济》，2020年第2期。李言、高波、雷红：《中国地区要素生产率的变迁：1978—2016》，《数量经济技术经济研究》，2018年第10期。许永洪、孙梁、孙传旺：《中国全要素生产率重估——ACF模型中弹性估计改进和实证》，《统计研究》，2020年第1期。UNIDO，"Productivity in Developing Countries: Country Case Studies China"，2005—2006. OECD，"Economic Surveys: China"，2005. APO，"APO Productivity Data book 2021"，*Keio University Press Inc*，2021.

（二）全要素生产率的估算及对经济增长的贡献

对中国经济增长因素的分析，是人们十分关注的热点和难点。资本和劳动等要素投入对中国经济增长发挥着积极作用，生产要素生产率的增长则是促使中国经济持续增长的重要源泉。估算中国全要素生产率，分析要素投入和生产要素生产率增长对经济增长的贡献差异及成因，对中国经济进入高质量发展阶段的增长动力转换和增强可持续性具有重要指导价值。

选取1978—2020年中国的经济数据，采用索洛残差法测算全要素生产率。关于测算全要素生产率的数据处理如下：① 根据《中国统计年鉴2021》提供的国内生产总值指数和以当年价格统计的名义国内生产总值，做平减处理，计算出以1952年价格为基期的1979—2020年实际GDP。② 资本存量，这里采用最常用的永续盘存法，计算公式为 $K_t = IN_t + (1 + \mu\delta - \delta)K_{t-1}$。其中，$IN_t$ 是固定资本形成总额，μ 是折旧资产的处理价值，δ 是固定资本的总体经济折旧率。《中国国内生产总值核算历史资料(1952—2004)》①公布了以不变价格计

① 中国国家统计局国民经济核算司：《中国国内生产总值核算历史资料(1952—2004)》，中国统计出版社，2007。

算的1952—2004年的固定资本形成总额指数(1952年=100)和1952年固定资本形成总额(1952年价格),由此可以得到以1952年价格计算的1952—2004年固定资本形成总额。对于2004年之后固定资本形成总额的计算,用《中国统计年鉴》公布的固定资本形成价格指数近似地代替固定资本形成指数,再结合以1952年价格计算的固定资本形成总额,得到2005—2020年的固定资本形成总额。这里参考黄勇峰①的研究,采用3%~5%的法定残值率的中间值4%作为折旧资产的处理价值,$\mu=4\%$;关于固定资本的总体经济折旧率的估算结果,取$\delta=10\%$。③ 劳动力投入,取就业人员数。

根据测算,中国1978—2020年实际GDP增长、资本存量增长、劳动力投入增长和生产要素生产率增长呈现出不规则的变化(见图2-9)。中国1978—2020年实际GDP年均增长9.28%,资本投入贡献了7.96个百分点,约占GDP增长的85.78%;劳动投入贡献了0.41个百分点,约占GDP增长的4.42%;TFP年均增长率为0.91%,对GDP贡献了9.81%。总的来看,40余年来中国全要素生产率波动较大,1990年全要素生产率增长率在谷底,为-5.21%;1997年亚洲金融危机期间全要素生产率增长率在0上下小幅波动,这种趋势一直持续到2000年。2004年后呈现出较大幅度的上升趋势。但是,在2008年国际金融危机冲击下,TFP再次出现下降,到2019年,TFP维持"低位波动"上升。2020年受新型冠状病毒感染疫情的影响,TFP达到2008年国际金融危机以来的最低值。1978—1990年,中国实际GDP年均增长9.27%,TFP增长率为1.73%,TFP的贡献为18.61%。1990—2010年,实际GDP年均增长10.19%,TFP增长率为0.93%,TFP的贡献为9.11%。2010—2020年,实际GDP年均增长7.18%,TFP增长率为-0.81%,TFP的贡献为-11.26%。其中,2012年TFP增长率为-2.06%,2019年上升到0.26%,出现了稳中向好的走向。受新型冠状病毒感染疫情影响,2020年中国实际GDP增长率为2.2%,TFP增长率为-2.09%,较2019年出现了大幅下滑。

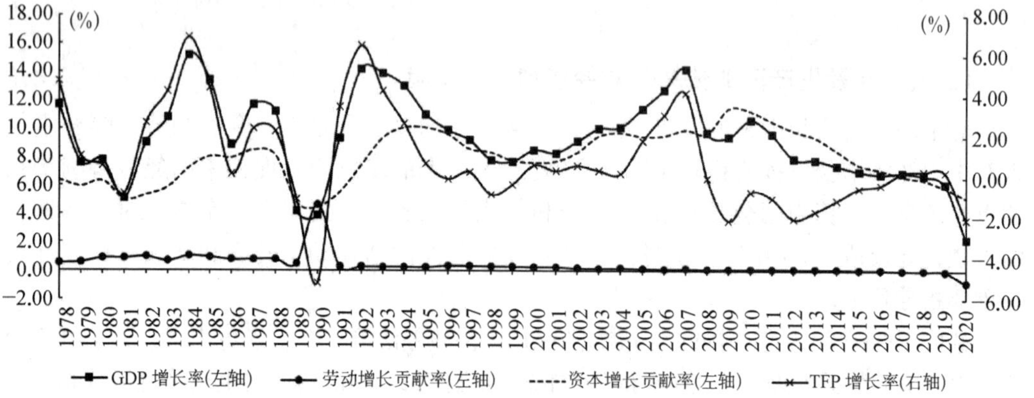

图2-9 中国经济增长因素变动趋势(单位:%)

中国经济进入高质量发展阶段,激活要素潜力,增强经济增长内生动力,提高经济增长质量,必须依靠创新驱动。首先,大力推动知识创新和科技进步。增强自主创新能力,

① 黄勇峰、任若恩、刘晓生:《中国制造业资本存量永续盘存法估计》,《经济学(季刊)》,2002年第2期。

全力支持企业知识创新,完善国家知识创新体制。其次,不断推进制度创新。充分发挥市场在资源配置中的决定性作用,全面释放经济增长潜力。再次,持续改善资源配置,提升资源配置效率。促使资源从传统行业向战略性新兴产业转移,实现资源空间合理配置。第四,不断增强人力资本投资。加强基础教育和素质教育,大幅度提高国民的知识和技能水平。第五,注重培植规模经济优势。从全球产业链中低端不断向高端攀升,建立国家创新链,逐步主导全球产业链和创新链,打造现代产业集群。从根本上促使中国经济从数量型增长转向质量型增长,实现效率型增长和可持续发展。

三、高质量发展阶段

(一) 高质量发展阶段的提出

改革开放以来,我国对经济发展质量和效益越来越重视。1986 年公布的第七个五年计划提出,“坚持把提高经济效益特别是提高产品质量放到十分突出的位置上来,正确处理好效益和速度、质量和数量的关系”。1991 年,《中华人民共和国国民经济和社会发展十年规划和第八个五年计划纲要》提出“始终把提高经济效益作为全部经济工作的中心”。“九五”时期将积极推进经济增长方式的转变作为我国中长期经济发展的重大方针。此后,党中央、国务院各类文件均强调要提高经济效益、转变经济增长方式。2007 年,党的十七大报告首次提,出要加快转变经济发展方式,将经济增长拓宽到经济发展,为发展质量赋予了新内涵。

2012 年党的十八大以来,我国经济社会发展环境和条件发生重大变化。从外部看,国际金融危机以来世界经济复苏一直艰难曲折,国际贸易保护主义抬头,全球政治经济格局正经历复杂变化,我国经济发展的战略机遇期遇到较大挑战。与此同时,新一轮科技革命和产业变革蓄势待发,世界新旧动能正在深刻转换。从内部看,劳动力等要素成本持续上升,要素低成本的吸引力、驱动力明显减弱,面临外资高中端制造业向发达国家回流、中低端制造业向成本更低的发展中国家转移的两头挤压。基础设施、房地产和制造业投资也处在调整减速期,大量低端产能不适应居民消费结构升级的需求。同时,资源约束日益趋紧,环境承载能力接近上限,依靠要素低成本的高投入、高消耗、高污染、低效益的经济增长方式不可持续。在此背景下,2015 年党的十八届五中全会提出了“创新、协调、绿色、开放、共享”的新发展理念,着力推进创新驱动发展战略,加快转变经济发展方式。

2017 年党的十九大提出,我国经济已由高速增长阶段转向高质量发展阶段。这是对中国经济发展阶段变化和现在所处关口做出的一个重大判断,是中国经济在 30 多年高速增长之后突破结构性矛盾和资源环境瓶颈,实现更高质量、更有效率、更加公平、更可持续发展的必然选择。

2022 年党的二十大报告强调,高质量发展是全面建设社会主义现代化国家的首要任务。坚持以推动高质量发展为主题,把实施扩大内需战略同深化供给侧结构性改革有机结合起来,增强国内大循环内生动力和可靠性,提升国际循环质量和水平,加快建设现代化经济体系,着力提高全要素生产率,着力提升产业链供应链韧性和安全水平,着力推进城乡融合和区域协调发展,推动经济实现质的有效提升和量的合理增长。着力推动高质量发展是当前和今后一个时期确定发展思路、制定经济政策、实施宏观调控的根本要求。

(二) 高质量发展的内涵和特征

高质量发展,是指坚持质量第一、效益优先,扩大内需战略与供给侧结构性改革有机结合,推动经济发展质量变革、效率变革、动力变革,持续提高全要素生产率。这意味着高质量发展是遵循经济发展规律的科学发展,是完整、准确、全面贯彻新发展理念的发展,是尽力实现潜在增长率、高效资源配置、高质量投入产出比的发展,走的是生产发展、生活富裕、生态美好的文明发展道路。所谓潜在增长率,是指一国或地区在所有资源得到最优和高效配置的条件下,所能达到的最大经济增长率。改革开放 40 多年来,中国经济持续高速增长,保持了 30 多年年均 10%左右的高速增长,创造了世界经济增长史上的中国奇迹。从 2012 年起,中国经济增长速度降到 9%以下,进入中高速增长阶段。这与中国的潜在增长率大幅下降有较大关系。随着潜在增长率走低,中国的经济发展更加依赖增长质量的提升,更加依赖创新驱动发展,更加依赖现代产业体系建构和产业结构升级,更加依赖城乡融合发展和区域协调发展,更加依赖高水平市场经济体制和高水平对外开放,着力推动高质量发展。

1. 全要素生产率提高

全要素生产率的提高是高质量发展的重要特征。第一,全要素生产率的提高与资源的有效配置密切相关,资源有效配置表现为生产要素特别是劳动力从低生产率产业进入高生产率产业,将促进产业结构优化升级进而推动经济合理高效发展,改变主要依靠物质资源投入的方式,推动经济集约化。第二,提高全要素生产率意味着生产性技术水平得到发展,生产性技术水平的提高将驱使产业向知识集约化方向发展,提高整个产业的知识密集程度从而推动工业从低附加值传统产业转型为高附加值的高技术、战略性新兴产业,进而提高经济增长质量。第三,全要素生产率的提高表现为高耗能、高污染、低效率的企业将会被淘汰,资源利用效率提高和生态环境改善,推动经济高质量发展。

2. 创新成为引领高质量发展的第一动力

高质量发展阶段也是创新驱动阶段,创新成为经济发展的第一动力。创新引领高质量发展,市场在创新资源配置中起决定性作用,促使创新要素资源不断向企业集聚,以企业为主体,市场为导向,建立产学研深度融合的创新体系。对于大中型企业而言,需要不断加大研发投入和科技攻关,在市场上发挥创新引领作用。支持有条件的大中型企业进行联合创新,以新型技术平台解决行业关键共性技术问题。对于小微企业来说,船小好调头,是天生的创新主体,要在税收、金融、技术等方面营造小微企业成长的环境。人力资本是创新的核心要素,大力培育人力资本,营造崇尚创新的氛围。加强知识产权保护,激发和保护人们的创新行为。对于科技型人才而言,要完善人才评价和激励机制,建立科学家声誉机制和科技奖励机制,实施创新导向的分配政策。对于企业家而言,创新是企业家的天职,要为企业家充分施展创新才能,建立公平竞争的市场环境。

3. 完善的现代产业体系

着力推进供给侧结构性改革,不断提高供给结构对需求变化的适应性和灵活性,夯实实体经济在现代产业体系中的核心地位。一是推动传统制造业产业升级。按照高质量、高效益原则，通过创新引领，以数字化和绿色化为手段改造传统制造业，不断提高制造业的核心竞争力，充分满足市场需求变化。二是大力发展战略性新兴产业。一方面聚焦新一代信息技术、生物技术、新能源、新材料、高端装备、航天航海等战略性新兴产业，构筑产业体系新支柱；另一方面要促进战略性新兴产业的集群式发展，以都市圈和城市群为依托，在中心城市、大中小城市中构建各具特色、优势互补的新兴产业，避免无序竞争和产业同构。三是促进生产性服务业与制造业融合发展。我国制造业长期处于“微笑曲线”的底端环节，不仅附加值低，而且阻碍了我国制造业整体竞争力的提升。通过发展研发设计、商务咨询、运营管理、售后服务等生产性服务业，促进其与制造业深度融合、相互渗透，支持制造业高质量发展。

4. 人与自然和谐共生

推进经济社会发展全面绿色转型，由政府、企业和公众共同参与，建立绿色低碳的生产方式和生活方式。首先，加强政府引导，制定绿色发展的政策体系。一是通过综合运用财政、税收、金融等政策措施和行政手段，为企业的绿色发展提供引导，激励其采用绿色低碳循环发展的生产方式。二是健全生态保护补偿机制。对于横向生态补偿而言，需要明确环境权力，通过开展多元化、市场化补偿机制，引导各类资本参与生态修复工作。在纵向生态补偿方面，对于重点生态功能区和生态脆弱地区，需要加大转移支付力度。其次，强化企业主体，构筑绿色发展的产业体系。一是淘汰落后产能，通过制定严格的市场准入标准，逐步淘汰高污染、高排放、高消耗的传统产业，加大环境污染的惩罚力度。二是改造传统产业，鼓励企业加大绿色低碳技术的研发活动，降低单位产出的能源资源消耗和环境污染排放，实现清洁式生产。三是培育绿色产业，积极发展太阳能、风能等新能源产业，提高可再生能源的使用比重，做大做强新能源产业。最后，推动公众参与，倡导绿色发展的生活方式。社会公众是低碳绿色发展的践行者和参与者，需要改变公众的消费观念，增强其环保消费意识。一方面，在日常生活过程中，尽量进行垃圾分类处理，减少使用一次性制成品，同时在外出过程中，尽量选择乘坐公共交通。另一方面，在日常消费过程中，注重循环低碳理念，通过选择购买低碳绿色产品，倒逼企业进行产业结构转型升级。

5. 城乡融合发展和区域协调发展

城乡融合发展的空间载体主要在县城，需要尽快补齐县域发展短板和弱项，提高县城服务乡村振兴的能力。一是推进县域的教育、医疗、养老等公共服务向乡村覆盖，不断下沉优质资源。二是推进城乡水电管网、道路交通等基础设施一体化运营和发展，为乡村振兴提供发展条件。三是积极探索构建城乡统一的建设用地市场，深化宅基地改革试点，提高农民的土地收益。

我国地域辽阔，区域禀赋差距较大，不仅存在东中西、南北等区域间的发展差距，而且各大区域内部也存在一定的发展差距，因而需要推进区域协调发展。一是针对区域间的发展差距，需要进一步推进西部大开发、东北等老工业基地振兴、中部崛起等政策措施，形成分工合理、优势互补的发展格局，推动发达地区和欠发达地区共同发展；二是针对区域内的发展差距，需要以城市群为主体，大力推进京津冀、粤港澳、长三角、成渝、长江中游等城市群建设，优化城市群空间结构，形成多中心、多层级、多节点的网络型城市群，促进中心城市与大中小城市的联动发展。

6. 开放包容的发展

高质量发展阶段,中国将成为全球负责任大国、开放型经济大国、包容型发展大国。积极参与全球治理体制机制合作,推动国际经济治理体制改革和完善,促进贸易投资公平和自由化;遵守国际规则,维护国际秩序,深度参与全球价格、规则的制定,承担大国应有的责任;倡导人类命运共同体意识,推行共同、综合、合作的安全管理,积极参与全球环境气候治理,在全球气候变化中不断贡献新理念,持续推动南南合作,在多边合作中积极发挥引领作用,推动全球包容与可持续发展。

本章小结

世界经济增长的历史和发达国家经济增长的典型事实表明,经济增长是有规律可循的,是由一定内在机制决定的。

对经济增长的经济解释,需要构建经济增长模型。哈罗德-多马模型作为制定计划的理论基础或一种预测手段,凭借它的简洁性,在许多国家得到了应用。新古典增长模型是在哈罗德-多马模型基础上引入劳动和技术拓展而成,揭示技术进步是经济增长的引擎。内生增长理论认为,经济增长不是外生因素作用的结果,而是由经济系统的内生变量决定的。近十多年来,经济学家尝试将马尔萨斯理论与现代经济增长理论结合起来,构建统一增长理论框架来解释人类历史的不同发展阶段之间的内生转型过程。

经济增长核算是对经济增长理论的实践应用。发展中国家与发达国家的经济增长尽管存在一定的差别,但发展中国家的经济增长同样符合经济增长的规律。

改革开放以来,中国创造出了巨大的经济绩效和社会财富,综合国力有了显著的提升。但是,中国经济增长主要依靠要素投入,带有鲜明的"粗放式"特征,TFP 贡献率低。中国经济进入中高速增长阶段,经济增长依赖的要素禀赋结构发生了巨大变化,以创新驱动培育经济增长新动能,成为中国从中高收入国家迈入高收入国家行列的关键。

当前,我国经济已由高速增长阶段转向高质量发展阶段。在高质量发展阶段,要着力推进全要素生产率提高,坚持创新成为引领高质量发展的第一动力,构建完善的现代产业体系,实现人与自然和谐共生,推动城乡融合发展和区域协调发展,坚持开放包容的发展。

本章思考题

1. 什么是哈罗德-多马模型?
2. 什么是新古典增长模型?
3. 内生增长理论的特征是什么?
4. 试述全要素生产率的含义及其估算方法。
5. 试述高质量发展的内涵及其特征。

第三章　贫困、收入分配与人的全面发展

消除贫困、实现公平是人类梦寐以求的理想，是实现人的全面发展的基础。新千年开始之际，世界各国联合制定了千年发展目标，致力于从多个方面共同消除贫困、减少不平等。正是由于全球和不同国家的协同努力，千年发展目标挽救了数百万人的生命并改善了贫困和不平等。尽管如此，但现实世界中依然存在大规模的剥夺、贫困与不平等。2015年，千年发展目标到期后，联合国提出了一系列新的发展目标，在全世界消除一切形式的贫困，依旧摆在联合国17个可持续发展目标的首位。不仅发展中国家需要不断进步，发达国家也需要在完善人的能力、扩展人的自由方面做出不懈努力，携手推进全人类的人的全面发展。

第一节　贫困与消除贫困

一、贫困的含义和分类

(一) 贫困的含义

正如英国学者奥本海默(Oppenheim)所言，“贫困本是一个模糊概念，它不具备确定性，并随着时间和空间以及人们思想观念的变化而变化”①。通过对相关文献的梳理发现，英国学者本杰明·西伯姆·朗特里(Rowbtree)在《贫困：城镇生活研究》一书中最早给贫困做出了一个较为确定的定义：“如果一个家庭的总收入不足以支付仅仅维持家庭成员生存所需的最低量生活必需品开支，这个家庭就基本上陷入了贫困之中。”②自此以后，不同学科的研究者都在积极探索更适合目前经济社会发展的、更具可操作性的贫困概念。到目前为止，根据贫困定义所强调的内容以及历史演进过程，贫困的含义可大致分为收入贫困、能力贫困和权利贫困三类。

收入贫困是早期对贫困的界定，主要是从经济层面进行定义，强调人们对商品的获取和控制能力。该观点主要关注的是家庭或个人是否有足够的资源来满足他们的需求，如一些研究将贫困定义为“贫穷是生活必需品的缺乏”“贫困是指经济收入低于当时、当地生活必需品购买力的一种失调状况”等。实际上，这种观点是从货币角度来看待贫困的，主要代表人物有朗特里等。这种观点是贫困分析的起点，由于收入具有易于统计、测量和监测的优点，因此从收入来识别和测量贫困成为世界各国通行的做法。

---

① Oppenheim C, “Poverty: the facts”, Child Poverty Action Group, 1993.

② Rowntree B S, “Poverty: a Study of Town Life”, Macmillan, 1901.

然而,随着社会的发展和进步,人们越来越认识到,贫困是人们生存处境和福利水平的一种状态,并不完全就等价于收入低下,也可能与特殊的消费有关。这种观点强调个人在社会中发挥作用的能力。穷人往往缺乏关键能力:他们可能没有足够的收入或教育,或健康状况不佳,或感到无能为力,或缺乏政治自由,也就是能力贫困。能力贫困的最主要理论就是阿马蒂亚·森提出的可行能力贫困理论。① 所谓可行能力,是指一个人所拥有的、享受自己有理由珍视的那种生活的实质自由。如果把人们生活水平的提高和选择如何生活的权利的扩大视为发展的话,那么可行能力就具有重要的现实意义。相关的能力不仅具备那些避免夭折、保持良好的健康状况、能受到教育及其他的基本要求,还要有各种各样的社会成就。根据这一视角,贫困是基本可行能力的被剥夺,而不仅仅是收入低下。可行能力视角对贫困分析所做的贡献是,通过把注意力从手段(而且是经常受到排他性注意的一种特定手段,即收入)转向人们有理由追求的目的,并相应地转向可以使这些目的得以实现的自由,加强了人们对贫困和剥夺的性质及原因的理解。一个人拥有了财富,未必就有了实现自己目标的能力。

权利贫困(Entitlement Poverty)是指一批特定的群体和个人应享有的经济、政治、文化权利和基本人权的缺乏引致的贫困。从 20 世纪 90 年代开始,研究贫困的学者认为,贫困不仅仅是收入水平低下,或者是教育、健康和营养状况不好,还包括脆弱性、无发言权、社会排斥等现象,这就将贫困的概念扩展到了权利贫困。

(二) 贫困的分类

基于贫困的内涵和外延,按照不同的分类方法,可以将其分为绝对贫困和相对贫困,狭义贫困和广义贫困,普遍性贫困、制度性贫困、区域性贫困和阶层性贫困。

1. 绝对贫困和相对贫困

所谓绝对贫困,是指在一定的社会生产方式和生活方式下,个人和家庭依靠其劳动所得和其他合法收入不能维持其基本的生存需要,生命的延续受到威胁。具体特征如下:一是消费方面表现为,由于收入极低,已经丧失满足衣、食、住等人类基本需要的最低条件,出现“食不果腹、衣不遮体、住不避寒”的状况;二是生产方面表现为,由于生产资料的缺乏,难以维持自身的简单再生产,更难以扩大再生产,从而陷入“贫困恶性循环”。

相对于绝对贫困而言,相对贫困则是指与社会平均水平相比,收入水平少于一定程度时维持的社会生活状况,或指不同地区、不同阶层之间和各阶层内部成员之间的收入差异而产生的贫困。具体特征表现为:一是相对贫困是一种主观判断,实际上是社会上多数人对于较低生活水平的一种确认。例如,有些国家把低于平均收入 40%的人口视为相对贫困人口,世界银行则将收入少于全体社会成员平均收入 1/3 的成员归为相对贫困组别;二是相对贫困具有历史动态性。随着不同时期的社会生产力和生活方式的变化,贫困标准也有很大差别;三是相对贫困具有长期性。相对贫困实质是不平等,只要社会存在不平等,就会存在相对贫困,现实中不平等是常态,因而相对贫困也将普遍存在。

2. 狭义贫困和广义贫困

狭义贫困即绝对贫困,是指在一定的社会生产方式下,不能满足最基本的生存需要,

---

① [印]阿马蒂亚·森:《以自由看待发展》,任赜、于真译,中国人民大学出版社,2002,第 85-94 页。

生命的延续受到威胁。而广义贫困不仅包括不能满足最基本的生存需要，还包括文化教育状况、医疗卫生状况、生活环境状况和人口预期寿命等因素，大大扩展了狭义贫困的内涵。例如，世界银行在《2000/2001 年世界发展报告》中将贫困界定为除了物质上的匮乏、低水平的教育和健康外，还包括风险和面临风险时的脆弱性，以及不能表达自身的需求和缺乏影响力等，属于广义贫困。

3. 普遍性贫困、制度性贫困、区域性贫困和阶层性贫困

根据贫困的不同成因，可将贫困细分为普遍性贫困、制度性贫困、区域性贫困和阶层性贫困。普遍性贫困是由于经济和社会的发展水平低下而形成的贫困。比如原始社会，由于生产力发展水平低，生产活动未能充分展开，食物都十分缺乏，原始人事实上生活在一种普遍贫困的状态之中。制度性贫困是由于社会、经济、政治、文化制度所决定的生活资源在不同社区、区域、社会群体和个人之间的不平等分配，所造成的某些社区、区域、社会群体、个人处于贫困状态。区域性贫困则是指由于自然条件的恶劣和社会发展水平低下所出现的一种贫困现象。例如，我国农村贫困人口的分布就具有明显的区域性，集中分布在若干自然条件相对恶劣的地区。阶层性贫困是指某些个人、家庭或社会群体由于身体素质比较差、文化程度比较低、家庭劳动力少、缺乏生产资料和社会关系等原因而导致的贫困。

二、贫困的成因、识别及度量

（一）贫困的成因

对于贫困成因的解释存在多种理论。一是资本缺乏导致贫困恶性循环；二是贫困的主要根源在于人力资本投资的不足；三是对权力和资源占有上的不平等导致了贫困；四是贫困文化限制了人们的行为，使一些人长期处于贫困状态；五是制度是导致贫困的重要因素。

上述多种贫困成因理论又可以进一步概括为三个贫困命题。命题一：贫困者应该对自己的贫困负责。持这一观点的人总是把贫困看作个人不适应或病理学的结果，贫困者被看作由于身体方面的缺陷、技能不足、道德的低下、贫困文化的影响，或者能力低于一般水平而无法在社会上取得成功的人。命题二：社会的贫困是结构力量制造和再制造的结果。持这一观点的人特别强调造成个体难以克服的贫困条件的更广泛的社会过程，贫困只不过是贫困者受环境束缚造成的一种后果。社会内部的结构性因素，比如阶层、性别、族群、职业地位、教育水平等因素塑造了资源的分配方式，而这种分配方式通常是不平等的。命题三：制度不完善或缺失导致贫困。持这一观点的人认为，与贫困相伴的常常是土地制度、户籍制度、市场制度、社会保障制度、公共产品供给制度等一系列制度供给的不完善或缺失。这三个贫困命题都有一定的道理，发展中国家的实践也表明，贫困的形成并不是单一因素的结果，它是一个长期且复杂的过程，既有个体原因也有社会原因。

（二）贫困的识别①

目前，国际上关于贫困识别通行方法主要有四种：基本需求法、恩格尔系数法、收入比

① Jefferson, "The Oxford handbook of the economics of poverty", Oxford University Press, 2012.

例法和马丁法。

1. 基本需求法

基本需求法确定贫困线有两种可能的方法:其一,根据各项消费对于居民生活的重要程度,确定生活必须消费的商品服务项目和最低需求量,然后利用市场价格计算出购买费用。其二,规定一个满足基本消费需求的商品组合,对组合中各个子群的费用进行统计得到最低的费用。基本需求涉及食品部分和非食品部分的商品组合问题。食品部分的组合较为简单,而非食品部分的确定富有争议,非食品部分确定的不同会产生不同的贫困线。一个常用的处理方法是按照一定的比例确定食品支出的份额,根据食品支出费用推算非食品支出,然后进行加总。

2. 恩格尔系数法

恩格尔系数法是按照特定支出,特别是食物支出占总支出的比例来确定。根据"恩格尔定律",以一个家庭用于食品消费上的绝对支出除以已知的恩格尔系数便可求出所需的消费支出,即贫困标准线。恩格尔系数值越大,表明生活水平越低;反之,则生活水平较高。通过计算恩格尔系数,可以从宏观上反映一国人民的生活水平,便于国家之间的比较,但对于反映一国内部的贫富差距问题贡献不大。

3. 收入比例法

收入比例法是经济合作与发展组织(OECD)在1976年对其成员国进行了一次大规模调查后提出的,通常以一个国家或地区社会中位收入或平均收入的50%～60%作为这个国家或地区的贫困线,低于此标准的就是贫困。以该方法定义的是相对贫困,而不是绝对贫困。该方法的优点是可以计算出贫困人口总数,而且计算的工作量也较小,可操作性强,结果直观。缺点是收入分配永远不可能实现完全均等,因此无法彻底根除这个意义上的贫困。

4. 马丁法

马丁法是由世界银行著名贫困问题专家马丁·雷布林提出的计算贫困线的一种新方法,是当前国际上测度贫困线的主流方法。他认为贫困线分为两条,一条"低的"贫困线,一条"高的"贫困线。它们分别由食物贫困线加上最高或最低非食物贫困线构成。食物贫困线是指人体生存需要的一组"基本食物定量"的价值量,非食物贫困线是指人们为满足基本生存所必需的衣着、住房、医疗等费用支出。将每个家庭的年人均可支配收入或者消费支出逐一与贫困线进行比较,低于贫困线的家庭就是贫困家庭,该家庭人口就是贫困人口。该方法考虑全面、计算科学,但操作上较为复杂。

(三) 贫困的度量

贫困的测度分为个体贫困测度和总体贫困测度。实际上,个体贫困测度和贫困识别具有一致性。规定贫困的测量标准,个体贫困的识别和测度按照标准执行即可。总体贫困测度需要满足一些基本公理。在满足基本公理的基础上,常用的总体贫困测度方法和指数有以下几种。

1. 贫困人口比率(HCR)

贫困人口比率(HCR):贫困人口比率是历史上出现最早的贫困指数。由于其方便计算,目前依然被世界上大多数国家和联合国机构所使用。贫困人口比率是指一国(地区)贫困人口(q)占总人口(n)的比例,即

$$HCR=\frac{q}{n}$$

HCR 指标具有简单易行、易于被普通大众所理解及操作性强等优点,但亦有诸多缺点。阿马蒂亚·森[①]等人对贫困人口比率指数提出了批评:贫困人口比率包含的信息量太少,在理论上存在缺陷;该指标不考虑贫困人口的分布情况,违背了单调性和转移性公理;实践中,在反贫困政策上具有误导性。若政府希望迅速降低贫困人口,则会倾向于给接近贫困线的贫困人口更多的收入转移,这样就能使贫困率迅速下降,而最贫困的那群人反而不会得到任何好处,助长了扶贫过程中政府的"嫌贫爱富"倾向;贫困人口比率不适合微观调查数据;此外,贫困人口比率不能解决死亡和未成年死亡带来的计算偏误。

2. 贫困差距比率(PGR)

贫困差距比率(PGR)是 1971 年美国社会安全局提出的一个测量指标。其含义是贫困人口收入离贫困线收入的差距之和占全国总收入的比例,即衡量要使贫困人口脱贫所需要的资源占全国总收入的比例。

$$PGR=\frac{\sum_{yi\angle z}(z-y_i)}{z\cdot q}$$

式中, z 表示贫困线收入; y_i 表示第 i 个人的收入。该指标可以克服 HCR、指标中存在的"嫌贫爱富"问题,因为离贫困线收入越远的贫困人口对 PGR 分子部分的贡献率越大,这样,即使政府优先使较高收入的贫困人口脱贫,PGR 的分子部分仍旧可能很大。但是,PGR 也有另外一个问题,即它对贫困人口数量不敏感,而且和 HCR 类似,它对贫困人口收入的分布也不敏感。

3. S 指数簇

阿马蒂亚·森[②]在 1976 年以公理化的方法提出了一个新的贫困指数,也称为 Sen 指数或 S 指数。S 指数的构建方法如下:

$$S=\frac{2}{(q+1)nz}\sum_{i=1}^{q}(z-y_i)(q+1-i)=H\left[1-(1-P)\left(1-G_p\left(\frac{q}{q+1}\right)\right)\right]$$

式中, $q+1-i$ 为第 i 个人的收入排序序号,实际上可以理解为贫困差距的权重因子; G_p 为贫困人口分布的基尼系数; H 和 P 分别为贫困人口比率(HCR)和贫困差距比率(PGR)的简写。上式在 q 较大时可以进一步化简为 $S=H[1-(1-P)(1-G_p)]=H[(1-P)G_p+P]$。 S 指数具有以下特征:S 指数能表达成传统的 H、P 指数和基尼系

① Sen, Amartya, "Poverty: An Ordinal Approach to Measurement", *Econometrica*, 1976,44(2): 219-231.
② 同上引。

数 G_p 的函数，有利于对扶贫政策诸多影响因素做出分析；具有类似于基尼系数的图形化解释，增强了 S 指数的解释力。在 S 指数的基础上，许多学者对 S 指数进行了创新和改进，并相继提出了 T 指数、K 指数、T_a 指数、SST 指数、F 指数等一系列指数，本书将其称为 S 指数簇。S 指数簇大大增强了 S 指数的公理性和适用性，成为测算总体贫困率的一个重要指标，近年来受到学者们的广泛关注。

4. 多维贫困指数(MPI)

多维贫困指数是阿马蒂亚·森能力贫困在实践中的应用。2007 年 5 月，牛津大学国际发展系创立了牛津贫困与人类发展中心，该中心是阿马蒂亚·森牵头成立的，旨在对多维贫困进行测量。2007 年，阿尔基尔和福斯特(Alkire & Foster)[①]发表了《计数和多维贫困测量》一文，首次对多维贫困进行了测量，这种方法就是常用的多维贫困测度方法：Alkire-Foster 方法。此方法随后被联合国开发计划署采纳，并用于对多个国家多维贫困指数的测度上。根据最新发布的《2021 年全球多维贫困指数报告》，多维贫困指数的测度已经扩大到了 109 个发展中国家。MPI 指数共包括健康、教育和生活标准三个维度，这三个维度又包含了 10 个指标。其中，健康维度包括营养和儿童死亡率两个指标，教育维度包括受教育水平和儿童入学率两个指标，生活标准维度包括厨房燃料使用、厕所设施、饮用水、电力、住房和家用消费品六个指标。

三、全球合作共同消除贫困

(一) 反贫困战略

针对世界性贫困问题，各国政府都将消除贫困的目标作为“一种人类道德、社会和政治的必要”承担了各自的责任，并确定了反贫困战略作为达到这一目标的主要途径。常见的反贫困战略主要有以下几类：

一是经济增长战略。它的基本含义是通过促进经济增长来解决贫困问题。20 世纪 50—60 年代，一些发展中国家实施的主要就是这一战略并取得了一定成效。之后，联合国从 20 世纪 60 年代相继提出和实施的两个“发展十年”计划，也是这种经济增长战略。这一战略的实施，虽然使许多发展中国家的经济实现了快速增长，但并没有如预期的那样解决贫困问题。

二是社会服务战略。20 世纪 70 年代以后，各国政府将反贫困的战略重点逐渐转移到了提供卫生、营养、教育和其他社会服务方面，并将其作为政府部门的一项重要社会政策来实施。其依据是：如果不对贫困者的人力资本进行较大的投资，从长远看，缓解贫困的努力是不可能成功的。只有对人力资本尤其是对教育进行投资，才能铲除贫困的根源。

三是“双因素”发展战略。20 世纪 90 年代，反贫困战略的侧重点又一次发生转移。世界银行在《1990 年世界发展报告》中，提出了包含两个同等重要因素的发展战略。第一个因素是继续向贫困者提供基本的社会服务，其中初级医疗保健、营养和初等教育尤为重要。第二个因素是促使贫困者将其最丰富的资产，也就是劳动力用于生产性活动。为此，

① Alkire S, Foster J, “Counting and Multidimensional Poverty Measurement”, OPHI Working Paper 7, Oxford: Oxford University, 2007.

要求政府用政策来约束和刺激市场、社会和政治组织、基础设施、技术等。报告认为这两个因素是相辅相成的，缺了其中任何一个都不能成功。

上述反贫困战略在一些国家和地区的反贫困中得到了实际的运用，也取得了一定的成效，但均没有能够从根本上消除贫困，这也说明反贫困将是一个长期和艰巨的过程。

(二) 世界反贫困的努力与成就

自人类进入文明社会以来，贫困一直是各种社会和经济形态面临的共同难题，减贫和消除贫困是全球共同关注和研究的重大课题。20 世纪 90 年代以来，在世界各国的共同努力下，世界反贫困工作取得了突破性进展。据世界银行统计数据显示(见图 3-1)，按照每天 1.90 美元(2011 年 PPP)标准统计，世界贫困率从 1981 年的 42.6%下降到 2018 年的 8.7%，年均下降约 0.9 个百分点。同时，全球极端贫困人口从 2010 年的 11.25 亿下降至 2021 年的 6.89 亿。十年间，全球极端贫困人口数量减少了 38.8%。①

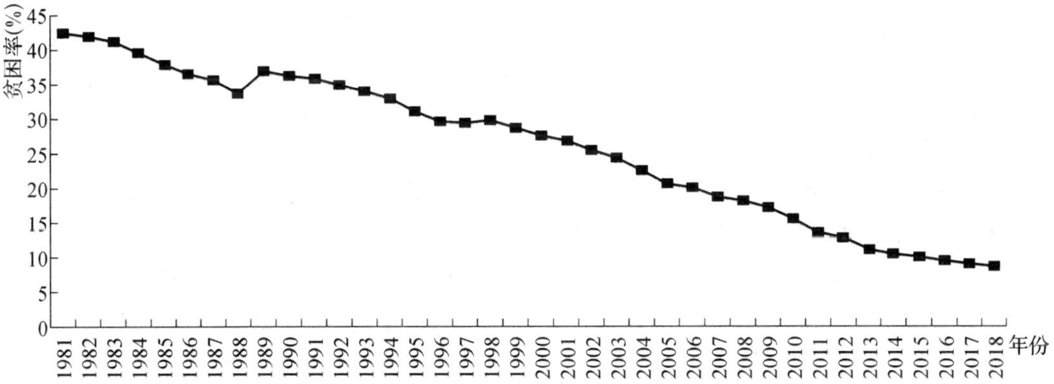

图 3-1 1981—2018 年全球贫困率

资料来源：世界银行数据库，http://data.worldbank.org.cn.
注：基于每天 1.90 美元(2011 年 PPP)标准。

在惊叹世界反贫困成就的同时，人们必须清醒地认识到，当前世界反贫困工作依然艰巨。2019 年以来，按照中等偏下收入国家 3.20 美元和中等偏上收入国家 5.50 美元衡量出的贫困人口数量有所增加。截至 2021 年，接近五分之一的全球人口(约 18 亿人)仍然低于 3.20 美元的贫困线，几乎一半的人口低于 5.50 美元的贫困线。在提高贫困线方面进展缓慢表明许多人仍然面临重新陷入极端贫困的风险，需要做出更大的努力来提高贫困线附近的人们的生活水平。深入分析发现，当前全球贫困人口分布区域分化严重。自 2010 年以来，东亚、太平洋和南亚地区的国家显著减少了极端贫困人口的数量。东亚和太平洋地区发生了最显著的变化。2010 年，该地区有 19%的世界极端贫困人口(超过 2.14亿)，到 2021 年，这一比例下降到 3%(1 900 万)。这种减贫速度是世界上任何其他地方都无法比拟的。人口最多的经济体的快速经济增长一直是全球减贫的一个关键因素。1990 年，中国有近 7.77 亿极端贫困人口，印度有 4.27 亿人口，合计超过当时世界上最贫困人口 60%比重。到 2010 年，中国的贫困人口已降至 1.52 亿，印度为 3.65 亿。贫困率

① Development initiatives, "Poverty trends: global, regional and national", devinit. org, 2021.

在过去10年中持续下降,2019年中国已降至200万,印度接近1.09亿。除了中国和印度,印度尼西亚的贫困人口比例从2010年的13%下降到2019年的2%,菲律宾从2010年的12%下降到2021年的4%。截至2021年,该地区只有一组主要是小岛国(瓦努阿图、东帝汶、所罗门群岛、巴布亚新几内亚、基里巴斯、密克罗尼西亚和老挝人民民主共和国)的极端贫困人数超过4%。然而,贫困人口也出现了集中趋势,主要集中在经济极度落后的撒哈拉以南非洲地区。撒哈拉以南非洲以外的极端贫困人口从2010年的7.08亿下降到2021年的2.4亿,而撒哈拉以南非洲国家的数量从4.17亿上升到4.58亿,占全球贫困份额的比例从2010年的37%增加到2021年的66%。对于撒哈拉以南非洲的26个国家而言,生活在极端贫困中的人数在2010年至2020年增幅最大的是安哥拉(940万)、刚果民主共和国(880万)和南苏丹(700万)。虽然刚果民主共和国同期处于极端贫困线以下的人口比例有所下降,但由于人口增长,生活在极端贫困中的人数增加了超过800万。埃塞俄比亚(1 200万)、几内亚(340万)和尼日利亚(450万)的极端贫困人口数量显著减少,因为这些国家的极端贫困人口比例也有所下降。在其他国家,尽管经济普遍扩张,但经济收益分配不均和人口增长导致贫困人口数量稳步上升。这些地区人口受教育水平较低、生产生活条件较为恶劣、致贫原因复杂多样、贫困程度较深等个性致贫因素交织发展,属于世界反贫困工作的“硬骨头”。

经过数十年的努力,发达国家已基本消除极端贫困,贫困发生率也显著降低,但发展中国家依然是贫困最为深重的地区。根据世界银行PovcalNet的统计数据显示(见表3-1),2021年世界贫困率最高的10个国家分别为南苏丹、蒲隆地、马达加斯加、中非共和国、刚果民主共和国、索马里、马拉维、几内亚比绍、莫桑比克、刚果共和国,这些国家的贫困率几乎都在60%以上,且均属于经济发展水平较为落后的发展中国家。

表3-1　2021年贫困率最高的前10个国家

国　家	贫困率	
	2010年	2021年
南苏丹	42.00%	81.00%
蒲隆地	76.00%	79.00%
马达加斯加	78.00%	77.00%
中非共和国	62.00%	70.00%
刚果民主共和国	86.00%	69.00%
索马里		68.00%
马拉维	71.00%	66.00%
几内亚比绍	68.00%	63.00%
莫桑比克	68.00%	62.00%
刚果共和国	41.00%	59.00%

资料来源:Development initiatives,“Poverty trends: global, regional and national”, devinit.org,2021.

四、中国的反贫困理论与实践

（一）中国的反贫困实践

贫困是一个十分复杂的社会现象，是经济、社会、文化落后的总称。纵观中国70多年反贫困战略的演进，可大致划分为六个基本阶段：1949—1978年，以社会救济式扶贫为主的阶段；1978—1985年，以体制改革推动扶贫为主的阶段；1986—1993年，以开发式扶贫为主的阶段；1994—2000年，以解决贫困人口温饱问题为目标的“八七扶贫”攻坚阶段；2001—2011年，以改善贫困地区基本生产生活条件、巩固温饱成果为主要目标的扶贫工作综合推进阶段；2012—2021年，以全面建成小康社会为主要目标的精准扶贫阶段。我国反贫困战略的演进史，彰显了不同历史时期党和政府消除贫困、造福人民的价值追求。

改革开放以来，中国减贫的速度与规模都是前所未有的。以2010年国家贫困标准计算，1978—2019年，农村贫困发生率从97.5%下降到0.6%，农村贫困人口从7.7亿下降到550万，减少近7.65亿。换句话说，在过去40多年里，中国平均每年减少近1 900万贫困人口（贫困发生率平均每年降低2.4个百分点）。根据世界银行每人每天1.90美元的贫困标准衡量，中国贫困发生率从1981年的88.1%下降到2018年的0.3%，大约8亿人口脱贫。如果使用中等偏下收入国家和中等偏上收入国家普遍使用的更高贫困标准计算，中国的贫困发生率也呈现快速持续下降的趋势。2021年2月25日，中国政府宣布实现了“消除农村绝对贫困”的目标，历史性地解决了绝对贫困问题，全面建成了小康社会。无论以世界银行标准还是中国现行贫困标准衡量，中国减贫速度和规模均前所未有。虽然消除了绝对贫困，但仍然有一定数量人口的收入低于中等偏上收入国家普遍采用的贫困标准。为此，中国确立了到2035年“全体人民共同富裕取得更为明显的实质性进展”的新目标。

中国消除绝对贫困具有重要的世界意义。中国的减贫成就不仅帮助世界实现了千年发展目标，还提前10年实现了联合国第一个可持续发展目标——目标1.1：消除极端贫困。1981—2017年，按照世界银行每人每天1.9美元贫困标准，全世界平均每年减少近3 400万贫困人口，其中2 400万来自中国的贡献，中国减贫人数占全球摆脱极端贫困总人数的四分之三。整体上看，中国的减贫进程始终领先于世界其他国家。

在解决绝对贫困问题的基础上，2022年中央一号文件明确提出，坚决守住不发生规模性返贫底线。文件要求完善监测帮扶机制，促进脱贫人口持续增收，加大对乡村振兴重点帮扶县和易地搬迁集中安置区支持力度，推动脱贫地区帮扶政策落地见效。

（二）中国的反贫困理论

历史性解决区域整体性贫困和绝对贫困，推动减贫进入相对贫困治理新阶段。这是中国共产党和全国各族人民历经百年奋斗书写的“最成功的脱贫故事”，集中展现了一个贫弱的东方大国在中国共产党领导下全国人民摆脱贫困的伟大实践，蕴含着丰富的理论创新，形成了中国特色社会主义反贫困理论，拓展了马克思主义反贫困理论新境界。习近平在全国脱贫攻坚总结表彰大会上的讲话中把中国特色社会主义反贫困理论归结为“七个坚持”，其内核是在党领导下制度减贫与发展减贫的内在统一。

坚持党的领导，为脱贫攻坚提供坚强政治和组织保证。中国特色扶贫强调坚持党中央对脱贫攻坚的集中统一领导，把脱贫攻坚纳入“五位一体”总体布局、“四个全面”战略布局，统筹谋划，强力推进。

坚持以人民为中心的发展思想，坚定不移走共同富裕道路。“治国之道，富民为始。”中国特色扶贫始终坚定人民立场，强调消除贫困、改善民生、实现共同富裕是社会主义的本质要求，是坚持全心全意为人民服务根本宗旨的重要体现，是党和政府的重大责任，坚持把群众满意度作为衡量脱贫成效的重要尺度，集中力量解决贫困群众基本民生需求。

坚持发挥集中力量办大事的政治优势，形成脱贫攻坚的共同意志、共同行动。中国特色扶贫始终把打赢脱贫攻坚战作为全面建成小康社会的底线性任务，广泛动员全党全国各族人民以及社会各方面力量共同向贫困宣战，举国同心，合力攻坚，党政军民学劲往一处使，东西南北中拧成一股绳。

坚持精准扶贫方略，用发展的办法消除贫困根源。中国特色扶贫强调，脱贫攻坚，贵在精准，重在精准。强调对扶贫对象实行精细化管理、对扶贫资源实行精确化配置、对扶贫对象实行精准化扶持，建立了全国建档立卡信息系统，确保扶贫资源真正用在扶贫对象上、真正用在贫困地区。

坚持调动广大贫困群众积极性、主动性、创造性，激发脱贫内生动力。“志之难也，不在胜人，在自胜。”脱贫必须摆脱思想意识上的贫困。中国特色扶贫强调把人民群众对美好生活的向往转化成脱贫攻坚的强大动能，实行扶贫和扶志扶智相结合，既富口袋也富脑袋，引导贫困群众依靠勤劳双手和顽强意志摆脱贫困、改变命运。

坚持弘扬和衷共济、团结互助美德，营造全社会扶危济困的浓厚氛围。中国特色扶贫强调推动全社会践行社会主义核心价值观，传承中华民族守望相助、和衷共济、扶贫济困的传统美德，引导社会各界关爱贫困群众、关心减贫事业、投身脱贫行动。

坚持求真务实、较真碰硬，做到真扶贫、扶真贫、脱真贫。中国特色扶贫把全面从严治党要求贯穿脱贫攻坚全过程和各环节，拿出抓铁有痕、踏石留印的劲头，把脱贫攻坚一抓到底。强调突出实的导向、严的规矩，不搞花拳绣腿，不搞繁文缛节，不做表面文章，坚决反对大而化之、撒胡椒面，坚决反对搞不符合实际的“面子工程”，坚决反对形式主义、官僚主义，把一切工作都落实到为贫困群众解决实际问题上。

第二节　收入分配与经济发展

一、世界收入不平等的现实

在20世纪的大多数时间里，收入不平等议题长期被边缘化和忽视。但如今，不平等这个话题站在了公共辩论的风口浪尖，人们从来没有像现在这样关心不平等的程度。这一转变体现在一些关于这一主题的重要著作的出版，包括托马斯·皮凯蒂的《21世纪资本论》、约瑟夫·斯蒂格利茨的《不平等的代价》和布兰科·米拉诺维奇的《富人与穷人》等。美国前总统巴拉克·奥巴马和国际货币基金组织(IMF)总裁克里斯蒂娜·拉加德均宣称，将把应对不断上升的不平等作为工作的重中之重。2014年，皮尤研究中心的“全球态度调查项目”就“全球最严峻的危险”这个问题开展调查，结果发现在美国和欧洲，“对不平等的担忧压倒了其他所有危险”。① 2015 年，在联合国大会第七十届会议上通过的《2030 年可持续发展议程》首次在国际协定的发展目标范围内纳入了减少基于收入的不平等的目标。

深入分析发现，当今世界对不平等程度关注的跃升，主要缘于世界不平等现实依然较为严峻。联合国发布的《2020 年世界社会报告：快速变化世界中的不平等》指出，尽管近些年国际社会的注意力集中在解决日益严重的经济不平等的困境上，但大多数国家在这一问题上都没有取得真正和持续的进展。根据世界财富与收入数据库（WID）数据（见图 3－2），从 1980 年有相关数据记载以来，全球基尼系数呈长期稳定上升趋势，1980—1990 年上升了约 2.3 个百分点。这主要缘于世界范围内不同国家间收入差距的扩大。直到 21 世纪初，伴随全球化进程的加快和中国、印度等人口众多的贫困国家经济的快速增长，全球基尼系数才开始逐渐下降。尽管当前全球基尼系数整体呈下降趋势，但世界不平等程度依然较深，1990—2021 年全球基尼系数始终在 0.66 以上。世界银行最近的一份报告指出，全球抵抗新型冠状病毒感染疫情的人力成本是巨大的，发展中国家有数亿人重新陷入贫困。该报告的研究表明，2020 年新冠肺炎疫情导致约 7 000 万人陷入极端贫困，是 1990 年开始全球贫困监测以来最多的一年。由于这一大幅增长，到 2020 年年底，每天生活费不足 2.15 美元[2022 年秋，世界银行开始使用 2017 年购买力平价（PPP）计算全球贫困数据，新的全球贫困线由目前的 1.90 美元上调至 2.15 美元]的人口估计已达 7.19 亿。2020 年是一个历史性转折点——全球收入趋同的时代结束，收入日益走向分化。疫情给贫困群体造成的伤害最大：收入最低的 40％人口承受的收入损失平均为 4％，是最富裕的 20％人口的两倍，其结果就是全球不平等出现了数十年来的首次上升。②

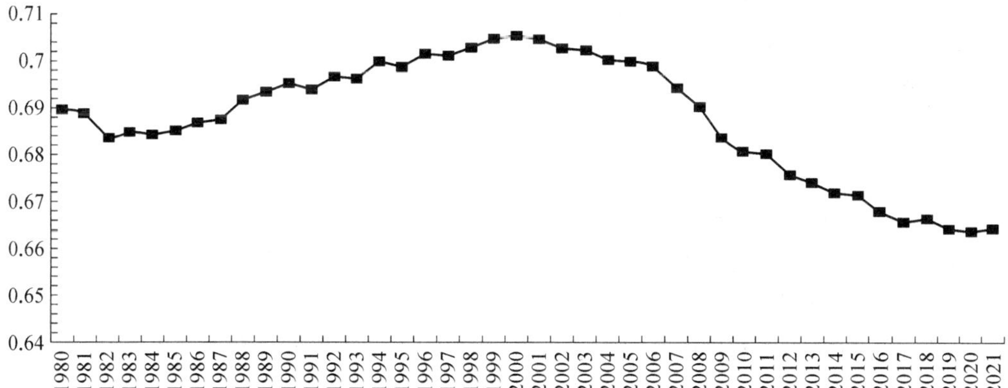

图 3－2　1980—2021 年全球收入不平等变化（基尼系数）

资料来源：https://wid.world/zh/world-cn/#gptinc_p0p100_z/WO/last/eu/k/p/yearly/g/false/0.661115/0.72/curve/false/country.

通过对全球收入不平等的进一步分解发现，全球不平等程度的 60％至 80％源自国家间收入不平等，仅有 20％～40％缘于国内收入不平等。由此可见，国家间收入不平等是

① [英]安东尼·阿特金森：《不平等，我们能做什么》，王海昉、曾鑫、刁琳琳译，中信出版社，2016，第 1 页。
② World Bank, "Poverty and shared prosperity 2022: Correcting Course", 2022.

导致全球不平等的最重要原因。法尔博和格斯林(Firebaugh & Goesling)也得出了相同的结论。他们使用人口数据加权的PPP条件下的人均GDP进行研究后发现国家间的收入不平等在20世纪后期持续在下降。他们还发现,这种下降很大程度上归因于中国和印度的快速工业化。随着世界制造业活动越来越多地转移到两个人口最多的国家的管辖范围内,这两个国家的平均收入增长迅速。鉴于其庞大的人口,合计占世界人口的近40%,它们相对于富裕国家的快速收入增长抵消了过去几十年许多非洲国家和其他国家的收入下降,产生了国家间不平等净减少的趋势。然而,如果将中国和印度从计算中剔除,其余国家之间的人口加权国家间不平等则显著增加。①

近年来,随着发展中国家经济的快速崛起,国家间收入差距不断缩小,对全球收入不平等的影响亦逐渐减弱,而国内收入不平等对世界不平等的影响逐步加深。有研究表明,国家间收入不平等对世界不平等的影响从1988年的80%下降到现在的约65%,而同期国内收入不平等对世界不平等的影响则迅速从20%攀升到35%。此外,据安东尼·阿特金森对部分国家不平等程度的研究发现,2010年中国和印度的基尼系数已接近0.5,几乎比瑞典、挪威、冰岛等北欧国家高出近一倍,而南非的基尼系数更高达0.594,秘鲁、哥伦比亚、巴西、墨西哥、乌拉圭等拉美国家的基尼系数亦均超过0.4。② 按照联合国有关组织规定:基尼系数低于0.2,收入绝对平均;基尼系数在0.2~0.3,收入比较平均;基尼系数在0.3~0.4,收入相对合理;基尼系数在0.4~0.5,收入差距较大;基尼系数在0.5以上,收入差距悬殊。一般把基尼系数0.4作为收入分配差距的"警戒线",根据黄金分割律,其准确值应为0.382。由此可见,当今世界各国的国内收入不平等程度依然较深,且发展中国家的不平等程度比发达国家更甚。

二、收入不平等:含义与度量

在多种权利不平等中,收入不平等是最直接、最重要的一种现象。这一现象对于经济发展特别是经济增长有何影响,对于实现人的全面发展有何作用,是一个引起广泛关注的问题。个人收入包括个人的消费部分和储蓄部分。如果储蓄是为了将来消费,个人收入又可以看作一定时期内获得的用于个人或家庭现在与将来消费的资源的市场价值。这一收入定义基本上被国际学术界和各国统计部门所普遍接受,具体到实际收入的计算上,与此定义最接近的是家庭或个人可支配收入。③

一个社会的分配制度通常决定了人们的可支配收入水平以及各群体之间收入的差距。对收入分配不平等程度的衡量方法有很多,按收入分配不平等度测度指数的性质,可以将各种测度方法大致分成三大类:份额比例测度法、普遍离散系数测度法和收入集中度测度法。当前国内外学者大都以第三类方法来测度收入不平等。收入集中度测度法一般包含洛伦兹曲线、基尼系数、广义熵指数(泰尔指数和MLD指数)等,其中以洛伦兹曲线、基尼系数最为常见。

---

① Firebaugh G, Goesling B, "Accounting for the recent decline in global income inequality", *American Journal of Sociology*, 2004, 110(2): 283-312.

② [英]安东尼·阿特金森:《不平等,我们能做什么》,王海昉、曾鑫、刁琳琳译,中信出版社,2016。

③ 李实:《中国个人收入分配研究回顾与展望》,载姚洋《转轨中国:审视社会公正和平等》,中国人民大学出版社,2004,第79页。

(一) 洛伦兹曲线

洛伦兹曲线用非常直观的图形表示出了各种社会的不平等的状况，常常被应用于经济研究和讨论中。该曲线如图 3-3 所示，首先把人口按收入的增加分组，由低到高排列，横轴表示累积的人口百分比，纵轴表示累积的收入百分比，度量按上述方法安排的特定部分人口拥有的国民收入的累积百分比。横轴和纵轴的最大刻度都是 100%。例如，在图3-3上，M 点对应的是 10%的收入和 40%的人口，意思是最穷的 40%的人口获得的收入占总收入的 10%。同理，N 点表示 90%的人口所获得的收入为总收入的 70%，也就是说，最富的 10%的人口获得了总收入的 30%。把所有 M、N 这样的点连接起来就得到了洛伦兹曲线。随着不平等程度的加剧，洛伦兹曲线在对角线以下越来越向下弯曲。由于人口是从最穷到最富排列的，洛伦兹曲线的斜率会逐渐增加，越来越陡峭。洛伦兹曲线和 45°线之间的面积就反映了社会存在不平等的程度大小。洛伦兹曲线距离 45°线越远，它们之间的面积(用 A 表示)就会越大，不平等程度就越强。

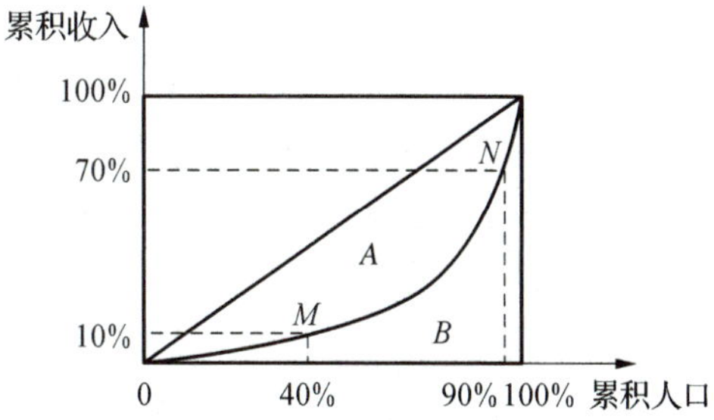

图 3-3 洛伦兹曲线

(二) 基尼系数

基尼系数是 1943 年美国经济学家阿尔伯特·赫希曼，根据洛伦兹曲线所定义的判断收入分配公平程度的指标。基尼系数其实是洛伦兹曲线方法的一个变体，可以通过计算洛伦兹曲线与 45°线的面积除以 45°线以下与两轴围城的三角形的面积得到。这就决定了基尼系数的取值范围为 0 到 1，当收入分配绝对平等时，其值为 0。当收入分绝对不平等，值为 1。目前国际公认的收入差距警戒线为 0.4。如图 3-3 所示，基尼系数的计算公式表示为

$$G=\frac{A}{A+B}$$

若横轴设为 x(累积的人口百分比)，纵轴设为 y(累积的收入百分比)，则基尼系数的计算公式可进一步表示为

$$G=2\int_{0}^{1}(x-y)\mathrm{d}x$$

式中，2 是三角形面积($A+B$)的倒数；$\int_{0}^{1}(x-y)\mathrm{d}x$ 为 45°线与洛伦兹曲线围成的面积，即 A。基尼系数值的大小表示收入不平等的程度，基尼系数值越大，表示收入分配不平等程度越大；相反，基尼系数值越小，表示收入不平等程度越小。现在常见的基尼系数即相对基尼系数的计算可不依赖洛伦兹曲线而直接算出，其一般性公式为

$$G=\frac{1}{2n^{2}\mu}\sum_{j=1}^{n}\sum_{i=1}^{n}|x_j-x_i|$$

式中，n 为样本容量；μ 为收入均值；$|x_j-x_i|$ 为任何一对收入样本差的绝对值。

三、经济增长与收入分配的影响机制及经验证据

(一) 经济增长与收入分配的影响机制

20 世纪 50 年代以来,关于经济增长与收入分配间关系的研究成为经济学界关注的热点,这一时期学者们的研究主要集中于收入分配与经济增长的相互影响。到 20 世纪 80 年代以后,随着新制度经济学和内生增长理论的兴起,经济学对经济增长与收入分配关系的研究进一步深入,研究者们基于不同的角度考察了经济增长与收入分配之间的影响机制,具体可归纳为如下两个方面:

一方面是收入分配对经济增长的影响机制分析。早期,刘易斯①和库兹涅茨②等研究了收入分配通过储蓄—投资渠道影响经济增长的机制,他们认为收入分配不平等有助于提高储蓄和投资率,从而促进经济增长。20 世纪 80 年代后,随着新制度经济学和内生经济增长理论的兴起,众多学者借助资本市场不完美模型、政治经济模型、社会政治不稳定模型及收入分配需求效应模型发现,收入分配主要通过影响制度效率、人力资本、道德风险、财政支出、税收、宏观经济波动、社会冲突和犯罪、有效需求等影响经济增长。

另一方面是经济增长对收入分配的影响机制分析。大量研究表明,经济增长主要通过市场机制和政府的作用影响收入分配。具体而言,经济增长使企业成本结构发生变化,雇用高收入者的成本越来越高,竞争性企业开始寻求更低的劳动成本,高收入者与低收入者之间的竞争使后者获得更高的工资,同时也降低了高收入者的收入增长速度,最终降低收入不平等程度;地区差距方面,随着经济增长,地区收入差距缩小,在资源、环境约束加剧、市场竞争日趋激烈的现实困境下,部分发达地区的企业开始转移到落后地区进行生产,从而带动当地经济增长,缩小收入分配差距。而经济增长通过政府作用影响收入分配的机制主要表现在:首先,经济增长有助于政府加大基础设施投资,出台各项优惠政策吸引更多的企业到落后地区生产,促进落后地区经济增长,缩小收入差距。其次,经济增长将使政府拥有更多的财力、物力进行人力资本投资,提高中低收入者的受教育程度,增强未来获得高收入的能力,最终缩小与高收入者的差距。最后,经济增长还可以通过政府转移支付、税收减免等措施,加大收入再分配调节力度,缩小收入分配差距。

20 世纪 70 年代后期,经济学家对经济增长影响收入分配的机制又有了新的解释。20 世纪 70 年代后期到 90 年代中期,大多数经合组织国家中,劳动者工资出现了不断扩大的现象。赫尔普曼对这种现象给出了两种竞争性的解释:贸易作用论和技术决定论。③由于贸易发展和技术进步是经济增长的重要动力,因此它们都可以被看作引发工资不平等的中间机制。贸易作用论认为,欠发达国家有相对丰裕的低技能劳动力,因此其产业和经济发展以低技能劳动密集型产业为主。当欠发达国家加入全球贸易体系之中,全球市场上低技能劳动力密集型产品供给增加,且价格相对下降。低技能劳动密集型产品价格

① Lewis W A, "Economic Development with Unlimited Supplies of Labour", *Manchester School of Economics and Social Studies*, 1954, 22(2): 139-191.

② Kuznets S, "Economic Growth and Income Inequality", *American Economic Review*, 1955, 45(1): 1-28.

③ E.赫尔普曼:《经济增长的秘密》,王世华、吴筱译,中国人民大学出版社,2007,第 77-94 页。

的下降会提高发达国家对高技能劳动力的需求，因为高技能劳动力密集型产品参与全球市场贸易会获得更高的利润，这种转变会促使发达国家高技能劳动力工资上升，而低技能劳动力工资下降。技术决定论者认为，20 世纪 70 年代后期以来出现了技能型技术变迁，如数控机床的应用、车间组织方式的变化以及计算机的广泛普及和计算机服务相对价格的快速下降，这些因素的共同作用增加了对技术工人的相对需求，因此，技术工人的相对工资上升。除了以上两种竞争性解释之外，赫尔普曼还提到了资本积累的扩大对工资不平等的影响。因为在生产过程中，资本与技术工人之间的替代弹性较小，而与非技术工人之间的替代弹性则很大，所以当伴随着经济增长的资本积累扩大时，技术工人的边际产出会提高，而非技术工人的边际产出会下降，结果是技术工人与非技术工人之间的相对工资差距扩大。

（二）经济增长与收入分配的实证分析

关于经济增长和收入分配关系的实证研究，库兹涅茨①首先提出了一个假说：在经济增长的早期阶段，收入分配的不平等程度趋于上升；在经济增长的后期阶段，收入分配的不平等程度趋于下降。这就是著名的倒 U 型假说。在库兹涅茨的研究中，他发现德国和美国大概在第一次世界大战前后，英国大约在 19 世纪最后 25 年中，国内收入分配不平等程度是逐渐下降的。在此基础上，他推测这些国家收入分配的不平等程度是在经过前一时期的上升以后开始逐渐下降。这个不平等程度上升的阶段对于英国来说大约是 1780 年至 1850 年，对德国和美国来说大约是 1840 年到 1890 年。

由于数据的限制，库兹涅茨选用一国最富的 20%的人口所取得的收入份额与最穷的 60%的人口所取得的收入份额的比值作为不平等程度的度量。他把一组发展中国家，包括印度、斯里兰卡和波多黎各，与一组发达国家，美国和英国，进行了比较，得出的比例是：印度为 1.96，斯里兰卡为 1.67，波多黎各为 2.33，美国为 1.29，英国为 1.25。由此可以看出，发展中国家的不平等程度比发达国家更高。

此后，库兹涅茨又收集了 18 个国家的数据，其中既包括发展中国家数据，也包括发达国家数据。他发现在发达国家中一定百分比的最富人口所取得的收入占整个国家国民收入的比例小于在发展中国家相同比例的最富人口所取得的国民收入的比例。这一研究进一步验证了库兹涅茨的结论，即与发达国家相比，发展中国家的不平等程度更高。

大量案例显示，在经济发展过程中，人们好像并不能同时从经济增长中获得利益，而是一部分人口先得益，然后其他的人口才会逐渐富裕起来。经济增长和收入分配不平等之间呈现出倒 U 型的关系，如图 3－4 所示。横轴代表经济增长，用人均 GDP 来表示；纵轴代表收入分配的不平等程度，用基尼系数来表示。随着经济增长，基尼系数先增加，然后下降，变化曲线呈现出倒 U 型。

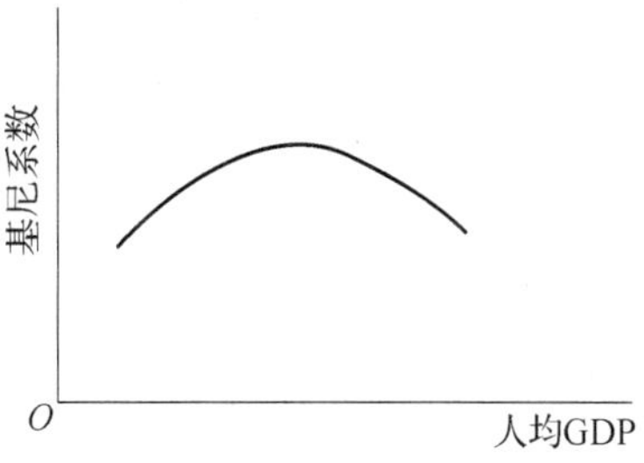

图 3－4 库兹涅茨倒 U 型曲线

① Kuznets S, "Economic Growth and Income Inequality", *American Economic Review*, 1955, 45(1): 1－28.

库兹涅茨还对倒U型曲线形成的原因进行了探讨。他认为,在经济发展中存在使收入不平等程度增加的因素。其中一个因素,是农村地区分配的平等程度要远高于城市地区。随着经济的发展,城市化和工业化进程会在整体上提高收入分配的不平等程度。另一个因素是,社会的积累和储蓄主要集中在少数高收入者手中。这些储蓄又成为高收入者获得收入的手段,导致下一个时期收入更加不平等。同时,社会中还存在一些因素抑制了收入分配不平等程度的扩大。首先是法律和政府的干预;其次是由于城市中农村移民后代对都市经济更强的适应能力以及维护自身利益的低收入阶级政治力量的壮大,城市地区收入不平等程度逐渐下降,抑制了整个社会不平等程度的扩大;再次是产业结构调整的因素。正是由于以上因素的作用,抑制了社会收入分配差距的进一步扩大,使社会收入分配不平等程度先扩大后缓和呈现出倒U型。

在库兹涅茨提出倒U型假说后,很多研究人员对这一假说进行了事实验证和争论。早期的研究结果是支持库兹涅茨所提出的假说的。但是,它们受限于数据问题,主要分析了不同国家间的差异,并没有对一国内部不平等程度随时间的变化进行直接分析。直到戴宁格和斯夸尔(Deininger & Squire)①建立了关于收入不平等的综合数据集。这样,研究者不仅能分析不同国家间不平等程度和增长速度的差异,还能分析一国内部两者随时间的变化,进而能够重新检验库兹涅茨假说。从这些研究中得出的结论似乎是否定的。也就是说,增长并不是首先恶化然后改善收入分配的状况。

卜圭松和莫里松(Bourguignon & Morrisson)②研究了1820年以来,世界个人收入分配不平等程度的变化。在列出一系列衡量不平等程度的指标后,他们写道:“在过去的172年中,世界居民的平均收入增加了7.6倍。最贫困的20%人口的平均收入仅增加了3倍多,较贫困的60%的人口的平均收入大约增长了4倍,最富裕的10%的人口的平均收入增加了大约10倍,同时,最贫困人口占世界总人数的比例从1820年的84%下降到了1992年的24%。”很明显,世界经济的大幅度增长分布不均衡,但收入最高和收入最低的人群均从中受益。③

四、中国的收入分配状况分析

改革开放以来,随着经济的快速增长,中国的收入分配总体状况发生了迅速的变化,其显著特点是:居民收入普遍增加,各个阶层群体都获得了改革带来的实惠,生活水平显著提高;城乡、地区、行业之间及其内部几乎毫无例外地存在一定程度的收入差距;在政府部门和事业单位内普遍地存在平均主义分配格局。

从全国收入差距的变化来看,在不同时期有着较显著的变化。1978年以前,我国基尼系数一直低于0.2。世界银行④在对中国农户的纯收入和城镇居民的生活费收入加以调整后,估算出1981年中国全国基尼系数为0.29,1995年为0.39。国家统计局的数据显

---

① Deininger K, Squire L, “A New Data Set Measuring Income Inequality”, *World Bank Economic Review*, 1996,10(3): 565-591.

② Bourguignon F, Morrisson C, “Inequality among World Citizens: 1820—1992”, *American Economic Review*, 2002, 92(4): 727-744.

③ E. 赫尔普曼:《经济增长的秘密》,王世华、吴筱译,中国人民大学出版社,2007,第78页。

④ World Bank, “Sharing Rising Incomes: Disparities in China”, 1997.

示，我国基尼系数由2003年0.479上升至2008年的0.491，然后又逐步回落到2015年的0.462，显示出不规则变化，2021年为0.466，超过0.4的国际警戒线（见图3-5）。

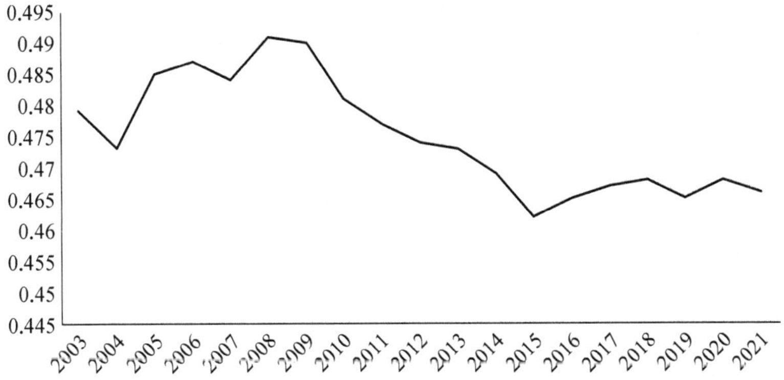

图3-5 2003—2021年中国居民人均可支配收入基尼系数

数据来源：国家统计局住户调查司，《2022中国住户调查年鉴》，中国统计出版社，2022年。

从根本上来看，中国的收入分配状况是受到分配政策决定的。在改革开放之前的计划经济时期，中国实行的是按劳分配制度，劳动成为收入分配的唯一依据，多劳多得，有劳动能力而不劳动就不能取得收入。但由于每个生产者的劳动是不可能精确计量的，按劳分配最终必然会在一定程度上转变为平均主义的分配。改革开放以来，随着社会主义市场经济体制的建立，我国开始出现了民营经济、合资经济和外资经济等多种经济形式，收入分配制度开始由单一的按劳分配转变为以按劳分配和按生产要素分配等多种分配方式并存的分配制度。以按劳分配为主体的多种分配方式并存的分配制度，使我国居民收入的来源和性质出现了多元化趋势，既有劳动收入也有非劳动收入。居民之间的收入差距因城乡差距、部门和行业发展差距、地区经济发展差距的扩大而逐渐拉大。

在经济增长和收入分配的战略选择上，我国始终处于动态调整过程中，根据不同的历史发展阶段做出相应的调整。1987年，党的十三大报告率先明确提出：我们的分配政策，既要合理拉开收入差距，又要防止贫富悬殊，坚持共同富裕的方向，在促进效率提高的前提下体现社会公平。1992年，党的十四大报告提出：在分配制度上，兼顾效率与公平。这一提法与十三大一脉相承，强调公平与效率二者兼顾，二者统一并重。1993年，党的十四届三中全会上明确提出：收入分配要体现效率优先、兼顾公平的原则。这一思路在2002年党的十六大报告中得到了更明确的阐释：坚持效率优先、兼顾公平，初次分配注重效率，发挥市场的作用……再分配注重公平，加强政府对收入分配的调节职能，调节差距过大的收入。2007年，党的十七大报告对公平与效率的关系表述：合理的收入分配制度是社会公平的重要体现，初次分配和再分配都要处理好效率和公平的关系，再分配要更加注重公平。效率与公平的关系，不再是“优先”与“兼顾”的关系，而是“提高效率与促进公平”相结合的关系。2012年，党的十八大报告指出：推动经济更有效率，更加公平。2022年，党的二十大报告强调，扎实推进共同富裕。共同富裕是中国特色社会主义的本质要求，是一个长期的历史过程。坚持按劳分配为主体、多种分配方式并存，构建初次分配、再分配、第三次分配协调配套的制度体系。努力提高居民收入在国民收入分配中的比重，提高劳动报酬在初次分配中的比重。坚持多劳多得，鼓励勤劳致富，促进机会公平，增加低收入者收入，扩大中等收入群体。完善按要素分配政策制度，探索多种渠道增加中低收入群众要素收入，多渠道增加城乡居民财产性收入。这一系列政策制度的改革和完善，将促使收入差距缩小，基尼系数下降。

第三节　公平与人的全面发展

一、公平与经济增长

对于一国经济增长的研究，除了应关注其收入的平均水平外，更应该关注收入如何在国民中进行分配。一个重要理由是，收入分配与贫困相关。对于任意给定的收入水平而言，收入分配越不平等，则生活贫困的人就可能越多。

除与贫困相关外，收入不平等与经济增长密切相关。许多国家的发展经验表明，实施成功的经济发展战略和政策能够给穷人和富人都带来好处，减少贫困。但事实上，在全球化背景下，随着世界及国内经济的快速增长，不平等程度加剧，经济增长的结果有两个：一是减少甚至剥夺了穷人本该从经济增长中获得的财富绝对份额，二是削弱了其相对份额。因此，社会经济能否实现更为公平的发展备受人们关注，也直接影响许多国家发展政策的制定和实施。

在讨论不平等与经济增长时，公平与效率的关系是一个绕不开的议题，也是人类社会存在和发展的永恒主题。正如美国经济学家阿瑟·奥肯所言，“公平与效率（的冲突）是最需要加以慎重权衡的社会经济问题，它在很多的社会政策领域一直困扰着我们。我们无法按市场效率生产出馅饼之后又完全平等地进行分享。”关于公平与效率之间的关系，经济学界传统的观点有三种：重效率论、重公平论和公平与效率并重论。

主张重效率论观点的西方经济学家主要有罗宾斯（Robbins）、哈耶克（Hayek）、弗里德曼（Friedman）等。重效率论者反对把收入分配作为社会福利最大化的条件，反对通过政府干预来纠正市场机制自发调节形成的收入分配不公平。例如，哈耶克强调效率与形式的公平。哈耶克所指的“形式公平”，是在法律面前的平等和机会的平等，只有遵循这两个平等原则才能保证效率。追求效率的同时必然会带来收入及财富分配的不平等，但这种不平等是合理的，并且是应当受到政府行为保护的。因此，政府的职责不是“用特殊干预行动来纠正自发过程所形成的分配状况”，而在于保护法律面前的平等以保证效率和自由。①

主张重公平论的主要有勒纳（Lerner）、米里斯（Mirrlees）、罗尔斯（Rawles）以及新剑桥学派的罗宾逊夫人（Robinson）等。重公平论者反对听任市场追求效率，因为这样会造成收入分配不平等。例如，罗尔斯认为，在考虑到收入转移的成本之后，效率与公平是相互替代的，公平是使“最穷的人的状况尽可能变好”的分配。他坚持公平优先于效率的观

① Hayek F A, “Law, Legislation and Libery”, Vol. 2, Routledge Press, 1976, 142.

点，指出："公平正义是优先于效率的"，效率原则从属于公平正义原则，如果能提高社会最贫穷的人的利益，即使牺牲某些效率也是应该的。[①]

主张公平与效率并重论的代表人物主要有凯恩斯(Kenynes)、萨缪尔森(Samuelson)、阿瑟·奥肯(Okun)等。公平与效率并重论者认为，公平与效率两个政策目标同样重要，二者必须并重，关键在于如何以最小的不平等换取最大的效率，或者以最小的效率损失换取最大的平等。例如，阿瑟·奥肯认为，平等与效率之间存在一种替代关系，平等和效率双方都有价值，其中一方对另一方没有绝对的优先权。因此，当它们发生冲突时，就应该达成妥协，为了效率就要适当牺牲某些平等，为了平等就要牺牲部分效率。[②] 显然，两者间此消彼长，互相对立。

在现实世界中，要确立社会福利最大化的标准，在"公平与效率"之间进行权衡。当把社会福利当作经济活动的终极目标进行动态分析时，一个社会并非是效率越高越好，也不是社会收入分配越公平越好，要实现社会福利的最大化，要求公平与效率之间实现最优组合。实现最优组合的条件是：公平的增加带来的社会福利的增加(边际社会福利)与因公平的增加引起的效率降低带来的社会福利的减少(边际社会福利)相等，或者说，效率的增加带来的社会福利的增加与因效率提高引起的公平的降低带来的社会福利的减少相等。

二、马克思关于人的全面发展思想

在18—19世纪，资本主义得到前所未有的发展，人类社会取得了以往几千年而未取得的物质文明成就，但同时又暴露出比任何一个时代都还要严重的问题。面临人的畸形发展和社会越来越不平等发展等情况，马克思在批判继承了前人的关于人的发展思想成果的基础上，提出了人的全面发展的理论。马克思、恩格斯认为，人的全面发展是社会化大生产发展的必然要求。他们指出，一方面，未来新社会将使人更充分地获得全面而自由的发展，是"以每个人的全面而自由的发展为基本原则的社会形式"；另一方面，只有全面发展的人，才能驾驭生产力、科学技术和交往形式的巨大进步，"因为现存的交往形式和生产力是全面的，所以只有全面发展的个人才可能占有它们"[③]。具体来看，马克思所说的人的全面发展，就是指每个人在基本需求、劳动能力、社会关系和个性诸方面的全面、自由而充分的发展。

(一) 人的需要的全面发展

马克思在《德意志意识形态》中，对人的需要对于人的发展的重要性有着充分的认识，但同时他也注意到了需要对于社会条件的依赖性。一切人类生存的第一个前提就是：人们为了能够"创造历史"，必须能够生活。但是，为了生活，首先就需要吃喝住穿以及其他一些东西。因此，第一个历史活动就是生产满足这些需要的资料，即生产物质活动本身。可见，人们最初的发展总是和人的生存需要联系在一起，人的发展首先是获取物质生活资料的能力。然而，人的需要不只是生存需要，在生存需要得到基本满足的基础上，人也产生了从事政治、科学、艺术、宗教等活动的需要。需要的发展，是"人的本质力量的新的证

① [美]约翰·罗尔斯：《正义论》，何怀宏、何包钢、廖申白译，中国社会科学出版社，1988，第7页。
② [美]阿瑟·奥肯：《平等与效率》，王忠民、黄清译，四川人民出版社，1988，第122页。
③ 《马克思恩格斯全集》第3卷，人民出版社，1960，第516页。

明和人的本质的新的充实”。马克思把人的需要的丰富性、普遍性看成是实现社会主义的前提,“社会主义形态的前提是工人有较高的生活需要”。

(二) 人的能力的全面发展

能力是指人类在生存和发展过程中表现出来的调控人与自然、人与社会的关系以及人自我认识、自我调整的能力,在此基础上形成的物质生产、精神生产和人本身生产的能力。关于人的劳动能力的发展,马克思经常使用的概念是“全面地发展自己的一切能力”,“发挥他的全部才能和力量”,“人类全部力量的全面发展”。马克思认为,人的全面发展应该包括劳动内容和形式的丰富和完整,个人活动相应地充分达到丰富性、完整性和自由性。人们不再屈从于被迫的分工和狭隘的职业,每个人按自己的天赋、特长、爱好,自由地选择活动领域。全面发展的个人应当是用那种把不同社会职能当作互相交替的活动方式的全面发展的个人,来代替只是承担一种社会局部职能的局部个人。

马克思认为,在共产主义社会,发展人的能力将成为目的本身。他指出:“任何人的职责、使命、任务就是全面地发展自己的一切能力”,马克思科学地预见,“在共产主义自由王国里,发挥和发展人的能力将成为目的本身,个人能力的发展将呈现出前所未有的普遍性和全面性”。马克思和恩格斯在《德意志意识形态》中这样生动地描述:“在共产主义社会里,任何人都没有特定的活动范围,每个人都可以在任何部门内发展。社会调节着整个生产,因而使我有可能随我自己的心愿,今天干这事,明天干那事,上午打猎,下午捕鱼,傍晚从事畜牧,晚饭后从事批判,但并不因此就使我成为一个猎人、渔夫、牧人或批判者。”①

(三) 人的个性的全面发展

人的个性是个人的自我意识及由此形成的个人特有素质、品格、气质、性格、爱好、兴趣、特长、情感等的总和。有个人的倾向性特征,如需要、动机、兴趣、理想、信仰、价值观等,也有反映个体的社会认可和评价水平的个人道德风貌、习惯、社会形象、社会角色及其精神状态。

马克思从人的发展角度把人类历史分为三大形态,揭示了人的发展的历史进程及其规律。马克思指出:“人的依赖关系,是最初的社会形态。在这种形态下,人的生产能力只是在窄的范围内和孤立的地点上发展着。以物的依赖性为基础的人的独立性,是第二大形态。在这种形态下,才形成普遍的社会物质交换。全面的关系、多方面的需求以及全面能力的体系,建立在个人全面发展和他们共同的社会生产能力成为他们的社会财富这一基础上的自由个性,是第三阶段。”②个性的发展是马克思主义关于人的全面发展的本质内容,自由个性的充分发展,是人的全面发展的综合表现和最高目标。马克思说,即使在一定的社会关系里每一个人都能成为出色的画家,但是这绝不排斥每一个人成为独创的画家的可能性。

马克思把“每个人的自由发展”看成是人的发展目的,只有到了共产主义社会,外部世界对个人才能的实际发展所起的推动作用为个人本身所驾驭的时候,人的自由个性才能实现和得到全面发展。到那时,个人的独特性、整体性和全面性都将得到充分的展现;每

① 《马克思恩格斯全集》第3卷,人民出版社,1960,第37页。
② 《马克思恩格斯文集》第2卷,人民出版社,2009,第53页。

个人都将是充分自由而又各具独特个性的人，整个社会将是各具个性的自由人的联合体。这表明，人的真正发展是指人的本质和特征能够真正得到充分发挥和发展；这种发展强调对人的个性差异性的肯定，它使人性丰富多彩地展现出来；“每个人的自由发展是一切人的自由发展的条件”①。

（四）人的社会关系的全面发展

马克思指出：人的本质不是单个人所固有的抽象物，在其现实性上，它是一切社会关系的总和。这里的“社会关系”指的是一定的生产方式所决定的生产关系的总和。社会属性是人的本质属性，“社会关系实际上决定着一个人能够发展到什么程度。”因为，“一个人的发展取决于他直接或间接进行交往的其他一切人的发展”。②

人的社会关系的普遍性从广度而言，最初主要表现为物质交换关系，但它还很不丰富，不能算是充分发展的社会关系。随着生产力发展和社会进步，地域和民族的界限被突破，整个世界成为统一的市场，使人们之间的交往更加广泛和丰富。只有人们在物质交换关系基础上进行政治、法律、道德、文化、情感等方面的交换，才能逐渐摆脱个体、地域和民族的狭隘性，不断开阔视野，更新观念，不断丰富、充实、完善和发展自己，最终在交往中形成全面的社会关系和丰富的个性。因此，个人必须积极参与和世界的交往，同其他无数个人从而也就同整个世界的物质生产和精神生产进行普遍的交换，逐渐摆脱个体的、地域的和民族的狭隘性，在交往中形成丰富而全面的社会关系，成为世界历史中的个人，成为世界性的公民。

总之，马克思关于人的全面发展的命题是对资本主义条件下人的片面发展的扬弃。虽然这不完全是现实中人的现实目标，但这一学说为人类社会的发展指明了方向，特别是为发展中国家展示了可追求的未来愿景。

三、制约“人的全面发展”的因素与人的全面发展战略

（一）制约“人的全面发展”的主要因素

为什么长期以来“人的全面发展”并未能够在发展中国家实现呢？一般而言，主要是以下几方面因素制约了人们在需求、能力、个性和社会关系等方面的发展。或者说，下述因素抑制了人们基本自由的实现。

1. 生产能力和贫困的约束

生产力高度发展是实现人的全面发展的物质前提，生产力是人们征服自然、改造自然的物质力量。生产力的发展，为人类创造了丰富的物质财富，也为人的全面发展提供了物质前提。生产力的发展创造了日益丰富的物质生活资料，使人在摆脱贫困状态，并基本满足生活需要的前提下追求精神层面的享受和自由个性的发展。当人们还不能使自己的吃、喝、住、穿在质和量方面得到充分满足的时候，人们就根本不能获得解放。生产力的高度发展也为人的全面发展提供充足的自由时间。马克思曾指出，由于给所有的人腾出了时间和创造了手段，个人会在艺术、科学等方面得到发展，使人不仅在物质关系上而且在

① 《马克思恩格斯文集》第2卷，人民出版社，2009，第695页。
② 《马克思恩格斯文集》第1卷，人民出版社，2009，第501页。

精神关系上愈益丰富，使人的个性和创造力在自主活动中得到全面发挥。但是，在大多数发展中国家，生产能力的低下不仅导致贫困的普遍存在，也导致一部分人陷入饥荒的威胁。在这种贫困的条件下，社会中普遍存在城乡差别、工农差别、脑力劳动与体力劳动的差别，从根本上制约了人的全面发展。

2. 社会制度和公平参与的约束

即使在一些经济高速增长的国家和地区，如果未能建立起公平合理的制度，未能有效保障人们的基本自由，人们无法公平地参与发展和共享发展的成果，同样会导致人的片面发展。例如，拉美现象所具有的三个基本特征是：国家的财富和利益的特权由政府控制；中产阶级发展不起来；多数人不能进入现代化，分配不公导致社会贫富悬殊，两极分化，甚至还会引起社会的动荡。拉美现象表明，一个有增长但是没有发展的现代化，是一个多数人不能过上幸福日子的现代化，是一个无法实现人的全面发展的社会。

3. 主体愿望和价值观念的约束

个体能力和个性自由的发展是人全面发展的核心内容，但是由于受到主体愿望和价值观念的制约，在许多发展中国家并不能有效实现。一方面，发达的教育是社会成员了解和掌握知识，促进人的能力发展和道德水平提高的前提，但这一条件在许多发展中国家并不具备。另一方面，精神产品的生产可以强化人的主体意识，满足人们的精神和文化需求，使人逐渐形成对自身区别于他物的性质、地位、作用、价值的自觉。但在发展中国家，由于技术和制度、观念的约束，精神产品的生产和流通还处于较低的层次，难以达到人全面发展所需求的水平。

（二）人的全面发展战略

人的全面发展战略是指为了能够促进人类在需求、能力、个性和社会关系等方面的更大自由所采取的一系列政策措施。这一战略的提出是由人类的发展现状所决定的，特别是发展中国家的状况表明实现人的全面发展并不是一件轻而易举的事情，人类所应达到的需要、能力、个性和社会关系的全面发展是需要渐进实现的。这也就意味着，必须确定人的全面发展战略，使人类的理想和愿景得以有计划、分阶段地实现。从发展中国家的共同现实特征出发，人的全面发展战略的核心目标应该是使财富的增长与绝大多数人的全面发展相协调，即要通过财富的增长努力摆脱物对人的控制，为各地区、各民族、各阶层、各领域的平等发展权利提供制度、政策和法律保障，提高个人按照自己意愿自由行事的水平。

从主要内容来看，人的全面发展战略包括三个层面的内容，即消除贫困、实现公平和扩展自由。因为发展并不是一个单纯的经济行为，同时也蕴含了一系列的伦理要求。大规模的饥荒、传染病、自然灾害和高婴儿死亡率等现象在许多发展中国家存在，这显然是不符合道德规范和经济伦理要求的。增加收入、消除贫困、促进公平和扩展自由既是推动经济增长和发展的重要手段，也是为了实现人们的道德共识，遵循普遍的伦理要求，促进人的全面发展。

消除贫困主要是为了实现人的需要的全面发展，也是促进人们在能力、个性和社会关系等方面发展的基础。只有全面而真正地消除绝对贫困，逐步地缓解相对贫困，持续提高人们的可行能力，才能够使人们摆脱自然界的束缚，才有可能实现更高的目标和追求。改善收入分配状况也是为了给人的能力发展、个性发展提供更好的条件。在一个收入差距过大或被视为不公平的社会中，人们所受到的损害不仅包括物质利益，也包括尊严、地位和存在价值。扩展自由既是发展的根本目标之一，也是重要的发展手段。自由不仅体现在政治、经济和法律等方面，还包括人们在思想、言论、信仰、表达和个人存在方式等方面的个性展示。这些自由的持续扩展，也就是人的全面发展的基本过程。

四、中国人的全面发展思想

中国人的全面发展主要体现在三个方面：一是坚持以人民为中心的发展思想，人民是人的全面发展的主体。二是全面满足人的物质和精神需求。三是优先发展教育事业，培养时代新人，注重提升人的综合素质和能力。

党的二十大报告强调，坚持以人民为中心的发展思想。维护人民根本利益，增进民生福祉，不断实现发展为了人民、发展依靠人民、发展成果由人民共享，使经济发展成果更多更公平惠及全体人民，进而实现共同富裕。

物质富足、精神富有，是人的全面发展的根本要求。党的十八大以来，中国在幼有所育、学有所教、病有所医、老有所养、住有所居、弱有所扶等方面持续用力，人民生活得到全方位改善。中国建成了世界上规模最大的教育体系、社会保障体系、医疗卫生体系，教育普及水平实现历史性跨越，城乡居民住房条件明显改善。未来需要不断厚植现代化的物质基础，大力发展社会主义先进文化，加强理想信念教育，传承中华文明，促进物的全面丰富和人的全面发展。

教育是国之大计，人才是第一资源。教育在人的全面发展中具有突出地位，必须优先发展教育事业，推进全民教育、终身教育，建设人才强国。第一，要办好人民满意的教育，加快建设高质量的教育体系。第二，要培养德智体美劳全面发展的时代新人，把社会主义核心价值观融入教育全过程。第三，要培养担当民族复兴大任的时代新人，引导广大人才爱党报国、敬业奉献、服务人民。

本章小结

贫困并不仅仅是收入低下，是基本可行能力的被剥夺，是公民所享有的安全和保障的缺失。按照不同的分类方法，可以分为绝对贫困和相对贫困、狭义贫困和广义贫困、普遍性贫困和制度性贫困、区域性贫困、阶层性贫困。

研究贫困有两个基本问题：一是贫困的识别，主要有基本需求法、恩格尔系数法、收入比例法和马丁法等。二是贫困的测度，早期主要采用贫困人口比率、贫困差距比率、收入差距比率等经典的单一指标法。随后，逐渐由单维测度转向多维测度。其中，最具代表性的是人类贫困指数(HPI)和多维贫困指数(MPI)。贫困的成因较为复杂，包括资本缺乏、人力资本投资不足、对权力和资源占有不平等、贫困文化和制度因素等。当前，在联合国的主导下，中国及世界反贫困工作取得重大进展。

收入不平等，是当今世界面临的又一重大挑战，这既缘于国家间收入不平等，又深受国内收入不平等的影响。对于收入不平等的衡量,常见的方法有洛伦兹曲线、库兹涅茨比率、平均绝对离差、变异系数和基尼系数等。关于经济增长与收入分配的关系,库兹涅茨假说表明,在经济发展过程中,收入分配状况往往先恶化后改善。无论在理论上还是经验研究上,有人支持这一假说,也有人反对这一假说。

关于公平与效率之间的关系,传统的观点有三种:重效率论、重公平论和公平与效率并重论。在现实世界中,要确立社会福利最大化的标准,在"公平与效率"之间进行权衡。

实现人的基本需求、劳动能力、社会关系和个性的全面、自由而充分的发展是马克思关于人的全面发展思想的精髓。然而,实践中却面临生产能力和贫困、社会制度和公平参与、主体愿望和价值观念等因素的约束。因此,消除贫困、实现公平和扩展自由是实现人的全面发展的基本路径。中国人的全面发展,体现在坚持以人民为中心的发展思想,全面满足人的物质和精神需求,优先发展教育事业,建设人才强国。

本章思考题

1. 贫困的含义及分类是什么?
2. 贫困的识别与测度方法有哪些?
3. 库兹涅茨倒U型假说的含义是什么?
4. 马克思关于人的全面发展思想主要有哪些内容?

第二篇　发展要素

第四章　自然资源与发展

自然资源是人们赖以生存和发展的物质基础，是经济增长的重要源泉。过去关于经济增长的研究总是倾向于忽视或者低估自然资源对经济发展的作用。然而，近年来的一系列研究成果却表明，经济学家忽略地理和自然条件可能是不恰当的，自然资源在经济发展中起着重要的作用，它有助于解释国家间在增长和发展方面的差异。

第一节　自然资源对增长和发展的影响

古典经济学家对自然资源的重要性有着深刻的认识，马克思在《资本论》里引用威廉·配第的名言：劳动是财富之父，土地是财富之母。① 恩格斯进一步将此解释为：劳动和自然界一起才是一切财富的源泉，自然界为劳动提供材料，劳动把材料变为财富。可见，在创造国民财富的过程中自然资源起着重要作用。但对于一个国家和地区而言，自然资源状况对于经济增长和发展到底意味着什么？近年来的研究为这一论题提供了丰富多彩的见解。

一、自然资源的内涵、分类及分布

（一）自然资源的定义

根据联合国环境规划署的定义，自然资源是指在一定时间、地点的条件下能够产生经济价值，以提高人类当前和未来福利的自然环境因素和条件。简单地说，资源是由人发现的有用途的和有价值的物质。正是人类的能力和需要，而不仅仅是自然的存在，创造了资源的价值。自然状态的或未加工过的资源可被输入生产过程，变成有价值的物质，或者也可以直接进入消费过程给人们以舒适而产生价值。这样的一个定义意味着：没有被发现或发现了但不知其用途的物质不是资源；人类在一个把资源、资本、技术和劳动结合起来的过程中生产出来的物质，虽然其中总是含有资源的成分，但也不能称为资源。②

资源具有量、质、时间和空间等多种属性。人们通常用体积来衡量储备资源的数量，资源的质量则表现在多种属性上，如化学成分、物理结构、美学属性等，同一种资源，不同

① 《马克思恩格斯文集》第5卷，人民出版社，2009，第56－57页。

② ［美］阿兰·兰德尔：《资源经济学》，施以正译，商务印书馆，1989，第12－16页。

的用途有不同的质。空间尺度是资源在大自然中的位置，时间尺度则衡量了资源的开采速度或自然力作用后的衰减过程。

朱迪·丽丝[①]强调了资源定义的动态性，她认为虽然地球的总自然禀赋本质上是固定的，但资源却是动态的，没有已知的或固定的极限。资源的构成取决于知识的增加、技术的改善以及地区文化的发展变迁。信息、技术和相对稀缺性的变化都能将以前没有价值的物质变成宝贵的资源。因此，资源的动态性体现在多个方面。

第一，迄今的资源利用史一直是不断发现的历史，对资源基础的定义在不断拓展。人类社会进步的每一阶段都产生了对产品和服务的一系列新需求，这又反过来刺激了技术革新，并导致对自然环境资源有用性的重新评价。例如，旧石器时代的人类所知的资源不多，天然可得的植物、动物、水、木头和石头是那时的全部基本资源，到今天这一范围已被大大地拓宽。

第二，知识和技能可以创造出新的资源的需求。例如，核电站的发展，创造出了铀矿的资源价值。但是，知识和技能仅创造出了一些机会，它们并不是决定性的力量。这种机会能否被抓住，还要取决于对最终产品需求的强度，取决于组织经济系统的方式，取决于对维持已建立技术起作用的既得利益。

第三，即使在同一时段，不同的发展水平也使得资源基础没有单一的定义。在一种社会中具有很高资源价值的东西，在其他社会很可能只是"中性材料"。即使在今天，评价资源的方式在空间上也是千差万别的。经济全球化的深化，使金属和能源矿产的定义显著地收敛，现在这些资源在很大程度上是按照发达国家的技术和需求来定义的。

第四，需求的巨大差异会导致同一类物质能否成为资源。就空气来说，在绝大多数地方，与需求相比，它的数量极大，它就成为一种任意取用的物品，而不是一种资源。但是，有些地方的空气质量遭到某种程度的污染，高质量的空气就成了有价值的稀缺资源。

（二）自然资源的分类

一般把自然资源划分为两大类型，即储存性或不可更新资源以及流动性或可更新资源。两者之间的本质区别在于它们发展的时间尺度。既然所有的资源都是自然循环的产物，那么严格地来说，所有的资源都是可以更新的，但其更新的速率却相差极大。在储存性资源中，又可进一步划分为三类：使用后就消耗掉的资源、理论上可恢复的资源、可循环使用的资源。在流动性资源中，可分为临界带（Critical Zone）资源和非临界带资源两大类。其中临界带的所有资源都有可能被掠夺到灭绝的程度，如一些依靠生物繁衍的资源就已经不复存在。当然，上述的划分也不是绝对的，一旦超过更新能力的界限，部分流动性资源就变成了储存性资源（见图 4-1）。

从人类利用与经济发展的角度来看，上述资源中，影响较大的资源主要有以下几类：① 土地资源，是人类文明的基础，是难以替代的生产资料，是发展农业等重要产业的关键条件。② 水资源，是自然界生命系统不可缺少的要素，是人类生活和生产的重要前提。③ 矿产资源，是人类生态系统中不可缺少的重要组成部分，不仅越来越多的矿产资源成

① ［英］朱迪·丽丝：《自然资源：分配、经济学与政策》，蔡运龙、杨友孝、秦建新等译，商务印书馆，2002，第21-28页。

为人类劳动的对象，而且大量工业生产和消费的劳动资料也是矿产资源。④ 森林资源，为人类和动植物提供生存环境，也具有多样性的经济功能、生态功能和社会功能。⑤ 生物多样性资源，是改良生物品质的源泉，是人类生存空间的重要保障。此外，还有气候资源、海洋资源等关系到人类发展和福利的资源种类。

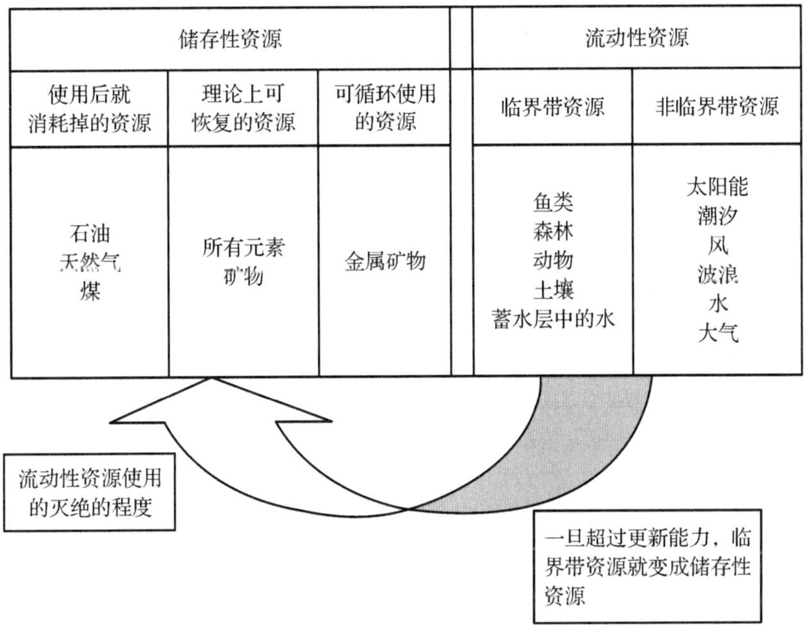

图 4－1　资源的一种分类方法

资料来源：[英]朱迪・丽丝：《自然资源：分配、经济学与政策》，蔡运龙、杨友孝、秦建新等译，商务印书馆，2002，第 24 页。

总之，太阳、大气、地质、水文及生物构成了一个复杂的体系。人类可通过利用这些资源获取它们的价值，可以把它们作为生产过程中的投入，也可以直接消费或享用它们提供的舒适。这些开采可耗尽资源和收获可再生的生物资源，以及截取流动资源和取用储存资源的利用方法，通称为消费性利用。此外，还有一些非消费性利用，如利用植物来再生氧气，欣赏自然美景等。① 可以说，多种多样的自然资源既是人类文明得以形成的基础条件，也是各国和地区竞相用于增长和发展的投入要素。

（三）自然资源的分布

一个显见的事实是，自然资源在全世界不是平均分布的，有的国家资源种类多而且储量丰富，有的国家只盛产少数几种资源但储量巨大，有的国家资源禀赋极少只能靠大量进口。世界银行②在 2006 年发布的一份研究报告估算了近 120 个国家 2000 年国家财富的组成方式，为大致了解发达国家与发展中国家自然资源的分布状况提供了可能。

① [美]阿兰・兰德尔：《资源经济学》，施以正译，商务印书馆，1989，第 15 页。

② World Bank, "Where is the Wealth of Nations? Measuring Capital for the 21st Century", International Bank for Reconstruction and Development, 2006.

表 4-1 显示了 2018 年按不同收入水平分组的各国人均各类自然资本的情况。自然资本包括木材资源、生态系统服务、红树林、渔业、保护区、农作物和草场。自然资源的价值依照世界价格和当地成本进行估算。表 4-1 显示，高收入国家和中高收入国家的人均自然资本远高于低收入国家的水平，在高收入国家的自然资本中生态系统服务占最高比重，达到 40%左右。穷国相对更依赖于农作物、草场等土地资源，在人均自然资本中土地资源的占比达到了一半以上。

表 4-1　人均自然资本(2018 年)　　单位:美元

收入组	木材	生态系统服务	红树林	渔业	保护区	农作物	草场	总自然资本
低收入国家	646	287	8	6	317	962	441	2 666
中低收入国家	222	173	68	28	185	1 494	579	2 751
中高收入国家	446	950	97	21	671	2 876	980	6 040
高收入国家(OECD)	503	3 964	82	61	1 172	2 172	1 568	9 522
全世界	379	1 037	76	29	521	2 042	864	4 948

资料来源:资料来源:World Bank, "The Changing Wealth of Nations 2021: Managing Assets for the Future," Washington, DC.

世界银行的报告还进一步对比了世界各国在自然资本、生产资本和无形资本方面的分布状况(见表 4-2)。自然资本包括可再生的自然资本和非可再生的自然资本;生产资本由历史投资数据评估而得。评估结果表明，虽然全球人均财富是 160 167 美元，但在各国中的分布差异极大。在总财富中穷国自然资本的份额更高，而富国人力资本的份额则显著地高。富国尽管自然资本的份额相对低，但其人均自然资本的绝对量却比穷国更高。

表 4-2　全球总财富(2018)　　单位:人均美元

收入组	可再生的自然资本	非可再生的自然资本	生产资本	人力资本	总财富	可再生的自然资本份额	非可再生的自然资本份额	生产资本份额	人力资本份额
低收入国家	2 666	271	3 176	5 726	11 462	23.26%	2.36%	27.71%	49.96%
中低收入国家	2 751	902	7 368	16 847	27 108	10.15%	3.33%	27.18%	62.15%
中高收入国家	6 040	5 145	36 606	93 794	141 682	4.26%	3.63%	25.84%	66.20%
高收入的非OECD国家	3 288	120 029	93 160	134 604	400 891	0.82%	29.94%	23.24%	33.58%
高收入的OECD国家	9 522	3 537	217 190	396 222	621 278	1.53%	0.57%	34.96%	63.78%
全世界	4 948	4 026	49 950	101 797	160 167	3.09%	2.51%	31.19%	63.56%

资料来源:World Bank, "The Changing Wealth of Nations 2021: Managing Assets for the Future". Washington, DC.

二、作为基本需求的自然资源

对于发展中国家而言，自然资源不仅是国民财富的主要来源，也是维持生存、满足基本需要的重要条件。早在1952年，联合国大会就发出声明，指出发展中国家拥有“自主决定如何使用其自然资源的权利”。同时还指出，发展中国家必须从本国的国家利益出发，把自然资源用于实现国民经济发展的目标。为此，联合国还成立了能源和自然资源促进发展委员会进行协调。从当前发展中国家的基本需求状况来看，水资源、能源和土地资源成为增进发展的最重要手段。

（一）水资源与全球性水危机

人们日常生活、商业和农业都对水资源有着极为紧迫的需求。《联合国世界水发展报告2015(上卷)：可持续发展世界之水》指出水贯穿于可持续发展中经济、社会和环境三要素，是可持续发展的核心。水资源及其提供的各项服务是实现减贫、促进经济增长和保持环境可持续发展的基础。水资源及其相关重要产业是减少贫困、实现全面增长、保障公共卫生、确保粮食安全、维护物种生存尊严和平衡地球生态系统必不可少的要素。联合国经济、社会和文化权利委员会宣布：“人的水之权赋予每一个人享有充足、安全、可接受、可实际获得以及有能力支付的水的权力，以满足个人和家庭的用水需要”。为此，联合国长期以来致力于解决因水资源需求上升而引起的全球性水危机，并做出了不懈努力。1992年的“地球问题首脑会议”以及联合国发起的“国际饮水供应和卫生十年”(1981—1990)的倡议，把关注的焦点集中在水这一重要的资源上。联合国把2003年定为国际淡水年，旨在提升全球公众关注，联合国第一份《2003年世界水开发报告》分析了相关数据，并对世界淡水资源的发展趋势进行了展望。2015年9月，世界各国领导人在联合国峰会上通过的《2030年可持续发展议程》，将为所有人提供水和环境卫生并对其进行可持续管理作为新的17个发展目标之一。

遗憾的是，迄今为止全球性的水危机问题并未缓解。随着经济全球化的深入发展和全球人口的持续增加，气候变化和缺水问题给世界各国带来了挑战，水资源短缺越来越成为许多国家经济和社会发展的制约性因素。自1990年以来，约有26亿人口获得了安全饮用水。然而，全球还有6.63亿人仍然没有获得安全饮用水；全球至少有18亿人口的饮用水受排泄物污染；从1990年的76％到2015年的91％，全球15％的人口的饮用水质量得到了提高。然而，水资源短缺仍然影响着全球40％的人口，而且这一数字预计还将增长。超过17亿人口居住在江河流域，那里的用水量超过蓄水量；大约有24亿人无法获得基本卫生服务，如坐厕或公厕；超过80％人类活动产生的污水被排入江河湖海；每天，将近1 000名儿童死于可预防的与水和卫生相关的疾病；水电是最重要和最广泛使用的可再生能源，截至2011年，水电占全球总电力生产的16％；约70％所有可用水用于灌溉；洪水和其他水患导致的死亡人数占所有与自然灾害相关总死亡人数的70％。①

水资源过度开发利用往往是因使用过时的自然资源利用和管理模式而造成的。有些地方为了实现经济发展而毫无节制地使用各种资源，缺乏有效监管。地下水资源急速减

① http://www.un.org/sustainabledevelopment/zh/water-and-sanitation.

少。据估计，全球约有20%的地下水资源已过度开采。由于长期的城市化进程，不恰当的农业种植方式、森林砍伐和污染使生态系统恶化，令大自然无法再提供生态服务，包括提供洁净的水资源。① 水资源的缺乏从社会、经济、环境三个方面极大地威胁了人类的发展潜能。首先，获得安全的饮用水和卫生是一项人权，这项权利的获得成本不同会影响贫困和社会公平。其次，水是生产绝大多数产品，包括粮食、能源和制造行业的必需资源。供水(量和质)是影响经济发展的重要因素。第三，水资源是生态系统服务的重要组成部分，水资源的恶化降低了生态系统的服务能力。

(二) 能源消耗与能源供应

能源和原料重要，是因为它们首先是经济活动和人类福祉的基础。联合国开发计划署在2005年发表的一份名为《完成千年发展目标所面临的能源挑战》的报告中，论述了能源在改善人类生活方面的重要作用。第一，消除极端贫穷和饥饿。消除饥饿需要更多地获得现代燃料和炉灶来烹饪食物，能源在现代灌溉技术中的使用也将提高农业产量。能源服务大大加强了粮食安全，提高了劳动生产率，并创造了就业机会。第二，初等教育普及。能源服务可以通过提高成年劳动力的生产力来取代童工，从而提高儿童入学率。家庭中的电灯使儿童都能在白天活动后学习，学校的电力供应促进了教育媒体和通信技术的使用。第三，促进性别平等和赋予妇女权力。现代烹饪燃料使妇女摆脱了搬运大量薪材的身体压力，也使她们免受传统炉灶产生的烟雾影响，用于照明和动力的现代燃料和电力使妇女能够发展生产活动和学习，更健康的身体、更高的收入和识字率有助于增强妇女的权力。第四，降低儿童死亡率。为抽水和处理水的设备供电可以清洁供水和提供煮沸的水，降低儿童水传播疾病的发病率和死亡率。通过帮助家庭从燃烧木材的炉灶转向燃烧煤油、液化石油气或现代生物质燃料的现代电器，可使儿童免受呼吸道疾病的影响。现代燃料和电力的使用还通过提高农业生产和家庭收入，减少了儿童营养不良的情况。第五，改善产妇健康。现代燃料和电力的使用减少妇女受呼吸道和水传播疾病的影响，并有助于教育母亲阅读药物说明书和参与医疗保健系统。第六，防治艾滋病、疟疾和其他疾病。现代燃料和电力使卫生诊所能够冷藏疫苗、操作和消毒医疗设备以及提供照明，以便在日落后提供临床服务。同时，生活水平和可支配收入的提高使人们可以支付医疗服务和药品费用，从而改善健康。第七，确保环境可持续发展。家庭和工业中燃烧的木材和木炭导致土地退化和室内空气污染，而化石燃料的燃烧会导致室外空气污染、土地和水的酸化以及温室气体的排放，因此需要通过提高能源效率、引入现代能源生产和使用技术、用清洁燃料替代污染燃料，以及引入可再生能源来减少环境破坏及其有害影响。②

能源和原料重要，还体现在能源和原料也是许多环境问题(包括气候变化、酸雨和污染)的根源。由于能源消耗直接关系人们的生活方式和生产效率，因此世界各地的能源消耗并不平均。发达市场经济国家的人口占世界人口的五分之一，能源消耗的比重虽在下降，但仍消耗世界一次能源的近60%。从1990至2003年，发达国家使用能源及其工业排

① 联合国教科文组织:《可持续发展世界之水——世界水发展报告2015》,中国水利水电出版社,2016,第3页。

② United Nations Development Programme, “The Energy Challenge for Achieving the Millennium Development Goals”, 2005.

放的二氧化碳增加了14%至15%,同时,当前发达国家排放的废气占全球的47%。到2030年,二氧化碳很可能增加62%,估计其中超过三分之二来自发展中国家。由于发展以及传统能源迅速被商业能源(主要是矿物能源)所取代,一些发展中国家的消耗模式已接近发达市场经济国家。但是,由于发展中世界大部分地区人口增长及持续贫穷,无法获取现代能源服务的估计人数反而增加了。估计全世界有24亿人——约为所有住户的一半和农村住户的90%——依赖传统、非商业能源来源,包括木炭、木柴、庄稼秸秆和牛粪来烧饭和取暖。除此以外,发展中国家整体的人均消耗量仍然远远低于发达市场经济国家。2006年,发展中国家人均能源消费1.2吨油当量,仅约为发达国家的1/5,不足全球人均水平的1/2;事实上发展中国家人均能源消费一直处于较低水平,1971—2006年其人均能源消费量基本保持在发达国家的1/5左右。①

在过去20年中全球在能源方面取得了重大进展。有17亿人(相当于印度和撒哈拉以南非洲的合并人口)获得了电气化的好处,而16亿人(相当于中国和美国的合并人口)获得了低污染的非固体燃料。能源集中度大幅下降,相当于减免了在过去20年中新增加234万兆焦耳能源供应的成本,使1990—2010年全球能源需求累积量减少25%以上,2010年的消费量比其原本低三分之一。在1990—2010年,可再生能源在全球累计提供了超过23万兆焦耳能量,这一数量与中国和法国在同一时期的累计最终能源消耗量相当。然而,过去20年的人口和经济的迅速增长在一定程度上削弱了这些进展的影响。例如,获得电力和非固体燃料的人口在1990—2010年每年的增长率只有1.2%和1.1%,低于人口同期增长率,阻碍了能源获取率的增长。虽然可再生能源终端能源消费量在1990—2010年以每年2%的速度增长,但这仅略高于最终能源消费总量的1.5%年增长率。因此,可再生能源的相应份额仅从1990年的16.6%略微增加到2010年的18.0%。②根据联合国网站数据,现今仍有五分之一的人无法使用现代电力;30亿人依靠木材、煤、木炭或动物废弃物做饭和取暖;能源供应、转换、传递和使用,仍然是导致气候变化的主要原因,在全球温室气体排放量中约占60%;降低能源碳强度,即每单位能源用量的碳排放量仍然较高。为了进一步提高全球能源获取率和使用效率,在《2030年可持续发展议程》中,联合国将确保人人获得负担得起的、可靠和可持续的现代能源作为新的发展目标。③

(三)土地资源与土地退化

在许多发展中国家,超过一半的参与经济活动的人口生计完全和部分依靠土地资源,如农业、畜牧业、捕猎、渔业、林业和饲料业。土地资源是农民赖以维持生计的条件,也是获得收入的主要来源。据估计,在过去50年中,人类的足迹影响了全球陆地表面的83%,并已经使生态系统服务能力降低了约60%。这些土地利用和土地覆盖(LUCC)主要影响了道路两侧和农业地区的潮湿与亚湿润地区。今天,农业已占全球无冰地表面积的38%,是按面积划分的最大土地覆盖类型。虽然全球农业扩张在逐年下降,但是在撒哈拉非洲以南地区和拉丁美洲国家,农业扩张还在持续。

---

① 王安建、王高尚、陈其慎等:《能源与国家经济发展》,地质出版社,2008,第405页。

② United Nations Development Programme, "Sustainable Energy for All—Global Tracking Framework", 2013.

③ http://www.un.org/sustainabledevelopment/zh/energy/.

虽然在过去几十年,大范围农业项目的成功实施,大大提高了农业生产率,减少了饥饿,但是这并不意味着对土地的压力的减小。土地使用的压力来源和主要驱动因素来自以下几个方面:首先,人口的增长。人口增长一直是农业扩张的持续动力。人口增长与农田之间的正相关性除了预期粮食需求增加以外,人们也倾向于在适合农业的地区定居。其次,收入的增加。收入的增加和食物偏好的变化正在影响世界消费的食物的数量和类型。收入的提高增加了对畜产品、水果和蔬菜的需求。第三,城市化。城市地区正在快速增长,并越来越多地占用更大的土地面积。第四是基础设施的发展。交通的发展降低了交易成本,增加了对自然资源的获取。在制度不够健全或者制度质量较低的情况下,交通的发展会导致森林砍伐。道路等基础设施与农业全要素生产率密切相关。这意味着,差的道路基础设施可能导致低的农业生产力,这反过来可能导致森林和其他自然生态系统转变为农业。例如,在撒哈拉非洲以南地区(SSA)道路基础设施差,导致农业生产力低下,从而导致原始土地转为农业。第四,食品价格和需求价格弹性。粮食价格为农民将土地转为粮食生产提供了激励。2002 年以来不断上涨的粮价和随之而来的土地掠夺说明了这种模式。2004—2009 年,一些投资基金在 81 个国家获得了约 4 650 万公顷土地,如此的土地交易改变了土地利用方式。食品需求的价格弹性也推动了土地利用和土地覆盖。在高收入地区粮食需求缺乏价格弹性,但在低收入国家价格弹性较高。这意味着高粮价将激励更多土地持有者转换土地生产方式。第五,国家和国际政策。国家和全球层面的政策对土地利用变化影响也很大。粮食价格上涨促使进口国改变其贸易政策以保护消费者,而出口国则改变贸易政策,使农民受益。各国还使用了鼓励农民使用或不使用土地、改善或退化土地的政策。第六,土地所有权和财产权。权属安全为土地长期投资提供了激励,如植树和水土结构保持等。不稳定所有权的土地所有者可能会种植树木或从事其他长期投资,以增强其安全性或作为申请所有权的方法。第七,生物能源。生物能源给土地需求带来了新的压力。生物燃料的全球增长来自能源资源日益稀缺和对运输燃料和其他生产用途的能源需求不断增长。一些经合组织国家已经从事大规模生物燃料生产,作为利用可再生资源来补充和多样化其国内能源组合的一种方式。北美、欧盟、拉丁美洲是世界上生物燃料最大的消费地区。最后,土地退化。土地退化是指土地提供生态系统服务能力的丧失。土地退化在 1981 年至 2003 年影响了约 24%的全球土地面积。土地退化降低了土地生产力和耕地面积。当土地退化超过生产率水平时,土地面积减少。土地生产能力的降低会导致农业扩展到森林和其他自然生态系统。土地退化也可能改变土地利用。例如,农民把高度退化的农田变成牧场是很常见的。人口密度的增加是导致发展中国家土地退化的重要因素。当农民持续耕作土地而没有充分补充土壤养分时,农田将因无法再种植作物而退化成牧场。①

三、自然资源与经济增长的关系

对于自然资源与经济增长之间的关系,存在着几种差异极大的观点。有些观点认为自然资源是经济增长的必要条件,至少在一国经济起飞的早期是如此。但反对的观点则

① United Nations Department of Economic and Social Affairs, "Sustainable land use for the 21st century", 2012.

认为二者并无必然的联系，甚至是增长改变了资源的状况。

（一）经济增长离不开自然资源

在古典经济学理论中，自然资源与财富的增长密切相关。除了前文提到的威廉·配第以外，萨伊在其著作《政治经济学概论：财富的生产、分配和消费》一书中提出了三位一体分配思想的理论基础，他指出"事实已经证明，所生产出来的价值，都是归因于劳动、资本和自然力这三者的作用和协力，其中以能耕种的土地为最重要的因素但不是唯一因素。除这些外，没有其他因素能生产价值或能扩大人类的财富"①。马尔萨斯是另一位认为自然资源对增长有着重要作用的古典经济学家。他认为人口的增长和自然资源的短缺将导致经济增长停滞，即使技术进步，也只能带来效应增长，世界经济最终将因自然资源的枯竭而崩溃。在这一观点影响下，罗斯福（Theodore Roosevelt）在 19 世纪末和 20 世纪初发动了"自然资源保护运动"。罗马俱乐部在 1972 年出版了《增长的极限》一书，该书继承了马尔萨斯的观点，认为到 2050 年，随着人口和自然资源的矛盾的积累，世界的增长将难以为继。自然资源对增长的重要作用更多地体现在古典贸易理论中。这种理论最早来源于亚当·斯密的国际分工理论，随后经大卫·李嘉图、埃利·赫克歇尔（Heckscher）以及贝蒂尔·俄林（Berlil Ohlin）等人发展成为"资源禀赋理论"。该理论认为，自然资源禀赋是国际分工的基础和国际贸易产生的条件。正是由于资源禀赋差异引起的全球贸易才带来了全球财富的增长和分配。

最近的一些研究表明，优良的自然资源是现代经济增长和国家经济起飞的必要条件。德隆和威廉姆逊（De Long & Willamson）②指出，在高昂的运输成本条件下，自然资源的可得性是新产业或者新技术得以引入的基本前提，尤其是对 19 世纪后期的本土钢铁工业而言，煤和铁矿石的储量是国家经济发展壮大的必要因素。资源丰裕的英国和德国在此阶段实现了钢铁产业的迅速成长，从而奠定了工业强国的坚实基础。相比之下，一战之前的意大利由于国内煤矿储量的缺乏导致落后的产业结构，经济发展水平也大大逊色于其他欧洲强国。哈巴谷（Habakkuk）③认为，自然资源的丰裕使美国获得了更高的生产率，并最终导致 19 世纪的繁荣局面。美国在工业生产中的领导地位与其对煤、铜、石油、铁矿石等资源产品的开采和生产是分不开的。

相对于那些发达国家而言，在一些发展中国家也确实表现出自然资源缺乏的困难。冈纳·缪尔达尔注意到了南亚地区与西方世界在自然资源状况上的差别。"南亚作为一个地区，天赋资源贫乏。只有印度有足够的煤矿和铁矿支撑重工业。除了印度尼西亚以外，这一地区看来并没有很多石油。土地资源往往很贫瘠，要么因为它们本来就是那样，要么因为它们被过分拥挤的人口和气候毁坏了。"④显然，对于那些迫切实现经济增长的国家，最重要的自然资源包括气候、淡水、肥沃的土壤、有效用的矿产以及便于交通运输

---

① ［法］萨伊：《政治经济学概论》，陈福生、陈振骅译，商务印书馆，1982，第 75－76 页。

② De Long B J, Willamson J G, "Natural resources and convergence, in the nineteenth and twentieth centuries", *Unpublished paper*, *Harvard University*, 1994.

③ Habakkuk H J, "American and British Technology in the Nineteenth Century", Cambridge University Press, 1962.

④ ［瑞典］冈纳·缪尔达尔：《亚洲的戏剧——南亚国家贫困问题研究》，方福前译，首都经济贸易大学出版社，2001，第 50－51 页。

的地形。

从微观上来看，在一定的社会经济发展阶段，自然资源对国家或地区的经济发展的特征、产业结构、产业布局和劳动生产率有重要的影响。例如，农业部门的生产活动离不开适宜的光、热和水资源，因此农业生产的布局对自然资源条件特别敏感。水力资源决定了特定地区水电站的兴建。加工业在选址上同样要考虑到原材料、工业用水及动力等资源的条件，直接或间接地受到自然资源的制约。对于特定资源的依赖显然会影响地区产业的发展状况及更广泛的经济增长。

（二）资源开发是经济增长的结果

从新古典理论开始，资本积累和技术进步被认为是影响经济增长的最重要因素，自然资源在经济增长中的作用被逐渐边缘化，甚至认为资源开发是经济增长的结果。正是技术进步和生产率的提高增加了资源开发利用强度，并且提高了资源利用率。正如杰夫·马德里克（Madrick）所言："在阿拉伯半岛丰富的石油储量被发现、开采并付诸商业用途之前的几个世纪，阿拉伯国家虽然脚踩丰富的自然资源却并没有获得这种想当然的经济繁荣。而另一个极端，日本却在缺乏自然资源的情况下获得了飞速的发展。随着经济的发展，许多国家开始在他们的土地上寻找更多的资源，部分原因是经济动机的刺激以及更好的勘探设备和充裕的资金。即使是美国这样一个初始资源极为丰富的国家，也在随着经济的增长不断开发新的资源储备。显然，资源的开发在很大程度上只是经济增长的结果。"①

当然，对自然资源有利于经济增长的最针锋相对的反驳是"资源的诅咒"论，在本章第三节里将对这一理论进行详细介绍。

（三）人们对自然资源的反应影响增长

发展经济学家阿瑟·刘易斯②指出，"自然资源决定发展的方向，并构成一种挑战，而人的精神意志可能接受这个挑战，也可能不接受。""所以在深入探讨资源与增长的关系时，较根本的问题是研究资源的贫富与人的反应质量之间是否有关联。"他详细论述道："资源与知识的增进显然有联系，换句话说，人只会学习使用那些他所拥有的事物。采煤技术不会在无煤的社会里得到发展，建筑学也不会在无适当石块的社会里发展起来。可是，即使有了一些资源（否则就不会有社会），看来也很难在资源丰富与社会活力之间确立任何明确的联系。这点无法引用逻辑推论，因为丰富的资源既可助长懒散，也可促进活力；同时也无法诉诸历史，因为拥有相似资源的国家表现出不一样的活力，还因为同一个国家在其不同历史时期，在资源并不明显变化的情况下表现出不一样的活力。"因此，总的来说，资源与人类行为之间，不论是积极的抑或是消极的都不存在直接的关联。但在一定自然资源条件下，究竟能够推动经济增长到何种程度，关键还要看拥有这些资源的人们持何种态度和反应。

四、中国的自然资源条件

中国是世界上人口最多的国家，也是国土面积最大的国家之一。中国的面积约占

---

① ［美］杰夫·马德里克：《经济为什么增长》，乔江涛译，中信出版社，2003，第5页。

② ［英］阿瑟·刘易斯：《经济增长理论》，周师铭、沈丙杰、沈伯根译，商务印书馆，2002，第57-62页。

世界的7%，人口占世界人口总数的18%。虽然中国和美国纬度相同，气候条件相似，但是地形却存在重大差别。中国土地主要以丘陵、山脉以及由河谷分裂的高原、少数平原和盆地构成，因此土地荒凉、地形起伏不定，只有很少一部分土地适合耕种，而美国中西部则有适合耕种的辽阔平原。中国有一句老话："地少人多"，简明扼要阐述了这一事实。戴维·S.兰德斯是这样介绍中国的地理位置和气候条件的："中国人——他们自称为汉人——起源于亚洲北部大平原不毛之地边缘上的树林之中。他们筚路蓝缕，开垦荒地；然而，由于降水不规律，树木不茂盛，因而水土流失严重，收成很低。西部的开阔地带不能维持这么多人的生存，所以他们随后南迁到黄河上游，在黄土上开垦农业。"① 黄土地足够肥沃，比较适合种植农作物，通过使用很多的农业技术，中国的能源系统进入了良性循环。之后，汉族人不断南移，进入长江流域及其以南地区，那里气候更湿润温暖，冬季气候温和，夏季漫长，每年可以种植两季。这些描述基本上概括了中国所具有的独特地理位置及气候条件。在相当长一段时期内，中国更多是依靠劳动密集型农业，不但成功解决了人地矛盾，成为一个传统农业大国，而且是世界上发展最成功的国家。

西方学者认为，地理上的四通八达和非常一般的内部障碍，使中国获得了一种初始的有利条件。华北、华南、沿海地区和内陆的不同作物、牲畜、技术和文化特点，为中国的最后统一做出了贡献。例如，黍的栽培、青铜技术和文字出现在华北，而水稻的栽培和铸铁技术则出现在华南，这显然有利于技术的广泛传播。西方的观察家还注意到了中国的水利活动与权力之间的关系。一名叫卡尔·韦特福格尔德(Wittfogel)的学者对此做了详尽的分析，认为对中国历史而言，这种劳动密集型、水利集中型的能源模式影响深远。同时，对用水的管理要求超地区的权力，从而增强了国家权威。这些命题反映了中国发展中所具有的独特地理及技术特征，但还有待更加有力的论证。

在交通禀赋上，中国似乎也不占优势。巴里·诺顿(Naughton)对中国的交通禀赋做了一个论述。中国只有一条海岸线，东部的海岸无法使用，南方的部分海岸高低起伏，丘壑纵横，偶尔有一个不与内陆相连的良港。在北方，特别是在长江和山东半岛之间，有几个海岸较低且气候湿润的良港。由于这种地理条件，中国的传统经济是内向型经济，外向型的航海亚文化也存在，但都被限制在东南沿海，经济上不具有重要意义。因此，中国大陆与那些具有强烈远洋趋向和商业传统的国家和地区，如北欧、日本、中国台湾地区和朝鲜有明显差别。远洋取向不足是中国经济现代化起步较晚的部分原因，这也为"李约瑟之谜"提供了一个可能的解释。实际上，中国与当代世界经济联系的增加，开始于1842年外国通商条约迫使中国开放重要的经济区域之后。就是今天，这一广袤的内陆在极大地耗费着中国的经济能力之时，也将对未来的发展产生复杂且难以预料的结果。即在沿海地区向前发展，并与海洋运输以及全球经济联系紧密之时，西部经济仍处于滞后状态。② 中国的整个地形是西高东低，西部地区连绵的山岭成为南北交通的阻碍，甚至东部的低矮山脉也对沿海和内陆的交流产生了巨大的阻碍作用。

① [美]戴维·S.兰德斯：《国富国穷》，门洪华等译，新华出版社，2010，第25页。
② [美]巴里·诺顿：《中国经济：转型与增长》，安佳译，上海人民出版社，2016，第17-18页。

从自然资源角度来看，其对中国发展的挑战要更为显著，对经济增长的约束也日益增强。中国自然资源总量大、种类多，是一个自然资源相对富裕的国家，自然资本占国民财富的比重超过5%。中国拥有居世界第一位的水能资源，居世界第二位的煤炭探明储量，石油探明采储量居第11位。已探明的常规商品能源资源总量是1 550亿吨标准煤，占世界总量的10.7%。中国已发现的矿产有168种，矿产地(点)20余万处，已探明储量的有151种；其中有20余种矿产储量居世界前列。有10种矿产(钨、铋、锑、钛、稀土、铁矿、砷、石棉、石膏、石墨)居世界首位；有13种矿产(锌、钴、锡、钼、汞、耋、钽、锂、煤、菱铁矿、萤石、磷矿、重晶石)居世界第二或第三位。此外，中国的生物多样性也居世界前列，中国是世界上植物种类最丰富的国家之一，所有种数仅次于马来西亚和巴西。① 但中国人口众多，人均能源资源探明量只有135吨标准煤，相当于世界平均拥有量264吨标准煤的51%。中国煤炭人均探明储量为147吨，是世界人均值208吨的70%，石油人均探明储量2.9吨，为世界人均数的11%，天然气为世界人均数的4%；即使水能资源，按人均数也低于世界人均值。同时，虽然淡水资源总量名列世界第四位，但人均水资源量只有2 300立方米，仅为世界平均水平的1/4。② 统计还表明，中国自然资源人均拥有量远低于世界平均水平，更低于高收入国家的水平(见表4-3)。中国自然资源还存在分布不均、自然资源质量差等问题。

表4-3　中国自然资源的国际比较

国家	指数					
	人均国土面积(平方千米/人)	人均可耕地面积(公顷)	人均草地面积(公顷)	人均淡水资源(立方米)	人均森林面积	人均能源生产量
中国	100	100	100	100	100	100
高收入国家	444.28	327.37	428.25	425.15	533.87	420.75
世界平均	254.96	211.18	261.70	282.16	604.87	98.50
中国/高收入国家(%)	22.51	30.55	23.35	23.52	18.73	23.77
中国/世界(%)	39.22	47.35	38.21	35.44	16.53	101.52

数据来源：世界银行公开数据、EPS数据库、国际能源署(International Energy Agency, IEA)数据库。

改革开放以来，中国高速经济增长增加了能源需求，使能源消费量远远大于能源供应量。中国自1993年首次成为石油净进口国、1996年成为原油净进口国以后，2004年进口原油首次突破亿吨大关。这表明，资源瓶颈已经是一个不得不面对的现实。而依照发达国家的经验，经济增长越快，人均收入水平越高，人均能源消费量就越多。显然，中国要继续维持中高速经济增长，必须正视资源的约束问题，努力解决资源的供应难题。

① 郑昭佩：《自然资源学基础》，中国海洋大学出版社，2013，第63－64页。

② 中国现代化战略研究课题组、中国科学院中国现代化研究中心：《中国现代化报告(2007)》，北京大学出版社，2007。

第二节　地理、气候对经济增长的影响

一、地理位置假说的思想渊源

影响一个国家或地区发展的自然条件很多，包括地理位置及其决定的土壤、河流、气候、交通和生产条件，以及该地域所具有的多种地表资源和储藏在地下的矿物资源。自然条件的重要性也是很容易理解的，这一点也往往得到最直观的理解，如人们通常会根据气候的干旱或土地的肥沃状况来判断某地的收入水平以及消费状况。然而，将视野扩展到更为广阔的全球发展来看，自然条件与经济发展的关系却并非如生活常识那样简单明了。

从历史演变来看，自然条件的重要性在工业革命前后发生了重大变化。在农业社会，人们基本上是“靠天吃饭”，地理位置与气候状况在很大程度上决定了收获的状况，事实上，人群的分布和迁徙也主要将优质的自然条件作为目标，而矿物资源却因为无法利用而几乎不做考虑。在工业革命之后，科技进步和工业兴盛增加了对地下矿物资源的需求，使得人类减轻了地理位置和气候条件的约束，这一转变既为许多国家带来了“飞来横财”，也逐步增强了一些国家人们“人定胜天”的勇气。然而，自然界还是对高科技武装起来的人类活动产生了强大的约束力，人类不仅在自然灾害面前束手无策，而且面对资源耗竭问题也惊恐不安，对生存空间的恶化担忧不已，一些有远见的人已开始寻求“天人和谐”的出路。

在有关长期发展决定因素的众多理论解说中，“地理假说”从各国的地理、气候和生态差异方面解释了经济繁荣的不同。对此，经济学以外的学者通常给予了直观的关注。例如，孟德斯鸠(Montesquieu)在《论法的精神》一书中阐述了法律与地域或气候的关系，认为人的性格、嗜好、心理、生理特点的形成与人所处的环境或气候有密切的关系，不仅如此，他还将地域和气候因素的影响扩展到宗教、风俗、习惯、生活态度以及农业和工业生产的差异上。汤因比(Toynbee)在比较世界上主要文明的发展时，也注意到了地理位置所造成的差异。

经济史学家戴维·S. 兰德斯[①]在《国富国穷》一书中对地理因素给予充分肯定。他论述道，“从关于产值和人均收入的世界地图上可以看出，富国位于温带，特别是北半球的温带；穷国则位于热带和亚热带。”他认为环境对于发展具有简单而直接的影响，也有复杂的间接的联系。最主要的影响包括炎热的气候容易既导致害虫繁衍、疾病传播的问题；降雨量的不同也会导致暴雨和干旱以及饥荒等灾难。兰德斯认为，地理决定一切是错误的，但忽视地理和气候导致的问题则是无益的。

兰德斯论述道：“大自然的不平衡，致使热带的不幸图景和温带远为宜人的自然条件形成了鲜明的对比。而温带地区以欧洲的自然条件为最佳；在欧洲内部，西欧则独占鳌头。”“这种地质上的幸运，使西欧一年四季和风细雨，蒸发缓慢，欧洲因之农业丰富，牛肥羊壮，阔叶林广布。”“欧洲可靠而均衡的降水，使这里的社会和政治组织形式与古时盛行

① [美]戴维·S. 兰德斯：《国富国穷》，门洪华等译，新华出版社，2010，第 1－36 页。

的河流文明截然不同。在河流文明中，控制粮食的大权落到那些拥有河流和运河的人手中。中央政府早就出现了，因为控制粮食者就是万民之王。这些事情从来不会发生在欧洲。”

当然，经济学家长期以来并未完全忽略地理因素，至少在古典经济学家那里是意识到这一问题的。譬如，亚当·斯密[①]就关注到了地理以及气候、交通等问题。在著名的“分工受市场范围的限制”的论述中，斯密分析了地理位置差异对经济发展的影响。他指出：“水运开拓了比陆运所开拓的广大得多的市场，所以从来各种产业的分工改良，自然而然地都开始于沿海沿河一带。这种改良往往经过许久以后才慢慢普及到内地。”正是由于水运的便利，斯密指出，“开化最早的乃是地中海沿岸各国。”“在地中海沿岸各国中，农业或制造业发达最早改良最大的，要首推埃及。”与沿海地区相比，“非洲内地，黑海和里海以北极远的亚洲地方，古代的塞西亚，即今日的鞑靼和西伯利亚，似乎一向都处于野蛮未开化状态。”对此，斯密认为缺乏有利的航道、交通，就不能有大规模的商业，也就难以发展了。遗憾的是，在斯密之后很长时间内，经济学家对地理位置极少给予关注。即使马歇尔也只是提出土地是生产要素的一类，它是指大自然为了帮助人类，在陆地、海上、空气、光和热各方面所赠与的物质与力量。

对南亚国家的实际调查使发展经济学家冈纳·缪尔达尔[②]认识到了地理和气候因素的重要性。他指出：“尽管我们几乎不知道气候对发展的精确含义，它仍然是南亚和西方世界之间的另一个重要差别。现代所有成功的工业化，包括日本、苏联甚至中国，都出现在温带，这是一个事实。南亚国家位于热带或亚热带，这实际上是世界上大多数欠发达国家所处的地理位置。”尽管缪尔达尔没有试图提出解释上述分布的理论，但他还是具体分析了不良的气候对南亚所造成的阻碍。“即使几乎尚未研究过气候条件对发展的重要性，一般来说，大多数南亚国家极端炎热和潮湿，显然造成了土壤和许多种物质产品的退化与变质；这是某些作物、森林和动物的生产率低的部分原因；它不但使工人不舒服，而且损害了他们的健康，降低了出勤率、工作时间和效率。在一些较小的方面改变气候是可能的，但更重要的是，气候对生产率的影响能够用许多方法来改变；并且，生产和消费都能更好地适合气候，但这需要支出，通常是投资型的支出。”

刘易斯[③]指出，“最重要的自然资源是气候、淡水、肥沃的土地、有用的矿藏，以及有利于交通的地形。”“可接近性是一种资源。可接近性对刺激经济增长起了决定性作用。它刺激了贸易，从而扩大了需求，鼓励了努力，并促进了专业化。它也引起了有不同习惯与思想的各族人民之间的融合；而这就活跃了思想，刺激了知识的增长，并有助于维持制度的自由与灵活。”他对气候影响增长的说法有些怀疑，因为，在以往岁月里，文化昌盛的国家在气候方面差异极大。“由于现在温带地区的经济增长最迅速，所以断言经济增长要求有一种温带气候也是很时髦的，但是，增长与温带气候之间的联系是人类历史上最近的一种现象。”无疑，上述这些有关地理位置的思想为后来者的深入研究提供了待解释的对象

① [英]亚当·斯密：《国富论》上卷，郭大力、王亚南译，商务印书馆，1972，第16-20页。

② [瑞典]冈纳·缪尔达尔：《亚洲的戏剧——南亚国家贫困问题研究》，方福前译，首都经济贸易大学出版社，2001，第51页。

③ [美]W.阿瑟·刘易斯：《经济增长理论》，梁小民译，上海三联书店、上海人民出版社，1994，第58-60页。

和大量启示，但是这些论述并不能够提供充足的证据来表明地理的重要影响。因为证明地理位置的假说需要对自然环境和地理气候条件的差异具有多方面专业的了解，而这一点显然并不是经济学家的长处。

二、贾雷德·戴蒙德的"环境差异论"

贾雷德·戴蒙德(Diamond)是一位知识更为广泛的演化生物学家，他的著作《枪炮、病菌与钢铁——人类社会的命运》①引起了研究者对地理因素的重新关注。在这本书中，他所要回答的问题是：为什么在不同的大陆上人类以如此不同的速度发展呢？这种速度上的差异就构成了历史的最广泛的模式。而他的答案也是简洁明了的："不同民族的历史遵循不同的道路前进，其原因是民族环境的差异，而不是民族自身在生物学上的差异。"虽然戴蒙德的假说受到了多方面的质疑，但不可否认的是，各地区的环境差异显示是客观存在的，对经济发展的影响也是不容忽视的，关键是如何评价其重要程度及与其他要素之间的关系。在戴蒙德看来，有四组最重要的环境差异导致了各地区人类发展的差异。

第一组差异是各大陆在可以用作驯化的起始物种的野生动植物品种方面的差异。各大陆在可以用于驯化的野生动植物的数量方面差异很大，因为各大陆的面积不同，而且在更新世晚期大型哺乳动物灭绝的情况也不同。大型哺乳动物灭绝的情况，在澳大利亚和美洲要比在欧亚大陆或非洲严重得多。因此，就生物物种来说，欧亚大陆最为得天独厚，非洲次之，美洲又次之，而澳大利亚最下。粮食生产之所以具有决定性的意义，在于它能积累剩余粮食以养活不从事粮食生产的人，同时也在于它能形成众多的人口，从而甚至在发展出任何技术和政治优势之前，仅仅凭借人多就可以拥有军事上的优势。

第二组差异是那些影响传播和迁移速度的因素。而这种速度在大陆与大陆之间差异很大。在欧亚大陆速度最快，这是由于它的东西向的主轴线和它的相对而言不太大的生态与地理障碍。对于作物和牲畜的传播来说，这个道理是最简单不过的，因为这种传播大大依赖于气候因而也就是大大依赖于纬度。同样的道理也适用于技术的发明，如果不用对特定环境加以改变就能使这些发明得到最充分的利用的话。传播的速度在非洲就比较缓慢了，而在美洲尤其缓慢，这是由于这两个大陆的南北向的主轴线和地理与生态障碍。

第三组差异是影响大陆之间传播的因素，这些因素也可能有助于积累一批本地的驯化动植物和技术。大陆与大陆之间传播的难易程度是不同的，因为某些大陆比另一些大陆更为孤立。在过去的6 000年中，传播最容易的是从欧亚大陆到非洲撒哈拉沙漠以南地区，非洲大部分牲畜就是通过这种传播得到的。但东西两半球之间的传播，则没有对美洲的复杂社会做出过任何贡献，这些社会在低纬度与欧亚大陆隔着宽阔的海洋，而在高纬度又在地形和适合狩猎采集生活的气候方面与欧亚大陆相去甚远。

第四组差异是各大陆之间在面积和人口总数方面的差异。更大的面积或更多的人口意味着更多的潜在的发明者，更多的互相竞争的社会，更多的可以采用的发明创造，以及

① [美]贾雷德·戴蒙德：《枪炮、病菌与钢铁——人类社会的命运》，王道还、廖月娟译，上海译文出版社，2016，第1-22页。

更大的采用和保有发明创造的压力,因为任何社会如果不这样做就往往会被竞争的对手所淘汰。在全世界的陆地中,欧亚大陆的面积最大,相互竞争的社会的数量也最多。美洲的总面积虽然很大,但在地理上和生态上支离破碎,实际上就像几个没有紧密联系的较小的大陆。

综合戴蒙德的环境差异论述,可以发现他以大量的事实揭示了如下的因果链:可驯化野生动植物品种的起始差异、地理环境差异(有无生态和地理障碍)、面积和人口总数差异→稳定的农业(粮食生产)→稳定的聚居人群→可以形成更为复杂的社会(文字/组织结构/技术),驯化的动植物以及群居生活使得病菌可以被广泛地传播(活下来的人拥有了免疫力)→一旦两个原本隔绝的社会遭遇时,冲突就爆发了,在"文明"的进程上走得更远的社会将获得胜利,而失败者将遭到极为悲惨的下场(大部分被消灭,小部分被融合)。

戴蒙德还说明了环境差异与人类创造性之间的关系,他论辩道:提起这些环境差异不免会使历史学家们贴上那使人火冒三丈的"地理决定论"的标签。这种标签似乎具有令人不愉快的含义,因为这等于是说人类的创造性毫无价值,或者说我们人类只是无可奈何地被气候、动物区系和植物区系编上了程序的被动的机器人。当然,这种疑虑是没有根据的。如果没有人类的创造性,我们今天可能全都仍然在用石器切肉,茹毛饮血,就像100万年前我们的祖先所做的那样。所有的人类社会都拥有发明才能的人。事情恰恰是有些环境比另一些环境提供了更多的起始物种和利用发明的更有利的条件。

三、萨克斯的地理决定假说

相对于戴蒙德的宏大叙述,经济学家对地理决定假说更为精致,论证也更为严密。总体来看,这些强调了地理因素重要性的经济学者,一般认为时间变化影响了地理变量(如气候和疾病),并作用于工作努力程度和生产率,据此预测了那些在1500年相对富裕的国家和地区在今天仍然相对较繁荣。在具体的论述上,地理决定假说有多个进路,如"气温下降假说"提出热带地区具有一个早期优势,但后来农业技术(如深耕、农业轮作系统、家畜和高产作物等)有益于那些温带的适宜地区。再如,更复杂的地理决定假说则强调了煤炭储藏、接近海洋、便利的工业化等特定的地理特性在发展中的作用。在这些假说中,萨克斯的理论自成体系,涉及面广,具有较大的影响。

萨克斯(Sachs)①专门论证了地理因素对一国经济成功的重要影响。他认为气候温和或有机会进行海上贸易的地区比热带地区或内陆地区具有更大的优势。他总结了经济发展方面呈现的两个突出的地理格局。第一,世界温带地区比热带地区发达得多。在30个最富的国家和地区中,只有新加坡和中国香港是在热带,而他们的人口在30个最富国家和地区的总人口中所占的比例还不到1%。第二,地理位置上偏僻的地区——远离海岸或通航河流或者深居于崇山峻岭之中,国内和国际交通运输费用高昂的国家——比沿海平原或通航河流两岸的社会在发展水平上也差得多。虽然欧洲也有几个富有的内陆国,如奥地利、卢森堡和瑞士,但这些国家都具有一大有利条件,即其周围都是富裕的沿海国家。由此,他得出结论说:世界上经济发展的分野实际上不在南北,而在于温带和热带。

萨克斯利用一种通过温度和降雨量划分地区的方法,分析了经济增长和发展的地区

① Sachs J D, "Tropical Underdevelopment", *NBER Working Paper*, No. 8119, 2001.

分布模式。其结论为，温带地区和沿海地区拥有更高的人均收入。另外，利用一个粗略的估计，萨克斯将麦迪森分类中的西欧、南欧、东欧、欧洲的后裔国家（美国、加拿大、澳大利亚和新西兰）、日本、中国的一部分认定为温带国家；其余的地区（拉美、非洲、除日本和部分中国外的亚洲地区）确定为非温带地区。基于上述数据，他发现 1820—1992 年温带地区人均收入的年增长速度是 1.5%，而非温带地区人均收入的年增长速度为 0.9%（见表 4-4）。

表 4-4　温带与非温带地区的长期增长（人均 GNP，1990 年国际美元）

地　区	1820 年	1992 年	1820—1992 年 平均年增长率（%）
温带地区	790	10 134	1.5
非温带地区	546	2 572	0.9
非温带/温带（%）	0.69	0.25	

资料来源：Sachs J D, "Tropical Underdevelopment," *NBER Working Paper*, No. 8119, 2001.
注：温带地区包括西欧、欧洲后裔国家、南欧、东欧、日本和大部分中国，非温带地区包括世界的其余部分。

为了检验在控制其他因素后地区气候对最近增长的影响，萨克斯在巴罗（Barro）①研究跨国增长的框架的研究基础上，进行了 1965—1990 年人均收入的年增长速度对初始的人均收入、教育水平和一国生活在温带的人口比例的回归。他发现一国处在温带的人口比例与该国的增长速度之间存在正相关关系。计量结果显示，在其他条件相同的情况下，温带地区经济将比非温带地区经济的年均增长速度约高出 1.5 个百分点，还意味着在长期，一个温带地区的国家能够预期在人均 GNP 上大约相当于一个非温带地区国家的3.9 倍。

统计数据还表明，全世界高收入的人口只有 1%在热带地区，99%都在温带地区。热带的持续贫穷，从地理和生态因素来看，最直接的有三个方面：第一，热带农业面临的一些问题导致多年生植物特别是粮食作物生产率低，这些问题包括热带雨林条件下土壤贫瘠，侵蚀和流失严重；水资源难以调控，旱灾风险较高；农业和畜牧业病虫害发生率高；食品易腐烂难储存；在夜间气温高的地方纯光合潜能率降低。第二，在热带环境中，患疾病的概率高于温带环境。在这些疾病中最主要的是霍乱。许多热带疾病在较寒冷的地区就不存在，因为这些疾病必须在比较温暖的环境中才会传播。例如，霍乱的传播需要 18 ℃以上的温度，较寒冷的地区不会有霍乱。不仅是霍乱，还有其他热带疾病，病菌在热带地区的传播速度高于温带地区，妨碍了热带地区的经济发展。第三，能源禀赋的差异也许在拉大收入差距上起着重要作用。在 1998 年，全球的十大煤炭储藏国拥有了 90.2%的煤炭，其中除了印度外全在温带。在全球的油气资源生产上，1995 年产量中只有 17.5%在热带地区。显然，较低的能源储藏量使热带国家人均的碳氢化合产品的拥有量仅相当于温带国家人均水平的 28%。

① Barro R J, "Economic Growth in a cross-section of countries", *Quarterly Journal of Economics*, 1991, 106(2): 407-430.

萨克斯认为，仅地理和气候条件所导致的上述三个方面的劣势并不足以解释热带地区与温带地区在经济发展上存在的巨大差异。他指出，存在扩大了热带地区与温带地区发展鸿沟的三个主要机制：技术转移、人口转型及强权政治。结合这三个机制，萨克斯进一步提出了解释温带与热带地区经济发展上存在巨大差异的5个假说。

(1) 关键领域的技术——特别是健康和农业、建筑、能源利用、基础设施等技术——是生态区专有的，这些技术很难跨地理区位进行扩散。这就意味着温带地区的技术发明不容易扩散到热带地区并得到有效应用。

(2) 至少在现代经济增长之初，温带地区的健康、农业和能源利用、军事技术等关键性技术要比热带地区的更具生产力，这一差异被深刻地植入温带与热带的生态特性之中。

(3) 技术创新是一个规模收益递增的活动。温带地区的创新强有力地受益于一个更大更丰富的人口，特别是1800年开始已经形成了一个支持创新的全球市场。这一技术创新的规模收益递增特性可能是拉大温带地区和热带地区在此后200年的鸿沟的最重要因素。

综合前三个假说，萨克斯推断出热带地区在技术进步上一定会大大落后于温带地区，利用热带地区与全世界人口、GNP和专利授予方面的统计数据进行比较，可以清楚地发现这一结果(见表4-5)。

表4-5　热带地区和全世界的人口、GNP及在美国的专利状况(2020年)

地　区	人口(人)	GDP(2015年不变价美元)	专　利(件)
热带地区	1 824 074 647	5 166 746 478 205	7 531
全世界	7 763 932 702	81 900 982 470 406	2 304 400
热带地区/全世界	23.49%	6.31%	0.33%

资料来源：世界银行。

(4) 社会动力学，特别是城市化与人口转型，是两个重要的放大器，导致技术上落后的热带地区与快速增长的温带地区的差距日益拉大。热带国家过低的粮食生产率通过放慢农村人口向城市的转移从而阻碍了人口转型。在从高出生率、高死亡率的社会向低出生率、低死亡率社会的转变过程中，热带国家显然要滞后于温带国家。其结果导致了每个孩子的投资增加、人口的低增长、更小比例的人处于工作年龄，这些显然不利于经济增长。统计分析也显示，热带国家的城市化率是低于非热带国家的城市化率水平的。

(5) 地理政治因素——凭借着军事优势和经济实力，温带国家对热带国家进行了殖民统治和帝国控制。其后果是对热带国家关键公共物品的忽视，特别是对本土人口的基础教育和基本健康的忽视；以及压迫政治机制所产生的强迫劳动和盘剥底层人群资源的人头税等，这些恶劣的政治制度更进一步放大了地区差距。

从上述假说中可以看出，萨克斯并不是简单地将地理、气候条件与发展状况联系起来，他强调了经济发展中存在的正反馈现象，认为正反馈过程扩大了早期工业化的优势，从而加大了贫富差距。此外，萨克斯还注意到了地理环境对吸引外来资金和技术的影响。例如，很少有人愿意到多山的地区投资，但是都愿意到沿海城市投资。在世界上高收入地区周围，如美国、西欧、东南亚、日本、韩国、中国沿海的附近存在逐渐扩大的投资圈。但较为偏远的地区，如南亚、整个非洲、南美，特别是那些内陆国家，不会看到太多的技术变迁。

需要指出的是，地理环境决定论也受到了多方面的质疑，如反对者指出："地理条件不足以解释意大利北方和南方为什么相差那么明显。与此相似的，还有危地马拉、洪都拉斯、萨尔瓦多和尼加拉瓜四国与哥斯达黎加的对比。另一个例子是海地与巴巴多斯的对比：海地曾是最富的奴隶甘蔗园殖民地，如今却陷入绝望境地，而巴巴多斯亦曾为奴隶甘蔗园殖民地，如今则是民主繁荣。我们还可以指出，拉丁美洲的三个温带国家——阿根廷、乌拉圭和智利——至今仍未享受到第一世界的繁荣，在 20 世纪 70 年代和 80 年代，它们还都经历过军事独裁统治。"①显然，地理决定论的理论还需要不断深化与完善，尽管它发现了一种影响增长和发展的重要因素。

四、"新经济地理学"对地理因素的分析

现代经济增长和发展研究中令人惊讶的方面之一是对地理因素几乎完全的忽视。沿着巴罗建立的框架所进行的数百个对国家间经济增长的比较研究，几乎没有将地理变量作为条件变量。然而，一旦将地理变量加入函数等式中，它们就表现出很高的经济上和统计上的显著性。因此，地理条件是标准条件之外的重要因素。②

18 世纪发生的工业革命为全球经济带来两个重要变化：劳动生产率提高和运输成本的显著下降、农业和农村社会向工业和城市社会的深刻变革。运输成本以及信息传递成本的大幅下降，大大削弱了自然要素对人类活动所施加的约束。传统的以经济代理人的理性选择为基础的自由市场力能够带来空间均衡，新古典均衡理论以及传统的生产要素不能流动只有商品流通的基于比较优势的国家贸易理论不仅在解释国家和地区之间发展差异越发明显的问题上力不从心，而且在解释国家内部不同地区之间的发展差异问题上束手无策。主流经济学忽略生产地理因素并不是因为该研究领域缺乏吸引力，而是因为传统理论很难驾驭空间问题，它的建模技术不能处理存在规模收益递增的市场结构问题。迪克西特（Dixit）与斯蒂格利茨（Stiglitz）③在 1977 年以严谨、规范的形式建立了精美的 D-S 垄断竞争模型，为处理规模收益递增和不完全竞争提供了崭新的技术处理工具。1991 年，克鲁格曼在其著名论文④中建立了核心—边缘模型，为新经济地理学建立了理论基础。⑤ 新经济地理学以完全不同的方式处理地理因素，它不强调经济体之间地理差异的作用，转而研究为什么即使各经济体初始条件相同，也会出现经济表现的空间差异。新经济地理学强调，市场是重塑经济地理的"无形之手"，集聚的规模效应以及人口、资本等要素的自由流动，会促使经济活动趋于集中，这种生产要素的地理变迁带来繁荣从而导致财富在地理上的集中和地区间空间表现的差异。

---

① ［美］塞缪尔・亨廷顿、劳伦斯・哈里森：《文化的重要作用——价值观如何影响人类进步》，程克雄译，新华出版社，2002，第 16 页。

② ［英］克拉克等：《牛津新经济地理学手册》，刘卫东等译，商务印书馆，2005，第 171 页。

③ Dixit A, Stiglitz J E, "Monopolistic Competition and Optimum Product Diversity", *The American Economic Review*, 1977, 67(3): 297 - 308.

④ Krugman P, "Increasing Returns and Economic Geography", *Journal of Political Economy*, 1991, 99(3): 483 - 499.

⑤ 对新经济地理学模型的详细讨论安排在本书的第十一章。

第三节 资源诅咒的生成与破解

“资源诅咒”(Curse of Natural Resources)是一种对自然资源禀赋与经济增长之间关系的假说。与“增长的极限”说法不同,它强调了自然资源对经济增长施加的另一种限制作用,即资源丰裕经济体的增长速度反而慢于资源贫乏的经济体。这一理论最早提出与“荷兰病”(Dutch Disease)的现象有关,之后被进一步扩展为对经济增长的一般解释。

一、资源禀赋与“荷兰病”现象

资源丰富的国家利用自然资源促进经济发展似乎是天经地义的。一个有丰富的地下资源(如碳氢化合物和矿物质等)的国家,可以通过将资源转变为地表资产(物质资本和人力资本)来支持就业和促进经济增长。这种资产对于资本稀缺的发展中国家特别有价值,因为可以通过出售它们获得外汇收入,以补充其政府有限的财政能力。然而,在实践中,很少有发展中国家利用这种丰富的自然资源实现转型获得成功。在资源丰富的发展中国家,经济增长速度慢于资源贫乏的国家却是常见的现象,“荷兰病”现象则是典型的例证。

20世纪60年代,在荷兰北海一带发现大量天然气,荷兰政府开始大力发展石油、天然气业。特别是在第一次石油危机期间,荷兰天然气出口量剧增,国际收支出现巨大顺差,带来了较快的经济增长和国民收入的大幅提高。然而,随着天然气出口的增加,荷兰盾随之坚挺,劳动力工资也开始上升,导致生产成本大幅攀升,非石油出口品的国际竞争力急速下滑,造成收入增长缓慢和失业增加,经济开始恶化。经济学家们把这种由资源丰富而引致的经济不景气称为“荷兰病”现象。尽管这种现象一般是与一种自然资源的发现联系在一起,但它可能因自然资源价格的急剧上升,外国援助和外国直接投资等任何一种造成外汇大量流入的事件诱发。

荷兰病的经典模型是由科登和内亚里(Corden & Neary)①在1982年提出的。他们将一国的经济分为三个部门,即可贸易的制造业部门、可贸易的资源出口部门和不可贸易的部门(主要是一国内部的建筑业、零售贸易和服务业部门)。假设该国经济起初处于充分就业状态,如果突然发现了某种自然资源或者自然资源的价格意外上涨,将导致两方面的后果。一是劳动和资本转向资源出口部门,则可贸易的制造业部门现在不得不花费更大的代价来吸引劳动力,制造业劳动力成本上升首先打击制造业的竞争力。同时,由于出口自然资源带来外汇收入的增加使得本币升值,再次打击了制造业的出口竞争力。这被称为资源转移效应。在资源转移效应的影响下,制造业和服务业同时衰落下去。二是自然资源出口带来的收入增加会增加对制造业和不可贸易的部门的产品的需求。但这时对制造业产品的需求的增加却是通过进口国外同类价格相对更便宜的制成品来满足的(这对本国的制造业来说又是一个灾难)。不过对不可贸易的部门的产品的需求增加无法通过进口来满足,就会发现一段时间后本国的服务业出现重新繁荣。这被称为支出效应。

---

① Corden W M, Neary J P, “Booming sector and de-industrialisation in a small open economy”, *Economic Journal*, 1982, 92(368): 825-848.

荷兰病表现在自然资源丰富的发展中国家,最终使得制造业衰落、服务业繁荣。国际上最新的研究已通过比较制造业和服务业的相对价格的变动来验证这个命题。问题在于,一旦制造业衰落,从长期而言这种发展中国家的竞争力难以提升。因为制造业承担着技术创新和组织变革甚至培养企业家的使命,而自然资源开采部门缺乏联系效应以及外部性甚至对人力资本的要求也相当低,所以一旦制造业衰落,发展中国家的人才外流是必然趋势。

二、资源诅咒的成因与破解

"荷兰病"现象的出现引起了学者们对这一主题的研究兴趣,不少著名学者对这一现象做出了解释。例如,劳尔·普雷维什(Prebisch)和汉斯·辛格(Singer)的"贸易增长的贫困化陷阱"理论、霍利斯·钱纳里的"发展模式"理论、保罗·克鲁格曼在规模报酬递增条件下的解释。1993年,奥提(Auty)在《矿业经济中的可持续发展:资源诅咒的论题》一书中首次把这种现象称为"资源的诅咒"。① 这个概念很快得到了学术界的认可,关于资源诅咒的研究也逐渐成为一个研究的热点。

(一) 资源诅咒的成因及传导机制

对于资源诅咒的形成有多种流行的解释。一是提出外汇升值导致的去工业化。该观点主要分析了外汇升值后对资源丰裕国的非贸易的工业部门的不利影响。二是提出世界资源价格的波动有害于出口和生产。在金融市场不完善的情况下,因资源出口价格的波动,汇率和宏观经济的波动性更大,它确实不利于增长、投资、收入分配及教育。三是提出资源丰裕导致一个不可持续的政府政策。大量的自然资源通常会鼓励政府过度借贷,而且还会促使国家大量投资于不需要的工程项目,保持不良的警察力量,采取不合理的福利政策等。四是提出丰裕的资源容易产生腐败、寻租和战争②。这些原因都会使得一国的资源约束了增长和发展。

研究者认为,丰裕的自然资源并不是降低经济增长率的直接原因,资源诅咒也许通过其他一些变量来间接地降低了经济增长。学者们提出主要存在着四种潜在的传输渠道③。这些证据表明资源丰裕挤出了外资、社会资本、人力资本、真实资本和财政资本,每一个挤出效应都倾向于阻止增长。

第一,自然资源丰裕挤出了非资源出口和外国直接投资。这一点不仅可以从阿拉伯和其他的石油出口国的跨国数据中得出,还可以从87个样本国家的开放度来反映,那些资源丰裕国大多在外国直接投资的方面更少开放。

第二,资源丰裕引致了通过保护而形成的腐败和极端的寻租,从而挤出了社会资本,侵蚀了法制体系和导致武装冲击甚至内战。那些资源丰裕国的寡头统治者为了获取财富而携取政治权力,往往拒绝精英政治通过执照对资源的开发和出口。事实上,在一个55个资源丰裕国家的样本中,资源丰裕程度与显示更为腐败的腐败观察指数相联系,同时,

---

① Auty R M, "Sustainable Development in Mineral Economics: The Resource Curse", *Thesis Routledge*, 1993.

② Frederick V, "Challenges and opportunities for resource rich economies", *CEPR discussion paper series*, No. 5688, 2006.

③ Papyrakis E, Gerlagh R, "The resource curse hypothesis and its transmission channels", *Journal of Comparative Economics*, 2004, 32(1): 181-193.

这些国家也与更大的代表不平等的基尼系数、更少的政治自由相关。

第三，自然资源财富降低了积累人力资本的努力。虽然有博茨瓦纳那样的例外情况，但在大多数国家，资源丰裕和各级别的入学率、预期在校时间和公共教育支出之间普遍存在负相关。

第四，自然资源财富抑制了投资而且延迟了财政制度的发展。在一个 85 个国家的样本中，自然资源财富在国家资本的份额与国内投资占 GDP 的比重、广义货币(M2)与 GDP 的平均比率(财政发展的一个衡量指标)之间存在负相关。这表明，投资和财政制度的抑制也许会阻碍经济增长。

(二) 资源诅咒的破解

尽管很多资源丰富的国家受到了资源诅咒的影响，但仍有不少资源丰富的国家成功地避免了资源诅咒的厄运，获得了长期增长。这样看来，资源诅咒似乎并非不可克服。

资源丰富的国家或地区同样能取得良好经济表现的一个典型案例是博茨瓦纳。博茨瓦纳 40%的 GDP 来自钻石收入，但是博茨瓦纳已经成功破解了资源诅咒，成为非洲经济发展较快、经济状况较好的国家之一。公共教育支出排在博茨瓦纳 GNP 的第二高，自 1965 年至 20 世纪 90 年代之前是全球增长率最高的国家，人均 GDP 至少是尼日利亚的 10 倍。博茨瓦纳的成功经验值得关注，它是为数不多的长期投资超过 GDP 的 25%，GDP 年均增长率超过 4%的几个发展中国家之一。① 挪威为破解资源诅咒提供了另一条途径。尽管自 1971 年以来，挪威石油出口大幅增长，但与其邻国相比，挪威的制造业和其他经济部门出现显著增长。挪威是沙特阿拉伯和俄罗斯之后的世界第三大石油出口国，但由于其良好的政治体制、远见卓识的管理以及市场友好的政策，是世界上最廉洁的国家之一。阿拉伯联合酋长国的原油和天然气储量分别占全球储量的 10%和 4%，但其成功地将资源诅咒变成了一种福音。阿拉伯联合酋长国的政府债务很小，通货膨胀率低，油气财富用于现代化的基础设施建设和创造就业机会，并建立了一个慷慨的福利制度。通过普及教育和提供医疗保健，人们的平均寿命和文化水平得到了较大的提高。与这些国家不同，拉丁美洲国家则是以贸易开放、引进外资的政策来破解资源诅咒。鼓励外商投资采矿业，大大提高了矿业投资的安全性。自 20 世纪 90 年代以来，拉美地区似乎是增长最快的矿区，远远高于澳大利亚、加拿大、非洲和美国在矿业开采方面的支出。② 虽然各个国家或地区破解资源诅咒的方式不同，但不难看出破解资源诅咒的关键点在于如何将丰富的自然资源财富转化为促进长期经济增长的其他资本。

作为发达国家的荷兰，通过主动融入全球化，成功破解了经济增长的资源诅咒。几个世纪以来，被誉为"海上马车夫"的荷兰，一直在国际贸易中扮演着重要角色。荷兰濒临大西洋，手工业发达，但由于自然资源耗竭，本地市场狭小，为克服这一缺陷，长期以来荷兰都奉行自由贸易政策，外向型经济十分发达。同时，荷兰是进入欧洲、中东、远东、亚洲以及更遥远市场的理想地点，为充分利用这一优势，众多跨国公司都在荷兰设立了业务机

---

① Gylfason T, "Natural resources, education, and economic development", *European economic review*, 2001, 45(4): 847-859.

② Frederick V, "Natural resources: Curse or blessing?", *Journal of Economic Literature*, 2011, 49(2): 366-420.

构。作为一个君主立宪制国家，荷兰也是全球政治与社会环境最稳定的国家之一。由此可见，发达的外向型经济、稳定的国内政治环境、开放的国际合作心态都是促成荷兰借助全球化获得经济增长的重要因素。

本章小结

自然资源是动态变化的，分为可更新资源和非可更新资源。自然资源在全球的分布是极不均衡的。自然资源在维持经济持续发展和创造国民财富中起着重要的作用。首先，自然资源是维持生存、满足基本需要的重要条件。其次，自然资源是创造国民财富的重要源泉，但对自然资源与财富创造之间关系的这一问题上人们还存在争议。从自然资源条件来看，中国并不是一个资源禀赋丰富的国家。

地理、气候以及交通条件在解释经济增长差异方面发挥了重要作用。虽然这些因素在经济发展中的作用一度被忽视或者低估，但随着新经济地理学和计量经济学的兴起，人们开始重新重视和检验它们在经济活动中的重要作用。

资源丰富的国家并不总是能获得长期的经济增长和发展，反而常常因"资源诅咒"而陷入停滞。资源丰裕可能会挤出外资、社会资本、人力资本、真实资本和财政资本，进而对经济增长产生阻碍。那些资源丰富并获得长期增长的国家的经验则告诉人们良好的制度、持续的技术创新以及对外开放可能是破解资源诅咒的有效途径。

本章思考题

1. 自然资源的定义是什么？
2. 自然资源在经济发展中的作用有哪些？
3. 地理、气候以及交通条件影响经济发展的途径有哪些？
4. 什么是"资源诅咒"？资源诅咒的成因和破解渠道是什么？

第五章　金融资本与经济发展

相对于经济发展的现实而言，物质资本是稀缺的，这一特点在发展中国家表现得尤为突出。正是从这一事实出发，20 世纪 50 年代，联合国的经济学家们认为资本缺乏是限制发展中国家经济增长的主要原因。围绕这一观点，经济学家提出了形形色色的“资本决定论”，但资本决定论并没有受到实践的支持。在资本决定论没有收到成效之后，经济学家将关注的重点从资本数量转向资本运作的金融体系和金融政策。金融发展对发展中国家来说，确实是促进经济发展的基本动力。在现代市场经济中，金融体系在资本形成过程中起着关键性的作用。

第一节　资本形成与发展

一、资本与资本形成

(一) 资本的含义

资本品是指这样一系列异质性商品，它们各自有其特定的技术特性。与土地、劳动力不同，资本品不是固有的，它们本身是生产出来的。资本品既是产出，又是投入，它们的规模与变动是内在的经济现象。资本可以划分为固定资本和流动资本。固定资本不仅包括厂房和机器，还包括建筑物以及在 1 年中只部分消耗的工业基础设施的重要部分。流动资本是指在生产过程中被全部消耗因而必须全部补偿的资本，包括原料、半成品的储存。各种资本品，不管它们易被消耗的程度是大是小，其总存量称之为“资本”。① 20 世纪 60 年代以来，越来越多的经济学家对传统的资本定义感到不满意。他们认为把资本局限于有形的物质资本范围不能很好地阐释经济增长，资本应该是指在长期能够产生收入流的一切东西。它不仅包括那些投资于工厂的生产耐用品，还应包括传统上被认为是用作消费的东西；它不仅包括有形之物，还应包括一些无形之物。按照这种解释，经济学家把资本分为 4 种类型：① 有形资本(Capital Goods)。② 人力资本(Human Capital)，它附着在单个人身体之中，它的使用为个人控制，不管对这种资本的投资来自个人还是来自政府。③ 知识资本(Intellectural Capital)，其显著特点是，一旦被创造出来就不具备排他性，而且，一个人对它的使用并不减少其他人对它的可得性。④ 社会资本(Social Capital)，也叫集体资本(Collective Capital)，如公共基础设施便属于此类。在相继强调了有形资本、人

① 约翰·伊特维尔等:《新帕尔格雷夫经济学大词典》第 1 卷，经济科学出版社，1992，第 356、375 页。

力资本和知识资本之后，一些经济学家将“社会资本”①也添加到增长的源泉之中。信任、互惠、人际网络、合作以及协调，可以被看作调节人际交往和产生外部性的“公民社会资本”。“政府社会资本”能够使法律、法规、产权、教育、健康以及“好政府”的益处具体化。②资本定义的不断拓展是经济学研究不断深入的结果，也更有利于人们全面理解资本的含义和作用。本章集中讨论有形资本即“物质资本”问题。

（二）资本形成的含义

在经济学理论发展史上，经济学家们是在生产要素和生产关系两个层面去揭示资本形成的实质及其规律的。纳克斯（Nurkse）③和库兹涅茨④分别对发展中国家和发达国家的资本形成问题进行了深入系统的研究，他们的观点基本上可以代表西方经济学家对资本形成的认识。纳克斯认为，资本形成是指社会不把全部生产活动用于直接消费品的生产，而以一部分用于机器、交通器材、工厂及设备等各种可用来增加生产效能的资本品的生产。库兹涅茨则更直截了当地指出，资本形成指的是资本数量的增加，如果不扣除即期耗费的固定资本，则是指资本总额；如果做了扣除则是指资本净额。概而言之，资本形成是指一个经济社会将储蓄转化为投资并形成一定的生产能力的过程。

一般来讲，资本形成过程涉及三个基本方面：① 储蓄。代表着可用于投资的资源，是资本形成的取值基础。储蓄水平的高低，决定了资本形成的潜力。只有增加储蓄才可能扩大投资，为社会生产能力的提高提供必要的前提条件。② 投资。在资本形成的需求方面，投资是将储蓄资源转化为实际资本，增加资本存量，并在生产中发挥作用的最终环节。③ 投融资机制。它是将储蓄转化为投资的实现机制，包括直接的实物转化和间接的货币金融转化两种形式。在宏观经济层面上，储蓄转化为投资有财政与金融两种转化途径。在现实的经济活动中，这两种转化形式及两种转化途径一般是兼而有之，不同的是在主导形式或主要途径的侧重上有些差异。

二、储蓄与资本形成方式

所有的投资活动最终必须由国内经济体或外国人的储蓄来支持。国内的经济体主要包括厂商、政府和家庭，私人企业的投资资金来自资产所有者的出资额，这些钱最终都来自这些出资者的个人储蓄。很多发展中国家的公司依靠向外国银行借款来获取投资资金，反过来这些银行也主要靠储蓄存款来增加资金额。政府通过税收来进行公共投资，这可以被认为是一种强制储蓄。

一个国家可以获得储蓄的总供给，就是国内储蓄和国外储蓄之和。国内储蓄可分为两个部分：政府或公共部门的储蓄和私人国内储蓄。政府储蓄主要包括预算储蓄，当一个国家的消费加上投资支出大于总收入时，即使其总预算为赤字，仍然有可能保持正的公共储蓄。私人国内储蓄有两个来源：公司储蓄和家庭储蓄。公司储蓄是指公司的

---

① 此处的“社会资本”与前文提到的社会资本不同，前文的社会资本主要是指公共资本。

② ［美］杰拉尔德・迈耶：《老一代发展经济学家和新一代发展经济学家》，载［美］杰拉尔德・迈耶、约瑟夫・斯蒂格利茨主编，《发展经济学前沿：未来展望》，本书翻译组译，中国财政经济出版社，2003，第 21 页。

③ Nurkse R, “Problems of Captial Formation in Underdeveloped Countries”, Oxford University Press, 1953, 2－20.

④ Kuznets S, “Six Lectures on Economic Growth”, The Free Press, 1959, 30－35.

留存收益(纳税后的公司收入减去付给股东的股息)。而家庭储蓄则是指家庭收入中还未被消费的那一部分。家庭储蓄包括非公司储蓄(独资经营、合作经营和商业性企业的其他非公司形式),在大多数发展中国家,非公司商业企业仍然是最主要的商业组织形式。①

储蓄是资本形成的来源,根据储蓄来源的不同,可以将资本形成方式分为以下几种:

(1) 通过国内储蓄积累资本。从国内储蓄主体来看,储蓄可分为居民储蓄、企业储蓄和政府储蓄三个部分。从储蓄的来源的性质来看,储蓄又可以分为自愿储蓄和非自愿储蓄。就储蓄而言,储蓄水平的提高既与收入水平、传统习俗、存款利率等相关,同时也取决于收入分配状况,在既定收入水平下,可以通过改变收入分配状况,改变不同收入居民的储蓄行为,使总的储蓄倾向和储蓄水平提高。

(2) 通过税收积累资本。如果把储蓄视作可支配收入的函数,由于课税会直接减少纳税人可支配收入,因而课税的结果可能会导致居民储蓄的减少。不管课税对居民实际储蓄的影响如何,课税实际上增加了政府储蓄,因此这种方式相当于通过政府储蓄来增加资本积累。

(3) 利用通货膨胀积累资本。通货膨胀是指由于货币供应过多而引起货币贬值、物价水平持续上涨的货币现象。当出现通货膨胀时,政府向中央银行借款造成直接或间接增发货币,会强制增加全社会的储蓄总量,形成强制储蓄效应。由于货币贬值时,公众在名义收入不变的条件下,按原有模式进行消费和储蓄的实际额均减少,其差额就是强制储蓄的部分。

除了上述资本形成的手段外,还有一种重要的方式,就是引进外资来增加资本积累。无论是国内储蓄还是引进外资,资本形成要实现经济增长,必须在投资上实现最优配置,达到产出最大化。为此,研究者又提出了多种资源配置和投资准则,包括最小资本—产出率准则、边际人均再投资额准则、边际增长贡献准则、社会福利函数等,但就实际效果而言都存在一定问题。

三、资本形成在经济发展中的作用

(一)“资本决定论”的多种假说

1953年,纳克斯出版了《不发达国家的资本形成问题》一书②,提出了“贫困恶性循环”理论,奠定了资本形成理论的基础。纳克斯的“贫困恶性循环”包括两个方面:一是供给方面,认为发展中国家存在“低收入→低储蓄能力→低资本形成→低生产率→低产出→低收入”的恶性循环;二是需求方面,也存在“低收入→低购买力→投资引诱不足→低资本形成→低生产率→低产出→低收入”的恶性循环。因此,要打破“贫困恶性循环”,就必须大幅度地提高储蓄率,大规模地增加储蓄和投资。同时,应采取“平衡增长”战略,在众多行业中同步地投资,形成相互的需求推动,以投资带动投资。

---

① 德怀特·H.波金斯、斯蒂芬·拉德勒等,《发展经济学》,黄卫平、彭刚等译,中国人民大学出版社,2005,第315-321页。

② [美]纳克斯:《不发达国家的资本形成问题》,谨斋译,商务印书馆,1966。

1956年,纳尔逊(Nelson)①发表了《不发达国家的一种低水平均衡陷阱理论》一文,提出了"低水平均衡陷阱"理论,认为发展中国家人口的过速增长是阻碍人均收入迅速提高的"陷阱",必须进行大规模的资本投资,使投资和产出的增长超过人口增长,才能实现人均收入的大幅提高。1957年,莱宾斯坦(Leibenstein)②提出了经济发展的"临界最小努力"理论,进一步扩展和概括了低水平均衡陷阱模型,认为发展中国家只有通过大规模投资的临界最小努力,才能使投资水平或投资率足以支撑国民收入的增长超过人口增长的水平。在同一时期,缪尔达尔(Myrdal)提出"循环累积因果关系"③理论,指出了收入水平低下、资本形成不足对经济发展的障碍。

刘易斯在1955年指出,经济增长是与人均资本的增加相关的。经济增长理论中的主要问题是理解一个社会从储蓄5%变为储蓄12%的过程,以及伴随这种转变而来的在态度、制度和技术方面的一切变化。他认为"人均国民收入不增加的社会,每年的投资占它们国民收入的4%或5%或更少,而进步的经济体每年将12%或更多的国民收入用于投资"。值得指出的是,刘易斯认识到:"资本并不是经济增长的唯一条件,只有资本而不同时为资本的使用提供富有成效的基础,那么资本就会被浪费。"④

在推动资本决定论从理论假说向政策实践的转变上,罗斯托扮演了一个极为重要的角色。在他看来,控制和利用现代化进程是消除革命的最有效手段。⑤ 在他的"起飞"理论中,罗斯托把资本积累率的提高看作经济发展的先决条件和重要前提,并认为这是适用于一切国家的、具有历史必然性的普遍规律。罗斯托认为,"根据定义和假定,在典型的人口条件下,如果要使人均国民生产净值从相对停滞的状态转变为大量的经常性增长,国民产品中用于生产性投资的部分必须从5%左右增加到10%左右。"⑥

(二)资本密集度与增长趋同假说

索洛模型表明,从长期来看,经济增长的唯一源泉是技术进步而非投资。索洛的研究对象仅仅是美国的经济增长,而其增长率在长期内是保持稳定的。随后,该理论逐步运用到发展中国家。将索洛模型用来解释跨国差异,下列假设必须得到满足:所有的国家都拥有相同的技术和技术进步率,即排除技术差异。其逻辑是:如果一个国家发生了重大的技术进步,没有理由认为这一技术不在其他国家得到应用。在此假设下,可以得出推论:增长率随着资本密集度而变化,资本劳动比率越高,人均收入增长率越低。当其资本密集度上升时,一国的增长率随时间而下降;当其资本密集度下降时,一国的增长率随时间而上升。在进行跨国比较中,有更高资本密集度的国家增长较慢。⑦ 这就表明,虽然机器与工人比例的上升并非长期经济增长之源,但是在向长期增长转换的过程中却可以促进经济

① Nelson R R, "A theory of the low-level equilibrium trap in underdeveloped economies", *The American Economic Review*, 1956, 46(5): 894 - 908.

② Leibenstein H, "Economic backwardness and economic growth", Wiliy, 1957.

③ Myrdal G, "EconomicTheory and Underdeveloped Regions", Gerald Duckworth, 1957.

④ [美]W·阿瑟·刘易斯:《经济增长理论》,梁小民译,上海三联书店、上海人民出版社,1994,第252、283页。

⑤ [美]雷迅马:《作为意识形态的现代化:社会科学与美国对第三世界政策》,牛可译,中央编译出版社,2003,第89、261页。

⑥ [美]罗斯托:《经济增长的阶段:非共产党宣言》,郭熙保、王松茂译,中国社会科学出版社,2001,第42页。

⑦ E.赫尔普曼:《经济增长的秘密》,王世华、吴筱译,中国人民大学出版社,2007,第12页。

增长。机器设备存量很少的国家在增加机器时会获得较高的边际收益，因此投资将会暂时促进经济增长。最终，经济增长率将会相当于技术进步率，在向长期增长转换时期，可以将投资视为促进经济增长的重要途径。其隐含的结论就是，一个国家贫困的唯一原因就是其资本存量太少。

人均产出增长率与初始资本劳动比率之间存在负相关关系，这就是从索洛模型中推论出的著名的增长趋同假说。那么，这一假说是否能经受得住检验呢？巴罗和萨拉-伊-马丁①指出，数据不支持对平稳状态无要求的趋同的假设，而且在大样本中各经济体的人均收入在第二次世界大战后的时期没有出现趋同。在富裕经济体的样本组内存在趋同的证据，而在富裕和贫穷经济体的样本组间不存在趋同。他们的研究还发现，假定生产函数的形态和技术变化率在所有的国家相同，研究初始人均产出水平与随后的经济增长之间的关系，控制了影响平稳状态的变量(储蓄率和人口增长的变化以及消费支出水平、产权保护、国内国际市场扭曲等方面)，发现二者之间负相关。这就是所谓的有条件的趋同(Conditional Convergence)。

各国经济增长的事实也并不支持无条件趋同的存在。保罗·罗默在1987年使用了100多个国家1960—1981的收入数据进行研究，结果表明，贫穷国家的经济增长速度并不高于富裕国家，且这20年间贫困国家的增长要好于此前和此后。总体来看，在1960—1999年，最贫困国家的经济增长率要大大低于富裕国家，其中最贫困的2/5国家的增长率几乎都没有超过零。在过去50年间，富国比穷国经济增长更快，最富裕国家与最贫困国家的人均收入之比急剧上升。②

针对"机器是增长之关键"的命题，罗伯特·卢卡斯指出了一个重要问题。美国的人均收入比印度高15倍。在索洛的理论框架中，如果技术相同，那么收入差异的原因只能是美国机器与工人之比高于印度。那么这一比例要高出多少倍才能解释印美两国之间的收入差距呢？卢卡斯计算出美国的机器与工人比例要高出印度900倍才能解释两国的收入差异。如果印度的机器真的那么稀缺，那么其收益率将比美国高58倍。对此，卢卡斯质疑："为何资本不从富国流向穷国？"③这意味着其他因素必然在形成增长模式中起了主要作用。克雷诺(Klenow)和安德烈斯(Ardrés)④认为，国家之间的人均经济增长差异中只有3%可以由人均资本增长率差别来解释，而技术进步率可以解释91%，人力资本差异可以解释剩余的6%。另一项研究则发现物质资本增长率的差异仅仅能够解释不同国家经济增长率差异的25%。⑤

对资本作用的最近一次强有力的争辩是在对东亚经济增长的研究上，阿尔文·扬

① Barro R J, Sala-i-Martin X, "Convergence", *Journal of political Economy*, 1992, 100(2): 223-251.

② [美]威廉·伊斯特利：《在增长的迷雾中求索》，姜世明译，中信出版社，2005，第56页。

③ Lucas R E, "Why Doesn't Capital Flow from Rich to Poor Countries?", *American Economic Review*, 1990(2): 92-96.

④ Klenow J P, Rodríguez-Clare A, "The Neoclassical Revival in Growth Economics: Has It Gone Too Far?", *NBER Macroeconomics Annual*, MIT Press, 1997.

⑤ Easterly W, Levine R, "It's Not Factor Accumulation: Stylized Facts and Growth Models", World Bank, 2000.

(Young)[1]的研究表明东亚“四小龙”经济增长主要归因于资本积累而很少源于技术进步。此后，保罗·克鲁格曼也在《外交事务》[2]杂志上发表了他的研究结果，同样认为新加坡资本积累型的经济增长与苏联没有太大差别。反对者认为，上述研究忽视了逆向因果关系的作用，当期投资率的一个正的系数可能反映了增长机会和投资之间的正向关系。这种逆向因果关系尤其在开放经济中出现。资本积累本身会对技术变化做出反应，如果技术发生进步，那么资本的回报率会提高，从而更多的资本得以积累。依据这一思路，克雷诺和安德烈斯对阿尔文·扬的计算过程进行了修正，结论是技术进步在东亚经济发展中的作用超过阿尔文·扬的估计。

第二节　国际资本与发展

一、“双缺口”模型

经济发展初期，外资引进主要是应对国内资源紧缺问题，进而促进经济发展。1953年，美国经济学家纳克斯[3]在《不发达国家的资本形成》一书中，系统考察发展中国家的贫困问题，提出贫困恶性循环理论，形成发展经济学中“利用外资理论”的雏形。20世纪60年代中期，美国经济学家钱纳里(Chenery)和斯特劳特(Strout)在《外援与经济发展》一文中共同提出了“两缺口模型”(Two-gap Model)。[4] 模型从国民收入恒等式出发进行了相关分析。下文阐述两缺口模型的思想。

在开放经济体中，一个国家的总供给、总需求都会受到国外部门的影响。国民收入核算中，在一定时期内，一国的总供给 Y_s 包括四个部分：消费 C、储蓄 S、政府税收收入 T 和进口 M。

$$Y_s = C + S + T + M \tag{5.1}$$

一国国民经济总需求 Y_d 包括四个部分：消费 C、投资 I、政府购买支出 G 和出口 X。

$$Y_d = C + I + G + X \tag{5.2}$$

均衡状态下，国民总供给等于总需求，即 $Y_s = Y_d$，式5.3成立。

$$C + S + T + M = C + I + G + X \tag{5.3}$$

假设政府部门始终保持收支平衡，即 T=G，则有式5.4成立。

$$I - S = M - X \tag{5.4}$$

式(5.4)左端($I-S$)是投资与储蓄之差，即“储蓄缺口”，右端($M-X$)是进口与出口

① Young A, “Lessons from the East Asian NICs: a contrarian view”, *European economic review*, 1994, 38(3): 964－973.

② Krugman P, “The myth of Asia's miracle”, *Foreign Affairs*, 1994, 73(6): 62－78.

③ Nurkse R, “Problems of capital formation in underdeveloped countries”, Oxford University Press, Oxford, 1953.

④ Chenery H B, Strout A M, “Foreign Assistance and Economic Development”, *American Economic Review*, 1966, 56(4): 679－733.

之差，即“外汇缺口”。式(5.4)意味着储蓄缺口和外汇缺口保持平衡。如果一国或一地区的投资超过储蓄，就会形成储蓄缺口，并且在国内没有潜在资源以储蓄的形式释放的情形下，维持既定的投资只能依靠产品或劳务的进口，进而会造成进口大于出口，形成外汇缺口，最终形成储蓄缺口和外汇缺口的平衡。

外资进入的规模取决于储蓄缺口与外汇缺口之间的差值。当考虑外资进入，发展中国家如果对两个缺口进行调整，就要利用外资进行调整。① 如果 $I-S>M-X$，即储蓄缺口大于外汇缺口，在这种情况下，以外汇形式引进的外资可以增加进口品的购买，而不必以削减进口品的方式来实现经济平衡。② 如果 $I-S<M-X$，即储蓄缺口小于外汇缺口，在这种情况下，外资进入增加国内投资，弥补国内储蓄不足的问题，进而实现新的经济平衡。

发展中国家在资本稀缺的条件下引进外资具有双重效应：一是引进的资本品无须由国内储蓄来提供，能够减轻国内储蓄供给不足的压力。二是由外资支撑的进口在一定时期内无须用增加出口来支付，可以减轻外汇不足的压力。所以，引进外资既可以平衡储蓄缺口和外汇缺口、维系整个国民经济体系的内外均衡，又可以加速资本形成、促进经济增长。在钱纳里和斯特劳特之后，一些经济学家沿着利用外资填补缺口的思路，提出“三缺口理论”“四缺口理论”等，即除了利用外资填补储蓄缺口和外汇缺口之外，还需要外资来填补技术缺口和税收缺口。

二、国际援助的动机、实践和效果

经济合作与发展组织(Organization for Economic Co-operation and Development，简称经合组织）定义的官方发展援助(Official Development Assistance, ODA)是最为广泛使用的国际援助分类方法。该定义对援助的优惠性提出了要求，规定赠予比重须在25%以上，并将不符合ODA标准的其他政府间援助归类为其他官方援助(Other Official Flows, OOF)。2000—2014年，超过80%的传统援助国的援助被划分为官方发展援助，而接近80%的中国对外援助被划分为其他官方援助。之所以大部分中国对外援助不符合官方发展援助的定义，是因为21世纪以来，以中国为引领的发展中国家和新兴市场国家，采用了创新性的一揽子援助方式，对国际援助的理解具有自己的特色。

在20世纪50年代后期艾森豪威尔执政期间，美国的对外援助大大增加，在罗斯托的建议下，参议员约翰·肯尼迪于1959年成功地敦促美国国会通过了对外援助法案。1961年，肯尼迪当选为总统后，又建议国会批准增加对外援助。在他的任内，美国对外援助按照固定美元计算增长了25%。在之后的约翰逊任内，对外援助按照1985年的美元价格计算达到了前所未有的140亿美元，相当于美国GDP的0.6%。在达到这一峰值后，美国的对外援助有所下降，但其他发达国家增加的援助大大超过了美国的减少额。1950—1995年，OECD成员国对外援助金额达到1万亿美元(按1985年美元价格计算)。① 如图5-1所示，据统计，1960年以来全球净官方援助呈现稳步上升的态势，2020年全球各国净官方援助额达1 941亿美元，较1960年的45.7亿美元，年均增长6.34%。尤其是近20年(2000—2020

① [美]威廉·伊斯特利:《在增长的迷雾中求索》，姜世明译，中信出版社，2005，第31-32页。

年)，全球净官方援助额增长迅猛，这和世界经济合作的加快有密不可分的关系。

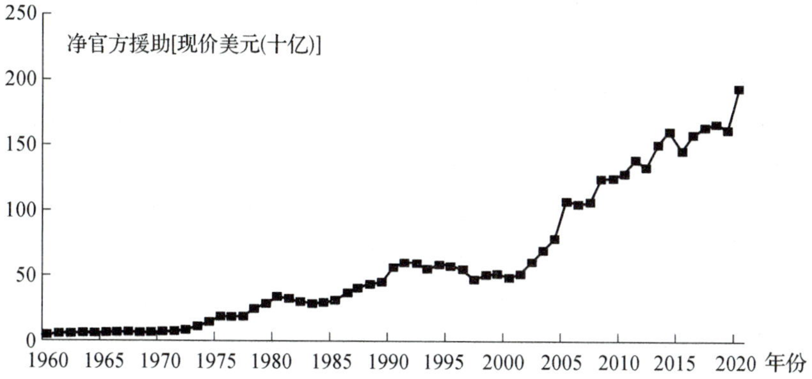

图 5-1　全球收到的净官方发展援助

资料来源：OECD 发展援助委员会报告、《国际发展统计》、世界银行。

对发展中国家的援助者，既有美国国际开发署、英国海外开发部等双边援助的出资者，也有世界银行、国际货币基金组织、地区开发银行和联合国等多边援助机构。援助内容也是多种多样，包括项目援助、技术援助、影响受援国政策的特定援助以及发展理论和思想的援助。

两个数据可以在一定程度上说明援助的效果。1992 年 2 月的报告评估了 430 亿美元投资的 359 个项目，发现 36%的项目在基金资助结束前就已失败，剩下的 64%的项目中仅有一半会在资助结束后存在。换言之，世界银行资助项目的成功率仅为 32%。1993 年 3 月份的报告评估了 278 个项目，所涉及的总投资超过 328 亿美元，结论是 37%的项目到基金资助结束前就已失败，报告估计在剩余的 63%中仅有 42%的项目在资助结束后仍存在。这样，仅有 26%的项目被认为是成功的。

威廉·伊斯特利(Easterly)①对援助—投资和投资—增长之间的关系进行了实证研究。他首先对援助与投资关系进行了检验，检验包括两个：一是投资与援助应该在统计上存在正相关性；其次，援助必须以至少相同的水平增加投资。在 88 个国家(或地区)从 1965—1995 年的数据中，只有 17 个国家(或地区)通过了第一个检验；在这 17 个国家(或地区)中，只有 6 个通过了第二个检验。而这 6 个国家(或地区)中有两个(中国香港和内地)所接受的外援相对少。接着威廉·伊斯特利又对投资与经济增长之间进行检验，结果在 138 个国家(或地区)中只有 4 个国家(或地区)通过全部检验。显然，实证研究并不支持投资缺口理论在外援上的分析和预测。实际上，对于所有受援国来说，它们的经济增长率通常情况下都低于预测值。同时，依据投资缺口模型和外援状况并不能够识别出那些增长明星。援助的观点受到那些没有得到过援助，却是从贫穷中发展起来的个人、家庭、集团、社区和国家的批驳。

为什么援助没有取得预想中的成就呢？彼特·鲍尔(Baller)对此给出了深刻而全面的分析。他指出，“援助对于经济发展来说，既不是必要的也不是充分的条件，但援助作为

① [美]威廉·伊斯特利：《在增长的迷雾中求索》，姜世明译，中信出版社，2005，第 36-38 页。

资源的流入，应该对经济有一定的促进作用。然而，这种援助所造成的长远的消极影响，远远大于它所带来的好处。这种影响有的产生于对公关或者私人部门的援助，有的则来自接受援助的政府。”①

中国的对外援助以开发性援助为主，能够整合无偿援助、商业贷款和权益投资等多种融资渠道，积极推广自身在经济发展中的经验，推动受援国基础设施建设、创造规模效应、实现开放式的工业化发展，从而促进受援国的经济发展。截至2017年年底，仅国家开发银行和丝路基金对不发达国家所提供的对外援助已经超过了世界银行和国际货币基金组织援助规模的总和。因此，有必要对以开发性援助为主的中国对外援助在国际援助中的角色进行定义。

三、外债及存在问题

（一）商业贷款与债务危机

20世纪70年代之前，发展中国家的外债数量相对较少，而且基本是官方债务，主要债务提供者是外国政府和国际金融机构。但是，到了20世纪70年代后期和80年代初期，商业银行开始在国际借贷中发挥巨大作用，它们通过将石油输出国盈余的“石油美元”回流以及向欠发达国家提供一般性的贷款，帮助发展中国家实现国际收支平衡以及不断扩大出口部门。从1975年至1979年，发展中国家的外债额由1 800亿美元上升至4 060亿美元，年均增长超过了20%。所增加的债务都是无优惠条件、偿还期短且以市场利率计息的商业贷款。② 到1983年，除去通货膨胀的因素，相比于1970年，商业银行每年对发展中国家的贷款至少扩大了3倍。发展中国家对商业银行欠下的累积债务量扩大了17倍，占全部发展中国家债务的一半以上。

对发展中国家来讲，向国外借款虽然能够带来很大的利益，但是其代价也是高昂的，甚至大大超过了所得利益。1979年开始的第二次石油冲击带来的石油价格暴涨以及初级产品出口价格的陡然下降，使得发展中国家出现了债偿危机。在1983年，墨西哥宣布无法偿还国外商业银行的贷款，并由此引发了拉美和非洲许多国家的债务危机，接二连三地有国家要求延期偿还贷款，一旦债务人明显不能履行其义务时，商业银行便停止发放自愿贷款了。20世纪80年代早期贷款国面临日益增加的债务和偿债负担，特别是拉美国家，长期债务与国民生产总值的比例从1970年的18%上升到1980年的25%，80年代中期更达到60%；还本付息额与商品和服务出口收入相比的偿债率接近50%。③ 到了80年代末，没有几家银行对进一步贷款有兴趣。对于危机的原因，研究者认为是多个环节都出现了问题，诸如一些借款国对资源极其浪费，忽视了稳定管理经济的原则，当然还要加上商业银行的短视以及恶化的世界经济。

---

① [英]彼特·鲍尔：《西方援助与东欧改革》，载[美]詹姆斯·A. 道等编著《发展经济学的革命》，黄祖辉、蒋文华译，上海三联书店、上海人民出版社，2000，第267页。

② [美]迈克尔 P. 托达罗、斯蒂芬 C. 史密斯：《发展经济学》，第12版，聂巧平、程晶蓉译，机械工业出版社，2020，第461页。

③ 德怀特·H.波金斯、斯蒂芬·拉德勒等：《发展经济学》，黄卫平、彭刚等译，中国人民大学出版社，2005，第439－442页。

（二）债务减免与新债增加

解决债务危机最简单的方式就是免除或减轻应偿的债务，20 世纪 80 年代那些负债累累的发展中国家当然也力图采取这一方式。事实上，穷国债务减免运动从 1979 年就开始了。1977—1979 年的联合国贸易和发展会议上，官方债权人对 45 个穷国总计 60 亿美元的债务进行了减免。1987 年 6 月的威尼斯七国峰会要求减免低收入国家债务的利息支出，通过了债务减免计划的“威尼斯条款”。一年后，七国峰会又通过了“多伦多条款”，通过了可供选择的减免措施。之后连续通过更优厚的减免条款。1994 年，由官方债权人组成的巴黎俱乐部公布了“尼泊尔条款”，符合要求的国家可以享受更多的债务减免。即使如此，近年来，还是有连续不断的运动呼吁更大规模的债务减免。

事实上，20 多年来的债务减免和大量发放让步性贷款不仅没有起到促进债务国经济增长的作用，而且令人惊奇地导致了高负债国的增多。威廉·伊斯特利的研究发现，①债务减免和新债之间存在一种有趣的关系：在 1989—1997 年，对 41 个外债高筑而又高度贫困的国家减免债务总计达 330 亿美元，而这些国家新增的债务量则有 410 亿美元。获得最大债务减免量的国家，新增债务量也是最高的。

为什么债务减免会导致相反的结果呢？研究者认为不是“坏运气”，而是“政府不负责任”所导致的。简单地说，就是不负责任的借款者遇到了不负责任的贷款者。不负责任的借贷者政府通常实施非常短视的政策，更愿意牺牲未来增长而偏好当前消费。不负责任的贷款者则是那些替代商业银行的援助机构，他们坚信“填补资金缺口”的理念而为发展中国家提供增长必需的资金。这两者结合起来就导致了一个常见的现象是，越不负责任的政府越容易获得条件优惠的贷款。

（三）未能带来增长的调整贷款

为了扭转受援国经济增速的下降，世界银行开始由项目贷款转向“调整贷款”，即根据受援国的政策改革来提供一般性贷款。一般来说，援助者要求受援国在通货膨胀、财政赤字、重组或关闭亏损的国有企业等方面进行改革。人们认为，调整贷款会弥补商业贷款的缩减，而且会促进有利于经济发展的政策改革。当时所流行的宣传口号是“伴随增长的调整”。人们希望调整贷款伴随经济增长，但事实证明这只是一种没有实现的憧憬。从总体而言，20 世纪 80 年代和 90 年代，在接受调整贷款的国家，政策调整几乎没有发生，经济增长也同样如此。在 20 世纪 90 年代，24 个前社会主义国家共接受了 143 笔调整贷款，结果却令人失望，东欧的转型国家在 20 世纪 90 年代产出累积下降了 41%，日均生活水平低于 2 美元的人口比例从 1.7%上升到 20.8%。②

伊斯特利提出一连串的问题：③为什么 20 世纪 80 年代后期的调整贷款流入那些根本没有希望的国家？为什么调整贷款不能阻止长达 20 年的经济衰退？为什么贷款的条件不能得到有力的实施？为什么在阿根廷、秘鲁和其他拉美国家调整贷款需要很长时间才能发挥作用，以至于拉美国家经历了“失去的 10 年”？答案是简单的，因为不负责任的

① ［美］威廉·伊斯特利：《在增长的迷雾中求索》，姜世明译，中信出版社，2005，第 120 页。
② ［美］威廉·伊斯特利：《在增长的迷雾中求索》，姜世明译，中信出版社，2005，第 96、100 页。
③ ［美］威廉·伊斯特利：《在增长的迷雾中求索》，姜世明译，中信出版社，2005，第 98 页。

政府根本就没有调整政策,或者说他们只是假装调整了政策。

具体来说,贷款人面临的激励使得他们即便在贷款条件无法得到满足时依然发放贷款;借款人面临的激励使得他们即便在接受了贷款时也不进行政策改革。最重要的是,援助者与穷人的关系对受援者产生了逆向激励。由于存在严重贫困问题的国家会获得更多的援助,这些国家几乎没有激励来减轻贫困问题。而且需要说明的是,援助者也面临错误的激励,由于许多援助机构是由一个或多个国家的特定部门组成。如果该部门不发放援助贷款,第二年分配给它的预算就会减少。而更多的贷款往往意味着更好的声誉和更多的政绩,因此即使贷款条件难以满足,负责贷款援助的部门也面临发放贷款的激励。在逆向激励的作用下,援助者和受援者之间就形成了奇怪的关系,受援者会进行"之字形"的改革,不断地改革,但最终又回到了起点。

四、外商直接投资、对外直接投资与经济发展

20 世纪 80 年代以来,全球直接投资活动蓬勃发展,外商直接投资(FDI)和对外直接投资(OFDI)活跃的经济体,在全球直接投资活动中扮演了重要的角色。1980 年,全球外商直接投资额(FDI)存量占 GDP 的比重仅为 5.95%,2007 上升到 30.63%,2008 年全球金融危机爆发,这一指标陡降至 23.92%,2017 年最高达到 40.6%,比 1980 年的 5.8 倍还多。过去半个多世纪,美国在全球直接投资活动中扮演了十分重要的角色。如表 5-1 和表 5-2 所示,1970 年,美国是全球国际直接投资的第一流出国,外商直接投资流入在全球排第三,流出比流入多 63.3 亿美元。1980 年,美国 FDI 和 OFDI 均居全球第一,流出比流入多 23.1 亿美元。1990 年,美国净流入 174.4 亿美元;2000 年,美国净流入高达 1 713.8 亿美元;2010 年,美国 FDI 和 OFDI 均居全球第一,净流出 797.3 亿美元。这一轮全球金融危机和新型冠状病毒感染疫情发生以来,美国推行了制造业回归的政策,2020 年 FDI 高居全球榜首,OFDI 位居全球第四。美国全球直接投资的发展是由资本逐利的本性决定的,与美国的经济增长状况、美元周期、跨国公司的全球扩张和技术创新密切相关。英国 FDI 和 OFDI 较活跃,法国对外直接投资更活跃,日本是一个典型的国际直接投资的输出国。荷兰由于人口规模的限制、经济总量不大,但在全球直接投资活动中十分活跃。金砖国家中,2010 年、2020 年巴西成为外商直接投资前 10 位的输入国。中国的对外开放政策,大大促进了全球直接投资发展。随着中国经济规模的扩大,2010 年、2020 年 FDI 均居全球第二,2010 年、2020 年 OFDI 分别居全球第三、第一。

表 5-1　1970—2020 年全球外商直接投资(FDI)流量居前 10 位的经济体(10 亿美元)

1970 年		1980 年		1990 年		2000 年		2010 年		2020 年	
加拿大	1.82	美国	16.92	美国	48.42	美国	314.01	美国	198.05	美国	156.32
英国	1.49	英国	10.12	英国	30.46	德国	198.28	中国	114.73	中国	149.34
美国	1.26	加拿大	5.81	法国	16.51	英国	115.3	巴西	77.69	新加坡	90.56
澳大利亚	0.89	法国	3.33	荷兰	11.06	比利时	88.74	中国香港	70.54	印度	64.06
德国	0.77	沙特阿拉伯	3.19	西班牙	10.8	加拿大	66.8	德国	65.64	卢森堡	62.15

续　表

1970 年		1980 年		1990 年		2000 年		2010 年		2020 年	
荷兰	0.63	荷兰	2.52	比利时	8.05	荷兰	63.85	英国	58.2	德国	35.65
意大利	0.62	墨西哥	2.1	澳大利亚	7.9	中国香港	54.58	新加坡	57.46	爱尔兰	33.42
法国	0.62	巴西	1.91	加拿大	7.58	中国	40.71	比利时	43.23	墨西哥	29.08
巴西	0.39	澳大利亚	1.87	意大利	6.34	西班牙	39.58	爱尔兰	42.8	瑞典	26.11
南非	0.33	比利时	1.54	新加坡	5.57	丹麦	33.82	西班牙	39.87	巴西	24.78

注：其中，剔除了英属维尔京群岛、开曼群岛等避税地。
资料来源：联合国贸易和发展会议网站。

表 5－2　1970—2020 年全球对外直接投资(OFDI)流量居前 10 位的经济体(10 亿美元)

1970 年		1980 年		1990 年		2000 年		2010 年		2020 年	
美国	7.59	美国	19.23	日本	50.77	英国	232.74	美国	277.78	中国	132.94
英国	1.68	英国	7.88	法国	38.30	法国	161.95	瑞士列支敦士登	86.18	卢森堡	127.9
荷兰	1.32	荷兰	4.83	美国	30.98	美国	142.63	中国	68.81	日本	115.70
德国	1.07	德国	4.70	德国	24.23	比利时	86.36	荷兰	68.36	美国	92.81
加拿大	0.93	加拿大	4.10	英国	17.95	荷兰	75.63	日本	56.26	加拿大	48.66
法国	0.36	法国	3.14	瑞典	14.75	西班牙	58.21	法国	48.15	法国	44.20
日本	0.36	日本	2.39	荷兰	14.37	德国	57.09	英国	48.09	德国	34.95
瑞典	0.21	南非	0.76	意大利	7.61	加拿大	44.68	俄罗斯联邦	41.12	韩国	32.48
比利时	0.17	意大利	0.74	瑞士列支敦士登	7.18	瑞士列支敦士登	44.67	西班牙	37.84	新加坡	32.38
意大利	0.11	瑞典	0.62	比利时	6.31	瑞典	40.91	加拿大	34.72	瑞典	31.01

注：其中，剔除了英属维尔京群岛、开曼群岛等避税地。
资料来源：联合国贸易和发展会议网站。

20 世纪 80 年代中期以来，发展中国家寻求外国直接投资的热情日益高涨。外国直接投资以“一揽子”的形式到来，不仅包括股本金，而且往往有更大金额的信贷资金、管理技能、现代技术、操作技能和进入世界市场的能力。当然，也有人担心势力强大的跨国公司会对东道国加以干涉或造成对外国经济力量的依赖。

虽然对发展中国家的官方援助在 20 世纪 90 年代没有什么变化，但由于受到跨国公司快速增长的推动，并受到许多发展中国家经济增长前景看好的鼓励，流向这些国家的私人资本流量从 1990 年到 1994 年大约增加了三倍，大大超过了官方资本流量。私人资本流的构成也发生了显著变化，从原来的银行贷款为主转变为外国直接投资和组合投资，流向发展中国家的外国直接投资的比重已经占到全球外国直接投资的三分之一以上。发展中国家正跟全球资本市场越来越紧密联系起来，但是这种融合在各国之间差异非常大。

1990年至1994年,大约90%的私人资本集中流向12个国家。至少一半的发展中国家接受的外国直接投资很少或者根本没有。因为非洲穷国对于外国投资者是最缺乏吸引力的地方,由外国资本流促进的增长机会继续与它们无缘。

中国、巴西、墨西哥在20世纪90年代成为外国直接投资最主要的接收国,其中中国一个国家就吸收了十年间流入发展中国家的外国直接投资总量的四分之一。这些国家不但本国市场很有吸引力,还成为跨国公司的出口平台。外国直接投资的主要接受国也是这个时期最有活力、发展最快的几个发展中国家,这并不是巧合。现在一些国际组织开始认识到,外国直接投资是发展中国家经济发展最主要的、同时也是非常好的指示器。事实上,实证研究也大都显示了外国直接投资的正效应。例如,格雷戈里奥(Gregorio)①通过对12个拉美国家1950—1985年的面板数据进行分析发现,外国直接投资与经济增长有显著的正相关关系,同时还发现外国直接投资的生产率要高于国内投资的生产率。博朗斯坦(Borensztein)②等通过对69个发展中国家1970—1989年的数据进行分析,认为外国直接投资通过技术外溢效应导致经济增长。他们也认为外国直接投资的生产率高于国内投资的生产率。

虽然发达国家的跨国公司在全球投资中占主要地位,但研究不同的数据来源可以看出,来自发展中经济体和转型经济体的私有企业和国有企业越来越成为国际舞台上的重要角色。它们通过对外投资向外扩张,为有关的母经济体提供了发展机会。来自发展中经济体和转型经济体对外直接投资在2010年达到3 770亿美元,约相当于全球对外投资总量的28%。2013年,发展中经济体和转型经济体的对外直接投资占全球外国直接投资流出总量的比重上升至39%。到2020年,全球外商直接投资下降35%,发展中经济体的外国直接投资更富有弹性,这主要受益于亚洲地区外商直接投资,其占全球总量增长至66.7%。发展中经济体和转型经济体跨国公司对外投资的动机一般有4个:寻求市场、寻求效率、寻求资源(这些都是资产利用战略)、寻求现成资产(这是一种资产扩展战略)。这些投资可以对母体经济整体上做出直接和间接贡献。对外直接投资对于母国的最重要的潜在收益是有关企业和母国各方面广义的效益和更高的竞争力,从而促进产业改造和提升增值活动、改进出口绩效、提高国民收入和改善就业机会。对外直接投资的跨国公司竞争力提高可以通过各种渠道带动母国的其他企业和经济者行为,包括通过联系和影响当地企业、对当地工商业的竞争推动效应,以及与大学和研究中心等机构的挂钩和互动。证据表明,在适当的母国条件下,对外直接投资竞争力的提高确实有助于增进母国经济的产业竞争力和结构改造。例如,在有公司从事对外直接投资的产业中,形成了整个产业大范围的提升。印度的信息技术产业、韩国和中国大陆的消费电子产品产业以及中国台湾地区的计算机和半导体产业。③

---

① De Gregorio J, "Economic Growth in Latin American", *Journal of Development Economics*, 1992, 39(1): 59-83.

② Borensztein E, De Gregorio J, Lee J W, "How Does Foreign Direct Investment Affect Economic Growth", *Journal of International Economics*, 1988(45): 115-135.

③ 联合国贸易和发展会议:《2006世界投资报告——来自发展中经济体和转型期经济体的外国直接投资:对发展的影响》,中国财政经济出版社,2007,第20-34页。

第三节　金融发展、金融稳定与经济增长

一、金融结构与金融发展

1969年，美国经济学家戈德史密斯(Goldsmith)出版了其代表作《金融结构与金融发展》，他通过对金融结构与金融发展的横向国际比较和纵向历史比较，揭示了金融发展过程中带有规律性的结论：经济增长与金融发展是同步进行的，经济快速增长的时期一般都伴随着金融发展的超常水平。由此，戈德史密斯提出了“金融发展是指金融结构的变化”这样一个著名论点。①

戈德史密斯采用金融相关比率(Financial Interrelation Ratio, FIR)，指某一时点上现存的全部金融资产价值与全部实物资产(即国民财富)价值之比，这是衡量金融上层结构相对规模的最广义指标。② 与一国的经济增长联系起来以衡量金融发展的水平，反映一个国家金融发展的一般面貌，其前提是金融系统的规模正相关于金融服务的供给和质量。

根据金融相关比率的高低和各个国家金融结构的共同特点，金融结构的演变大体经历了三种基本类型。一是初级阶段。这一阶段金融相关比率较低，债权凭证远远超过股权凭证而居于主导地位，在全社会金融资产中金融机构所占比例有限，商业银行在金融机构中占据了突出地位。二是发展阶段。该阶段政府和政府金融机构发挥了更大的作用，同时，外国投资的大型股份公司已经大量存在，但作用不大，储蓄率与投资率不太高，金融中介比例较高。三是发达阶段。金融相关比率较高，在0.75到1.25的相当大范围内波动；金融机构在全部金融资产中的份额也已提高，金融机构日趋多样化，这导致银行体系地位的下降以及储蓄机构和私人及公共保险组织地位的上升。

通过大量的比较分析和统计验证，戈德史密斯得出基本结论：在一国经济发展过程中，金融增长快于实物资产的增长，金融相关率FIR上升；金融相关率FIR增长并不是无限的，在1～1.5就会稳定；经济欠发达国家的金融相关比率比发达国家要低得多。现代意义上的金融发展都是从银行体系的发展开始，并且依赖于纸币在经济中的扩散程度；决定一国金融发展的主要因素是各经济单位储蓄与投资的分散程度。对于多数国家的金融发展来说，先进国家的示范作用与国际资本流动同样重要，国外融资作为国内不足资金的补充或作为国内剩余资金的出路，在大多数国家的某个发展阶段都发挥了重大作用。在金融发达国家，融资成本明显低于欠发达国家；在大多数国家，经济与金融发展之间存在大致平行的关系。

二、金融抑制与金融深化

1973年，美国斯坦福大学的两位教授爱德华·肖(Shaw)③和罗纳德·I. 麦金农

① [美]雷蒙德·W. 戈德史密斯：《金融结构与金融发展》，周朔、郝金城、肖远企、谢德麟译，上海三联书店、上海人民出版社，1994，第32页。

② [美]雷蒙德·W. 戈德史密斯：《金融结构与金融发展》，周朔、郝金城、肖远企、谢德麟译，上海三联书店、上海人民出版社，1994，第44页。

③ [美]爱德华·肖：《经济发展中的金融深化》，邵伏军、许晓明、宋先平译，上海三联书店，1988。

(Mckinnon)[①]同时提出了著名的“金融深化”(Financial Shallowing)或“金融抑制”(Financial Repression)理论，以及“金融自由化”(Financial Liberalization)和“金融深化”(Financial Deepening)的政策主张。他们两人将经济发展理论和货币金融理论融为一体，创立了金融发展理论。

麦金农认为发展中国家的货币金融主要有以下特点：货币化程度低，市场分割，交易的范围和规模受到许多限制；有组织金融机构与无组织金融机构同时并存，与发展中国家经济的“二元性”相联系的是“金融的二元性”；缺乏完善的金融市场；苛刻的政府管制，主要表现在严格控制存贷款利率，其他方式包括低回报率的准备金及货币资产的通货膨胀税，它们的共同特征是对金融中介征收隐含税。

麦金农认为，新古典理论所说的货币与资本之间的替代关系在发展中国家不存在，人们想要投资，就必须积累货币。期望投资水平越高，货币持有量也就越大。因此，在货币与资本之间存在互补的关系。在这种情况下，政府通过提高持有货币的实际收益，就可增加实际货币持有量，进而增加投资。

爱德华·肖提出，金融抑制是“通过扭曲包括利率和汇率在内的金融资产价格的结果。”受政府管制的过低的甚至为负的实际利率造成了经济的严重扭曲。爱德华·肖认为金融深化对经济发展产生四大效应，即收入效应、储蓄效应、投资效应和就业效应，会促进经济稳定和发展。[②] 收入效应是指实际货币余额的增长，社会货币化程度的提高对实际国民收入的增长所产生的影响。储蓄效应一方面表现为实际国民收入的增加引起社会储蓄总额增加，另一方面体现为金融深化提高了货币的实际收益率，鼓励整个经济储蓄倾向的提高。投资效应既包括增加了投资的总额，也包括因交易费用的下降而提高了投资的效率。就业效应是指由于货币实际收益率的上升，投资者资金成本提高，因此投资者将倾向于用劳动密集型的生产代替资本密集型的生产以节约资本的使用。

基于上述认识，麦金农和肖主张发展中国家政府在金融深化的具体实施过程中，应该放松政府干预，让市场机制更多地发挥作用，彻底废除一切对利率的干预或管制，放松对金融机构的信贷管制、金融机构私有化、降低存款准备金，积极制止通货膨胀，以使名义利率免受物价上涨的影响；实行金融自由化，以使实际利率通过市场机制的作用自动地趋于均衡水平，从而保证经济发展以最优的速度进行。在以后的研究中，麦金农修正促进金融深化的观点，强调在自由化的条件或次序中，国内宏观经济状况的稳定是前提。

三、金融约束理论

麦金农-肖的金融深化的实质是主张发展中国家政府放弃对金融市场的干预，推行以利率、汇率自由化为主体的金融自由化政策。20 世纪 70 年代，部分发展中国家以金融深化理论为依据掀起了以自由化为导向的金融改革浪潮，过快地放弃了政府的干预和管制，希望依靠市场机制来解决金融发展落后的问题。然而，多数发展中国家尤其是非洲和拉美国家，推行金融自由化的结果是离预期相去甚远，一些拉美国家多次爆发金融危机，东亚在 1997 年爆发了范围较广的金融危机，发展中国家的宏观经济受到很大影响。发展中

---

① [美]罗纳德·I. 麦金农：《经济发展中的货币与资本》，卢骢译，上海三联书店，1988。

② [美]爱德华·肖：《经济发展中的金融深化》，邵伏军、许晓明、宋先平译，上海三联书店，1988，第 81 页。

国家实行金融自由化的结果令人失望，许多经济学家开始对以往金融发展理论的缺失进行反思和检讨。

1997 年，赫尔曼(Hellmann)和斯蒂格利茨(Stiglitz)等人①从不完全信息市场的角度提出金融约束论，重新审视了金融体制放松限制与加强政府干预的问题。

赫尔曼等人认为，发展中国家普遍存在的问题是：市场化程度低、公开信息较少、信息严重不对称。表现在信贷市场上，相对于企业而言，银行处于信息劣势，存在逆向选择和道德风险，从而导致银行的实际收益与贷款利率高低之间不存在单调的正向关系。因此，当利率提高到一定水平后，进一步提高利率反而会使银行收益下降。即使实现利率市场化，银行为追求利润最大化，也会自动限制最高利率，对部分借款人实行信贷配给。存在信贷配给的市场上，信贷资金只能被低效率分配。这也就意味着，政府介入金融以避免市场失效是必要的。

金融约束论中所谓的金融约束(Financial Restraint)是指政府通过制定一系列的金融政策，在金融部门和生产部门创造租金机会，刺激金融部门和生产部门的发展，并促进金融深化。通过"租金效应"和激励作用，可以规避潜在的逆向选择行为和道德风险，鼓励创新、维护金融稳定，从而促进经济增长。金融约束的主要政策手段有：利率管制、金融市场准入限制、限制资产替代、信贷指导等。该理论以宏观经济环境稳定、通货膨胀率较低且可预测、金融发展水平低等为前提条件。

四、发展中国家的金融深化实践与经济增长

在金融深化理论的影响下，在 20 世纪 70 年代初，智利、阿根廷、乌拉圭三国进行了较为急速的金融自由化改革：取消对利率和资本流动的管制，取消指导性信贷管制，对某些国有银行实行私有化政策，放宽本国银行和外国银行的准入限制。在改革初期，取消利率限制，阿根廷实际利率上升到 50%～60%，智利实际利率上升到 35%～40%，企业成本加大造成亏损和破产，银行追逐高风险贷款，造成大量增发，最后只得大批破产。政府为救济银行和企业，一方面增发货币，加剧了通货膨胀和经济不稳定；另一方面对某些金融方面重新加以管制，以后逐年放松，而智利在采取急剧的金融自由化措施以后，由于缺乏相应的管理，1982 年实际 GNP 下降了 19%，1983 年下降了 3%，以后才开始逐渐增长。

亚洲国家和地区的金融自由化采取了温和、渐进的改革，取得了比较成功的经验。主要措施包括四个方面：一是利率自由化。例如，中国香港、新加坡采取了较广泛的利率自由化，菲律宾、中国台湾、韩国采取了逐步解除利率限制的措施。二是结构改革和信贷限制。例如，印度尼西亚、韩国、马来西亚、泰国、中国台湾都逐步发展了货币市场，货币政策逐渐由信贷控制改为在货币市场实行公开市场操作，买卖短期债券，但对选择性信贷管制的放松程度不大，许多发展中国家仍然采取某种政策措施，以补贴方式把资金分配到优先发展的部门。三是逐步改变了金融市场的割裂状态。例如，韩国、泰国成立了许多金融机构与原有银行竞争，菲律宾允许银行从事证券交易，泰国建立了许多金融公司。四是一些发展中国家取消或放松外汇管制和国际资本流动的管制。例如，印度尼西亚、马来西亚、

① Hellmann T, Murdock K, Stiglitz J, et al, "Financial restraint and the market enhancing view", *IEA Conference Volume*, 1997, No. 127.

新加坡几乎完全取消外汇管制，而韩国、菲律宾、中国台湾、泰国逐步放松外汇管制，但对某些国际交易仍加以限制，此外一些国家和地区（如韩国、马来西亚、中国台湾）赋予外国银行国民待遇。

金融发展理论的结论是否符合发展中国家的实际情况，其政策主张能否付诸发展中国家的政策实践，需要不断地实证检验。但早期的经验研究结论只能确认两者之间存在相关关系，却无法确认两者之间是否存在因果关系。根据基钦（Kitchen）①的总结，从1973年至1984年，经济学家们的主要验证有17项，其中有13项得出了支持的结论，仅有4项检验不符。由于实证检验受到数据、方法等各方面的限制，结论可能有一定的局限，但基本上验证了有关发展中国家的金融深化的理论。进入20世纪80年代以后，各种有关金融深化理论的计量检验大量涌现。这些计量检验所涉及的范围较广，内容较多，几乎对麦金农和肖所提出的每一论点都做了计量检验，结果表明，金融深化是经济长期稳定发展的原因之一。

虽然各国学者研究的角度不同，结论也不完全一致，除少数几项未能得出肯定的结果以外，大多数验证的结果都支持或部分支持金融抑制与金融深化论的相关结论。长期而言，一国金融抑制的损失远大于其收益，金融深化对经济发展有推动作用。当然，这并不表明围绕金融深化与经济增长的研究就此结束。事实上，帕特里克②（Patrick）在一个被广为引用的框架中提出了金融深化中的“供给导向型”理论和“需求导向型”理论之间的区别，深入讨论了金融发展究竟是实际经济部门发展的结果，还是可以作为一个独立变量，先于金融服务的需求。

五、金融稳定与经济增长

金融是现代经济的核心，金融竞争是当今国际经济竞争的核心，金融安全是国家经济安全的核心。早在20世纪90年代初，瑞典等国家提出了“金融稳定”一词，但国际上没有公认的关于金融稳定的统一解释和归纳。欧洲中央银行（ECB）将金融稳定界定为构成金融体系的主要要素都能平稳地运行，即“金融稳定是一种金融环境，在这种环境下，金融中介、金融市场以及市场基础设施均处于良好状态，面对各种冲击，都不会降低储蓄向投资转化的资源配置效率。”③国际清算银行总裁克罗克特（Crockett）④指出，金融稳定是指没有不稳定的隐患，而金融不稳定是由金融资产价格的波动或金融机构无法履约所引起的。金融稳定包括两个方面：① 金融体系中关键性的金融机构保持稳定，因为公众有充分信心认为这些机构能履行合同义务而无须干预或外部支持。② 关键性的市场保持稳定，因为经济主体能以反映市场基本因素的价格进行交易，并且该价格在基本面没有变化时短期内不会大幅波动。

据世界银行统计，20世纪80年代至90年代末，全球共发生大大小小的金融危机108

① Kitchen R L, “Finance for the developing countries”, John Wiley & Sons, 1986, 90－91.

② Patrick H T, “Financial development and economic growth in underdeveloped countries”, *Economic development and Cultural change*, 1966, 14(2): 174－189.

③ Duisenberg W F, “The contribution of the financial stability in Globalization of financial markets and financial stability: challenges for Europe”, Baden, 2001, 37－51.

④ Crockett A, “The theory and practice of financial stability”, *Economist*, 1996, 144(4): 531－568.

次，其中，在金融自由化如火如荼的 90 年代，金融危机多达 63 次。拉美自 20 世纪 90 年代初奉行金融自由化以来，便成为金融危机频发的地区。金融危机使相关国家财富迅速蒸发。面对当今不合理的国际经济秩序、不稳定的世界经济局势，发展中国家尤其是新兴市场将面临更大的金融安全困境，因此发展中国家在深化金融改革、提高金融效率、促进金融创新的同时，应努力降低金融风险，维护金融稳定，保障金融安全；在积极“求和平、谋发展、促合作”的同时，要努力“防霸权、增权益、保安全”，努力推动建立公正、合理、健康、稳定的国际经济新秩序。

第四节　中国的资本形成、FDI、OFDI 与发展

一、资本在中国经济增长中的作用

在传统体制下在 20 世纪 80 年代初，中国工业化的资本形成路径主要通过财政投资到工业。80 年代中期到 90 年代，银行贷款成为产业投资的最主要来源。到 20 世纪 90 年代后期，随着金融资源配置的重心由工业化转向城市化，尽管财政担保和以短期贷款进行长期投资的行为依然存在，但工业化资本形成更多地表现在以直接投资为主，如自有资金、外资、资本市场等，中长期的工业贷款实际上下降了。[①] 中国经济增长的主要驱动力是资本驱动，而使中国经济持续高速增长的根本保证是存在一个高储蓄率或投资率。

如图 5－2 所示，改革开放以来，中国资本形成对经济增长的贡献巨大。1978—2021 年，资本形成总额对 GDP 增长的贡献率年平均为 38.45%，对 GDP 增长的拉动年平均为 2.5 个百分点。资本形成总额对 GDP 增长的贡献率最低是在 1990 年，为－69.4%；最高在 2020 年，达 94.1%；次高在 2009 年，为 85.3%。

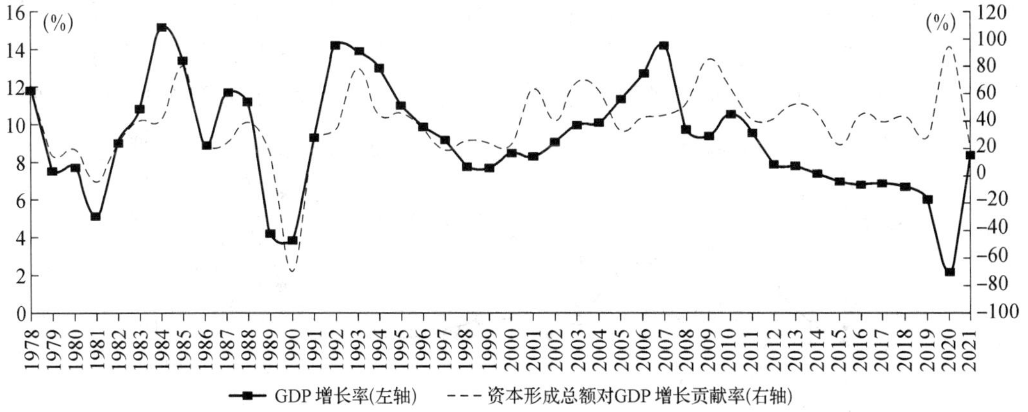

图 5－2　GDP 增长率与资本形成总额对 GDP 增长贡献率（1978—2021 年）

资料来源：国家统计局，《中国统计年鉴（2022）》，中国统计出版社，2022 年。

① 经济增长前沿课题组：《经济增长、结构调整的累积效应与资本形成——当前经济增长态势分析》，《经济研究》，2003 年第 8 期。

二、中国的FDI、OFDI

改革开放初期，中国不仅缺乏资金，也缺乏外汇，积极引进外资自然成为填补两个缺口的主要途径。1979年7月1日第五届全国人民代表大会第二次会议通过了《中华人民共和国中外合资经营企业法》，从此开启了外资大量涌入中国的大门。40多年来，中国是利用外资最多的发展中国家，也是经济增长最迅速的发展中国家。外资对中国经济发展做出了重要贡献。

中国经济增长还对“双缺口”模型提出了重大的挑战，即出现了外资流入与国内储蓄的“双溢出”现象。如果说在20世纪80年代中国还存在一定程度的资金紧缺，需要一定的外资来缓解资金和外汇不足，那么进入90年代，中国根本不再存在这样的缺口。中国储蓄存款余额逐年上升，截至2020年年末全部金融机构本外币各项存款余额达218.37万亿元。从1981年开始，中国的外汇储备逐年增长，2020年年底国家外汇储备为32 165亿美元①。中国的外汇存量与外资流入情况也表明并不存在外汇缺口。在这一背景下，“双溢出”现象进一步被转换为中国“非缺口”外资成因问题。

对于上述现象，国内外研究者给出了多种解释。一些观点认为，外资流入是中国国民经济高速发展所产生的巨大投资需求、国际资本市场对我国外资供给条件和方式的变化以及我国政府外汇外资宏观调控政策共同作用的结果。双缺口模型没有考虑国际资本市场供给方面的因素对一国引进外资的影响，也没有考虑一国引进外资的政策所引致的实际需求变化。黄亚生（Huang）②提出，由于中国政府重国企轻私企的公司政治优先原则，私营企业的融资、进出口约束客观存在，FDI的进入能有效地解决私营企业的流动性约束；同时，由于外商投资企业享有的“超国民待遇”可能使其利用手中的特权设租，获取超额垄断利润，外资的大量涌入自然不足为怪。

自21世纪以来，中国实际利用外资额呈现平稳上升的态势（见图5－3），实际利用外资额是中国各级政府、部门、企业和其他经济组织通过对外借款、吸收外商直接投资以及用其他方式筹措境外现汇、设备、技术等资源的过程中，根据投资协议（合同）实际执行的投资额。2020年中国实际使用外资1 443.7亿美元，中国新设立外商投资企业38 570家。

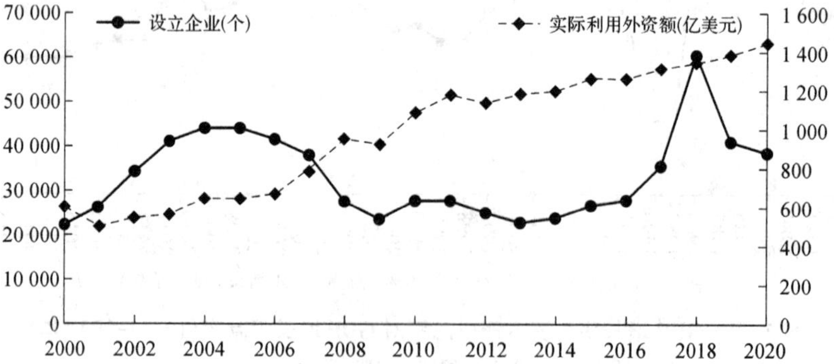

图5－3 21世纪以来中国实际利用外资情况

① 国家统计局：《中华人民共和国2020年国民经济和社会发展统计公报》。

② Huang Y, “Selling China: The Institutional Foundation of Foreign Direct Investment During the Reform Era”, Cambridge University Press, 2001.

随着中国经济实力不断增强，中国政府和企业的对外直接投资迅猛发展。2002 年，中共十六大明确提出实施“走出去”战略，中国的对外直接投资开始大幅上升。如表 5－3 所示，中国对外投资于 2004 年起开始高速增长。到 2020 年中国对外直接投资流量达到 1 537.1 亿美元，跃居全球第一。对外直接投资存量达到 25 806.6 亿美元，排全球第 3，在发展中国家排第一。截至 2020 年年底，中国 2.8 万家境内投资者在全球 189 个国家（地区）设立对外直接投资企业 4.5 万家，全球 80％以上国家（地区）都有中国投资。自 2003 年中国有关部门权威发布年度对外直接投资统计数据以来，中国已连续九年位列全球对外直接投资流量前三位，对世界经济的贡献日益凸显。2020 年流量是 2002 年的 57 倍，年均增长速度高达 25.2％。

表 5－3　中国 2002 年以来的对外直接投资　　单位：亿美元

年　份	流　量			存　量	
	金额	全球位次	同比（％）	金额	全球位次
2002	27.0	26	—	299.0	25
2003	28.5	21	5.6	332.0	25
2004	55.0	20	93	448.0	27
2005	122.6	17	122.9	572.0	24
2006	211.6	13	43.8	906.3	23
2007	265.1	17	25.3	1 179.1	22
2008	559.1	12	110.9	1 839.7	18
2009	565.3	5	1.1	2 457.5	16
2010	688.1	5	21.7	3 172.1	17
2011	746.5	6	8.5	4 247.8	13
2012	878.0	3	17.6	5 319.4	13
2013	1 078.4	3	22.8	6 604.8	11
2014	1 231.2	3	14.2	8 826.4	8
2015	1 456.7	2	18.3	10 978.6	8
2016	1 961.5	2	34.7	13 573.9	6
2017	1 582.9	3	－19.3	18 090.4	2
2018	1 430.4	2	－9.6	19 822.7	3
2019	1 369.1	2	－4.3	21 988.8	3
2020	1 537.1	1	12.3	25 806.6	3

注：(1) 2002—2005 年数据为中国对外非金融类直接投资数据，2006—2015 年为全行业对外直接投资数据。
(2) 2006 年同比为对外非金融类直接投资比值。

资料来源：中华人民共和国商务部、中华人民共和国国家统计局、国家外汇管理局：《2020 年度中国对外直接投资统计公报》。

传统理论认为，国家对外直接投资主要是将国内剩余的生产能力转移到国外，美国、日本、亚洲四小龙发展的历史经验基本是生产转移性的对外投资。中国的对外直接投资却与传统理论和历史经验不同，独具特色。从资金流向来看，中国对外直接投资主要流向亚洲、拉丁美洲和欧洲，流向发达国家和新兴市场国家的比例在逐步增长。从投资方式来看，除了继续沿用传统的绿地投资，跨国并购也成为对外直接投资的主要方式，股权置换、风险投资、战略联盟等多种投资创新方式日益被采用。从投资结构来看，中央和地方大型国有企业发挥了主导作用；骨干企业国际竞争力大幅提高；民营及地方企业逐步成为生力军，所参与的对外直接投资所占比例已超过50%。从投资行业来看，中国对外直接投资主要集中在租赁和商务服务业、制造业等行业，2020年这两个行业的投资比重占全部对外直接投资的42%（见表5-4）。

表5-4　2020年中国对外直接投资流量行业分布情况　　单位：亿美元

行　业	流　量	同比(%)	比重(%)
租赁和商务服务业	387.2	−7.5	25.2
制造业	258.4	27.7	16.8
批发和零售业	230.0	18.3	15
金融业	196.6	−1.5	12.8
信息传输/软件和信息技术服务业	91.9	67.7	6.0

资料来源：中华人民共和国商务部、中华人民共和国国家统计局、国家外汇管理局：《2020年度中国对外直接投资统计公报》。

三、中国的金融发展

中国的金融体制改革和金融发展取得了骄人的成绩，为中国经济增长发挥了巨大的作用。新中国成立70多年来，中国金融改革的历程经历了五个阶段。

第一阶段是1949—1952年，新中国金融体系的初创。新中国成立后，我国建立了多元化的金融体系。重建国有银行体系（1950年，中国人民银行建立了总、区、分、支四级管理体制）、重建国有保险体系（人民政府接管国民党政府官僚资本保险机构，成立了中国人民保险公司）、创建新的公私合营金融体系（人民政府加强对私营保险业的管理，不少保险公司自动退出保险市场，营业的私营保险公司开展联合经营）、推动农村信用合作化（1951年5月，中国人民银行确定了发展农村信用合作的工作方针，各省开始重点试办信用合作社）、加强外资金融机构的管理（1950年5月底，在华外商保险公司有61家，其中上海37家，天津10家，广州8家，青岛5家，重庆1家）。

第二阶段是1952—1978年，计划经济时期的"大一统"金融体系。根据对官僚资本剥夺、对民族资产阶级利用、限制、改造以及对农业实行社会主义改造的总政策，在1953年前后，中国基本上建立了以中国人民银行为核心，少数专业银行和其他金融机构为补充和互助的金融机构体系。"一五"时期，我国计划经济体制逐步建成，金融体系开始集中统一。到1957年，我国的金融体系已由初期的多元并存，发展为高度集中统一的"大一统"体系。1957年到1978年，计划经济时期，"大一统"金融体系有所调整，但总体特征没有变化。

第三阶段是1978—1984年，社会主义金融制度改革的准备探索阶段。1978年，五届人大一次会议决定将中国人民银行总行从财政部划出，标志着中国金融体系开始恢复和重新构建。1979年开始，中国农业银行、中国银行、中国人民建设银行（后改名中国建设银行）相继从中国人民银行和财政部分离出来。1984年成立的中国工商银行，承担中国人民银行原来的工商信贷服务，中国人民银行专门行使中国的央行职能。初步搭建了国有商业银行的基本骨架，形成了现代金融体系的雏形。在这一时期，银行的多样化发展令人瞩目。一些政策性银行相继建立，如国家开发银行、中国农业发展银行和中国进出口银行。

第四阶段是1985—1998年，市场金融制度的改革建设阶段。1986年，第一家股份制银行——交通银行改制营业，1987年第一家区域性商业银行——深圳发展银行成立。这些银行与五大国有银行共同构成了中国的银行体系。20世纪80—90年代，随着经济体制市场化改革的推进，一批股份制商业银行诞生。1990年，上海、深圳证券交易所相继成立并开始营业，标志着中国正式引入证券市场。1992年，浦东发展银行、中国光大银行、华夏银行等股份制商业银行相继成立。我国多样化、多层次的金融体系初步形成。1985—1998年，深圳和上海建立了外汇调剂中心，1994年汇率并轨。这一时期金融业和金融市场的发展被纳入法制化、规范化管理的轨道。

第五阶段是1999年至今，现代金融制度建设和完善时期。通过金融体系组织结构的调整实现了金融机构的垂直管理。2003年以来是金融改革与发展的健康化、规范化和专业化阶段，通过改进会计准则，实施贷款五级分类制度，并按照现代企业制度的要求建立公司治理结构，提升透明度。2005年的股权分置改革进一步推进了股票市场规范化。

中国的货币政策逐渐向社会主义市场经济的货币政策演进。首先，利率市场化稳步推进。1993年，《国务院关于金融体制改革的决定》首次提出了利率改革长远目标，按照“先外币、后本币；先贷款、后存款；先长期、大额，后短期、小额”的发展思路，到2013年已经基本实现了同业利率市场化、信贷利率市场化。① 2015年起，存款利率市场化加快推进。② 特别是央行宣布从2015年10月24日起，对商业银行、农村合作金融机构等金融机构不再设置存款利率浮动上限，这标志着中国利率管制已基本放开。其次，汇率制度进一步完善。亚洲金融危机爆发后，中国收紧了人民币汇率浮动区间，汇率制度事实上转向了盯住美元的固定汇率制度，已不能适应中国进一步开放的事实。从2005年7月21日起，中国开始实行以市场供求为基础、参考一篮子货币进行调节、有管理的浮动汇率制度。此次汇改以来，人民币对美元不断升值。2015年，人民币汇率市场化改革再次迈出重要步伐。为增强人民币兑美元汇率中间价的市场化程度和基准性，中国人民银行决定完善人民币兑美元汇率中间价报价，迈出了人民币汇率市场化的至关重要的一步，被称为“8·11”汇改。“8·11”汇改以及央行之后出台的一系列汇率制度政策使得人民币汇率更加市场化，人民币进入稳定的双向浮动区间，这样的制度改革是与中国经济体制改革不断

---

① 刘金山、何炜：《我国利率市场化进程测度：观照发达国家》，《改革》，2014年第10期。

② 2015年5月11日开始，金融机构存款利率浮动区间的上限在存款基准利率的基础上由1.3倍变为1.5倍。2015年8月26日起，中国人民银行宣布不再设置一年期以上（不含一年期）定期存款的利率浮动上限。

深化相适应的。回顾过去10年(2012—2022),在有管理浮动制度框架下,经历了2014年"3·17"汇改、2015年"8·11"汇改和2019年8月"破7"之后,人民币汇率打开了可上可下的浮动空间,汇率形成的市场化程度明显提高。未来继续深化汇率市场化改革,增强人民币汇率弹性,保持人民币汇率在合理均衡水平上基本稳定。伴随人民币汇率市场化程度的加深,人民币国际化程度也在不断提高。2016年10月1日,IMF将人民币纳入特别提款权货币篮子,人民币作为国际储备货币的地位被正式确认,这是中国金融改革和开放的新起点。

综上所述,经过多年的发展,中国事实上已经拥有了现代金融体系应该拥有的所有金融机构。银行体系完整且多样化,资本市场逐渐成熟,金融抑制逐渐消失,金融深化程度不断提高。如图5-4所示,从1990年到2019年,中国M2/GDP的比率①已由81%上升至201%,这一数字高于一些发达和发展中经济体。居民储蓄存款占GDP比重由1990年的38%上升至2019年82%。这反映出中国金融体系仍然是以银行体系为主导的,银行体系担任了储蓄—投资转化的主要职能,以银行为中介的间接融资是将居民储蓄转化为投资的主要渠道。如何降低中国金融系统中庞大的银行体系,提升直接融资在企业融资中的比例,持续发挥金融发展对经济增长的重要作用是中国发展需要解决的问题之一。

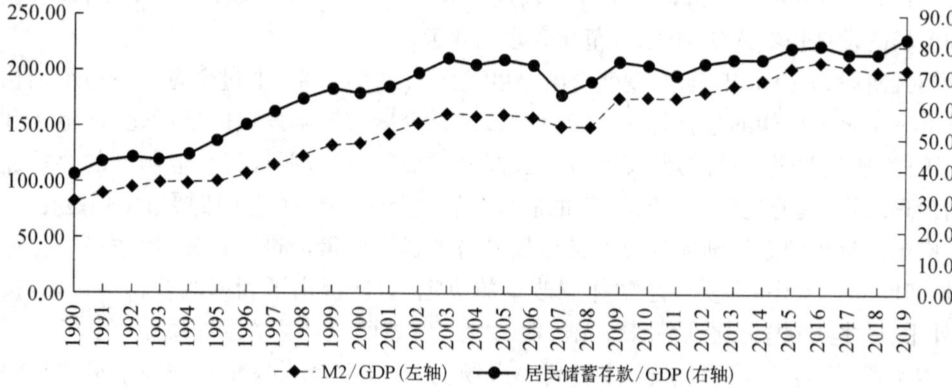

图5-4 中国金融发展状况

注:1990—2014年使用在国家统计局中"居民储蓄存款"项目数据,2015—2019年使用的是"住户存款"项目数据。

资料来源:国家统计局,《中国统计年鉴(2020)》,中国统计出版社,2020年。

本章小结

资本是指在长期能够产生收入流的要素,包括资本品、人力资本和知识资本等。资本形成是指一个经济社会将储蓄转化为投资并形成一定的生产能力的过程。资本形成过程涉及储蓄、投资和投融资机制等方面。国内储蓄、税收和通货膨胀是积累资本的基本方式。此外,引进外资也是资本形成的方式。"资本决定论"认为资本是阻碍发展中国家经

① 虽然M2/GDP这一指标不是反映金融深化的完美指标,却是国际比较中最常用的指标。

济发展的关键因素,但这并没有实践的支持。

"双缺口理论"认为,发展中国家的资本形成需要外国资本的补充。流向发展中国家的外国资本通常有官方发展援助和外国私营公司的投资两种形式。其中,官方援助又包含三个部分:无须偿还的赠款、必须偿还的优惠贷款和对多边开发组织的捐赠。发展事实证明国际援助并不能取得预期的成果。发展中国家还可以通过向发达国家商业银行借款来获取发展所需资本,但外债常常会引发发展中国家的债务危机。20 世纪 80 年代中期以来,外国直接投资成为私人资本流的主要构成。随着发展中国家综合国力的提升,发展中国家也成为对外直接投资的重要角色。

戈德史密斯认为,在一国经济发展过程中,金融增长往往快于实物资产的增长。麦金农和肖将经济发展理论和货币金融理论融为一体,创立了金融发展理论。他们主张发展中国家政府应该放弃对金融市场的干预,推行利率、汇率自由化的金融自由化政策。而金融约束论认为,发展中国家普遍存在市场化程度低、公开信息较少、信息严重不对称等问题,政府应当对金融发展加强干预。面对当今国际经济秩序不合理、世界经济局势不稳定,发展中国家将面临更大的金融安全问题。深化金融改革,维护金融稳定,保障金融安全势在必行,必须努力推动建设公正、合理、健康、稳定的国际经济新秩序。

中国金融体系和金融市场的发展为中国的经济增长发挥了重要的作用。中国金融发展历程经历了新中国金融体系的初创、计划经济时期的"大一统"金融体系、社会主义金融制度改革的准备探索阶段、市场金融制度的改革建设阶段、现代金融制度建设和完善时期。经过多年的发展,中国实质上已经拥有了现代金融体系拥有的所有金融机构。人民币利率市场化已基本完成、人民币汇率制度更加完善、人民币国际化已取得阶段性成果。金融深化程度已超过大部分经济体,但银行为主的金融体系仍是影响金融发展增长效应的关键因素。

本章思考题

1. 资本和资本形成的含义是什么?资本形成的途径有哪些?
2. 什么是"资本决定论"?
3. 为什么说外援和外债减免导致了错误的激励?
4. 金融深化理论和金融约束理论的主要区别在哪里?
5. 金融稳定如何影响经济增长?
6. 简要论述资本在中国经济发展中的作用。

第六章 人口、人力资本与发展

当低收入国家试图实现经济持续增长进而步入高收入国家行列时，面临的首要问题便是人口增长问题尤其是劳动力供给问题。人口增长如何影响经济发展，经济发展过程怎样推动（或阻碍）人口增长一直是经济学家们争论的一个焦点。越来越多的学者意识到人口增长并不是导致发展中国家发展水平低下的主要原因，增加人力资本投资和有效利用人力资本是发展中国家走向繁荣的关键因素。

第一节 人口增长与经济发展

一、人口增长和人口过渡理论

（一）世界人口状况和趋势

人口增长是一个连续的历史发展过程。公元前100万年为12.5万人，公元前1万年为400万人，公元元年为1.7亿人。在1820年之前，人口增长速率都是极其缓慢的，增长率在0.5%以下。1820年以后，特别是第二次世界大战结束以后，全球经济进入快速发展阶段，世界人口开始持续高速增长，仅仅过了60余年，即从1950年的25亿增长到2021年的78.98亿（见图6-1）。根据联合国发布的《2021世界人口展望》报告，2021年，59%的人口居住在亚洲（46亿），17%的人口居住在非洲（13亿），10%的人口居住在欧洲（7.45亿），6%的人口居住在拉丁美洲和加勒比地区（4.86亿），其余8个百分点的人口居住在北美洲（5.38亿）和大洋洲（4 100万）。① 中国（14.126亿）和印度（14.03亿）仍然是世界上人口最多的两个国家，②分别占世界人口的18.58%和18.46%。

与过去十年相比，当前世界人口仍在持续增长，但增长速度相对较慢（见图6-1），人口的年增长率为0.53%，或者每年增加4 100万人。与其他预测一样，人口增长的预测结果与预测假设和预测方法紧密相关。联合国在假定那些单个家庭较大国家的生育率会持续下降、每个妇女生育小孩数目小于2个的国家生育率略有增加以及所有国家的生存状态都会改善的前提下，对人口增长做了一个中等变量预测。预计未来10年内，世界人口将增加超过10亿，在2030年达到86亿，在2050年达到101亿，2100年增加到127亿（见图6-2）。③

---

① 此处数据来源于联合国发布的《世界人口展望2021》报告。

② 印度人口数据来自世界实时统计数据网站Worldometer的数据，中国人口数据来自中国国家统计局网站。

③ 此处世界人口增长预测数据来源于2022年7月11日联合国发布的《世界人口展望2022》报告。

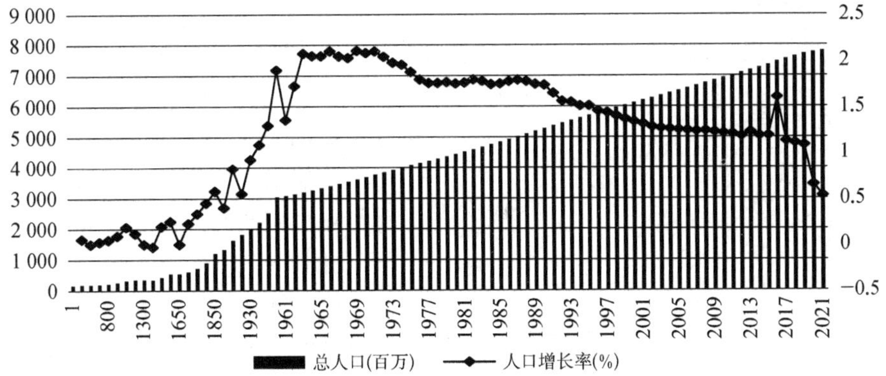

图 6－1　世界总人口和人口增长率

注：1960 年以前人口数据来自克雷默①，1960 年以后人口数据来自 WDI 数据库，1960 年之前的人口增长率为年均增长率。

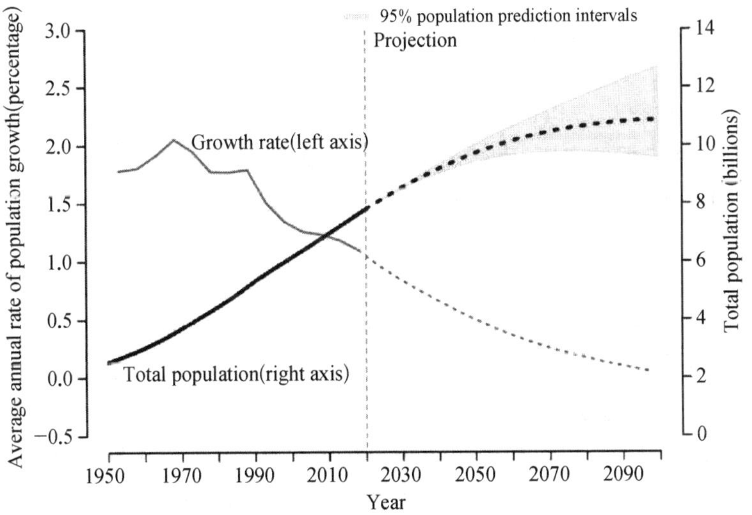

图 6－2　世界人口总量和增速估计

资料来源：United Nations，Department of Economic and Social Affairs，Population Division(2019). World Population Prospects 2019.

需要指出的是，随着世界人口增长，人类支持自身生存和发展的能力也获得了提升，技术、社会和经济的变革极大地推动了全球商品及服务的生产。自 1960 至 2021 年，世界按不变价格(2010 年不变价美元)计算的国内总产值增长了 8.2 倍。在同一时期，世界人口从 1960 年的 30 亿增加到 2021 年的 78.98 亿，增长了 1.5 倍。由于技术的持续进步，生产的增长仍然远超人口的增长，人均国内总产值增长了 2.9 倍，使世界能够维持历史上从未有过的更多的人口和更高的生活水平。

① Michael Kremer，"Population Growth and Technological Change：One Million B. C. to 1990"，*The Quarterly Journal of Economics*，1993，108(3)：681－716.

（二）人口过渡理论

人口过渡理论根据出生率和死亡率的变化来描述自然增长率的变化。该理论通常假设在现代经济增长过程中人口的增长会存在着高出生率与高死亡率并存、死亡率下降但出生率仍维持较高水平和出生率与死亡率同时下降三个差异明显的阶段（见图 6－3）。

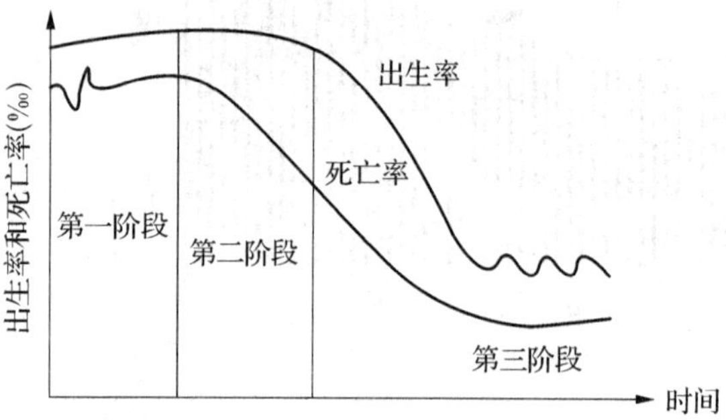

图 6－3　人口增长演变的三个阶段

第一阶段，出生率与死亡率都保持比较高的水平，人口增长率很低，人口数量处于相对稳定状态。在古代社会，由于生产力水平和医疗水平较低，社会产量不高，产品种类较为单一，以致食物来源没有保障，大部分人群难以满足温饱；加上自然灾害、战争、疾病的发生，造成了极高的死亡率，人类的平均寿命很短。由此，为了维持人类的延续，人类的出生率往往保持着生物学上的极限。

第二阶段，人口再生产以高出生率、低死亡率、高自然增长率为特征。18 世纪中叶，随着工业革命和大机器的使用，生产力发生了巨大进步，劳动生产效率持续提高，产品供给大幅增加，经济剩余迅速增长。同时，医疗卫生事业得到了飞速发展，清洁卫生观念深入人心，造成人类大量死亡的传染病和其他疾病受到了控制，从而死亡人口大幅减少。从 19 世纪初开始，欧洲人口死亡率显著下降，但这一时期出生率依然保持较高比率，使得自然增长率一直维持在较高水平。

第三阶段，人口增长以低出生率、低死亡率和低自然增长率为特征。从 19 世纪下半叶开始，欧洲一些经济发达国家的人口出生率开始下降。进入 20 世纪以后，现代化生产方式对劳动力的要求由数量上的扩张转为质量上的提高，客观上导致了出生率的降低。居民收入水平的显著提高以及生活和抚养成本的大幅上升，使得人们的生育观念发生较大改变，一些发达国家的生育意愿持续降低。目前，在一些发达国家，人口增长已出现静止状态，有的甚至在一个时期出现负增长。

第一、二两个阶段的人口增长方式一般被认为是传统的人口再生产形式。虽然第二个阶段可以看作一个过渡阶段，但在这个阶段，生产力发展水平仍然较低，人们的生育观念还没有发生根本的转变。由第二个阶段向第三个阶段的转变是人类自身生产发展史上的一个巨大飞跃。有人将此与发生在物质生产领域的工业革命相提并论，将人口增长的这种转变称为“人口革命”。[①] 从以上人口增长演变的三个阶段可以看出，生产力的巨大发展以及由此而引起的经济、社会关系的变化是导致人口增长变化的重要原因。

（三）发展中国家的人口变化

第二次世界大战后，世界经济进入恢复发展阶段，许多发展中国家出现了死亡率迅速

---

① 兹捷涅克·巴夫利克：《人口革命问题》，《人口译丛》，1982 年第 1 期。

下降，出生率居高不下，人口自然增长率迅速上升的态势。根据发达国家人口增长变动的规律，很多人认为发展中国家也会很快进入第三个阶段，然而预期的情形在大多数发展中国家并未发生（见图 6－4）。与发达国家相比，发展中国家当今面临的人口问题具有两个突出特征。一是部分发展中国家的人口增长速度大大快于发达的工业国家在发展初期的人口增长速度。与发达国家在 18 世纪末至 20 世纪初的 1%左右以及 2010 年以来不到 1%的人口年平均增长率相比，现今发展中国家的人口年平均增长率为 2.1%左右，低收入的发展中国家在 1980—2000 年甚至高达 3%或者更高。二是部分发展中国家的人口增长从性质上来看主要是外生现象。与之相比，发达国家人口增长的加快，是以新创建的工业部门的生产率显著增长而导致的就业和收入增长为基础的，而发展中国家人口增长的加速在很大程度上是引进发达国家的卫生和医疗技术、死亡率大幅下降的结果，特别是一些死亡率很高的疾病得到了有效的控制。① 在这些发展中国家，生产力发展水平依然很低，经济结构没有改善，缺少社会和经济动因的诱导，生育观念和行为无改变，人口增长停留在高出生率、低死亡率、自然增长率不断上升的第二个阶段。与此相反，在那些经济增长较快的发展中国家，其出生率开始明显下降，自然增长率不断下降，净增人口数量逐渐减少。

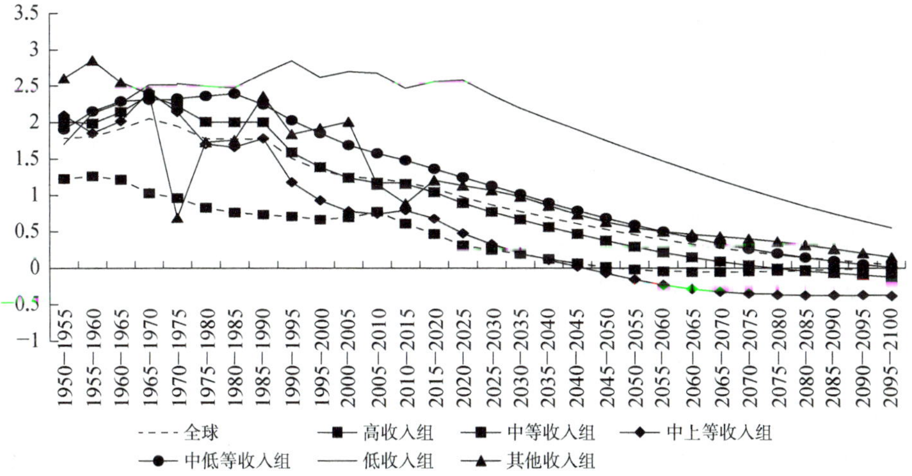

图 6－4　分收入组世界人口增长率及预测

数据来源：WDI 数据库。

由于世界各区域正处于从高死亡率和高生育率向低死亡率和低生育率过渡的不同阶段，它们的发展途径各异，导致人口地域分布的重大变化和人口结构的巨大差异。在世界主要地区中，非洲的人口增长率最高，每年增长速度为 2.55%。从现在到 2050 年，全球人口增长的一半以上预计将发生在非洲。因此，在 2021 年至 2050 年，预计全球增加的 22 亿人中，非洲将增加 8 亿人。亚洲预计是未来全球人口增长的第二大贡献者，预计欧洲在 2050 年的人口将少于 2021 年（见表 6－1）。从人口结构来看，世界上绝大多数地区人口

① ［日］速水佑次郎、神门善久：《发展经济学：从贫困到富裕》，李周译，社会科学文献出版社，2009，第 53－54 页。

仍然年轻，人口红利仍然存在。2021 年，全球人口的中位数年龄为 29.6 岁。世界上大约有四分之一(26%)的人年龄在 15 岁以下，62%的年龄在 15～59 岁，12%在 60 岁或以上。在非洲，2015 年 15 岁以下的儿童占人口的 41%，15～24 岁的青年占 19%。拉丁美洲和加勒比、亚洲的生育率下降较多，儿童的百分比(分别为 26%和 24%)和青年的百分比相似(分别为 17%和 16%)。2015 年，这三个地区共有 17 亿儿童和 11 亿青少年。随着人口生育率的下降以及预期寿命的提高，全球“人口老龄化”现象正在加速。2015 年，60 岁及以上的人口有 9 亿，占全球总人口的 12%，60 岁或以上的人口以每年 3.26%的速度增长，预计到 2100 年将达到 32 亿。① 2020 年，65 岁及以上人口持续增加，占全球总人口的比重达 9.32%②，预计到 2050 年 65 岁及以上人口占全球总人口比例将提高到 20%。

表 6-1　世界人口分布及预测　　单位：百万，%

主要地区	2021 年		2030 年		2050 年		2100 年	
	总人口	人口占比	总人口	人口占比	总人口	人口占比	总人口	人口占比
世界	7 898		8 501		9 725		11 213	
非洲	1 285	16.79	1679	19.75	2 478	25.48	4 387	39.12
亚洲	4 552	59.49	4 923	57.91	5 267	54.16	4 889	43.60
欧洲	745	9.73	734	8.63	707	7.27	646	5.76
拉美和加勒比地区	486	6.35	721	8.48	784	8.06	721	6.43
北美	538	7.01	396	4.66	433	4.45	500	4.46
大洋洲	41	0.54	47	0.55	57	0.59	71	0.63

资料来源：United Nations, Department of Economic and Social Affairs, Population Division, “World Population Prospects: The 2015 Revision, Key Findings and Advance Tables,” *Working Paper*, No. ESA/P/WP. 241, 2015.

联合国《世界人口展望 2019》报告。

二、马尔萨斯的“人口陷阱理论”

从托马斯·马尔萨斯开始，关于人口增长的一个标准的观点是：它对人均福利有负面的影响。马尔萨斯的分析以“两个公理”为前提：第一，食物为人类生存所必需。第二，两性间的情欲是必然的。他认为这是人类“本性的固定法则”，从而把人口增殖看作自然现象，并断言：“人口增殖力，比土地生产人类生活资料力，是无限地较为巨大”。他的结论是：“人口，在无所妨碍时，以几何级数增加。生活资料，只以算术级数增加”，为了维持人口增殖力和土地生产力的平衡，他提出了三个命题：“人口增加，必须受生活资料的限制；生活资料增加，人口必增加；占优势的人口增加力，为贫穷及罪恶所抑压，致使现实人口得与生活资料相平衡”③。马尔萨斯提出，一旦工资超过生存水平，就有新的人口压力使工资下降，因为人们会更早地结婚，并生育更多的孩子。这样，又把工资降到了只能维持生

① United Nations, Department of Economic and Social Affairs, Population Division, “World Population Prospects: The 2015 Revision, Key Findings and Advance Tables”, *Working Paper*, No. ESA/P/WP. 241. 2015.

② 资料来源于世界银行、智研咨询数据。

③ [英]马尔萨斯：《人口论》，郭大力译，商务印书馆，1959，第 5、43 页。

存的最低水平。从长期来看，人口的内生性使得人均收入保持在维持生存水平并停滞不前。这就是著名的“工资铁律”。

尽管从14世纪到18世纪的客观情况看，马尔萨斯的观点似乎有一定的道理。但这一悲观的论调不能经受理论和实践的检验。一是马尔萨斯的分析完全忽视了经济运行中技术进步的巨大作用，它的结论是建立在“土地边际报酬递减规律”上，而这个规律发生作用的前提是技术水平不变。二是马尔萨斯将人口生育仅看作自然现象，忽视了人口数量本身也是人们选择的结果，是一种经济社会现象。现代经济发展的经验证明，随着经济增长以及收入水平的提高，人们的生育观念也会发生改变，并不会生育更多的子女，人们会意识到生育更多的孩子会带来更高的成本。

进入20世纪50年代后，马尔萨斯的命题又被现代马尔萨斯主义者冠以“人口陷阱理论”(The Theory of Population Trap)，用以说明发展中国家人均收入停滞不前的原因。按这一理论，在发展中国家，当人均收入增加后，由于生活条件改善，人口增长速度也必然随之提高，结果人均收入水平又会退回到原来的水平上。他们认为，只有当投资规模足够大到超过人口增长的水平时，人均收入增长幅度才能超过人口增长幅度，在没有达到这一点之前，人均收入的增长都将被人口增长所抵消。在人均收入水平增长到与人口增长率相等的人均收入水平之前，存在一个所谓“人口陷阱”，冲破陷阱的最好方法是大规模投资。从这里，可以看得出“大推进”理论的推理逻辑。

在这些理论的影响下，在20世纪70年代以前，消极的人口增长危害论占据了主导地位，尤其强调所谓的人口“爆炸”、人口“炸弹”或人口“灾难”对经济发展可能造成很强的负面效果。时任世界银行总裁罗伯特·麦克纳马拉(Mcnamara)认为，人口增长对人类社会造成的消极影响不亚于核子战争。这个观点可以说代表了当时的主流看法。同样的论断在其他一些研究中也得到体现。例如，1971年美国科学院(National Academy of Sciences, NAS)发表了题为《人口快速的增长后果和政策含义》的研究报告，指出人口增长的结果乏善可陈，而且列出了经济欠发达国家可以从更小的人口规模中获益的17条原因。

即使到20世纪末，对人口增长的恐慌依然存在。例如，世界观察研究所(World Watch Institute)的莱斯特·布朗(Brown)在1999年在他的新书《超越马尔萨斯》(*Beyond Malthus*)的新闻发布会上宣称，“在经过近半个世纪的持续人口增长后，许多国家对食物、水和林产品的需求将大大超过本国的供应能力。”他还指出，人口增长的速度会超过工作岗位的增长速度。“如果在未来缺乏降低人口增长率的有力措施，失业率将会上升到失控的水平。”[①]针对人口增长的恐慌，悲观主义者给出的建议是实现计划生育。这些结论一方面导致了对发展中国家就业问题的研究，另一方面激发了许多更深入的思考，全面地揭示人口增长的经济效应。

三、对马尔萨斯“人口陷阱理论”的挑战

到了20世纪80年代，关于人口数量与经济增长关系的认识开始发生了重大的转变。人口增长有害论逐渐退出主流，取而代之的是人口增长利弊论，最近则出现了人口增长有

① http://www.world.watch.org/alerts/990902.html.

利论。

事实上，在人口增长有害论占据主流的时候，依然存在一些持异议者，他们开始寻找实证研究的支持。科林·克拉克最先指出，人口增长率与人均收入的实证关系其实是正相关。[①] 拉蒂·兰姆(Ram)和西奥多·W. 舒尔茨(Schultz)指出，发展中国家的人口寿命随着死亡率的下降和人口的高速增长而不断延长，从而增加了对人力资源投资的刺激，并提高了劳动力的产出水平。[②] 莱文(Levine)和雷内尔特(Renelt)发表了一篇对经济增长及其决定因素的相关性进行研究的文章，结果发现人口增长对人均收入增长并无显著影响。[③] 实证研究不仅很难确认与度量人口增长的有害结果，而且一些研究还声称人口增长无害而有益。

在这样的实践和理论背景下，美国科学院在1986年就人口和经济之间关系发表了研究报告，这一报告的观念与15年前相比发生了明显的变化。在题为《人口增长和经济发展政策问题》的研究报告中，美国科学院的人口学家和经济学家们认为：① 人口增长和人口规模对经济发展既有正面影响也有负面影响。② 人口增长和经济发展之间既有直接联系也有间接联系。③ 以前认为由人口所引发的问题实际上主要应该归因于其他因素。④ 人口因素的作用在于有时会使一些基本问题恶化使其症状更早更明显地得到暴露。该报告的论点是："总的来说，我们可以做出定性的结论，人口增长的放慢对绝大多数发展中国家都是有益的。然而，目前要对这一收益做出数量精确的估计还是困难和缺乏内在联系的。"对人口增长和经济发展之间的这种认识实际上代表了人口增长利弊论的基本思想。

一部分学者进一步列举出一些事实来佐证人口增长与人均GDP增长之间缺乏相关性。① 从长期来看，人口和人均GDP都有很大的增长。在19世纪以前，工业化国家的人口和收入增长都很慢，而在19世纪之后两者同时加速，在近几十年来，人口和收入的增长速度又同时放缓。② 各国人口增长速度的差距并不足以解释其人均收入差距。1960—1992年，各国人均GDP增长速度最低为−2%，最高为7%；人口增长率则在1%～4%不等。即使人口增长能以同等的比例减少人均收入，人口增长速度的差距也仅能够解释各国人均收入差距的1/3。阿根廷的人口和人均GDP增长都非常缓慢，而博茨瓦纳的人口和人均GDP增长都非常迅速。尽管东亚国家的人口增长速度高于工业国家，但东亚国家的人均收入增长速度也更快。③ 从20世纪60年代到90年代，第三世界的人口增长速度已经下降了0.5个百分点，但同时期，第三世界的人均GDP增长也有所下降。虽然几乎所有第三世界国家的人均GDP增长率都有所下降，但下降的幅度与人口增长率的变化并无直接关系。跨国实证研究显示，一旦控制住影响经济增长的其他因素，人口增长对人均GDP增长并不发生作用。[④] ④ 在当前阶段，人口与经济的发展逻辑和基本关系具有

① Colin Clark, "The Economics of Population Growth and Control: A Comment", *Review of Social Economy*, 1970, 28(1): 449－466.

② Rati Ram and Theodore W. Schultz, "Life Span Saving and Productivity", *Economic Development and Cultural Change*, 1979, 27(3): 394－421.

③ Levine Ross and David Renelt, "A Sensitivity Analysis of Cross-Country Growth Regressions", *American Economic Review*, 1992, 82(4): 942－963.

④ [美]威廉·伊斯特利：《在增长的迷雾中求索》，姜世明译，中信出版社，2004，第86－87页。

新的特点。随着高度金融化，服务业占据国民经济生产总值的大部分，重工业以高端制造业为主体，低端制造业由海外承包，农业完全实施现代化和机械化，三大产业之间的收益率趋同。此时低劳动力成本对经济发展的推动作用减弱，更加注重高劳动力成本的产业发展，以完成人口质量的转型。同时，全球人均收入最高、幸福指数最高的北欧国家大多是小国；曾创造全球 GDP 第二的日本至今人口只有 1.26 亿；越南经济正在腾飞，人口不足 1 亿。上述事实证实，在当前阶段，人口与经济发展也并不存在必然关系。

强调人口数量增长正面影响的理论主要有两方面。一是认为人口增长可以创造需求，需求的增加又能提高新思想的采用和创造。每个出生的人不仅是消费者，他也同时是未来的生产者、纳税人。二是认为人口增加不仅可以更高效地利用新思想，而且通过对环境施加压力来促进技术革新。这一理论最初由西蒙・库兹涅茨(Kuznets)①和朱利安・西蒙(Simon)提出，朱利安・西蒙②汇集了种种对于人口增长的支持意见，其中最著名的是，依据“天才原则”，人口的数量越多，其中出现的天才就越多，所能孕育的企业家和其他富有创造精神的人也就越多，而正是这些人将对解决人类所面临的种种难题做出重大贡献，他将人类智慧称为是可以胜过其他任何可耗尽资源的“最终资源”。在上述假说的基础上，伊斯特尔・博塞拉普提出了“人口压力”的原理，强调人口增加对环境及技术变革的促进作用。针对人口增长有益论的库兹涅茨-西蒙-博塞拉普理论，哈佛大学的经济学家迈克尔・克雷默(Kremer)做了一个简单的检验，他指出，从长期来看，初始人口数量与后续的人口增长速度之间存在正相关性，该理论得到了事实的支持。③ 但是，20 世纪 60 年代以来，这一正相关性却不复存在，在人口总量增加的同时，人口增长速度开始下降。

四、中国的人口状况

中国前现代时期(1400—1820 年的 400 多年)的人口增长率约为 0.4%，这一增长率已经接近前现代社会所能维系的最高人口增长率，使得中国在 19 世纪已经成为全球人口最多的国家。19 世纪中叶，中国总人口接近 4 亿。新中国成立以来，随着战乱结束，中国人口恢复增长。④ 新中国成立初期，由于缺乏对人口数量的精确统计，政府倾向于鼓励生育，再加上死亡率的下降，中国人口呈现“爆炸”式的增长。从 1950 年到 1979 年，中国人口上升了 72%。虽然与同时期同等发展程度的发展中国家相比，这种增长排在末位。但这种“爆炸”式增长以及 1953 年第一次现代人口普查⑤的结果，迫使中国开始考虑人口增长的负面影响。1971 年，中国开始实行“晚—稀—少”的第一次全民计划生育政策。到 1978 年，中国的总和生育率已经由 1970 年的 5.7‰下降到 2.9‰，出生率和人口自然增长率也分别由 33.59‰和 25.95‰下降到 18.25‰和 12‰(见图 6－5、图 6－6)。第一次全民

① Kuznets, Simon, “Population and Economic Growth”, *Proceedings of the American Philosophical Society*, 1967, 111(3): 170－193.

② Simon Julian l, “On Aggregate Empirical Studies Relating Population Variables to Economic Development”, *Population and Development Review*, 1989, 15(2): 323－332.

③ Kremer, Michael, “Population Growth and Technological Change: 1 Million B.C. to 1990”, *Quarterly Journal of Economics*, 1993, 108(3): 681－716.

④ [美]巴里・诺顿:《中国经济:转型与增长》,安佳译,上海人民出版社,2010,第 140、141 页。

⑤ 根据第一次现代人口普查,1953 年全国人口总计为 6 亿。比国民政府时期统计的 4.75 亿高出了 1 亿多。

计划生育政策的成功并不足以减轻人们对人口增长的担心，因为中国的“婴儿潮”人口①在80和90年代进入了育龄期。1980年开始，中国正式实施“独生子女政策”。独生子女政策严格控制了中国家庭的出生率，尤其是城市家庭。到2000年，人口出生率下降到15‰以下，人口自然增长率下降到10‰以下，中国进入低生育率国家行列。从1992年开始，中国总和生育率已低于更替基准线(2.1)，人口增长进入惯性增长阶段，人口增长率将最终降至零(见图6-5、图6-6)，2011年中国总和生育率已低于发展中国家平均水平。此后，受经济社会环境变化、生育养育子女的成本攀升、劳动就业形态发生改变等因素影响，人们的婚姻和生育观念发生较大转变，使我国出生率持续下降，人口增长的绝对量开始减少。2017年，我国新生儿数量为1 723万人，2018年少了200万人，2019年又降到了1 465万人，出生率跌到了10.48‰；2020年，新生儿数量为1 200万人，出生率为8.52‰，首次跌破10‰，到2021年新生儿数量为1 062万人，出生率降为7.18‰，全国人口仅增加48万人，部分省份开始进入人口负增长阶段。据统计，21世纪前20年全国出生人口比上一个20年少了1亿人。

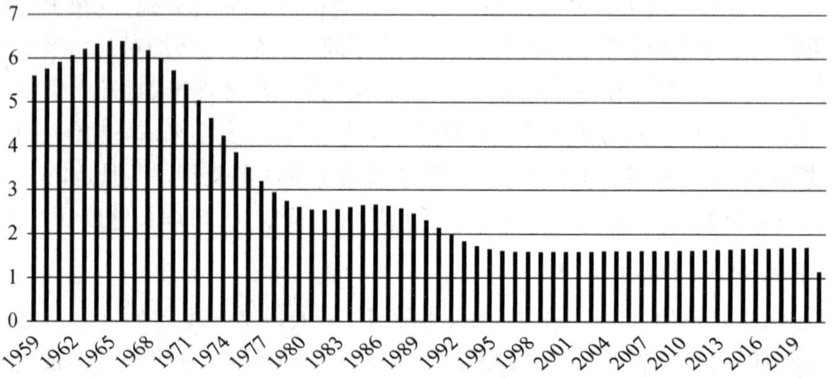

图6-5　中国总和生育率(单位:‰)

资料来源:2021年之前的数据来自《2021中国统计年鉴》。2021年的数据来自国家统计局网站。

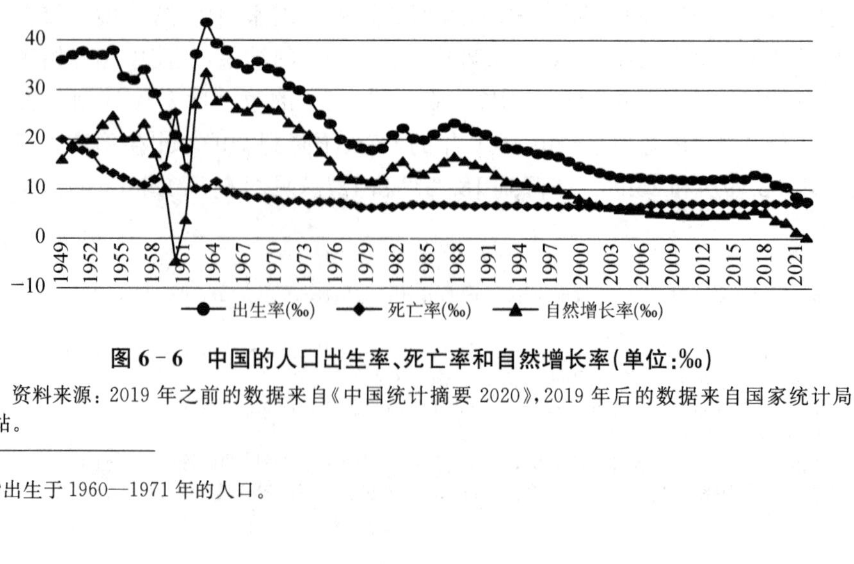

图6-6　中国的人口出生率、死亡率和自然增长率(单位:‰)

资料来源：2019年之前的数据来自《中国统计摘要2020》，2019年后的数据来自国家统计局网站。

① 指出生于1960—1971年的人口。

很显然，独生子女政策作为应对中国生育高峰人口激增、人口总量迅速扩张的措施取得了较大的成功，但也使中国以更快的速度完成了人口历史性转变，开始重新考虑人口政策。为了优化人口结构，2013 年中共中央十八届三中全会决定启动实施“单独二孩”政策。随后，该政策相继在浙江、安徽、江西等各地落地。2015 年，中共十八届五中全会宣布：“十三五”期间，全面放开二胎，这标志着中国人口政策出现第二次转向。但是，自 2016 年以后，人口的生育率和自然增长率持续下降，我国低水平生育现状和老龄化程度依然没有得到有效的缓解。为了进一步缓解人口老龄化压力，优化生育政策，在 2021 年 5 月 31 日，中共中央政治局召开会议并指出实施一对夫妻可以生育三个子女政策及配套支持措施。

20 世纪 60 年代中期以来，中国开始享受到人口转变带来的人口红利。1980—2010 年，少儿抚养比在持续下降，老年抚养比缓慢上升，总人口抚养比在持续下降，劳动人口占比在不断提高(见图 6－7)。少儿抚养比和老年抚养比构成的人口抚养比下降且较低(2005 年开始显著低于 50%)，说明劳动人口的增长率高于总人口增长率，每单位工人生产力的提高引起人均 GDP 的更高增长。此外，较低的人口抚养比也意味着社会更多的储蓄和更高的投资。改革开放以来，总抚养比下降对中国储蓄率的贡献率大约在 5%，对中国经济增长的贡献在 1/4 强。

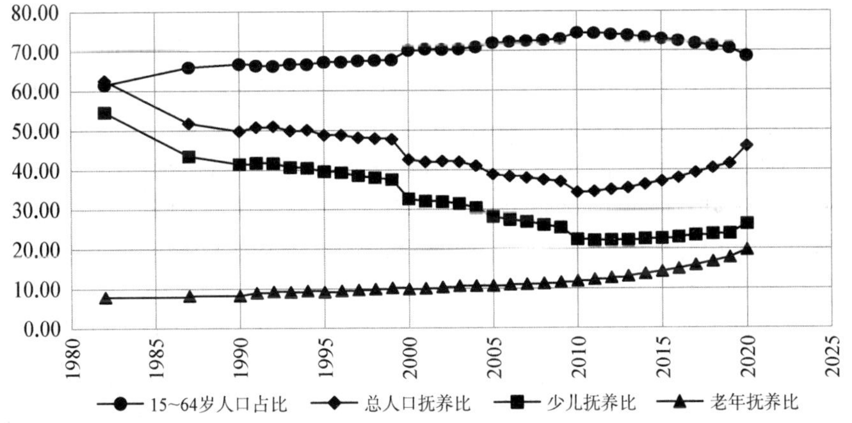

图 6－7　中国人口抚养比(单位：%)

资料来源：2019 年之前的数据来自《中国统计摘要 2020》，人口年龄结构和抚养比，中国统计年鉴委员会。2019 年后的数据来自国家统计局网站。

2001 年起，中国老年人口比例超过 7%，年龄中位数高于 30 岁，标志着中国人口开始步入老龄化时期。2011 年，中国劳动人口占比到达顶峰，少年抚养比、总人口抚养比都开始上升，老年抚养比开始加速上升，老龄化人口逐渐成为中国经济增长的沉重负担。2020 年，中国 60 岁及以上人口为 2.64 亿人，占总人口比重为 18.7%，其中 65 岁以上人口达 1.91 亿人，65 岁及以上老年人口占比达 13.5%。① 据预测，2030 年中国 60 岁以上的老年人会增加到 3.5 亿。这意味着到 2030 年老年抚养比将达到 25%，人口老龄化将成为中国

① 中国人口数据来自 2020 年《中华人民共和国国民经济和社会发展统计公报》。

发展的严峻挑战。①

第二节　劳动力市场与就业

就业与收入问题一直是学术界关注的焦点。人口增长会降低人均收入并提高失业率的观点引起了研究者对发展中国家就业和失业问题的关注。尽管在这一问题上产生了试图说明发展中国家独特就业模式的大量理论，但实践表明发展中国家的就业与发达国家并无根本的不同，所面临的难题也很相似。

一、就业压力与隐性失业理论

发展中国家人口增长过快，一方面意味着劳动力资源供给的持续增加，另一方面也带来了较重的就业压力。2008 年全球金融危机爆发以来，世界经济持续以远低于 2008 年之前的速度缓慢增长，无法弥补已出现的重大就业问题，将失业和就业不足恢复到危机前水平，似乎是一项令人生畏的任务。2014 年，全球有近 7 400 万年轻人(15～24 岁)正在寻找工作。工作经验较少，且对就业的报酬期待较高，使青年群体中失业人数较多，青年失业率几乎是成年人的 3 倍。到 2021 年，全球超过 2.19 亿人失业，比全球金融危机发生前多了 3 100 万人。而且，在接下来的 4 年中会持续增加失业人口。

在就业前景方面，尽管美国、日本、英国等国家之间存在显著差异，但美国、日本等发达经济体根据本国经济社会发展的实际情况，出台了促进就业的针对性政策措施，就业人数逐步增加，就业率开始提高。在美国、日本和一些欧洲国家，失业率正在下降，部分国家恢复到危机前的水平。在欧洲南部的一些国家，虽然失业率较高，但与美国、日本等发达经济体相比，经济发展水平相对较低，政策效果较小，失业率缓慢下降。与之相对的是，一些中等收入和发展中经济体或区域的就业情况却在恶化，失业率持续攀升，如拉丁美洲和加勒比地区、俄罗斯联邦、中亚地区和一些阿拉伯国家。②

发展中国家的就业还具有以下几个特点：一是绝大多数人口从事生产效率较低、产品附加价值不高的农业生产劳动。二是发展中国家劳动力在配套资源(资本设备、可耕地以及企业家能力)缺乏的情况下，绝大多数人的劳动生产率较低，产量不高，仅能获得较低工资。三是在就业层次上，发展中国家一般由城市的正规部门、城市的非正规部门和农村的就业部门组成。正是存在上述就业特征，一些学者提出了影响巨大(但并非正确)的隐性失业理论及二元经济理论。

隐性失业通常被认为是穷国劳动力不能充分利用的主要形式。“那些受雇于农村部门或城市非正规部门的工人，尽管是以全部工作时间从业的，但就业的生产效率低下。典型的例子是那些成天坐在街头却只能成交一两笔小生意的街头小贩、擦皮鞋者及牧羊人。不难证明，这些人对于生产的贡献很少，甚至为零。正像被归入失业者的那些人一样，他

① [美]巴里·诺顿：《中国经济：转型与增长》，安佳译，上海人民出版社，2010，第 151－153 页。

② International Labour Office, "World Employment and Social Outlook: Trends 2015", 2015.

们可以按很低甚至是零的机会成本，在某个经济部门工作”。[①] 由于城乡收入和生活条件的差异，随着城市化程度的提高以及经济结构的转变，农村人口向城市的流动会进一步增多，通过这个渠道，许多原来农村中的隐蔽性失业将变为城市中的公开失业。隐性失业理论提出后获得了大量的称赞声，无论对于发达国家的教授而言，还是对于那些还未进入劳动市场的学生们来说，该理论似乎都是符合现实的。

二、劳动力市场分割理论

劳动力市场分割理论（即 SLM 理论）是解释发展中国家就业现象的一个重要理论，尽管它并非专门针对发展中国家而提出。该理论认为，传统的新古典经济学无法解释劳动力市场中存在的失业、报酬差别、贫穷、歧视等现实，是由于未能注意到妨碍工人选择的制度性因素（如内部劳动力市场和工会）以及社会性因素（如社会阶层和歧视）。劳动力市场研究的重点应该是决定劳动力市场职业结构的性质和制度因素的作用。该理论有两个主要特点：① 劳动力市场不再被视为一个连续的统一体而被分割为几个不同的市场，各个市场有着不同的特点，有着自己分配劳动和决定工资的特点和方式。② 各个劳动力市场之间是相对封闭的，造成这种封闭的原因是集团势力（Power groups）的联合和制度因素的约束。[②]

传统的二元分割理论认为一级市场的运行更多地受到制度因素的影响，如工会力量、劳动保障制度、最低工资立法等，而二级市场的劳动者几乎不受制度性保护，这一市场一般通过工资较大幅度的变动来调节劳动力市场的供求。经过多年的发展，劳动力市场分割理论获得了全面发展，其具有代表性的理论有以下几种：

一是应用效率工资理论对劳动力市场分割的解释。效率工资理论的本质特征是，工资不是简单地通过计量劳动的边际成本来配置劳动力资源。夏皮罗和斯蒂格利茨（Shapiro & Stiglits）[③]提出的怠工模型是效率工资理论中最有代表性的模型，它深刻地阐述了效率工资的原理。该模型的基本思想是：在绝大多数工作中，工人在其工作业绩完成好坏上都有一定的自由。劳动合同不可能准确规定员工绩效的所有方面。由于监督成本太大或者不准确，再加上劳动产品不可能单独计量（现代生产一般是团队生产），在这种情况下，企业支付高于市场出清水平的工资就是一种激励工人努力工作而不是偷懒的有效手段。过高的工资会加大劳动力市场中的分割。

二是采取内部人—外部人模型对劳动力流动障碍的分析。内部人—外部人模型把已经在企业就业的工人称为“内部人”，把劳动力市场上的失业者称为“外部人”，内部人在工资决定上有着重要的讨价还价能力，因此对企业来说替换已经就业的内部人和雇用外部人就业要花费昂贵的替代成本。工会代表已经就业的内部人与雇主进行谈判和签订劳动合同时是不考虑外部人利益的，工会只代表内部人的要求。

三是分析劳动力市场分割与自愿失业的关系。传统分割理论认为，高技能劳动者不

---

① ［美］吉利斯、波金斯、罗默、斯诺德格拉斯：《发展经济学》，第 4 版，黄卫平译，中国人民大学出版社，1998，第 218 页。

② 姚先国、黎煦：《劳动力市场分割：一个文献综述》，《渤海大学学报（哲学社会科学版）》，2005 年第 1 期。

③ Carl Shapiro, Joseph E Stiglitz, “Equilibrium Unemployment as a Worker Discipline Device”, *American Economic Review*, 1984, 74(3): 434 - 444.

能由二级市场流向一级市场的原因是一级市场企业认为二级市场工人平均技能较低，因此不从二级市场雇用工人。现代分割理论认为，高技能劳动者一旦在一级市场失业，他宁愿保持失业状态等待在一级市场就业，只有那些低技能劳动者才会去二级市场就业。企业有理由相信，宁愿留在一级市场失业而不去二级市场就业的是那些生产率较高的劳动者，而选择去二级劳动力市场就业的则普遍劳动生产率较低。这样，在二级市场就业就会被视为低生产率的信号。这一机制被用来解释高技能劳动者的自愿失业与岗位并存的现象。

需要指出的是，劳动市场分割理论虽然解释了就业与失业的许多现象，但是与发展中国家的现实还有一定差距。许多发展中国家劳动力市场分割不仅存在由于产业结构、技术进步、企业组织形态等带来的市场性分割，更为本质的是一种体制性和制度性分割。正是这种制度性分割，带来了劳动力流动困难及其产生的一系列严重后果，在人口数量持续增长的条件下进一步增大了就业压力。

三、人口红利与非正规就业

隐性失业理论与劳动力市场分割理论的提出和发展是为了弥补新古典学派对于就业问题解释的不足，但是，这些理论在解释发展中国家劳动力市场和就业问题上也遭到了批评。隐性失业和二元经济假说的提出，是由于忽略了土地使用的弹性和相关的产权约束条件。效率工资理论可能符合发达国家的状况，却忽视了在发展中国家的奖金、补助、福利的存在，而这些形式的报酬变化与效率工资的含义是不同的。

相反，从合约角度来考察发展中国家的就业时，会发现工资和劳动力资源主要是由市场性因素决定的，增加的劳动力资源会在一定适合的工资水平上实现供求均衡。合约理论还表明，对于雇主而言，每增加一个雇员就存在潜在的盈利机会。增加的人口有动力去寻找就业机会以谋生。实际工资就会做出调整，直到劳动力的需求等于供给。这就意味着发展中国家的人口数量增长并不一定就等同于失业人数增加，除非政府采取了限制人口流动、限制创业以及设置最低工资等措施。

劳动力市场的自动调节不仅缓和了劳动力增长所导致的就业压力，还引起了发展中国家对"人口红利"的关注。所谓"人口红利"，是指在一个社会中由于生育率迅速下降使少儿抚养比例迅速下降，总人口中劳动适龄人口比重逐步上升，在老年人口比例达到较高水平之前，将形成一个劳动力资源相对比较丰富，少儿与老年抚养负担均相对较轻，对经济发展十分有利的黄金时期。这些新增加的劳动力就不再是令人担忧的"包袱"，而是促进经济增长的优势条件。当然，能否利用或收获到"人口红利"，还取决于发展中国家政府对于非正规就业的态度。

在增加就业机会、吸收劳动力上，非正规就业在许多发展中国家发挥了重要作用。在亚洲开发银行驻中国代表处经济部的一份报告中指出，大量的非正规就业是亚洲发展中国家劳动力市场的普遍现象。大多数亚洲国家的新增就业机会都是由非正规部门提供的。非正规就业在缓解就业压力、推动劳动力市场发育、促进产业结构调整等方面发挥了积极的作用。尽管从长期看，随着经济增长，非正规就业的重要性会有所降低。但在中短期，经济增长并不一定会减少非正规就业现象。如果从劳动力市场的受管制情况来看，非正规就业的本质在于它允许工资与劳动力的自由变动，从而使得劳动力市场的供求更接近于均衡。相反，那些所谓的正规就业，却由于存在许多限制工资与劳动力自由变动的政策，仅能提供一部分效率并非很高的就业岗位。

四、中国的劳动力市场与就业

改革开放以前，作为整个计划经济体制组成部分的中国传统城乡劳动力配置制度和就业体制，是以达到下面几个目标为出发点形成的：一是保障城镇劳动力的全面就业；二是保持城镇职工的低工资水平；三是抹平具有不同人力资本禀赋的职工之间的报酬差异；四是实行城乡劳动力市场的分割。实行低工资、高就业的城镇就业政策需要两个条件与之配合。其一，为了维持劳动力的正常再生产，要求实行包括农产品在内的基本生活用品的低物价政策。其二，为了保障职工及其家庭的基本生活，还要在货币工资之外辅之以生活必需的实物福利和社会性服务，如住房、医疗、教育、社保、托幼等作为职工工资的补充。这与全面就业一样，必须把受惠者的范围加以限制，因而建立了旨在阻断人口和劳动力资源在城乡之间自由流动的户籍制度。① 控制人口流动和就业的结果是中国劳动力市场的极度刚性。除了限制城乡人口流动以外，政府对城镇就业人员采取了直接控制措施。高中以上毕业生被统一分配工作，一旦成为工人，他们自愿调动工作的意愿就消失了，自愿辞职和解聘也就事实上不存在了。而在同样是计划经济的苏联，工人调换工作的情况比中国普遍得多。甚至可以说，在计划经济时代，中国不存在劳动力市场。②

计划经济体制下，中国形成了独特的劳动力使用模式和就业结构，一方面产业结构资金密集程度高，抑制了工业化过程中对劳动力的吸收；另一方面，人民公社体制把劳动力牢牢地限制在农业特别是种植业上面，随着农业装备水平的提高而富余出来的劳动力，不能随便地转移到工业部门和商业、服务业部门。其结果是，经过几十年的发展，中国的工业产值比重大大提高，并且城市工人 99%在公有制企业工作，而农业劳动力比重仍然很高。如图 6－8 所示，在 1978 年，76%的劳动力在农村集体部门，几乎所有城市工人在全民所有制和城镇集体所有制单位工作，城市个体劳动者只有 15 万人，还不到总就业人数的 1%。

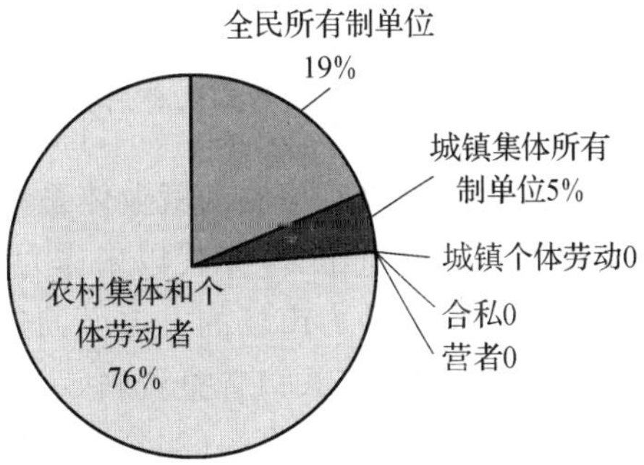

图 6－8　1978 年中国就业状况

资料来源：国家统计局社会统计局、劳动部综合计划司，《中国劳动统计年鉴 1989》，劳动人事出版社，1989 年。

1984 年，中央一号文和四号文③相继发布，中央政府十分关注农村农业以及农村企业的发展问题，进而有效推动了农村企业发展壮大。20 世纪 80 年代和 90 年代初期，乡镇企业飞速发展，并逐渐进入国有企业经营领域，与国有企业展开竞争。国有企业在竞争中

① 蔡昉、王德文、张车伟、谢建华：《中国经济增长：劳动力、人力资本与就业结构》，中国经济改革研究基金会国民经济研究所，工作论文，1999。

② ［美］巴里·诺顿：《中国经济：转型与增长》，安佳译，上海人民出版社，2010，第 160 页。

③ 1984 年中央一号文件，《关于一九八四年农村工作的通知》；1984 年中央四号文件，《中共中央、国务院转发农牧渔业部和部党组关于开创社队企业新局面的报告的通知》。

开始失去优势地位，垄断利润和利润率大幅减少，不得不实行新的激励计划和改善企业经营效率。中央政府开始逐步切断政府与国有企业之间的紧密联系。随着1993年年末《公司法》的颁布，国有企业开始了大规模的精简、兼并重组和转型。同时，户籍制度有所松动。中国劳动力市场逐渐形成，劳动力流动和失业现象开始显现，劳动生产率大幅提升。图6-9显示了20世纪90年代以来中国劳动力在地区间和部门间的转移。从1990年到2021年，中国第一产业就业人口从60.1%降至23.1%，第二产业就业人口从21.4%上升至24.9%，第三产业就业人口从18.5%上升至52.0%。中国已经创建了一个有弹性的多元化就业体制。改革开放以前，职工工资由国家决定。时至今日，在企业就业的员工的工资大多是由市场力量决定的，在控制人力资本特征后，中国国有企业的工资与私营企业相同。[①]

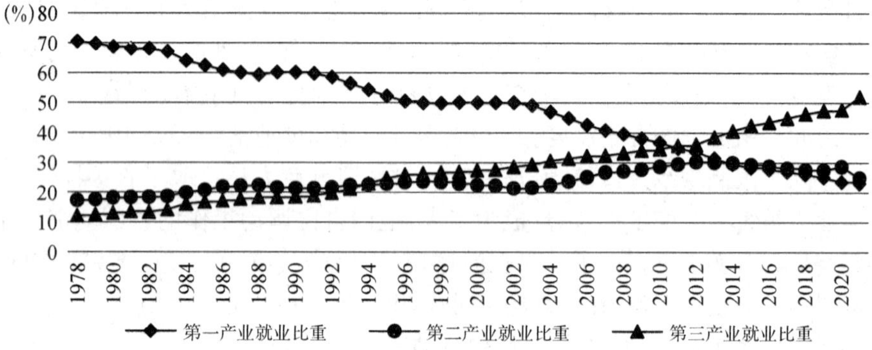

图6-9 三次产业就业比重(单位:%)

资料来源:WDI数据库、国研网统计数据库。

虽然现今政府控制的就业体系在中国已经消失，政府实行市场导向的劳动力和就业政策，自20世纪50年代以来作为管理劳动力和人口流动的户籍制度仍然存在，这一制度给中国劳动力市场的方方面面造成了影响，特别是导致城乡劳动力市场的二元分割。根据2020年人口普查资料，大部分(48%)的城镇职工在服务业就业；28%的在工业就业；剩下的四分之一(24%)在农业部门工作。几乎所有城市户口，不论是否处在工龄，居民有资格获得城市政府提供的社会服务福利，其中包括较高的社会保障、医疗保障、住房保障水平，以及政府资助更高的公立学校。而对于农村户口工人，据《2021年农民工监测调查报告》显示，2021年有20.26%的农村户籍人口在城市工作，其中在第二产业就业的比重为48.6%，在第三产业就业的比重为50.9%。留在本地的农村户口工人大部分在当地工业或者服务业就业，农村劳动力中在农村工作的农民(或在家做家务劳动)大部分都在40岁以上。[②] 近年来，中国农村居民逐渐获得当地政府提供的社会服务，包括九年义务教育、健康保险、福利金和社会保障。然而，在大多数乡村地区，地方政府提供的保障水平仍然很低。当然，户籍制度已经不会直接影响劳动力的自由流动，但由于几乎所有的行政活动和社会服务(如土地分配、住房、身份证、入学、医疗保险和社会

① Li H, Loyalka P, Rozelle S, et al., "Human Capital and China's Future Growth", *The Journal of Economic Perspectives*, 2017, 31(1): 25-47.

② 此处农民工相关数据来源于2022年4月29日国家统计局发布的《2021年农民工监测调查报告》。

保障)都与户籍制度有关,户籍制度仍对中国劳动力的流动和劳动力市场资源配置产生深刻影响。

第三节　人力资本与经济发展

一、人力资本理论

现代人力资本理论诞生只有 60 多年,但人力资本理论的渊源可以追溯到亚当·斯密。斯密指出"学习是一种才能,须受教育、须进学校、须做学徒,所费不少,这样费去的资本,好像已经实现并且固定在学习者的身上。这些才能,对于他个人自然是财产的一部分,对于他所属的社会,也是财产的一部分"。① 1906 年,费雪(Fischer)在《资本的收入和性质》一书中从广义资本的概念出发首次将人类自身也划入国民财富构成之中。② 1935 年,沃尔什(I. R. Walsh)发表"运用于人的资本概念"一文,该文首次将人力资本纳入经济理论的分析范畴之中。1945 年,弗里德曼和库兹涅茨出版《自由职业者的收入》一书,从不同角度对各种职业与教育等级的经济收益进行了开创性的研究。但现代人力资本(Human Capital)理论直到 20 世纪 60 年代基本形成。舒尔茨在 1960 年美国经济学会年会上所发表的题为《人力资本的投资》的著名演讲被认为是现代人力资本理论的形成标志。该理论后经贝克尔(Becheru)、阿罗(Arrow)、库兹涅茨、丹尼森(Denison)等人的工作而得到了长足发展,其结论很快被吸收到发展经济学中并得到广泛的利用和检验。

舒尔茨认为,在经济学的传统观念中,资本是物,只有生产设备、原材料等有形资本才算是资本,这是不完整的。完整的资本应包括物质资本和人力资本。人力资本是相对于物质资本或非人力资本而言的,是指体现在人身上的,可以用来提供未来收入的一种资本。具体来说,人力资本表现为人的知识、技能、经验和熟练程度,表现为人的体力、智力、能力等素质的总和,它通常用人的数量、质量以及劳动时间来计算。人力资本的经济意义在于,它能够带来未来的货币和心理收入。正如贝克尔所说:"一些活动主要影响未来的福利;另一些活动的主要影响在现在。一些活动影响货币收入,而另一些影响心理收入,即消费。旅游主要影响消费,在职培训主要影响货币收入,而高等教育既影响消费又影响货币收入。这些影响可以通过物质资源或人力资源发生。"③

就产出和增长来看,以投入的人头数量来计算劳动要素量是不精确的,必须考虑劳动力素质或人力资本,即从劳动的能力性质判断其对经济增长的作用。我们可以把人力资本引入生产函数,作为一般分析的基础。可以定义人力资本系数为 A,A 为一个不小于 1 的正数。投入生产中的劳动力人数与 A 的乘积即为有效劳动。由于劳动力素质的不可逆性,A 持续增大,在劳动力数量不变的前提下,有效劳动是不断增加的,即实际劳动供给是增加的。如果投入生产的劳动力数量增加,则名义劳动供给与实际劳动供给都是增加

---

① [英]亚当·斯密:《国富论》(上卷),郭大力译,商务印书馆,1972,第 259 页。
② Irving Fischer, "The nature of capital and income", Macmillan & co. ltd. Press, 1906, 5－7.
③ [美]贝克尔:《人力资本》,梁小民译,北京大学出版社,1987,第 10 页。

的，人力资本贡献与实际产出也都是增长的。如果可以用有效劳动替代物质资本的投入，还可以达到通过提高劳动素质，节约其他资本，但是并不影响产出水平的效果。图 6 - 10 说明了这两种情况。图 6 - 10(a)，纵轴代表资本投入量，横轴代表人力资本。劳动者素质没有变化以前，生产在资本和劳动的配合下，以与 A 点相对应的投入组合进行，产出水平为 G。当劳动者素质趋于提高时，无论劳动力数量是否增加，有效劳动都是增加的，因此，实际劳动供应增至 L_1。尽管资本投入不变，但是劳动力素质的提高使实际劳动与资本配合的比例由 L/K 变化至 L_1/K，产出水平增至 G_1。图 6 - 10(b)中，劳动者素质提高使实际劳动投入增加了 LL_1，在同一产出水平下，资本投入减少了 KK_1。可见，由于人力资本积累，劳动能力的提高在总体情况下既能够改善劳动力供应，又能够节约物质资本投入，维持产出持续增长。①

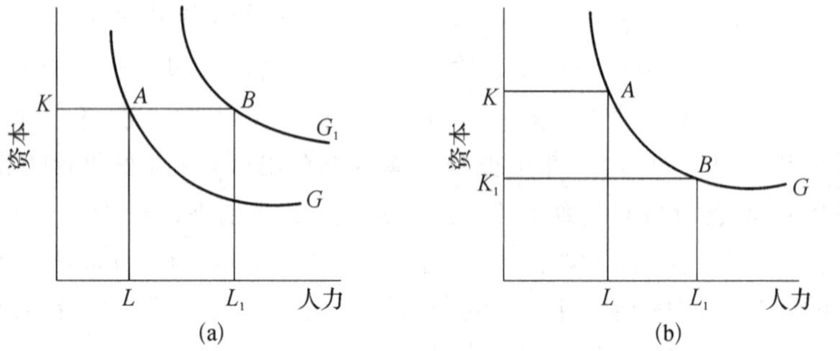

图 6 - 10　人力资本对产出的贡献

二、人力资本投资

舒尔茨认为，人力资本的取得不是无代价的，人力资本，包括知识和人的技能的形成是投资的结果，并非一切人力资源，只有通过一定的投资方式、掌握了知识和技能的人力资源，才是一切生产资源中最重要的资源。这种投资不是偶然的结果，它是人们经过理性判断的决策。舒尔茨指出：人类自出生之后所获得的人口质量，都需付出一定的可具体计量的成本。每当值得付出这一成本的时候，总会刺激人们去进行质量投资。由父母，主要是母亲所提供的对孩子的抚养照料，是一种可变的人口质量来源。家务和职业工作的经验、学校教育，以及卫生保健，也都是可变的人口质量来源。小孩子从其家庭生活中，以及后来的职业活动中所获得的经验，是各种有用技能的主要源泉。经济的现代化明显地有利于创造各种新的机遇和刺激因素，促使人们获得更多的人力资本。② 当然，人力资本投资既包括私人投资或家庭投资，也包括国家投资或社会投资。

根据人力资本的定义，舒尔茨将人力资本投资的内容概括为五个方面：① 医疗和保健，包括影响一个人的寿命、力量、耐力、精力等方面的所有费用，保健活动既有数量要求又有质量要求，其结果必然是提高人力资源的质量。② 在职人员训练，包括企业的旧式学徒制。③ 学校教育，包括初等、中等和高等教育。教育成本是指学生直接用于教育的

① 孟夏：《经济增长的内生技术分析》，天津人民出版社，2001，第 53 - 54 页。

② [美]西奥多·舒尔茨：《对人进行投资——人口质量经济学》，吴珠华译，首都经济贸易大学出版社，2002，第 25 页。

费用和学生上学期间所放弃的收入。④ 企业以外的组织为成年人举办学习项目，包括农业中常见的技术推广项目。⑤ 个人和家庭为适应就业机会的变化而进行的迁移活动。既然人力资本投资主要体现在教育支出、劳动力再培训支出、保健支出、迁移支出等几个方面，那么，在分析与考察人力资本在实现国民经济高速增长中的作用时，可以用这几个方面的支出对经济成长的贡献进行说明。需要指出的一点是，人力资本和收入之间可能存在双向的因果关系，一方面，随着收入的提高，人们对于人力资本的每个组成要素的需求会增加；另一方面，个人的健康和教育水平将影响其生产力、工资和收入。

在人力资本微观研究思路上取得重大研究成果的还有贝克尔、明塞尔等人。贝克尔在《人力资本》《生育率的经济分析》和《家庭论》等著作中提出了一系列重要思想。他将人力资本理论研究引入家庭经济行为领域，开创了对生育率的微观经济分析，提出了孩子的数量与质量有着某种替代关系，为人力资本理论奠定了坚实的微观基础。他还提出了家庭时间价值和时间配置观念，认为时间既可以用于劳动市场的有酬工作，又可以用于多种形式的无酬工作，两者同样具有经济价值，是必不可少的。通过合理的时间配置，实现两者的最佳组合，可以使消费者获得最大效用。此外，贝克尔把收集价格与收入的信息也作为人力资本投资的一项重要内容，并且指出不同的培训方式其费用支付方式也应该不同。明塞尔对人力资本理论的贡献也是多方面的，他利用人力资本理论解释个人收入差别，认为收入差别之所以发生是因为个人在人力资本质量上存在差异。在将人力资本理论与分析方法运用于劳动市场行为与家庭决策上，他也提出了许多新的理论见解。

在舒尔茨、贝克尔、明塞尔等著名学者人力资本理论的基础上，罗默、卢卡斯等人在20世纪80年代进一步分析了提高劳动力质量对经济增长具有极大的推动作用，学术界称其为“内生增长理论”。罗默、卢卡斯等人强调人力资本因素的内生经济增长模型，充分借鉴了贝克尔等人对人力资本研究的成果，分析了人力资本的形成过程，并把人力资本的形成引入经济增长模型之中。卢卡斯的内生经济增长模型把整个经济分成两个部门。在第一个部门中，每个劳动者根据其拥有的物质资本（与产品同质）和一部分人力资本生产消费品。在第二个部门中，人力资本自我形成。假定每个劳动者能力和他贡献给人力资本的时间（可视作受教育和培训的时间）决定了他进一步获取知识的速度。卢卡斯把人力资本分为社会一般人力资本和专业化人力资本，社会一般人力资本通过学校教育获得，专业化人力资本通过在实践中学习获得。专业化人力资本形成的规模和速度，直接取决于社会一般人力资本已达到的水平。在现有人力资本总体水平较低的情况下，利用“干中学”获得的专业化人力资本的水平也不会很高。

三、教育培训与经济增长

在人力资本理论中，教育及培训不仅被看作人力资本投资的重要方式，而且被视为经济发展和人权保障的重要内容，这一点已迅速地被一些国际组织和政府所接受。联合国通过的《世界人权宣言》指出：“人人皆有受教育的权利，教育应当免费，至少在初级和基本教育应然。初级教育应属强迫性质。技术与职业教育应广为设立。高等教育应予人人平等机会，以成绩为准。”（第26条第1款）联合国各主要会议和首脑会议一再重申受教育的权利以及教育对社会及个人发展的重要性，他们认为教育在国民发展中发挥关键作用，并且是个人幸福的一个首要组成部分。那么,考察发展中国家的教育状况,能否证明教育在经济增长中所具有的重要作用呢?

(一)发展中国家教育状况

教育水平的高低,反映出一个国家或地区人口素质水平。发展中国家由于经济发展水平较低,教育领域的投入规模较小,故而发展中国家教育质量有待提升。从1960年到1990年,在国际组织和各国政府的高度重视和推动下,全球学校的规模急剧扩张,教育事业保持较快发展速度,无论是小学教育还是大学教育都有了显著的改变。2000年,估计全世界成人(15岁或以上)中57%的人读完小学,较发达国家的比例为85%,发展中国家为43%。[①] 在全世界,成人受教育的估计平均年数增加,从1970年的5.2年增加到2000年的6.7年。从1970年到2000年的30年间,估计世界成人(15岁及以上)文盲率从37%下降至20%。

识字率是衡量教育水平的重要参数,由于全球成人受教育的数据不易获取,故而本节采用识字率进一步衡量近年来不同国家教育质量水平。从世界银行发布的统计数据看,2017年,高收入国家的识字率超过95%,中高收入国家的识字率超过90%,而作为发展中国家主要组成部分的中低收入国家的识字率仅高于80%,低收入国家的识字率甚至不到60%。由此可见,发展中国家的教育水平远远低于发达国家,亟须增加教育事业投入以推动教育质量的持续提升。

虽然较发达国家和较不发达国家之间的差距有所缩小,但仍然很大,2000年为4.6年(较发达国家受教育的年数平均为9.7年,发展中国家为5.1年)。虽然各区域都有显著进步,但在许多发展中国家,文盲依然普遍。2000年,发展中国家和地区约有四分之一的成人为文盲,最不发达国家中将近50%的成人为文盲,而南亚和西亚的比例为45%,撒哈拉以南非洲、阿拉伯国家和北非为40%,但东亚、大洋洲、拉丁美洲和加勒比地区的成人中文盲占比却低于15%。2017年,全球文盲人口数达7.499亿,占全球总人口的9.96%;到2020年,全世界大部分失学儿童属于发展中国家,其中,撒哈拉以南非洲以及南亚和西亚失学儿童最多,每个区域的失学儿童数量都略超过世界总数的三分之一。[②] 2020年,全球有2.58亿儿童和青年完全被排除在教育之外,在低收入和中等收入国家的20%最富有家庭中的青少年完成初中学业的可能性是来自最贫穷家庭的青少年的3倍,且至少有20个国家几乎没有任何来自贫穷农村的年轻女性完成中学教育,其中大多数在撒哈拉以南非洲。[③]

(二)教育培训的增长效应分析

舒尔茨在提出人力资本理论后,采用收益率法测算了人力资本投资中最重要的教育投资对美国1929—1957年经济增长的贡献,发现其比例高达33%。这个结果后来被广泛引用,作为说明教育对经济作用的依据。

---

① Barro R J, Lee J, "International Data on Educational Attainment: Updates and Implications", *CID Working Paper*, 2000, No. 42.

② 联合国经济及社会事务部人口司,《人口、教育与发展简要报告》,ST/ESA/SER.A/226,2003年。

③ 数据来源于2020年6月23日联合国教科文组织发布2020年《全球教育监测报告:融合和教育——所有人都要参与》。

从广义角度看，教育支出包括许多方面，其中，最重要的有普通教育（从正规的幼儿教育到大学教育）支出、成人教育（对在职干部、职工的培训）支出、社会教育（通过各种文化知识传播媒体如广播电视等）支出等。就个人教育投资来说，如果随着教育级别的上升，教育收益逐渐增加，而教育成本的增加不如教育收益增加得快，则这个家庭让子女受更高的教育是有利的。相反，如果随着教育级别的上升，教育收益不增加或增加很少，而教育成本的增加很快，甚至超过教育收益，则这个家庭就不愿意把子女送入级别更高的学校。但教育收益在投资时不是现实的，而是预期的。因此，在估算教育收益时要对某级教育在未来年份的收益进行贴现。

劳动力再培训是人力资本投资的一个重要方面，但这种投资与教育投资有所不同，它是针对在职职工上岗操作的实际需要进行的，投资的针对性强，投资支出后可以较快地转化为职工的较高劳动效率，投资收益比较有保证，因而能够坚持经常进行。一般而言，这种再培训支出是短期性的，一次投资重点解决一个或几个主要问题，随支随用，即期培训即期投放资金，因而这种投资具有较强的时效性。此外，这种投资所需数额也比较小，只需在企业单位的流动资金中列支，并可以直接计入生产成本，因而能够即期投入即期收回。

具体而言，研究者强调了教育在发展中的以下几方面的作用。

1. 教育具有“知识效应”和“非知识效应”

一方面，人们受教育后，获得了知识，提高了技能，从而增加了对新的工作机会的适应性和工作中发挥专门才能的可能性，这称为“知识效应”；另一个方面，人们受教育后，可以改变不正确的价值判断，提高纪律性，加强对工作和社会的责任感，从而促进受教育者参加经济活动并提高做好工作的积极性，这叫作“非知识效应”(non-Cognitive Effects)。

2. 教育有助于增加个人收益水平

从家庭单位来看，一些研究结果证明，在各种情况下教育都提高了个人收入，不过收益的大小依时间和地点而有所不同。卡拉波罗斯(Psacharopoulos)和帕特纳斯(Patrinos)①研究了处于各种发展水平国家的大量研究报告，认为小学教育的平均个人收益率为27%。在传统习惯或其他因素限制妇女就业的地方或限制妇女能够从事的职业种类的地方，女性教育的投资经济收益降低。然而，总的说来，妇女从教育投资中获得的回报高于男子。

3. 教育能够带来生产力提高的社会收益

一些研究证实发现，工作者个人的生产力增加会提高同事的生产力，而工作者教育程度较高有利于发现、接受和使用更高效率的生产工艺。米加特(Mingat)和谭(Tan)②得出结论说，收益率的差别不仅取决于教育程度，并且取决于发展程度。在低收入国家，初级教育是最好的投资，而对于初级教育往往已较普及的中等收入国家，增加对中等教育的投资将产生最高的社会收益。在高收入国家中，高等教育的收益最大。

---

① Psacharapoulos G, H Patrinos, “Returns to Investment in Education: A Further Update”, *World Bank Policy Research Working Paper*, 2002, No. 2881.

② Mingat A, J P Tan, “The Full Social Returns to Education: Estimates Based on Countries' Economic Growth Performance”, *Human Capital Working Paper*, 1996, No. 16131.

4. 教育在减少贫穷和收入不平等方面的作用

一些研究得出的结论是，初级教育是减少贫穷和不平等现象的有力工具，给社会最贫困阶层带来的惠益尤其显著。增加教育投资还有利于跨代的社会阶层流动，能够避免经济陷入低增长的循环。

5. 教育和培训的投资能够带来的其他方面的利益

教育和培训的投资能够带来的其他方面的利益包括教育有助于更广泛地传播信息；初级教育有利于更好地管理自然资源，更快地适应新技术和革新。

鉴于教育具有以上多种作用，可以直接得出一个结论：发展中国家的教育增长会促进经济增长。事实上，许多研究也得出了这样的结论。曼昆的研究结论被广泛地用于证明教育的重要作用。他使用了中学入学率作为人力资本储蓄的衡量指标，结果发现在中学入学率和收入水平之间存在很强的相关性。根据他的测算，物质资本和人力资本储蓄可以解释78％的国际人均收入差距。曼昆解释了为什么资本没有大量流入贫困国家，他认为人力资本（拥有技术的人）不能自由地从一个国家转移到另一个国家，而物质资本却可以做到这一点。[①] 然而，这一精妙的理论却遭到了质疑。研究者指出中学入学率并不足以衡量教育积累。国家之间的小学教育差距要小于中学教育差距，前者对收入差距的解释能力要差得多。反对者还指出，按照曼昆的理论，技术工人将从富国转移到穷国，但事实恰恰相反，贫困国家广泛地存在人才外流到发达国家的现象。此外，如果考虑到因果关系逆转，则随着收入的上升，中学教育作为一种奢侈品的消费也会增加，那么曼昆的结论也将发生变化。

（三）教育失灵及其作用的条件

那么，在发展中国家教育对于经济到底有多大作用呢？另外一些研究者给出的答案是令人震惊的：几乎没有甚至根本没有。一个最直观的证据就是，贫困国家教育的大规模发展伴随着经济增长率的下滑。从20世纪60年代到90年代，尽管教育水平不断提高，但世界平均经济增长速度却有所下降。在20世纪60年代，贫困国家的人均产出的年均增长率为3％，70年代为2.5％，80年代为－0.5％，而到90年代则为零。不管在短期内教育对经济增长的推动力有多大，从长期来看，教育对经济增长并没有多大影响。[②]

普里切特（Prithett）在研究中没有发现教育发展和人均产出增长之间存在正相关性。他还发现东欧和苏联国家在国民受教育年限上并不逊色于西欧和北美，但它们的GDP却远远低于后者。[③] 有学者利用1965—1985年的数据研究劳动者平均受教育年限的增长比例对经济增长的影响，结果表明，在受教育年限的增长率与人均GDP增长之间并不存在相关性，即使控制住其他影响经济增长的因素，这一结论同样成立。他们还发现在最初

---

① Mankiw N Gregory, "The Growth of Nations", *Brookings Papers on Economic Activity*, 1995, 1: 275-326.

② [美]威廉·伊斯特利：《在增长的迷雾中求索》，姜世明译，中信出版社，2004，第70-72页。

③ Prithett Lant, Deon Filmer, "What Educational Production Functions Relly Show: A Positive Theory of Education Spending", *Economics of Education Review*, 1999, 18(2): 233-239.

的教育水平与随后的生产率增长之间的确存在正相关性。① 不过,比尔斯(Bils)和克雷诺(Klenow)②指出初始教育水平与随后经济增长之间的因果关系可能被颠倒了。如果预期未来经济高速增长,技术工资快速增长而不是停滞不前,那么现期教育投资的收益率将很高。这就意味着,初始教育与随后经济增长之间的相关性是由于经济增长导致教育水平提高而非相反。

那么,为什么发展中国家的教育爆炸并没有带来预期的经济增长和居民收入水平的大幅提高?问题出在什么地方?

对此,20世纪70年代出现了一些对人力资本理论怀疑的理论。一是教育筛选理论,其核心观点是教育所起的重要作用在于识别学生的能力或天赋,教育对提高个人的生产能力没有帮助,仅仅起到区分个人能力高低的作用。二是教育的社会化理论,其论点是教育的社会化作用远比它提高认识技能的作用重要。教育通过社会化为资本主义经济提供服务,教育对不同社会阶层学生的不平等待遇,反映且维持了不平等的资本主义生产关系。这些理论虽然观察到了教育的多种特征,但走向了另一个极端,忽视了发展中国家所面临的约束条件。

简要地说,发展中国家的教育存在以下几方面的约束条件:一是在有许多政府干预的社会里,有知识的人更倾向于重新分配财富而非创造财富。有知识的人如何运用他们的知识取决于社会的激励,只有当政府的行为产生创造财富而非分配财富的激励时,教育才会对经济增长发挥积极作用。二是通过行政手段普及基础教育并不能产生投资激励从而影响未来的经济增长。在许多发展中国家,在国际组织的急切推动下,政府通过提供免费教育和要求儿童入学来发展教育,这样的教育只能增加数量却无法提高质量,因为教育的质量因投资激励的不同而有异。三是腐败、教师的低工资、教材和文具的开支不足都会扭曲提高教育质量的激励。四是教育对经济增长的影响还取决于其他的投资状况。教育虽然可以产生技术工人,但不能创造出对技术工人的需求。只有与高技术设备、先进技术和其他具有增长激励的投资结合起来,教育才会对生产起到推动作用。③

事实上,联合国的一些研究也表明,教育条件对于教育质量以及教育投资的回报具有重要影响。在发展中国家,越容易获取课本,分数就越高;难以获取学习资料,分数就下降;教学经验很重要;最富有经验的教师在首都或大城市地区,最缺乏经验的教师在农村或偏远地区。此外,学生的特点也对成绩起着十分重要的作用,从相对富裕的社会背景来的学生更有可能达到对基本阅读能力的掌握;学生的性别对成绩几乎没有影响,但住在城市还是住在农村则有影响,后者不利。可见,从教育到经济增长还需要良好的环境和相关条件,教育本身并不是解决发展问题的"灵丹妙药"。

四、健康投资与经济增长

卫生保健,是通过对患病者的医治和对健康者的预防措施,来减轻或消除疾病对人类

---

① Benhabib Jess, Mark Spiegel, "The Role of Human Capital in Economic Development: Evidence from Aggregate Cross-Country Data", *Journal of Monetary Economics*, 1994, 34(2): 143-173.

② Bils Mark, Peter Klenow, "Does Schooling Cause Growth or the Other Way Around?", *NBER Working Paper*, 1998, NO. 6393.

③ [美]威廉·伊斯特利:《在增长的迷雾中求索》,姜世明译,中信出版社,2004,第77-78页。

的侵袭，维护人的劳动能力。卫生保健投资包括医疗卫生部门人员的工资、医疗卫生设施、医用仪器设备、药费等。通过这些投资，可以获得多方面的效益：一是延长人口的平均寿命，增加人的劳动年限，这等于廉价生产出人力资源；二是保护和提高人们的体力和智力，提高同量活劳动的产出率；三是提高人们的健康水平，减少患病率，由此减少劳动者患病导致的工作日下降的经济损失和患病后的数额较大的消极性治疗费用。作为人力资本投资的一种，健康支出究竟属于长期性投资还是属于短期性投资，要视具体情况而定。一般来说，日常性保健支出（如对头痛脑热的治疗等）应属于短期性投资。对于生产单位而言，这种投资主要是由企业承担、直接从企业生产成本中列支的。对于政府部门而言，这种投资则主要是由政府承担、直接从财政支出项目中列支的。

健康除了具有本身固有的重要的内在价值之外，还对人类发展的其他各个维度有着不同程度的工具性价值。经验研究表明，健康的工具性价值表现为其对社会各个领域的促进作用，包括促进经济增长、提高劳动生产率、增加个人收入、扩大经济参与、增加受教育机会和教育成就，甚至包括影响生育率。[①] 福格尔(Fogel)[②③]把对人口健康和营养状况的评估引入对欧洲经济历史的一系列研究中，他发现，健康和营养的提高可能解释了英国在1780—1979年200年时间中人均收入年增长率达到1.15%的原因的20%～30%，即200年的经济增长中约有1/3应归因于营养和健康水平的提高。埃里克和卢伊(Ehrlich & Lui)[④]的实证研究表明，0～25岁存活率对增长率存在统计上显著的正影响。这一结论适用于发展中国家和更为发达的国家。巴罗[⑤]将健康资本的概念结合进模型之中，并着重分析了经济增长和健康之间的双向因果关系。他对由100个国家组成的1960—1990年的面板数据进行了回归分析，研究结果显示，初始点的健康人力资本对其后一段时间的经济增长有显著的正影响，其中，初始出生期望寿命（对数形式）的相关系数达到0.042，保持其他条件不变。由此可见，总体健康水平与随后的经济增长的关系是相当可观的，并且，这种影响即使在同时控制了初始GDP和教育水平变量的回归中也存在。

上述研究表明，某一时点上的健康水平（一般用期望寿命或类似的合计指标表示）通常是之后一段时间里经济增长的重要促进因素，并且，健康对经济的这种促进作用似乎比教育对经济的促进作用更有预测性。近期的经验研究也进一步支持了健康这一重要的工具性价值。尽管研究发现了健康对经济增长的正影响，但是，对于不同收入水平的国家，影响的效果和路径可能并不相同。具体而言，健康与财富的联系可能通过一系列不同的机制产生，包括人口变迁（由低生育率和死亡率引起）、教育水平、劳动力市场、投资等。这些机制是否存在及其起作用的方式都会影响到健康投资本身的效果。

---

① 王曲、刘民权：《健康的价值及若干决定因素：文献综述》，《经济学（季刊）》，2005年第3期。

② Fogel R W, "New Sources and New Techniques for the Study of Secular Trends in Nutritional Status, Health, Mortality, and the Process of Aging", *Historical Methods: A Journal of Quantitative and Interdisciplinary History*, 1993, 26(1): 5-43.

③ Fogel R W, "Economic Growth, Population Theory, and Physiology: The Bearing of Long-Term Processes on the Making of Economic Policy", *American Economic Review*, 1994, 84(3): 369-395.

④ Ehrlich I, Francis T L, "Intergenerational Trade, Longevity, and Economic Growth", *Journal of Political Economy*, 1991, 99(5): 1029-1059.

⑤ Barro R J, "Health and Economic Growth, Program on Public Policy and Health", *Health and Human Development Division, Pan American Health Organization*, 1996.

五、劳动力迁移与经济增长

根据收入均等化的理论，人们有向高收入的职业或者地理位置流动的趋向，而收入差别的定义是比较广泛的，包括非货币性的工作条件的差别。在发展中国家，劳动力迁移既包括城市和农村内部的，但更主要的是农村向城市的人口流动。农村向城市的人口流动是各个国家经济发展中经历过和正在经历的，影响农村劳动力迁移的因素是多样的和复杂的，它包括经济的和非经济的多种因素，其主要影响因素是农村劳动力数量、耕地面积、农民收入、农业多种经营和非农产业发展水平，以及两地的距离、语言、文化、传统习俗等。

作为人力资本投资的一种方式，劳动力迁移在带给人们收益的同时，也会导致成本的增加。如果潜在的收益大于成本，那么流动就会发生，否则就不会发生。一般来说，劳动力迁移与教育程度正相关，与年龄负相关。

根据人力资本理论，劳动力迁移是促进经济增长的重要因素。但是，研究者在人口迁移或流动对地区增长(趋同)影响问题上争论较多。缪尔达尔和赫尔西曼就非常怀疑劳动力的流动必然会导致趋同。巴罗对跨国数据的经验研究结果显示，人口流动并不对经济增长产生收敛性的结果，但对美国 1800—1990 年的州际数据研究后发现，人口流动对经济增长产生绝对收敛的特征。① 此外，巴罗和萨拉·马丁(Barro & Sala-i-Martin)在利用美国 1900—1990 年的数据，日本 1955—1990 年的数据，德国、意大利、法国、西班牙 1950—1990 年的数据以及英国 1960—1980 年的数据做进一步研究时却发现：人口流动不能作为这些国家地区收敛的解释变量。② 尽管后来 Barro 通过技术手段在他的模型中排除了人口流动的内生性，但他仍然没有发现人口流动对地区收敛的有效作用。

反对者认为，劳动力迁移对经济增长及地区差距的影响肯定存在，之所以没有发现这种影响的原因可能恰恰表现在技术手法上。泰勒和威廉姆斯(Taylor & Williamson)③引进了一个技术方法解决了这一问题。他们对这一问题的研究打破了常理，在提出“如果没有劳动力流动，收敛情况会怎样?”的问题后，他们研究了 1870—1910 年发生了大量移民的 17 个国家的收敛情况，发现大规模的移民对这些国家的人均 GDP 的贡献达到 50%，这说明人口流动对经济增长和地区收敛有决定性的作用。

六、中国的人力资本投资与经济发展

中国在计划经济时期选择的制度和政策广受诟病，但计划经济时期中国对基础人力资本的投资却是为数不多的受到正面评价的政策。在计划经济时期，中国向基础卫生和教育领域的投资相当可观。到改革开放前，中国人民享有较好的教育和医疗条件。在节制个人消费的同时，“社会消费”，如教育和医疗却在增长。此外，这些开支常常是以社会低收入人群获益的方式进行的。因此，尽管“文化大革命”中大学停止招生数年，但同期的基础教育却大面积铺开。文盲率在大幅下降。④ 虽然计划经济体制下中国为全体大众提

① Barro R J, Sala-i-Martin X, “Convergence”, *Journal of political Economy*, 1992, 100(2): 223 - 251.

② Barro R J, Sala-i-Martin X, “Regional Growth and Migration: A Japan-United States Comparison”, *Journal of the Japanese and International Economics*, 1992, 6(4): 312 - 346.

③ Taylor A M, Williamson J G, “Convergence in the age of mass migration”, *European Review of Economic History*, 1997, 1(1): 27 - 63.

④ [美]巴里·诺顿：《中国经济：转型与增长》，安佳译，上海人民出版社，2010，第 72 页。

供基础教育成绩斐然，但是在给高技术工人或受过高等教育的人提高劳动报酬方面却不尽如人意。

1977年，中国恢复了高考制度，不仅改变了几代人的命运，更为重要的是为我国在新时期及其后的发展和腾飞奠定了良好的人力资本基础，培养了大量高素质人才。虽然恢复高考以后，我国大学生数量在以每年5.1%的速度增长，但却远低于当时同等水平的发展中国家。1978年，全国只有1.5%的人口能够接受高等教育。1999年，中国政府开始扩大高校招生比例（即"高校扩招"政策），这一政策为中国人力资本积累，促进中国从物质资本投资主导向技能偏向主导发展路径的转变发挥了重要作用。到2021年，中国超过50%的人口能够接受高等教育。

20世纪80年代以来，中国成年劳动力平均受教育年限从1980年的4.3年上升到2020年的10.8年。2020年新增劳动力平均受教育年限达到13.8年，预计到2025年成年劳动力平均受教育年限将达到11.3年。高中毕业以上的劳动力比例从1980年的6.1%上升到2020年的41.6%。大专以上学历的劳动力比例从1980年的1.1%上升到2019年的20.6%。[①] 一些研究指出，同时期（特别是20世纪90年代以来），中国的教育回报率在不断提升。张俊森等（2005）研究发现中国城市的教育回报率大幅增加，从1988年的4.0%上升到2001年的10.2%，已接近低收入国家平均水平和世界平均水平。教育回报率的大部分上升发生在1992年以后，这反映出高等教育的工资溢价在不断增加。[②]

关于健康投资对中国经济发展的作用，也得到了一些国内学者的关注，利用宏观统计数据进行了相关研究。刘国恩等（2004）将人口健康作为人力资本的一种形式，探讨其在中国经济奇迹中的作用。他们利用中国健康与营养调查（CHNS）中的自我评估的健康状况数据，研究建立了以家庭为基础的个人收入生产函数。在控制观测扰动因素后，健康（自我评估的健康状况）与收入高度相关，健康作为人力资本不仅影响个人的收入，而且其影响呈明显的梯度关系，健康的边际生产率随健康状况提高而提高。研究还表明，农村人口比城市人口的健康经济回报更大；女性比男性的健康经济回报更大。[③] 魏众利用1993年中国营养调查数据，使用由功能性活动障碍指标组成的健康因子分析，从微观层面揭示了健康在获取非农就业收入乃至增加家庭收入方面有重要的作用。[④] 龙海明和陶冶（2017）指出，健康投资可以通过降低疾病带来的经济负担和损失，提高劳动者的劳动生产能力，促进教育投资收益，实现和促进健康产业的发展等途径对经济发展产生影响。[⑤] 黄娴静和彭丹丹（2020）将健康的老年人纳入健康人力资本，研究发现政府健康老龄化投资与经济增长存在"倒U型"关系，且这种"倒U型"曲线在经济发展水平较低、老龄化程度

---

① 数据来源于2020年12月5日中央财经大学—电子科技大学联合数据研究中心发布的《中国人力资本报告2020》。

② Zhang J, Zhao Y, Park A, et al., "Economic returns to schooling in urban China, 1988 to 2001", *Journal of comparative economics*, 2005, 33(4): 730 - 752.

③ 刘国恩、William H. Dow、傅正泓、Akin, John:《中国的健康人力资本与收入增长》,《经济学(季刊)》,2004年第4期。

④ 魏众:《健康对非农就业及其工资决定的影响》,《经济研究》,2004年第2期。

⑤ 龙海明、陶冶:《健康投资对中国经济发展的影响研究——基于省级面板数据的空间计量检验》,《湖南大学学报(社会科学版)》,2017年第4期。

较低的国家会变得更加陡峭。[①]

在劳动力迁移与经济增长的研究上，刘强的研究结果显示，劳动力的流动对于减少城乡收入差距是至关重要的。[②] 严超和常志霄(2011)检验发现，中国自1995年至2005年大规模的省际劳动力迁移对于地区经济增长和各省区实际人均收入的趋同都有正向的影响，其中移民汇款对地区经济发展发挥了重要的经济平衡作用。[③] 曹献雨和睢党臣(2021)利用2006—2018年东北地区34个地级市面板数据，研究发现经济增长显著影响人口迁移，正向驱动作用具有滞后性，人口迁移对经济增长亦具有正向驱动作用，滞后期较长。[④] 董丽霞和张子君(2021)选取2002—2015年省级面板数据，研究发现劳动力迁移促进流入地制造业合理化程度的提高，但不利于制造业的高级化；研究还发现，只有在外资规模较大和人力资本积累水平较高的地区，劳动力迁入才会对本地的制造业高级化产生积极影响。[⑤]

本章小结

人口的增长是一个连续的历史发展过程。2021年，世界人口达到78.989亿。据预测，到2050年，世界人口将超过100亿。人口过渡理论认为，现代经济增长过程中人口的增长存在高出生率与高死亡率并存、死亡率下降但出生率仍维持较高水平和出生率与死亡率同时下降三个差异明显的阶段。马尔萨斯的“人口陷阱理论”指出，人口增长并不能带来长期人均收入的增长，人口增长会导致经济体陷入“低水平均衡陷阱”。这一观点遭到了后来者的挑战，他们认为人口增长会带来长期收入的增长。

发达国家和发展中国家都面临就业压力。而在发展中国家，由于劳动力不能充分利用，隐性失业是一种普遍现象。同时，发展中国家的劳动力市场分割十分严重，使其就业压力远高于发达国家。在增加就业机会、吸收劳动力上，非正规就业在许多发展中国家发挥了重要作用。

现代人力资本理论在20世纪60年代形成，在现代人力资本理论中，教育培训、健康投资以及劳动力迁移是人力资本形成的三条重要途径。它们影响经济增长的方式不同，在不同发展中国家的表现也不尽相同。

2000年，中国已成为低生育率国家。2011年，中国传统人口红利逐渐消失，人口已经进入“零增长”区间，2021年中国人口净增48万人，部分省份已进入人口负增长阶段。整体而言，中国已步入老龄化社会，部分地区甚至已步入深度老龄化社会。由于历史原因，中国劳动力市场存在明显的二元结构，户籍制度仍是未来影响中国劳动力配置的一个重

---

① 黄娴静、彭丹丹：《政府健康投资与经济增长的“倒U型”关系——基于健康老龄化视角》，《广西大学学报(哲学社会科学版)》，2020年第6期。

② 刘强：《中国经济增长的收敛性分析》，《经济研究》，2001年第6期。

③ 严超、常志霄：《中国省际劳动力迁移对地区经济增长的影响研究——基于1995—2005年数据的实证分析》，《经济科学》，2011年第6期。

④ 曹献雨、睢党臣：《人口迁移、劳动力供给及东北经济增长的动态关系研究》，《云南财经大学学报》，2021年第6期。

⑤ 董丽霞、张子君：《劳动力迁移与中国制造业结构转型升级》，《技术经济》，2021年第11期。

要因素。中国向来重视教育和人力资本投资,中国人力资本已有较大的提高,为中国经济腾飞发挥了举足轻重的作用。

本章思考题

1. 人口过渡理论的内涵和事实是什么?
2. 马尔萨斯"人口陷阱理论"的主要观点是什么?
3. 如何评价隐性失业理论?如何解决发展中国家的就业问题?
4. 人力资本投资的三条重要途径是什么?请分别论述。
5. 简述中国劳动力市场发展和人力资本投资。

第七章　知识、创新与技术进步

人类社会经历了漫长的农业经济时代和辉煌的工业经济时代，现在已经进入知识经济时代。随着现代科学技术的发展，知识已逐渐从其他生产要素中独立出来，成为促进技术进步和经济发展的动力源泉。创意乃至大规模的创新是技术进步的源泉，是经济增长的核心要素，是国家前行的不竭动力。技术创新效益的最大化在于技术扩散以及技术转移，技术创新正是通过技术的扩散、转移达到应用规模的扩张和价值的广泛实现。发展中国家在技术引进过程中，通过对适宜技术的选择，充分发挥后发优势，可以逐渐缩小与发达国家的经济和技术差距。

第一节　创新与知识积累

一、创意行为与创新理论

创意是人类所具有的独特行为，无论其目的是满足好奇心，还是为了谋取利益。对于经济领域而言，创意能够改进生产技术，一个好的创意能使给定的一组投入得到更多或更好的产出。在 1990 年，罗默强调创意与大多数其他商品截然不同。① 一方面，创意是非竞争性的，一旦一个创意被提出，任何有相关知识的人都可利用它；另一方面，创意或多或少地是排他的，排他的程度由其所有人对他人的使用可索取费用的程度来衡量。当然，创意并不仅仅局限于工程和技术领域，它可以应用于生产经营和交易活动的各个环节，如商业模式、营销策略都是基于特定的创意。

创意是创新活动的基础，当创意行为被有意识地应用于生产体系和经济活动时，就称为创新。熊彼特出版的《经济发展理论》一书中集中讨论了"创新理论"。② 熊彼特将创新划分为五个不同的类型：新产品、新的生产方法（工艺）、新的能源供应、开辟新市场、新的企业组织方式。在他看来，创新是一种创造性的破坏，即是一个不断破坏旧结构，创造新结构的过程。

1950 年，熊彼特去世以后，他的追随者和拥护者们，沿着他开创的道路继续研究"创新理论"，发展成为当代创新经济学的两个分支：一是以技术变革和技术推广为对象的技术创新经济学，所研究的问题主要涉及技术创新过程，影响技术创新的因素，技术创新的市场体制，扩散模式，与企业经营的关系，对企业、行业、国民经济增长的贡献的测度方法，

---

① P M Romer, "Endogenous technological change", *Journal of Political Economy*, 1990, 98(5): 71 - 102.

② Joseph A Schumpeter, "The Theory of Economic Development: An Inquiry into Profits, Capital, Credit, Interest, and the Business Cycle", Transaction Publishers, 1912.

同时也研究了企业的组织结构、管理策略、企业内外因素等与技术创新的关系;二是以制度变革和制度形成为对象的制度创新经济学。所谓"制度创新"是指经济的组织形式或经营管理方式的革新,如股份公司、工会制度、社会保险制度、国营企业等,这种组织和管理上的革新被看作是历史上制度变革的原因,也是现代经济增长的原因。

随着研究的深入,人们对于创新活动的过程、主体及基本模式有了更全面的认识。演化经济学者提出创新过程的长期性和不确定性,创新不是一种由发明到扩散的简单线性模式,创新能力也不是仅限于企业组织。1987 年,克里斯托夫·弗里曼(C. Freeman)在《技术与经济运行:来自日本的经验》一书中首次提出"国家创新系统"概念,后发展为国家创新系统理论。① 经济合作与发展组织将国家创新系统定义为:政府、企业、大学、研究院所、中介机构等为了一系列的共同社会和经济目标,通过建设性地相互作用而构成的机构网络,其主要活动是启发、引进、改造与扩散技术,创新是这个系统变化和发展的根本动力。② 产业集群理论研究提出,创新倾向于集中在特定的部门和这些部门所处的环境中。纵观创新理论的多种学说,它们在创新与增长、创新与竞争、创新与知识、具有演进系统的创新等诸多问题上有着不同的见解,丰富和深化了对创新活动的认识。

二、知识的内涵及特征

(一) 知识的内涵

知识是经济增长过程中必不可少的核心要素,在人类社会文明进程中发挥举足轻重的作用。《现代汉语词典》对知识的解释是:"知识是人们在改造世界的实践中所获得的认识和经验的总和"③。《韦氏大词典》对知识的定义是:"知识是通过实践、研究、联系或调查获得的关于事物的事实和状态的认识,是对科学、艺术或技术的理解,是人类获得的关于真理和原理的认识的总和"④。达尔波特和普鲁斯卡(Davenport & Prusak)整合了知识的形态、组成元素、主要作用和存储主体等元素,从以下方面描述了知识的定义:① 知识的形态。知识是一个流动、动态的混合体,在刺激和学习下随时改变、更新。② 组成元素,包括经验、价值观、情景信息和专业洞察力。③ 主要功能。它提供了一个参考结构来评估和整合新刺激所产生的信息与经验,形成新的结构并可以指导决策和行为。④ 存储主体。它由知者(Knower)的心智产生并被利用。在组织中,知识不仅仅存在于文件与知识库中,更存在于例行的工作、流程、实践与文化中。⑤

知识是从不相关或相关的信息中变化、重构、创造而得到的,其内涵比数据、信息要更广、更深、更丰富。⑥ 数据是最原始的信息表达方式,信息是有价值的数据,知识是用于解决问题的结构化信息。20 世纪 50 年代以来,从"数据"到"信息"到"知识"演化的基本原

① C Freeman, "Technology policy and economic performance: lessons from Japan", Pinter Publishers Ltd., 1987.

② OECD, "Science, Technology and Industry: Scoreboard of Indicators", 1997.

③ 中国社会科学院语言研究所词典编辑室:《现代汉语词典》,第 2 版,商务印书馆,1983,第 1481 页。

④ Merriam-Webster, "The Merriam-Webster Dictionary", Merriam Webster, 2016.

⑤ Thomas H Davenport, Laurence Prusak, "Working Knowledge: How Organizations Manage What They Know", Harvard Business Review Press, 2000.

⑥ I Nonaka, H Takeuchi, "The Knowledge-creating company: How Japanese companies create the dynamics of innovation", Oxford University Press, 1995.

理及过程如图 7-1 所示。

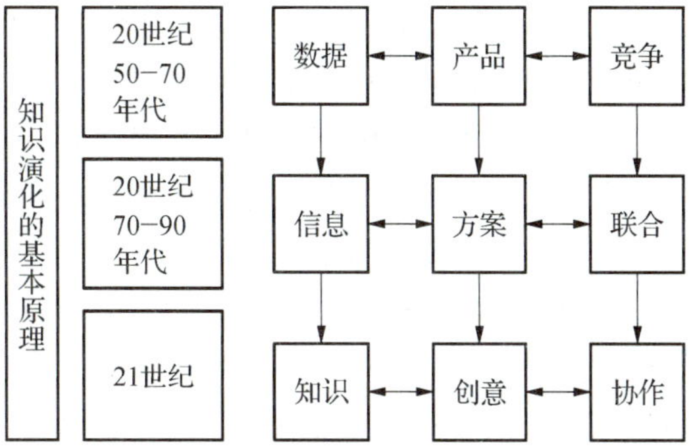

图 7-1　知识的演化

资料来源：戴布拉·艾米顿：《创新高速公路：构筑知识创新与知识共享的平台》，知识产权出版社，2005，第 9 页。

（二）知识分工及特性

在古典经济学中，分工思想为知识分工范畴的出现提供了一个理论基础。马歇尔指出，知识是生产中最有力的发动机，而组织则有助于知识的形成。哈耶克（Hayek）在 20 世纪 30 年代与兰格关于计划与市场的大论战中，第一次明确提出了知识分工范畴，正式地把知识问题纳入经济学的视野。① 贝克尔和墨菲（Murphy）在 1992 年的《分工、协调成本与知识》一文中所做的均衡分析首次引进了"知识"变量。②

弗里茨·马克卢普（Machlup）在 1962 年出版的《美国的知识生产和分配》一书中用已认识的事物对认识者的主观含义作为标准，区分了 5 种类型的知识：③① 实用知识。对一个人的工作、决策和行动有用的知识，可以根据他的活动细分为专业知识、商业知识、劳动知识、政治知识、家庭知识和其他实用知识。② 学术知识。满足一个人在学术方面的好奇心，是自由派教育、人文主义和科学知识，以及一般文化的一部分，总是在积极集中力量于评价现有问题和文化价值观之后得到的。③ 闲谈和消遣知识。满足一个人在非学术方面的好奇心，或者满足他对轻松娱乐和感官刺激方面的欲望，包括本地的流言蜚语、犯罪和事故新闻、轻松的小说、故事、笑话和游戏等。④ 精神知识。它与上帝以及挽救灵魂的途径这种宗教知识有关。⑤ 不需要的知识。马克卢普（Machlup）把"已认识的事物"和"正在认识的状态"都包括在知识的范畴内，计算出 1958 年美国国民生产总值中用于知识的开支为 1 364.36 亿美元，占 29%，他对知识的统计分类包括教育、研发、通信媒介、信息装置、信息服务等。经济合作与发展组织（OECD）在 1996 年的年度报告《以知识为基础的经济》中将知识分为四大类：① 知道是什么的知识（Know-what），主要是叙述事实方面的知识；② 知道为什么的知识（Know-why），主要是自然原理和规律方面的知识；③ 知道怎么做的知识（Know-how），主要是指对某些事物的技能和能力；④ 知道是谁的知识

① Hayek F A, "Economics and Knowledge", *Economica*, 1937(4): 33-54.

② Becker G S, Murphy, K M, "The Division of Labor, Coordination Costs, and Knowledge", *Quarterly Journal of Economics*, 1992(4): 1137-1160.

③ [美]马克卢普：《美国的知识生产与分配》，孙耀军译，中国人民大学出版社，2007，第 17-18 页。

(Know-who),涉及谁知道和谁知道如何做某些事的知识。[①]

知识一般具有如下特征:一是知识具有不完备性。知识不完备性意味着,我们所应用的关于环境的知识不是以一种集中且整合的形式存在的,而是由不同的个人分散持有的,因此,经济学不仅应该研究给定的知识能否利用问题,而且应该研究分散知识的传递和利用机制问题,探寻经济行为主体发现和获得知识的学习过程。二是知识具有互补性。我们今天的知识建立在前人的成果之上(时间的累积),不同学科之间的交流导致了新学科领域的诞生(空间上的互补)。前者是同一类型知识的不同知识片段沿着时间经验表现出来的互补性;后者是不同类型知识或者不同知识传统沿着空间经验表现出来的互补性。三是知识的非竞争性、部分的非排他性及其溢出效应。知识的非竞争性和部分非排他性的特质,产生了溢出效应,即知识的提供者与生产者只能获取知识所带来的部分效益,而不是全部效益。

(三) 知识的经济增长效应

知识是企业或其他组织从自主性生产、投资的动机出发,进行有意识地研究开发活动的结果。根据联合国教科文组织(UNESCO)的定义,研究与开发活动(R&D)是为增长知识的总量(包括人类、文化及社会方面的知识)以及运用这些知识去创造新的应用而进行的系统的、创造性的工作。[②] 经济合作与发展组织对 R&D 的定义是,研究与开发是在一个系统的基础上的创造性工作,目的在于丰富有关人类、文化和社会的知识库,并利用这一知识进行新的发明。[③] R&D 一般包括三种活动:基础研究、应用研究和实验开发。基础研究是探索自然界的物质运动、变化规律的研究,是发展新技术、新产品的理论基础。应用研究是为了某种实用的目的,运用基础研究的成果,开辟新的科学技术途径的研究。实验开发则是利用研究成果,寻求明确具体的技术突破的研究活动。所有这些活动都可以看作知识积累的过程,其结果是提升了知识的总量。

知识对经济增长的促进是一个渐进的过程。经过几个世纪的持续发展,经济增长经历了从规模物质生产到设计与使用技术,从加工处理资源到加工处理信息,从应用自然能源到应用知识、思想的转变。这种转变的发生,决定了经济行为的基础性机制由规模收益递减转向规模收益递增。规模收益递增是内生技术增长理论的核心,具有久远深厚的思想渊源。斯密就将规模收益递增归因于技术变迁。技术变迁是通过分工显示出来的,是生产实践改进的过程。它来源于经验积累或协作效应的提升,更好的生产方法、技能培训以及机器的采用等。技术变迁以分工加速知识积累的形式,成为收益递增永不枯竭的源泉。斯密的这一思想,经过杨格和马歇尔的分别发展,形成了现在处理规模收益递增的两种不同思路。一是从生产组织方式演进来阐述产业间分工所形成的收益递增机制。不断细化的专业化分工不仅可以充分发挥资本化的迂回生产方式优势,而且可以发挥并不依赖于生产性技术变化的某些自身优势,比如可以实行更高程度的专业化管理,促进产业经营更合理的分布等。二是从外部性来论证经济效率的增长。从企业的角度来看,在知识

---

① OECD, "The knowledge-based economy", 1996, 12.

② UNESCO, "Guide to statistics on science and technology", *Division of Statistics on Science and Technology office of Statistics*, 1984.

③ 经济合作与发展组织:《弗拉斯卡蒂手册——研究与试验发展调查实施标准》,科学技术文献出版社,2002。

水平既定的条件下，劳动力和资本投入的倍增将会引起产出倍增。企业通过投资增加资本存量的行为也提高了知识水平，作为一个整体，经济是按收益递增原则运行的。无论从生产组织方式演进，还是从外部性来看，知识作为生产函数的一个要素，规模收益递增是不可避免的。这一结论由以下状况得出：在知识水平不变的前提下，有形的生产要素投入倍增导致产出倍增。在扩大资本投入的同时，知识水平也随之变化，收益递增就是很自然的结果。由于知识的非独占性，所以对单个企业来说，收益递增也是外在的。正是这种收益递增对个别企业而言的外部性特点决定了竞争性均衡的存在，使我们能够按照总收益递增与竞争性均衡相一致的原则解释经济增长。

知识促进经济增长的基本过程是，创新者将资源投入研发活动中，依靠专利保护获得用来增加利润的垄断力量，而额外的利润提供了投资于研发活动的激励。创新者把投资中获得的将来利润的现值与前面所付出的研发成本做比较，进而做出投资决策。竞争吸引新进入厂商加入发明活动，直到研发的私人回报率等于可选的投资项目的回报率。虽然知识产权保护和商业企业运营监管能够提高研发的私人回报水平，但没有一种制度能够提供完全的保护。因此，在企业内部进行发明活动过程中所产生的一些有用知识，可以为其他人所利用。知识并非公共领域物品，不是任何人随时随地都可以免费利用的。归根结底，知识有赖于企业的特定相关能力及其网络环境，知识的转移并非易事。

第二节　技术进步的类型与源泉

一、技术进步的内涵

世界知识产权组织（WIPO）在 1977 年出版的《供发展中国家使用的许可证贸易手册》一书中对技术的定义是：技术（Technology）是指制造一种产品的系统知识。经济合作与发展组织认为，技术是产品的研究、开发和销售整个过程中所应用的知识。或者说，“企业 R&D 投资的产出就是技术。技术作为知识的一种形式，具有某些特殊的性质。首先，技术具有非竞争性。当某一个经济行为人使用某种技术生产商品和服务时，并不妨碍其他的经济行为人也使用同一种技术。这种性质使得技术不同于资本品。在某个时点，资本设备只能在一个地点被使用。其次，在很多情况下，技术具有部分的非排他性。技术信息的创造者或所有者制止其他人不经授权地在某些方面使用此种技术。这种性质也使得技术不同于资本品，因为资本设备实际上总是排他的”。①

在发展经济学中，技术是指生产过程中将投入转化为产出的方式。技术进步并不是指技术自身的变化发展，并不局限在工艺上的进步，而是指所有能导致产量增加或成本减少的经济活动，即能影响生产函数、经济增长而不能用资本和劳动等投入要素来解释的任何其他因素。简单地说，技术进步是指由知识和技术因素引起的生产函数的变动。技术进步可以用生产函数来反映。包含技术进步的生产函数可以表示为

① ［美］格罗斯曼、赫尔普曼：《全球经济中的创新和增长》，何帆译，中国人民大学出版社，2002，第 13 页。

$$Q=F(K,L,t) \tag{7.1}$$

或者

$$y=f(k,t) \tag{7.2}$$

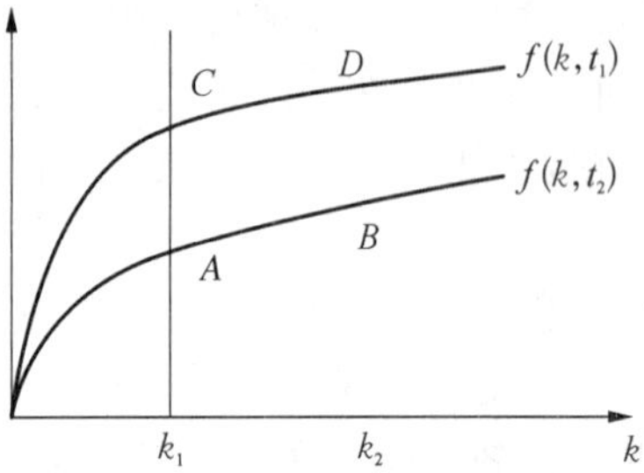

图 7－2　技术进步的发生

式中，t 代表时间。该函数表示由于技术进步，在不同的时间，对应于给定的一组投入，所得到的产出是不同的。

技术进步也可以用图形来表示。技术进步表现为生产函数曲线的移动，而不是沿着原生产函数曲线的移动。如图 7－2 所示，从 A 点到 B 点只是人均资本拥有量的增加，生产函数并没有发生变化，这种增加并不意味着技术进步。但是，当 A 点移动到 C 点，或者 B 点移动到 D 点时，生产函数发生了向上移动，从而发生了技术进步。

二、技术进步的历史事实

从人类历史来看，技术进步一直在发生，尽管在特定时期比较缓慢。人们一般认为迄今发生了四次科技革命(见图 7－3)。第一次科技革命是以蒸汽机的出现为标志，以此为动力，科学技术和生产方式发生了巨大变革，改变了人类对手工工具和人力、畜力、风力、水力的依赖，促进了纺织、机械、煤和铁、铁路的飞速发展，极大地提高了社会生产力水平，人类社会自此从农业经济时代进入工业经济时代。第二次科技革命是以发现电磁感为标志，工业由蒸汽时代进入电气时代，不仅原有的纺织、机械、煤和铁、铁路等得到了改造和提高，还带动了电力、石化、运输、汽车、家电等一系列新产业的产生和发展。第三次科技革命是以第一台电子计算机的出现为标志，人类进入电子技术时代，计算机、电子、自动化、原子能等相继得到大力发展。第四次科技革命是以新一代信息技术为主要标志，科学技术以前所未有的规模和速度向前推进。物联网、大数据、智能制造、智能机器人、先进材料、新能源、生物产业等高新技术群的产生和发展，使知识和信息在社会生活中具有比自然资源更为重要的地位，人类由工业经济时代逐步迈向知识经济时代。

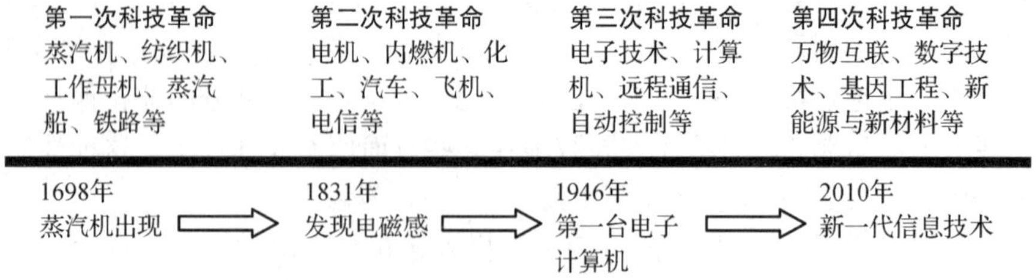

图 7－3　历次技术革命

三、技术进步的类型

在经济增长理论中，技术进步通常分为两种，即非依附型技术进步和依附型技术进步。前者与生产要素本身的改进无关，是指生产组织和生产技术的改进，以及新的企业管理方法的发展和应用，这种技术进步的结果是使所有资本和劳动的生产效率普遍提高。后者则与生产要素本身有关，这种技术进步必须体现在具体的生产要素之中。依据不同的标准，对各种类型的技术进步的定义也不同，比较有影响的是希克斯、哈罗德和索洛的分类。在经济增长理论中，经济学家所研究的主要是希克斯中性和哈罗德中性技术进步。

约翰·理查德·希克斯(Hicks)在1932年出版的《工资理论》一书中，根据技术进步对资本和劳动的影响程度的差异，将技术进步分为劳动节约型、资本节约型和中性型三大类。① 他说，“如果我们观察两组生产要素——劳动与资本，并且假定它们均被全部使用，然后，我们可以根据发明的初始效果是增加了资本边际产量对劳动边际产量的比率，还是使这一比率不变，或者是降低这一比率，对发明进行分类，分别把它们称为劳动节约型、资本节约型和中性型。”他的叙述表明，凡是提高资本边际生产力对劳动边际生产力的比率的技术进步是劳动节约型，降低资本边际生产力对劳动边际生产力的比率的技术进步是资本节约型，使资本边际生产力对劳动边际生产力的比率保持不变的技术进步是中性型的。我们把式(7.1)改写成

$$Q=F[a(t)K,b(t)L] \tag{7.3}$$

式中，$a(t)K$ 代表有效资本量；$b(t)L$ 代表有效劳动量。对于任意给定的 K/L 值，如果 $\dfrac{F_K(t)}{F_L(t)}>\dfrac{F_K(0)}{F_L(0)}$，则称为劳动节约型；如果 $\dfrac{F_K(t)}{F_L(t)}=\dfrac{F_K(0)}{F_L(0)}$，则称为希克斯中性；如果 $\dfrac{F_K(t)}{F_L(t)}<\dfrac{F_K(0)}{F_L(0)}$，则称为资本节约型。

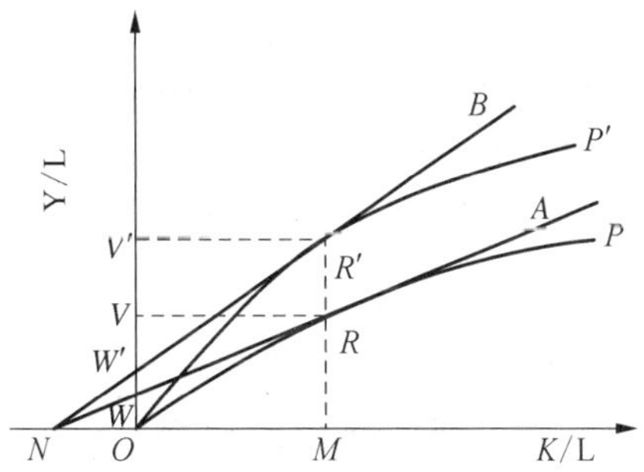

图7-4 希克斯的中性型技术进步

在图7-4中，纵坐标 Y/L 代表每个劳动力的平均产出量，横坐标 K/L 代表每单位劳动平均使用的资本量。OP 为没有发生技术进步时的生产函数曲线，OP' 代表发生技术进步后的生产函数曲线。在这里，OP 和 OP' 为假定生产函数的曲线都具有资本边际生产力递减的特性，即随着每单位劳动配备资本量的增加，每增加1单位的资本所增加的产量是递减的，因此 OP、OP' 都是呈递减趋势的曲线。

在未出现技术进步时，OP 曲线上的任何一点 R 表示每单位劳动平均使用资本为 OM 时的平均产出量是 MR，过 R 点作 OP 的切线与 OM 的延长线交于 N，OW 为工资率(平均每单位劳动的工资)。MR 与 OW 的差 WV 为利润。国民收入分配份额中利润总额与工资总额之比等于 WV/OW。由于切线 NA 的斜率即利润率 $r=OW/ON$，$ON=OW/r=\dfrac{\text{工资率}}{\text{利润率}}$，由此可知，可以用 ON 来测量工资率与利润率的比率。

当发生技术进步时，单位劳动的平均产出为 OV' 比未发生技术进步时有增长，但含有技术进步的生产函数曲线 OP'，也有 $\dfrac{\text{工资率}}{\text{利润率}}=ON$ 的性质。在图7-4中，NB 是过 R' 点

① John Richard Hicks, “The theory of wages”, Macmillan, 1932.

的 OP' 的切线，OW' 为发生技术进步后的工资率，$MR'-OW'=W'V$，$W'V$ 为利润，利润率 $r=\frac{\text{工资率}}{\text{利润率}}$，与未发生技术进步时相同。这个结论说明，技术进步不仅能提高劳动的边际生产力，使工资由 OW 增加到 OW'，还能使资本的边际生产力以同等幅度提高，因而同比例地提高利润率使得工资率和利润率之比保持不变。

希克斯定义的中性技术进步的特点是，无论发生技术进步或未发生技术进步，在新旧生产函数的人均资本相同之点，工资率与利润率之比保持不变。既然单位劳动配备的资本量不变，因此，利润量提高的比例与工资提高的比例相同。所以，这种技术进步并不改变工资与利润在国民收入中的分配比例。

相应地，对于 K/L 相同之点，如果资本边际产量的提高大于劳动边际产量的提高，意味着资本的分配份额相对提高，这就不是中性型技术进步而是节约劳动型技术进步，这种技术进步是用资本替代劳动。一般来说，为了避免利润率下降和阻止工资上升，企业会偏向于推动节约劳动型的技术进步。另一种情况是，对于 K/L 相同之点，如果技术进步降低了资本的边际生产力对劳动边际生产力的比率，即劳动的边际产量增加高于资本边际产量的增加，提高了劳动在国民收入中的份额，那么这种技术进步就是资本节约型的。

1937 年，哈罗德在一篇书评中提出了他关于技术进步分类的看法，他的中性技术进步概念与希克斯的相同，都不会引起工资与利润在国民收入中份额的变化。哈罗德的分析是把技术进步前和发生技术进步后的两个生产函数中具有相同的利润率的两个点进行对比。哈罗德所谓的中性技术进步，是指发生技术进步后，使利润率保持不变的增大的资本—劳动比率 K/L，其相应的资本—产出比率 K/Y 也保持不变。换言之，新旧两种生产函数中利润率相等的点，各与之相应的资本—产出比率 K/Y 也相同，这种技术进步是中性型的。如果包含技术进步的生产函数中有着较高的资本—产出比率 K/Y，这是节约劳动型技术进步；相反，如果包含技术进步的生产函数有着较低的资本—产出比率 K/Y，就是节约资本型技术进步。

四、技术进步的源泉

(一) 技术推力和需求拉力

熊彼特在其出版的《经济发展理论》一书中指出，“所谓的经济发展通常出现在工商业领域，而不是消费者对最终产品的需求领域。需求是生产的目的，是一切生产的终点，所以我们必须把满足需求作为起点，从这一点出发去理解特定的经济形式。然而，消费者需求的自发性通常很小，甚至可以忽略不计。因此，消费者的新需求一般不会引起经济系统中创新的出现。这种创新通常源于生产者行为的变化……”①企业家之所以进行创新，就是期望获得当时的垄断地位，并在垄断维持期间享受高额利润。然而，技术进步是一把“双刃剑”，随着技术进步的升华，企业家的垄断地位不断被动摇。因此，企业只有持续引进崭新的思想，诞生崭新的产业部门，才能维持其垄断地位。从这个角度来说，创新来源于“技术推力”在熊彼特思想中找到了很恰当的位置。

① Joseph A Schumpeter, “The Theory of Economic Development: An Inquiry into Profits, Capital, Credit, Interest, and the Business Cycle”, Transaction Publishers, 1912.

施穆克勒(Schmookler)关注增长的产品需求对技术变化速度的影响,提出技术进步的"需求拉力"说。[①] 施穆克勒研究19世纪上半叶到20世纪50年代美国铁路、炼油、农业和造纸工业等的投资、产出和发明活动后发现,商品的产出和与该产出相关的发明之间存在同方向的趋势,但是发明存在着滞后。以专利作为发明活动的代理变量进行研究,投资和专利的时间序列表现出高度的同步效应,但是投资序列领先于专利序列,而相反的情形却比较少见。施穆克勒对此的解释是,科学探索引发发明创造,但是一项科学发现可能包含许多潜在的发明创造,究竟哪一个发明创造被开发出来依赖于经济因素,而其中一个非常重要的因素就是新的、潜在的需求。

(二) 诱致性技术创新

经济部门作为社会的子系统,是由技术和资源的相互作用构成的。在这个子系统中,技术是利用特定的生产要素组合生产产品价值的决定因素,而资源禀赋的变化会诱发技术变迁。有关这种关系的规范经济理论叫作"诱致性技术创新"理论。

希克斯用要素相对价格的变化来说明技术创新的方向。当一种要素禀赋相对于另一种要素禀赋更为稀缺时,就会引起要素相对价格的变化,这种变化会诱导出要素节约偏向的技术变迁,这种有偏向的技术变迁源于追求利润最大化的企业家降低生产成本的努力。[②] 后来,希克斯对理论做了一定的修正,他认为诱致性技术创新处于这样一个因果链:一项发明冲击,在短暂的阵痛之后利润上升、工资上升,造成某种要素的稀缺,如果没有其他的发明出现,原有的发明的冲击会衰竭,这诱致了节省那些变得稀缺要素的发明。速水佑次郎和弗农·拉坦(Yujiro Hayami & Ruttan)在此基础上发展了诱致性技术变迁模型,他们认为发展的不均衡是诱导技术变革的关键因素,不均衡产生了发展的瓶颈,使得科学家、企业家和公共管理者将注意力集中到更有效地解决资源配置的问题上来。速水佑次郎和拉坦考察英国棉纺工业发现,飞梭的发明加速了纺织业的发展,但也引起了织布能力的不足,进而推动了动力织布机的发明。[③]

五、技术进步的途径

(一) 研究和开发

内生增长模型,通过将技术进步内生化,强调技术进步是经济长期增长的渊源,并为此引进了单独的研发(R&D)部门,通过生产技术知识来促进技术进步。一般说来,基础性科学技术知识的研发活动主要依靠政府支持。原因是,这类技术在短期内往往不能获得效益,又或者是前期所需要投入的成本太大,私人部门难以承担。私人部门为了经济利益也会进行研究和开发活动,主要研究的是应用型技术。基础性的科学技术知识具有公共产品的性质,通过自愿签订契约的方法去管理这种知识的使用以及避免"搭便车"的问题十分困难。如果将基础性科学研究留给私人部门去完成,又不能达到社会最优的供给水平,并且私人部门追求利润最大化的动机也会导致研究的资源配置严重倾向于受到充

---

① Schmookler J, " Invention and Economic Growth", Harvard University Press, 1966.

② John Richard Hicks, " The theory of wages", Macmillan, 1932.

③ Yujiro Hayami, Vernon W Ruttan, " Agricultural development: An international perspective", Johns Hopkins University Press, 1985.

分保护的领域。通常,各个形态的社会都在一定程度上存在一批发明者、创新者和风险承担者。在社会经济发展初期,或经济尚未开放的时期,技术进步者首先依赖于这一阶层的出现。

(二) 技术引进

在一个封闭的经济系统中,本国或本地区的技术发明与技术创新是技术进步的必要条件。在一个开放的经济系统中,本国或本地区的技术发明与技术创新不再是必要条件,技术落后的国家或地区可以引进先进国家或地区的科学技术。发展中国家或地区由于经济起步较晚,研发能力相对薄弱,引进发达国家或地区的科学技术就显得尤为重要。发展中国家或地区可以选择适用本国或本地区的域外技术发明进行创新,或者是将域外技术创新成果直接在本国应用。对于发展中国家或地区来说,吸收、消化、提升发达国家或地区的技术,并以此振兴本国或本地区的经济是非常重要的方法和途径,它能够使发展中国家或地区获得后发优势,促使经济迅速增长,不断缩小与发达国家或地区的差距。许多发展中国家或地区通过开展对外开放来刺激本国或本地区经济的快速增长正是基于这一观点。

(三) 知识溢出与"干中学"

庇古(Pigou)1920 年提出了外部经济与外部不经济,指的是所投入生产要素的边际社会纯产值与边际私人纯产值的差额的论点,形成了静态外部性理论的基本框架,外部经济与外部不经济就是溢出的积极效应和消极效应。[①] 1952 年,鲍莫尔对溢出做了新的定义,溢出是由于工业规模扩大,特别是在该工业中其他厂商条件不变的情况下增加了生产,使得一家厂商生产成本降低(增高)了……其结果是一家厂商的所作所为对该产业中其余厂商的影响不能通过价格的变动而得到补偿。[②] "干中学"是指在生产实践中,工人、管理者通过不断积累经验,提高生产效率。从技术进步的过程来看,相当数量的技术创新和技术改进都产生于"干中学"。1962 年,阿罗把"干中学"和知识溢出结合起来解释技术进步的原因。[③] 阿罗认为,技术进步是内生的,人们在生产产品的过程中不可避免地思索改进生产过程的方式,于是技术进步或生产率提高就是资本积累的副产品。因此,知识积累并不是有意识地研发活动的结果,而是传统经济活动的副产品,这种知识积累被称为"干中学"。单个厂商通过投资获得的经验和知识会被其他人学习,即发生溢出,从而整个社会都会产生技术进步。

(四) 人力资本投资

美国著名经济学家西奥多·舒尔茨认为,对于现代经济来说,人的知识、能力、健康状况等人力资本的提高,对经济增长的贡献远比物质资本、劳动力数量的增加更重要。人力资本不仅具有生产要素的功能,还具有科学和技术发明的创造功能。科学技术人员的科

① [英]庞古:《福利经济学》,朱泱译,商务印书馆,2006,第 144－148 页。

② Baumol William J, "The Transactions Demand for Cash: An Inventory Theoretic Approach", *Quarterly Journal of Economics*, 1952, 66(4): 545－556.

③ Arrow Kenneth J, "The Economic Implications of Learning by Doing", *Review of Economic Studies*, 1962, 29(6): 155－173.

研与开发能力正是人力资本存在的重要形式。1965 年,宇泽弘文突破传统的单部门模型的局限,将技术进步内生化,构建了一个包含物质产品生产部门和人力资本生产部门或教育部门的两部门经济增长模型。在模型中,人力资本生产部门被假设为具有规模报酬不变的线性生产要素,即使不存在任何外部性,物质部门要素报酬递减也能被人力资本生产部门不变收益部分所抵消,从而保证经济的持续增长。① 卢卡斯在充分借鉴贝克尔等人对人力资本的研究基础上,延续宇泽弘文的研究思路的方法,建立了两部门的人力资本模型。与宇泽弘文的模型不同的是,卢卡斯的模型中经济增长不需要依赖外生力量(如人口增长)就能持续,增长的源泉是人力资本的积累。②

第三节　技术溢出与技术选择

一、技术溢出

(一) 技术引进

技术引进是指通过贸易或者非贸易的途径,以各种不同的合同方式,从外国获得本国国民经济发展和提高技术水平所缺少的技术知识和经验以及所必须附带的设备、仪器和器材等,极大地节约了本国的研发成本,加速了技术进步和经济发展。

技术引进按不同标准可分为不同类型。① 按引进技术在技术周期中所处的阶段,可分为垂直型引进和水平型引进。垂直型引进是指国外的基础科研成果转用于本国的应用科学中,或将国外应用科研成果转用于本国的生产当中。水平型引进是指将国外以应用于生产的新技术应用于本国的生产领域。如果引进国具有一定的科技研发能力,就可以多采用垂直型引进方式,反之则采用水平型引进方式。② 按引进国对技术的消化吸收情况,可分为简单型技术引进和吸收型技术引进。简单型技术引进是指仅仅引进了某项技术,但引进国不能把该项技术复制出来。吸收型技术引进是指引进某项技术以后,引进国能够将其复制出来,这种形式被称为技术扩散。③ 按引进的方式,可分为无偿技术引进和有偿技术引进。无偿技术引进指不需要付出报酬的技术引进。有偿技术引进指需要支付转让费的技术引进及国际技术贸易。

技术引进的途径包括以下几个方面:① 向国外购买新设备。设备是技术的载体,进口某种设备也就意味着进口了与之相关的生产技术。② 进口新产品并加以仿造或复制,从而掌握生产这种新产品的相关技术。③ 购买专利权或生产许可证,在国内生产新产品或应用新工艺。④ 引进外国直接投资,本国人员在外资企业接受培训,获得先进的知识和技能。⑤ 国际信息技术交流,选派人员去国外参观、考察,或聘请外国技术人员来本国工作,或接受国外的技术援助等。

---

① Uzawa Hirofumi, "Optimal Technical Change in an Aggregative Model of Economic Growth", *International Economic Review*, 1965, 6(1): 18 - 31.

② Robert Lucass, "On the Mechanics Of Economic Development", *Journal of Monetary Economics*, 1988, 22(1): 3 - 42.

发展中国家引进国外先进技术并加以消化、吸收和推广，是一个十分艰难的过程，面临重重障碍。米拉·维金斯(Vickers)认为技术引进的障碍主要来自输入国，包括以下几个方面：① 需求障碍。发展中国家的技术吸收水平低，且人均收入水平较低，没有足够的技术引进需求，市场过于狭小，导致先进技术的不适用性，使技术的引进和推广得不偿失。② 资本障碍。发展中国家资本匮乏，缺少足够的外汇支付能力来购买国外先进技术，即便购买了先进技术，也可能因为无法落实配套投资资金而无法发挥应有的作用。③ 自然资源障碍。发展中国家在与引进技术相关配套的自然资源方面匮乏。④ 人力资源障碍。发展中国家技术和教育水平较低，劳动力素质较差，缺乏专业的管理人才和技术人才。⑤ 劳动成本障碍。发展中国家劳动成本低，资本短缺，必然寻求生产中增加对劳动力的需求，而先进的技术往往是劳动力节约型的，其应用会显著增加对资本的需求，相对减少对劳动力的需求，致使失业问题恶化。⑥ 技术障碍。发展中国家引进技术存在技术缺口。⑦ 规模障碍。发展中国家生产规模和市场规模相对较小，难以达到先进技术所需要的规模。⑧ 基础设施障碍。基础设施落后也会影响到先进技术的使用。⑨ 制度障碍，包括正式的和非正式的制度障碍。正式的制度障碍如法制不健全、政府对经济干预过多，非正式的制度障碍主要是社会文化方面的原因。⑩ 技术引进次序上的障碍。发展中国家资金有限，只能按轻重缓急引进技术，这在一定程度上阻碍了先进技术的同时引进。除技术输入方的障碍外，技术引进过程中也存在来自技术输出方的阻碍，如技术封锁、技术禁运、技术垄断、技术贸易条件的恶化等。

（二）技术转移

关于技术转移，目前学术界还没有一个明确的定义。常见的一种广义的定义是：技术转移是指技术在国家、地区、行业内部之间以及技术自身系统内输出与输入的活动过程，包括技术成果、信息、能力的转让、移植、引进、交流和推广普及。联合国《国际技术转移行动守则草案》中把技术转移定义为“关于制造产品、应用生产方法或提供服务的系统知识的转移，但不包括货物的单纯买卖或租赁。”

技术转移可依据与技术引进类似的标准划分为类似的类型：垂直转移和水平转移、简单式转移和吸收式转移、有偿转移和无偿转移，其含义与技术引进类似。同技术引进一样，技术转移也面临来自技术输入国和技术输出国两方面的障碍。在国际技术贸易中，发展中国家大都作为技术的输入方。技术引进和技术转移对发展中国家具有重要意义，具体包括以下几个方面：第一，有助于缩短研发过程，节省大量科研费用。对于经济发展起步较晚、各方面都相对落后的发展中国家而言，自行研发在资金、人力、物力等方面面临的压力会很大，而技术引进和技术转移可以在一定程度上缓解这种压力，使有限资源发挥到最大效能。第二，有助于提高要素生产率，提升国家经济社会收益水平。先进技术可以充分发挥投入生产要素的作用，提高劳动者素质以及驾驭先进技术的能力，从而提高投入要素的生产率。引进和转移技术既创造了就业机会又增加了社会需求，国民收入水平大幅提升，国民生产总值亦随之增加，社会福利得到了很大的改善，物质生活的丰富也促进了社会的稳定和团结。第三，有助于产业结构的调整。发展中国家通过引进先进的生产技术，有助于改变原有的产业结构落后的状况，推动产业结构升级转型。先进技术的引进可增加产品品种，提高产品质量和档次，促进消费结构多元化，推动产业结构的高级化。引进先进技术可实现进口替代和出口导向的产业政策，提高产业的自给能力和出口创汇能力。第四，有助于带动出口的增加。引进先进技术可以在促进技术输入国产业结构调整、增加产品品种和提高产品质量的基础上，促进出口。这是因为引进和转移先进技术可以提高技术输入国在国际市场的竞争力，利用技术输出国的商业信誉和销售渠道，进入世界市场，扩大国际影响。

（三）技术扩散

技术扩散是创新技术在经济领域和更大地域范围的应用推广，是指一项新技术从首次被人创造或发现，然后将其运用到各种领域，经过产生、发展、推广到普遍运用，然后没落，最终淘汰的全过程。技术扩散理论研究的主题是技术扩散的速度，技术扩散理论所要回答和解决的问题是如何才能提高技术扩散速度。这取决于两个基本问题的解决：技术扩散应遵循的规律和技术扩散过程顺利进行的条件或机制。

技术扩散的动力来自创新成果的经济社会效益，动力的大小取决于社会经济制度所决定的经济运行机制和政策体系。任何一项技术创新成果，其潜在的社会经济效果是客观存在的，是可以大概估算的，这种潜力在多大程度上被挖掘出来，取决于技术创新主体是否有积极性去挖掘。扩散的动力发挥作用的方式在不同国家、不同制度下是不同的，总体上有两种方式，一是通过市场的拉动，一是通过政府和有关机构的推动。市场拉动是一种自然发生的过程，是追求利润最大化的结果；政府和有关机构推动是国家意志取向和政策的结果。

由于技术创新具有风险性和不确定性，最先采用它的往往是少数独具慧眼、有胆识的尝试者。随着技术创新市场效应的增强，学习和模仿者越来越多，技术创新的扩散速度明显上升。当新产品、新技术的市场需求接近饱和时，扩散速度逐渐减缓，直至这一过程终止。这有些类似于传染病的流行方式，所以在研究技术扩散过程中，一个比较有代表性的是“传染模型”，也称为“流行病模型”。

技术扩散通常可分为三种类型：在同行业内的扩散、在部门间的扩散以及国际扩散。技术创新在同行业内的扩散是最常见的，行业内的技术创新常常是与产品生产和产品设计紧密联系的，这样的技术创新很难向行业外扩散。而通用性较强的技术体系的创新，较易在不同行业中扩散。技术创新在不同行业的扩散常常通过前向拉动和后向推动诱发出新的创新。技术创新的国际传播，即国际技术转移，是行业内与跨行业技术扩散的复合，但它是以行业内转移为核心的。技术创新的扩散方式主要分为有偿扩散和无偿扩散两大类。最常见、最主要的扩散方式是有偿技术扩散，主要有技术贸易、合作生产以及技术服务等。无偿技术扩散的主要方式有交换技术资料与情报，举办展览会、学术会议、技术讲学，参观、考察与学习等。

二、技术选择

存在技术差距的情况下，发展中国家并不需要对每一个技术都从头开始进行自主的研究开发，相反，利用其后发优势，通过技术的国际传播和转移，可以节约研发的时间和经费，跨越某些技术进步的发展阶段，缩小与发达国家的经济和技术差距。但是，在引进和学习技术时，对技术的选择显然是至关重要的，许多国家赶超战略的失败，很大程度上就是对技术选择的不当。围绕发展中国家的技术选择，研究者提出了诸多理论，其中影响力最大的是“中间技术论”和“适宜技术论”。

舒马赫(Schumacher)的“中间技术理论”认为，在发展中国家，最适用于发展的技术是中间技术，即介于先进技术与传统技术之间的技术。[①] 他认为中间技术既继承了传统技术的简单易学，又吸收一些先进技术的好处，比较适应发展中国家的具体状况，这种技术容易掌握，便于管理。怎样创造和发展“中间技术”？舒马赫提出发展小规模生产技术系统(即小型工业企业体系)来推广中间技术。他认为这些小企业不需要大的投资容易建成，通过小企业的建立可以创造出可观的就业机会，解决农业中的多余劳动力。因此，劳动密集型的适合小型企业采用的“中间技术”，才是发展中国家最需要的。“中间技术”理论关于技术选择侧重考虑的问题，是如何选择适应发展中国家实际发展水平的技术。这种观点充分考虑到了发展中国家的实际情况与需要，有其合理的一面。但是，如果一味地发展中间技术，势必进一步扩大发展中国家与发达国家的技术差距，不利于发展中国家的长期经济发展。

1969年，阿特金森和斯蒂格利茨(Atkinson & Stiglitz)首次提出了所谓“适宜技术(Appropriate Technology)”的问题，[②] 他们将之具体表述为“Localized learning by doing”，即厂商的边干边学要受到其特定的投入要素组合的制约。适宜技术理论还认为：发达国家的技术是和发达国家本身较高的资本存量相匹配的，技术的适宜性表现在技术与相应资本存量的匹配上，因此发展中国家如果能够提高自己的储蓄率从而提高自己的资本存量便可以充分地利用发达国家的先进技术，也有可能经历一个经济迅速增长的时期。适宜技术的基本含义是发展中国家在技术选择时，要根据本国资源禀赋现状、社会文化传统、经济发展水平、市场容量和技术吸收及创新能力等因素选择适宜的技术，以通过引进技术来推动技术进步，以获得最佳效益，促进经济发展。与“中间技术论”相比，“适宜技术论”所涉及的范围更广泛，它不仅仅追求技术选择的经济目标，而且包括社会、文化、环境和价值观念方面的要求，是一个含有多重目标的综合评价体系。“适宜技术”强调的不是具体的技术，而是技术选择和发展的战略思想。

三、中国的技术进步：从技术引进走向自主创新

新中国成立以来，几乎从未中断过技术学习和技术引进的步伐，很多经济领域的技术升级与改造都和技术引进有密切关系。计划经济时期的技术引进，是中国在一个相对封闭的环境和条件下，进行的以自主研发为主体，以快速实现技术追赶并建立完整工业体系为目标的技术引进。改革开放以后，随着经济体制改革和对外开放的推进，中国日益融入全球的供应链当中。在“技贸结合”“工贸结合”“以市场换技术”的理念指导下，引进技术成为中国技术进步的一个重要途径。在这一时期，成套设备的引进仍然是中国技术引进中的主体，大量国外设备、生产线的引进在一定程度上契合了中国初级加工业发展的需要。依托于加工贸易，在外向型经济的驱动下，这一时期外资、设备以及技术的引进使中

① [英]舒马赫:《小的是美好的》，李华夏译，译林出版社，2007，第104页。

② Atkinson, Stiglitz, “A New View of Technological Change”, *Economic Journal*, 1969, 573 - 578.

国企业更多地参与到全球分工体系当中，中国制造的工业品越来越多地出现在国际市场上。但侧重于引进模仿的技术进步路线并没有让中国走向技术的最前沿，国家层面对技术消化吸收的强调与微观层面的以出口导向为目标的企业行为方式并不相配，某些领域技术的进步与赶超甚至有所停滞，这必然会影响到中国企业乃至中国经济的长远竞争力。21 世纪以来，不论是中国政府还是中国企业都更加注重技术的自主研发、积累与创新。

从植根于独立自主到"以市场换技术"，再到在技术引进的同时强化对自主创新及核心技术研发的关注，新中国不同历史时期的技术引进理念、技术引进主体以及技术引进方式，经历了一个动态的、历史的、根据内外部条件进行"相机抉择"的自我调整过程。引进何种技术以及以何种方式引进技术，既取决于工业化进程所处的阶段，也会受到政府相关政策以及激励机制的影响。对于一个后发大国而言，一个独立的、完整的、自主的现代产业体系的构建是其现代化进程必须完成的重要目标。这一目标的最终完成离不开对国外先进技术的学习，但更离不开独立自主的技术研发与技术积累，这既是对引进技术进行消化吸收，也是核心技术研发不受制于人的根基所在。因此，中国既要以开放的眼光面对世界，坚持引进、学习和汲取于自身发展有益的技术与理念，同时也必须坚持独立的、不懈的自主技术积累与研发。只有将技术引进与自主创新紧密结合，才可能真正实现技术追随中的超越。

本章小结

创新是一种创造性的破坏，是一个不断破坏旧结构，创造新结构的过程。知识是经济增长过程中必不可少的核心要素。知识不同于数据，也不同于信息，是用于解决问题的结构化信息。知识对经济增长的促进是一个渐进的过程。

技术进步是指由知识和技术因素引起的生产函数的变动。技术进步源于需求拉力、技术推力和诱致性技术创新。研究和开发、技术引进、知识溢出与"干中学"、人力资本投资等是技术进步的重要途径。"中间技术论"和"适宜技术论"在发展中国家技术选择理论中影响力较大。

中国当前的技术进步主要体现为引进型技术进步。在新的发展阶段，以技术引进的方式来实现技术进步将是不可持续的。为此，中国需要大力发展知识经济，实现从技术引进型向自主研发和创新型的技术进步模式转变，实现经济的可持续增长。

本章思考题

1. 人类历史上经历了哪些科技革命？
2. 什么是希克斯技术进步？
3. 技术进步的源泉与途径是什么？
4. 技术引进的障碍有哪些？
5. 常见的技术转移方式有哪些？

第三篇　结构转型

第八章　工业化、信息化与产业结构转变

工业化作为18世纪英国产业革命为开端的人类社会发展的历史过程,自古典经济学产生以来一直为经济学家们所关注。人们将经济发展与工业化直接联系在一起,工业化被看作现代经济发展特别是发展中国家经济发展的同义词。工业化是现代化的前提和基础,信息化是现代化的引领和支撑。推进信息化和工业化深度融合,运用信息技术特别是新一代信息通信技术改造传统产业、发展新兴产业,加快产业转型升级,是高质量实现工业化和现代化的必然选择。顺应世界经济发展的大势,中国需要加快跟进,逐步向国际分工中高端产业链和价值链提升。

第一节　工业化理论

一、工业化内涵与主要模式

(一) 工业化的内涵

发展经济学家对工业化有多重界定,但典型的界定主要有三类。

第一类是从经济结构转化过程的角度理解工业化。钱纳里认为工业化"一般可以由国内生产总值中制造业份额的增加来度量",①把工业化看成制造业和服务业在国民经济中所占份额上升和农业在国民经济中所占份额下降的过程,或者说工业化就是国民经济脱离农业的结构转变过程。这一定义与《新帕尔格雷夫经济学大辞典》的解释具有一致性,该辞典将工业化看成一个过程,认为"工业化是一个过程。首先,一般来说,国民收入中制造业活动和第二产业所占比例提高了;其次,在制造业和第二产业就业的劳动人口的比例一般也有增加的趋势"②。

第二类是从技术创新视角对工业化进行界定。张培刚认为"工业化是国民经济中一系列重要的生产函数(或生产要素组合方式)连续发生由低级到高级的突破性变化(或变

---

① [美]霍利斯・钱纳里、谢尔曼・鲁宾逊、摩西・赛尔奎因:《工业化和经济增长的比较研究》,吴奇等译,上海三联书店,1989,第73页。

② [美]约翰・伊特韦尔等:《新帕尔格雷夫经济学大辞典》(第2卷),经济科学出版社,1992,第861页。

革)的过程"[①]。这一定义表明,工业化不仅包括工业本身的机械化和现代化,而且包括农业的机械化和现代化,反映了对工业化作为一个动态和演进过程的全面认识。

第三类是从形成影响因素角度理解工业化。吉利斯、波金斯等人认为"工业化是以各种不同的要素供给组合去满足类似的各种需求增长格局的一种途径"。[②] 在他们看来,工业化不仅从供给方面影响增长,而且需求因素对工业化的作用同样重要。他们还提出结构调整是经济发展的主题,而工业化是经济结构转变的重要阶段。

上述定义虽然强调的重点不同,但是它们有许多相同的或者相近的观点,共同阐述了工业化所蕴含的内容。

(1) 工业化是将科学技术转变为生产力的重要过程。工业化是科学作为一种独立的生产能力与劳动分离开来的过程,工业化创造的生产力逐渐替代自然力的地位。工业化使生产方式与经营管理都由经验性行为逐渐上升为科学活动。工业化首要的和最本质的特征,就是以机器生产代替手工劳动,这是一场生产技术的革命,也是社会生产力的突破性变革。

(2) 工业化使一切非工业生产方式转化为工业生产方式。工业化的重点是强调"化"的过程,将国民经济中原来独立于工业之外的经济活动,纳入工业发展的轨道,使一切不适应现代工业发展的外部条件和经济运行机制适应工业发展。

(3) 工业化的实质是高效率的工业部门比例上升,低效率的农业部门比例下降。现代工业发展包括在工业部门就业人口绝对和相对量的增加,这是工业化的载体。

(4) 工业化不仅包括工业本身的机械化和现代化,也包括农业的机械化和现代化。工业化必然促成农业生产技术的革新和农业生产量的增多,但一般说来,农业在国民经济中所占的相对比重,不论就国民生产总值来衡量,还是就劳动人口来衡量,都有逐渐降低的趋势。

(5) 工业化使劳动力的性质发生了根本变化。工业化一方面造就了劳动的全面社会流动的必要和可能,打破了传统经济对人的社会分工的僵死的世袭的束缚;另一方面使人力资本投资逐渐成为重要的经济发展动力。

(6) 工业化改造并丰富了整个社会经济运动过程的内部结构,带动全社会走向现代化。一是工业化造就了高度的专业分工化,极大地从生产组织上提高效率。二是工业化带动市场化的日趋完善,推动社会分工的细化和产权制度的明晰。三是工业化推动了高度的生产社会化,使以往封闭的互不联系的经济活动转变为开放的和相互联系的社会活动。四是工业化从根本上改变了人们的社会生活方式,推动工业文明的出现。马克思从人类文明进化的历史高度,将特定历史区间里的经济发展过程归结为工业化进程,将这一进程的社会经济史归结为传统农业同现代化工商业的矛盾运动史,归结为城乡分离的社会经济运动史。[③]

(二) 工业化的主要模式

1. 欧美发达国家以自由市场经济为特征的工业化模式

该模式的典型代表是英、美、法等国。这种模式主要利用市场机制引导资源配置,市

① 张培刚:《发展经济学理论》第1卷,湖南人民出版社,1991年,第191页。
② [美]吉利斯、波金斯等:《发展经济学》,黄卫平译,中国人民大学出版社,1990,第484页。
③ 《马克思恩格斯文集》第5卷,人民出版社,2009,第153-157页。

场是促进工业化开始和演进的根本力量，政府的作用只限于为工业化创造有利的环境。在这些国家中，大多数国家的工业化是民间发动的，即主要由个人积累资本和进行投资而推动的工业化，这种工业化一般表现为一种进化的、比较均衡的经济进步过程。这些国家的工业化都以建立在城市的大规模工业企业为载体。工业集中于城市，可以充分利用各种“外部经济”；大企业可以发挥规模经济优势。工业化过程中，人口不断地向城市流动，同时实现了城市化。

这种工业化过程，大多是消费品导向的，从棉纺织工业起步，先发展轻工业，然后发展重工业，再到交通、运输和其他产业部门，推动经济渐进式发展。这种工业化模式在早期工业化国家中占有较大比例，是一种自发的演进过程，没有前人的经验可以借鉴，也没有迅速工业化的国际压力，政府干预造成的扭曲较少，资源配置合理。但这种工业化的速度较缓慢，如英国建立机器大工业体系花费了 100 多年的时间，美国和法国也分别花费了近 70 年。

2. 后起发达国家以不完全市场经济为特色的工业化模式

这种模式由工业化起步较晚的发达国家以及许多发展中国家所选择。这种模式的基本特征是市场机制在资源配置中起基础作用，但政府的作用十分突出，工业化过程是在政府的直接干预下启动和演进的。这种工业化的程序与英、美等国有所不同，政府投资优先发展重工业以建立基本完整的工业体系，而私营企业依然采取从棉纺织工业起步，由轻工业到重工业的发展顺序。这种模式如果推行顺利，能将民间的自发力量和政府的自觉力量结合起来，充分地利用国内外的有利因素，从而在较短时间内实现工业化。德国和日本使用这一工业化模式，都只用了 20 多年时间就赶上和超过了早期工业化国家。

3. 大部分发展中国家采取的以计划经济为特征的工业化模式

发展中国家的工业化模式更为多样化，除了模仿发达国家的工业化模式外，还出现了其他一些模式。例如，政府发动的工业化或民间与政府共同发动的工业化。第二次世界大战以后，纯粹由民间发动的工业化已不多见，政府发动的工业化或民间与政府共同发动的工业化越来越常见。所谓民间和政府共同发动的工业化，是将民间的自发力量和政府的自觉力量结合起来，充分利用国内外的有利因素，实现国家工业化。所谓政府发动的工业化，是政府制定规划，运用行政力量筹措资金和兴办企业而推动的工业化。政府推动工业化是一种通过自上而下的计划来配置资源的工业化模式，其典型代表是苏联，在十月革命后的 20 多年时间里形成了能够与西方工业大国相抗衡的工业力量。采用该模式的国家，一般起步晚，生产技术落后，不具备所需要的生产能力。投资品的生产周期长、风险大，私人企业家通常不愿承担风险。政府发动的工业化的显著特征是突变性，在不太长的时间内比较迅速地建立国家现代工业体系，显著地改变国民经济结构，实现国民经济的高速增长，提高发展中国家的军事和政治地位。然而，这种模式也有很多问题，它极易造成部门结构的严重不合理，牺牲广大居民的消费，特别是过度剥夺了农业积累，阻碍了农业发展；资源配置效率低，经济发展缺乏活力，使人民生活水平长期得不到提高。

由于所处的时代背景的差异，各国在工业化模式的选择上并非是一成不变的，也存在一些共同的规律。在比较研究了各种工业化模式的成功经验后，桑加亚·拉尔（Saniaya

Lall)认为，[1]国家层次上的工业化成就与激励密切相关，在国家工业化成就的取得中正确的激励因素是非常重要的，但还取决于国家层次上的能力与制度。全国层次上的工业化成就是由激励、制度与能力之间的相互作用而决定的。从激励来看，激励产生于贸易战略与国内产业政策。从能力方面来看，能力可以分为三种：物质资本、人力资本和技术努力。从制度方面来看，国家工业化成就的制度是指为了克服工业能力发展中特殊市场失灵所建立的实体。由于制度是工业化的一个决定因素，制度支持是工业化战略的一个组成部分。拉尔还用新兴工业化国家与地区的证据来说明这一点，中国台湾和新加坡在建立支持工业发展的制度方面最用力和最系统，推出了工业标准、质量保证、培训、信息收集、技术推广、研究支持机构等。韩国则有意推动大企业的联合发展，以克服资本、技术和信息市场的市场失灵。

二、产业关联、梯度发展、专业化与分工理论

工业化的理论依据是什么？这是发展经济学在工业化问题研究中的一个重要问题。早期的发展经济学家对此进行了研究，提出了不同的依据。结合近年来的理论进展，可将工业化理论简要概括如下。

（一）工业领域产业关联理论

产业关联理论主要集中在对“主导部门”的研究上。主导部门是产业链中的部门，是在同产业各部门的联系中产生的。这种联系分为“后向关联”（一个工业部门与它的供应者的关系）和“前向关联”（一个工业部门与消费它的产品购买者的关系）。选择产业链中何种产业作为主导部门成为工业化的关键。一种选择是，发展中国家受到本国产业关联度较弱的影响，最佳战略选择是优先发展或把资金集中投到那些有着强关联效应的产业上。这些产业应该是处于社会生产链条中间位置的那些产业。产出是其他产业的投入（前向关联），投入是其他产业的产出（后向关联），从而由强动力部门推动弱动力部门增长。另一种选择是，依赖于产业部门自身的关联性，采取政府计划、协调和鼓励，选择几项互补性产业同时投资，以扩大经济产出规模。

（二）梯度发展工业化理论

梯度发展工业化理论强调经济发展中不同产业的相互替代，递进式地推动经济增长。这一理论论述了发展中国家的工业化路径：一是采取梯度发展方式，通过产业发展层次和替代，形成持续推动经济增长的动力；二是抓住先进国家产业转移时机，运用比较优势，参与国际分工；三是利用后发优势，吸取已经发展起来的国家的发展经验，实现跨越式发展。另一方面，该理论又成为已实现工业化国家保持自身发展优势的理论。例如，20 世纪 60 年代以来，日本学者强调以“雁行形态”构建亚洲国家结构，即以日本为领头雁，发展知识技术密集型产业，亚洲新兴工业化经济群跟随其后发展资金密集型产业，其他国家则发展以劳动密集型为主的产业，用“雁行形态”固化或静态化亚洲各国和地区经济发展，以限制后起发展中国家运用后发优势加速发展。

---

[1] ［英］桑加亚·拉尔：《对发展中国家工业成功的解释》，载 V. N. 巴拉舒伯拉曼雅姆、桑加亚·拉尔主编《发展经济学前沿问题》，梁小民译，中国税务出版社、北京腾图电子出版社，2000，第 135 - 175 页。

（三）专业化与分工理论

从分工历史发展演化的角度来看，工业化与产业化是一致的。产业的产生和发展壮大过程，即产业化，是与专业化分工的发展紧密联系在一起的。比如工业的产生，最初是通过家庭内部分工，从家庭手工业中孕育发展起来的。随着手工业者数量的增加，他们会逐步走向集中，相互切磋手艺，并在内部形成进一步分工，专门化的结果便形成了手工业这个产业，并逐渐从农业中分离出来。随着技术的进步、市场范围的扩大以及分工的专业化，手工业逐步演化为机器大工业。商业、服务业等其他产业的演化过程都有一个分工逐渐专业化，进而产业化的演进过程。因此，工业化是分工和专业化水平提高的结果，工业化的演进过程意味着劳动力和其他生产要素从分工程度较低的产业向分工程度较高的产业的转移。工业化不仅是工业的产业化，而且是农业、商业和服务业等各个行业的产业化。单一产业的产业化几乎难以实现，各个产业之间往往是相辅相成的，必须形成合理的分工合作关系，在产业的互动中获得发展。

第二节　信息化及其与工业化的关系

一、数字经济与信息化

数字经济的出现可追溯到 20 世纪 90 年代，以互联网为代表的信息通信技术快速发展和扩散引发了数字革命，成为推动经济发展与变革的重要动力，从而催生了数字经济。关于数字经济，目前并没有特别准确的定义。按照 2016 年 9 月 G20 杭州峰会通过的《二十国集团数字经济发展与合作倡议》对数字经济的定义，数字经济是指以使用数字化的知识和信息作为关键性生产要素、以现代信息网络作为重要载体、以信息通信技术的有效使用作为效率提升和经济结构优化的重要推动力的一系列经济活动。2021 年 12 月国务院印发的《"十四五"数字经济发展规划》中，数字经济是继农业经济、工业经济之后的主要经济形态，是以数据资源为关键要素，以现代信息网络为主要载体，以信息通信技术融合应用、全要素数字化转型为重要推动力，促进公平与效率更加统一的新经济形态。

数字经济的本质在于信息化。信息化是由计算机与互联网等生产工具的革命所引起的工业经济转向信息经济的一种社会经济过程。它包括信息化技术的产业化、传统产业的信息化、基础设施的信息化、生活方式的信息化等内容。信息产业化与产业信息化，即信息的生产和应用两大方面是其中的关键。信息生产要求发展一系列高新信息技术及产业，既涉及微电子产品、通信器材和设施、计算机软硬件、网络设备的制造等领域，又涉及信息和数据的采集、处理、存储等领域。信息化技术、工具、产品在经济领域的应用主要表现在用信息化技术改造和提升农业、工业、服务业等传统产业。

之所以将信息化看作工业化和经济发展的新转折，这是因为信息化是人类社会发展过程中的一个特定阶段。在这个阶段，社会生产力将实现由农业、工业时代向信息时代转变，反映了经济发展形态由工业化到信息化的过渡，即由注重物质、劳动的密集投入的粗放型生产方式，向注重知识、信息的密集投入的集约生产方式的过渡。当然，信息化不仅局限于经济范畴，它还涉及社会生活的各个方面，为人类发展提供了新的平台。

二、信息化带动工业化的主要方式

工业化与信息化的融合为21世纪发展中国家提供了具有全新内涵的工业化之路。从本质上来看，信息化与工业化并不矛盾，信息化是工业化发展到一定阶段的产物，工业化为信息化提供物质基础，对信息化发展提出了应用需求，使其随着工业化的发展而不断发展。同时，信息化在工业化发展中产生倍增作用和催化作用，通过推进信息化，从而以信息化带动工业化。只有将信息化和工业化融为一体，才能推进发展中国家工业化、现代化的进程，完成工业化的历史使命。

具体来说，发展中国家实现信息化带动工业化的主要方式有以下几方面：

(1) 促进信息产业和产业部门的形成以及产业结构变化速度的提高。

信息技术及其产业化催生了信息产业及其他相关部门的诞生，如计算机业、设备业、网络业、信息服务业等。新产品和新部门不断涌现，产品更新速度加快，因而使得产业结构处于不断变革之中。在这一变革中，发展中国家绝对不能落后，必须积极学习和借鉴新技术，大力促进信息产业和产业部门的形成，提高本国产业结构的变化速度。实践证明，这一发展思路是可行的，如印度在整体工业化水平不高的情况下，却能够在信息产业上具有国际竞争力，既适应世界经济发展趋势，也有效带动了本国的工业化与信息化进程。

(2) 促进传统产业和产业部门的改造，使产业结构发生重大变化。

信息技术对原有产业和产业部门的改造可以极大地提高其技术水平，改变其生产面貌，促进传统产业与部门产品的更新换代并提高其质量，甚至可以更快地创造出新产品。据统计，由于计算机应用于工业自动化领域，使汽车、金属加工、纺织等工业节约劳动力30%～40%，最多可达85%。西方国家由于信息技术的应用，其工业能耗只有苏联和东欧国家的1/3。日本通过信息化改造，1994年制造业中电子计算机辅助设计和制造系统普及率在大企业中已达90%以上，在中小企业中也达到40%。[①] 一度被人们称为“夕阳产业”的汽车、钢铁、石油、化工、机械、纺织等传统产业在获得高新技术改造之后，不仅没有衰落，而且在产业结构变化过程中持续增长。

(3) 应用信息技术，大力促进劳动生产率的提高。

在20世纪初，劳动生产率的提高只有5%～20%是依靠新技术成果取得的。但在20世纪末，发达国家劳动生产率提高的60%～80%是依靠信息技术的发展和应用。这一变化使许多呈现颓势的发达国家在劳动生产率上又具有了优势。对于发展中国家而言，虽然要继续发挥劳动力数量多、成本低的比较优势，但同时更应该积极利用信息技术，提高劳动者的生产率，持续地改进生产效率和产品质量，从微观基础上为实现工业化准备条件。

总之，发展中国家以信息化带动工业化，通过利用现代信息技术改造传统产业，可以有效地协调劳动密集型与资金技术密集型产业、虚拟经济与实体经济、传统产业与高新技术产业以及第一次产业、第二次产业和第三次产业之间的相互关系，实现国民经济结构的总体优化。在利用现代信息技术改造传统产业的过程中，同样要发挥人力资源优势，走劳动密集型产业与资金技术密集型产业有效结合的新型工业化道路。

---

① 金健：《当代信息技术产业化与技术进步》，经济管理出版社，1997，第50、64页。

第三节　产业结构转变

从发展中国家来看，以信息化带动工业化是实现产业结构转变的有效路径，但从全球角度来看，则选择参与全球产业链的方式来实现产业结构转变。在全球化和信息技术的推动下，产业间的分工已经从一国内部向国际扩展，而国际分工也已延伸到产品内分工。各个产业间的联系日益紧密，这种联系使产业结构转变具有了新的路径与方式。

一、产业结构的划分

产业结构是指各产业部门之间、各产业部门内部、各行业及企业间的构成及相互制约的联结关系。产业结构的实质是社会生产力的空间结构，也是国民经济发展的空间结构。现在国际上通用的产业分类是三分法，即把社会经济部门划分为三次产业。

三次产业作为一个经济概念是英籍新西兰澳塔哥大学教授费希尔(Fisher)于1935年首先提出的。英籍澳大利亚经济学家科林·克拉克(Clark)在1940年出版的《经济进步的条件》一书中广泛运用了"三次产业"思想，以此来分析产业结构，使三次产业划分广泛传播开来，从而他也被视为三次产业划分法的首创者之一。在克拉克之后，库兹涅茨将国民经济活动划分为农业产业(A部门)、工业产业(I部门)和服务产业(S部门)。其中，A部门，第一产业，包括农业、林业、狩猎业和渔业；I部门，第二产业，包括制造业、建筑业、运输通讯、采掘业和电力生产；S部门，第三产业，包括商业金融、房地产、公共管理、国防、家庭服务、个人和专业服务(如教育、卫生、法律)等不属于第一、第二产业的所有部门。

中国从20世纪80年代中期开始采用三次产业划分法。第一产业包括农、林、牧、渔，第二产业包括采掘业、制造业、自来水、电力与煤气的生产以及建筑业，第三产业包括所有其他部门。第三产业又分为两个大部门：流通部门(包括交通通信、商业、饮食、物资供销和仓储业)和服务部门(金融保险、地质普查、房地产、公用事业、居民服务和各种生产性服务业、公共服务、教育、文化、广播电视、科学技术研究、卫生、体育和社会福利事业等)。

二、产业结构转变的动因与机制

产业结构转变是指一个国家(地区)的国民经济各产业及整个产业结构发生质变的过程。随着一个国家的经济发展，技术进步速率不断加快，收入增长，资源配置状况发生变化，新产业不断涌现，产业结构会发生相应的转变。由于新产业是在原有产业母体中产生的，因此产业结构转变是一个有序的过程。一般来说，新旧产业更替和转变序列主要有：① 从生产要素的密集度上看，存在由劳动密集型向资金密集型，向资金技术密集型，再向知识技术密集型转变的顺序。② 从采纳新技术革命成果的能力上来看，存在由传统产业向新兴产业，再向新兴与传统相结合产业转变的顺序。③ 从三次产业变动来看，存在由低附加价值向高附加价值，再向更高附加价值转变的顺序，等等。一个国家产业结构的转变既是一定经济发展阶段的客观要求，又是一定时期内经济增长的任务。

(一) 产业结构转变的动因

在经济增长过程中，引起产业结构转变的因素较多，其中起决定性作用的因素主要是部门劳动生产率、需求结构、供给结构、国际贸易和技术进步。

1. 部门劳动生产率

劳动生产率差异特别是相对劳动生产率(某一给定部门在总产值中的份额/该部门在总劳动力中的份额)①差异是劳动力在产业间流动的直接动因。农业部门由于存在大量的过剩劳动力且专业化程度低,其劳动生产率在三个部门中是最低的;工业部门尤其是制造业部门由于人均资本占有量大和专业化程度高,其劳动生产率最高;服务业的劳动生产率处于两者之间。由于相对劳动生产率高的部门,每个工人创造的产值大,每个工人的收益就要高于相对劳动生产率低的部门,从而形成部门间的收益差。劳动者追求较高收益的动机推动着劳动力从低收益部门向高收益部门流动,导致产业间就业结构和产业结构的转变。

2. 需求结构

生产的目的是满足人们的需求。因此,需求结构变化影响产出结构变化。这里的需求是指有效需求即有支付能力的需求,因而它受人们的可支配收入的制约,是可支配收入的函数。当收入水平较低时,人们自然将有限收入用来购买满足最基本需求的商品,以解决生存问题;随着收入水平的提高,便有可能将增加的收入用于购买满足更高层次需求的商品。因此,现实的需求结构是随着收入水平的提高而不断变化的,并且在满足基本生活需求的基础上逐步向更高层次的需求转移。恩格尔定律反映了收入水平和需求结构变动的这种对应关系。② 需求结构随收入水平的提高而变动,需求结构的变动又会引导产业结构发生转变。

在工业化初期,人均收入低,人们主要是解决生存的需要,对农业和轻纺工业产品的需求最大。同时,由于人均产值低,也无力发展资本有机构成高的产业,因而在当时的产业结构中农业和轻工业占较大的份额,成为该时期占主导地位的产业。随着工业化的进展,人均产值和收入水平的提高,人们在基本解决温饱之后,便向享受需要层次过渡,尤其对耐用消费品的需求迅速增长,拉动了以耐用消费品生产为中心的基础工业和重加工工业的发展,推进产业结构以农业、轻纺工业为重心向以基础工业、重加工工业为重心转换。当然,产业结构的重大转换,没有轻工业的充分发展和农业生产率的大幅度提高是不可能实现的。在实现工业化进入人均产值和人均收入水平更高的阶段后,物质生活和精神生活的需求大大提高,在满足多样、新颖、高质量物质产品需求的同时,人们的需要又进一步向发展需要层次过渡,在社会分工日益深化下现代服务产业又成为人们需求的重心,以信息为中心的高科技产业又逐步取代重加工工业的主导地位,这就实现了又一次产业结构的重大转变。

3. 供给结构

供给方面的因素,一般指作为生产要素的劳动力、资本和自然资源等状况,它们的供给程度和相结合的效益如何,能否提高劳动生产率和降低成本等,这些都关系到产业的发

① [美]西蒙·库兹涅茨:《各国的经济增长:总产值和生产结构》,常勋等译,商务印书馆,1985,第216页。
② 张培刚:《农业与工业化》,华中工学院出版社,1984,第32-36页。

展。因此,供给因素的变动或相对成本的变动会推动产业结构的转变。在一定需求水平下,供给方面的变化主要是技术进步和市场竞争引起的。技术进步会出现新的生产工具、新的生产工艺和新的材料,以至大幅度提高现有生产的劳动生产率,降低生产供给有关资源(资本、劳动力、原料等)的消耗水平,导致现有生产的相对成本下降。在市场经济中,相对成本低的产业会有更强的竞争能力,吸引资源向该产业部门流动,获得迅速增长,从而推动产业结构的变动。此外,由于技术进步会开发新的产品,形成新兴产业,由于自身潜力或在幼稚时期的政府扶植下,总会在市场上赢得一席之地,这也必然引起产业结构的转变。

4. 国际贸易

这是外部从需求和供给两方面影响产业结构转变的因素。通常,各国间产品生产的相对优势的变化,会引起进出口结构的变动,从而影响产业结构的转变。各国产品生产的相对优势,往往是建立在该国生产要素的丰裕优势基础上的。在一定时期,由于某些生产要素的价格和投入费用低,从而能在国际贸易中获得比较利益。这种建立在生产要素赋予优势基础上的国际贸易,必将导致出口国家和需求国家的产业结构发生转变。具体可归纳为以下两种:

(1) 一般在国内开发的新产品,先是依靠国内市场促进其发展,一旦国内市场饱和,便开拓国外市场,出口产品。随着国外市场的形成,进一步出口有关技术和输出资本,促进资本、技术与当地廉价资源(劳动力、自然资源等)结合,再把这种产品以更低价格打回本国市场,以促进国内这一产业的收缩或转向其他产品的开发。这是当今多数经济发达国家所采取的方式,经过如此周而复始的良性循环,不断地推进国内产业结构的演进。美国学者弗农(Venon)提出的“产品循环说”就论证了这一点。

(2) 后起的国家一般在开始时实行进口替代政策,借助进口产品来开拓国内市场,诱发该产业的成长。该产业发展到一定程度后,利用规模经济和本国资源(如劳动力资源)丰裕的优势,使生产成本显著下降,形成比较利益,开始扩大国际市场。随着该产品国际市场的形成,需求扩大,促使国内产业结构发生转变。

5. 技术进步

技术进步对产业结构的影响:① 技术进步影响需求结构,从而导致产业结构的变化。具体表现为:技术进步使产品成本下降,市场扩大,需求随之变化,技术进步使资源消费品升级换代,改变了消费需求结构。② 技术进步影响供给结构,从而直接导致产业结构的变化。具体表现为:技术进步的结果是社会劳动生产率的提高,导致产业分工的加深和产业的发展;技术进步改变国籍竞争格局,从而影响到一国产业结构的变化。技术进步促进产业结构变化的机理是:当某一产业的产品需求价格弹性较小时,技术进步使其产出大量增加,而生产部门的收益即有所下降。在这种情况下,该产业的某些生产要素就会流向其他产业。相反,当某一产业的产品需求价格弹性较大时,技术进步使得其产出大量增加,也能提高该部门的收益。于是,生产要素会有一部分从其他产业流向该产业。新的要素流入又会促进该产业部门的发展并加快需求价格弹性小的产业部门的衰退及其效益水平的提高。

(二) 产业结构转变的机制:主导产业转换

产业结构转变是一个有序的、高级化的过程。产业结构高级化,即产业结构从低度水准向高度水准发展的过程,是新旧产业优势地位不断更替的过程,产业一般会经历一个兴起—扩张—减速—收缩的过程。虽然产业之间优势地位的更迭使产业结构转变呈现有序性,但在那些同属于较高增长率的产业部门中又可以分为不同的种类,它们在结构成长中的地位和功能是不同的。在经济发展某一特定阶段的产业结构中客观地居于主导地位,带动一大批产业发展的产业,被罗斯托称为主导产业或主导部门。

主导产业应具备以下特性:① 依靠科学技术进步获得新的生产函数。② 形成持续高速增长的增长率。③ 具有较强的扩散效应,对其他产业乃至所有的产业增长起着决定性的影响。这三个特性反映了主导产业的素质和特有的作用,它们是有机的整体,缺一不可。主导产业除了吸收科技进步、引入新的生产函数和保持高速增长的一般特性外,具有扩散效应是区别于其他产业的最重要特性。这一点也正是识别主导产业的重要标志。

扩散效应具体表现在三个方面:① 回顾效应,指主导部门增长对那些向自己供给生产资料的部门产生影响。② 旁侧效应,指主导部门成长对它周围地区在经济社会发展方面起到的作用。③ 前向效应,指主导部门成长对新兴工业部门、新技术、新原料、新能源的出现的诱导作用,以便解决生产中的瓶颈问题。

随着科学技术进步和社会生产力发展,特别是社会分工的日益深化,带动整个产业发展的已不是单个主导产业,而是几个产业的共同作用,罗斯托将此称为主导部门综合体。他认为,主导部门综合体是由主导部门和与主导部门有较强后向关联、旁侧关联的部门组成的,如最能体现技术进步的主导部门——机械和与其有较强的后向关联和旁侧关联的钢铁、电子、化工、电力、石油、汽车等部门组成的主导部门综合体。主导部门及主导部门综合体不是一成不变的,在经济增长的不同阶段,都有与之相适应的主导部门及主导部门综合体。经济增长总是先由主导部门采用新技术开始,由于它最早采用新技术,因此降低了成本,扩大了市场,增加了科技和积累,然后通过扩散效应,带动整个国民经济的发展。但是,一旦它的先进技术及其效应已经扩散到各个有关部门和地区,经济增长便会失去冲力,它的使命也就完成了,这时就要有新的主导部门来代替旧的主导部门。新的主导部门采用新技术,再次影响其他部门,带动经济增长,并过渡到下一个增长阶段。旧的主导部门的衰落和新的主导部门的形成,标志着经济增长和产业结构成长的不同阶段。

然而,主导部门的更迭序列不是任意的,而是具有技术的、经济的内在逻辑,呈现出有序的方向性。罗斯托把纺织工业说成是起飞阶段古典式的主导部门,钢铁、电力、通用机械等是成熟阶段的主导部门,汽车制造业则是大众高消费阶段的主导部门。主导部门这种有序演变实际上反映了产业结构高级化的趋势。因为产业结构高级化本质上并不是指某些部门比例的上升或下降,而是指技术集约化。因此,只有引入新的生产函数,出现对其他部门增长有广泛的、直接或间接影响的主导部门的更迭,才能提高整个产业的技术集约化程度,导致产业结构向高级化方向演进。因此,产业结构变动的方向是由创新在某一产业内迅速、有效地积聚,并通过部门间的技术联系发生扩散效应来决定的。可见,以创新为核心的主导部门的更迭正是产业结构高级化的作用机制。

三、产业结构转变

(一) 三次产业结构变动规律

在产业结构理论中，最著名的学说应是有关经济发展中劳动力在三次产业中分布结构如何变化的理论。这一理论是英国经济学家威廉·配第和C. G.克拉克分别对经济现象的观察和依据大量统计资料进行时间序列分析而归纳出来的。威廉·配第在《政治算术》中指出："制造业的收益比农业多得多，而商业的收益又比制造业多得多。"①在配第经验性总结的基础上，克拉克利用三次产业分类法，对产业结构演进趋势进行了考察，揭示了经济进步过程中产业部门结构变化的一般规律：

第一阶段，以农业为主的低开发经济社会。在这个阶段，人们主要从事农业劳动，劳动生产率低，人均收入少。

第二阶段，随着经济发展，制造业比重迅速提高，进入以制造业为主的经济社会。由于制造业的劳动生产率高，人均收入提高，引起劳动力从农业向制造业转移，人均国民收入提高。

第三阶段，随着经济的进一步发展，商业和服务业得到迅速发展，由于商业、服务业的人均收入比农业和制造业高，劳动力从农业向商业和服务业转移，全社会国民收入增长加快，人均国民收入水平大大提高。

克拉克的研究表明：随着经济的发展，人均国民收入水平的提高，劳动力首先由第一次产业向第二次产业转移；当人均国民收入水平进一步提高时，劳动力便向第三次产业转移。这一产业结构演变的基本趋势人们称之为"配第—克拉克定理"。克拉克认为，劳动力从第一次产业转向第二、第三次产业是由经济发展中各产业间出现收入(附加值)的相对差异造成的。

西蒙·库兹涅茨继承克拉克的研究成果，收集和整理了多个国家长达100年的数据，从国民收入和劳动力在产业间配置转移这两个方面研究了产业结构的变动趋势。他认为，随着经济发展，农业部门实现的国民收入在全部国民收入中的比重(国民收入的相对比重)和农业劳动力在全部劳动力中的比重(劳动力的相对比重)都趋于下降；工业部门国民收入的相对比重大致是上升的，但劳动力的相对比重变动不大；服务部门劳动力的相对比重是上升趋势，但国民收入的相对比重变动不大。总体而言，三次产业结构演变规律揭示了随着经济增长的加快和人均收入的提高，产业结构从最初的"一二三"比重分布，经过"二三一"或"二一三"中间过渡阶段，最终必然达到"三二一"的趋势。这一规律在解释具有完整国民经济体系的国家级层次的经济系统的演变时，具有充分的理论依据和实证支持。

(二) 工业部门内部结构转变

工业部门内部结构转变，也有一定规律可循。德国经济学家霍夫曼(Hoffman)在《工业化的阶段和类型》一书中，根据多个国家的时间序列数据，分析了制造业中消费品工业和资本品工业的比例关系。

---

① [英]威廉·配第：《政治算术》，陈冬野译，商务印书馆，1960，第19页。

霍夫曼认为，由于生产要素的相对数量、国内市场与国际市场的资源配置、技术进步、劳动者的技术熟练程度、消费者的兴趣爱好等因素的相互作用，工业化过程中各工业部门的成长率并不相同，因而形成了工业部门间的结构变化，且具有一般倾向。

为了进行观察分析，霍夫曼提出一个基准——霍夫曼比率，即消费品工业净产值与资本品工业净产值之比，即所谓“霍夫曼系数”。

$$霍夫曼系数=\frac{消费品工业净产值}{资本品工业净产值}$$

霍夫曼的结论是：在工业化过程中，霍夫曼系数是不断下降的。根据霍夫曼系数的数值范围，工业化过程可以分成四个阶段。第一阶段，霍夫曼系数为 5(±1)，消费品工业占优势。第二阶段，霍夫曼系数为 2.5(±1)，资本品工业迅速发展，消费品工业优势地位渐趋下降。第三阶段，霍夫曼系数为 1(±0.5)，资本品工业继续迅速增长，消费品工业与资本品工业达到平衡。当霍夫曼系数下降到 1 以下时，工业化就进入了第四阶段，资本品工业占主要地位，而实现了工业化。这一理论又被称为“工业化经验法则”，亦称霍夫曼定理或霍夫曼法则。

日本经济学家盐谷佑一(Yichi Shionoya)利用产业关联理论，对霍夫曼工业化经验法则重新论证。他采用消费资料和资本资料的产品分类，采用总产值进行数量统计。其计算结果表明：① 在较长的历史时期中，霍夫曼比率稳步下降，资本资料工业比重上升是一个普遍现象。② 从霍夫曼比率来看，日本在工业化时期即其重化工业化阶段，下降得很明显，与霍夫曼工业化经验法则吻合，但工业化水平较高的国家，如美国、瑞典、丹麦，按其最终产品划分的两部门比率是大体稳定的，没有按照霍夫曼工业化经验法则发展，这也说明霍夫曼工业化经验法则不能反映整个工业化过程。

（二）第三产业兴起与现代服务业发展的规律

第三产业作为一个独立的生产部门而存在，是工业化进行到一定高度的必然产物；而第三产业兴起后，又会促进工业化向更高层次发展。一般而言，第三产业的生产过程主要不是对有形产品进行加工，而是以其为条件，生产非实物形态的产品，而且生产与消费同时进行，生产者与消费者距离最近。这就使得第三产业具有自己独特的形态与发展规律。

从发达国家的经验来看，在工业化开始时，第三产业在国民经济中所占的比重一般不大；随着工业化的推进，第三产业逐步发展，其增长速度与国民生产总值的增长速度基本一致；到工业化接近完成时，第三产业在经济中已占据重要地位；而到了所谓的“后工业社会”，第三产业则进入大发展的黄金时代。一方面，是由于第三产业的许多活动，如交通运输、商业、物资供销、仓储业、广告业、咨询业、金融业等，都是直接为物质生产服务的，物质生产部门的发展将直接刺激这些产业的兴盛。另一方面，随着人们非物质方面需求的增长，第三产业的另一部分(如旅游、电视、电影、饮食、教育、健康等)行业应时而生。随着第三产业的发展，其结构也会发生变化。这种变化主要表现为从业人数的变化。例如，1960—1981 年的 21 年间，日本第三产业中，增长速度最快的是不动产业，其次是服务业、商业、金融保险业和运输通信业。

在第三产业的发展中一个最值得关注的现象是现代生产者服务业的快速崛起。按照加拿大学者格鲁伯和沃克(Gruber & Walker)[①]的定义,生产者服务(Producer Services,也称生产性服务),与直接满足最终需求的消费者服务(Consumer Services)相对,是指"那些为其他商品和服务的生产者用作中间投入的服务"。它的基本特征是:第一,它是对生产者的非物质服务,其无形的产出体现为"产业结构的软化"程度;第二,它是中间服务而非最终服务,由于在新经济中产业链的拉长和知识投入的重要性日益凸现,因而它体现为被服务企业的最重要的生产成本;第三,由于其产出中含有大量人力资本和知识资本,因此生产者服务企业是把这些现代资本引入商品和服务生产过程的关键平台。

四、全球产业链的扩展

产业链是指产业部门之间基于一定技术、供求等关联而构成的一种链条式关系,它包括价值链、企业链、供求链和空间链等多个维度。产业链主要是基于各个地区客观存在的区域差异,发挥区域比较优势,借助区域市场协调地区间专业化分工和多维需求的矛盾,以产业合作作为实现形式和内容的区域合作载体。

产业链的经济学内涵是从价值链概念基础上发展起来的。在20世纪80年代,迈克尔·波特和寇伽特(Kogut)几乎同时开始了对价值链问题的研究。所不同的是,波特[②]偏重于从单个企业角度观察和分析价值链问题,认为公司的价值创造过程主要由内部后勤、生产作业、外部后勤、市场和营销、服务等五种基本活动以及采购、技术开发、人力资源管理、企业基础设施等四种辅助活动完成,这些相互联系的活动构成公司的价值链,全体企业间彼此相连的价值链构成了价值体系,该体系中各价值行为之间的联系对公司竞争优势的大小具有至关重要的影响。寇伽特[③]则注意到了价值链的全球空间分离配置问题。他认为:价值链是技术、原料、劳动等各种要素相继投入并结合成商品,再通过交易、消费等最终完成价值循环的过程;在价值链的增值过程中,单个企业可能只参与某一环节,也可能将整个价值链都纳入其中;国家比较优势决定了全球价值链的节点在国家或地区之间如何进行空间配置,企业以此进行竞争,取得竞争优势。

从价值活动来看,任何一个具体的产业均可粗略地划分为技术与资本密集环节(如研发设计、高级原材料生产、复杂零部件生产等)、劳动密集环节(简单零部件生产、成品组装等)和信息与管理密集环节(如市场营销、管理运营、品牌运作、专业服务、金融服务、物流管理等)。这些活动共同组成一个产业链,资本回报率和工资水平在不同环节有所差异。当产业链在一国内部扩展时,资本与劳动力的可流动性,会导致产业价值链不同环节附加价值的趋同。

然而,随着全球化和信息化的推进,产业链已从一国内部向全球扩展,这一转变极大地影响了各生产环节的增值状况。劳动密集型价值环节的劳动生产率较低,附加价值也较低,而劳动生产率较高的技术与资本密集环节和信息与管理密集的价值环节则具有更

① [加]赫伯特·G.格鲁伯、迈克尔·A.沃克:《服务业的增长:原因与影响》,陈彪如译,上海三联书店,1993,第167页。

② [美]迈克尔·波特:《竞争优势》,陈小悦译,华夏出版社,1997,第36-58页。

③ Kogut, "Designing Global Strategies: Comparative and Competitive Value-added Chains", *Sloan Management Review*, 1985, 26(4): 15.

高的附加价值。例如，在IT产业中，劳动密集的价值环节是电脑的组装，在上游环节中，附加价值更高的是线路板、显示卡等部件的生产，再往上游是芯片的生产、封装，附加价值更高；往下游，则分别存在物流、营销、品牌等多个服务环节，其附加价值也远高于电脑的组装环节。即使在传统的劳动密集型产业如服装业中，也存在附加价值差异巨大的不同环节，成衣的生产附加价值最低，向产业上游回溯，高档面料的生产附加价值则有所提高，设计的附加价值更高，向产业的下游推进，物流、国际营销、品牌经营的附加价值也不断提高。不同环节的分工形成了一条深凹的"U"型曲线（见图8－1）。中国台湾企业家施振荣先生在分析IT产业价值链时将这条曲线称为"微笑曲线"。①

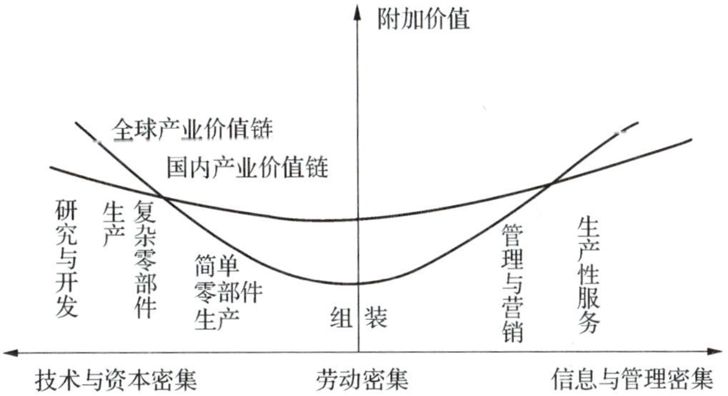

图8－1　国内产业价值链与全球产业价值链的异同

通常劳动密集型的价值环节布局在发展中国家，而劳动生产率较高的技术与资本密集环节和信息与管理密集的价值环节则分布在发达国家。这表明，发展中国家虽然没有主导建立全球产业链的力量，但是，仍然可以把自身产业链的某些节点融入全球范围内实现最优配置，利用全球资源来提升自身的竞争优势。

从实践来看，发展中国家参与全球生产链分工主要有三种可供选择的模式。一是贴牌生产模式OEM(Original Equipment Manufacture)。它是指一种委托生产加工关系，发达国家的品牌拥有者不直接生产产品，而是利用其掌握的优势品牌、核心技术、创新设计、市场销售渠道等，委托发展中国家专业的代工厂商进行生产，然后再将产品冠以自己的品牌在市场上进行销售。二是自主设计的ODM(Original Design Manufacture)。它是一种较高级的代工形式，代工企业除了承担制造活动外，也进行深度加工组装和产品设计等活动。原先处于后进地位的企业，在通过早期的OEM或者代工方式后，学习能力不断增强，对上游工序和客户的要求等了解越来越多，发包者逐渐会交给他们更多的职能和责任，逐步承担包括产品设计、进一步深加工、售后服务等在内的更加广泛的工序、环节和职能。三是自主品牌的OBM(Own Brand Manufacture)。它是指代工企业不仅进行深度加工组装和产品设计活动，还拥有自主品牌，能够在产业链中获得更多的附加价值。②

① 隆国强：《全球化背景下的产业升级新战略——基于全球生产价值链的分析》，《国际贸易》，2007年第7期。
② 刘志彪：《全球化背景下中国制造业升级的路径与品牌战略》，《财经问题研究》，2005年第5期。

五、中国产业链现代化

中国自2001年加入WTO后，大大加速了全球价值链深化分工的进程，同时自身作为价值链的重要参与者，取得了举世瞩目的经济发展成果。不论在供给端还是需求端，中国在全球价值链中都有着举足轻重的地位。一方面，中国是全球最大的生产制造国和货物贸易国，作为“世界工厂”为全球价值链上游厂商提供加工服务，为下游厂商提供关键中间品，为全球主要消费市场提供工业产品。作为国际贸易的最大参与者，中国已成为众多国家和地区的最大贸易伙伴。在需求端，中国市场已成为众多企业不可或缺的战略市场。另一方面，在逆全球化趋势和供应链重组的大格局下，中国制造业的问题逐渐暴露出来，其中最直接、最明显的问题就是“大而不强”，不少行业存在产业链、供应链不健全、不完善的情况，尤其是制造业中一些核心技术和关键技术、生产流程中的一些关键环节和关键零部件，存在明显的瓶颈制约。

在全球价值链发生深刻变革的时代，中国迫切需要通过产业升级来稳固并提升在全球价值链中的分工地位，针对高端产业的产业链、供应链短板和薄弱环节，组织力量协同攻关，加强重要制造业领域、重点生产环节和关键材料、关键零部件、关键生产工艺的技术研发与产业化，提升我国制造业的整体实力和先进制造业整体技术水平，确保产业链、供应链安全稳定，这对于我国建设现代化强国具有十分重要的战略意义。从全球分工视角看，要鼓励中国企业从加入全球产品分工，转向加入全球创新网络，在全球创新分工中占据一席之地，要从全球价值链底部向处于两个高端的经济活动攀升，即向研发、设计和网络、营销、品牌等以制造业为基础的“非实体性的现代服务业活动”转型，逐步实现创新目标由中国企业设置、创新过程由中国企业控制、创新成果的产权由中国企业掌握，进而实现从“中国制造”到“中国创造”的转变。

本章小结

工业化起源于18世纪后期西欧的工业革命，迄今为止，经历了机械化时代的工业化、电气化时代的工业化以及信息化时代的工业化。发展经济学家从经济结构转化过程、技术创新和形成影响因素等视角对工业化进行多重界定。结合近年来的理论进展，可将工业化理论简要概括为工业领域产业关联理论、梯度发展工业化理论、专业化与分工理论。

数字经济的本质在于信息化。信息化是工业化发展到一定阶段的产物，工业化为信息化提供物质基础；同时，信息化在工业化发展中产生倍增作用和催化作用。中国的新型工业化道路是以信息化带动工业化，以工业化促进信息化。

产业结构转变是指一个国家（地区）的国民经济各产业及整个产业结构发生质变的过程。经济结构转变表现为国家产业结构转变和工业内部结构转变。在经济增长过程中，引起产业结构转变的因素主要是部门劳动生产率、需求结构、供给结构、国际贸易和技术进步。

产业链是指产业部门之间基于一定技术、供求等关联而构成的一种链条式关系，它包括价值链、企业链、供求链和空间链等多个维度。随着全球化和信息化的推进，产业链已从一国内部向全球扩展，发展中国家可以选择贴牌生产模式 OEM、自主设计的 ODM、自主品牌的 OBM 参与全球产业链分工。在全球价值链发生深刻变革的时代，中国迫切需要通过产业升级来稳固并提升在全球价值链中的分工地位，确保产业链、供应链安全稳定。

本章思考题

1. 如何理解产业关联、梯度发展、专业化与分工理论？
2. 什么是“配第-克拉克定理”？什么是“霍夫曼定理”？
3. 如何认识全球产业链的扩展？

第九章　城市化与城市发展

伴随着人类文明进程，城市出现在5 200多年前的美索不达米亚平原。① 城市化过程是与工业化、经济发展联系在一起的。对于发展中国家而言，城市化既是生产和生活方式的重要变革，也是经济增长和社会发展的关键路径。城乡人口流动可以从农业剩余、城乡预期收入差距和人力资本积累等多个视角进行解释。人口集聚是城市发展的根本，但是城市发展需要融入新的发展理念处理好这个过程中产生的社会问题和环境问题。

第一节　城市化的进程和特征

一、城市化的内涵

城市，顾名思义，就是城堡加市场。可见，城市一出现，就具有防御和交易两种功能。现代城市的“城堡”作用削弱了，而“市场”的功能却增强了。从城市的发展来看，它是与社会分工、商品生产和市场发育紧密相连的，它是人类文明进步的象征。马克思指出：“城市本身表明了人口、生产、工具、资本、享乐和需求的集中；而在乡村所看到的却是完全相反的情况，孤立和分散。”②

城市化、城镇化、都市化，都是英文Urbanization的不同译法。当所指的是镇及镇以上的各级居民点的城镇地区(Urban Place)时，就既包括City，也包括Town，此时称为城镇化更为准确。

18世纪后期爆发工业革命以后，城市的发展融入了工业化的动力，工业化和城市化成为不可分割的一对“孪生兄弟”。按照《中华人民共和国国家城市规划基本术语标准》的定义，城市化是指“人类生产与生活方式由乡村型向城市型转化的历史过程，主要表现为乡村人口转化为城市人口及城市不断发展完善的过程”。

一般认为，城市化是一个国家或地区实现人口集聚、财富集聚、技术集聚和服务集聚的过程，同时也是一个生活方式转变、生产方式转变、组织方式转变和传统方式转变的过程。城市化是社会生产力变革所引起的，它表现为一个国家或地区内的人口由农村向城市转移、农业人口转化为非农业人口；农村地区逐步演化为城市地域；城镇数目不断增加；城市人口不断膨胀、用地规模不断扩大；城市基础设施和公共服务设施水平不断提高；城市居民的生活水平和居住水平发生由量变到质变的改善；城市文化和价值观念成为社会

① Kim S, “Urbanization: The new Palgrave dictionary of economics”, Washington University Press, 2008, 1.
② 《马克思恩格斯选集》第3卷，人民出版社，1972，第56页。

文化的主体，并在农村地区不断扩散和推广。城市化有六个方面的内涵：① 城市化是城市人口比重不断提高的过程。② 城市化是产业结构转变的过程。③ 城市化是居民消费水平不断提高的过程。④ 城市化是城市文明不断发展并向广大农村渗透和传播的过程。⑤ 城市化过程是人的整体素质不断提高的过程。人们的生活方式、价值观念将会发生重大变化，告别自给自足，摆脱小富即安，追求文明进步，崇尚开拓进取。⑥ 城市化是农村人口城市化和城市现代化的统一。如果说乡村人口城市化是城市化进程中量的增加的过程，是城市化的初级阶段，那么城市现代化和城乡一体化则是城市化进程中质的提高的过程，是城市化的高级阶段。

对城市化水平的测度主要有两类测度方法：单一指标法和综合指标法。单一指标法主要包括城市人口比重指标、非农人口比重指标和城市用地比重指标。城市人口比重指标是用城市人口占区域总人口的比重来衡量；该指标反映了人口在城乡之间的空间分布，简单明了，具有很强的实用性。由于各国设市的人口数量标准差距悬殊，该指标缺乏可比性。非农人口比重指标是用非农业人口占区域总人口的比重来衡量；该指标体现了人口在经济活动上的结构关系，反映了生产方式变革的广度与深度，更具有科学性。城市用地比重指标是以某一区域的城市建成区用地面积占区域总面积的比重来衡量；该指标体现了城乡之间在地理景观上的分野，具有直观性，但忽略了人口密度。综合指标法是以多项社会、经济指标替代单一人口指标，该方法通常用于某一国家或地区的城市变化比较，不便开展多城市对比研究。①

不容否认，农业发展、商业发展、宗教和王权等因素对农业社会的城市化产生重要影响，但是工业革命成果在全球的扩散，使得城市成为重要的商业中心和制造业中心，成为城市化的重要动因。当然，商业活动仍在城市化进程中扮演重要的角色，交通条件和通信手段的改善，促使商业城市在全球经济居于核心地位，它与制造业中心的逐渐分离成为现代经济发展的一个重要特征。政府计划也被认为是城市化的一个重要原因，主要体现在城市住房供给、交通基础设施改善等方面。城市化和城市的迅速增长源自两方面的力量：一是人口的快速增长导致农地的相对稀缺，将缺地的劳动力推向城市；二是城市经济的力量将农村劳动力拉进城市。一般而言，城市化可以从推-拉两方面因素进行解释。城市化的推力因素主要包括农村地区的自然状况（如干旱、洪水、人均耕地不足等）、经济安全等。城市化的拉力因素包括城市更多的工作机会、更高的工资水平、更好的教育机会、更完善的生活设施和更多彩的生活方式等。

二、世界城市化过程和城市化特征

从经济发展的角度来看，真正意义上的城市化是在 18 世纪中叶产业革命以后开始的。在 1950 年，全世界人口为 25.2 亿，城市人口比重只有 29.8%；到 2000 年，全球已有 47.2%的人口生活在城市；2020 年，世界的城市化率为 56.2%，城市人口达到 43.58 亿（见图 9-1、图 9-2 和表 9-1）。目前，城市只占世界陆地面积的 3%，却居住着地球一半以上的人口，耗用全球 60%的资源，排放全球 70%的二氧化碳。② 从工业革命开始，世界城市化的进程大致可分为三个阶段。

① 谢文蕙、邓卫：《城市经济学》，清华大学出版社，1996，第 31-33 页。
② 资料来源：https://unstats.un.org/sdgs/report/2019/goal-11/.

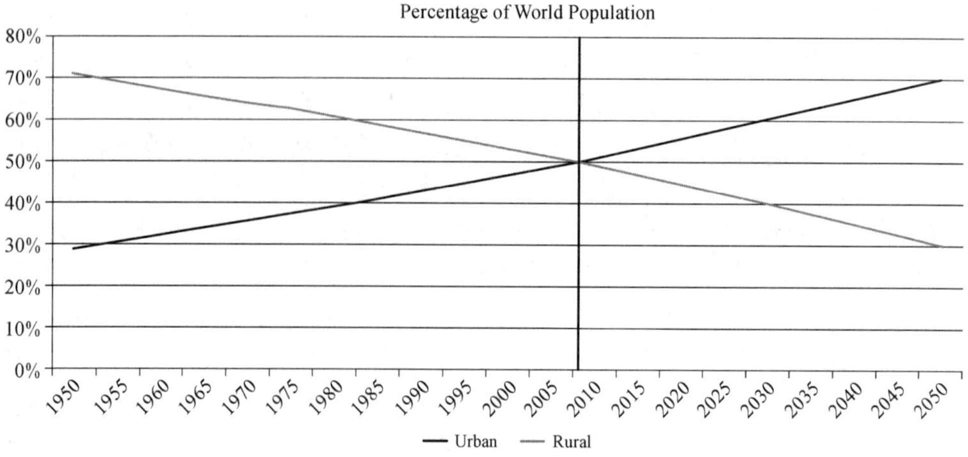

图 9-1 1950—2050 年世界城市和农村人口占总人口比重

资料来源：United Nations，http://esa.un.org/unup/p2k0data.asp.

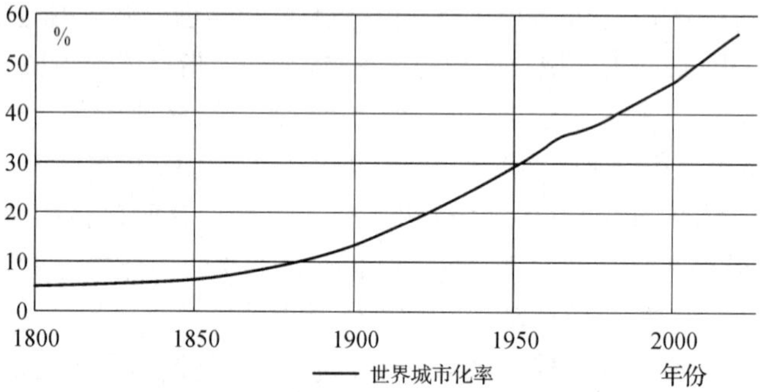

图 9-2 1800—2020 年世界城市化率

资料来源：The World Bank，https://databank.worldbank.org/source/world-development-indicators#；1925 年之前的世界城市化率来自 Grauman J，"Orders of magnitude of the world's urban population in history，" *United Nations Population Bulletin*，1976，8，1-40.

表 9-1 世界总人口和城市人口(1950—2030 年)

	人口(十亿)					增长率(%)	
	1950 年	1970 年	2000 年	2018 年	2030 年	1950—2000 年	2000—2030 年
总人口							
世界	2.52	4.07	6.06	7.63	8.55	1.75	1.04
发达地区	0.81	1.05	1.19	1.26	1.29	0.76	0.07
欠发达地区	1.71	3.02	4.87	6.37	7.26	2.1	1.24
城市人口							
世界	0.75	1.54	2.86	4.22	5.17	2.68	1.85
发达地区	0.45	0.73	0.9	0.99	1.05	1.4	0.38
欠发达地区	0.3	0.81	1.96	3.23	4.12	3.73	2.35

资料来源：United Nations，World Urbanization Prospects(2000—2018).

城市化的第一阶段是1730—1850年，英国在这一个多世纪中，基本上完成了城市化。英国是当时世界上第一个城市人口超过总人口50%的国家，而同期世界城市人口比重只有6.3%。可以说，产业革命的巨大成果之一，是创造了像伦敦那样宏伟壮丽的城市。

城市化的第二阶段是1851—1950年，欧洲和北美等发达国家基本上实现了城市化。100年间，欧洲和北美地区城市人口总数从3.04亿人增加到7.2亿人，①城市化水平达到55.1%。与此同时，1950年，世界城市人口已占到总人口的29.8%，比1850年高出23.5个百分点，其他地区的城市化水平也有所提高。大洋洲、拉美和加勒比地区的城市化率均超过世界的平均水平，亚洲和非洲的城市化率远远低于世界城市化水平。其中，大洋洲的城市化率达到61.6%，城市人口达到800万以上；拉美和加勒比地区的城市化率达到41.9%，城市人口在7 000万左右；亚洲的城市化率为17.4%，城市人口为2.44亿，仅次于欧洲；非洲的城市化水平很低，仅为14.7%，城市人口为3 200万，还不及拉美和加勒比地区的一半。

城市化的第三阶段是1950年至今，全世界基本上实现了城市化。这期间世界城市人口的比重由1950年的29.8%上升到2018年的55.3%，预计到2030年全世界的城市化率将达到60.4%。② 这期间发展中国家成为推动世界城市化的主要力量，也是世界城市化空前发展、加快扩散和迅速普及的阶段。二战结束以来，高收入地区的城市化率从1950年58.5%上升到2018年81.5%；中等收入地区的城市化率从1950年的19.9%上升至2018年的52.6%；低收入地区的城市化率从1950年9.3%增加到2018年的32.2%；中低收入地区的城市人口从1950年的3.1亿增加到2018年的31.95亿，增加了9倍以上，年均增长率约为3.49%。未来世界城市化的进展主要由发展中国家推动。

总体来看，世界城市化进程中呈现出一些显著特征。

一是世界城市化进程呈现出加速趋势。1800年，世界城市化水平为5.1%；50年后，增至6.3%，平均每年增长0.02%；而在1850—1900年，平均每年增长0.14%，增速开始加快；1900—1950年，增速升至年均0.33%；1950—2000年，增速略有提升，为年均0.34%；2000—2020年，世界城市化率年均增速上升至0.48%，如果这一趋势能够延续下去，则城市化水平会有更大的提高。根据联合国预测，到2030年全球的城市化率将升至60.4%，2050年将接近70%。

二是大城市迅速发展，构成了世界城市化的主力军。一方面，大城市数量快速增长。1900年，世界上50万人口以上的大城市只有49座；而到1990年，已增加至575座，平均每年新增5.8座大城市；2018年全球50万人口以上的城市达到了1 146座，1990—2018年平均每年新增20.39座，是1900—1990年增速的3.5倍。其中，1990年50万～100万人口的城市数量为301座，2018年增至598座；100万～500万人口的城市在1990年为243座，到2018年增加到467座，1990—2018年500万～1 000万人口

① 1851年欧洲和北美的总人口来自GEOHIVE，http://www.geohive.com/earth/his_history1.aspx.

② United Nations，"World Urbanization Prospects"，2018，11.

的大城市从 21 座增加到 48 座，超过 1 000 万人口的超级都市从 10 座增加到 33 座（见表 9－2）。另一方面，大城市的人口急剧膨胀。根据联合国发布的《世界城市化展望》(2018)数据，与 1990 年相比，2018 年，世界上生活在城市的人口从 22.9 亿增加到 42.2 亿，增长了 0.84 倍；在城市总人口的构成中，50 万人口以下的中小城市总人口从 13.06 亿增加到 20.25 亿，增长了 0.55 倍。与此同时，50 万～100 万人口的城市总人口从2.08 亿增加 4.15 亿，增长了近 1 倍；而 100 万～500 万人口的城市，人口增长了 0.98 倍，从 4.67 亿增加到 9.26 亿；500 万～1 000 万人口的城市，人口增长了 1.08 倍，从 1.56 亿增加到 3.25 亿；1 000 万人口以上的超级都市增长最快，为 2.46 倍，人口从 1.53 亿增加到 5.29 亿。① 并且，超级都市的人口增速也是引人瞩目的，呈现加速增长的趋势。1975 年，世界人口规模最大的 10 个城市中，超过1 000 万的超级都市只有 5 座，其中，人口最多的城市是东京，达到 1 980 万人；人口最少的是里约热内卢，有 800 万人；2020 年，全球最大的 10 个城市中，规模最小的大阪也有 1 917 万人，人口最多的东京高达3 739 万人（见表 9－3）。45 年间第一名的城市人口规模膨胀了 0.89 倍；第十名的城市人口规模增加了 1.4 倍。

表 9－2　不同规模城市的数量(1975—2030 年)

	1970	1990	2018	2030
1 000 万以上	3	10	33	43
500 万～1 000 万	15	21	48	66
100 万～500 万	127	243	467	597
50 万～100 万	190	301	598	710
30 万～50 万	225	416	714	827

资料来源：United Nations, World Urbanization Prospects(2000—2018).

三是城市带的相继兴起。随着特大城市（人口为 500 万～1 000 万人）、超级城市（人口为 1 000 万人以上）的出现，②由地理空间相互毗连、社会经济结构融为一体的城市带、大都市连绵区、城市密集区相继形成，成为产业集聚与世界经济的中心。世界上主要的城市带包括以纽约为中心的美国东北部大西洋沿岸城市带、以芝加哥为中心的北美五大湖城市带、以洛杉矶—旧金山为中心的美国太平洋东岸城市带、以东京为中心的日本太平洋沿岸城市带、以伦敦为中心的英国城市带、以巴黎为中心的欧洲西北部城市带、以上海为中心的中国长江三角洲城市带、以广州—深圳—香港为中心的中国珠江三角洲城市带、以北京—天津为中心的中国环渤海城市带等。

① United Nations, "World Urbanization Prospects", 2014, 78.
② 根据中国《关于调整城市规模划分标准的通知》(国发〔2014〕51 号)中特大城市与超级城市的规模标志。

表 9-3 全球 10 大城市(1975—2020 年) 单位:万人

1975 年		1995 年		2000 年		2005 年		2020 年	
东京	1 980	东京	2 680	东京	2 640	东京	3 520	东京	3 739
纽约	1 590	圣保罗	1 640	墨西哥城	1 810	墨西哥城	1 940	新德里	3 029
上海	1 140	纽约	1 630	圣保罗	1 800	纽约	1 870	上海	2 706
墨西哥城	1 070	墨西哥城	1 560	纽约	1 670	圣保罗	1 830	圣保罗	2 203
圣保罗	1 030	孟买	1 510	孟买	1 610	孟买	1 820	墨西哥城	2 178
大阪	980	上海	1 510	洛杉矶	1 320	新德里	1 500	达卡	2 101
布宜诺斯艾利斯	910	洛杉矶	1 240	加尔各答	1 310	上海	1 450	开罗	2 090
洛杉矶	890	北京	1 240	上海	1 290	加尔各答	1 430	北京	2 046
北京	850	加尔各答	1 170	达卡	1 250	雅加达	1 320	孟买	2 041
里约热内卢	800	首尔	1 160	新德里	1 240	布宜诺斯艾利斯	1 260	大阪	1 917

资料来源:United Nations, World Urbanization Prospects(2000—2018);2020 年全球十大城市数据来自 https://www.bluemarblecitizen.com/megacities/2020.

四是发达国家出现"逆城市化"现象。"逆城市化"又称"反城市化"(Counter Urbanization),是指大城市的人口和经济活动部分地由城市中心向城市外围迁移和扩散,使郊区无限蔓延,并导致城市中心区和中心城市的衰退。20 世纪 50 年代,英国最先出现逆城市化现象。美国在 20 世纪 70 年代开始出现逆城市化的现象。根据 1980 年美国人口普查,20 世纪 70 年代美国大都市区的人口增长率为 9.1%,而非都市地区高达 15.4%;尽管整个 70 年代大都市区的人口增长数量(1 360 万)大于非都市区人口(840 万),但是某些时期出现了大都市区人口减少现象,如 1970 年 3 月—1974 年 3 月,大都市区人口减少了 180 万。① 此后,其他西方国家也出现该现象。一般认为大城市中心区的贫困和过度密集造成的负效应和交通技术条件的改善是这种现象产生的原因。逆城市化的发展容易带来城市"产业空心化""人口老龄化"等社会问题。

三、发展中国家的城市化

全球人口总数的上限可能在 100 亿~110 亿之间,而城市人口的数量最多不会超过 85 亿,也就是说,世界城市化率不会超过 80%~85%。2008 年,世界城市化率超过 50%,全球有近 35 亿人口生活在城市,在未来的 100 年间,将会有近 50 亿的人口进入城市生活。② 鉴于发达国家的城市化进程基本完成,未来 50 亿人口的城市化将主要集中在发展中国家,届时发展中国家的城市人口数量将是现在的 3 倍左右。

发展中国家的城市化进程始于二战后的民族解放运动和工业化进程。发展中国家的城市化具有以下特征:

第一,城市化速度快。从 1950 年到 2018 年,欠发达地区的城市化率从 17.8%提高到

① Ervin Galantay, "The metropolis in transition", *Paragon House*, 1987, 262.

② Fuller B, Romer P, "Urbanization as opportunity", *Marron Institute working paper*, 2014, No. 1.

50.6%,年均增长率为0.47%;城市人口从3亿增加到32.3亿,年均增长率达到3.56%,远远超过其人口的增长速度1.95%和发达地区的城市人口增速1.17%。

第二,大城市人口急剧膨胀,且占全国人口的比重较大。从全球前10大城市来看,1975年,4座城市位于发达国家,6座位于发展中国家;到2000年,3座城市位于发达国家,7座位于发展中国家;2018年只剩2座城市位于发达国家,8座位于发展中国家。从人口规模超过1 000万的超级都市数量来看,1950年,只有纽约的人口超过1 000万,达到1 230万;1975年有5座城市的人口超过1 000万,其中发展中国家有3座,分别是上海(1140万)、墨西哥城(1 070万)和圣保罗(1 030万);20年后(1995年),全球人口超过1 000万的城市有15座,发展中国家有11座,分别是圣保罗、墨西哥城、孟买、上海、北京、加尔各答、首尔、雅加达、布宜诺思艾利斯、天津和拉各斯;再到2018年,全球有33座城市人口超过1 000万,有28座位于发展中国家和地区。2018年,发展中国家人口超过1 000万的超级都市,占各国城市总人口的比重为12.9%。其中,亚松森占巴拉圭城市总人口的75.87%、乌兰巴托占蒙古城市总人口的71.13%、金边占柬埔寨城市总人口的51.37%、基加利占卢旺达城市总人口的49.16%、开罗占埃及城市总人口的47.31%、圣地亚哥占智利城市总人口的41.92%。

第三,过度城市化的问题突出。过度城市化是指城市化的进程快于工业化进程。人口过快地向城市迁移,超过城市经济发展的需要和城市基础设施的承载能力;城市化速度超过了工业化速度,造成城市化水平与经济发展水平的脱节,使得大城市存在严重的城市病。这一现象普遍存在于拉美地区、非洲和南亚地区。2018年,乌拉圭的城市化水平高达95.2%,超过了美国、加拿大、日本等大多数发达国家;波多黎各、智利、阿根廷等城市化水平也都在80%以上,与欧美诸国相当。实际上,这些拉美国家经济发展水平与发达国家还有相当大差距。尽管拉美国家的城市化水平已与发达国家相当,但以人均国民生产总值衡量,前者不及后者的1/4。例如,2018年巴西城市化水平为86.6%,而制造业部门增加值占GDP的比重是18.7%,制造业就业人数占就业总数的20.1%,工业化水平大大低于城市化水平;说明这种城市化不是由工业化所推动的。过度城市化的主要原因是不平等的土地占有制度导致农村贫困从而把人口推向了城市。但是,城市现代部门创造就业机会的能力非常有限,大量劳动者不得不在生产率低下的非正规部门找到仅能糊口的工作。乡村贫困与城市贫困共存,这种城市化是“维持生存的城市化”。

第四,城市化不足或城市化滞后。这是与过度城市化相反的一种城市化状况。在亚洲一些国家,城市化水平落后于工业化进程。工业向乡村扩散、农村人口就地非农化,城市化水平不能真实反映经济发展水平。这是因为工业水平已发展到一定程度,但工业分散在乡村地区,限制了城市的发展。

第五,发展中国家在城市化过程中城市质量提升缓慢,经济驱动能力不强。2018年,发展中国家的城镇人口是发达国家的3.26倍,占世界城镇人口的76.54%,但是这些国家创造的GDP占世界的比重为40.09%。如果剔除中等收入国家,低收入国家的GDP总额占世界的比重降至0.58%,仅为发达国家GDP总额的0.98%。① 在许多发展中国家,城市化水平提高了,而创造财富的能力却没有相应幅度的提高。

① 根据2014年不同收入水平国家GDP计算,数据来自EPS数据库。

第二节　城乡人口迁移模型

究竟是什么因素制约或推动了人口从农村进入城市，或者说，城市化的内在动力何在，这是城乡人口流动(Rural-Urban Migration)或劳动力转移(Labor Transfer)理论研究的重点。关于人口流动的模型，著名的有乔根森模型、托达罗模型和卢卡斯模型。这些模型分析了人口流动与城市化之间的关系，揭示了城市化过程中存在问题。

一、乔根森模型

美国经济学家乔根森于 1961 年依据新古典主义的分析方法创立了乔根森模型。① 乔根森模型的基本思想是，一国经济由现代工业部门和传统农业部门构成，农业部门的发展是工业部门乃至整个国民经济发展的基础。传统农业部门的产品供给能力的大小，将决定和影响工业部门的发展水平以及劳动力的转移程度。农业部门的产品供给，将首先被用来满足不断增长的人口对农产品的需要。在农业部门的产品供给能力能充分满足人口增长的需要之前，所有的劳动力都将被吸纳于农业部门。而当这种供给大于人口增长对口粮和其他农产品的基本要求之后，农业部门为工业部门的就业者提供食物支持。乔根森称之为“农业剩余”。农业剩余的产生，意味着总人口中的一部分可以脱离农业领域而从事工业。这样，便开始发生劳动力向工业部门转移的过程。这种农业剩余越大，则工业部门发展越快，农业中的劳动力的转移也就越顺利。

乔根森模型的分析思路简明：① 找出工业部门发展的前提——农业剩余产生和形成的条件。为此，乔根森利用农业部门的产出函数与人口增长函数，求出农业剩余产生的条件：当农业部门的人均产出增长率大于人口增长率时就会出现农业剩余。② 分析农业剩余产生后，农业剩余与工业部门发展之间的动态关系。从动态的角度来看，农业剩余的存在对工业部门的扩张有两点重要影响：第一，农业剩余的存在，可以使工业人口增长速度超过总人口增长速度，农业人口向工业部门转移的速度快于人口自身增长的速度；第二，只要有一个正的上升的农业剩余，工业扩张和经济增长就与资本存量无关，农业剩余的大小将是决定工业部门发展的唯一变量。

乔根森模型是在刘易斯模型、拉尼斯-费景汉理论基础上进行拓展的，但具有显著的区别：① 乔根森理论是用新古典主义分析方法和以农业剩余为基础创立的理论。② 在乔根森模型中，工资率是随着资本积累上升和技术进步而不断提高的。③ 乔根森理论认为，农村剩余劳动力转移到工业部门，是人们消费结构变化的必然结果。④ 乔根森理论从马尔萨斯人口论的观点出发，认为人口增长是由经济增长决定的。这导致的结果是，乔根森否定了刘易斯、拉尼斯-费景汉理论的剩余劳动假说和固定工资观点，却应用了马尔萨斯人口论的观点，这不符合发展中国家的实际情况。

二、托达罗模型

20 世纪 60 年代以来，许多发展中国家出现城市失业不断上升，但农村到城市的流动人

① Jorgenson D W, “The Development of a Dual Economy”, *Economic Journal*, 1961, 71(282): 309 - 334.

口有增无减的现象，人口流动不仅未能带来经济发展，反而成为经济发展的障碍，如何解释这种现象呢？1969年，美国经济学家托达罗[①](M. Todaro)发表了经典性论文《欠发达国家的劳动力迁移模式和城市失业问题》，对此提出了一个解释框架。按照托达罗的模型，人口流动基本上是一个经济现象。第二年，托达罗和哈里斯在同一杂志又发表了一篇文章《人口流动、失业和发展：两部门分析》，阐述了他对农村人口流入城市和城市失业的看法。

托达罗模型的思路是：① 对迁移的成本—收益的比较分析，是人口流动的决策基础。② 城乡预期收益的差异是决定人们迁移决策的关键变量，而影响城乡预期收益差异的主要因素是现代部门的工资水平和就业概率。③ 现代部门就业概率取决于城市传统部门就业总人数与城市现代部门的新创职位数，就业概率的大小能自动调整人们的迁移行为。④ 当城乡收入存在巨大差异时，就业概率对人们迁移决策行为的影响会减弱，人口净迁移的速度会超过城市现代部门的就业创造率，从而出现城市失业现象。

在托达罗模型分析框架下，人口流动是人们对城乡预期收入差距的反应而不是对实际收入差距的反应。迁移者考虑城市、农村劳动力市场上的各种就业机会，选择其中能带来最大预期收益的迁移。预期收益可用城乡工作实际收入差距和迁移者在城市获得工作的概率来计算。也就是说，劳动者比较在城市的预期收入和农村的现有收入，如果前者大于后者，他就可能选择迁移。

托达罗模型对传统人口流动理论的另一贡献，是引入了非正规就业这一概念。传统人口流动理论通常假设：人们要么在现代工业部门就业，要么在传统农业部门就业。而托达罗指出，在城市中，与少数现代工业部门并存的，是众多的小商店和小工厂。这些小行业和小部门，吸纳了大量的就业人口，构成了现实经济中的一种重要的就业形式。由于这些行业和部门的存在，大多只是去填补被现代工业部门(这被称为正规部门)认为是无利可图的市场空缺，托达罗将之称为非正规部门。城市的非正规部门通常为那些从农村迁移到城市，试图在城市的正规部门谋得一份工作而未果的人提供工作岗位。非正规部门就业的概念在托达罗模型中非常重要，它反映了真实的人口流动状况。可见，托达罗模型实际上是讨论了三个部门(农业部门、城市正规部门和城市非正规部门)的就业状况，所以，该模型又被称为“三部门模型”。

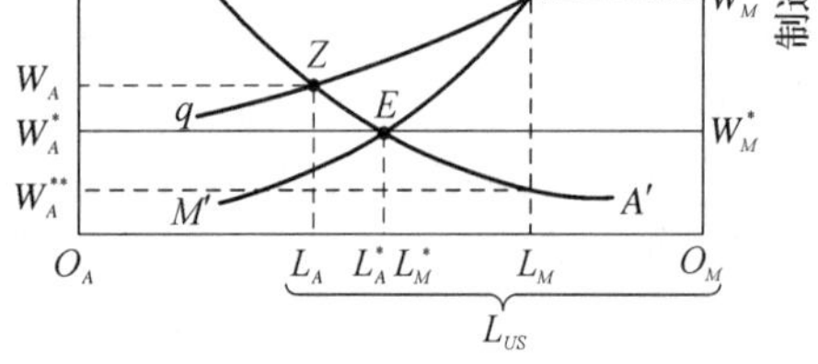

图9-3　哈里斯-托达罗模型

按照托达罗模型的分析框架，[②]在图9-3中，假定经济体只存在乡村农业部门和城市制造业两个部门，农业劳动力需求曲线是AA'，制造业劳动力需求曲线是MM'，经济体中的劳动总

① Todaro M P, “A Model of Labor Migration and Urban Unemployment in Less Development Countries”, *The American Economic Review*, 1969, 59(1): 138-148.

② [美]迈克尔·P. 托达罗，斯蒂芬·C. 史密斯:《发展经济学》，第12版，聂巧平和程晶蓉译，机械工业出版社，2020，第235-236页。

量是 O_AO_M。在一个新古典的工资自动调整和充分就业的市场条件下，均衡工资水平是 $W_A^* = W_M^*$，并且 $O_AL_A^*$ 的劳动者在农业部门就业，$O_ML_M^*$ 的劳动者在制造业就业。

城市工资水平可能受到工会谈判或政府最低工资水平影响，使得其偏离最优工资水平 W_M^*，不妨假定为 $\bar{W}_M$，而且 $\bar{W}_M > W_M^*$。如果此时仍然不存在失业情况，制造业的就业水平是 O_ML_M，那么剩下 O_AL_M 的劳动者不得不在农业部门就业，使农业部门的均衡工资降至 W_A^{**}，制造业与农业的工资差异是 $\bar{W}_M - W_A^{**}$。如果不存在劳动力自由流动的限制，那么将会有 L_AL_M 的劳动力从农村迁移到城市，使得城市的总劳动力规模达到 L_{US}，迁入城市的劳动者在制造业部门就业的预期工资水平是：

$$W_A = \frac{L_M}{L_{US}}(\bar{W}_M) \tag{9.1}$$

否则，未能在制造业部门找到工作的劳动者，会进入城市非正规部门维持生计。

根据式(9.1)，可以形成一条城市与农村的工资无差异曲线 qq'，此时，农业部门与制造业部门的工资水平差异是 $\bar{W}_M - W_A$，且有 O_AL_A 和 O_ML_M 的劳动者分别在农业部门和制造业部门就业。同时，$O_ML_A - O_ML_M$ 的劳动者在城市非正规部门就业。

该模型的四个拓展方向为：① 放松公式(9.1)，假定非正规部门的收入不为 0。② 考虑劳动者的异质性，劳动者教育水平的差异导致的人力资本水平差异。③ 通常同一农村地区的劳动者会迁移到同一座城市或邻近城市。卡林顿等(Carrington, et al.)研究了这种现象①，认为同一农村地区的移民数量在某城市越多，会产生一种外部性，降低之后移民的成本。④ 还有一个方面的拓展是放松城市最低工资水平假定，将城市正规部门的工资与不完全信息、劳动力流转(Labor Turnover)和效率工资结合起来。

另外，还存在所谓的“托达罗悖论”，即城市管理者或政府为了改善城市就业环境而出台相关政策，提高了城市工资水平，会进一步吸引更多的农村人口流向城市寻求就业机会，反而恶化了城市就业环境。为此，布鲁克纳和泽诺(Brueckner & Zenou)、②布鲁克纳和金(Brueckner & Kim)③在托达罗模型中引入土地市场，一定程度上解决了“托达罗悖论”。他们的研究表明，不论是在固定工资条件下、城市居民的土地消费量固定条件下还是在效率工资条件下，均满足一定的条件，使正规部门的扩张，会引致非正规部门工资提高或农村工资水平下降，导致非正规部门扩张和城市人口规模的扩大；当然，如果正规部门工资水平提高，则会产生相反的效果。不过，土地市场并不会对劳动者迁移决策产生什么影响，地租和通勤成本只是决定了正规部门与非正规部门劳动者的居住边界和城市与乡村的边界。

三、卢卡斯模型

尽管托达罗模型长期统治了人口流动领域，但仍有一些问题并未得到很好解决：随着

① Carrington W, Detragiache E, Vishwanath T, “Migration with endogenous moving costs”, *American Economics Review*, 1996, 86(4): 909 - 930.

② Brueckner J, Zenou Y, “Harris-Todaro models with a land market”, *Regional Science and Urban Economics*, 1999, 29: 317 - 339.

③ Brueckner J, Kim H, “Land markets in the Harris-Todaro model: a new factor equilibrating rural-urban migr-ation”, *Journal of Regional Science*, 2001, 41(3): 507 - 520.

农村人口大量迁入城市，为何城市可以持续维持较高的工资水平？为何未能在正规部门的农村劳动者会选择失业或在非正规部门就业，而不返回农村？这正是卢卡斯模型所要回答的问题。

2004 年，卢卡斯在《政治经济学》杂志发表了《生活收入与乡村人口流动》的文章，[①]运用人力资本积累观点解释这些现象。

卢卡斯模型假定存在两个独立的经济体：农村经济与城市经济，分别考察两个经济的均衡情况。农村生产函数为柯布-道格拉斯型 $[F(x)=Ax^{\alpha}]$，x 为农业就业人口，A 为生产技术，并且所有农村劳动者的时间单位化为 1，且均用于生产，并不存在人力资本积累(时间)。消费者效用函数是 CRRA 型(相对风险厌恶效用函数)，每个农村家庭的效用函数为

$$U=\int_0^{\infty}\mathrm{e}^{-\rho t}U[c(t)]\mathrm{d}t \tag{9.2}$$

式中，$U[c(t)]=\dfrac{1}{1-\sigma}c^{1-\sigma}$，$c(t)$ 为不可存储的消费品，$1/\sigma$ 为劳动者的风险厌恶程度，ρ 为折现系数。

在城市经济中，假定劳动者会进行人力资本积累 $h(t)$，投入的时间是 $1-u(t)$［未考虑闲暇带来的效用，$u(t)$为劳动者的工作时间］，并且人力资本积累函数为线性形式。

$$\frac{\mathrm{d}h(t)}{\mathrm{d}t}=\delta h(t)[1-u(t)] \tag{9.3}$$

式中，δ 为常数。

城市家庭的财富总价值为

$$\int_0^{\infty}\exp\left[-\int_0^{r}r(s)\mathrm{d}s\right]h(t)u(t)\mathrm{d}t \tag{9.4}$$

式中，$r(t)$ 为城市家庭面临的利率水平，$0<u(t)<1$。

城市家庭面临的预算约束是

$$\int_0^{\infty}\exp\left[-\int_0^{r}r(s)\mathrm{d}s\right]c(t)\mathrm{d}t\leqslant\int_0^{\infty}\exp\left[-\int_0^{r}r(s)\mathrm{d}s\right]h(t)u(t)\mathrm{d}t \tag{9.5}$$

将式(9.3)积分，并结合式(9.4)，可以得到 $r(t)=\delta$。

在城市经济均衡时，结合式(9.2)、式(9.3)和式(9.5)，存在

$$\frac{1}{c(t)}\frac{\mathrm{d}c(t)}{\mathrm{d}t}=\frac{1}{h(t)}\frac{\mathrm{d}h(t)}{\mathrm{d}t}=\delta[1-u(t)]=\frac{\delta-\rho}{\sigma} \tag{9.6}$$

并且，城市经济均衡时，劳动者的工作时间 v 为

$$v=1-\frac{\delta-\rho}{\delta\sigma} \tag{9.7}$$

接下来，考虑一个人口迁移模型，假定每个劳动者的人力资本水平均是 $h(0)$，它在农

① Lucas R, "Life earnings and rural-urban migration", *Journal of Political Economics*, 2004, 112: 29 - 59.

村生产中毫无用处，但是在城市生产中它能够让劳动者提高 $h(0)$ 单位 $[c(t)]$ 的生产量。在经济均衡时，劳动者在城市收入的现值等于在农村收入的现值，这会把劳动者的迁移决策拆分为两部分，特别是在家庭内部：首先，家庭需要对在农村与城市工作的时间进行分配；其次，在城市工作的劳动者需要在工作和人力资本积累之间进行时间分配。劳动者可以在城乡间自由迁徙，但是他从城市迁回农村，意味着对已积累人力资本的浪费，是一种错误的决定(Mistake)，这就导致迁入城市的农村劳动者不可能再返回农村，相当于一种惩罚机制。此时，经济均衡结果是

$$\lim_{t \to +\infty} \frac{1}{h(t)} \frac{\mathrm{d}h(t)}{\mathrm{d}t} = \frac{\delta - \rho}{\sigma} \tag{9.8}$$

式(9.8)意味着二元经济会逐渐向城市经济转化，并且最终演变为城市经济，城市就业占到社会总就业的比例接近1。

在下面的模型中，卢卡斯考虑了人力资本外部性的情形，假定经济中劳动者是异质的，存在人力资本水平更高的劳动者，记 $H(t)$ 表示最高人力资本水平。此时，劳动者从农村迁移到城市，人力资本的积累过程，也是向最高水平劳动者学习的过程，故将人力资本积累方程用下式表示

$$\frac{\mathrm{d}h(s,t)}{\mathrm{d}t} = \delta \left[\frac{H(t)}{h(s,t)}\right]^{\theta} h(s,t)[1 - u(s,t)] \tag{9.9}$$

式(9.9)表示从 s 期到 t 期劳动者的人力资本积累方程，θ 表示人力资本差异的外部性程度。当 $\theta = 1$ 时，经济均衡时二元经济会完全演变为城市经济，农村就业人口占比为0。

农村经济仍保持原有假设，这意味着式(9.9)的设定仅仅改变了人力资本的积累方式，随着时间的推移，所有的城市劳动者均会达到 $H(t)$ 或者 $h(0)$ 的人力资本水平。这就导致式(9.9)会退化成

$$\frac{\mathrm{d}H(t)}{\mathrm{d}t} = \delta H(t)[1 - u(t)] \tag{9.10}$$

在经济均衡时，二元经济逐渐转化为现代经济。即存在

$$\lim_{t \to +\infty} \frac{1}{H(t)} \frac{\mathrm{d}H(t)}{\mathrm{d}t} = \frac{\delta - \rho}{\sigma} \tag{9.11}$$

当存在迁移劳动者的财产约束(如土地的价值)和城市熟练劳动者与非熟练劳动者的划分两种情形时，仍然会满足式(9.8)和式(9.11)。这说明，城市化的发生是必然的。

卢卡斯模型最大的贡献在于从人力资本积累角度对发展中国家城市高工资和失业大量存在的现象提供了一种解释，特别是劳动者从农村迁移到城市生存条件恶化(如贫民窟、饥饿、失业等)，他们仍会选择留在城市的现象。但是，该模型并未考虑农村劳动者的迁移成本，闲暇的效用、农村劳动者的人力资本积累(如种植经验、学习农业技术等)对农村产出提高的影响，等等。虽然实现城乡二元到城乡一体的转型发展，是发展中国家从低、中收入国家成功跨入高收入国家必经的阶段，但是城市化进程是一个漫长的历史过程，在发达国家和地区，城市化率一般维持在80%左右(除了部分城市国家和地区达到100%)，之后城市人口增加的速度极慢，这与该模型的模拟结果类似。

第三节　城市发展与城市治理

早期的区域经济学和城市经济学试图从集聚的角度来解释城市化，这一传统被空间经济学所继承，它利用集聚经济理论来解释城市的形成与发展。聚集经济(Agglomeration Economy)是指经济要素和经济主体在地理空间的聚集所产生的专业化分工协作、资源高效配置、成本降低的经济效果，以及吸引经济活动向一定地区靠近的向心力，是导致城市形成和不断扩大的基本因素。集聚经济可以分为地方化经济和城市化经济，前者是指同一产业内同类企业在某个地方集聚的现象，后者是不同产业不同类别的企业在某个地方集聚的现象。通常情况下，地方化经济形成专业化的小城市或城镇，城市化经济形成多样化的大城市。

集聚经济会形成两种相对的力——向心力和离心力，前者是推进经济集聚的力量，后者是阻碍经济聚集的力量。向心力的主要影响因素有规模经济及“后向关联”和“前向关联”效应、效率更高的密集型劳动力市场、信息溢出带来的外部经济等。离心力的主要影响因素有土地、自然资源和人力资源等要素的不可流动性，逐步提高的地租，交通拥挤等。现实中，城市发展都会受到这两种力量的影响，两种力量的强弱变化也进一步影响到城市的集聚经济效应，进而影响城市产业结构变迁和城市兴衰。在大城市，离心力产生的“大城市病”，对城市发展提出了巨大挑战。因此，在城市发展过程中，优化城市治理，才能强化集聚经济的向心力，弱化集聚经济的离心力。

一、城市发展理论

无论城市最初是如何形成的，一旦形成就会成为集聚生产要素的地点。这是由城市所具有的潜在规模的市场、密集的服务业和高质量的基础设施决定的。从本质上看，这种集聚效应依托于城市用地面积和人口规模的扩张。在城市经济学中，前者被称为城市结构理论，后者被称为城市规模理论。同样，现实中却无法回避城市衰落问题，城市人口规模不可能持续增加，凸显出这个问题的重要性。

(一) 城市结构

城市结构主要是指城市各功能分区(如 CBD、制造业区域、住宅区域、园艺区、农业区等)与地租之间权衡，进而形成的空间结构。西方城市空间结构理论主要分为同心圆理论、扇形理论和多核心理论。

同心圆理论是指城市土地利用的功能分区，环绕市中心呈同心圆向外扩张的模式。它是美国社会学家帕克(R. E. Park)和伯吉斯(E. W. Burges)在对芝加哥人口流动与城市功能地域分布调查的基础上提出的①。当然，杜能经济体也是一个城市土地利用呈同心圆结构的例子。阿隆索(W. Alonso)在 1964 年重新让冯・杜能的孤立城市焕发生机②，后来这个模型成为空间经济学的重要基础。

扇形理论是指城市土地功能利用从中心商务区向外辐射，形成楔形地带。它是美国

① 详见 Park R，Burgess E，“The City”，University of Chicago Press，1925，47 - 62.

② Alonso W，“Location and land use：toward a general theory of land rent”，Harvard University Press，1964.

土地学家霍伊特(H. Hoyt)对美国城市资料进行研究后提出的①。该理论认为,城市发展是由 CBD 沿着交通干线及其他通畅道路向外扩展,并且富人住宅向外扩展的速度最快,凸显出财富分配对城市空间组织的重要作用。

多核心理论认为,城市是围绕几个核心形成的 CBD、商业区域、工业区域、住宅区、近郊等,共同组成城市区域。它由麦肯齐(R. D. Mckerzie)最早提出,哈里斯(C. D. Harris)和乌尔曼(E. L. Ullman)在 1945 年进行完善而形成②。该理论考虑因素更多元,更为接近实际城市结构,但是各核心区域的联系较弱,不同等级核心在城市发展的地位并不清晰。

尽管这三种理论都存在不同程度的缺陷,但是可以描述不同群体或主体在城市的区域分布。谢夫基(E. Shevky)和贝尔(W. Bell)在 1955 年根据因子生态学原理对不同群体在城市地域分布进行研究③,发现家庭状况符合同心圆模式,经济状况趋向于扇形模式,民族状况趋向于多核心模式。

(二) 城市规模

城市规模理论主要从人口规模和人口增长两个不同的体系进行研究,以城市人口规模差异为基础,形成城市层级理论,高等级的城市人口数量较多,低等级的城市人口数量较少。城市规模分布理论主要是基于城市体系中各个城市人口增长率的差异。前者主要是克里斯塔勒城市等级体系;后者主要是齐普夫(Zipf)分布和吉尔伯特(Gibrat)分布。

克里斯塔勒城市等级体系,也叫中心地理论(Central place theory)、K 值理论,它是由克里斯塔勒(W. Christaller)④和勒施(A. Lŏsch)⑤提出。该理论认为,中心地是向周边区域提供各种货物或服务的地方,主要提供贸易、金融、行政、文化等服务;并且每一点到中心地的距离相等,这会形成正六边形的服务网络。高级中心与低级中心的主要区别在于提供商品服务的范围不同。假设一级中心的最大销售距离为 r,次一级中心及其他低级中心销售距离分别为 $r-1$,$r-2$,$r-3$ 等,这导致较低一级中心地的位置总是在高一级三个中心地形成等边三角形中央,克里斯塔勒称之为 $K=3$ 的中心地网络。该理论认为,市场原则、交通原则和行政原则对中心地网络形成不同的结构。在市场原则支配下,$K=3$ 系统得到很好展现,不同规模中心出现等级序列是 1,3,9,27 等。在交通原则支配下,次级中心不再位于高级中心的中间位置,无法取得最大竞争效果,使得次级中心位于高级中心边界的中点,分属两个高级中心的腹地,从而形成 $K=4$ 的系统,不同规模中心的等级序列是 1,4,16,64 等。在行政原则支配下,除高级中心地自身所辖的一个次级中心区域完整,其他次级区域均被割裂,形成所谓的 $K=7$ 系统,不同规模中心的等级序列是 1,7,49,343 等。该理论主要是根据商品供给范围进行分析,忽略了集聚经济可能同等级中心或

① Hoyt H, "The structure and growth of residential neighborhoods in American cities", Development, 1941, 19(3): 543 - 454.

② Harris C, Ullman E, "The nature of cities", *The Annals of the American Academy of Political and Social Science*, 1945, 22: 7 - 17.

③ Shevky E, Bell W, "Social area analysis", Stanford University Press, 1955.

④ Christaller W, "Central places in Southern Germany", Fischer, 1933.

⑤ Lŏsch A, "The economics of location", Fischer, 1940.

不同等级中心的影响，另外，K 值在一个特定的城市体系中是不变的，而现实城市体系中，K 值可能是多变的；并且它也低估了高级中心的人口规模，特别是首位城市。

城市规模分布最早是用帕累托分布来描述的。奥尔巴克(Auerbach)①、辛格(Singer)②提出了这个假说，齐普夫(G. Zipf)证明了城市规模不仅可以用帕累托分布来描述，③而且当幂指数为1时，表现为一种特殊的位序(假定首位城市规模为1，此时等级序列是1，1/2，1/3，1/4，…)，并能很好地拟合城市规模分布。这被称为"位序法则"或"力量法则"(Power Law)。作为一个经验法则，将城市规模按照大小进行排列，并对其进行帕累托分布检验。即

$$\text{rank} = as^{-q}, q > 0 \tag{9.12}$$

式中，rank 表示位序；q 表示帕累托分布的幂指数；s 表示城市规模；a 为常数。

当 $q=1$ 时，城市规模分布服从 Zifp 分布，并且 $a=s_1$，此时，第 i 位的城市人口规模是：$s_i = s_1/\text{rank}$，其中 s_1 是首位城市人口规模。

不同学者对 Zipf 定理的验证结论并不一致，通常情况下，城市规模分布并不满足 Zifp 分布，q 的估计值与城市样本数量和城市规模的选择有很大关系，选择城市数量越少，城市规模越小，q 值更可能大于1；选择城市数量越多，城市规模越大，q 值可能会小于1。艾克霍特(Eeckhout)的研究表明，选用美国大都市区前135个城市进行 Zipf 分布验证时，q 值更接近于1；当选择前276个城市时，q 值为0.85；当选择前67个城市时，q 值为1.114④。从整体来看，Zipf 分布更好地描述了城市规模的上尾分布。

与 Zipf 定理对应的另一种城市规模分布法则是 Gibrat 法则。它是由吉尔伯特研究企业规模动态变化时提出⑤，该法则认为，城市规模服从对数正态分布(Lognormal Distribution, LN)。其分布函数是：

$$F(\ln s_i) = \int_{-\infty}^{\ln s_i} \frac{1}{\sqrt{2\pi}\sigma} e^{-\frac{(x-\mu)^2}{2\sigma^2}} dx \tag{9.13}$$

根据式(9.13)，规模小于 s_i 的城市数量是 $(n-i+1)/n$。

该理论成立的最重要前提条件是不同规模城市的人口增长是成比例的，大城市的规模扩张速度与小城市一致。不过，葛拜斯认为，如果城市规模变化满足 Gibtat 法则，那么 Zipf 分布就会是一个自我实现过程。在这个过程中，城市初始规模差异主要是由产业波动造成的⑥。艾克霍特基于地方外部性模型，假定产出波动是随机游走的，如果城市外部性表现为帕累托分布形式，那么，可以推出城市规模服从 Gibrat 分布，这在理论上连接了 Zipf 分布与 Gibrat 分布，意味着 Zipf 分布是 Gibrat 分布上尾部分的特殊形式⑦。但是，

① Auerbach F, "Das Gesetz der Bevölkerungskonzentration", *Petermann's Geographische Mitteilungen*, 1913, 59: 74-76.

② Singer W, "The 'courbe des populations': a parallel to Pareto's law", *Economic Journal*, 1936, 46: 254-363.

③ Zipf G, "Human Behavior and the Principle of Least Effort. Reading", Addison-Wesley, 1949.

④ Eeckhout J, "Gibrat's law for(all) cities", *American Economic Review*, 2004, 94(5): 1429-1451.

⑤ Gibrat R, "Les Inégalités économiques", Paris, 1931.

⑥ Gabaix X, "Zipf's law for cities: an explanation", *The Quarterly Journal of Economics*, 1999, 114(3): 739-767.

⑦ Eeckhout J, "Gibrat's Law for(all) cities", *American Economic Review*, 2004, 94: 1429-1451.

在现有文献中，仅艾克霍特、冈萨雷斯等(González, et al.)[①]、马勒瓦格纳(Malevergne, et al.)[②]等研究支持 Gibrat 法则。通常情况下，用 Gibrat 分布描述城市规模分布，较好地拟合中间部分分布，在上尾部分和下尾部分会存在较大偏差。为了克服这种问题，吉森等(Giesen, et al.)采用双帕累托对数正态分布(Double Pareto Lognormal Distribution, DPLN)对城市规模分布进行描述[③]，该分布在上尾部分和下尾部分满足 Zipf 分布，在中间部分满足 Gibrat 分布。该分布最早由里德(Reed)提出，它的概率密度函数形式是：

$$f(s)=\frac{\alpha\beta}{\alpha+\beta}\left[A(\alpha,\nu,\tau)s^{-\alpha-1}\Phi\left(\frac{\log s-\nu-\alpha\tau^{2}}{\tau}\right)+s^{\beta-1}A(-\beta,\nu,\tau)\Phi^{c}\left(\frac{\log s-\nu+\beta\tau^{2}}{\tau}\right)\right] \tag{9.14}$$

式中，$A(\theta,\nu,\tau)=\exp(\theta v+\theta^{2}\tau^{2}/2)$；$\theta=\alpha,\beta$，$\Phi(.)$ 表示标准对数正态分布；$\Phi^{c}(.)=1-\Phi(.)$；α 和 β 分别表示上尾部分和下尾部分的幂指数值；v 和 τ 分别表示均值和标准差。

在验证方面，吉森等运用最大似然估计法证明在大多数国家(8 个国家中的 7 个)DPLN 分布比 LN 分布能更好地拟合城市规模分布，并且表明 DPLN 分布的上尾部分能较好地满足位序法则。吉森和苏德卡姆(Giesen & Suedekum)用 DPLN 分布研究了美国 1 万多个城市的建城时间与城市规模的关系，发现 DPLN 分布亦能较好地描述这个问题，并且建城时间越早的城市，人口规模越大[④]。

(三) 城市衰落

城市衰落主要指长期内城市人口数量和就业率下降，亦可延伸至城市 GDP 或人均 GDP 的减少和 GDP 或人均 GDP 增速下降。短期来看，在许多城市都能观察到这些特征。但是，城市衰落是一个长期过程，许多研究主要是讨论城市的相对衰落，探讨某个城市在城市体系或经济体系中地位下降的原因和治理。在古代社会，政治(如迁都)、战争、经济条件改变(特别是交通线路)和自然环境破坏等因素是城市衰落的重要原因。

城市中心区人口的减少是另一种意义上的衰落，这在发达国家的大城市十分普遍。其主要原因是城市中心区环境恶化、交通拥堵、住宅老旧，居住条件变差；交通条件改善(通往城郊的地铁和高速公路)、汽车的普及以及城郊基础设施的完善。

现代社会，城市衰落更多的是与产业升级和资源型城市联系在一起。老牌工业城市的衰落往往与产业升级有关，随着新产业的兴起，工资水平的提高以及其他国家、地区工业化的推进，世界制造中心会向工资成本更低的地区转移，导致老牌工业城市的传统产业逐渐丧失竞争力，人口不断减少。资源型城市的衰落源自城市矿产资源的枯竭和缺乏新的支柱产业，它与资源诅咒有密切关系。

衰落城市的治理措施主要是政府实施再复兴计划，修复破坏的生态环境；完善基础设

---

① González R, Lannaspa L and Sanz-Gracia, "Gibrat's law for cities, growth regressions and simple size", *Econ-omics Letters*, 2013, 118: 367－369.

② Malevergne Y, Pisarenko V and Sornette D, "Testing the Pareto against the lognormal distributions with the uniformly most powerful unbiased test applied to the distribution of cities", *Physical Review E*, 2011, 83: 36－111.

③ Giesen, K, Zimmermann, A, Suedekum, J, "The size distribution across all cities-double Pareto lognormal strikes", *Journal of Urban Economics*, 2010, 68: 129－137.

④ Giesen K, Suedekum J, "City age and city size", *European Economic Review*, 2014, 71: 193－208.

施,改造居住环境;培育新产业,为经济发展注入新活力。

二、城市发展与经济增长

当今世界有43.6亿人口居住在城市,预计到2030年,世界城市人口总数将达到50亿。这就决定了城市在全球经济增长中扮演着重要的角色。2010年,城市贡献了全球总产出(Global GDP, GGDP)的80%。根据麦肯锡全球研究院(McKinsey Global Institute,MGI)的预测,到2025年,前100大城市的产出将占到GGDP的38%,约21万亿美元;前600大城市的产出将高达GGDP的60%,拥有15亿居民。其中,发展中国家城市将会在全球经济中占据更重要地位;2007年,前600大城市中仅有220个位于发展中国家,占GGDP的10%;到2025年,将有443座城市位于发展中国家,占到GGDP的18%,但是贡献了全球经济增长的一半。届时,242座中国城市,57座拉美城市和36座南亚城市会进入全球前600大城市。① 从这个意义上讲,城市经济增长就是全球经济增长。

城市对全球经济的巨大贡献是以资源的大量耗费为代价的,城市仅占据地球陆地的3%,却消耗全球2/3的能源和排放70%的温室气体,②对自然环境也造成巨大破坏。前沿科学传播(Frontiers Science Communications)对全球167个城市的温室气体排放进行调查,其中25个超级都市排放了52%的温室气体。③ 同时,全球快速的城市化,带来严重的社会问题,如住房短缺、饮用水缺乏、食物需求不足、垃圾处理困难、失业率高、治安混乱等,这要求在城市发展过程中,不仅需要关注城市总产出(Gross City Product),还应该关注城市的社会状况与环境。④ 预示着未来城市发展需要坚持可持续发展,保持城市经济的持续增长,保持可持续的自然环境和社会状况。具体来看,城市可持续发展的关键是转变城市经济发展方式,实现智慧增长(Smart Growth)、绿色增长(Green Growth)和包容性增长(Inclusive Growth),解决以往城市经济增长的可持续问题、环境问题和社会问题。智慧增长是关于国土开发的一个理论,着力改变原有城市盲目蔓延的模式。它由美国规划协会(American Planning Association,APA)在1997年提出。美国环境保护署将智慧增长定义为"能满足经济、社区发展和环境保护的增长模式,它探讨的问题不再是城市要不要增长,而是新的增长在什么地方以何种方式产生,并通过一系列措施,保护人们的健康和自然环境,使社区保持更强吸引力,区域经济增长更为强劲和社会更多元化"。⑤ 绿色增长理念是城市发展过程中需要节约资源和高效利用资源,进行清洁生产和建设绿色建筑,降低单位GDP能耗,提高污水处理率和生活垃圾的无公害处理。包容性增长需要城市创造更多生产性就业岗位,确保劳动者的机会平等,为弱势群体构建社会安全网络,将经济发展成果惠及普通民众,力主消除城市中普遍存在的社会分割与居住分离状况。2008年以后,兴起另一种城市发展理念——智慧城市(Smart City)。与智慧增长模式不

---

① World Economic Forum, "The Competiveness of Cities", 2014,9.

② https://www.weforum.org/agenda/2020/01/smart-and-the-city-working-title/.

③ https://blog. frontiersin. org/2021/07/12/just-25-mega-cities-produce-52-of-the-worlds-urban-greenhouse-gas-emissions/amp/.

④ McKinsey Cites Special Initiative, "How to make a city great", 2013.

⑤ https://www.epa.gov/smartgrowth/about-smart-growth.

同，智慧城市是运用信息和通信技术手段感测、分析、整合城市运行核心系统的各项关键信息，从而对包括民生、环保、公共安全、城市服务、工商业活动在内的各种需求做出智能响应，实现城市智慧式管理和运行，进而为城市的居民创造更美好的生活，促进城市的和谐与可持续增长。

当前，全球有六大趋势与城市相关，它们分别是城市化、快速提高的不平等、可持续发展、技术变迁、产业集群与价值链分工和城市治理[①]。城市需要做好以下四个方面工作，以增强城市在区域和全球的竞争力，促进城市可持续发展。一是机构改革，政府如何对城市进行治理和做出决策；二是有关商业环境的规章与制度，包括正确的基本政策（宏观经济政策、税收、劳动力、投资、市场规制和财产保护等）和恰当的对外政策（贸易、对外直接投资、旅游等）；三是城市的硬性联系（Hard Connectivity），主要是基础设施方面，包括高速公路、铁路、航道等。四是城市的柔性联系（Soft Connectivity），主要是指城市的社会资本，包括教育、数字基础设施和宜居的生活环境。

总之，城市发展是造成环境与社会问题的主要原因，而这些问题也将在城市发展中得到解决。除了营造良好的营商环境，城市经济持续增长的关键是因地制宜，准确定位自身在周边城市体系中的地位，发展合适的支柱产业。

三、“城市病”与城市治理

“城市病”是随着人口的快速城镇化而产生的一系列问题，主要表现在城市盲目蔓延、人口膨胀、城市贫困、交通拥堵、环境恶化、住房紧张、就业困难等，这些问题在所有国家的大城市普遍存在，在发展中国家的城市更为突出。

大城市人口膨胀在全球前 10 大城市规模上得到直接展现。1975 年，世界最大的城市东京有 1 980 万人口；到 2018 年，第 10 位的城市大阪达到 1 928 万人，这个规模在 1975 年，位居世界第二位；而当年人口规模第 2 位的纽约到 2018 年降至第 11 位。在许多发展中国家，城市并不能提供足够多的就业岗位，导致大量城市移民无法就业，无法负担城市的房租，只能寄居在贫民窟，加剧了城市贫困问题。不过，格莱泽认为，贫困通常是一座城市成功的一种标志。[②] 自工业革命发生到 21 世纪，贫民窟普遍存在于欧美发达国家；二战后，发展中国家的大城市中更为常见。虽然从 1990 年到 2018 年居住在贫民窟的城市人口比例下降，但人数在上升。根据联合国人居署统计，2018 年欠发达国家和地区约有 23.5%的城市人口居住在贫民窟，超过 10 亿人。其中，东南亚和东亚有 3.7 亿人，撒哈拉以南的非洲有 2.38 亿人；中亚和南亚有 2.27 亿人；其他地区有 1.99 亿人居住在贫民窟。[③] 与此同时，超大城市和大城市人口的膨胀，还造成交通拥堵，不仅导致通勤时间增加，还浪费了能源。根据 2019 年美国人口普查局数据，美国人的平均通勤时间为 27.6 分钟，每年通勤时间约 240 小时；其中，纽约平均通勤时间最长，为 45.9 分钟；27.2%的居民平均通勤时间超过 60 分钟。旧金山平均通勤时间位居全美第六位，为 34.7 分钟；15.7%的居民通勤时长超过 60 分钟。[④] 许多发展中国家大城市的基础设施建设并不完善，交通拥堵程度

① World Economic Forum, “The Competiveness of Cities”, 2014, 5.

② [美]爱德华·格莱泽：《城市的胜利》，刘润泉译，上海社会科学院出版社，2012，第 63 页。

③ 资料来源：https://unstats.un.org/sdgs/report/2019/goal-11/.

④ 资料来源：https://smartasset.com/checking-account/cities-with-the-worst-commutes-2021.

甚至比发达国家更严重。斯里达尔和纳卡(2022)对班加罗尔通勤时间进行调查,发现其平均通勤时间为42.45分钟。[①] 根据2020年中国城市规划设计研究院发布的《2020年度全国主要城市通勤监测报告——通勤时耗增刊》数据,北京、上海、广州、深圳四个超大城市的平均通勤时间为41分钟;36个城市有24%的居民平均通勤时间超过45分钟,超过1 000万人平均通勤时间超过60分钟。[②] 此外,环境污染严重。人类快速城镇化,造成水资源缺乏、生态系统退化、土壤侵蚀加剧、生物多样性锐减、臭氧层损耗等。世界银行曾估计,污染造成的健康成本和生产力损失约为国内生产总值的1%～5%。2018年,联合国教科文组织发布的《世界水发展报告2018》指出,全球一半以上河流水量大幅度减少或被严重污染,世界约有11亿人面临严重缺水威胁,至少27亿人面临每年1月以上的缺水问题。[③] 此外,还有社会治安混乱、城市盲目蔓延,缺乏规划等问题,贫民窟是这些问题集中体现的地方。

对于"城市病"的治理,需要政府、企业、社会组织和居民广泛参与,密切合作。

在政府层面,需要合理划定城市开发边界,防止城市盲目蔓延。特别是需要全国层面的国土开发规划,结合区域国土开发规划,城市的国土开发应与当地的自然环境承载力保持一致。完善社会保障制度,建设公共住房和廉租房。满足低收入群体的基本住房需求和食品需求。完善基础设施,修筑通往郊区的高速公路或铁路;提高公共交通的通达性,有助于大城市卫星城建设的成功。

在企业层面,只有创造出更多满足低收入群体的就业岗位,提高低收入群体的就业率,才能有效降低城市贫困问题;改变企业工厂的布局,从城市中心区迁往交通便捷的工业园区、郊区甚至周边城镇,降低城市中心的交通拥堵状况;同时,采用更加清洁和环保的生产技术,节约资源和能源,践行绿色生产。

在社会组织层面,为低收入群体提供一些技能培训,如计算机运用、教育、医疗等,提高低收入群体的人力资本水平,从而提升他们的就业概率。针对大城市较高的犯罪率和较差的治安状况,社会组织可以向受害者提供部分心理或健康的咨询,增强社会的和谐程度。

对于居民而言,只有提升自身的人力资本水平和增强在劳动力市场的竞争力,才能够摆脱贫困;重视儿童的初中等教育,有助于打破城市贫困的代际延续;改变居民传统的思想观念,规劝居民迁移到郊区、卫星城工作与生活。不过,格莱泽指出,郊区化不会实现城市环境的改善,反而浪费更多的资源和能源,在市区定居才可能实现绿色发展,并有助于抑制城市蔓延问题。[④]

---

① Sridhar K, Nayka S, "Determinants of Commute Time in an Indian City", *The Journal of Applied Economic Research*, 2022,2, https://doi.org/10.1177/09749101211073375.

② 资料来源:http://k.sina.com.cn/article_1887344341_v707e96d502000zpjo.html.

③ Alberto Boretti, Lorenzo Rosa, "Reassessing the Projections of the World Water Development Report", *npj Clean Water*, 2019, https://doi.org/10.1038/s41545-019-0039-9.

④ [美]爱德华·格莱泽:《城市的胜利》,刘润泉译,上海社会科学院出版社,2012,第183－205页。

第四节　中国的城镇化与城市发展

一、中国的城镇化进程

中国是世界城市发源地之一，城头山被认为是中国最早的城，[①]距今6 000多年。在春秋战国时期，为了防御外敌、巩固封地，城市发展较快；并且出现了坊市制度。例如，齐国的临淄，有7万余户、20多万人口，《战国策・齐策》形容其"临淄之途，车毂击，人肩摩，连衽成帷，举袂成幕，挥汗成雨，家敦而富，志高而扬"。到隋唐时，城市规模进一步扩大，唐都长安，人口过百万、交往遍天下，是繁华喧嚣、盛极一时的世界城市，坊市制度发展到巅峰。宋代时期，商业的繁荣形成许多繁华的都市，如东京(今开封)和临安(今杭州)。明、清两代，中国出现最早的资本主义萌芽，工商业城镇大量涌现，纺织城市(如松江)、工矿城市(如个旧)、港口城市(如汉口)、商业城市(如扬州)等发展迅速。近代以来，中国城市的发展基本上可以划分为由帝国主义控制的工商业城市、由军阀统治的政治军事中心城市和新兴的工矿城市3种经济社会类型，城市格局简单，综合服务设施欠缺。

1949年以后，中国进入工业化与城市化发展时期，城市化水平从新中国成立初的10.64%提高到1978年的17.92%，年均增速仅为0.25%，低于同时期(1950—1970年)世界的城镇化速度0.31%和发展中国家的城镇化速度0.45%。在这个时期，中国确立了限制和控制农民盲目流入城市的户籍制度，严重影响了城市化进程。新中国的户籍制度始于1950年8月12日公安系统颁布的《特种人口管理暂行办法(草案)》；1951年7月16日公安部制定和颁布的《城市户口管理暂行条例》，基本统一了全国城市的户口登记制度；1956年国务院颁布的《关于建立经常户口登记制度的指示》，规定全国城市、镇和乡村均要实行户口登记制度。1958年，国务院颁发《中华人民共和国户口登记条例》，明确区分城乡居民的"非农业户口"和"农业户口"两种不同的户籍，严格限制人口自由流动。按照1975年发展中国家的平均城市化率28%计算，当时中国的城市化率为17.34%，低于发展中国家10.56个百分点，中国的户籍制度至少限制了9 242万人口进入城市，相当于1970年整个拉美和加勒比地区城市人口数量的一半。

改革开放以来，中国城市化水平呈不断上升趋势(见图9-4和表9-4)。中国城镇化率从1982年20.57%上升到2021年的63.89%，年均增长率为1.11%，快于1980—2018年世界城市化增长率0.93%。2000年中国的城镇化率为36.09%；2010年中国城镇化率接近50%；2000—2021年城镇化率年均提高1.32个百分点，2021年城镇化率达到63.89%。

① 资料来源：中国考古，http://www.kaogu.cn/cn/kaoguyuandi/kaogusuibi/2015/0921/51508.html.

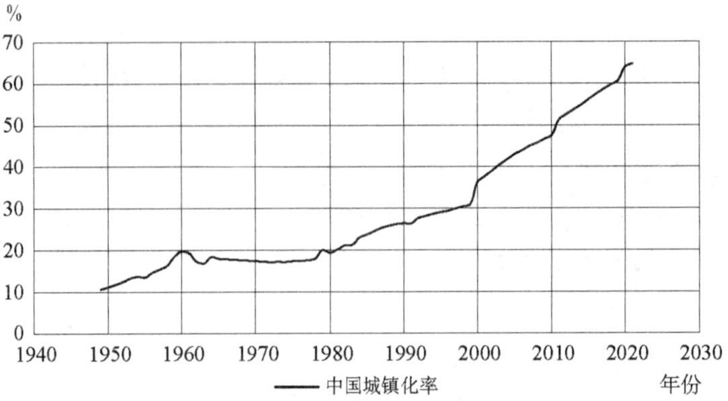

图 9－4　1949—2021 年中国城镇化率

资料来源：中华人民共和国国家统计局：《新中国 60 年统计资料汇编》；《中国统计年鉴》（2010—2021），中国统计出版社，2010—2021 年；2021 年城镇化率来自《中华人民共和国 2021 年国民经济和社会发展统计公报》。

表 9－4　中国七次人口普查的城镇化状况

人口普查	年　份	城镇人口（百万）	全国总人口（百万）	城镇化率（%）
第一次	1953	77.26	584.6	13.22
第二次	1964	127.1	694.58	18.3
第三次	1982	206.58	1 003.94	20.57
第四次	1990	296.51	1 130.48	26.23
第五次	2000	455.95	1 263.33	36.09
第六次	2010	665.58	1 339.72	49.68
第七次	2021	901.99	1 411.79	63.89

资料来源：中国历次人口普查数据。2010 年和 2021 年全国总人口是指中国大陆 31 个省、自治区、直辖市和现役军人的人口，不包括居住在 31 个省、自治区、直辖市的港澳台居民和外籍人员。

二、中国的城镇化特征

考察中国的城镇化历程，城镇化呈现出以下特征：

（1）城镇数量快速增加，特大城市、超大城市增多。

1978—2020 年，中国城市数量从 193 座增加到 687 座。1978 年，中国人口超过 100 万的大城市有 29 座，仅 2 座城市人口超过 500 万，没有一座超大城市。到 2020 年，中国有 8 座人口超过 1 000 万超大城市，11 座城市人口为 500 万～1 000 万；100 万～500 万人口大城市 145 座；50 万～100 万人口的中等城市 86 座，50 万人口以下的小城市 47 座以及 21 157 个建制镇（见表 9－5）。

表 9-5　城市(镇)数量和规模变化情况　单位:座

城市规模	1978 年	2010 年	2020 年
	193	658	687
1 000 万以上人口城市	0	6	8
500 万～1 000 万人口城市	2	10	11
100 万～500 万人口城市	27	124	145
50 万～100 万人口城市	35	138	86
50 万以下人口城市	129	380	47
建制镇	2 173	19 410	21 157

资料来源:《国家新型城镇化规划(2014—2020)》;2010 和 2020 年数据根据第六次和第七次全国人口普查数据整理;2020 年城市规模分布仅统计了 297 个地级市。

(2) 人口流动规模不断扩大,人口流动趋势有所改变。

从 1949 年到 1978 年,中国的流动人口数量较少。改革开放以来,流动人口规模逐渐扩大(见表 9-6)。1980 年,中国的流动人口数量仅 613 万人。到 2000 年,流动人口规模超过 1.2 亿人;2021 年流动人口规模约为 3.85 亿人。2000—2021 年,中国流动人口增加了 2.65 亿人,年均增加 1 325 万人。而人户分离数量更多,2000 年中国人户分离数为1.44 亿人,2021 年增加到 5.04 亿人,净增加 3.6 亿人,年均增加 2 000 万人。

表 9-6　2000—2021 年中国流动人口规模

年　份	人户分离数(亿人)	流动人口数(亿人)
2000	1.44	1.20
2001		1.26
2002		1.32
2003		1.36
2004		1.42
2005		1.47
2008		2.01
2009		1.80
2010	2.61	2.21
2011	2.71	2.30
2012	2.79	2.36
2013	2.89	2.45
2014	2.98	2.53
2015	2.94	2.47

续 表

年份	人户分离数(亿人)	流动人口数(亿人)
2016	2.92	2.45
2017	2.91	2.44
2018	2.86	2.41
2019	2.8	2.36
2020	4.93	3.76
2021	5.04	3.85

资料来源：2000、2010 和 2020 年数据来自全国人口普查数据，其余年份根据全国 1% 人口抽样调查数据推算和历年《中华人民共和国国民经济和社会发展统计公报》。

改革开放以来，中国人口主要从中西部内陆省份向东部沿海省份流动。自 2005 年开始，中国跨省人口流动占比开始降低，人口流动呈现出范围就近化特点，越来越多人口倾向于在省内流动。与第六次全国人口普查数据相比，2020 年 27 个省会城市中有 26 个实现人口正增长。① 国家统计局数据显示，2021 年北京、上海、广州和深圳四大一线城市人口增量开始放缓，四个城市合计增加 12.48 万人口；14 个"新一线"城市或二线城市人口增量超过 10 万人，增量排名前十的城市武汉、成都、西安、南昌、长沙和郑州均位于中西部地区，人口从中西部内陆省份向东部沿海省份流动的趋势有所改变(见表 9－7)。

表 9－7　2021 年中国人口流入城市排名

城市	城市	城市	城市
武汉(120.1)	西安(20.3)	郑州(12.52)	厦门(10)
南昌(28.25)	长沙(17.85)	宁波(12.4)	苏州(9.82)
成都(24.5)	青岛(15.1)	贵阳(11.25)	合肥(9.5)
杭州(23.9)	济南(13.36)	南京(10.37)	佛山(9.38)

注：括号内为 2021 年各城市流入人口规模(万人)。

(3) 户籍城镇化率与常住人口城镇化率差异大。

统计数据显示，2021 年全国常住人口城镇化率为 64.72%，户籍人口城镇化率仅为 46.7%，二者相差 18.02 个百分点，按照当年全国城镇人口总数 9.14 亿计算，约有 1.65 亿农民进城却未能融入城市生活。这一现象在中国最大的城市——上海得到充分体现。如图 9－5 所示，1978 年，上海常住人口为 1 104 万人，按照非农业人口占总人口的比重计算的城市化率，当年仅为 58.7%；2021 年上海常住人口达到 2 489.34 万人。43 年间，上海常住人口增加 1 385.34 万人，年均增加 32.22 万人。随着上海经济发展，一个突出的现象是户籍人口与常住人口之间的巨大缺口，这反映出户籍制度对中国城市化进程的影响。1978 年，上海户籍人口与常住人口之差仅为 5.72 万人；1995 年二者之差首次突破 100 万

① 赵晨野：中国省内人口流动的趋势、成因及影响，https://www.163.com/dy/article/GP3P7LIE0514C94J.html.

人，达到 112.63 万人；2005 年二者之差超过 500 万人，为 530 万；2021 年为二者之差 1 031.9万人，相当于 2020 年中国的第 11 大城市东莞的人口数量。①

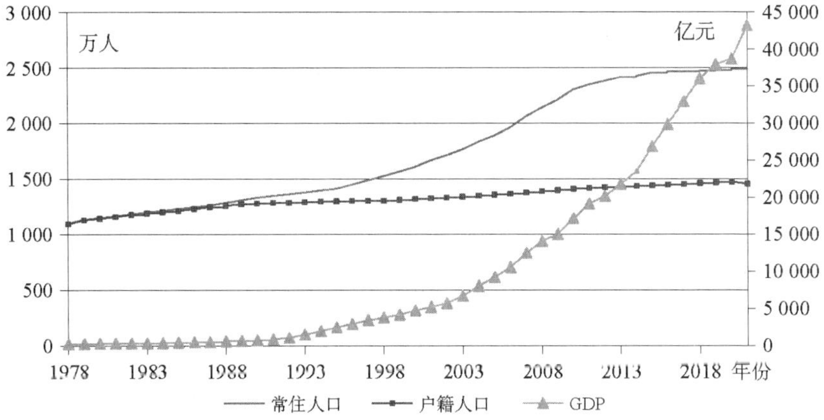

图 9－5　1978—2021 年上海市的人口和 GDP

资料来源：《上海统计年鉴》(2021)，中国统计出版社。

(4) "土地城镇化"快于人口城镇化，供地结构不合理。

改革开放以来，土地城镇化速度加快。1981—2020 年，全国城市建设用地面积 6 720 平方公里增加到 58 355.29 平方公里，年均增加 1 323.98 万亩。城镇建成区面积增长了 7.68 倍，这期间城镇人口仅增加 6.35 倍。②

部分大城市存在供地结构不合理，商业用地和工业用地占比较大，住宅用地占比较小，出现人口流动与住宅供给不匹配的问题。以深圳市为例，2020 年该市计划供地 1 200 公顷，其中商服用地 107 公顷、居住用地 293.2 公顷、产业用地 198 公顷、民用设施用地 601.8 公顷，居住用地仅占计划总量的 24.4%，相比较而言，深圳流动人口达到 1 243.87 万人，"人房不匹配"问题更加凸显。此外，青岛、郑州、天津等城市，全年分三批次集中组织出让住宅用地，必然会导致相关房地产项目集中入市，对房地产市场销售产生一定冲击，加剧了住房需求与供给的失衡。

(5) 城镇空间布局和规模结构发生变化，东中西部地区差异大。

如表 9－8 所示，从 2000 年到 2019 年，东部地区城市数量从 101 座降至 98 座，中部地区的城市数量没有发生变化，仍是 100 座，西部地区的城市从 61 座增加到 94 座。东部地区有 2 座城市(北京和天津)从特大城市成长为超大城市；有 5 座城市从大城市成长为特大城市；有 25 座城市从中等城市成长为大城市；中等城市减少了 14 座；小城市从 25 座减少至 4 座。到 2019 年，中部地区并未形成超大城市，特大城市增加 1 座(郑州)，有 19 座城市从中等城市发展成特大城市，中等城市减少 4 座，小城市减少 16 座。西部地区最明显的变化是城市数量增加，超大城市只有 1 座(重庆)，有 2 座城市从大城市成长为特大城市，有 17 座城市从中等城市发展成大城市，有 3 座城市从小城市发展成中等城市，新增加

---

① 2020 年东莞市区常住人口 1 046.7 万人，资料来源，https://zixun.gpbctv.com/edu/202106/242719.html.

② 按照户籍人口计算，1981—2020 年城市人口从 14 400.5 万人增加到 44 253.74 万人，仅增加 3.07 倍。

小城市 11 座。①

表 9-8　中国不同规模城市的空间分布(2000—2019 年)

地　区	年　份	50 万以下	50 万～100 万	100 万～500 万	500 万～1 000 万	1 000 万以上	合　计
东部地区	2019	4	23	60	8	3	98
	2000	25	37	35	3	1	101
中部地区	2019	12	41	45	2	0	100
	2000	28	45	26	1	0	100
西部地区	2019	27	24	40	2	1	94
	2000	16	21	23	1	0	61
合计	2019	43	88	145	12	4	292
	2000	69	103	84	5	1	262

资料来源:《中国城市统计年鉴》(2001/2020);按照地级市市辖区城市总人口(户籍人口)进行统计;东部地区包括北京、天津、辽宁、河北、山东、江苏、上海、浙江、福建、广东和海南;中部地区包括黑龙江、吉林、山西、河南、安徽、湖北、湖南和江西;西部地区包括广西、云南、贵州、重庆、四川、西藏、青海、甘肃、内蒙古、宁夏、陕西和新疆。由于数据缺失,2000 年西部地区未计入拉萨市,2019 年东部地区未计入三沙市。

(6) 城市带和大都市圈崛起,城市功能不断增强。

随着中国城市化推进,在各地区形成许多规模各异的城市,并逐渐形成一些城市带。在“十四五”规划纲要中,明确支持中国 19 个城市群的发展,分别是京津冀、长三角、珠三角、长江中游、山东半岛、粤闽浙沿海、北部湾、哈长、辽中南、中原、成渝、关中平原、兰州—西宁、呼包鄂榆、宁夏沿黄、山西中部、黔中、滇中和天山北坡城市群。这 19 个城市群容纳了大量人口,所完成的社会消费品总额和实际利用外资额都占绝对优势,在中国社会经济发展中具有举足轻重的地位,其中长三角、珠三角和京津冀是中国最重要的三个城市群。1994—2019 年三大城市群的 GDP 总额从 1.36 万亿元增加到 36.87 万亿元,占到全国 GDP 的比重从 13.6%增加到 38.76%;城市总人口从 1.55 亿人增加到 2.73 亿人,增加了 1.18 亿人;实际利用外资金额从 182 亿美元增加到 687.55 亿美元,增加了 2.78 倍。此外,大城市和特大城市的城市功能不断增强,中心城市的生产功能、消费功能、就业功能和服务功能不断完善,并且生产功能和休闲功能逐渐向城市群内部的中小城市转移。

(7) 城乡融合发展趋势明显。

改革开放以来,中国城乡经济发展不平衡的问题逐渐凸显。进入 21 世纪,中国开始解决城乡发展不均衡问题,城乡发展政策经历了“城乡统筹—城乡一体化—城乡融合”的演进过程。中国已经探索出小城镇和特色小镇推动模式、产业发展带动模式、共享农庄发展模式、城乡要素对接模式等城乡融合发展模式,并且在城乡收入差距、郊区化、城乡空间融合等方面呈现出城乡融合特征。1998—2021 年中国城乡收入差距呈现“先扩大,后缩

① 西部地区小城市成长为中等城市数量和中等城市数量可能不太准确,有许多城市的设立是通过县、区合并形成的,会造成一定统计偏差。

小”趋势，城乡居民人均可支配收入之比从 1998 年的 2.5 上升至 2007 年的 3.14，到 2021 年降至 2.5，呈现倒“U”型变动特征（见图 9－6）。部分大城市出现人口向郊区流动的特征，如 2020 年北京、苏州、成都、重庆等城市出现部分中心城区人口负增长、郊区人口正增长的现象。[1] 2021 年，中国建立 11 个国家城乡融合发展试验区，探索城乡空间融合发展。

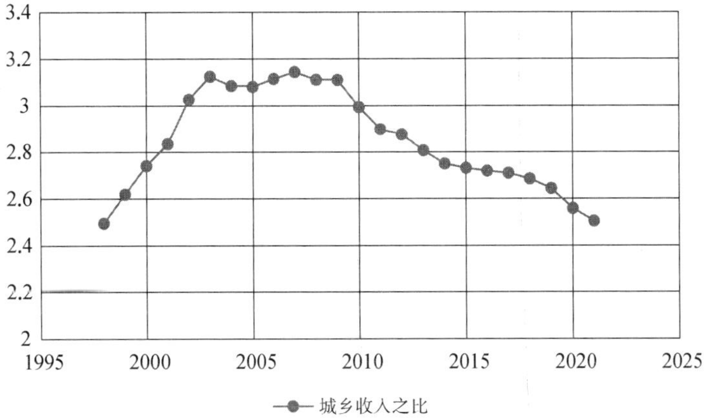

图 9－6　1998—2021 年中国城乡收入差距

三、中国城市发展新形态

随着中国城镇化进程推进，城市成为践行“创新、协调、绿色、开放和共享”新发展理念的核心空间。城市发展出现一些新形态，如创新型城市、绿色城市、智慧城市和人文城市等，成为城市可持续发展的新模式。

创新型城市是指依靠科技、知识、人力、文化、体制等创新要素驱动创新发展的城市，包括文化创新型城市、工业创新型城市、服务创新型城市和科技创新型城市等。中国自 2008 年推行国家创新城市试点建设以来，截至目前，全国共有 72 个试点城市。根据 2020 年中国科学技术信息研究所发布的《国家创新型城市创新能力评价报告 2020》数据，在全国 72 个创新型试点城市中，创新能力综合评价前 30 的城市有 20 个位于东部地区，6 个城市位于中部地区，4 个城市位于西部地区；东、中和西部地区创新型城市创新能力平均综合得分分别为 64.66、63.89 和 62.77，呈现自东向西城市创新能力逐渐下降的特征；并且东部地区创新型城市主要集中长三角和珠三角地区，突显出东部地区创新型城市的优势（见表 9－9）。

表 9－9　中国创新型试点城市创新能力综合评价前 30 名

排　名	城　市	排　名	城　市	排　名	城　市
1	深圳(87.79)	11	厦门(67.30)	21	镇江(57.68)
2	广州(78.46)	12	无锡(67.02)	22	东莞(57.32)

① 新浪财经，《千万人口城市“迁徙版图”》，https://baijiahao.baidu.com/s?id=1724512420610955892&wfr=spider&for=pc.

续 表

排　名	城　市	排　名	城　市	排　名	城　市
3	杭州(76.88)	13	合肥(66.84)	23	嘉兴(56.38)
4	南京(75.48)	14	济南(64.54)	24	贵阳(55.80)
5	武汉(72.33)	15	宁波(62.64)	25	芜湖(55.53)
6	西安(71.61)	16	常州(61.42)	26	南通(55.37)
7	苏州(71.54)	17	大连(60.58)	27	佛山(55.30)
8	长沙(70.18)	18	南昌(59.32)	28	昆明(55.28)
9	成都(68.38)	19	郑州(59.14)	29	湖州(55.21)
10	青岛(68.07)	20	沈阳(59.11)	30	福州(55.16)

资料来源：中国科学技术信息研究所，《国家创新型城市创新能力评价报告 2020》，科学技术文献出版社，2020 年；括号内为各城市创新能力综合得分。

绿色城市是充满绿色空间、合理规划、舒适宜居、循环利用、人与自然和谐发展、文化全面发展、经济社会可持续发展的城市。中国绿色城市建设处于探索期，国家出台许多政策促进绿色城市建设。2020 年 2 月，国家发展改革委印发《美丽中国建设评估指标体系及实施方案》，强调聚焦生态环境良好、人居环境整洁等方面，构建指标体系，引导各地区加快推进美丽中国建设。当年 9 月，国家主席习近平在第七十五届联合国大会中指出，"中国将提高国家自主贡献力度，采取更加有力的政策和措施，二氧化碳排放力争于 2030 年前达到峰值，努力争取 2060 年前实现碳中和"。绿色金融取得显著成果，气候债券倡议组织数据显示，2019 年中国共发行 3 862 亿元人民币的绿色债券，绿色债券余额总额为 9 772 亿人民币。《2020 年中国绿色城市指数 TOP50》对中国 169 座城市调查显示，厦门、深圳、舟山、昆明、贵阳、福州、上海、北京、海口、广州位居绿色城市前 10 位，其中，厦门绿色城市指数为 94.8，第 50 位的宜春和咸宁绿色城市指数为 72.7。从绿色城市评价指标体系看，人居绿地面积、人均道路面积、噪声污染等因素是制约中国绿色城市建设的最大短板。2018 年，全国人均公园绿地面积为 14.11 平方米，有 88 座城市的人均公园绿地面积超过了全国平均值，上海、武汉和西安等 11 个城市人均公园绿地面积低于 10 平方米。2018 年，全国人均道路面积为 16.7 平方米，有 68 个城市人均道路面积低于全国人均道路面积，上海、北京、郑州、深圳等 8 个城市人均道路面积不足 10 平方米。2019 年，中国城市功能区环境质量昼间总点次达标率为 92.4%，夜间总点次达标率为 74.4%；"12369 环保举报联网管理平台"全年共接到 20.24 万件噪音扰民问题举报事件，占全部举报事件的 38.1%，仅次于大气污染。此外，经济发展和产业结构制约了我国绿色城市建设，110 个城市的人均 GDP 水平低于 8 万元；高端制造业和旅游业发展不足，制约了绿色城市建设。

智慧城市建设在中国推进速度较快。自 IBM 在 2010 年正式提出"智慧的城市"愿景，深圳、昆明、宁波等城市与 IBM 签署战略合作协议，共同建设我国的智慧城市。之后，北京、上海、佛山、武汉、重庆、成都等城市也纷纷启动"智慧城市"战略。2013 年 1 月，国家住房城乡建设部正式公布首批国家智慧城市试点名单，共计 90 个，包括 37 个地级市、50 个县(区)和 3 个镇。2013 年 8 月和 2014 年 4 月又陆续公布第二批和第三批国家智慧城市试点名单，中国智慧城市试点数量达到 290 个。此后，国家发改委和工信部也陆续参与智慧城市建设。截至 2019 年，中国有 700 个城市正在规划和建设智慧城市。PPP 模式(Public-Private-Partnership)是当前智慧城市建设的主要商业模式，根据财政部的“PPP 综合信息平台项目库”数据，截至 2021 年年底，经审核入库的项目为 10 243 个，总投资 16.2 万亿元；累计签约落地项目 7 683 个，总投资 12.8 万亿元；累计开工建设项目 4 804 个，投资额 7.6 万亿元，开工建设率 47.2%；累计进入运营期提供公共服务项目 1 434 个，投资额 1.8 万亿元，主要集中在市政工程、交通运输、城市综合开发、生态建设和环境保护、水利建设等领域。①

人文城市是拥有博物馆、艺术馆、图书馆、广场等公共文化活动空间，在世俗生活中充满人文气息，大众参与传承和创新历史文化，对艺术和美学有追求的城市。人文城市建设需要充分利用中国城市丰富的历史文化资源，促进文化经济和服务经济发展，满足人民群众高质量的文化精神产品。在做好文化传承、发展和利用的基础上，鼓励文化创新，探索新的艺术和美学追求。在“十四五”规划纲要中，中国明确提出要建设人文城市，保护和延续城市文脉，让城市留下记忆、让居民记住乡愁。人文城市建设主要从四个方面着力：第一，着力体现人文特色魅力；第二，着力强化文化服务功能；第三，着力形成多元开放文化；第四，着力提升城市文化品位。② 由于文化具有地方性，因而，人文城市建设需要因地制宜，以文化资源保护、文化生态涵养、文化价值建设、文化素质提升为重点，有助于培养一大批适应城市生存环境、符合城市发展规律的“真正的城市人”。③

本章小结

城市化是人类生存与生活方式由农村向城市转型的历史过程，世界城市化进程大致可分为三个阶段。发展中国家的城市化主要在二战后快速推进。城乡人口流动模型主要包括乔根森模型、托达罗模型和卢卡斯模型，它们分别从产业结构转型、预期工资差异和人力资本积累三个视角解释农村人口向城市迁移的过程。

城市发展可以从集聚经济视角进行解释，城市结构和城市规模是其最重要的两方面内容。城市发展不仅要关注经济增长问题，还需要解决社会问题和环境问题。城市病的治理需要政府、企业、社会组织和居民共同努力。中国城镇化进程快速推进，具有一些典型的区域特征。创新型城市建设、绿色城市建设、智慧城市建设和人文城市建设是中国城市发展新形态的集中体现。

---

① 全国 PPP 综合信息平台管理库项目 2021 年年报，https://www.sohu.com/a/531756634_121123903.

② 李建华：《人文城市建设的四个着力点》，http://gov.rednet.cn/c/2014/06/11/3373-307.htm.

③ 刘士林：《为什么要“注重人文城市建设”》，光明日报 2014 年 5 月 19 日。http://www.qstheory.cn/society/2014-05/19/c_1110760331.htm.

本章思考题

1. 世界城市化的特征是什么?
2. 中国的城市化特征是什么?
3. 比较乔根森模型、托达罗模型和卢卡斯模型的异同。
4. 谈谈你对“城市病”的看法。
5. 在人文城市建设中,如何处理好人的发展与文的发展的关系?

第十章 农业转型与农村发展

农业和农村发展是经济发展的基础，亦是经济发展的一部分。发展中国家要充分认识农业在工业化进程中的作用，处理好工业与农业之间的关系，并根据资源禀赋，选择适合的农业发展道路，完善农村土地制度，促使传统农业向现代农业转型，推进城乡融合发展，逐步实现农业和农村发展的现代化。

第一节 经济发展中的工农业关系

工业化的过程是工农业产业结构转换和经济资源动态再配置的过程，是一个国家经济发展过程中必须经历的一个历史阶段，也是一个国家由传统经济发展到现代经济的一个必然选择。需要全面认识和解决好工业化过程中工农业协调发展的关系。

一、农业的内涵与基本特征

农业是指国民经济中一个基础产业部门，是以土地资源为生产对象的部门，它是通过培育动植物产品从而生产食品及工业原料的产业。农业有广义与狭义之分，广义的农业包括种植业、林业、畜牧业、渔业、副业五种产业形式，狭义的农业仅指种植业，主要包括生产粮食作物、经济作物、饲料作物和绿肥等农作物的生产活动。大约 1 万年前，农业最早产生于西亚和中东地区，粮食生产得到了突飞猛进的发展。人类能够发展到今天，是农民辛勤劳动的成果。他们创造的农产品剩余，为城市和工业发展提供了必要条件。即使在现阶段，农业在整个国民经济中相对重要性虽然在下降，但农业发展对国民财富和经济增长仍然产生重要影响。

农业发展是一个历史演进的过程。从生产力演变状况看，农业发展是由原始农业、古代农业逐步演进到传统农业和现代农业的过程。现代农业是农业生产力高度发达的农业，是最新发展阶段的农业，是农业发展的主要方向。

不管是传统农业还是现代农业，农业生产的根本特征主要有以下几个方面：一是农业生产是经济再生产与自然再生产相互交织在一起的过程，极易受生物的生长繁育规律和自然条件的制约。二是农业生产具有强烈的季节性和地域性。三是农业生产时间与劳动时间不一致。四是生产周期长，资金周转慢。五是农产品大多具有鲜活性，不便运输和储藏，单位产品的附加价值较低。

二、农业在经济发展中的贡献

在过去的两个世纪，人们对于农业在经济发展中贡献的看法经历了重大变化。在 19

世纪初，马尔萨斯和李嘉图认为，由于土地资源供给有限，以及使用在土地上的劳动力和资本（边际）报酬的递减，农业是阻碍经济发展的重要因素。到19世纪中叶，约翰·斯特亚特·穆勒提出，经济增长可以与农业发展并行不悖，共同阻碍粮食实际价格提高。到20世纪50—60年代，刘易斯的两部门经济模型对农业在经济增长中的贡献又产生了误导，认为农业对经济增长的主要贡献就是为工业增长、城市化提供成本为零的劳动力。这种理论还被广大发展中国家用于指导政策的制定。实际上，如果有适当的政策和环境，农业可以为经济增长和发展做出多方面的贡献。

（一）产品贡献

农业为全社会提供粮食、副食品等基本生活资料。在经济发展的过程中，非农业的发展强烈依赖于农业部门的发展。非农业部门不仅需要农业部门提供足够的粮食以支撑其发展，而且需要农业部门提供一些农产品作为非农业部门发展的原料。前者被称为农业部门的食品贡献，后者被称为原料贡献，合称为农业的产品贡献。就原料贡献而言，农业是工业的基础，众多工业（如棉麻纺织、制糖、制茶、皮革和食品、烟草工业等）都直接依靠农业提供原材料，农业的丰歉直接影响这些工业部门的发展。这些部门要发展，就要求农产品生产持续地保持一定比例的扩张，否则必须花费大量的稀缺外汇从外国进口所需原料，这对大多数发展中国家来说代价很大。可见，只有当农产品以一个适当的比例增长时，以农产品作为原料的工业部门增长率才会提高。

（二）市场贡献

在大多数发展中国家，国内市场特别是农村市场仍然是国内现代部门扩张的基础，国内市场的扩大是其工业化的重要条件和重要目标，而农产品剩余的增加必然导致其市场贡献的增加。一方面，农业技术进步促进了对农用工业品需求的扩大和生产的发展。农业生产的增长使农民收入增加，也导致工业品消费需求的增加和生产的扩张。另一方面，由于农民购买工业品必然在市场上销售农产品，从而为城市工业的发展提供了更多的粮食和原料。这样，使工农业两个部门的联系日益加强。可见，如果农村购买力低下，工业化的进程将受到严重阻碍；相反，农产品产量和农民收入的增加，就会使工业化迅速发展。这已被发展中国家实践所证实。

（三）要素贡献

要素贡献来自农业资源向其他部门的转移。一方面，农业为非农业部门提供劳动力的贡献是明显的。在工业化初期，工业发展对劳动力的巨大需求不可能由城市人口自然增长来满足，农业人口实际上是增加工业城市人口的唯一来源。马克思早就指出："从事加工工业等而完全脱离农业的工人……的数目，取决于农业劳动者所生产的超过自己消费的农产品的数量。"①另一方面，农业对工业化的资本贡献也非常重要。在工业化初期，依靠工业部门自身的积累来筹措发展资金远远不够，农业部门是工业部门资本积累的重要来源。资本从农业部门向工业部门转移通常有两种方法：一是依靠市场力量自动转移。二是依靠行政力量强制转移，即通过政府直接控制或者是通过价格、汇率和税收等方法间

① 《马克思恩格斯全集》第26卷，人民出版社，1972，第22页。

接干预。

(四) 外汇贡献

大多数发展中国家,工业基础薄弱,科学技术落后,发展工业所需的许多资本品和原材料需从国外进口,这需要大量外汇。在工业化初期,工业品出口能力很弱,农产品等初级产品在国际贸易中具有相对优势。因此,农产品出口可以为发展中国家获得十分宝贵的外汇。在有些发展中国家,农产品和其他初级产品出口甚至是获得外汇的唯一来源。而在粮食短缺的国家,增加粮食产量能减少进口,还能节约大量的外汇。当然,随着国民经济的不断发展,农业在整个经济中的相对地位逐渐下降,农业部门的创汇能力相对减弱,农业的外汇贡献的重要性不可避免地要下降。

三、农业发展的主要阶段

农业在工业化、城市化和现代经济增长的过程中发挥了重要作用。农业在促进工业发展的过程中也获得了自身的发展,实现从传统农业到现代农业的转型。传统农业到现代农业的转型要经历哪些阶段,需要从发达国家和一些发展中国家的历史中来总结。

(一) 农业发展四阶段论

蒂默(C. Peter. Timmer)①依据国家对农业的不同政策和农业收入的变化将农业发展划分为四个阶段。第一阶段,农业起步。在这一阶段,国家的投资资源很大一部分从农业中吸取,这是因为经济的其余部分还很小,对农业直接或间接课税,是政府财政收入的唯一源泉。第二阶段,农业成为经济增长的主要贡献者。农业剩余的吸取方式主要有两种,一是通过课税、要素流动等直接吸取;二是通过政府干预城乡贸易条件(如工农业产品价格的剪刀差等)间接吸取。这些剩余可以用来发展非农产业部门。第三阶段,农业部门与宏观经济逐渐结合起来。通过改良基础设施,使农村的要素市场和产品市场更好地和非农业部门的要素市场和产品市场结合为一体,农业的资源将进一步流出。当农业被结合进宏观经济时,它就更加容易受宏观经济波动和贸易水平的影响。第四阶段,工业化经济中的农业。当劳动力在农业中的份额降到大约 20%以下、食品支出份额在城市家庭预算中降到 30%左右时,低成本的食物相对于其他商品的价格上涨来说,也不是那么昂贵。这时,对农业的过度保护,就会造成资源的不合理配置,阻碍低效使用的资源从农业中流出,政府必须在如何使农业收益连同它的社会盈利率合理化这个问题上进行正确抉择。农业发展的这四个阶段可用图 10-1 表示。

(二) 农业发展三阶段论

20 世纪 60 年代,美国农业经济学家约翰・梅勒(John W. Mellor)提出了资源互补理论,把发展中国家的农业发展分为三个阶段。第一个阶段是技术停滞阶段。在此阶段,农业发展基本是停滞的,农业生产的增长主要取决于传统农业生产要素供给的增加。第二个阶段是劳动密集型技术进步阶段或低资本技术动态农业发展阶段。在此阶段,工业化开始起步,传统农业开始向现代农业转变。随着资本报酬不断上升和人口增长压力增加,资本稀缺程度加重,劳动节约型的农业使用受到限制,农业发展主要依赖劳动使用型或资

① Timmer C, "The Agricultural Transformation", Handbook of Development Economics, 1989, 1: 279-291.

本节约型技术的使用，以提高农业土地生产率为重点。第三个阶段资本密集型技术的进步阶段或高资本技术动态农业发展阶段。在此阶段，工业化基本完成，资本丰沛，为农业使用资本密集型技术创造了条件。由于农业劳动力大量流入非农部门，劳动力成本越来越高，促进了资本和技术对劳动力的替代，劳动生产效率持续上升。各种提高劳动生产率和土地生产率的技术在农业的广泛应用，推进了农业实现现代化。

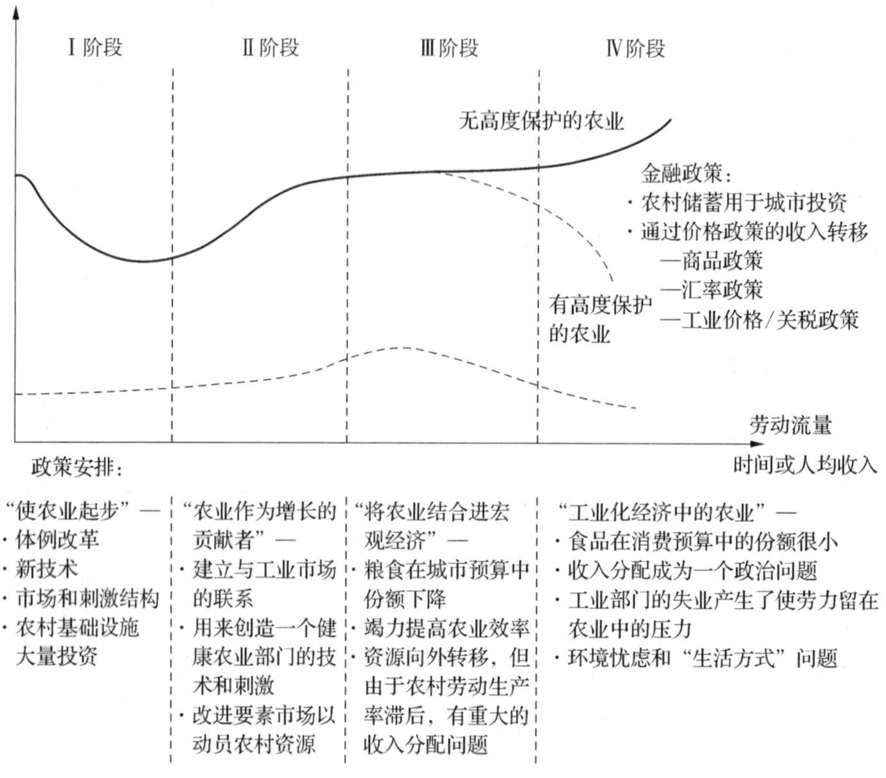

图 10－1　农业发展的四阶段

四、农业与工业的平衡增长机制

工业化是经济资源在农业与工业之间进行动态再配置的过程。随着工业生产的扩张及其在国民经济中逐渐取得主导地位，经济资源不断由农业转向工业，工业份额逐步上升，农业份额逐步下降。作为一个历史过程，工业化不会一直推进，工农关系在不同的阶段呈现不同的特征。在工业化初始阶段，工业化的推进主要依靠农业积累，通过征收农业税、低价收购农产品、高价销售工业品等方式完成资本积累，实现农业支援工业。由于工业受到保护，工业的增长速度远远快于农业。在工业化中期阶段，工业发展主要依靠自身积累，工业品和农产品基本实现平等交换，农业不再为工业提供资本积累，其剩余主要用于农业自身发展，农业发展速度加快，工农业发展速度的差距趋于缩小。在工业化后期阶段，工业开始反哺农业，部分工业剩余回归到农业领域，支持农业发展，同时，农业受到各类发展政策的保护。

根据工业化发展的三个阶段可知，在工业化的不同阶段，工农业关系是不同的。即使是在工业化初期阶段，农业需要为工业提供各种贡献和积累，以保证工业化加快发展速度，但工业汲取农业剩余也并不是越多越好。一般而言，农业部门市场贡献和产品贡献基本一致，产品贡献可以看作农业部门对非农业部门的农产品供给，市场贡献是农业部门对非农业部门的工业品需求。产品贡献增加，农业部门收入就会增多，农民会储蓄一部分收入，用其中一部分收入购买工业品，农业部门的产品贡献大多要大于市场贡献。但政府对农业部门的投资和补贴支出，以及金融部门对农业部门的贷款又会使农业部门的实际收入增加。在一定时期内，农业部门的市场贡献是大于还是小于产品贡献，取决于农业的产品流出和非农产品收入之间的关系。若前者大于后者，则市场贡献小于产品贡献；若后者大于前者，则市场贡献大于产品贡献。再看市场贡献和要素贡献的关系。① 市场贡献和资本贡献是有矛盾的。市场贡献要求农业部门的货币收入越多越好，但资本贡献要求农业部门掌握的收入越少越好，农业资本净流出越多意味着对非农业部门的贡献越大。从需求角度看，每年从农业中抽取资本越多，工业扩张就越快，工业化资本原始积累所经历时间就越短。从供给角度看，每年从农业中抽取资本过多，超过农业承受能力，农业进一步增长就受到影响，农业增长受阻将使农业生产剩余的能力降低，进而使农业提供资本积累的能力降低，这在动态上反而减少了每年的资本转移量，使资本原始积累的时间延长。② 市场贡献和劳动贡献之间的关系是非常复杂的。劳动贡献使得大量农村剩余劳动力从事非农产业，增加了农业部门的工资性收入，扩大了工业品的需求，强化了农业部门的市场贡献；但大量劳动力从农业中流出，也可能会造成农业生产的萎缩，降低农业部门的经营性收入，又弱化了农业部门的市场贡献。

因而，在工业化初始阶段，如何从农业中尽可能多地获得农业剩余而又能维持一个有效增长的农业，的确是一个两难选择。走出这一两难选择的基本准则是：从农业中抽取的资本要与农业的供给能力相适应，增加农业资本转移要建立在保证农业增长能力和农民收入不断提高的基础之上。

第二节　农业转型与农业现代化

随着工业化进程的推进，由于农业劳动人口的变化会导致人地比例和人地关系发生变化，农业技术进步也会导致在农业发展的不同阶段的技术发展路线和农业制度不同，并产生差异化的农业组织形态和管理理念，因而，传统农业亟须向现代农业转型，推进农业的现代化。

一、传统农业的基本特征

传统农业是在自然经济条件下，采用人力、畜力、手工工具、铁器等为主的手工劳动方式，靠世代积累下来的传统经验，以自给自足的自然经济居主导地位的农业。舒尔茨在《改造传统农业》一书中，将传统农业定义为“完全以农民世代使用的各种生产要素为基础的农业”。[1] 传统农业的生产形态从奴隶社会起，经过封建社会一直到资本主义社会初期，现在仍广泛存在于世界上许多经济不发达国家，相比较于原始农业，传统农业的精耕细作水平、利用和改造自然的能力以及生产力水平等均大有提高。但相比较于现代农业，传统农业的机械化使用水平和生产的物质技术都相对落后，改造自然的能力也相对较低。

传统农业在不同国家、民族和地区的不同历史时期会表现出许多不同的形态和特征，它具有如下一些基本特征：① 它是与自然经济相联系的农业，而不是与商品经济相联系的农业。人们从事农业生产的主要目的，是为了满足自身与家人消费的需要，而不是满足市场的需要，农产品商品化率始终保持在较低水平。② 生产的物质技术手段落后。传统农业主要依靠人力、畜力和各种工具以及一些简单机械进行简单再生产，农业生产率低，农业产量增长缓慢，这反过来又阻碍了农业技术的进步和农业生产工具的创新。③ 农业生产依靠实际经验，农业技术长期保持不变。传统农业墨守世代相传的农业生产经验，对农业技术的需求不足，对新技术产生排斥，现代农业技术普及与推广困难，农民没有扩大再生产的动力，对技术、机械等生产要素较长时期保持在低水平的循环上，导致传统农业生产技术进步极为缓慢。④ 经营规模过小，小农经济占主导地位。传统农业的经营基础往往是以一家一户为经营单位的小农户，即使在奴隶制社会和封建社会，那些拥有大量地产的奴隶主、地主或封建贵族，一般都是将自己的地产分割为小块租给农民耕种，而不是集中起来从事大规模农业生产。⑤ 农业内部的分工程度非常低，甚至无内部分工。在传统农业的典型代表小农经济中，一户小农几乎需要生产自己需要的大部分农产品和日常生活用品。除从事种植业外，还要饲养家禽家畜，从事各种手工业，甚至还自己建房修房等。

中国传统农业延续的时间十分长久，历来注重精耕细作，中国传统农业技术的精华，对世界农业的发展有过积极的影响。重视、继承和发扬传统农业技术，使之与现代农业技术合理地结合，对加速发展农业生产，建设现代农业，具有十分重要的意义。

二、资源禀赋差异与农业的发展道路

自然资源是指自然环境中与人类社会发展有关的、能被利用来产生使用价值并影响劳动生产率的自然诸要素，可分为有形的自然资源（如土地、人口数量与质量、矿产等）和无形的自然资源（如光资源、热资源等），是区域经济增长的物质基础。农业自然资源一般是指农业生产可利用的自然环境要素。一般情况下，农业自然资源禀赋越大，则区域农业经济发展越快，农业产值水平越高。另外，不同的地区，农业自然资源的性质、质量及资源比例等都存在很大差别。例如，美国、澳大利亚等国人少地多，日本、韩国等东亚国家和地区人多地少，而欧洲国家（如德国、法国）则人地比例相对平衡。不同的资源禀赋和资源占有比例，会产生不同的农业生产技术创新和农业发展道路。资源禀赋及其比例的差异决定了传统农业向现代农业转型发展的道路主要有两条：一是资源占有方式与占有制度的变革；二是农业生产技术的变革。

农业资源占有方式和占有制度的类型，对一个国家和地区的农业经济的发展有重要影响。一方面，资源占有制度会对农户福利产生重大影响。例如，土地资源的大地主占有

① [美]西奥多·W.舒尔茨：《改造传统农业》，梁小民译，商务印书馆，2006，第4页。

制还是小农户占有制显然会影响农户生产积极性和土地产出率，进而影响农户福利。再如，租佃合同的改革保障了佃农的土地使用权，而租佃合同期限越长，佃农更有投资土地的意愿和动力，也会给佃农的家庭生活带来稳定性。另一方面，资源占有制度也会影响政治和社会稳定。资源占有的极度不均等不仅会使得资源的产出效率递减，还会引起财富占有的两极分化，引发社会动荡。对资源占有制度的变革主要有两种方式，以土地资源为例，可以以有偿方式或无偿方式使土地归于耕作者，以有偿方式转让土地的改革手段相对温和，比如通过土地流转、赎买和租赁等，而使用无偿方式的手段则相对激进，如土地没收和无偿征用等。

最优技术结构是由要素禀赋结构所决定的。农业技术变化不是外生于农业经济系统，而是对资源禀赋状况和产品需求增长的动态反应，不同国家不同的农业资源禀赋结构决定了该国的最优技术结构，进而产生不同的农业技术变革方式。显然，在地多人少和地少人多的国家，技术发展和演进的道路是不同的。在地多人少的国家，如美国、俄罗斯等，要解决的问题是如何用有限的劳动力生产出最大的农产品产量，发展资本密集型技术和提高劳动生产率是农业技术变革的重点，通过发展农业机械工业、提高农业机械化水平和扩大种植面积就是农业技术变革的可行路径。在地少人多的国家，比如日本、以色列和中国等，发展劳动密集型技术和提高土地产出率则变成了农业技术变革的重点，通过发展农用化学工业、设施农业和先进的育种技术改良品种以提高土地单产水平就成了农业技术变革的可行路径。而在人地比例平衡的国家，比如法国、德国等，既强调提高农业机械化水平以充分提高劳动生产率，又强调通过良种革命、农业生物技术等提高土地产出率，其农业发展道路的本质是提高劳动生产率、土地产出率两者并重。

三、传统农业到现代农业的转型

传统农业是现代农业发展的起点，而现代农业是人类社会发展过程中继传统农业之后的一个农业发展新阶段。现代农业是广泛应用现代科学技术、现代工业提供的生产资料和现代生产管理方法，具有高度的商业化和较高的综合生产率的社会化生产农业。与传统农业相对应，现代农业发展的基本特征主要表现为：一是彻底改变传统经验农业技术长期停滞不变的局面。二是突破传统农业生产领域内部分工不足和仅局限于初级农产品生产为主的狭小领域。三是突破了传统农业生产过程完全依赖自然条件约束。四是突破传统自给自足的农业生产方式及农业投入要素仅来源于农业内部的封闭状况。一般来说，传统农业向现代农业转变，是在封建土地制度废除，资本主义商品经济和现代工业有了较大发展的基础上逐步实现的，市场制度的相对成熟和工业化中期水平是实现由传统农业向现代农业转变的最佳时机。

由现代农业发展的基本特征可见，现代农业的发展必然是农业综合生产力水平的持续提高和农业经济的快速发展。现代农业的发展不仅是一个经济发展的过程，也是一个市场、政府、社会互动和整合的过程。具体表现在以下三个方面：一是现代农业的发展是一个与一定的经济发展阶段相适应的社会理性调整过程。从经济发展的过程看，在工业化初期，往往是工业与农业的非均衡发展阶段，农业需要为工业发展提供各类贡献，以满足工业发展的资金和市场需求，国家因受其租金最大化目标的影响往往会偏重于工业的发展，忽视农业。到工业化中后期，工业化对农业资金和产品的依赖程度逐渐减弱，而对农村、农业市场的依赖越来越强，也能够为改造传统农业提供大量的先进技术和设备以及国家支持农业的财力，为现代农业发展提供制度和资金保障。二是现代农业的发展是一个技术变迁与制度变革相互促进的过程。首先，现代农业表现为农业技术的持续进步。在传统农业中，农业生产技术主要是精耕细作的技术，主要依靠人畜和简单机械进行生产，但在现代农业中，现代农业科学技术的迅速发展，极大拓宽了农业科研领域，提高了农业技术水平，创造出了更新的农业发展形态，如生物农业、精准农业等。其次，现代农业还表现为与技术变迁相适用的制度变革。现代农业的发展不仅是技术进步的过程，还是要素优化配置或制度创新的过程。在现代农业发展中，会引发相应的农地产权制度变革、农业生产经营组织制度变革以及农业生产文化与习惯的变化等，也会推动农业的规模化、专业化和一体化发展。三是从发展的合力看，现代农业的发展是一个市场、政府、社会互动整合的过程。速水—拉坦的诱致性技术变迁理论认为，有效率的现代农业发展道路需要建立在完善的市场体制基础之上，农业技术的变革模式是以该国资源禀赋和技术条件为基础的市场选择，同时，基于农业的弱势地位，现代农业发展也需要政府支持，如立法保护、经济政策引导甚至是行政干预等，需要政府鼓励和引导全社会力量对农业发展给予关注与支持。

四、农业现代化

农业现代化是传统农业通过不断应用现代先进科学技术，提高生产过程的物质技术装备水平，不断调整农业结构和农业的专业化、社会化分工，以实现农业全要素生产率水平不断提高、农民收入水平不断增加和农业持续发展的过程。相比较现代农业而言，农业现代化的内涵更加丰富，它不仅包括农业生产力水平的极大进步，还包括农村治理的现代化、农业经营组织和管理的现代化和农民生活方式的现代化等。而且，随着技术、经济和社会的进步，其内涵也会发生变化，从这个意义上讲，农业现代化只有阶段性目标。根据发达国家农业现代化的发展经验，农业现代化可以分为五个阶段，即准备阶段、起步阶段、初步实现阶段、基本阶段及发达阶段，在不同时期应当选择不同的阶段目标，在不同的经济发展水平上也会有不同的表现形式和特征。农业现代化不仅内涵丰富，内容也十分宽泛，既包括农业科学技术现代化、农业生产手段现代化等方面，也包括资源配置方式的优化，以及与之相适应的制度安排。因而，在推进农业现代化的过程中，必须与农业产业化、农村工业化相协调，与农村制度改革、农业社会化服务体系建设以及市场经济体制建设相配套，只有农业生产力的发展与农业生产关系的演进相协调时，才能真正地实现农业现代化。

农业现代化是农业与农村发展的最高级阶段，其实现需要较长时间的过程，需要诸多农业与农村发展政策作为支撑。具体而言，实现农业现代化的内容如下：① 实现农业科学技术现代化。实现农业现代化的过程，其实就是不断将先进的农业生产技术应用于农业生产过程，不断提高科技对农业增产贡献率的过程。② 推进农业机械化。运用先进设备代替人力的手工劳动，在产前、产中、产后各环节中大面积采用机械化作业，从而降低劳动的体力强度，提高劳动效率。③ 推进农业产业化。通过农业产业化促进农业专业化和规模经营，使农业再生产过程的产前、产中、产后诸环节联结为一个完整的产业系统。④ 推进农业数字化转型。在农业领域全面地发展和应用现代信息技术，使之渗透到农业生产、市场、消费以及农村社会、经济、技术等各个具体环节，加快传统农业数字化转型，大幅度地提高农业生产效率和农业生产力水平。⑤ 切实提高农业劳动者素质。农业现代化不仅依靠现代工业装备和先进科学技术，还要依靠先进管理手段在农业上的应用，这些都由农业生产的主体——农民来实现，因而，随着农业现代化的推进，必然要求农民素质的提高，以使之同农业现代化的要求相适应。⑥ 实现农业可持续发展。农业现代化既是人类改造自然和征服自然能力的反映，同时也是人与自然和谐发展程度的反映，农业现代化的一个显著特点就是人工生态系统的产生及普遍存在。⑦ 实现农民生活方式的现代化。农民生活方式现代化是农民现代化和农业现代化的重要表现形式，随着农业现代化的推进，农民生活方式也将由传统生活方式逐步向现代生活方式转变。

第三节　农村发展与治理现代化

农业与农村发展紧密相关，推进农业现代化的过程离不开工业对农业的反哺，城市对农村的支持，离不开城乡一体化的推进。在实现农村发展的进程中，还要完善农村土地制度安排，推进农村治理的现代化建设，实现农村基层善治。

一、城乡一体化与农村发展

在人类社会历史发展的过程中，城市与农村之间是辨证发展的过程，城乡之间的关系大致经历了三个阶段。第一个阶段，农村主导阶段。世界本没有城市，城市是从农村开始的，农村是城市发展的必经阶段，农村是城市发展的起点，城市是农村发展的目标。第二个阶段，城乡对立阶段。随着工业革命的开始，各国工业化和城市化进程不断加速，城市开始成为人们生产与生活的重心，乡村开始凋敝，城乡逐渐走向对立。第三个阶段，城乡融合阶段。城乡之间矛盾的日益加深不利于经济的协调和快速发展，两者都不是各自发展的个体，城乡之间要走向融合和一体化发展。马克思科学地揭示了人类社会发展的一般规律，第一次提出了“乡村城市化”的理论，呼吁要用城乡一体化来代替旧的城乡对立的发展结构，为城乡结合和消除城乡之间差别提供了现实的可能。刘易斯主张重建城乡之间的平衡，城市和农村之间理应平衡发展，逐步实现城乡融合，从而实现区域一体化发展。

由以上可知，在城市和农村发展的不同阶段，城市与农村发展是辩证统一的关系。一般来说，在工业化初期，农业支持工业、为工业提供积累是带有普遍性的趋向，但在工业化达到相当程度以后，工业反哺农业、城市支持农村，实现工业与农业、城市与农村协调发展，也是带有普遍性的趋向。实现城乡一体化发展，是工业化进程中经济和社会发展的必然要求。这就要求把农业与农村发展放在整个国民经济发展中统筹考虑，把农村与城市统筹规划、整体协调，形成城乡互动、协调发展的体制和机制。法国、日本等发达国家，在工业化进程中都制定了加快农村发展的政策，使农村发展问题得到了很好的解决。例如，法国作为人多地少的国家，为了推进农业现代化，实现农村发展，二战后，法国政府确立了农业优先发展的方略，实行“以工养农”，发放“离农终身补贴”，大力实施农业机械化政策，对于农民购买农机具，不仅给予价格补贴，还给予低息贷款，通过一系列保护和扶持政策，用了20多年的时间，法国就基本实现了农业现代化。战后，日本为了恢复和发展经济，同样关注支持农业，制定了《综合农政的基本方针》，以农协组织为依托，为农民提供技术服务，促进专业化经营，政府则对农协予以积极的支持，使农协成为农民的“大管家”，在农村发展中发挥了重要作用。20世纪70年代，韩国由政府主导，积极推进“新村运动”，加快解决农村和农业问题，为韩国的现代化进程奠定了坚实基础。发达国家的经验表明，当工业化达到相当程度后，工业自身积累和发展能力不断增强，具备了反哺农业的能力，就要适时调整政策，加大工业对农业、城市对农村的支持力度，促进工农、城乡协调发展。

实现城乡二元到城乡一体的转型发展，是发展中国家从低中收入国家成功跨入高收入国家的必经阶段。马克思主义经济学认为，生产力的发展推动着人类生产方式与生活方式的变革，人类社会城乡关系将经历辩证发展的城乡依存、城乡对立到城乡融合的历史转变，并由此影响经济社会发展全局。城乡关系转型不顺会成为发展的阻力，转型顺利则成为发展的动力。[①] 城乡一体化发展的结果是，要使现存的城市和乡村逐步演变为既有城市的一些特征，又有乡村的一些特征的新社会实体，通过改变长期形成的城乡二元经济结构，实现城乡空间结构、经济结构、基础设施、公共服务和生态环境的一体化，最终实现城乡在政策上的平等、产业发展上的互补、国民待遇上的一致。

二、农村的土地制度

农村土地是农业经济运行和农业生产发展最重要和最基本的生产要素，是农村资源配置活动有效进行的基础。农村土地制度是指土地这一基本生产要素与劳动力、生产资料与组织管理等优化配置而形成的有机系统，以及保障这一系统正常运行所需要的相关法律规范与制度体系，它是农村社会生产力进步的主要载体。农村发展与农业转型离不开农村土地制度的完善与优化。农业经济发展的历史表明，无论是发达国家还是发展中国家，不同社会制度下农业生产力进步的主要标志，就是看农村土地制度是否科学、农村土地规模是否适中、农村土地制度创新是否适时适度、农村土地制度效率是否优化以及农村土地的制度体系是否完善等。

农村土地制度是一个完整的制度逻辑体系。其中，农村土地产权制度是农村土地制度的基础。农村土地产权制度是关于土地所有权及土地占有、支配、使用和处置等逐项权益的法律规范和制度体系，产生于土地资源稀缺性所引起的合理利用土地资源的客观要求，是农村社会成员对土地资源争夺化使用的制度化反映。土地产权制度一般包括所有权制度、使用权制度和收益分离制度三个组成部分。所有权制度强调的是土地的占有、支配、使用和处置等权益以及土地所有权的实现方式，是自己使用还是转让他人等。使用权制度是确立与独立于所有权之外的土地使用权规范。收益分离制度表现为所有权和使用权的分离形式，如承包制、股份制和租赁制等，通过对土地产权关系的分离，以获得最大的投入产出效率。农村土地配置制度是农村土地制度的内核，缺少了农村土地与其他生产要素之间的合理配置与优化组合，农村土地制度将会处于无序化运行形态之中。虽然农

---

① 高波、孔令池:《中国城乡发展一体化区域差异分析》,《河北学刊》,2017年第1期。

村土地配置制度必不可少，但不同的经济社会制度下，农村土地配置制度的实现方式并不相同。例如，按照配置规模划分，可以分为大规模、小规模和适度规模配置方式；按照配置主体划分，可以分为国家配置方式、集体配置方式、家庭配置方式和合作组织配置方式；按照配置集约化程度分，可分为粗放经营和集约经营；按照配置手段分，可分为行政强制式配置、经济杠杆引导式配置、法律政策规范式配置等。农村土地收益制度是农村土地制度的实现机制，它是土地收益与占有的原则、方式和工具等一系列法律规范与制度体系，是土地产权制度在经济上得以实现的重要途径。土地收益制度的确立主要以地租作为依据和立足点，地租是市场经济条件下土地收益制度经济实现的载体。土地收益制度的合理选择，能够使土地产权制度的内在潜能得以充分发挥，能够为土地配置制度的有效实现提供利益诱导和保障机制。农村土地流转制度是农村土地制度的表现形式之一，它是建立在土地产权制度基础之上的土地流通制度，主要依托地租、地价等诱导土地的流转和集中。土地流转的内容是土地产权的转让和变换，包括土地所有权和使用权转让两种基本形式，所有权转让主要依靠地价来反映，使用权转让则主要依靠地租来反映。土地流转的任务是实现土地的适度规模经营，提高土地资源的配置效率，以便获取农村各类生产要素配置与组合的最佳效应。

三、农村治理现代化的机制与路径

农村的有序发展离不开农村的“善治”。农村治理是贯穿在一系列活动领域里，能够发挥有效作用的管理机制，它是各种公共的或私人的个人和机构管理共同事务的诸多方式总和，它是可以实现上下互动的管理过程，通过多方协商、多元合作、确立伙伴关系、认同共同的目标等方式对农村公共事务实施管理，既包括迫使人们服从的正式制度和规则，也包括各种人们同意或认为符合其利益的非正式的制度安排。而农村治理现代化是相对传统治理进行持续改变的动态过程，也是在适应现代化基本趋势和要求下实现农村善治的过程，还是农村治理的多元化主体在制度性程序框架下实现政府、市场、社会持续协同合作从而达到乡村善治的过程。农村治理理论具有丰富的理论内涵，一般强调三个方面，一是强调多中心治理理论，强调将一部分政府权力让渡给社会；二是基层治理理论，强调政府和社会互动；三是基层自治的理论，强调基层的自主治理和自我管理。

农村治理中的主要问题存在于制度安排，制度创新是乡村治理现代化实现的关键。一是健全和完善法律制度，厘清农村治理的事权和治权。二是转变基层政府职能，促进政府管理与农村基层自治相协调。基层政府一方面要为农村治理现代化提供各项制度和政策支持，发挥其权威优势保障监督农村各项法规和制度的实施；另一方面要树立有限政府和合作政府的意识，简政放权。三是加快自治组织发展，加强农村自治组织的服务功能，强化自治组织内部制度建设，培养其制度创新能力，提高其在农村经济、社会发展等方面的服务能力。四是发展农村社会组织，增强农村治理活力，尤其是发展农村服务性、公益性和互助性的社会组织。五是强化市场机制作用，提高农村治理效率，在农村治理中引入市场机制事权，经营性的农村公共事务可以推向市场，同时，培养企业的社会责任，鼓励和引导工商企业走进农村和服务农村。

实现农村治理的现代化，还要落实农村治理现代化的保障性工作。农村治理现代化离不开法律和制度的保障，需要完善以法律制度为治理活动的程序性框架，构建以协商民主为主要内容的农村治理权力结构，探索农村民主的多元化模式，发展协调机制，推进多元农村治理主体之间以公共利益为导向的对话机制的形成，建构以公共责任横向监督和纵向监督为主要标准的治理绩效监督体系，推进以依法执政和依法行政为基本要求的现代治理政治建设，同时，厘清农村治理中的政府、市场和社会关系，为政府、市场、社会之间的持续协同合作提供法制保障。这些都是农村治理现代化的必然要求。

第四节　中国的农业转型与农村发展

改革开放以来，我国的农业与农村发展取得了举世瞩目的成就，粮食连年增产，农民收入连续较快增长。进入工业化中后期，我国改变了原有的农业与农村发展政策，政府明显加大了“三农”工作的力度，实施了强有力的支持“三农”的政策措施，农业与农村经济形势出现了明显好转。但是，在当前阶段，农业与农村经济仍处于一个重要的调整阶段，“三农”工作仍然严峻，城乡二元经济结构特征明显，城乡收入差距还在不断扩大，农民增收长效机制尚未建立，农村社会保障体系也不健全，农村社会治理体制机制还不完善等，这些问题亟须在农业发展的现阶段加以破解，破解的路径主要有积极培育与发展农民的主体性、创新农业现代化和农村改革的实现机制、实施乡村振兴战略等。

一、农民主体性的培育与发展

在中国，“三农”问题实质是农民问题，农民是农业与农村发展的建设主体、实践主体和最终成果的受益主体，中国农村经济取得的巨大成就无不归功于农民的能动创造，农民主体性的培育是新时期“三农”工作的应有之义。农民的主体性主要包括四个方面的内容：一是自我意识，这是农民主体性中最基础的内容；二是积极参与；三是自主性，农民在生产与生活中能够自我决定、自我选择，并对自己的行为负责；四是创新，敢于接受新思想，采用新技术。随着市场经济的发展和农村社会利益格局的深刻调整，我国农民的主体性得到了一定程度发展，但还不适应农村经济与社会发展的要求，农民主体性问题日益凸显，农民主体性缺失已成一个亟待解决的难题，培育与发展农民主体性是破解“三农”问题的关键。

（一）实施农村土地确权

土地制度是我国农村经济的根本制度。实行家庭联产承包责任制后，我国农村土地依然归农村集体经济组织所有，农民虽然拥有了土地的使用权、经营权和收益权，但农民土地承包使用权还没有真正落实到位。由于中国的经济性质以及土地制度在经济制度安排，在公有制框架内，因而需要找到农民土地确权的途径，完成农村土地确权。

中共十八大以来，中国对深化农村土地制度改革做出了一系列重大决策部署。一是建立农村土地“三权分置”制度，实现土地所有权、承包权和经营权的分置。改革开放后，农村实行家庭联产承包责任制，农村集体拥有土地所有权，农户拥有土地承包经营权。在此基础上，将土地承包经营权拆分为承包权和经营权。二是开展农村土地承包经营权确权登记颁证。截至 2020 年 11 月，全国基本完成了承包地确权登记颁证工作，确权面积超过 15 亿亩。三是发展多种形式适度规模经营。土地流转、入股、合作及生产托管等多种形式适度规模经营有序发展，家庭农场、合作社、龙头企业、农业社会服务组织等新型农业经营主体蓬勃兴起。四是明确第二轮土地承包到期后再延长 30 年。从第一轮土地承包算起，中国农村土地承包关系将稳定 75 年。五是统筹推进农村土地征收、集体经营性建设用地入市、宅基地制度改革。六是建立健全农村土地产权流转交易制度。通过赋予农民对集体资产股份的占有、收益、有偿退出及抵押、担保、继承权等六项权能，农村土地使用权特别是承包土地经营权流转日益增多，土地产权流转交易市场逐渐发展。

（二）加大对农村公共产品投入

农村公共产品既包括农业与农村基础设施，也包括农村公共服务，具有明显的“非排他性”和公益性。① 明确权责关系，规范融资机制，拓宽农村公共产品供给资金渠道。纯公共产品（如农村的基层政府行政服务、农业基础科学研究、农村环境保护等）由政府供给，兼有公共产品与私人产品特征的准公共产品（如农村医疗卫生、社会保障、小流域防洪防涝设施建设、科技成果的推广、农田防护林等）的供给主体既可以是政府也可以是私人或市场。由于当前国家财力依然比较有限，单靠政府提供农村公共产品难以及时解决短缺问题，必须通过多方渠道筹措资金，加大对农村公共产品的投入。② 建立和完善城乡统筹的公共产品供给体系。政府要建立城乡一体化的公共产品供给体系，坚持城乡平等的非歧视原则，提供城市和农村大致均衡的公共产品，推进城乡协调发展。③ 改善政府供给程序，完善监督机制。中国农村公共产品大都实行自上而下的供给机制，忽略了农民的实际需求，导致公共产品过剩和不足并存。必须从农民自身需求出发，给予农民充分的民主决策权，建立公共产品的需求表达机制。

“十三五”时期，中国持续加大对农业农村的投入力度，加快补齐农村基础设施和公共服务短板。截至 2020 年，中国农村基础设施建设和公共服务供给得到加强，卫生厕所普及率达到 68%，生活垃圾收运处置体系覆盖 90%以上行政村；具备条件的乡镇和建制村通硬化路、通客车、通邮实现全覆盖；97%的乡镇拥有快递网点；供水供电、通信网络等基础设施明显改善，农村自来水普及率达到 83%，通光纤和 4G 已达到 98%以上；乡村义务教育学校专任教师本科以上学历占比为 60.4%，乡村医生中执业（助理）医师占比为38.5%，乡镇（街道）范围具备综合功能的养老服务机构覆盖率为 54%，乡村面貌焕然一新。

（三）加强农民的人力资本投资

舒尔茨把人力资本定义为人的知识、技能、健康以及表现出来的能力。人力资本是相对于物质资本的资本范畴，表达的是人力的质量效能。农民人力资本量的提高，在物质资本量投入一定的前提下，可以有效地提高生产率，增加实际产出。发达国家农业的发展过程显示，农民的技能和知识水平与其耕作的生产率之间存在明显的正相关关系。提高了生产率，农民就能获得更多的边际产出，增加可支配收入。同时农民也有能力转移到非农业，从事工业、服务业，获得工资收入。农民收入的增加，必将带来边际消费倾向的上升，刺激人力资本投资的需求增长，从而形成良性的溢出效应。教育、培训是人力资本投资的两种主要形式。我国农业生产要素利用率低，农民仍然局限于传统农业的耕作方式，不能掌握现代农业科学技术，城市化的发展使得大量农村有知识的人才涌向城市，使得农村发展雪上加霜。农民接受教育和农业技术培训，可以挖掘已有生产要素效率，也可以有效配置现代农业生产要素，进一步增加产出。

近年来，中国政府出台一系列政策，从引导人才下乡和加大农民培训两个方面，提升农民人力资本水平。“十三五”期间，中国累计培育高素质农民500万人次；培育各类新型经营服务主体带头人超过200万人，培养现代青年农场主、创新创业青年等年轻力量5万人，培育农业经理人等经营管理人才1.6万人；累计培训脱贫带头人和贫困户83.3万人。

（四）提高农民的组织化程度

农民是弱势群体，农业是弱质产业，农村是弱质区域，农民的组织化程度低是重要内因之一。将农民组织起来，提高农民组织化程度，保证其享有平等地参与经济和政治生活的权利，是解决“三农”问题，尤其是提高农民参与市场经济活动能力的重要途径。① 通过发展基础教育、成人教育等提高农民接受新事物的能力，提高农民集体意识与组织能力。② 为农民组织发展提供生产空间。要提高农民组织化程度，建立农民自己的组织，必须解决农民组织的合法性问题。农民组织的合法性来自四个方面：一是社会合法性，得到广大农民群众的认可和信任。二是行政合法性，这是一种形式合法性，其基础是官僚体制的程序和惯例，获得形式是领导人的同意或是政府机构的文书等。三是政治合法性，这是实质合法性，表明农民组织及其活动符合某种政治规范。四是法律合法性，要求农民组织的成立和运行必须符合相应的法律要求，接受相关法律法规约束。③ 大力发展各种形式的经济合作组织。精心试点，抓好示范，健全合作社内部的组织机构和规章制度，加大政府对农民合作组织的财政、税收、信贷支持力度，提高经济合作组织的内生凝聚力。

2009年，中国开始对农民组织进行新一轮改革。经过十多年改革，家庭农场、农民合作社、农业社会服务组织等各类新型农业经营主体和服务主体蓬勃发展，现代农业经营体系初步构建。

二、农业现代化的突破路径

改革开放以来，我国农业现代化取得了长足发展，农业机械装备总量持续增长，农业机械化作业水平不断提高，农业科研投入增长较快，农业科技自主创新能力明显提高，农业科技对农业的贡献率大幅提高，农业产业化有较快发展，农业产业结构趋于合理，农业生态环境有所改善。但是，农业现代化仍然是我国现代化进程的一块短板，农业现代化与工业化、城市化、信息化协调不力，农业现代化明显滞后。

（一）提高农业机械化水平

农业劳动生产率是衡量农业现代化水平的一项重要指标，是农业现代化重要的物质基础。先进的农机化技术对增长粮食产量的贡献率达到20%，发达国家都是在农业机械化的基础上实现了农业现代化。当前，中国农业现代化将面临一个全新的发展阶段，农业机械化将发挥越来越重要的作用。① 加大对农业机械化的扶持力度，建立以政府财政资金为导向，社会投资为补充的多元化农业机械投入体制，完善农业机械购置补贴政策，扩大补贴农具种类，提高农业生产的装备水平。② 根据资源禀赋与环境特点对农业机械化科技进行创新，实现关键技术的突破，构建农业机械化自主创新体系的平台，开发节水、节肥、节种、节药、节油等资源节约型的机械装备和应用技术。③ 构建以农机科研推广为基础的、人才为保障的农机技术创新体系。解决农机具的组装配套，提高新技术和新机具的转化速度，优化农机结构，同时加快引进国外先进农机生产技术，加快推广保护型资源的合理利用技术、节约型资源的合理利用技术。2020 年，中国农作物耕种收综合机械化率为 71%，预计到 2025 年将升至 75%。

(二) 加快农业科技进步

目前，以农业生物技术、农业信息技术和新材料技术为代表的农业高技术不断取得突破。我国要实现农业现代化，由粗放经营向集约经营的转变，必须依赖农业生物技术、农业信息技术等农业科技的进步。根据农业农村部资料，2022 年科技在中国农业生产中的贡献率为 61%，距离发达国家 70%～80%的水平仍有一定差距。要提高农业科学技术的水平，实现农业科技革命，必须坚持正确的农业科技革命道路。基于我国地少人多的现实，当前阶段，中国农业科技进步必须以提高土地产出率为主要方向，通过良种、生物技术等提高单位土地的产出量；当我国大量的农村劳动力转移之后，实现了工业与农业、城市与农村的均衡发展，农业科技的发展方向则是提高劳动生产率。此外，除了农业科技成果的研发与创新，农业科技成果的转化与推广也是我国农业科技体制的一块短板。中国农业技术推广面临成果转化率低、科技推广“最后一公里”等问题，因此，必须建立对农业科技投入的多元化体系，加强农业科技成果的转化和实用技术推广，通过实验示范，完善农技推广机制，重点解决农业科技推广的“最后一公里”问题。

农业农村部依托基层农技推广体系改革与建设补助项目的实施，积极引导各类主体发挥自身优势，加快农业科技成果转化应用，提升农业科技服务质量效率，着力满足新型农业经营主体对农业科技的需求。一方面，加强农业科技创新能力条件建设；另一方面，加快构建农业科技推广应用体系。

(三) 完善农业产业化经营方式

改革开放以来，是农民收入增长较快的时期，但农业与工业、服务业融合不足，产前、产中和产后利益链接机制不紧密等问题日渐突出，产生这些问题的内在原因是两个并存，一个并存是农产品产量与农村劳动力“两个充裕”并存，第二个并存是农业劳动生产率和农产品转化加工率“两个过低”并存。推进农业产业化经营，可以促进农业和农村经济结构战略性调整向广度和深度进军，有效拉长农业产业链条，增加农业附加值，增加农民的非农业收入，使农业的整体效益得到显著提高；可以通过农业产业化经营组织与农民建立利益联结机制，使参与产业化经营的农民不但从种、养业中获利，还可分享加工、销售环节的利润。农业产业化经营形式可以多元，可以以“龙头企业＋农户”“龙头企业＋专业合作经济组织＋农户”等组织形式，利用资本、技术、人才等生产要素，带动农户发展专业化、标准化、规模化、集约化生产，构建现代农业产业体系，提高农业生产和农民进入市场的组织化程度，促进规模经营，优化农业产业结构，推进和完善农业产业化经营。

中国政府聚焦产业促进乡村发展，完善现代农业产业体系、生产体系、经营体系，丰富乡村产业的内涵和外延，延长产业链、提升价值链、保障供应链、完善利益链。发展新产业新业态，拓展农业多重功能和乡村多元价值，加快培育农业全产业链，发展“一村一品”“一乡一业”和特色产业，大力推进农业产业化，支持返乡入乡劳动力就业创业。发展县域富民产业，引导家庭农场、农民合作社、集体经济组织、农业企业采取多种合作和联合方式，与农户形成利益共同体，促进资源共享、成果共享、利益共享，让农民更多分享产业增值收益。[①] 鼓励发展设施农业，因地制宜发展塑料大棚、日光温室、连栋温室等设施，集中建设育苗工厂设施，鼓励发展工厂集约养殖、立体生态养殖等新型养殖设施。

（四）改善农业生态资源和环境

农业生态环境是指农业生物赖以生存和繁衍的各种天然的和经过人工改造的环境因素的总称，包括土壤、水、大气和生物等。农业环境问题，在国家农业经济发展进程的某些时段，呈恶化趋势，似乎具有某种必然性。这是因为，市场经济有利于资源的优化配置与高效率利用，但资源利用的负外部性可以妨碍效率的实现，如产权问题、价格问题等，往往不得不靠有效干预和矫正，资源开发具有的不可逆性又加剧了资源的配置问题。而在生态环境资源中，有一些是被认为（或暂时被认为）没有市场价值的资源，它伴随其他经济活动而被随意处置，如生物多样性、农业的生态系统功能，一些未被人类开发利用的农作物品种等，这些没有市场价值但有间接使用价值和存在价值的生态环境资源由于不在市场上交换，也不会受到市场力量的保护。市场功能的弱化需要政府加强宏观调控，引导形成节约能源资源和保护农业生态环境的产业结构、增长方式和消费模式。

中共十八大以来，中国出台或修订一系列法律、法规和政策，整治农业生态环境。制定和实施《中华人民共和国乡村振兴促进法》(2021)、《中华人民共和国动物防疫法》(2021年修订)、《中华人民共和国长江保护法》(2020)、《中华人民共和国固体废物污染环境防治法》(2020 年修订)、《关于促进“十四五”远洋渔业高质量发展的意见》(农渔发〔2022〕4号)、《农业农村污染治理攻坚战行动方案(2021—2025)》(环土壤〔2022〕8 号)等，2022 年中央一号文件提出要推进中国农业农村绿色发展，加强对农业面源污染综合治理，修复破损的农村生态环境。

三、农村改革的路径与策略

从中国改革开放的历史进程看，农村改革既是中国整体经济改革的时间起点，也是其逻辑起点。从本质上说，农村改革是对农村原有的生产关系、上层建筑进行局部或根本性的调整，这种调整和改革必须适应农村和整个社会生产力的快速发展。随着我国进入工业化中后期，城乡关系发生了一些新的、深刻的变化，农村改革涉及调整农村生产关系和上层建筑中不适应生产力发展的某些环节和方面，以应对城乡关系所发生的变化，改革的目标是逐步优化农村基层治理体系，完善农村社会保障制度以及深入实施农村反贫困。

（一）构建农村反贫困长效机制

中共十八大以来，通过中国政府精准扶贫、设立财政专项扶贫资金、健全贫困地区社会保障等一系列政策，中国脱贫攻坚得了举世瞩目的成就。按照农民年人均纯收入 2 300 元的绝对贫困标准，2012 年中国的 9 899 万贫困人口，到 2020 年基本消灭绝对贫困，国家贫困县

---

① 资料来源：人民日报，持续全面推进乡村振兴，http://www.moa.gov.cn/ztzl/ymksn/rmrbb d/202204 /t20220406_6395459.htm.

农民人均可支配收入达到12 588元，年均增长率11.6%。绝对贫困问题解决，亦将相对贫困问题推向前台，建立解决相对贫困长效机制，才能更好地巩固中国脱贫攻坚的成果。

尽管中国脱贫攻坚工作取得巨大成就，但是部分地区的经济发展水平仍然落后，脱贫居民返贫的情形仍可能发生，防止农村居民返贫，建立农村反贫困长效机制尤为关键。① 过渡期内保持主要帮扶政策总体稳定。② 健全防止返贫动态监测和精准帮扶机制。③ 巩固“两不愁三保障”成果。④ 强化易地扶贫搬迁后续扶持。⑤ 加强扶贫项目资产管理。⑥ 推动脱贫地区特色产业可持续发展。⑦ 促进脱贫人口稳定就业。⑧ 改善脱贫地区发展条件。⑨ 促进脱贫人口持续增收。

(二) 完善农村社会保障制度

社会保障制度可以弥补收入分配差距过大的缺陷，它是收入再分配的重要工具，具有“内在稳定器”的作用。从世界各国的保障实践来看，社会保障的基本构成是有差别的，但内容大致上是一致的，只是在侧重点与组合方式方法上略有不同。与城乡二元结构相契合，中国施行的是城乡差别的二元保障结构，农村社会保障制度主要包括四个方面的内容：一是农村社会保险。这是农村社会保障的核心，是较高层次的社会保障，包括养老、医疗等。二是农村社会救助，包括农村社会互助和农村社会救济两个方面。三是农村社会福利。四是农村社会优抚。改革开放后，整体上，我国农村社会保障制度有了进一步的提高，但是，中国农村社会保障体系尚不完善，养老保障水平低且发展不平衡，社会救助制度发展水平参差不齐，农村公共福利事业发展缺乏主体，农村社会保障资金覆盖面窄、投入不足。2020年，中国农村最低生活保障人数为3 621万人，农村特困人员救助供养人数为447万，临时救助人数为1 341人次；同时，中国建成了世界上规模最大的基本医疗保障网，新型农村合作医疗覆盖了所有农村居民，居民医保人均财政补助标准达到550元；养老保险参保人数近10亿人，养老保险覆盖率70.87%。中国应建立与生产力发展水平相适应的农村社会保障制度，要以农村最低生活保障为切入点，重点加强和完善农村医疗保障制度和养老保障制度，多渠道筹集农村社会保障资金，正确处理社会保障中公平与效率的关系，逐步建立城乡一体化的社会保障制度。

(三) 推进农村基层治理现代化

随着农业现代化进程的推进，我国农村经济社会发生了深刻变革，农村社会逐步从单一、封闭走向多元、开放，这对旧有的乡村秩序和治理体系形成了新的挑战，特别是以村民为主的自治制度出现瓶颈后，更使得现行的农村基层治理体系遭受质疑。如何实现农村社会的稳定发展，完善农村治理体系、增强治理能力，成为当前农村民主政治建设的一大主题，也成为现代国家建构中一项重要的任务。我国农村治理体系的完善是一个长期任务，在宏观上，需适时有序推进政治体制改革，破解压力型体制；在微观层面，构建和完善农村社区自组织治理机制，推进村级民主选举、村级民主决策、村级民主管理和村级民主监督。在基层民主的实践探索中，突破原有的村级治理模式，推动村级治理模式转型，实现基层自治单元创新。改革公共产品供给体制，完善多元的协作供给模式，实现供给主体多元化、筹资手段多样化以及需求表达的准确化。整合利用现代乡贤、宗族组织等乡土社会，重构乡村传统价值体系，充分发挥农村非正式制度在农村治理中的作用，凝聚村民对于乡土社会的认同感和归属感，重构乡土精神和传统伦理，实现乡村治理和谐有序。

为了推进乡村治理体系和治理能力现代化，2019 年，中国在 115 个县（市、区）开展乡村治理体系建设试点示范，探索共建共治共享的治理体制、乡村治理与经济社会协同发展机制、乡村治理的组织体系、党组织领导自治法治德治相结合的路径，完善基层治理方式、村级权利监督机制，创新村民议事协商形式、现代乡村治理手段。经过各地的试点工作，试点示范单位农村党组织引领作用得到加强，乡村治理组织体系和人才队伍不断健全，“三治”融合实现形式日益丰富，基层管理和服务能力明显提升，农民群众参与积极性不断提高，乡村监督机制不断完善，积分制、清单制、数字化等手段不断创新，乡村治理与经济社会发展协调推进，形成了荣成市“信用建设＋志愿服务”乡村治理模式、德清市“党建＋数字化”乡村治理模式、宁波鄞州区“一核三治五共”全域治理模式等典型示范经验。在此基础上，中国探索出以党建为引领，构建自治、法治、德治相结合的乡村治理体系，以自治为基、法治为本、德治为导向，融合推进乡村治理体系建设，提高乡村治理的现代化水平。

（四）实施乡村振兴战略

中共十九大提出了乡村振兴战略，明确农业农村发展置于优先地位，要按照产业兴旺、生态宜居、乡风文明、治理有效、生活富裕的总要求实施乡村振兴，加快推进农业农村现代化。2018—2022 年连续 5 年中央一号文件对乡村振兴进行战略部署，确立乡村振兴“四梁八柱”的顶层设计，详细论述了乡村振兴战略的重大意义、总体要求、主要途径和工作任务。聚焦农业农村优先发展，抓好“三农”领域重点工作，全面补上“三农”短板，强化现代农业基础支撑，助推农业农村现代化，大力实施乡村建设行动，改进乡村治理能力。

近几年，为了实现乡村振兴战略，国家对农业农村发展支持力度空前，使得我国农业发展、农村环境、乡村面貌出现了前所未有的大好局面。2021 年，国务院新闻办公室发布《中国的全面小康》白皮书，介绍了实施乡村振兴战略取得的重要成果。第一，粮食生产连年丰收。中国连续 6 年稳定在 1.3 万亿斤以上，实现历史性的“十七连丰”，14 亿中国人的饭碗牢牢端在自己手上。第二，农业现代化建设步伐明显加快。中国累计建成 8 亿亩高标准农田，农业科技进步贡献率超过 60％，农作物耕种收综合机械化率达到 71％，化肥农药施用量连续 4 年负增长，农产品加工产值与农业总产值比值提高到 2.4∶1，乡村旅游、农村电商等新产业新业态蓬勃发展。第三，脱贫攻坚取得全面胜利。2012 年以来，中国实现 9 899 万农村贫困人口全部脱贫，历史性地解决了农村绝对贫困问题。建立了防止返贫动态监测和帮扶机制，对认定的 500 多万易返贫致贫人口进行精准帮扶、动态清零，坚决守住不发生规模性返贫的底线。第四，乡村建设扎实推进。动力电、硬化路、4G 网基本实现村村通，农村卫生厕所普及率超过 68％，建立了城乡统一的居民基本养老、基本医疗和大病保险制度。第五，乡村治理效能不断提升。农村基层党组织建设得到加强，自治、法治、德治相结合的乡村治理体系逐步建立，积分制、清单制、数字赋能等治理方式在各地创新发展，移风易俗持续推进，文明乡风加快培育。①

① 资料来源：农业农村部，实施乡村振兴战略已取得重要成果，https://baijiahao.baidu.com/s?id＝17121167498-78105492&wfr＝spider&for＝pc.

本章小结

农业是以土地资源为生产对象的部门，它通过培育动植物产品从而生产食品及工业原料，是国民经济中一个基础产业部门。农业发展是一个由原始农业、古代农业逐步演进到传统农业和现代农业的历史演进过程。农业可以从产品、市场、要素、外汇等多个方面为经济增长和发展做出贡献。

传统农业有与自然经济相联系、生产的物质技术手段落后、农业生产依靠实际经验，农业技术长期保持不变、经营规模过小，小农经济占主导地位、内部的分工程度低等基本特征。自然资源禀赋、农业资源占有方式和制度都会对一个国家和地区的农业经济发展产生影响。农业技术变化不是外生于农业经济系统，而是对资源禀赋状况和产品需求增长的动态反应。现代农业发展突破了传统农业发展的各种局限，是一个市场、政府、社会互动和整合的过程。农业现代化可以分为准备、起步、初步实现、基本及发达五个阶段。实现农业现代化需要多方面的农业与农村发展政策作为支撑。

在城市和农村发展的不同阶段，城市与农村发展是辩证统一的关系。实现城乡二元到城乡一体的转型发展，是发展中国家从低中收入国家成功跨入高收入国家的必经阶段。在实现农村发展的进程中，要完善农村土地制度，推进农村治理的现代化建设，实现农村基层善治。

改革开放以来，中国的农业与农村发展取得了举世瞩目的成就。但是，在当前，农业与农村经济仍处于一个重要的调整阶段，有许多问题亟须在农业发展的现阶段加以破解。首先，要实施农村土地确权、加大对农村公共产品投入、增加农民人力资本、提高农民组织化程度来培育和发展农民主体性。其次，要以提高农业机械化水平、加快农业科技进步、完善农业产业化经营方式、改善农业生态资源和环境来实现农业现代化。最后，通过构建农村反贫困长效机制、完善农村社会保障制度、推进农村基层治理现代化、实施乡村振兴战略等进一步推进农村改革。

本章思考题

1. 工业与农业的平衡增长机理是什么？
2. 传统农业的特征有哪些？
3. 农村土地制度的内容有哪些？
4. 现阶段解决中国“三农”问题的主要路径与策略有哪些？

第十一章　区域经济发展理论与战略

对于发展中国家来说，实现区域经济持续、稳定和协调发展，是增强国际竞争力和谋求本国经济长期增长的重要主题。随着中国经济步入高质量发展阶段，推动区域经济向高质量发展转型需要对区域发展战略进行调整。

第一节　区域经济发展理论

一、增长极理论

1950 年，法国经济学家佩鲁(François Perroux)在其著名论文《经济空间：理论与运用》(*Economic Space: Theory and Applications*)[①]中提出了增长极理论，该理论主要是针对新古典经济学关于市场机制能保证经济均衡的观点而言的。佩鲁在对地域工业发展进行研究时发现，经济空间在成长过程中总是围绕极核进行的，经济增长不是同时出现在所有的地方，而是以不同的强度首先出现在一些增长点或增长极上，然后通过不同的渠道向外扩散，类似于磁极与磁场的关系。佩鲁所提出的经济空间是经济要素之间的经济联系，不是一般意义上的地理空间。经济空间存在富有活力的经济单元，这种经济单元的增长速度高于该空间中的其他经济部门，它可以创造自己的决策和操作空间，形成具有推进效应的极化中心，带动整个经济的多维发展。这种经济单元就是推进型单元，也就是增长极，而受其影响的经济单元则为被推进型单元。这里的单元可以是具体某一产业，也可以是具体某一企业。

推进型单元和被推进型单元形成非竞争性的经济联合体，推进型单元的发展通过前后向关联效应带动区域经济发展。这种带动作用主要体现在以下三种效应上：[②]一是支配效应。在现实的经济体中，经济主体之间的相互作用是不对称的，一些经济主体处于支配地位，其他的经济主体处于被支配地位。支配效应的大小取决于处于支配地位的经济主体的创新能力，创新能力又取决于经济主体的规模、交易能力和经营性质。推进型单元在经济和技术方面具有先进性，对被推进型单元具有绝对的支配功能，是一个国家或地区经济发展过程中的主导因素。二是乘数效应。推动型单元要能够与其他单元形成尽可能多的前向联系、后向联系和侧向联系，从而促使生产规模不等、技术水平不等、生产阶段不同的一大批产

① François Perroux, "Economic Space: Theory and Applications", *The Quarterly Journal of Economics*, Vol. 64, No. 1, 1950, 89 - 104.

② 安虎森等：《新区域经济学》，第二版，东北财经大学出版社，2010，第 127 - 128 页。

业部门形成产业间的投入产出链，使推进型单元把自身的增长效应通过投入产出链传递给其他部门或产业，带动一大批产业的发展。三是极化效应和扩散效应。极化效应是指迅速增长的推进型单元吸引其他经济活动不断趋向增长极的过程。在这一过程中，首先出现经济活动和经济要素的极化，获得各种聚集经济；聚集经济反过来又进一步增强增长极的极化效应，加快其增长速度和扩大其吸引范围。扩散效应是指增长极的推动力通过一系列联动机制而不断向周围发散的过程，其结果是以收入增加的形式对周围地区产生较大的区域乘数作用。极化效应和扩散效应往往同时存在，对一个特定的地区来说，如果极化效应大于扩散效应，那么就不利于整体区域的发展；反之，则有利于整体区域的发展。

综上可知，增长极理论关注的主要是区域经济发展"效率"这一面，如何准确找到推动型单元，并集中经济资源发展该单元，体现的正是如何在资源有限的前提下追求最高效率的思维模式。增长极理论的重要意义在于打破新古典经济所强调的平衡的区域经济的思维模式，开辟了分析区域经济发展的新视角。

二、循环累积因果理论

1957年，瑞典经济学家缪尔达尔(Gunnar Myrdal)在批判新古典主义经济发展理论所采用的传统静态均衡分析方法的基础上，认为市场机制能自发调节资源配置，从而使各地区的经济得到均衡发展，不符合发展中国家的实际，应采用动态非均衡和结构主义分析方法来研究发展中国家的地区发展问题，因此便提出了循环累积因果理论。缪尔达尔认为，事物的发展过程应该是首先产生"初始变化"，而后产生"次级强化"运动，最后产生"上升或下降"的结果，并反过来重新开始影响初始变化，因而是一个循环累积的因果关系。他坚决反对新古典主义者根据单一的或少数的因素分析经济变动，而是主张采用结构主义思想，从多因素角度分析经济变动。

缪尔达尔利用"回流效应"和"扩散效应"阐述区域二元经济结构的形成。所谓回流效应，是指劳动力、资本和技术等生产要素在要素回报率差异的引导下由欠发达地区向发达地区流动的现象。所谓扩散效应，是指当发达地区经济发展到一定程度之后，其生产成本会上升，生产要素回报率下降，对周围地区的生产要素吸引力减弱，同时，一些生产要素开始从发达地区流向欠发达地区。将上述机制运用到发展中国家的发展分析可以说明为何有些发展中国家难以摆脱落后的局面。在发展中国家，人均收入水平很低，以致生活水平低下，营养不良，卫生健康状况恶化，教育文化落后，因而劳动力素质不高，劳动力素质不高又使劳动生产率低下，劳动生产率低下则引起产出增长停滞或下降，低产出造成低收入，低收入进一步使经济贫困恶化。相反的过程，同样适用于描述为什么发达地区总是能够实现高收入和经济的快速发展。所以，循环累积因果理论强调社会经济各有关因素之间存在着循环累积的因果关系。某一社会经济因素的变化，会引起另一个社会经济因素的变化，这后一因素的变化，反过来又加强前一因素的变化，导致社会经济过程沿着最初那个因素变化的方向发展，从而形成积累性的循环发展趋势。可见，社会经济各因素之间的关系不是趋于均衡，而是以循环的方式运动，不是简单的循环流转，而是具有累积效应的运动。①

① 安虎森等:《新区域经济学》，第二版，东北财经大学出版社，2010，第127页。

缪尔达尔的循环累积因果理论系统揭示了区域二元结构形成的机理，如果佩鲁的理论是单极的，即重点关注增长极，那么缪尔达尔的理论则是双极的，即兼顾发达地区和欠发达地区。佩鲁的理论侧重于解释区域经济增长，回答的是区域经济增长的原因，而缪尔达尔的理论则侧重于解释区域经济的二元分化，回答的是区域经济二元分化的原因。因此，缪尔达尔理论的重要意义在于，将区域经济发展的相互影响和"公平"问题引入经济学家的视野。

三、区域发展的倒"U"理论

1965 年，美国经济学家威廉姆森(Jeffrey Williamson)在其《区域非平衡与国家发展》(*Regional in equalities and the process of national development*)①一文中提出区域发展的倒"U"理论。威廉姆森利用 24 个国家从 1949 年到 1961 年的统计资料，并将这 24 个国家分为 7 组进行分析。分析结果表明，一国区域发展非平衡的水平与该国经济发展水平呈倒"U"型关系，印度、菲律宾这些落后国家以及澳大利亚、美国、西德、新西兰、英国等发达国家，国内区域非平衡的程度较低，而像爱尔兰、奥地利、巴西等中等收入水平的国家，表现出较高的国内区域非平衡。另外，威廉姆森还分析了意大利、巴西、美国、加拿大、西德、瑞典和法国 7 个国家 19 世纪和 20 世纪区域产出和单位资本收入变化，发现在经济发展的早期阶段，地区间的差异逐步扩大，随着经济增长和收入水平的提高，区域间非平衡程度逐渐减少，并呈现收敛趋势，大体上呈现先扩大后缩小的倒"U"型变化。因此，威廉姆森认为，在经济发展的初期，非均衡过程即区域发展差异扩大是经济增长的必要条件，而当经济发展到一定水平后，均衡过程即区域发展差异缩小则构成经济增长的必要条件。

威廉姆森将区域发展的倒"U"型变动归结为四个方面因素的影响作用：②第一，劳动力的迁移。经济发展初期，运输条件落后，迁移成本过高，制约了劳动力迁移的规模。此时不发达区域的劳动力迁移具有明显的选择性，只有具有一定技能、企业家精神和受过一定教育的青壮年劳动力才倾向于迁移。但是，经济进入起飞阶段后，运输条件不断得到改善，迁移成本下降，使得劳动力迁移的选择性逐步消失。与此同时，发达区域劳动力市场亦将逐步达到饱和，发达区域内的熟练劳动力开始回流到不发达区域。第二，资金的流动。发展的初级阶段，由于发达区域有外部聚集经济效益，资金将从不发达区域流向发达区域。但随着经济发展，发达区域投资利益逐渐降低，资金将流回不发达区域。第三，国家发展目标的选择。经济起飞阶段，国家发展的主要目标是促使经济的快速增长，由于该阶段国家面临资源有限的约束，因此，优先发展一部分区域便是理想选择。随着经济的发展，国家发展目标往往转向于社会全方面协调发展，追求经济增长带来的社会生活质量的提高；国家投资将转向于不发达区域，并出台相关政策，引导发达区域的产业向不发达区域转移，从而达到全国区域均衡协调发展。第四，区域间沟通渠道的改善。经济发展的初级阶段，区域间沟通管道较为单一，大量壁垒将全国统一市场划分为若干个独立的地方性小市场，导致发达区域无法有效带动不发达区域的经济发展，进一步加剧了区域间的发展

---

① Jeffrey Williamson, "Regional in equalities and the process of national development", *Economic Development and Cultural Change*, Vol. 13, No. 4, 1965, 3-45.

② 伍新木、高鑫：《区域经济发展"双倒U型假说"：对倒U型理论的完善与发展》，《理论月刊》，2006年第4期。

差距。然而,随着经济的不断发展,区域间的沟通渠道得到改善,逐步形成顺畅的联系网络,发达区域的经济影响力能够波及并带动不发达区域增长,从而实现区域间发展差距的缩小乃至消失。

威廉姆森的理论与之前的区域经济发展理论不同之处在于,其理论从实证角度验证了区域经济发展具有由非平衡向平衡转变的自我协调机制,指出区域经济的二元分化现象会随着区域经济的发展而逐渐消失,区域经济发展在效率与公平的权衡中由分化转向一元化,是区域发展的选择和结果。

四、核心—边缘理论

1966 年,美国经济学家约翰·弗里德曼(John Friedmann)首次提出核心—边缘理论。弗里德曼经过长期对发展中国家的空间发展规划的研究,提出了一整套有关空间发展规划的理论体系,核心—边缘理论是其理论体系的核心。弗里德曼利用熊彼特的创新思想建立了空间极化理论,他认为可以把发展看作一种由基本创新群最终汇成大规模创新系统的不连续积累过程,而迅速发展的大城市系统,通常具备创新活动的条件。创新往往是从大城市向外围地区进行扩散的。核心区是具有较高创新变革能力的地域社会组织子系统,外围区则是根据与核心区所处的依附关系,而由核心区决定的地域社会子系统。

具体来看,核心区与边缘区的关系是一种动态的控制和依赖的关系。初期是核心区的主要机构对边缘的组织有实质性控制,边缘区则是有组织的依赖。然后是依赖的强化,核心区通过控制效应、咨询效应、心理效应、现代化效应、关联效应以及生产效应等强化对边缘的控制。最后是边缘获得效果的阶段,革新由核心区传到边缘区,核心区与边缘区之间的交易、咨询、知识等交流增加,促进边缘区的发展。随着核心区扩散作用的加强,边缘区进一步发展,可能形成较高层次的核心,甚至可能取代核心区。弗里德曼认为,资源、市场、技术和环境等的区域分布差异是客观存在的,这决定了任何国家的区域系统都是由核心和边缘两个子空间系统组成的。但是,由于政府的调节和区际人口的流动会影响要素的流向,并且随着市场的扩大、交通条件的改善和城市化的加快,核心区与边缘区的界限会逐步消失,从而推动空间经济的一体化发展。①

弗里德曼的理论与缪尔达尔的理论相似,都将重点放在对区域经济发展二元分化现象的解释上,但弗里德曼的理论更加注重对空间结构变化的解释,对区域规划师具有较大的吸引力,所以该理论建立以后,许多城市规划师、区域规划师和区域经济学者都力图把该理论运用到实践中去。

五、产业集群理论

产业集群理论吸收了区域发展理论的积极因素,强调集聚经济和区域分工在区域经济发展中的作用。产业集群是指某一特定领域中,大量产业联系密切的企业以及相关支撑机构在空间上集聚,并形成强劲、持续竞争优势的现象。产业集群理论强调发挥区域内各种资源的整合功能,主要利用自组织力量或市场力量“自下而上”地构建区域专业化分工,充分发挥区域分工的外部性,形成聚集经济效应。② 产业集群可以通过市场机制形

① 欧阳晓、王良健等:《区域经济学的演变、体系及前沿问题》,经济科学出版社,2011,第 53 - 55 页。

② 张培刚、张建华:《发展经济学》,北京大学出版社,2009,第 417 页。

成，也可以通过政府机制形成，但形成机制的基本方向是自下而上的，即先由市场机制培育，然后成型，最后政府和市场共同运作。

产业集群理论相较于前述的区域发展理论最重要的一个不同之处在于其产生的时代背景发生了转变，即由大工业时代的福特制生产方式转向以精益生产方式或柔性生产方式为代表的后福特制生产方式。福特制生产方式的主要特征是以较少的产品品种进行大批量的生产以降低成本，然后通过成本的降低带来产量的进一步扩大，以占据市场。这种大规模的生产方式注重操作的效率，以追求规模效应，因此有必要将整个产业链或者说价值链上的所有环节都纳入企业内部，这也是一个生产过程及其组织形式的垂直一体化过程，并降低了创新的灵活性和适应性。后福特制生产方式的主要特征是适时生产制度的柔性化和零库存模式，从而使生产者和消费者之间信息沟通几乎可以得到最快的反馈，从而大大提高了生产效率和生产系统的适应性，减少了交易成本和生产成本。新技术更多是由接近生产活动过程以及研发和市场销售的人来完成，企业生产过程发生了一定程度的外部化，即由垂直一体化转向水平一体化或网络化。在生产方式转变的过程中，某些地方垂直分离的企业群体开始在地理上聚集在一起，并进一步地细化了社会劳动分工，从而形成产业集群，成为区域经济发展的重要动力源。

产业集群对区域经济发展的推动作用主要通过以下三个途径实现：①第一，培育区域外部经济。集群内企业数量众多，大多数属于中小企业，但集群内的企业实行高度的分工协作，生产率极高，产品不断出口到区域外的国内和国外市场，从而整个产业集群获得一种外部规模经济。第二，降低空间交易成本。区内拥有丰富的专业化的人才供应，还能吸引最优秀的人才来工作，这就减少了雇用专业人才方面的交易成本。集群内有大量的专业信息，个人关系及多种多样的社会关系网络使信息流动很快，可以节省运输成本和库存成本，还能享受供货商提供的辅助服务。第三，提升区域创新能力。产业集群在技术创新方面的优势从其内在机理方面看主要是由"本地化"所产生的两种效应所引起的，即邻近效应和社会化效应。邻近效应是指信息和知识短距离传递效率的提高，特别是现在创新所需要的大量隐含知识必须面对面进行交流才能共享。社会化效应是指由于地理接近而产生的信息和知识传递所需要的社会氛围，诸如信任、合作与良性竞争等。

作为生产模式转变后产生的理论，产业集群理论更加强调企业之间的互动对区域经济发展的重要推动作用，这一思想类似于佩鲁的增长极思想，但由于理论产生的背景出现了较大的不同，因此，对企业的关注点是有差异的。佩鲁理论中的企业是具有福特制生产模式的企业，其肩负着自身发展和促进周边企业发展的任务，而产业集群理论中的企业则是后福特制生产模式的企业，企业之间的是一种优势互补的关系。随着互联网信息技术的快速发展，交易成本降低导致世界扁平化越来越明显，许多小企业现在也可以影响大企业的生产决策，因此，产业集群理论正是区域经济发展适应新环境、迎接新挑战的产物。

---

① 贾根良：《发展经济学》，南开大学出版社，2004，第214－225页。

六、新经济地理学

在新古典经济理论模型中，要素流动是瞬间且无成本的，生产时规模报酬不变，比较利益决定国际贸易模式，而经济增长由人口增长等外部因素决定。然而，第二次世界大战之后，国际贸易和长期增长的现实表现展示了一个与新古典经济理论所预测的完全不同的图景，不完全竞争与规模报酬递增成为解释这一图景的关键。但是，受制于理论模型发展的滞后，经济学家无法对这一差异进行系统的解释。直到 1977 年，迪克西特和斯蒂格利茨提出了垄断竞争模型，为内部规模经济和垄断竞争的市场结构建立了一个严格的理论分析框架。以该模型为基础，从 1990 年开始，克鲁格曼、藤田和维纳布尔斯等经济学家借助萨缪尔森的"冰山"原理以及后来的博弈论和计算机技术等分析工具，用不完全竞争、报酬递增和市场外部性等理念构建出新经济地理模型，将空间因素纳入了西方主流经济学的分析框架中，新经济地理学由此而产生，从此也开启了利用不完全竞争和规模报酬递增视角理解区域经济发展的新方向。

（一）新经济地理学模型

克鲁格曼在 1991 年发表的《收益递增和经济地理》(*Increasing Returns and Economic Geography*)一文，①构建了一个两区域核心—边缘模型（简称 CP 模型），为新经济地理学理论的发展奠定了基础。下面我们对 CP 模型的基本结构进行简要的介绍。

考察一个两区域模型，假定在这个模型中有两种类型的生产活动：一是农业，依赖于土地且规模收益不变，不能自由选择生产区位；二是制造业，规模收益递增并在任何地方都可以选择生产区位。假设该经济中所有个人都具有如下柯布-道格拉斯函数形式的效用函数：

$$U=C_M^{\mu}C_A^{1-\mu} \tag{11.1}$$

式中，C_A 是农产品的消费量；C_M 是制造业产品的消费量；根据柯布-道格拉斯函数的性质，制造业产品的消费在总消费中所占的比例为 μ。

制造业产品的消费量定义为：

$$C_M=\left[\sum_{i=1}^{N}c_i^{(\sigma-1)/\sigma}\right]^{\sigma/(\sigma-1)} \tag{11.2}$$

式中，N 为潜在产品种类的数量，而 σ 是这些产品之间的替代弹性。

该经济中有两个区域，每个区域里有两种生产要素，假设每种要素对某一部门而言是特定的。农民生产农产品，假设单位劳动需求是 1。同时，假定农业人口在区域间是完全不流动的，且两个区域的农民数量均为$(1-\mu)/2$，而工人可以在区域间自由流动，用 L_1 和 L_2 分别表示地区 1 和地区 2 的工人数量，则我们可以把两地的工人数相加，且总数等于 μ，即

$$L_1+L_2=\mu \tag{11.3}$$

---

① Krugman P, "Increasing Returns and Economic Geography", *Journal of Political Economy*, 1991, 99(3): 483 - 499.

制造业产品 i 的生产包括固定成本和不变的边际成本，且存在规模经济，即

$$L_{Mi}=a+\beta x_i \tag{11.4}$$

式中，L_{Mi} 是生产商品 i 时使用的劳动量；x_i 是该产品的产出量。

下面讨论区域间运输成本结构问题，为了便于讨论，设定两个强假设：第一，假设农产品的运输是无成本的。该假定保证农产品价格在两区域相等，进而农民的收入也相同，并进一步将"农产品价格/工资"的比率作为计量单位。第二，假设制造业产品的运输遵循萨缪尔森的"冰山贸易"方式。在这种贸易方式中，运输成本是由运到目的地的产品的损失部分来表示的，即把单位货物从某一地区运到另一地区时，实际运到目的地的只有 $\tau<1$ 的部分。

现在转向对厂商行为的讨论。假设有众多的制造业厂家，每个厂商只生产一种产品。根据式(11.2)给出的制造业产品总量和"冰山贸易"理论关于运输成本的假定，每个厂商面临的需求弹性都是 σ。在地区 1，追求利润最大化的厂商，会把价格定在：

$$P_1=\left(\frac{\sigma}{\sigma-1}\right)\beta w_1 \tag{11.5}$$

式中，w_1 是在地区 1 的工人的工资率，在地区 2 的企业也采取相同的定价策略。这样，比较两个地区的代表性商品的价格，可以得到如下式子：

$$\frac{P_1}{P_2}=\frac{w_1}{w_2} \tag{11.6}$$

如果厂商可以自由进入，那么均衡时各个厂商的利润都等于 0，则下式成立：

$$(P-\beta w_1)x_1=aw_1 \tag{11.7}$$

$$x_1=x_2=\frac{a(\sigma-1)}{\beta} \tag{11.8}$$

这就是说，在不考虑工资率、相对需求等因素时，两个区域每个厂商的产出都是一样的。这样得出的结论是，每个区域生产的制造业产品种类数与每个区域工人数量成正比，即

$$\frac{n_1}{n_2}=\frac{L_1}{L_2} \tag{11.9}$$

应该注意的是，在零利润的均衡中，$\sigma/(\sigma-1)$ 是劳动的边际产出与平均产出之比，也就是规模经济的程度。尽管 σ 表示的是偏好参数而不是技术参数，但可以看作均衡时规模经济的倒指数。

以上就是克鲁格曼 CP 模型的基本结构，下面我们进一步对该模型的短期和长期均衡进行相关介绍。首先来看模型的短期均衡，克鲁格曼采用马歇尔的方法来定义短期均衡，在这种均衡中，工人在两个区域的分布是已知的。现在假定工人会迁移到提供更高实际工资的地区，如果工人的迁移使得两地的工人与农民之比趋向一致，则将导致区域间的收敛；如果工人集中到一个区域，则将导致区域的分异。为了分析短期均衡，需要从每个区域对两个区域生产的产品的需求开始讨论。C_{11} 表示地区 1 对地区 1 生产的代表性商

品的消费，C_{12}表示地区 1 对地区 2 生产的代表性商品的消费。本地生产的产品没有运输成本，故其价格为 P_1；从另一个地区运输进来的产品包含运输成本，故其价格为 P_2/τ。这样，对两种代表性产品的相对需求就是：

$$\frac{C_{11}}{C_{12}}=\left(\frac{P_1\tau}{P_2}\right)^{-\sigma}=\left(\frac{w_1\tau}{w_2}\right)^{-\sigma} \tag{11.10}$$

Z_{11}表示地区 1 支付在本地生产的制造业产品和其他区域生产的制造业产品的比值。关于 Z_{11}要说明两点：第一，提高地区 1 生产的产品的相对价格 1 个百分点，同时减少 σ 个百分点的相对销售数量，那么根据估价效应，价值只减少 $\sigma-1$ 个百分点。第二，在任何给定的相对价格下，地区 1 生产的产品越多，地区 1 对这些产品的消费支出份额也就越大，则

$$Z_{11}=\left(\frac{n_1}{n_2}\right)\left(\frac{P_1\tau}{P_2}\right)\left(\frac{C_{11}}{C_{12}}\right)=\left(\frac{L_1}{L_2}\right)\left(\frac{w_1\tau}{w_2}\right)^{-(\sigma-1)} \tag{11.11}$$

类似的，地区 2 对地区 1 生产的产品的消费与对本地产品的消费的支付比例为

$$Z_{12}=\left(\frac{L_1}{L_2}\right)\left(\frac{w_1\tau}{w_2}\right)^{-(\sigma-1)} \tag{11.12}$$

地区 1 的工人的总收入等于对两地产品的消费总和。设 Y_1 和 Y_2 分别为两个地区的收入，这样，地区 1 的工人的收入就是

$$w_1L_1=\mu\left[\left(\frac{z_{11}}{1+z_{11}}\right)Y_1+\left(\frac{z_{12}}{1+z_{12}}\right)Y_2\right] \tag{11.13}$$

地区 2 的工人的收入就是

$$w_2L_2=\mu\left[\left(\frac{1}{1+z_{11}}\right)Y_1+\left(\frac{1}{1+z_{12}}\right)Y_2\right] \tag{11.14}$$

两个地区的收入水平取决于工人的分布和他们的工资水平。由于是以农民的工资率作为计量单位，这样就有如下关系：

$$Y_1=\frac{1-\mu}{2}+w_1L_1 \tag{11.15}$$

$$Y_2=\frac{1-\mu}{2}+w_2L_2 \tag{11.16}$$

方程组(11.11)～(11.16)可以看作给定两个地区劳动力分布情况下，确定 w_1 和 w_2 的方程组。可以发现，如果 $L_1=L_2$，则 $w_1=w_2$。如果劳动力向地区 1 迁移，那么相对工资率 w_1/w_2 可以向任何方向变化，因为存在两个正好相反方向的作用力：一种是区域市场效应。在其他条件相同的情况下，市场规模越大，工资越高。另一种是区域竞争效应。对本地农村市场而言，工业劳动力较少地区的工人所面临的竞争压力，比那些工业劳动力较多地区的工人要小。当我们从短期均衡转向长期均衡时，还要考虑另外一些问题，比如工人关心的不是名义工资而是实际工资，而且在人口较多地区的工人所面对的制造业产品价格较低。$f=L_1/\mu$ 表示在地区 1 从事工业生产的劳动力份额。居住在地区 1 的消费

者所面对的制造业产品的实际价格指数是

$$P_1=\left[fw_1^{-(\sigma-1)}+(1-f)\left(\frac{w_2}{\tau}\right)^{-(\sigma-1)}\right]^{-1/(\sigma-1)} \tag{11.17}$$

地区 2 的居民所面对的制造业产品的实际价格指数则是

$$P_2=\left[(1-f)w_2^{-(\sigma-1)}+f\left(\frac{w_1}{\tau}\right)^{-(\sigma-1)}\right]^{-1/(\sigma-1)} \tag{11.18}$$

每个地区工人的实际工资是

$$\omega_1=w_1P_1^{-\mu} \tag{11.19}$$

$$\omega_2=w_2P_2^{-\mu} \tag{11.20}$$

从式(11.17)和式(11.18)可知,如果两个地区的工资率相等,那么当地区 2 的工人向地区 1 迁移时,就会降低地区 1 的价格指数而提高地区 2 的价格指数,这样就使得地区 1 的实际工资率比地区 2 的实际工资率高。

下面重点讨论相对工资率如何随 f 的变化而变化的问题。根据对称均衡情况,当 $f=1/2$ 时,也就是当两地的工人数量相同时,实际工资率就相等。但这种均衡是否稳定?如果 ω_1/ω_2 随 f 的增加而减少,则均衡是稳定的。因为此时,当某一地区比另一个地区拥有更多的劳动力时,工人就会从该地区迁出,从而出现区域趋同现象。另一方面,如果 ω_1/ω_2 随 f 的增加而增加,工人则倾向于向已经拥有更多工人的地区迁移,从而出现区域分异现象。出现以上不同的结果主要是因为有两种力量(即区域市场效应和价格指数效应)促使区域分异,有一种力量(即区域竞争效应)促使区域趋同,关键要看哪种力量起主导作用。

根据已有研究,目前发展成熟的新经济地理学模型可以大致归为两大类,且大部分以垄断竞争一般均衡理论为分析框架:①

第一类模型仍沿用克鲁格曼的 CP 模型思路,没有摆脱迪克希特-斯蒂格利茨的垄断竞争一般均衡理论分析框架;消费者的偏好用两个层因的效用函数来表示,即工业品集合和农产品的消费用柯布-道格拉斯效用函数来表示,多样化的工业品组合的消费用不变替代弹性(CES)效用函数表示;利用"冰山"型交易技术假设。

第二类模型可以称为线性模型,放弃柯布-道格拉斯效用函数和不变替代弹性效用函数以及"冰山"型运输成本假设,利用准线性二次效用函数及线性运输成本,并把这种假设与第一类不同模型结合起来,从而摆脱了困扰 CP 模型的非线性关系。由于准线性二次效用函数的一阶条件满足线性关系,也就是消费者的需求函数为线性函数,进而大大简化了模型,并且长期均衡下的内生变量也可以用显性解来表示。

(二) 新经济地理学的核心思想与主要结论

新经济地理学模型的核心思想是,即使两个区域初始条件完全相同并且不存在外力作用,在满足一定的条件后,经济系统的内生力量终将引起区域分化,产业和经济活动的集聚不可避免,集聚一旦发生,对称即被打破,最先获得优势的区域将成为集聚的中心,甚

① 安虎森主编:《空间经济学原理》,经济科学出版社,2005,第 24 - 25 页。

至形成极端的核心—边缘结构。为了更清晰地说明这一思想，构建一个两区域模型，用 S_H 表示北部区域的市场份额，当 $S_H=1$ 时表示产业全部集聚在北方，当 $S_H=1/2$ 时表示产业平均分布在南北两个区域，用 φ 表示市场开放度，$\varphi=0$ 表示封闭经济，$\varphi=1$ 表示开放经济。如图 11－1 所示，假设产业原来均匀分布在南北两个区域，两个区域随着经济的发展开始逐渐增大市场开放程度，比如说当北方的市场开放度达到 φ^B 时，南方的所有产业将会全部流向北方，因此 φ^B 就是一个临界值，也是突变发生的前提。其实，这种突发性特征指的是量变到质变的过程。随着市场开放度的提高，尽管可流动要素仍然受到某种约束力的制约，但它的流动性逐渐增强，这是量变的过程。当市场开放度达到某一临界值时，促使要素流动的力量与约束力正好相等，此时如果再提高市场开放度，则可流动要素迅速向达到临界值的区域转移，这是质变的过程。

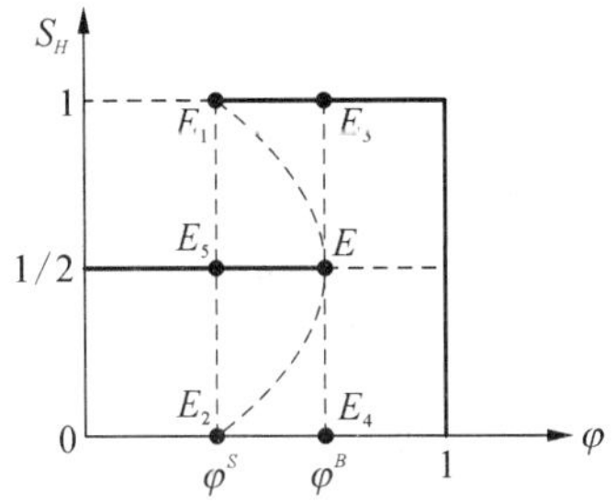

图 11－1　两区域经济的“战斧”图

图 11－1 中体现了区域经济发展的路径依赖性，这也是新经济地理学对区域经济发展容易发生“回流效应”，而不易发生“扩散效应”所提供的一种解释。由图 11－1 可知，随着市场开放度逐渐下降，即 φ 从 1 向 0 移动，当市场开放度下降到 φ^B 时，如果区域经济发展不存在路径依赖性，市场份额 S_H 应该从点 E_3 或点 E_4 跳跃到点 E，即从非均衡增长模式进入均衡增长模式，但实际的经济活动却“黏”上了原有发展路径，导致经济活动不能随市场开放度的下降立刻改变原来的经济增长模式，而是在一段时间内仍维持原有的非均衡增长模式，直到 φ 下降到 φ^S 时，市场份额 S_H 才从点 E_1 或点 E_2 跳跃到点 E，进入均衡增长模式，可以理解从点 E_3 到点 E_1 和从点 E_4 到点 E_2 为因路径依赖而导致的原有增长模式的维持过程。同理，当市场开放度从零提高到大于 φ^S 时，经济系统不可能立刻选择非均衡增长模式的点 E_1 或点 E_2，市场开放度提高到大于 φ^B 才能选择非均衡增长模式，这也是对原有增长路径产生依赖的结果，可以理解从点 E_5 到点 E 为因路径依赖而导致的原有增长模式的维持过程。①

由上可知，新经济地理学同样也有核心区与边缘区之分，与之前的区域发展理论的不同之处在于，新经济地理学理论对这一差异的解释提供了更多的视角，尤其是不完全竞争和规模报酬递增这些重要的分析视角。核心区的巨大优势往往由最初微弱的优势在演化中不断累积而成，最初的优势则可能来自先天优越的自然地理条件、某些历史事件、政策变动，甚至是来自随机发生的微小扰动等偶然因素。新经济地理学理论与之前的理论另一个不同之处在于，该理论更加强调通过数学建模来解释现实区域经济发展的问题，这一方面是理论自身进步的必然要求，即追求更加精确的分析框架，得出更加全面的分析结论；另一方面是对现实区域经济运行复杂性的适应，比如对不完全竞争和规模报酬递增的适应。作为区域经济发展理论最新的理论成果，新地理经济学理论运用更加模型化的手段对区域经济发展的二元结构进行了诠释，同时又充分借鉴了其他学科的理论精髓，比如新制度经济学的交易成本等。从诞生至今，新经济地理学取得了快速发展，产生了诸多经

① 安虎森：《新区域经济学》，东北财经大学出版社，2008，第 18－22 页。

典模型，比如要素流动模型、垂直关联模型和资本创造模型等。

（三）新新经济地理学

新新经济地理学产生的过程与新经济地理学产生的过程类似，都是在贸易理论取得突破性进展之后，新新经济地理学脱胎于新新贸易理论。新新经济地理学以企业异质性与集聚经济关系为切入点，从企业成本、效率差异视角分析异质性企业的区位选择机制以及集聚经济的微观机理。在垄断竞争条件下，任何企业在选择区位时都要考虑成本和市场因素。较低的生产成本与较高的效率是企业获得规模经济效益的前提，规模经济性使得企业倾向于布局在接近消费市场的区域，并考虑其他企业的竞争因素。企业之间在成本和效率等方面存在的异质性直接决定了企业的市场竞争力状况，企业的成本、效率差异成为企业选择区位以及集聚经济异质性空间分布的重要微观因素。①

新新经济地理学主要有三种模型：Dixit-Stiglitz 垄断竞争模型、BEJK 模型和 OTT 模型，从现有发展趋势来看，OTT 模型可能是未来主流的分析框架。② 新新经济地理理论脱胎于新新贸易理论，由于新新贸易理论的分析框架建立在 Dixit-Stiglitz 垄断竞争模型基础上，所以，新新经济地理学的部分研究也沿袭了这一传统。2006 年，Baldwin 和 Okubo 运用 Dixit-Stiglitz 模型证明了在集聚效应和选择效应下，生产率更高的企业会主动选择市场更大的区域，而低生产率企业分布到外围，这样就解释了“中心—外围”结构中企业本质性的效率差异。③ 新新贸易理论除了 Melitz 的垄断竞争模型外，还存在另外一个替代性的 Bernard，Eaton，Jensen 和 Kortum 模型。④ 由于 Dixit-Stiglitz 模型通常假定消费者对某种工业品的需求弹性为常数，结果导致企业定价与市场规模无关。为了解决这一问题，2002 年，Ottaviano，Tabuchi 和 Thisse 建立了一个基于准线性二次函数的模型，该模型能够分析产品之间的近似替代特征，以及随着产品种类增加消费者效用得以提高的多样性偏好。⑤

理论来源于实践，对实际问题的诠释和对实践的指导是理论的重要价值，上述所有区域经济发展理论都源自不同阶段经济学家对区域经济发展现象的思考，而且成为影响实践行为的重要原则。尽管上述理论产生的背景不同，解释问题的角度不同，但从中我们可以发现一条贯穿始终的线索，那就是区域经济发展早期会倾向于形成非平衡发展结构，然后经过市场或政府或两者的合作实现非平衡发展结构向平衡发展结构的转型。这一线索背后的重要价值在于，揭示了平衡和非平衡发展战略在区域经济发展过程中各自扮演的角色，以及两者之间密不可分的联系。

---

① 李福柱：《“新”新经济地理学研究进展》，《经济学动态》，2011 年第 6 期。

② 刘海洋、孔祥贞、汤二子：《基于微观异质性的新新经济地理研究》，《财经科学》，2012 年第 4 期。

③ Baldwin R E, Okubo T., “Heterogeneous Firms, Agglomeration and Economic Geography: Spatial Selection and Sorting”, *Journal of Economic Geography*, 2006, 6(3): 323 - 346.

④ Bernard A B, Eaton J, Jensen J B, Kortum S., “Plants and Productivity in International Trade”, *American Economic Review*, 2003, 93: 1268 - 1290.

⑤ Ottaviano G, Tabuchi T, Thisse J, “Agglomeration and Trade Revisited”, *International Economic Review*, 2002, 43(2): 409 - 436.

第二节　区域经济发展战略

一、发展中国家的区域经济发展问题

发展中国家所面临的区域经济发展问题主要是区域经济两极分化问题和区域产业结构升级问题，前一个问题侧重点在区域经济发展的公平方面，后一个问题侧重点则在区域经济发展的效率方面。两个区域经济发展问题紧密相连，正是由于区域经济发展出现了两极分化，才导致核心区域与边缘区域产业结构升级方面的差异，而产业结构升级的差异又导致核心区域与边缘区域形成比较优势“锁定”的局面，使边缘区域难以提升自身的比较优势，进而加重了区域经济发展的两极分化。

（一）区域经济两极分化

区域经济两极分化既不利于各个区域自身的长期发展，也不利于国家整体的长期发展。区域经济两极分化对区域经济发展的影响可以归纳为以下四个方面：第一，区域两极分化导致生活水平的巨大差异可能引发不满或者怨恨情绪，不利于区域经济的稳定发展。第二，落后地区的长期高失业率，不仅造成了劳动力、土地等资源的闲置，减少了国家潜在GDP的增长，还由于失业补助金等社会福利支出，而增加社会负担。第三，经济发展的早期，相对发达地区由于经济集聚和区域竞争优势及产业竞争力强，在极化效应或回流效应的作用下，先进生产要素向发达地区流入和集聚，使得欠发达地区经济发展受阻。第四，区域间失业率的悬殊，通过向欠发达地区输入通货膨胀，进而加剧区域经济差异。当经济繁荣时，熟练工变得极为稀缺，为了吸引更多的工人，发达地区的厂商不得不提高工资水平。工资的膨胀逐渐向欠发达地区传递，这些地区的工人会要求同工同酬，但是欠发达地区的厂商根本承担不起这样的工资水平，于是，欠发达地区的熟练工逐渐流向发达地区，这将进一步加剧区域经济差异。

区域经济两极分化是由多种因素导致的。从自然和经济地理环境来看，发展中国家经济落后，没有足够的财力和物力来克服自然地理环境造成的区域交通的不便利，导致城市与农村、经济发达地区与落后地区的经济联系松弛，形成城市与农村以及各地区相对封闭的发展环境。从区域生产的比较优势来看，在不发达地区与发达地区之间展开贸易活动时，前者往往在初级产品上存在比较优势，进而出口初级产品，而后者则在工业品上存在比较优势，进而出口工业品。对发达地区而言，获取初级产品的渠道相对较多，因此对该类产品的需求弹性较大，而对不发达地区而言，获取工业品的渠道相对较少，因此对该类产品的需求弹性较小，所以发达地区可以提高贸易价格，而不发达地区不得不降低贸易价格，从而使发达地区获得更多的贸易价值，导致不同区域之间经济发展两极分化。从生产要素流动来看，由于其具有趋利性，会主动流向更适合它们发展的地区，这是保证市场运行效率的主要途径，但在这一过程中，容易出现极化现象，发达地区成为越来越多的生产要素的流向地，而欠发达地区则成为生产要素流出地，这就难免形成区域经济发展的两极分化。

一般来说，发展中国家沿海地区由于其对外交流的便利，较早受到现代化潮流的影响，率先建立起现代化工业部门，使其具有成为增长极的有利条件，并通过增长极的聚集效应得到迅速发展，然后再通过扩散效应向内陆地区辐射扩展。① 但增长极地区的扩散效应有时会滞后很久，扩散效应不显著。如果区域之间长期维持两极分化状态，对发达地区和欠发达地区来说都是不利的，对欠发达地区的不利很容易看出，对发达地区的不利则是限制了其增长潜力，因为根据增长极理论，如果腹地经济基础薄弱的话，增长极的发展也会受到很大的限制，难以发挥规模经济和范围经济效应，因而很难出现"正和博弈"的结果。在该思想的指导下，发达地区会与周围或者与自己经济联系密切的欠发达地区进行合作，推动这些地区的基础设施建设，甚至出现产业转移，向这些地区输入资本、技术和高技能劳动力，吸收这些地区的部分低技能劳动力，进行技能培训等人力资本投资，从而为发达地区的长期发展提供更广阔的发展空间和更强有力的腹地经济。

（二）区域产业结构升级与经济转型

产业结构升级内生于经济发展，且对经济发展产生反作用。根据"配第-克拉克定理"，随着经济的发展和人均国民收入水平的提高，第一产业国民收入和劳动力的相对比重逐渐下降，第二产业国民收入和劳动力的相对比重上升，当经济进一步发展时，第三产业国民收入和劳动力的相对比重也开始上升。相较于国家层面的产业结构升级问题，区域产业结构升级问题有其特殊性，即独立性与联系性，这与区域经济自身的特点紧密相关。

首先，从区域经济独立性的角度来看，区域产业结构升级受到区域经济发展阶段以及区域经济发展潜力的影响，而且其产业结构升级对自身经济发展影响最大。其次，从区域经济联系性的角度来看，区域产业结构升级还会明显地受到周围区域经济发展的影响，与周围区域存在竞争与合作的关系，竞争导致区域间产业结构趋同，合作则导致区域间产业结构趋异。正是以上两点决定了区域经济发展的独特性。过于重视区域经济独立发展，或者过于重视区域经济依附于其他区域经济的发展都对区域产业结构升级产生不利影响。区域经济的独立发展是为了能够更好地融入区域之间的经济协作，因为如果某一区域经济自身实力不足，该区域则很可能成为被孤立的对象，或成为循环累积因果理论中的不发达地区和中心—边缘理论的边缘地区。同样的，区域经济发展的联系性也是为了能够形成正和博弈的整体发展局面，目的是为了区域经济拥有更好的独立发展的能力，因为区域经济的互联互通有助于区域经济的差异化发展，避免区域产业结构趋同，形成恶性竞争的局面。

从产业结构层面进行准确的定位，是区域经济发展的重要前提。每个区域必须认清自身具有的比较优势，找准其具有比较优势的产业，才能融入更高层面的产业链，从而促进自身产业结构升级。但在现实中，由于种种条件的约束，很多区域依旧选择追求"小而全"的发展模式，不仅导致资源无法得到充分的利用，也导致区域之间的恶性竞争，对区域自身和国家整体经济发展产生不利影响。这一现象背后的主要原因在于，区域之间产业结构升级需要合作，但每个区域的发展规划者都有自己的效用函数，不同区域的效用函数

① 马春文，张东辉，《发展经济学》，高等教育出版社，2016，第210页。

一般不同，比如发达地区希望将高污染的产业转移出去，因为保护环境在其效用函数中的权重逐渐增大，而欠发达地区却可能不希望承接高污染产业，因为其想重点发展旅游产业，所以保护环境在其效用函数中的权重也较大，此时，两地区可能就会因为彼此的利益冲突而放弃合作。另外，一些欠发达地区由于担心与发达地区合作会使自身陷入类似于循环累积因果理论中的不发达地区的情形，从而对独立发展具有较强的偏好，在产业结构升级方面与其他地区的关系更多的是竞争而不是合作。

二、平衡与非平衡发展战略

关于一个国家或地区推动经济增长应该采用何种战略，在20世纪50年代有过一次争论，争论的结果是产生了以罗森斯坦-罗丹和纳克斯为代表的平衡发展战略和以赫希曼为代表的非平衡发展战略。两种发展战略尽管分析的侧重点存在差异，但是两者并不是完全不相关，更多的是一种互补的关系。

（一）区域经济平衡发展战略

1943年，罗森斯坦-罗丹(Rosenstein-Rodan)在其发表的《东欧和东南欧国家的工业化问题》(*Problems of Industrialization of Eastern and South-Eastern Europe*)①一文中提出了大推进理论。罗森斯坦-罗丹认为，发展中国家要从根本上解决贫穷落后问题，关键在于工业化，而实现工业化的关键在于冲破市场容量狭小的限制。罗森斯坦-罗丹认为，“要想有任何成功机会的话，用于一个发展项目的资源必须有一个最低限度水平。启动一个国家进入自我持续增长，颇有点像让一架飞机起飞，在飞机升空之前，有一个超越的地面临界速度。”②为了达到这一临界速度，必须通过大量投资，促使各类工业部门同时并举，适应投入与产出的不可分性。这里的不可分性又可以细分为生产的不可分性、需求的不可分性以及储蓄供给的不可分性。生产的不可分性主要表现为资本的集聚性，即诸如电力、运输或通信在内的社会基础资本的不可分性。需求的不可分性主要表现为需求的互补性上，随着产出的增加，居民的收入也会增加，而增加的收入不会全部用于作为其来源——对应增加的产出的消费，这就可能导致一些产品无人需求，从而降低了相应投资的刺激，而需求互补性有助于降低这种风险。对于储蓄供给的不可分性，罗森斯坦-罗丹认为，社会基础投资的形成需要高水平的投资，而高水平的投资要求高水平的储蓄量，这样的储蓄水平在欠发达国家是很难达到的。③ 基于以上假设，罗森斯坦-罗丹认为发展中国家需要采用平衡发展战略。这样的发展战略有两个好处：

首先，可以充分利用部门之间的互补性和规模经济效应。工业化中的各部门间的互补性可以通过市场规模效应发生作用，而且一个部门的工业化将会直接提高其他部门的需求。随着部门之间互补性生产合作的增多，部门规模和整个市场的规模都会扩大，规模经济便逐渐在部门内部和整个市场出现，从而提高经济运行的效率。只有在各个工业部门全面地进行大量投资，使所有部门都成长起来，才能相互依存，互为市场，消除储蓄缺

---

① Paul Narcyz Rosenstein-Rodan, “Problems of Industrialization of Eastern and South-Eastern Europe”, *The Economic Journal*, 1943, 53(210/211): 202-211.

② 郭熙保，《发展经济学经典论著选》，中国经济出版社，1998，第225页。

③ 马春文、张东辉，《发展经济学》，高等教育出版社，2016，第201-202页。

口，克服不可分性的经济格局，从而实现工业的整体发展。其次，采用全面投资的发展战略可以避免一些工业发展过快从而导致的产能过剩，在投资时必须按照相同的投资率对所有工业部门投资资本，这样才能保证各个工业部门之间实现协调发展。正如罗森斯坦-罗丹所说，各个工业的互补性关系使一切工业都成为基本的存在，各个工业都具有的外在经济要求现有资源应当均等地分配于一切工业，从而实现投资的最优格局。

1953年，罗格纳·纳克斯(Ragnar Nurkse)在《欠发达国家的资本形成》(*Problems of Capital Formation in Underdeveloped Countries*)①一书中提出了以平衡发展战略突破贫困恶性循环。纳克斯选择平衡发展战略的理由类似于罗森斯坦-罗丹的思路：首先，各部门平衡发展可以产生扩大市场规模形式的外在经济，进而导致递增的规模收益。其次，各部门的平衡发展可以帮助供给和需求保持一定的平衡，从而使经济能够平衡而稳定地增长。其三，各部门之间的相互依存性也要求各部门共同发展的效率更高。尽管纳克斯同样主张国民经济的各部门应该进行同时且全面地投资，但他并不主张各个部门的投资必须按照相同的投资率，而是主张根据各部门产品的需求价格弹性和收入弹性的大小来确定投资率。那些需求价格弹性和收入弹性大的部门是经济发展中的瓶颈，只有消除经济发展的瓶颈，才能使经济实现协调发展，因此，这些部门的投资率应该更高。纳克斯认为，要突破贫困恶性循环，必须对经济系统各部门进行大量投资，使经济增长率迅速上升到一定高度，人均收入突破一定限度，才能形成广阔而充足的市场，产生足够的投资刺激，为投资规模的持续扩大和经济的持续增长创造条件。

平衡发展战略思想产生了极大的影响，罗森斯坦-罗丹的“大推进”理论中的观点逐渐成为20世纪50、60年代一些发展经济学家们思考发展问题的主流思想，但主要停留在理论分析的层面，直到1989年凯文·墨菲(Kevin Murphy)、安德雷·施莱弗(Andrei Shleifer)和罗伯特·维西米(Robert Vishny)发表了一篇将“大推进”理论模型化的论文，②使得“大推进”理论得到巨大推动。下面介绍墨菲等人提出的模型框架。

“大推进”理论的核心思想是强调部门间存在溢出效应，因此，即使单个部门的工业化并不能带来盈利，但是该部门的工业化将会对其他部门产生溢出效应，从而使得其他部门的工业化盈利。将农村劳动力转移到工厂里工作，公司必须支付给这些劳动力更高的工资。但是，除非公司能够将产品销售给自己的工人之外的消费者，它才能够支付更高的工资，也就是说，其他公司也雇用农村劳动力进行生产，而且这些工人会对除自己所在公司的其他公司的产品产生需求。如果只有一家公司生产，那么这家公司的销售额不足以使其盈亏平衡。相反，如果有很多公司生产不同的产品，且都进行投资和扩张，那么它们就可以将产品销售给其他公司的工人，并在盈亏平衡的前提下，向自己的工人提供更高的工资。

我们将工人分为两类，一类是在规模报酬不变的农村部门生产，另一类是在规模报酬递增的工业部门生产。在农业部门生产的工人的效用函数为

① Nurkse R, “Problems of Capital Formation in Underdeveloped Countries”, Basil Blackwell, 1953.

② Murphy K M, Shleifer A and Vishny R W, “Industrialization and the Big Push”, *Journal of Political Economy*, 1989, 97(5): 1003-1026.

$$\exp\left[\int_0^1 \ln x(q)\mathrm{d}q\right] \tag{11.21}$$

该效用函数为柯布-道格拉斯形式的效用函数，q 代表消费品种，被定义为 $0\sim1$，$x(q)$ 代表消费量，所有消费品在支出中所占的消费份额相同。在工业部门生产的工人的效用函数为

$$\exp\left[\int_0^1 \ln x(q)\mathrm{d}q\right]-v \tag{11.22}$$

尽管工业部门的工人获得更高的工资，但他们的需求曲线的单位弹性与农业部门的工人的单位弹性相同，因此，我们可以在总收入 y 的基础上计算总需求，即当总利润和劳动收入为 y 时，总消费支出也为 y。农业部门的工人的工资设定为 1，作为参照标准。总劳动供给固定为 L。

规模报酬不变的农业部门每投入一单位劳动就获得一单位的产出，且农业部门是竞争的。相反，规模报酬递增的工业部门每投入一单位劳动就获得 $\alpha>1$ 单位的产出，但是工业部门需要 F 单位的前期固定资本投入，且工业部门是垄断的。只要在需求曲线给定的情况下，垄断的工业部门预期能够盈利，该部门就会进行生产。而当该公司进行生产时，为了避免定价过高而难以获得市场份额，其不会将商品定价高于 1，同时，由于需求是单位弹性的，所以该公司也不会将商品定价低于 1。由于所有的商品价格都为 1，所以农业部门的工资为 1，而为了使得工人在工业部门和农业部门之间就业无差异，工业部门的工资也要设定为 w

$$w=1+v>1 \tag{11.23}$$

在这个无差异的模型中，工业部门的工人获得能够使他们离开农业部门的最小工资水平，他们不能从工业化中获得额外的收入，只有工厂所有者才能够获得额外的收入。

当总收入为 y 时，工业部门工厂所有者的利润为：

$$\pi=y\left(1-\frac{1+v}{\alpha}\right)-F(1+v) \tag{11.24}$$

式中，1 是商品价格；$(1+v)/\alpha$ 是单位产品的生产成本；$F(1+v)$ 是所有者为了盈利所必须进行的投资。根据上式，为了使得模型能够符合我们的目的，工业部门的产出超过农业部门的产出必须超过两个部门支付的工资之差，即

$$\alpha-1>v \tag{11.25}$$

如果该条件无法满足，工业部门也就无法将工人从农业部门吸引到工业部门，同时能够实现收支平衡。当该条件满足时，这个模型将会有两个均衡状态，一个是工业化的均衡，另一个是非工业化的均衡。在非工业化的均衡中，没有一个公司会进行固定资本投资，进行工业化生产，因为他们担心收支难以平衡，所以所有公司在农业部门进行生产。此时，收入等于 L，也就相当于该部门劳动力获得的工资收入。在非工业化均衡中，如果工业部门所有者选择设立工厂进行工业生产，他必须支付高工资，所以他不会进行投资生产，此时

$$L\left(1-\frac{1+v}{\alpha}\right)-F(1+v)<0 \tag{11.26}$$

在工业化的均衡中，所有部门被工业化，因此，根据对称性，每个生产部门的产出为 $\alpha(L-F)$，价格为 1。由于投入只有劳动，所以所有厂商支付的工资总额为 $L(1+v)$。此时，工厂所有者获得利润必须为正，即

$$\pi=\alpha(L-F)-L(1+v)>0 \tag{11.27}$$

当上式成立时，所有公司都能预期通过许多部门的同时工业化而获得高水平的收入和销售额，这使得工业化自动成为均衡。

通过对比式(11.26)和式(11.27)可知，当式(11.25)得到满足时，总是存在 F 值能够使得两个均衡同时存在。当 F 取某些值时，经济体就能够从非工业化均衡向工业化均衡转型，也就是所有部门同时进行投资，这也是"大推进"理论的核心思想。之所以会出现多重均衡，主要是因为公司的利润和它对总需求的贡献之间的关系被打破，因为当它建设工厂进行生产，并支付工人更高的工资时，它也间接扩大市场对其他工业部门产品的需求，即使它的投资最后是亏损的。因此，公司的利润在该模型中并不是衡量它对总需求贡献的合理标准。

根据以上对平衡发展战略的叙述可知，平衡发展战略强调大规模投资的重要性和全面发展经济的必要性。为了实现平衡发展，罗森斯坦-罗丹和纳克斯都主张国家实行经济干预，制定统一的经济发展计划。这样做的原因在于市场机制在筹集资本并按一定比例配置于各个部门方面的失灵。在发展中国家，市场发育不全，市场机制作用十分有限，因而通过价格刺激使投资协调化并不能取得很好的效果。另一方面，即使市场机制有效，要在短期内筹集大量资金，在全国范围内分配，并使各部门同时全面发挥作用也是很难办到的。因此，这时只能依靠国家的宏观经济规划来平衡发展。平衡发展战略为发展中国家发展区域经济提供了一种模式，也产生了一定的影响，但从实践经验来看，发展中国家资源短缺，资本有限，因此很难实施平衡发展战略。平衡发展战略过分依赖政府的计划和干预，使得市场机制的成长得不到应有的重视，结果很可能会扭曲资源的配置，导致生产效率低下，最终依旧难以摆脱低水平发展陷阱。

（二）区域经济非平衡发展战略

区域经济平衡发展战略在 20 世纪 50 年代被当作发展中国家区域经济发展的一种模式而推广应用到经济计划策略中，但与此同时，该理论不断受到其他发展经济学家的批判，经济学家提出了区域经济非平衡发展战略。非平衡发展战略并不否认大规模投资和互补性活动扩张对促进经济发展的重要性，只是将战略的中心转移到如何集中投资于某些部门，使有限的资源得到有效的利用。1958 年，赫希曼(Albert Hirschman)在其所著的《经济发展战略》(*The Strategy of Economic Development*)①一书中指出了平衡发展战略的不可行性，并系统论述了区域发展非平衡发展战略。他认为，经济发展与其说取决于既定资源和生产要素的最优组合，不如说取决于制定经济发展目标以充分利用隐藏的和分散的资源和人力，所以发展中国家应该集中有限的资本和资源首先发展一部分产业，以此为

① Hirschman A O, "The Strategy of Economic Development", Yale University Press, 1958.

动力逐步扩大对其他产业的投资，带动其他产业发展。

赫希曼认为发展中国家经济发展面临的主要问题是，在其自身资源有限时，当投资供给既定，且存在一系列投资项目，但是投资这些项目的资源需求超过了资源供给，此时，如何选择投资项目，如何使得投资项目的效率最高，从而促进经济发展。为了解决该问题，他区分了两种形式的投资选择：替代选择和延迟选择。替代选择是关于应该选择投资项目 A 还是 B 的决策；延迟选择是关于应该排列投资项目 A 与 B 的次序的决策。赫希曼强调后一种选择的重要性，其基本思路是，优先次序必须建立在某一产业的进步对另一产业进步的效力的“比较评估”的基础上，并进而决定一个项目是否应该优先投资，是否为带动其他产业发展的关键。因此，赫希曼认为投资项目序列中的偏好应当是引致投资最大化，即能通过自身发展引致其他项目发展的投资项目。

有了引致投资最大化思想之后，赫希曼接下来提出了著名的“联系效应”理论，该理论构成了具体选择优先投资项目的基础。所谓“联系效应”，具体是指区域经济中，各个产业之间都存在某种联系，包括“后向联系”和“前向联系”。后向联系主要是指一个产业同向它提供投入的部门之间的联系，也就是为它提供中间产品的部门之间的联系，如制造业的后向联系一般是采矿业等。前向联系主要是指一个产业同购买它的产出的部门之间的联系，如制造业是采矿业的前向联系部门。一般来说，除了农产品部门、初级产品部门、最终产品生产部门之外，其余的产业都是既有后向联系部门也有前向联系部门。赫希曼认为，发展国家在制定投资次序时，应该优先考虑那些联系效应大的产业部门，因为这些产业部门最能满足实现引致投资最大化的条件。

从后来理论发展来看，赫希曼的非平衡发展战略思想成为日后关键部门选择的主要指导思想，根据已有的相关研究，关键部门识别的方法主要有传统方法和虚拟消去法。关键部门识别方法的特点是投入产出模型的运用。下面我们对传统方法和虚拟消去法进行相关介绍

1. 关键部门识别的传统方法

传统方法主要包括钱纳里和渡边经彦(Chenery H B, Watanabe T)方法和拉斯马森(Rasmussen P)方法，两种方法都是以投入产出模型为基础进行关键部门识别的。投入产出模型分为两类，分别是需求驱动的投入产出模型和供给驱动的投入产出模型。需求驱动的投入产出模型：

$$x = Ax + y \tag{11.28}$$

式中，x 是产出向量；y 是最终需求向量；A 是投入系数矩阵。

供给驱动的投入产出模型：

$$x' = x'D + v \tag{11.29}$$

式中，v 是增加值向量；D 是产出系数矩阵。钱纳里和渡边经彦做了一些先导性的关键部门识别工作，利用 A 来测算后向关联[①]：

① Chenery H B, Watanabe T, “International Comparisons of the Structure of Production”, *Econometrica*, 1958, 26(4): 487-521.

$$BL_j = \sum_{i=1}^{n} \frac{X_{ij}}{x_j} = \sum_{i=1}^{n} a_{ij} \tag{11.30}$$

利用 D 来测算前向关联：

$$FL_j = \sum_{i=1}^{n} \frac{X_{ji}}{x_j} = \sum_{i=1}^{n} d_{ji} \tag{11.31}$$

上述两个指标只考虑到部门之间的直接交易流量，所以被称为直接后向关联和直接前向关联。由于未考虑到部门之间的间接关联，所以这两项指标被用到的情况越来越少了。

拉斯马森利用里昂惕夫逆阵 $(I-A)^{-1}$ 的列和与行和来测度产业之间的后向关联和前向关联①：

$$BL_j = \sum_{i=1}^{n} b_{ij} = b_j \tag{11.32}$$

$$FL_j = \sum_{i=1}^{n} b_{ji} = b_i \tag{11.33}$$

由于考虑到部门之间的间接关联，所以拉斯马森的后向关联和前向关联被称为完全后向关联和完全前向关联。钱纳里和渡边经彦方法、拉斯马森方法都没有考虑到规模效应。有些部门尽管关联度非常大，但是该部门在国民经济中所占的份额比较小，实际上该部门对经济系统影响非常小。有两种办法可以弥补部门的规模效应。第一种办法是加权关联度法，洛马斯(Laumas P S)首先提出了加权的关联度系数。② 奎略(Cuello F A)等人提出了两种加权：α 加权和 β 加权。所谓 α 加权是以最终需求向量为权重，而 β 加权是以总产出向量为权重。③ 第二种就是下面重点介绍的虚拟消去法。

2. 关键部门识别的虚拟消去方法

虚拟消去法的中心思想是假设从经济中消去一个部门，此时每一个剩下的部门的总产出将会降低，这种原产出和降低的产出之间的差异就会反映这个被抽出的部门和剩下部门之间的关系。④ 然后再比较各个部门的虚拟消去情况，以确定关键部门。

假设里昂惕夫模型为

$$X = (I-A)^{-1} Y \tag{11.34}$$

虚拟消去了第 k 个部门，这样新模型就变为

$$X(k) = [I - A(k)]^{-1} Y(k) \tag{11.35}$$

$A(k)$删除了 A 的第k 行和第k 列的$(n-1)\times(n-1)$矩阵 $x(k)$和 $y(k)$都是$(n-1)$维的列向量。由此得到的 $x(k)$的元素小于 x 中相应的元素(x 中的第k 个元素除外)，故

① Rasmussen P, "Studies in Intersectoral Relation", North Holland, 1956.

② Laumas P S, "The Weighting Problem in Testing the Linkage Hypothesis", *Quarterly Journal of Economics*, 1976, 90(2): 308 - 312.

③ Cuello F A, Mansouri F and Hewings G J G. "The Identificaion of Structure at the Sectoral Level: a Reformulation of the Hirschman-Rasmussen Key Sector Indices", *Economic Systems Research*, 1992, 4(4): 285 - 296.

④ Strassert G, "Zur Bestimmung strategischer Sektoren mit Hilfe von Input-Output-Modellen", *Jahrbücher Für Nationalökonomie Und Statistik*, 1968, 182(3): 211 - 215.

$x(k)$的元素相加应该小于x中相应的元素的和。两者之差的大小反映了第k部门的重要程度，第k部门越重要，则两者之差越大。将k从1到n依次取1个，算出了n个结果，然后将这n个结果进行比较，两者之差最大的就是关键部门。

传统方法和虚拟消去法都缺乏一种完整的增长框架，而且是静态的分析方法，假设产品结构和最终需求不变，没有考虑需求因素和供给因素的相互作用。动态模型能够克服这些缺陷，但动态模型的数据收集和参数估计将是一个巨大的工程，这也限制了该模型的应用范围。

赫希曼将上述理论与发展中国家的实际情况相结合后，认为发展中国家应该优先发展进口替代工业，因为发展中国家的工业部门主要缺乏后向联系，即缺乏工业发展必需的某些资本品和半成品等投入。由于发展中国家的经济部门对制造品有较大的需求量，市场潜力巨大，因此前向联系并不成问题。发展进口替代工业不仅可以解决工业投入来源的问题，减少进口，节约外汇，还会受益于进口替代工业本身具有的联系效应。赫希曼还认为，发展进口替代工业的另一个好处是对国内企业家具有很大的吸引力，因为这些工业可以使国内的企业家获得较高的利润。赫希曼虽然提出了非平衡发展战略，但他并不否认平衡发展战略的重要意义。非平衡发展是从资源有效配置的角度出发，考虑经济发展的初期，如何把有限的资源分配于联系效应最大的产业中，通过这些产业的优先发展，来解决经济发展的瓶颈问题，并带动其他产业发展。当经济发展进入高级阶段时，国民经济各部门的发展就需要一定的协调，需要保持一定的平衡发展，从而保证经济更好地全面发展，这自然进入了平衡发展战略阶段。因此，非平衡发展战略是实现平衡发展这一最终目标的有效手段。

三、协调发展战略

区域经济协调发展战略是区域经济发展战略的最新成果，是对平衡发展战略与非平衡发展战略的扬弃，既保留了平衡的长期发展思路，也保留了非平衡的短期发展思路。区域经济协调发展可以从以下几个角度理解：①一是区域之间存在相互联系。这是认识区域经济协调发展内涵的基础。区域经济协调本身就是描述两个区域系统之间关系的状态，从而判定这种关系是否和谐。同时，一般来说，只有当系统包含有若干相互矛盾或相互制约的子系统时，才需要进行协调。二是区域之间经济联系日益密切。区域之间经济联系越密切，区域间经济发展的依赖性就越强，区域间的互动性也就越高。三是区域分工趋向合理。各区域的产业发展和产业结构都是建立在自身经济比较优势的基础上的，而不是无视区域分工原则，盲目追求眼前利益的结果。四是区域间经济发展存在合理的差距。区域间存在经济发展差距，且该差距有时可能还会倾向于扩大，这些现象都是正常的。但是，区域经济发展差距不应出现急剧扩大从而形成两极分化的趋势，而应尽量保持在一定的限度内，即不能影响区域经济的持续发展和社会的稳定，并且这种差距在总体上还应当逐步缩小，以实现区域之间的相对公平。

区域经济协调发展战略是对平衡和非平衡发展战略的整合，支撑平衡和非平衡发展战略的理论基础同样适用于区域经济协调发展战略。下面从区域经济协调发展战略的政

---

① 彭荣胜：《区域经济协调发展内涵的新见解》，《学术交流》，2009年第3期。

策工具层面，从实践的角度去理解区域经济协调发展。区域经济协调发展战略的政策工具大致归纳为宏观和微观经济政策工具两大类。宏观政策工具主要包括财政税收政策。微观经济政策工具主要包括劳动力再布局与资本再布局两种。

（一）宏观政策工具

公共投资是与私人投资相对应的政府投资。通常欠发达地区基础设施落后，投资条件和回报率较低且投资风险较大，所以私人投资稀缺，政府的公共投资对于改善欠发达地区的条件具有重要的影响。通过考察各国的公共投资可以看出，这些投资一般都向欠发达地区倾斜。另外，公共投资除了中央政府的财政支出以外，还包括设立专门援助欠发达地区的区域发展基金。许多发展中国家还通过直接在欠发达地区建立国有企业来帮助该地区发展。

规范和完善转移支付制度是许多国家用来缩小区际发展差距、实现各区域公共服务水平均等化的基本手段，具体措施可以归纳为以下三点：其一，提高中央财政的汲取和支配能力，保证中央财政在财政初次分配中占有较大的比重，从而使中央有足够的财力用于对地方的转移支付，以促进经济欠发达地区的发展，提高欠发达地区社会公共服务的水平，逐步缩小地区发展差距。其二，建立纵向和横向结合的转移支付制度，前者是上级政府对下级政府的拨款，后者则是保证各地方政府提供的公共服务水平基本均衡而给予的补助。最后，加大欠发达地区公共设施投入力度，缩小区域基本公共服务的差距。

税收政策作为国家对经济活动进行宏观调控的重要手段，对促进区域经济的协调发展意义重大，具体措施可以归纳为以下三点：其一，差别明显的区域性税收优惠政策。比如在流转税方面，一般对一些经济特区实行多种税收优惠政策，如对这些地区从国外进口用于生产的机器设备、原材料、零配件、交通工具等生产资料，免征工商统一税。其二，政策内容统一但政策效果不同的税收优惠政策。比如东部地区能充分利用鼓励乡镇企业发展的税收优惠政策，促进了区内乡镇企业的迅猛发展；尽管西部地区也同样适用这些优惠政策，但西部地区受观念、资金和环境的限制，并没能很好地对这些政策加以充分利用。最后，各地方政府制定的税收优惠政策。比如中国东部省市根据实际需要，在中央制定的税收优惠政策之外，运用自有财力推出地方性的税收优惠政策，支持当地发展各种经济性质的企业。

（二）微观政策工具

引导劳动力与资本再布局的政策工具在区域政策中占有主导地位。从不同发展程度的国家来看，再布局战略是有所区别的。正如前文所说，发达国家更加重视“公平”，所以再布局主要是将劳动力和资本布局到发展相对落后的地区，而发展中国家更加重视“效率”，所以更倾向于将劳动力和资本布局到具有发展潜力的地区。但这种差异不会很明显，因为理性的劳动者和资本家都会趋向于具有发展潜力的地区，所以发展中国家政府需要做的是扫清一些障碍，让劳动力和资本能够自由流动就可以实现“效率”，之后，其面对的问题便与发达国家类似，即如何使发展更加公平和协调。从实践来看，由于劳动者对区域间工资率或失业率差异的反应敏感度要弱于资本家，所以政府更加重视资本再布局战略。

劳动力再布局工具是提高劳动力在区域间流动性的措施的总和，最终目的是将劳动力诱导到边际生产率最高的经济活动中，从而提高劳动生产率。具体包含三种政策：首先，迁移政策，即诱导劳动力供给在区域间转移，也就是将问题区域的劳动力诱导到存在工作机会的区域；其次，流动政策，即诱导劳动力在问题区域内部不同岗位和产业之间转移；最后，改善劳动力市场效率政策，即政府通过建立就业信息服务网络、加强职业技能培训与再培训和在迁移目的地改善住房、学校、社交、娱乐和文化设施条件等措施，提高劳动力的流动效率，使区域工资率差与劳动生产率差相吻合。① 现实生活中，劳动力市场由于信息不完善，经常出现错配的情形，比如高技能劳动力过于集中于发达地区，同时，低技能劳动力难以融入发达地区，导致发达地区服务成本高昂，极大地提高了高技能劳动力的生活成本，但问题到这里并没有结束，因为现实中经常发生的情况是，高技能劳动力依旧停留在发达地区，而不会选择向欠发达地区流动，因为即便发达地区生活成本很高，但是收入也高，生活质量也高，而欠发达地区收入可能较高，但是生活成本较低，生活质量太差，所以如果高技能劳动力流向了欠发达地区，可能出现的情况就是净收入高了，但是生活质量下降了。这就需要政府采取适当的措施，提高欠发达地区的吸引力，建设更加完善的配套基础设施，保证高技能劳动力感到生活质量的差异可以通过净收入弥补，或者让其预期生活质量会得到显著的提升。

资本再布局工具是将生产能力从一个区域转移到另一个区域的措施的总称，主要包括所有鼓励问题区域内的内生经济活动增长的工具。具体包含三种政策：首先，财政刺激政策，包括对投入、产出与技术的补贴。对投入的补贴包括对资本、土地、建筑物、劳动力和运输费用等其他生产要素进行补贴。对产出的补贴通常是价格补贴或减税。对技术的补贴一般是对技术创新的补助与减免新技术产品税收等方面。其次，改善资本市场效率政策，主要有奖励资本流动、提供资本流动信息服务、平衡布局金融机构和限制资本市场上的歧视等。最后，管理控制政策，具体是指政府对在某些地区的资本布局或扩张征收重税、实施许可制度或干脆限制开发。② 与劳动力再布局很大的一点不同在于，资本的流动性更强，所以就更容易导致极端情况的发生，而且投资者也更容易受到错误信息的误导，做出错误的投资决策。而一旦发生这种情形，将导致该地区付出沉重的代价来恢复经济生产活动。另一方面，也正是因为资本的流动性较强，受其自身的趋利性影响，私人资本一般不会流向欠发达地区，这就不利于欠发达地区的发展，从而可能导致欠发达地区陷入循环累积的恶性循环周期。政府此时必须要对资本市场进行规范化和适当的引导，采取前述的资本再布局战略，使资本不会在发达地区过于聚集，同时又能够保证欠发达地区资本的充足供应。

区域经济协调发展战略是对区域经济平衡和非平衡发展战略的有机整合，也是对 20 世纪发展中国家所实施的区域经济发展战略的经验总结。可以用一个比喻来总结三种发展战略对区域经济发展的意义。如果将区域经济发展比作一次航行，将区域经济发展战略比喻为航海者手中的指南针，那么区域经济平衡和非平衡发展战略就分别是指南针的

---

① 张可云：《区域经济政策》，商务印书馆，2005，第 259－260 页。

② 张可云：《区域经济政策》，商务印书馆，2005，第 260－261 页。

南北两极，失去任何一方的指南针都是无法正常工作的，也很难准确地为航海者指引方向，只有整合这两个磁极才能形成完整的指南针，才能更好地为航海者指引方向，保证航行顺利推进。

第三节　中国的区域经济发展

一、区域经济发展比较分析

作为人口和占地面积均排世界前列的发展中大国，由于历史原因、自然地理以及发展禀赋等因素的影响，中国区域发展存在显著差别，以东部、中部、西部①发展差异最为显著。

这种显著差异首先体现在三大区域经济在中国经济总体中地位上。如图 11－2 所示，按照人口加权调整后的实际 GDP 计算，东部地区占中国经济的比重较大，常年维持在 50％以上。并且，在 2006 年以前，这种中心地位还在不断上升。而中、西部地区虽然幅员辽阔但其占中国经济的比重较小。然而，这种趋势在 2006 年以后发生了改变。三大区域之间的经济地位在逐渐缩小。这种缩小不仅体现在中部、西部与东部之间，中、西部之间的差异也在逐渐缩小。这种地区差异随着经济发展而先上升后下降的趋势在一定程度上符合威廉姆森的区域发展倒“U”型理论。

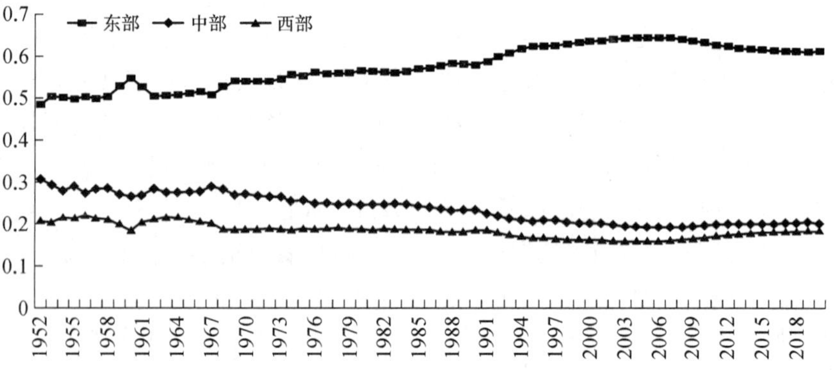

图 11－2　三大地区人口加权 GDP 占比

注：所有数据在计算过程中都是以 1952 年价格为基期，数据来源均是《中国统计年鉴》。

不仅在三大区域之间存在显著差异，各区域内部也存在一定的差异。通常用来分析序列内部差异的指标是标准误。从各区域内实际人均 GDP 增长率标准误来看（见图 11－3、表 11－1），1953 年至 2020 年，三大区域内的实际人均 GDP 增长率标准误总体呈现出下降的趋势，显示出近 70 年来，三大区域内部差异在不断缩小。但是，区域内部差异的变

① 据国家统计局网站公布的标准划分，东部地区包括北京、天津、河北、辽宁、上海、江苏、浙江、福建、山东、广东、海南，中部地区包括山西、吉林、黑龙江、安徽、江西、河南、湖北、湖南，西部地区包括内蒙古、广西、重庆、四川、贵州、云南、西藏、陕西、甘肃、青海、宁夏、新疆。

动在改革开放前后有两种不同的特征。

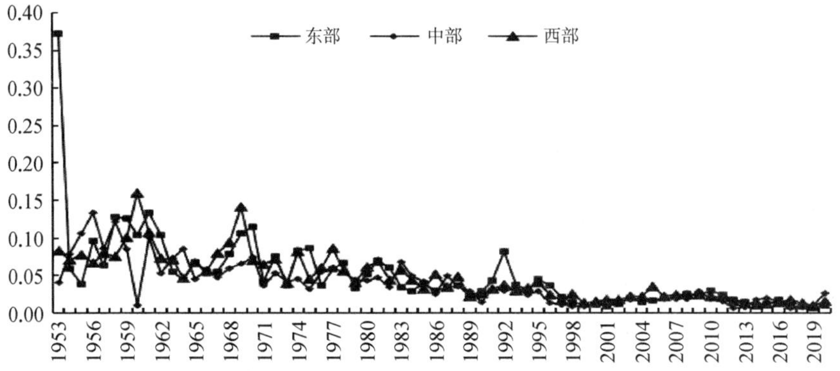

图 11－3　三大区域内部实际人均 GDP 增长率标准误

在改革开放之前，东部、中部和西部三大地区内部的实际人均 GDP 增长率标准误基本在 0.05 以上，部分年份还有较大的跳跃。这种跳跃可能与这一时期中国摇摆不定的经济发展政策相关。改革开放之后，三大地区内部的实际人均 GDP 增长标准误都未超过 0.05，并持续下降。2016—2020 年，标准误已下降至 0.01 左右。

表 11－1　三大地区实际人均 GDP 增长率标准误

年　份	东　部	中　部	西　部
1956—1965	0.09	0.08	0.08
1966—1975	0.07	0.05	0.07
1976—1985	0.05	0.05	0.05
1986—1995	0.04	0.03	0.04
1996—2005	0.02	0.01	0.02
2006—2015	0.02	0.02	0.02
2016—2020	0.01	0.01	0.01

正如上文所述，自然资源、地理位置、文化习俗等都会影响区域经济发展，但这些因素短期内难以改变，并不能完全解释短期内我国区域经济发展之间差异的变动。中国独特的中、东、西部制度安排和不断调整的区域发展战略可能对这种变动给予更深刻的解释。

二、区域经济发展战略

根据上文的数据分析，中国不同区域经济发展均具有阶段性特征，且区域经济发展战略在其中扮演重要角色。下文从区域经济发展战略的角度，进一步审视中国区域经济发展的差异。

（一）"内地导向"型区域经济发展战略时期（1949—1978 年）

新中国成立初期，面对复杂的国内外局势，战争的潜在威胁依然存在，而中国沿海地区很容易成为威胁对象，加之沿海地区聚集着大量发展资源，如果该地区陷入战争，对整个中国经济发展来说将是灾难性的。因此,以毛泽东为核心的党和国家领导人从国家安全角度出发制定了以国家安全为目标的具有平衡导向思维的区域发展战略,主要内容是利用沿海工业发展内地工业,实现内地工业的迅速发展。由于该时期,区域经济发展战略偏向于内地发展,削弱了沿海地区的发展能力,因此,我们认为该时期的战略具有“内地导向”。

“一五”规划时期,苏联援建的156项工程当中,沿海地区占1/5,内地占4/5;而整个“一五”时期,基本建设投资内地占53.3%,沿海占46.7%。紧接着,由于判断发生战争的可能性增大,因此,为了保护工业基础力量,党和国家领导人决定实施地区产业转移以及在各地区建立独立的工业体系战略,重要的国防尖端项目,按照分散、靠山、隐蔽、进洞的原则进行建设。在“三五”和“四五”时期,沿海地区的基本建设投资占全国的比例进一步下降,最低的年份东部沿海地区的基本建设投资占全国的比例不足30%,而中西部地区高达70%。而随着1972年中美建交,中国所处的国际局势有所缓解,党和国家领导人开始意识到按照经济规律进行经济建设的重要性,于是转变了以安全为导向的区域经济发展思路,逐渐将注意力转向以效率为导向的发展思路,开始将发展重点转向东部沿海地区。但受限于当时并不稳定的国际环境以及路径依赖等原因,这段时期对区域发展战略的纠正没有取得真正意义上的成功。①

综上可知,新中国成立初期到改革开放前这段时间,中国区域发展战略更多的是与外部环境有关的,发生战争的可能性促使政府将区域经济发展的重点投向了内地,转移了沿海的工业,削弱了沿海地区的发展基础,而根据比较优势原理,沿海地区更具有发展优势,因此该时期的区域发展战略违背了经济发展的效率原则,在一定程度上影响了区域发展的合理格局,这也是该时期区域经济发展产生的主要问题。该时期的发展战略也取得了一定的成就。为实现社会主义工业化,“一五”时期工业建设以重工业为主,轻工业为辅,基本形成了中国社会主义工业化的基础;“二五”时期,建立了若干具有比较完善的工业体系的经济区域;“三线建设”时期,以工业为主体,优先发展重工业,使三线地区基本上建成了门类比较齐全的工业体系,为促进中国工业布局的整体均衡打下基础。②

(二)“沿海导向”型区域经济发展战略时期(1979—1999年)

1978年改革开放之前,长期的国防备战以及阶级斗争,导致中国区域经济发展水平极为落后,有些经济指标甚至比1957年的水平还要低。在此背景下,以邓小平为核心的党和国家领导人开始将工作重心从过去的阶级斗争转移到经济建设上来,改革开放的战略便应运而生。改革开放对中国区域经济发展来说,是一个重要的转折点,标志着中国区域经济发展进入沿海导向模式。沿海地区的比较优势得到释放,经济快速发展,但随之而来的问题是区域发展非平衡的加剧,由于大部分资源都被吸引到了沿海地区,该地区所具有的“回流效应”明显,而“扩散效应”很小,从而导致内地与沿海地区的差距愈来愈突出。发现这一问题的严重性后,政府开始逐渐强调区域发展的再平衡。从整体来看,该时期的战略依然是以沿海导向为主的。

---

① 蔡之兵、张可云:《中国区域发展战略的60年历程回顾(1952—2013)》,《甘肃社会科学》,2015年第2期。

② 冷志明、张铁生:《建国六十年区域经济发展的回顾与展望》,《经济纵横》,2009年第3期。

邓小平指出，“沿海地区要加快对外开放，使这个拥有两亿人口的广大地带较快优先发展起来，从而带动内地更好地发展，这是一个事关大局的问题，内地要顾全这个大局，反过来，发展到一定的时候，又要求沿海拿出更多力量来帮助内地发展，这也是个大局，那时候沿海也要服从这个大局”。① 中国区域经济发展在这一时期大致也符合该论述。1978年以后，为了实施沿海地区优先发展战略，党和国家对该地区的发展给予了大力支持。在政策扶持方面，采取财政、税收、信贷以及投资方面向沿海地区倾斜的政策；在资源提供方面，放松资源流动限制，促进了人力资源和物力资源向该地区的流动；在对外交流方面，首先于1979年赋予广东、福建两省实行“特殊政策、灵活实施”的权力，利用两省毗邻港澳台的区位优势，使其成为加快建设带动全国其他地区的改革开放窗口，然后陆续批准设立了深圳、珠海、厦门、汕头为经济特区以及14个沿海开放城市。沿海地区所具有的先天优势得到发挥，沿海地区进入快速发展阶段。

随着沿海地区的快速成长，其与内地之间的差距却在逐步扩大，过大的差异既不利于未来的长期发展，也会导致部分资源的盲目流动，得不到充分的利用。因此，政府开始考虑实施经济发展的再平衡战略。“七五”计划提出要正确地处理东部沿海、中部、西部三大地区的关系，把东部沿海的发展同中、西部的开发很好地结合起来，做到互相支持、互相促进。“八五”计划明确指出要正确处理发挥地区优势和全国统筹规划、沿海与内地、经济发达地区与较不发达地区之间的关系，促使地区经济朝着合理分工、各展其长、优势互补、协调发展的方向前进。

根据以上对该时期发展战略的论述，改革开放到20世纪末这段时期，中国的区域经济发展战略虽然仍然受到外部条件的影响，但这个外部条件与上一时期已经完全不一样了，该时期的外部条件是指世界市场，中国在该时期努力的目的就在于与世界市场对接，充分发挥沿海地区所具有的比较优势，通过国际贸易和对外交流获得新的发展资源和理念。在该时期的前半段，以效率为导向，在该时期的后半段，则逐渐开始以效率优先，兼顾公平为导向。从后期的战略实施效果来看，战略实施效果与预期存在较大差距，区域经济发展差距问题是该阶段中国区域经济发展遗留的主要问题。

（三）“协调导向”型区域经济发展战略时期（2000年至今）

为了解决前一时期遗留的发展差距问题，政府开始强调区域经济协调发展。借鉴缪尔达尔的循环累积因果理论，前一个阶段的区域经济发展战略的重点在于激发区域经济的“回流效应”，而这一阶段的重点则是发挥区域经济的“扩散效应”。区域经济协调发展是区域经济平衡发展和非平衡发展的整合，追求一种竞争中有合作，合作中有竞争的格局。国家发展改革委宏观经济研究院国土开发与地区经济研究所课题组（2003）指出，区域经济协调的基本内涵包括五个方面：各地区的比较优势和特殊功能得到科学发挥，形成特色区域经济；各地区之间的人流、物流、资金流、信息流能够畅通，形成全国统一市场；各地区之间的城乡居民可支配购买力及基本公共服务人均差距限定在合理范围内，形成走向共同富裕的空间发展格局；各地区之间形成全面团结和互助合作的新型区域经济关系；

① 《邓小平文选（第3卷）》，人民出版社，1993，第277－278页。

各地区能够实现经济增长与人口资源环境的协调和谐发展。①

随着政府对西部经济发展的重视，区域经济协调发展战略的重要性日益凸显。"十五"计划中将"实施西部大开发战略，促进地区协调发展"专门列为一章，强调国家要推进西部大开发。进入"十一五"时期以后，促进区域协调发展，实施西部大开发，振兴东北地区等老工业基地，促进中部地区崛起，鼓励东部地区率先发展，形成东中西互动、优势互补、相互促进、共同发展的格局，这也标志着中国区域经济协调发展开始进入全面推进的时期。而在"十二五"时期，随着"四大板块、三大支撑带"的提出，中国的区域经济格局出现一种新的格局，三大支撑带把四大板块衔接起来，起到沟通东中西，平衡南北方的作用，通过这些支撑带的衔接，东部地区可以实现加速转型升级；中部形成综合的交通枢纽和制造业中心；西部基础设施更加完善、能源产业更加优化；东北实现老工业基地的振兴。②

经过上述推进过程，中国区域经济的协调发展程度得到了明显的提高，中西部地区的整体发展开始进入一个相对较快的时期，而东部沿海地区则在稳中求进，依旧保持良好的增长势头。但个别地区的区域发展的问题依旧突出，比如东北老工业基地的转型升级难，缺乏新的稳定的经济增长点，导致该地区经济增速明显下滑。为了进一步提升区域经济发展质量，"十三五"规划进一步对协调发展的内容进行扩充，强调以区域发展总体战略为基础，以"一带一路"建设、京津冀协同发展、长江经济带建设为引领，形成沿海沿江沿线经济带为主的纵向横向经济轴带，更加注重统筹协调，通过培育若干带动区域协同发展的增长极，最大限度发挥辐射带动作用，为经济保持中高速增长培育广阔的区域发展新空间。党的二十大报告进一步为促进区域协调发展做了重要部署，在地区层面，推动西部大开发形成新格局，推动东北全面振兴取得新突破，促进中部地区加快崛起，鼓励东部地区加快推进现代化。

在城市群层面，区域一体化战略成为区域经济协调发展的重要战略。目前，我国区域一体化战略以京津冀、长江经济带、粤港澳大湾区、长三角一体化等发展建设为牵引，推动东南西北不同区域的一体化。

京津冀一体化发展战略是涵盖北京、天津和河北的两市一省的区域发展战略，以首都为核心的世界级城市群为功能定位，在环境、交通、人口等方面均部署了协同发展规划。从发展历程来看，2004—2012 年，三地政府不断进行讨论和规划，形成了各方面合作发展的"纸质文件"，为日后发展提供了详细蓝图。2015 年 5 月，中央政治局审议通过《京津冀协同发展规划纲要》，表明京津冀协同发展成为国家重要发展战略，并且进入正式实践阶段。从三地定位来看，北京作为主要的产业输出地，淘汰落后产能，引导生产要素分流；天津政治经济地位仅次于北京，且区位地域优越，预计将重点受益，区域地位及重要性将获得显著提升；河北作为北方腹地，由于地域广阔，将成为北京输出人口和产能的重要承接地。从发展成就来看，根据国家统计局资料，京津冀地区创新、协调、绿色、开放和共享发展均有进展，其中共享发展成效突出。

---

① 国家发展改革委宏观经济研究院国土开发与地区经济研究所课题组，《区域经济发展的几个理论问题》，《宏观经济研究》，2003 年第 12 期。

② 姚鹏等：《中国区域经济发展格局：回顾、现状与展望》，《区域经济评论》，2015 年第 5 期。

粤港澳大湾区一体化战略是以珠江三角洲一体化为标志的区域合作组织机构与协议向香港、澳门开放的区域合作发展战略。改革开放之后，由于存在显著的要素价格差异，形成了以港澳为“前店”、内地为“后厂”的一体化产业格局。2003 年以来实施的《关于建立更紧密经贸关系的安排》《粤港合作框架协议》以及《粤澳合作框架协议》等为粤港澳大湾区一体化战略提供了坚实的制度基础。党的十九大报告明确提出将粤港澳大湾区作为重点发展区域，并于 2019 年出台《粤港澳大湾区发展规划纲要》。粤港澳大湾区作为全球第四个大湾区，其一体化建设在经济实力、要素流动、区域分工方面建立了相当的优势，在创新能力、人才吸引力和国际影响力方面取得了显著的成就。

长三角一体化战略规划范围包括上海市、江苏省、浙江省、安徽省全域。2019 年，中共中央、国务院颁布《长江三角洲区域一体化发展规划纲要》，明确了其“一极三区一高地”的战略定位，“一极”指的是全国发展强劲活跃增长极，“三区”指的是全国高质量发展样板区、率先基本实现现代化引领区、区域一体化发展示范区，“一高地”指的是新时代改革开放新高地。长三角是我国经济发展最活跃、开放程度最高、创新能力最强的区域之一，在全国经济中具有举足轻重的地位。长三角一体化发展具有极大的区域带动和示范作用，要紧扣“一体化”和“高质量”两个关键，带动整个长江经济带和华东地区发展，形成高质量发展的区域集群。

在数字经济快速发展的背景下，促进区域经济协调发展，要强化区域发展的数字化支撑，运用数字技术使各个地区获得联动发展，重构我国区域经济发展体系、拓展经济容量。长三角地区作为数字经济建设的高地，2019 年《长江三角洲区域一体化发展规划纲要》首次提出了“共同打造数字长三角”的目标。2020 年 6 月，沪苏浙皖经信部门签约了“打造数字经济发展高地”，意在推进长三角地区数字经济一体化发展，包括推进数字经济重大创新平台建设，超前部署“新基建”，深化工业互联网一体化示范区建设，推动数据开放共享和场景应用，开展车联网集成创新和合作等。2021 年 7 月，广东出台全国首份促进数据要素市场化配置方案，其中特别指出建设粤港澳大湾区大数据中心，以此推动粤东西北地区与粤港澳大湾区数据要素高效有序流通共享。2022 年 3 月 25 日，国务院发布《关于加快建设全国统一大市场的意见》，指出要加快数据要素流通，通过数据要素统一市场的建设，打造区域要素一体化发展优势，推动区域经济一体化发展。

本章小结

对于发展中国家来说，如何实现区域经济的持续、稳定和协调发展，是增强国际竞争力和谋求本国经济长期增长的重要主题。区域经济发展理论十分丰富，包括增长极理论、循环累积因果理论、区域发展的倒“U”理论、核心—边缘理论、产业集群理论和新经济地理学模型等。

随着对区域经济发展理解的深入，区域经济发展战略也在不断演变。从最初的平衡和非平衡发展战略，逐渐转向协调发展战略。平衡和非平衡发展战略从各自的角度提供推动区域经济发展的措施，忽视了对方的价值，而协调发展战略则是平衡与非平衡发展战略的综合，既强调区域经济非平衡发展的一面，也重视区域经济平衡发展的一面，从而为发展中国家提供了一个更完整的区域经济发展战略。

中国作为世界上经济总量最大的发展中国家，其内部不同区域之间的经济发展存在显著差异。通过对其区域经济发展进行比较分析和阶段回顾，发现区域非平衡发展战略是发展中国家早期应该重点关注的战略，而在经济步入快速发展阶段，且区域经济发展差距逐渐拉大时，则需要重点关注平衡发展战略，推动经济趋向更平衡的方向发展。随着中国经济步入高质量发展阶段，未来中国将重点推进区域经济协调发展战略。

本章思考题

1. 一个区域的经济增长主要是由哪些因素决定的？
2. 新经济地理经济学在区域经济发展理论方面取得了哪些突破？
3. 比较分析平衡、非平衡与协调区域发展战略的异同。

第四篇　全球化与发展

第十二章　全球化、开放经济与国家竞争优势

在世界经济发展的历史长河中，1492 年，意大利探险家哥伦布发现美洲大陆，人类的足迹可以跨越欧亚大陆和美洲大陆，标志着人类开启了全球化时代的序幕。16 世纪大航海时代以来的 500 年，是全球化和帝国更迭的历史，欧美诸国粉墨登场，从荷兰取代伊比利亚诸国(葡萄牙、西班牙、意大利)，到英国取代荷兰，再到美国取代英国，轮流担当全球化的主角。尽管世界上有一些反全球化的呼声，但全球化进程仍在持续推进。因此，发展中国家需要深入研究如何采取有效的对外开放战略，发挥自身的比较优势，通过自身竞争力的提升来追随或适应全球化的发展潮流。

第一节　全球化与经济发展

一、全球化的界定

全球化是一个复杂且动态的现象，因而界定全球化也相对困难。马丁·沃尔夫(Martin Wolf)认为，全球化的本质是"通过市场整合经济活动"，其驱动力就是技术和政策变迁，它们降低了运输和交流成本，同时催生了经济活动对市场力量的更大依赖。[①] 该定义强调了经济全球化在全球化中的重要意义。

事实上，全球化还会影响工资、收入分配、失业以及贫困等问题，具有重大的社会和政治影响。因此，全球化还可以看作一种社会和政治现象。这一点上，罗德里克(Rodrick)有更为深刻的见解，他认为全球化对民主的形成有重要的深远意义，不能在追求民主和国家自主的同时追求经济全球化。民主国家有保护自己国家社会制度的权利，当这种权利和世界经济的要求发生冲突时，世界经济要让步。由此，给民主国家更多的自主权能使全球经济基础更加稳固，发展更健康。求同存异是全球化的精华所在，全球化应当是充满智慧的全球化，而不是最大限度地全球化。[②]

经济学家们倾向于从较窄的外延上定义全球化，或者说定义经济全球化的标准更严格。杰弗里·威廉森认为，经济全球化发端于 1820 年，其标志是国际贸易中大宗商品的

① Wolf M, "Why globalization works", Yale University Press, 2004.

② [美]丹尼·罗德里克:《全球化的悖论》，廖丽华译，中国人民大学出版社，2011，第 10 页。

价格在全球市场上比较接近。① 约瑟夫·斯蒂格利茨把经济全球化界定为"通过扩大商品和服务、资本甚至劳动力的流动而促进世界各国之间更紧密的经济互动"。② 综合多种定义,可以揭示出全球化的主要内涵。

首先,各国市场和各地区性市场的一体化是全球化的核心内容。资本、技术和信息通过形成单一全球市场并在某种程度上形成地球村的方式,实现跨越国家疆界的一体化。完全一体化的全球市场的特点是商品、服务和资本、劳动力、技术等生产要素的国际性流动完全没有障碍,从这一意义上可以将全球化定义为"国际套利成本的减少"。显然,市场一体化是一个过程,各国和各地区卷入一体化程度显然是不同的。从这一角度来看,全球化的进程会受到某些人或某些集团行动的影响,可以通过某种政治行动将其扭转或者使其放慢。这一说法强调了全球化只是一种经济现象,但也并不低估经济全球化在政治、文化领域的各种后果,只是将这些后果放在次要地位。

其次,全球化是一种进化过程,是一个由诸多过程构成的巨大而多面的复合体,牵涉到人类生活的各个方面。这一观点主要由一些社会学家、人类学家、历史学家和文化研究专家提出。从这一视角看,全球化是一种社会过程,某种程度的全球化总是在发生着,它通过各种帝国的扩张、掠夺性的和贸易上的远洋探险、宗教思想的传播等一波一波地推进。在全球化的作用下,对社会安排和文化安排的地理制约因素消失,而且人们越来越意识到它们正在消失。当把全球化与现代化联系在一起时,全球化似乎具有不可逆转性,其不断向前推进的趋势谁也不能驾驭或者制止。

再次,全球化不仅是一种事实,它也包含了人类的意识内容。也就是说,作为一个概念的全球化,既指世界的压缩,又指世界是一个整体的意识或者说"全球意识"的增强。个体将参照整个世界而不再是参照世界的一部分(地区或国家)来说明自己的现实世界。不仅在传播媒介和消费偏好这样的现象中可以体会到人们趣味的全球化,也可以从"世界秩序"的意义上重新定义政治、军事问题;从某种"国际性衰退"中定义经济问题;从"世界性"产品的意义上定义营销问题;从普适主义的意义上定义宗教问题;从人权的意义上定义公民资格问题;从"拯救地球"的意义上定义污染和净化问题;等等。

二、全球化的重要议题

集中考察全球化中的内容,则可以发现全球化在经济、政治、文化等层面对全球经济体产生影响。这些影响自然成了人们研究的重要议题。

(一) 全球化与经济增长

全球化如何影响经济增长?关于内生增长的现代文献提供了有助于阐明全球化和经济增长的一些工具和模型。首先,民族和文化的融合促进了知识的跨国流动。国外的思想可能有助于发明新产品、改进现有产品或以较低成本生产商品。其次,通过国际贸易整合产品市场,为那些发明或改进产品的人提供了一个更大的潜在市场,即使这使他们面临来自外国竞争对手的额外竞争,也可以在该市场上获得回报。创新的激励可能会随着整

① Williamson J G, "Globalization, Convergence, and History", *Journal of Economic History*, 1996, 56(2): 277-306.

② Stiglitz J E, "Making Globalization Work", London: Penguin Books, 2006, 4.

合而增强或减弱，这取决于规模效应或竞争效应是否更强大。第三，世界市场的一体化对投入价格和相对产出价格具有一般均衡影响。这些价格变化会影响创新成本以及工业研究替代方向的相对吸引力。最后，国际互动不仅影响创造新知识的动机，而且影响技术传播的动机，对生产力增长具有类似的影响。许多作者已经研究了这些机制中的一种或多种如何在某些特定的经济环境中运作。①

（二）全球化与国际贸易发展

国际贸易和全球化的因果关系很难说清楚。究竟是人对各种形式贸易的深层冲动推动了全球化还是全球化的发展推动了国际贸易的大发展，这似乎没有定论，可能天生贸易和全球化就是互为一体的。在一些重要的全球化指数编制过程中（如 KOF 全球化指数），国际贸易就是更重要的二级指标。国际贸易和全球化将遥远的市场联系在一起，提高了国家和个人的经济福利。除了经济逻辑，自由贸易和全球化还与稳定和平的国际关系相关联，因为它提高了冲突和战争的机会成本。尽管国际贸易对全球经济福利至关重要，全球化进程也在持续推进，但国际贸易中断可能发生，并可能导致经济和政治冲突。今天的全球经济活动以分散生产为特征，在一定程度上稳定了贸易并使其免受保护主义压力的影响，但当自由贸易依赖于政府政策或国际体系中的特定权力分配（如霸权）时，它很容易受到国家利益转移和权力分配变化的影响。全球化除了和贸易稳定性密切相关以外，全球化也大幅提高了国际贸易。② 二战结束以后，国际贸易总量和规模不断扩大。今天的贸易水平是前所未有的，一个广泛而深入的贸易关系网络的运作创造了全球市场发挥功能的条件，其在国内的影响已超出贸易部门而涉及整个经济领域。制度化的区域经济贸易组织已经发展起来，它们已强化了自由贸易的趋势——像世贸组织的发展所表明的那样。在贸易量迅速增大的同时，贸易结构也在发生深刻的变化。过去那种西方发达国家主要出口工业制成品、进口原料，经济落后国家主要出口初级产品、进口工业制成品的状况正在改变。国际贸易的种类、范围也在不断扩大，不仅包括商品贸易，还包括技术贸易、服务贸易、劳务贸易，尤其是服务贸易的领域在迅速发展。正如世界贸易组织总干事鲁杰罗于 1996 年 5 月 10 日在斯德哥尔摩发表讲话时说的“经济全球化是被贸易发展推着走的一列高速火车”。

（三）全球价值链与全球生产网络

当代经济全球化是消费全球化和生产全球化的综合体。与所有市场一样，全球市场分别由供需、生产和消费两股力量组成。在当代经济全球化之前，世界只经历过需求和消费全球化的时期。从 19 世纪开始，信息技术、运输技术和关税壁垒等技术进步和贸易政策的变化使得跨地区生产成为可能，组织上分散和空间分散的生产网络构成了一种新的经济结构形式，成为全球经济增长的一种新的长期结构，日益推动复杂的全球经济。从贸易的角度来看，全球贸易的新特征就是全球中间产品贸易现在超过了最终产品和资本品的贸易，因为越来越多的零部件被交易，用于随后的国际生产和贸易。现有研究从全球商

---

① Grossman G M, Helpman E, “Globalization and growth”, *American Economic Review*, 2015, 105(5): 100 - 104.

② Maswood S J, “Revisiting globalization and the rise of global production networks”, Springer, 2017.

品链(GCC)、全球价值链(GVC)和全球生产网络(GPN)来描述和研究这种全球生产结构。全球商品链(GCC)方法的倡导者关注在整个全球经济中生产特定服务和商品所涉及的治理过程,而全球价值链(GVC)和全球生产网络(GPN)方法的倡导者从产品价值的角度来看参与这些过程的关键经济参与者。全球生产网络(GPN)是一种组织安排,由相互关联的经济和非经济参与者组成,由全球领先公司协调,并在多个地理位置为全球市场生产商品或服务。其中,领先公司是核心和必要的先决条件,以及由于经济活动联系在一起的多个地点。①

(四) 全球化和农业发展

全球化不但塑造了农业生产的性质,而且改变了农产品供给和食品加工。全球化与所谓的生产主义农业(Productivist Agriculture)的兴起密切相关。生产主义作为全球化的产物和塑造者,兼具集约化、集中化和专业化的特征。集约化是指资本替代劳动力,更多地依赖机械化、生产过程自动化和生物技术进步的应用。集中化意味着更少但更大的农业单位以及更多的农产品销售给食品加工业。这伴随着对合同农业的日益依赖,即通过买方(批发商、加工商、零售商)和农民之间的协议进行农业生产。个体农场的专业化得到加强,主要是通过奖励标准化产出的大规模生产,这些产出可以在本地和全球范围内轻松加工并运往市场。它还促进了农产品转化为更广泛的食品和制造系统的投入。然而在20世纪后期,由于传统农业景观退化,资本充足的大型生产者越来越多地与环境问题联系在一起,诸如水体富营养化、水土流失、食品质量等。生产主义农业受到了一定的批评和抵制,后生产主义开始出现。后生产主义强调环境价值,包括新的农业环境政策倡议,以及倡导小规模、生态友好、可持续的农业,主要满足当地和区域消费者的需求。全球化还必须克服高收入(和一些中等收入)国家的农业保护和补贴。保护往往会压低国际价格并降低农民的收入,这可能会对发展中国家日益加剧的贫困产生重大影响。数据显示,尽管农业和贸易政策约占所有商品贸易扭曲的全球福利成本的70%,但农业部门仅占全球贸易的6%和全球GDP的3%。②

(五) 全球化和移民

长期以来,移民一直是一种应对机制:一种逃避自然灾害、粮食不安全、贫困、压迫和暴力的方式。无论迁移是单独发生还是成群发生,或者是否移民被"推"或"拉",这个过程提供了东道国和母国之间的重要联系。在所有推动移民的众多因素之中,最重要和最强大的因素是社会网络,密集的同族网络不仅可以提供有关经济机会的信息,还可以作为社会安全网,有助于降低与移民相关的风险。更重要的是,这些社交网络还提供有关目的地政治环境的信息,如劳动力市场进入的便利性和获得公民身份的机会。因此,社交网络通过信息传播和降低与迁移到未知国家相关的交易成本,促进了移民从本国向东道国的流动。移民不仅改变了货物流动,还影响了国际证券投资和外国直接投资的模式。侨民网络是促进跨境贸易和投资的重要力量,因为它们促进母国和东道国之间增进了解,导致对

① Coe N M, Yeung H W C, "Global production networks: Theorizing economic development in an interconnected world", Oxford University Press, 2015.

② Robinson G M, "Globalization of agriculture", *Annual Review of Resource Economics*, 2018, 10: 133-160.

特定国家的商品和投资的更大偏好。侨民网络还可以通过两种方式减少高度不确定的国际商品和资本市场中的信息不对称。首先，它们可以为交易员和投资者提供有关其祖国的重要信息，如消费者口味，这些信息会影响投资决策。其次，它们可以分享有关降低跨境贸易和投资相关交易成本的贸易和投资机会、法规和程序以及海关的知识。贸易和投资并不是对同种族网络做出反应的唯一资本流动，有研究表明移民是推动全球对外经济援助分配的关键因素之一。①

（六）市场经济体制的全球化

经济全球化是以市场经济体制的全球化为基础的。西方发达国家实行市场经济已有几百年的历史，二战后相继取得民族独立的发展中国家也有一部分选择了市场经济体制。到20世纪80年代末90年代初的大规模体制转型，宣告了“两个平行市场”时代的结束。市场经济原则在全球范围内得到普遍认同和确立，包括中国在内的许多发展中国家也开始从计划经济或混合经济向市场经济过渡，这使得世界上在市场经济条件下生活的人口由25%一下子骤增到90%以上，世界市场得到统一。正如1992年联合国原秘书长加利在联合国日致辞中说的：“第一个真正的全球化时代已经到来。”目前，市场经济体制已成为不同制度和不同层次国家的共同体制，真正形成了世界性的日趋统一的市场，从而为经济全球化奠定了制度性基础。

三、全球化对发展中国家的影响

全球化的浪潮对发展中国家是福还是祸？虽然对这一问题的关注是从20世纪90年代开始的，但围绕开放利弊这一核心问题的讨论早就进行了。关于开放的争论经历了好几个回合，持续了数百年。根据古典自由贸易理论，开放对双方（或多方）都是有好处的，不应存在争论与分歧。但是二战以后，发展中国家基本上对开放（特别是出口）持悲观态度。进口替代战略在战后20年中较为盛行。但实践证明进口替代战略并不成功，相反，亚洲四小龙的崛起又掀起一股强调出口导向的国际潮流。如今，主流的观点基本倾向于认为：在满足一定条件下，开放能够促进经济增长。全球化对于发展中国家来说，是一把“双刃剑”。

（一）全球化对发展中国家的正面效应

全球化有利于发展中国家在世界范围内进行资源配置。一国经济运行的效率总是要受到本国资源和市场的限制，通过对外贸易，国内市场可以扩大到世界范围；通过对外直接投资，可以在全球范围内进行资源配置；通过国际市场，可以获得本国稀缺的生产要素等。可见，对于发展中国家而言，全球化的最大好处是有利于摆脱所受到的生产要素和市场的限制，加速生产要素在全球范围内自由流动和优化配置，促进生产力快速增长。目前，关于贸易全球化效应的大量研究文献也表明，除了一小部分对贸易开放持怀疑态度外，基本上支持贸易开放能够促进经济增长。

全球化促使发展中国家更加开放，加速世界性产业结构的调整。全球化使各国在经

---

① Leblang D, Peters M E, “Immigration and Globalization(and Deglobalization)”, *Annual Review of Political Science*, 2022, 25: 377 - 399.

济上更加接近，相互依存、相互渗透，促进了国际分工进一步深化，全球性生产专业化与协作的国际分工新体系在跨国公司中得到集中体现。在经济全球化的过程中，国际直接投资和技术转让这两个方面的相互作用和相互促进，导致世界性产业结构不断得到调整和升级。在这一过程中，发展中国家可以通过引进发达国家的资金和先进技术，借鉴发达国家的先进管理经验，加快国内产业结构的调整，加速实现工业化和现代化的进程。

全球化为发展中国家提供了新的经济增长契机。全球化加剧世界市场竞争，迫使发展中国家采取更加开放的政策，改变经济结构，实行外向型经济政策。全球化为一些经济基础较好、政策得当的发展中国家利用外资和全球市场，发挥后发优势，追赶发达国家提供了一个难得的历史机遇，也为一些最不发达国家利用科技扩散和产业结构转移，消除贫困，摆脱不发达创造了条件。

从企业层面看，全球化给国内企业带来了外国公司的竞争，国内企业与外国公司之间的纵向和横向联系可以提高国内企业的创新水平和生产率。萨顿(Sutton)认为，企业的竞争力不仅取决于生产率，还与产品的质量相关。企业生产率和产品质量共同决定了企业的能力。当国内企业度过国外企业竞争的震荡期后，①国内企业将通过各种调整来提高自身能力。这一过程将受到跨国企业通过供应链向发展中国家企业垂直转移能力的影响。东欧的“中间群体”国家，以及中国和印度，最有可能成为当前全球化的最大受益者，主要不是因为贸易自由化本身，而是因为作为外国直接投资自由化和能力转移一揽子计划中的一部分所带来的良性动力。除能力垂直转移外，国内公司还可以通过接触更先进的实践和技术而引发创新。当然，全球化带来的产品市场竞争本身也会促进现有公司进行创新。竞争通过为有效的生产组织提供激励、对成本施加下行压力和激励创新来促进经济发展，但这具有异质性。在集中性程度较高的市场中，大公司是进步的最强大引擎，也是最有可能进行创新的，因为它们更容易从发明活动中获得回报。产品市场竞争减少了引发创新的垄断租金，更有利于大公司创新。竞争对企业或行业创新意愿的影响还取决于它们的效率水平(技术)。特别是，竞争有望刺激有效前沿附近企业的创新，同时它阻碍了远离前沿公司的创新。②

(二) 全球化对发展中国家的负面效应

全球化增加了发展中国家经济活动的风险。随着全球经济和金融一体化的发展，各国市场之间相互关联和相互作用的机制不断加强，国际竞争加剧，国际投机增多，国际风险增加，经济运行速度加快，金融创新工具增多。这增加了发展中国家政府实行宏观经济调控政策的难度，为国际投机者在国际经济活动中，尤其在国际金融市场上兴风作浪提供了机会。西方国家的经济萧条会直接影响发展中国家的出口，一国的金融危机会迅速蔓延到区内其他国家，并对整个世界经济构成不利的影响。1994 年、1995 年的墨西哥金融危机，1997 年的泰国金融危机和 1998 年的日本货币贬值都是这种现象的典型反映。保

① 震荡期也被称为贸易自由化和外国公司进入的重新分配效应。有关关注重新分配效应的理论和实证论文，分别参阅 Marc J Melitz(2003) 和 Nina Pavcnik(2002)。这些工作表明，全球化可以通过调整外延边际(低效率企业的退出)而不是集约边际(现有企业的生产率提高)来提高总生产率。

② Gorodnichenko Y, Svejnar J, Terrell K, “Globalization and innovation in emerging markets”, *American Economic Journal*: *Macroeconomics*, 2010, 2(2): 194 - 226.

罗·科利尔(Collier)指出，当非洲国家进行资本市场一体化时，包括高估汇率在内的此类政策失败，会导致大量资本外流。他估计尼日利亚有1 070亿美元的私人财富在海外持有，这个数字是国内资本存量的三倍。IMF在《金融全球化对发展中国家的影响》的研究报告中表明，贸易开放对经济的好处是比较确定的，但金融开放却不确定。正因为如此，IMF似乎也不像以前那样急于在发展中国家推行资本账户自由化了。

全球化加强了发展中国家与发达国家的贸易争端。全球化在促进各国市场更加开放的同时，加剧了世界市场的竞争。因为全球化的过程本身是充满尖锐矛盾和冲突的过程，各国和各种集团之间的利益和矛盾在特定条件下是难以调和的，往往引发不断的争斗。随着贸易保护主义的重新抬头，发展中国家与发达国家的贸易争端也会步步升级。

全球化进一步加剧了国家之间及国家内部的贫富分化。参与全球化的各国，由于经济实力不同而所得相差悬殊。对许多前殖民地国家来说，由于受到诸如腐败等内部缺陷以及贸易限制的影响，发展是一场长期的斗争。在东亚，除了个别经济体以外，这些国家很难缩小它们与先进工业国之间的差距。发达国家及其跨国公司受益最大，发展中国家尤其是最不发达国家所得并不多，可能更趋边缘化。经验层面的证据支持了这种观点。汤普森和罗维尼(Thompson & Reuveny)发现全球化对缩小南北差距没有积极影响。根据他们的定量和纵向研究，从19世纪末到21世纪初，北方(发达)和南方(发展中)国家集团的人均总收入之间并没有趋同，除了20世纪30年代和第二次世界大战后的某些短时期。这种短时期内的趋同是北方人均收入急剧下降而不是南方经济发展水平突然提高的结果。总体来看，收入差距呈现分化趋势。1870年，北方国家的实际人均GDP是南方国家的3.52倍，但到2003年，这一差距扩大到5.94倍。全球化不仅会使穷国和富国的差距继续拉大，还会导致发展中国家内部贫富差距的扩大。努尔丁和鲁德拉(Nooruddin & Rudra)指出，发展中国家经常通过创造或扩大公共部门就业来增强国内群体对贸易自由政策的支持。这些政策只能使城市中心的“特权穷人”，而不是绝大多数贫困公民受益。他们指出，发展中国家常常对穷人的需求反应迟钝，然后采取补偿策略，这些策略不成比例地有利于商业利益和历史上强大的工人群体，这些工人群体由于新自由主义经济改革而正在经历越来越多的经济不安全感。

全球化可能会影响到发展中国家的主权。全球化在本质上是跨越国界的无国界经济逐渐发展的过程。它要求国家减少干预，甚至交出部分经济决策权，由全球协调和仲裁机构去实行。随着全球化的深化，有些经济活动绕过国界直接进行，使某些国家的经济主权形同虚设，也将在不同程度上冲击发展中国家的主权，制约民族工业的兴起。同时，在经济全球化的情况下，各国似乎已经将更多的主权权利让给了企业部门。企业部门是GPN传播的驱动力，全球化进程削弱了国家管理新兴全球经济甚至本国经济的能力。对于全球化经济，没有平行的权力结构来规范它，这种缺位是一个日益严重的问题，它带来的是对发展中国家管理本国经济的能力的侵蚀。

全球化对发展中国家的结构转型产生了不良影响。全球化的批评者指出，在国际货币基金组织或世界银行的压力下，过早的和强制的自由化产生了去工业化和经济逆转的不良后果。乔莫和阿尔尼姆(Jomo & Arnim)估计，由于自由化的影响，一些依赖石油的非洲国家，制造业占GDP的比重从1970—1979年的21%下降到2000—2006年的

5%左右。

全球化还破坏了发展中国家长期建立的制度，如民主。尽管有观点认为全球化可以通过传染效应、增长和财富创造效应促进威权国家民主转型，且被认为是民主化的先决条件；全球化倡导的自由市场原则和经济赋权也会在政治层面提出对类似赋权和民主的要求；但引起更多担忧的是全球化削弱了发展中国家的民主进程，各种多边机构中未经选举产生的全球技术官僚或在非正式和政治真空中运作的私人行为者的治理不具代表性。这就是全球化对国家层面的民主赤字负责的论点。经济全球化可能已经超越了治理结构和民主问责制，这是一个为了维护民主政治而值得关注的问题。

总之，随着全球化趋势的发展，在世界经济一体化背景下发展中国家面临的新问题将会更加普遍。与传统的发展经济学研究相比，当代的发展研究将不得不付出更多的努力，在开放模型的基础上确定国际资本流动、移民和技术转让的影响。但是，在全球化是否有益于贫穷国家及其在各个国家内是否有益于穷人的问题上，还会有更多的争议。

第二节　开放经济与经济绩效

一、自由贸易理论

在经济学说史上，最早有关对外贸易的理论或常识都出自重商学派的著作。重商主义者认为，贸易的吸引力在于它提供了国际收支顺差的机会。出口是一件好事，因为它促进了工业发展，并引起贵重金属黄金和白银的流入（重商主义认为金银即是财富）。进口却是一种负担，因为它减少了对国内工业品的需求，并且使金银流失。重商主义者的政策建议是，出口与生产应由国家保护和补贴以便加以鼓励，而进口则应由保护主义的措施加以限制，特别是那些具有战略意义的工业部门。

重商主义者的这些观点并非是毫无道理的。当国内生产供给大于其需求时（这是资本主义国家经常出现的一个严重的经济问题），增加出口或减少进口的作用是显而易见的。外贸顺差，由于金银流入而引起较多的货币供给，对于经济增长所引起的作用有时也是很重要的。重商主义者的主要理论缺陷是其结论仅在某些情况下而不是在一般意义上是正确的。

对外贸易的要旨是由亚当·斯密在其力作《国富论》中所开创和建立起来的。斯密用非常简洁和直观的理论证明，两国之间的自愿交换将会给双方都带来利益。他认为，当两个国家集中生产它们享有绝对利益的商品，即集中生产其成本绝对低于另一个国家的那些商品，然后进行相互间的交换，则两国同它们不进行贸易时相比较，能够消费更多的商品，得到更多更大量的财富。这就是国际贸易理论中的所谓绝对利益学说。

大卫·李嘉图以斯密的理论分析为基础，提出了不同于绝对利益学说的另一个重要的国际贸易理论，即比较利益学说。该学说认为，一个国家应该集中生产那些同其他商品相比较消耗最少的商品，即不一定具有绝对成本优势但却具有相对成本优势的产品。李嘉图认为，按照比较利益原则进行国际分工协作生产和发展贸易，不但可以使任何国家不受其资源条件的限制，消费自己所不生产或不能生产的产品，而且可以使全世界的产出量达到最高水平。

20 世纪，瑞典经济学家赫克谢尔和俄林提出了国际贸易的资源禀赋学说。这一学说是发展了的比较利益学说的复杂形式。该学说认为，不同的商品生产要求不同的要素比例，而不同的国家在生产要素的供给上存在不同的条件，由于各国生产要素供给的禀赋不同，生产要素的相对价格就不相同。由此得出的结论是：对于任何国家来说，都应输出在生产中需要较多的该国资源丰富的生产要素的商品，输入在生产中需要较少的该国资源稀缺的生产要素的商品，充分利用国际贸易之便，扬长避短。

亚当·斯密、李嘉图、俄林等主流学派的经济学家极力宣扬自由贸易对世界经济发展的好处。他们认为自由贸易可以带来以下好处：第一，自由贸易会促进国内的经济增长。由于贸易可以使一个国家超过生产可能性边界去获取资本和消费品，以较低价格得到在本国稀缺而昂贵的原料、其他新产品以及技术知识等，从而为工业生产的持续而范围扩大的增长创造有利的条件。第二，自由贸易降低商品的价格，而且使各国有更广阔的消费选择范围，可以增加消费者福利。第三，在一个开放的贸易体系中，一个国家进口它以相对高成本才能生产的商品，出口它以相对低成本生产的商品，资源从低生产率部门转移到高生产率部门，可以获得利益，并使得消费和投资水平提高，而且进口竞争趋向于提高国内生产者的生产效率。第四，按照要素禀赋理论，出口将倾向于提高丰裕、便宜的生产要素的报酬，而进口则会降低昂贵、稀缺生产要素的报酬。由于在自由贸易的情况下，丰裕要素比稀缺要素享有的贸易利益的比重大，因而自由贸易会使收入分配不均的状况有所改善。因此，传统的国际贸易论者积极主张，为了促进经济发展，各国应当积极地参加国际贸易，采取外向的政策，撤销贸易壁垒并完全开放国际商品和劳务市场。

传统的国际贸易理论对于指导发展中国家利用自然资源、劳动资源丰裕且价格低的比较优势发展出口生产是有借鉴意义的。但决不像比较利益理论所说的那样美妙动人。很明显，发展中国家按照比较利益原则进行国际分工和贸易，很难取得同发达国家一样的贸易利益，甚至贸易条件和国际收支状况恶化所造成的损失，远远超过资源更有效配置所获得的任何利益。

二、中心—外围假说

中心—外围假说是 20 世纪 50 年代时任联合国拉丁美洲和加勒比地区经济委员会主任的阿根廷经济学家普雷维什(Prebisch)提出来的。它的理论和经验基础是基于普雷维什-辛格原理(Prebisch-Singer Thesis)。通过研究长期历史数据，辛格和普雷维什分别于 1950 年发现，初级产品的贸易条件(即初级产品相对于工业品的价格)在长期是恶化的。普雷维什综合了自己和辛格的研究成果，在其著作《拉丁美洲的发展及其首要问题》里系统地阐述了中心—外围假说。①

根据这个假说，世界被分成“中心”和“外围”两个部分，前者由工业化的发达国家组成，后者则是广大的欠发达国家。中心国家主要生产工业品，外围国家主要为中心国家提

① Prebisch R, “The Economic Development of Latin America and Its Principal Problems”, United Nations, 1995.

供原材料和其他初级产品。根据一般经济学原理,发达国家的技术进步将降低其产品,主要是工业品的相对价格,从而,外围国家(发展中国家)的贸易条件应该得到改善。比如,假设中心国家生产钢铁,外围国家生产可可,如果钢铁产业的劳动生产率提高,那么钢铁相对于可可的价格就会下降,因此发展中国家出口可可的贸易条件就会改善。也就是说,中心国家的技术进步应该具有涓流效应,最终使得外围国家得益。但是,根据普雷维什-辛格原理,发达国家的技术进步不但没有改善发展中国家的贸易条件,反而使之恶化,中心国家和外围国家的劳动力收入差距越来越大。由于普雷维什的巨大影响力,中心—外围假说很快就成为关于第三世界发展的主导学说,在政策层面上,则体现在进口替代政策在20世纪50年代和60年代的盛行。

然而,中心—外围假说只有在特定条件下成立:如果发达国家的技术进步以水平技术进步为主导,则发展中国家的贸易条件可能不发生变化,从而两类国家的工资差距拉大。因为在现实中,发达国家的技术进步多为水平的技术进步,即产品种类的增加。譬如,一个国家原本生产收音机,现在生产电视机;原本生产晶体管的电视机,现在生产电子管的电视机。新产品总能给厂家带来垄断地位,即别人不能生产,只有我能生产,这样,新产品的价格就可以定得较高,从而使得发达国家全部产品的平均价格不下降,发展中国家的贸易条件不变,甚至恶化。要改变这种情况,发展中国家就必须加大对技术创新的投入,使自身的技术进步速度超过发达国家。那些成功实现赶超的国家或地区,在它们高速增长时期,无不实现了这个目标。但是,不同于中心—外围假说所提供的政策建议,这些国家或地区实现高速进步的时期,都是它们实现出口导向政策的时期。中心—外围假说提出了很好的问题,但是,它低估了发展中国家在开放经济条件下的增长潜力及其吸收新技术的能力,因而它的政策建议过于悲观。

三、开放经济与经济发展

《新帕尔格雷夫经济学大辞典》将开放经济解释为拥有国际贸易与国际金融的经济。我们可以从四个层次来理解开放经济的含义:一是参与国际贸易的经济;二是自由外贸的经济;三是拥有国际贸易和国际金融的经济;四是生产、交换、分配、消费国际化的经济。客观地讲,当代世界各国推行的都是开放经济,差别仅仅在于各国经济开放程度的不同。总的来说,各国经济的开放度呈现不断提高的趋势。对外贸易在开放经济中占有重要的地位。大多数发展经济学家认为对外贸易是经济发展的动力。

(1) 促进经济发展的乘数效应。对外贸易对经济增长产生乘数效应,可以利用外贸乘数来表示。当出口扩大所增加的收入既用于消费又用于储蓄,既用于购买本国产品又用于购买进口商品时,

$$\text{外贸乘数}(k)=\frac{1}{\dfrac{\Delta m}{\Delta y}+\dfrac{\Delta s}{\Delta y}}=\frac{\Delta y}{\Delta m+\Delta s}$$

式中,Δy 为国民收入增加量;Δm 为进口增量;$\frac{\Delta m}{\Delta y}$ 为边际进口倾向;Δs 为储蓄增量;$\frac{\Delta s}{\Delta y}$ 为边际储蓄倾向。

(2) 学习先进国家的经验。发展中国家在与发达国家的对外贸易活动中，不但可以通过引进发达国家的先进设备和技术来促进生产方式的变革，而且可以通过广泛吸纳发达国家先进的思想观念、科学文化以及政治经济制度上的长处等来改变发展中国家的落后思想，克服制度缺陷等。

(3) 促进经济结构调整。发展中国家初期经济结构的特点是以农业为主，工业、外贸、服务业比重较小。发展对外贸易可以推动工业、外贸等部门的成长，从而改变传统的产业结构和产品结构，进而使传统的以农产品、初级产品出口为主的外贸结构得到改善。同时，以农为主的就业结构也可得到相应改变，工业、服务业的就业比重明显上升。

(4) 平衡国际收支。发展中国家增加出口来缓解国内市场商品和劳务过剩的压力，并取得相应的外汇收入，满足从国外进口机器设备、原材料、中间品或其他消费品。发展中国家通过扩大出口换取外汇正好可以用来弥补贸易逆差，平衡国际收支。

四、中国的对外开放战略

中国对外开放的历史悠久。早在2 000多年前的汉朝就开始与西域交往，开辟了著名的丝绸之路。在7至13世纪中国唐宋的鼎盛时期，中国更是对外交往频繁。盛唐时期，中国对外商路有7条，敦煌、长安皆为国际开放城市和贸易中心。宋朝的海上航路空前发达，泉州、广州、扬州均是名扬天下的贸易港口。15世纪中国明代初期，航海家郑和七下西洋，最远到达了非洲的东海岸，带去中国的茶叶、丝绸和瓷器，比哥伦布、达·伽马远航早了近一个世纪。但郑和下西洋之后，中国却开始故步自封，限制乃至放弃海上活动，采取了“片舨不得出海”的政策，从而失去了一系列的重大发展机遇。19世纪初中期，在运用外交手段与清王朝建立更广泛、更直接联系的努力接连受挫后，西方列强诉诸武力，发动一系列对华战争，用坚船利炮砸碎了中国天下一统的格局思想，将中国强行纳入一个强迫性的自由贸易体系之中。自此，中国经历了从天下一统格局向现代意义上的民族国家的转变，即从“中国之世界”向“世界之中国”的转变。①

在40多年的对外开放中，中国根据国内外形势变化适时采取扩大对外开放的战略步骤，从政策性开放走向制度性开放，从策略性开放到战略性开放，逐步建立起互利共赢、多元平衡、安全高效的开放型经济体系，全方位、多层次、宽领域的开放特色愈见明显，致力于建立陆海内外联动、东西双向互济的开放格局，开放型经济新体制愈加成熟，对外开放水平不断提高。其基本措施主要有：① 吸引外资，鼓励或引导外资投向劳动密集型产业以创造大量就业机会；② 鼓励出口，以低成本劳动密集型产品参与国际市场竞争，以获取支付进口先进技术和机器设备的外汇；③ 采取各种保护贸易的政策和措施(如关税、配额等手段)保护本国的产业和市场，以逐步培育本国经济的国际竞争力。这一战略之所以取得了突出的成效，一方面得益于清晰有序的开放思路，另一方面则得益于不断调整的开放策略。

20世纪80年代以来，中国对外开放战略的总体思路是：第一，扩大对外开放的地理区域。在开放初期，只设立了深圳一个经济特区，后来又陆续设立了珠海、汕头、厦门、海南4个经济特区，并将大连、青岛、宁波等14个沿海城市开放，之后又开辟了长三角、珠三

① 门洪华：《中国对外开放战略(1978—2018)》，上海人民出版社，2018。

角和闽东南地区作为沿海经济开放区。90年代，中国逐步形成了沿海、沿边、沿江和内陆相结合的多层次、多渠道、全方位的对外开放的格局。第二，外贸体制的自由化。外贸体制自由化的一个核心改革点就是破除外贸体制的垄断，包括汇率制度改革、取消专营外贸体制、制定新的产品定价原则、关税和非关税壁垒体系的构建等。第三，扩大对外开放的形式。在继续扩大进出口贸易的同时，开展对外技术交流，发展国际劳务合作，积极发展国际旅游业等。第四，参与多层次、多形式的国际分工。第五，实行替代进口与出口导向相结合的综合战略。第六，积极利用外资。外商直接投资，将产业能力、工作机会和出口市场转移到中国，在中国经济腾飞过程中发挥了重要作用。

从中国对外开放战略的特色和成功经验来看，主要有以下几方面的做法：

(1) 主动开放。

所谓主动开放，就是指中国在对外开放步骤的安排、开放时序的把握、开放程度的拿捏上，都是由自己决定的，开放的主动权始终由中国政府所掌握，避免了外来势力的干预和国际经济的冲击。

(2) 渐进式开放。

渐进式开放主要表现在地域和产业等方面。在地理区域上，从经济特区、经济技术开发区、沿海经济开放区，到开放沿边和沿江地区、内陆省区以及西部大开发，再到全国范围内的开放。在产业领域上，从中国产业竞争力较强的制造业到产业竞争力较弱的农业、服务业，从加工工业向基础产业、基础设施和金融、保险、商业等领域推进。同时，与产业开放顺序相对应的是由贸易开放到金融开放。1996年，中国实行了经常项目可兑换，而控制资本项目可兑换。到2002年，中国开始实施合格境外机构投资者制度(即QFII)，外国资本方可进入中国资本市场。这些措施都有效积累了经验，降低了风险。

(3) 政策性开放。

我国的开放具有明显的政策性开放的特点。一是地区政策倾斜。中央政府在外贸权限、外资审批和外汇留成比例方面，赋予经济特区、开放城市、开放区不同等级的优惠政策，实行差别待遇。二是采取包括减免税收、降低地价等各种优惠措施鼓励外商来华投资，给予外资企业以“超国民待遇”。

(4) 制度性开放。

制度性开放是聚焦规则、规制、管理、标准等制度层面的开放。制度性开放就是主动对标和对接国际先进的市场规则，在清理国内不合理、不相容的法律法规基础上，进一步形成与国际贸易和投资通行规则相衔接的、规范透明的基本制度体系和监管模式。近年来，中国自贸试验区充分发挥先行先试作用，制定实施对接高水平经贸规则，取得了一系列制度性开放成果。2013年，上海设立了第一个自贸试验区，目前已扩容至21个。截至2021年，已向全国复制推广278项制度创新成果。2018年，海南自贸港建设以来，已经推出120多项制度创新成果。此外，中国积极推进加入全面与进步跨太平洋伙伴关系协定(CPTPP)和数字经济伙伴关系协定(DEPA)，正努力向高标准自贸协定的目标迈进。

(5) 有保护的开放。

事实上，中国的开放中有保护，但保护程度在逐步下降。如果用关税率的下降来衡量贸易开放的程度，可以看出，中国的贸易开放是逐步推进的。中国总体关税水平，由1992

年的 42.1%逐步下降到 2002 年的 12%，2014 年，中国的总体关税水平已经下降到 9.8%。需要指出的是，中国的贸易保护是结构性的，即不同行业关税率的差别是较大的。贸易保护除了关税外，还有非关税贸易限制。

(6) 以改革为基础的开放。

中国的改革与开放一直是齐头并进的，没有一系列相配套的改革，开放的推进特别是开放收益的获得是不可想象的。外贸管理体制改革打通了与国际的壁垒；企业改革提高了微观治理水平；政府机构改革提高了宏观治理能力。

改革开放以来，我国形成了全方位、宽领域、多层次的开放经济格局。2012 年，我国进出口贸易总额首次超过美国，跃居全球第一。2014 年，我国吸收外资规模达 1 196 亿美元(不含银行、证券、保险领域)，外资流入量首次超过美国成为全球第一。当前，中国进入高质量发展阶段，要素禀赋与 40 年前相比发生了根本变化，经济规模、贸易规模、资金跨国流动规模等均居世界前列。国际经济政治环境也发生了很大变化，中国与发达经济体的关系从互补合作为主转变为互补与竞争合作并存。全球金融危机深层次影响在较长时期内依然存在，世界经济在深度调整中曲折复苏，全球经济贸易增长乏力，贸易保护主义抬头，全球治理体系深刻变革，世界政治经济环境复杂多变。中国经济深度融入世界经济，促使中国开放经济发展迈上一个新台阶。① 双向市场开放取得有效突破。随着海外资金、先进技术和智力大量引进，国内企业海外投资扩大，中国企业深度融入全球价值链、产业链、供应链，奠定了我国中高端产业发展的基础。② 营商环境明显改善，外商投资便利度提升。近年来，中国外贸"放服"改革持续推进，出口退税进度不断加快，贸易便利化协定全面落实，跨境贸易便利化水平不断提升。世界银行《营商环境报告》显示，中国营商环境全球排名从 2018 年至 2020 年跃升了近 50 位，从全球第 78 位升至第 31 位，连续多年成为全球优化营商环境改善幅度最大的十大经济体之　。③ 金融业双向开放水平不断提高。2014 年以来，我国资本市场对外开放明显提速，沪港通和深港通正式启动，并逐渐取消总额度限制，银行间债券市场不断开放，债券通上线加速债券市场对外开放，QFII 和 RQFII 的资产配置不断放宽直至取消。随着对外开放程度扩大，国际指数不断向 A 股伸出"橄榄枝"，明晟(MSCI)、富时罗素、标普道琼斯三大国际指数公司先后将 ASS 纳入其全球指数体系，并相继提高纳入因子。截至 2020 年年末，国际指数纳入的公司数量已占 AK 上市公司总数的近三分之一。人民币国际化已取得重要进展。国际货币基金组织(IMF)数据显示，2021 年第二季度，人民币在全球外汇储备中占比为 2.6%，相比于 2016 年第四季度人民币加入特别提款权(SDR)篮子时上升了 1.5%。④ 大力实施"一带一路"倡议。共建"一带一路"，从理念到行动，从愿景到现实，从夯基垒台到落地生根，从"大写意"到"工笔画"，成为当今世界规模最大的国际合作平台、最受欢迎的全球公共产品。在各方共同努力下，"六廊六路多国多港"的合作格局基本成型，一大批互联互通项目成功落地，中欧班列、陆海新通道等大通道建设成效显著，跨国经济走廊合作日益深化，铁路、港口、公路、管网等基础设施项目合作稳步推进，经贸合作园区建设不断取得积极进展，"数字丝绸之路""冰上丝绸之路""空中丝绸之路"等一条条新型纽带多元联动，共建"一带一路"框架下合作的广度和深度不断加大。⑤ 积极参与全球经济治理和公共产品供给，促使我国在全球经济治理中的制度性话语权不断提高，在实现全球经济平衡、经济增长稳定、金融安全等方面发挥重要作用。在全球化的当今世界，中国必须始终注重贸易、投资和金融的有效平衡，严守系统性和区域性金融风险的底线，持续增强经济“硬实力”和文化“软实力”。⑥ 制度型开放加快推进。2013 年，中国推出自贸试验区第一张外商投资准入负面清单，限制措施从最初的 190 项缩减至如今的 27 项。2016 年，自贸试验区的负面清单推广至全国，限制措施也由最初的 93 项减到 31 项。2020 年，中国实施了新的《外商投资法》，开启了一个新的外商投资管理体制。2021 年，中国在海南推出了第一张跨境服务贸易负面清单，制度型开放水平不断提高。

第三节　国家竞争优势

持续演进的国际贸易理论不仅探究了贸易存在和扩大的原因，还深入分析了贸易的利益与损失问题，研究了贸易推动发展中国家实现发展目标的作用机制。其核心问题是，发展中国家如何在全球化的背景下实现比较优势进而获得竞争优势。

一、比较优势的理论与挑战

长期以来，指导国际分工，从而说明国际贸易的基本理论是比较利益理论。围绕各个国家进行国际分工的标准，19 世纪的大卫・李嘉图提出比较成本，赫克歇尔在 1919 年、俄林在 1933 年提出资源禀赋，都从不同角度深化了对这一问题的认识。

比较成本理论是由李嘉图提出的，核心思想是不同国家生产不同产品存在劳动生产率差异或成本差异，各国分工生产各自具有相对优势（劳动生产率较高或成本较低）的产品，尽管一个国家（一般是落后国家）具有相对优势的产品的成本可能会高于另一国家（一般是发达国家）不具有相对优势的同一产品的成本，只要这些产品的劳动成本相对于其贸易伙伴而言，其比例并不完全相同，那么该国就能通过专业化生产相对成本较低的产品而从贸易中获利。李嘉图的理论考虑的主要是劳动成本，即以单要素相对成本的高低决定贸易和分工的模式，并没有考虑其他要素对生产成本的影响。

资源禀赋学说是指，各个国家的资源禀赋存在差异，有的劳动资源丰富，有的自然资源丰富，有的资本资源丰富，各个国家分工生产使用本国最丰富的生产要素的产品，经过国际贸易，各国获得最大的福利。按照赫克歇尔-俄林理论（简称 H－O 理论），一国在密集使用其相对丰富的要素的产品生产方面具有比较优势，因此，在参与国际贸易和国际分工时，该国应该专业化生产密集使用其相对丰富的要素的产品。

比较利益结构的核心是一国产业的比较优势。各个国家按照比较利益原则加入国际分工，从而形成对外贸易的比较利益结构。在人们的观念中，发展中国家缺乏资本和技术，而拥有自然资源和劳动力资源丰富且便宜的优势，发达国家则具有资本和技术资源丰富的优势。因此，比较利益的贸易格局是：发达国家进口劳动密集型和自然资源密集型产品，出口资本和技术密集型产品；发展中国家则进口资本和技术密集型产品，出口劳动密集型产品。

早在 20 世纪 50 年代初，诺贝尔经济学奖得主里昂惕夫就以美国为例对俄林等人提出的“资源禀赋说”提出了挑战。根据他的投入产出模型，美国作为资本和技术充裕的发达国家，本应进口劳动密集型产品，出口资本密集型产品，而事实恰恰相反，于是在国际经济学界提出所谓的“里昂惕夫之谜”。对这个谜，经济学家有各种各样的解释。有一点已非常明确，这就是劳动密集型产品和资本密集型产品主要不是用产品本身来区分的，而是用投入要素来区分的。就是说，同样一种产品，在发展中国家可能是以密集的劳动生产的，在发达国家可能是以密集的资本生产的。就像服装、鞋帽、玩具、食品之类，就产品来说，看来是劳动密集型产品，而在许多发达国家可能是资本密集的，或者说在这些国家，虽然也要用到较多的劳动，但这些劳动也是由较多的资本结合进生产过程的，因而可能有更高的劳动生产率。

国际贸易理论的深化不断地对比较成本理论提出挑战，一些学者提出，在劳动密集型产品市场上，面对发达国家资本对劳动的替代，发展中国家的劳动密集型产品并不具有竞争优势。而且，虽然发展中国家劳动密集型产品因其工资低而劳动成本较低，但发达国家面对国内充分就业的压力，会以各种壁垒阻碍廉价的劳动密集型产品进入。这势必又出现比较利益“陷阱”：在劳动密集型产品和技术密集型产品的贸易中，以劳动密集型和自然资源密集型产品出口为主的国家总是处于不利地位。

随着全球经济一体化的发展，获得比较优势的假定条件已经改变。生产要素、资源可以在国际流动；自然资源可以被改良、再造，也可以被新材料所替代；劳动力的技能和素质的提高，又可克服劳动力数量不足的矛盾。因此，除了一部分原料生产国，特别是石油输出国外，大部分发展中国家所具有的自然资源和劳动力资源的比较优势，在国际竞争中已不具有垄断优势。以本国拥有的资源的相对优势来确定自己的国际贸易结构，虽然能获得贸易利益，但不能缩短自己与发达国家的经济差距。因此，在新的国际经济的背景下，国际竞争新格局决定了发展中国家不得不依据自己的经济发展水平调整自己在国际分工中的比较利益结构。

二、全球化时代的比较优势

是不是全球化的到来消除了比较优势理论的作用，否定了发展中国家的对外开放政策？大量的事实表明并非如此。如果考虑到发明与创新的因素，从动态的角度来考察比较优势在国家间的变化，就可以发现，全球化将比较优势推向了更高的层面，其基本内涵并未发生改变。

首先，一些国家的部分传统比较优势确实在丧失。在全球化时代，生产要素不再是固定不变，而是可以更加容易地在全球范围内流动，不仅商品是可贸易的，许多服务业变得可以贸易了。发达国家的一些优势领域和工作岗位面临猛烈的冲击。对发展中国家而言，可怕的不是被继续“锁定”在自然资源密集型和劳动密集型产品上，而是在全球化条件下这部分传统优势将不复存在。对于这些变化，发展中国家应该具有清醒的认识，因为全球化带来的竞争和机会同样巨大，固守传统的产业和产品并不容易。

其次，新的市场、新的分工会提供更多的比较优势。全球化带来的更重要变化是市场的扩大和技术创新的加速。更多的人口进入国际市场意味着需求的显著增长，这就对人们从事复杂工作和使用专门技术的能力提出了更高的要求。事实上，世界上生产资源密集型产品的工作岗位有可能是有限的，但生产知识密集型产品的工作岗位却是无穷无尽的。因为知识密集型产品的特点是，市场越大，产品的销量就越大；市场越大，细分程度就越高。例如，提供咨询服务或金融服务、提供音乐产品，或电脑软件，或市场管理、工程设计、研制新兴药品等都可以在全球市场里同时提供给每一个人。随着世界经济的扩大，随着服务部门的工作越来越复杂，将会出现更多的新产品、更多的细分市场，同时更多的人的收入将会提高，从而有能力购买这些产品。每当进入一个新的领域时，某个国家或地区就会获得比较优势，直到下一次创新来临。

最后，发展中国家和发达国家都不断地沿着产业链向上移动，获得新领域的比较优势。全球化并没有改变比较优势，只是推动了静态的比较优势向动态递进。当发展中国家沿着产业链向上移动，并开始制造那些曾经是发达国家所具有的比较优势产品即知识密集型产品时，发达国家在一些领域的相对优势无疑会减少，但发达国家可以转换到更新的产业领域去。虽然一开始，相对简单的工作由发展中国家来完成，更多的复杂工作由发达国家来完成，但当越来越多的创新来自发展中国家，每个国家就会在产业链的各阶段找到自己的专长。发展中国家生活水平的需求越高，就会导致多样化产品市场的形成，促进各种专业化领域的出现，进一步推动对产业链顶端领域的开拓。但这一过程的前提是发展中国家必须不断提高自己国民的受教育程度，提高其劳动力的技能水平。

迈耶形象地将比较优势转移的现象称为“爬梯”，他指出，随着经济的发展，一国就像在比较优势的梯子上向上前进一样（见图 12－1）。从开始时出口资源密集型商品，进而出口非熟练劳动密集型商品，再出口熟练劳动密集型商品、资本密集型商品，最后出口知识密集型商品。在比较优势梯子的最低级，是基本生产要素占统治地位的李嘉图型商品和俄林型商品，它们以自然的比较优势为基础。在梯子的最高级，则是先进要素占统治地位的商品。为了创造这种类型产品生产的比较优势，一国必须对人力资本和物质资本以及知识产权进行较长期的投资。而且这类产品大多受规模经济的制约，其市场具有不完全竞争的特性，其生产的比较优势是一种创造的比较优势。这类产品也称为波特型产品和克鲁格曼型产品。

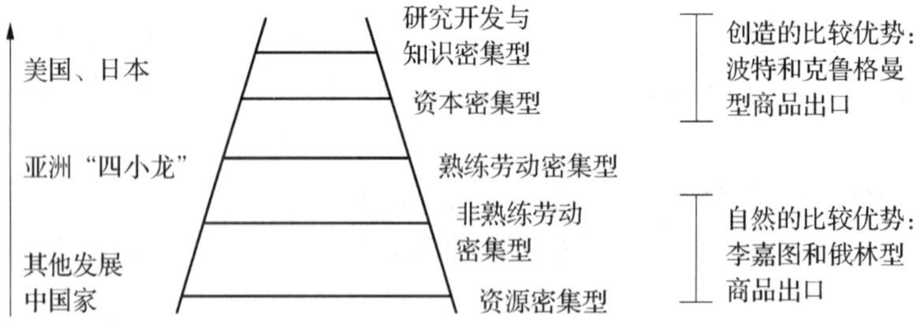

图 12－1　梯子与比较优势转移

三、从比较优势到竞争优势

上述分析表明，发展中国家在参与全球化进程中，不仅是为了通过发挥比较优势来实现互通有无和经济收益，而且要借助于全球化的竞争和学习，实现产业链的转移和比较优势的演进，通过开放经济发展培植国际竞争优势。

根据一些经济发展较快的发展中国家和地区的经验，如亚洲四小龙，创造竞争优势涉及两个方面的问题。一方面是贸易结构导向的转变，过去参加国际竞争主要是依据自身的供给条件，以资源禀赋为导向，现在则是以国际市场需求为导向。另一方面是有效地进行由比较优势到竞争优势的转化工作。各个竞争国通过争先采用新技术，以新技术产品打进国际市场。尽管这些国家和地区出口的产品仍是劳动密集型产品居多，但是这些产品包含了更多的新技术含量，因而有明显的竞争优势。全球化赋予了那些明智者把低成本劳动和高技术结合起来的能力。这种结合对发达国家构成了真正的挑战。

劳动力资源丰富的优势不会直接成为国际贸易的优势。它要成为国际贸易的竞争优势必须有个转换过程。转换的关键是将高新技术，包括从国外引进的高技术与丰富的劳动力资源结合，从而产生真正的比较竞争优势。如果将引进国外生产要素结合进来考虑，那应该是指，将引进的国外资金、国外先进技术，同发展中国家丰富而廉价的劳动结合，生产在国际市场上有竞争力的产品。这时的比较优势就在于，同是高技术产品，但在发展中国家生产的劳动成本含量比在其他国家生产的低，具有价格竞争优势。例如，来料加工和来件装配等形式的加工贸易，以及吸引国外著名公司到发展中国家建立生产具有较高国际竞争力的产品的企业，是利用发展中国家丰富的劳动力资源，并使之成为国际竞争优势的重要途径。当然，仅仅将低成本劳动和高技术结合在一起形成竞争优势还是不够的，在这一过程中，还需要具有高度的革新和创造能力以及解决自身问题的能力。

四、后发优势理论：蛙跳模型

全球化时代发展中国家和地区仍然存在多层次性和多样性，发展中国家和地区发挥后发优势的条件不同，在追赶先发国家的竞赛中不可能同时到达终点。后发优势理论是：后起国家在推动工业化方面的特殊有利条件，这一条件在先发国家是不存在的，是与其经济的相对落后性共生的，是来自落后本身的优势。后发展是相对于先发展而言的，因而后发优势涉及的主要是时间纬度，至于国家之间在人口规模、资源禀赋、国土面积等方面的差别则不属于后发优势范畴，而与传统的比较优势相关。这些理论对于发展中国家实施追赶战略具有启发意义。在经济全球化条件下，随着商品、劳务和资本的国际流动规模的迅速扩大，生产要素的全球配置将凸显发展中国家在自然资源、劳动力成本低廉等方面的比较优势，从而使更多的投资从发达国家流入发展中国家，发展中国家确实具有一定的后发优势。但是，由于发展中国家的经济、政治、社会发展状况以及其他各种内外条件差异很大，不同后发国家的后发优势是有很大差异的。这就意味着在全球化时代，不存在可以同时适用于所有发展中国家和地区的单一发展理论，这是对发展理论的重大挑战。①

1993 年，伯利兹(Brezis)、保罗·克鲁格曼(Krugman)和齐东(Tsiddon)在总结发展中国家成功发展经验的基础上，提出了基于后发优势的技术发展的“蛙跳”模型。② 该模型研究了国与国之间为什么会发生技术领导权的转移，它解释了落后国家超常规的发展和赶超先进国家的现象。该模型表明，后发国家的后发优势不局限于跟随性的模仿创新，

---

① 高波：《全球化时代的经济发展理论创新》，《南京大学学报(哲学·人文科学·社会科学版)》，2013 年第 1 期。

② Brezis E, Krugman P, Tsiddon D, “Leap-frogging in International Competition: A Theory of Cycles in National Technological Leadership”, *American Economic Review*, 1993, 83(5): 1211 - 1219.

在一定条件下后发国家可以直接进入高科技领域,抢占经济发展的制高点,在某些领域或产业超过先发国家。比如18世纪英国超过荷兰,19世纪末美国和德国超过英国。

(一) 模型的基本框架

假设世界由两类国家构成,一类是发达国家,一类是发展中国家。存在两种产品,一种是技术停滞产品,一种是技术先进的制造品,劳动是唯一的生产要素,并假定两类国家具有相等的劳动力。假定食品部门有不变规模收益,且两类国家的劳动生产率一样。在不失一般性的情况下,令食品部门的劳动生产率为1,则两国食品的产出分别为

$$Q_F = L_F \tag{12.1}$$

$$Q_F^* = L_F^* \tag{12.2}$$

式中,L_F,L_F^* 分别表示发达国家和发展中国家食品生产的就业。

令 $Q_i(T)$,$Q_i^*(T)$ 分别表示发达国家和发展中国家 t 时 i 代制造品的产出率

$$Q_i(T) = A_i[K_i(T)]L_i \tag{12.3}$$

$$Q_i^*(T) = A_i[K_i^*(T)]L_i^* \tag{12.4}$$

式中,$K_i(T) = \int_{-\infty}^{T} Q_i(t)\mathrm{d}t$;$K_i^*(T) = \int_{-\infty}^{T} Q_i^*(T)\mathrm{d}t$。

假定 $A' > 0$,$A'' < 0$,即存在正的学习效应,但随着每一代技术的不断成熟,学习具有递减收益。

假定两国具有相同的柯布-道格拉斯效用函数:

$$U = C_M^u C_F^{1-u} \tag{12.5}$$

式中,C_M,C_F 分别是制造业和食品的总消费,并假定制造业的份额大于0.5。

(二) 均衡

1. 短期均衡

假定一国具有较高的制造业生产率,而两国在食品生产上的生产率相同。一般而言,发达国家一开始具有较高的生产率,即 $A_1 > A_1^*$,令 E 表示世界支出,μ 是用于制造品的支出份额,$1-\mu$ 是用于食品的支出份额,因此有

$$wL = \mu E \tag{12.6}$$

$$w^* L = (1-\mu)E \tag{12.7}$$

式中,w,w^* 分别是发达国家和发展中国家的名义工资。

$$w/w^* = \mu/(1-\mu) \tag{12.8}$$

在这种情形中,会形成"完全专业化"均衡吗?克鲁格曼等人指出,完全专业化的条件(相对工资率 A_i/A_i^*)并不满足,因而发展中国家也会生产某些制造品,且相对工资为

$$w/w^* = A_i/A_i^* \tag{12.9}$$

这会形成一个"部门专业化"均衡。以食品(进而发展中国家的劳动)为单位,则可得世界收入为

$$Y=(w/w^{*}+1)L \tag{12.10}$$

而世界食品支出则等于发展中国家食品生产中的劳动力，即

$$L_F^{*}=(1-\mu)L(A_i/A_i^{*}+1) \tag{12.11}$$

由此可见，这一模式预见了完全和部分专业化之间的交替。首先考虑完全专业化均衡，在这种情形中，相对工资为 $\mu/1-\mu$，则以食品计的制造品价格为

$$p_M/p_F=1/A_i^{*} \tag{12.12}$$

而两国的实际工资率分别为

$$w=\gamma A_i^{u}[\mu/(1-\mu)]^{1-\mu} \tag{12.13}$$

$$w^{*}=\gamma[(1-\mu)A_i/\mu]^{\mu} \tag{12.14}$$

$$\gamma=\mu^{\mu}(1-\mu)^{1-\mu} \tag{12.15}$$

在部门专业化均衡中，相对工资是 A_i/A_i^{*}，则以食品计的制造品价格为

$$p_M/p_F=1/A_i^{*} \tag{12.16}$$

而两国的实际工资率为

$$w=\gamma A_i(A_i^{*})^{-(1-\mu)} \tag{12.17}$$

$$w^{*}=\gamma(A_i^{*})\mu \tag{12.18}$$

假定发达国家在制造业初始具有超过 $\mu/(1-\mu)$ 的生产力优势，因此，初始均衡是完全专业化均衡，即发达国家专业化于制造品生产，而发展中国家则专业化于食品生产。

2. 动态均衡

给定假定的专业化初始形式，发达国家将稳定地扩大其对发展中国家的生产力优势。由于整个发达国家的劳动力 L 投入制造品的生产，因此专业化形式就会锁定。从而有

$$\dot{A}_1/A_1=A'_1L \tag{12.19}$$

因此，发达国家的生产率会随时间变化不断上升，而发展中国家的生产率则保持不变。然而，给定 $A(\cdot)$ 的形状的假定，则发达国家的生产率、增长率会随时间变化不断下降。

在这一整个时期，相对工资取决于方程 $w/w^{*}=\mu/(1-\mu)$。因此，尽管发达国家在制造业上的生产率不断增长，相对工资仍然保持不变。相反，生产率的上升会在制造业的相对价格下降中得到反映。

（三）经济发展中的“蛙跳”

为了产生“蛙跳”，必须引入一种新的技术，称之为技术二。假定新技术比旧技术更好，它能取得更高的生产率。然而，又假定对发达国家而言，旧技术有广泛的生产经验，但新技术却没有，因而新技术一开始处于劣势。即在时期 T_2 引入新技术

$$A_2(0)<A_1[K_1(T_2)] \tag{12.20}$$

因此，发达国家的个人生产者就没有采纳新技术的刺激，而发展中国家则处在不同的状况，因为它们支付低工资且在旧技术中缺乏生产经验。因此，只要满足如下条件，则发

展中国家引入新技术就是有利可图的，即

$$A_2(0)/A_1[K_1(T_2)] > (1-\mu)/\mu \tag{12.21}$$

新技术的引入会迅速对专业化形式产生影响，使其从完全专业化转向部分专业化。发达国家的工资率 (w/w^*) 从 $\mu/(1-\mu)$ 下降到 A_1/A_2^*，此时，发展中国家开始生产制造品。

现在要假定的是，新技术的函数 $A(\cdot)$ 在早期阶段充分陡，已有的技术函数的斜率充分平滑，而且此时发展中国家的生产率增长迅速。在发展中国家的相对生产率上升时期，发展中国家食品业的就业方程为

$$L_F^* = (1-\mu)L(A_1/A_2^* + 1) \tag{12.22}$$

因为 A_2^* 相对 A_1 会上升，只要 A_1/A_2^* 保持大于 1，发展中国家食品业就业就会稳定下降。然而，发达国家仍会专业化于制造业。

在这个转型时期，发展中国家相对工资会稳定上升，因为制造业生产率的上升不仅导致较高的产出，而且会改善贸易条件

$$w^* = \gamma(A_2^*)^{\mu} \tag{12.23}$$

然而，与此同时，发展中国家的生产率的相对上升却会导致发达国家的贸易条件恶化，并可能导致其实际工资下降

$$w = \gamma A_1(A_2^*)^{\mu-1} \tag{12.24}$$

在某点，发展中国家的制造业生产率可能超过原先的发达国家。在该点一定存在贸易形式的剧烈转变：发展中国家现在完全专业化于制造业，而发达国家则专业化于某些食品以及制造业的生产。

为什么发展中国家的生产率现在超过了发达国家？这是因为发展中国家已采用优势生产技术并最终获得了优势技术的生产经验，而发达国家则没有。最终，如果新技术充分领先旧技术，即如果 $A_2^*/A_1 > \mu/(1-\mu)$，则就会产生完全专业化，初始条件也会发生逆转。在这次逆转后，发达国家只生产食品，而发展中国家则生产制造品。

在完全专业化时期，领先国家有 $\mu/(1-\mu)$ 倍于落后国家的工资率。当存在一个重大技术变化时，这一工资优势就会突然减少，接着被进一步蚕食，最终则逆转过来。该阶段又成为下一次重大技术突破的前奏，新一轮蛙跳启动。

蛙跳模型认为，后发国可以通过学习迅速赶上原来的领先国。领先国在旧技术上有学习效应，旧技术的生产率比新技术初始时高，因此会选择继续沿用旧技术。而后发国由于劳动力成本较低，会选择新技术，从而在未来取得技术优势。后发国家很可能在获得这样的技术优势后，像青蛙跳跃一样超过领先国。蛙跳模型认为国家兴衰的原因是由于技术变迁的特点，发展中国家具有后发优势，先进国家的技术水平可能会因为技术惯性而被锁定在某一范围内小幅度的变化。在这种情况下，后发国家就可能超过原来的先进国家，这就是“蛙跳”过程。因为巨大的技术突破会从根本上改变原有技术的性质，而这种技术突破往往发生在后发国家。企业追求短期利益会导致国家技术发展的“短视效应”，长期来看是不利的。因此，国家鼓励技术进步的产业政策是极为重要的。

蛙跳模型的理论框架论证了先进与后进、发达与不发达并不是一成不变的，后发国家通过更好地把握新技术、机会，有可能赶上甚至超过原先的先进国家。这样的论证无疑具有重要的意义，为发展中国家谋求和维持经济增长展现了希望的前景。当然，蛙跳并不是必然的。该模型提出了蛙跳产生的条件：第一，发达国家与发展中国家之间的工资成本差距悬殊；第二，新技术产生之初，相对于旧技术缺乏效率；第三，在旧技术中积累的生产经验对新技术用处不大；第四，新技术具有最终能够带来巨大的生产力提高的潜力。显然，在大规模的产业革命中，上述条件可能具备，而这恰恰是后发国家实现蛙跳的契机。

五、全球化时代对外开放战略的转变

发展中国家要根据所处的发展阶段和国际市场条件选择对外开放战略，发展阶段决定了本土所具有的资源禀赋和比较优势；国际市场条件则决定了进口或出口的获利性和可行性。在全球化时代，单一地采取进口替代战略或出口导向战略都不能够获得竞争优势，必须把握和利用全球化带来的发展机遇，结合本国的独特国情和优势，实施对外开放战略，推动经济发展。在全球化背景下，发展中国家在对外开放战略上应实现三个方面的转变：

（1）确立开放经济的战略目标，努力推动贸易和投资自由化。

全球化对发达国家和发展中国家都存在挑战和机遇，使发达国家和发展中国家形成互补性国际分工。伴随国际的要素流动，自由贸易不仅对发达国家有利，对发展中国家也有利，在一定条件下，甚至对发展中国家更有利。全球化背景下，大量中间产品和最终产品在国际流动，甚至是多次流动。如果存在着贸易壁垒和生产要素流动的壁垒，必将会提高产品和要素流动的成本，从而阻止贸易投资一体化的发展。因此，发展中国家需确立开放经济的战略目标，在 WTO 的框架内，大力推进贸易、投资自由化，积极参与区域经济一体化合作，真正成为跨国公司在全球配置资源的重要一环；营造内外资企业公平竞争和发展的良好制度环境，不断开创开放经济发展的新局面，从而获取更大的发展机遇。

（2）以全面融入跨国公司为主导的国际分工新体系为导向来规划发展中国家的开放进程。

在全球化时代，发展中国家面临的国际环境发生了很大的变化，产品内分工、跨国公司生产价值链上不同环节的专业化分工，成为国际分工的主要表现形式。在这种分工环境中，决定现在和未来发展中国家在国际分工交换中所获利益的，不再取决于进口什么、出口什么，而是参与了什么层次的国际分工，是以什么样的要素、什么层次的要素参与国际分工，对整个价值链的控制能力有多少。因此，发展中国家对外开放战略的转变要适应贸易与投资一体化发展的新趋势，要以全面融入跨国公司为主导的国际分工新体系为导向，在此基础上决定进口还是出口、发展何种产业与产品、依靠何种要素等重大问题。显然，在这一过程中，处于不同发展阶段，具有不同资源条件和国际市场环境的国家则要采取相应的对外开放战略。

（3）以现实的要素优势为基础持续提升国家竞争优势。

在国际分工深化和贸易投资一体化的新形势下，高新技术、资本与低成本劳动力的结合是提高制造业竞争力的重要基础和有效途径。一般来说，发展中国家最突出的要素优势是自然资源优势和廉价劳动力优势，当代国际分工的新特点为发展中国家利用自然资源和劳动力优势参与国际分工提供了良好的机遇。实践证明，以丰富的自然资源和劳动力资源吸引跨国公司资本和技术的流入，不仅扩大了劳动力就业，促进了传统产业生产能力的提升，而且资本和技术的“溢出效应”和当地企业界的“学习效应”促进了产业结构升级和新兴产业发展，并形成了产品加工向上游和下游延伸的趋势。从开放战略角度，以现实的要素优势取得竞争优势是第一步，发展中国家还要在此过程中不断地提高竞争优势。利用劳动力优势发展制造业的同时，选择发展一些高科技产业，作为更高阶段参与国家分工的基础。在以廉价劳动力作为参与国际分工基础的同时，不断提高要素质量，以提高发展中国家在国际分工体系中的地位，从而获得更大的利益。

本章小结

在经济力量和技术力量的推动下，世界正在被塑造成一个共同分享、密切合作、普遍竞争的社会空间，一个国家或地区的发展能够对另一个地方的个人或社群的生活机会产生深刻影响。这是全球化的影响和结果。

长期以来，指导国际分工和国际贸易的基本理论是比较利益理论。资源禀赋学说是指各个国家的资源禀赋存在差异，有的自然资源丰富，有的劳动资源丰富，有的资本资源丰富，各个国家分工生产使用本国最丰富的生产要素的产品，经过国际贸易，各国获得最大的福利。中心—外围假说认为，发达国家的技术进步不但没有改善发展中国家的贸易条件，反而使之恶化，并且中心国家和外围国家的劳动力收入差距越来越大。然而，该假说只在特定的条件下才能成立。

后发优势理论对于发展中国家实施追赶战略具有启发意义。然而，由于发展中国家的经济、政治、社会发展状况以及其他各种内外条件差异很大，不同后发国家的后发优势有很大差异。这意味着在全球化时代，不存在可以同时适用于所有发展中国家和地区的单一发展理论，这是对发展理论的重大挑战。

在全球化时代，发展中国家必须把握和利用全球化带来的发展机遇，结合本国的独特国情和优势，实施对外开放战略，推动经济发展。发展中国家在参与全球化进程中，不但要通过发挥比较优势来实现互通有无和经济收益，而且要借助于全球化的竞争和学习，实现产业链的转移和比较优势的演进，通过开放经济发展培植国际竞争优势。

本章思考题

1. 全球化的主要内容是什么？
2. 中国对外开放战略的特色和经验是什么？
3. 蛙跳模型的基本思想是什么？
4. 全球化背景下，发展中国家的对外开放战略应实现哪些转变？

第十三章　环境与可持续发展

人类面临的挑战是如何有效地管理和最大限度地利用地球上的资源。工业革命以来，人类创造了前所未有的科技成果和物质财富，加快了经济发展的进程。与此同时，自然资源的急剧耗损和环境质量的不断下降等问题也日益突出，使人们对经济增长和发展能否持续下去产生了疑问。在这一问题上，发展中国家面临比发达国家更为复杂严峻的挑战。为了寻求一种建立在环境和自然资源可承受基础上的长期发展模式，发展经济学对此给予高度关注并进行不懈的探索。

第一节　环境与增长理论

一、环境约束与“增长的极限”

环境是人类面对的外部世界，是人类生存和发展的必要空间和条件。图 13－1 描述了环境在维持经济活动中的功能和人类活动对环境的影响。环境维持经济活动的 4 个主要功能是维持生命、提供自然资源、吸收废弃物以及提供舒适服务。首先，环境为人类生产提供一个生物化学和物理系统。这些系统包括大气系统、河流系统、土壤系统、生物多样性等系统，它使得人类得以生存。其次，环境为维持经济活动提供原材料和能源等自然资源，这些资源或者是可再生的。再次，厂商和家庭活动的废弃物被环境吸收。环境的沉淀和分解功能允许许多废料被安全地处理掉。最后，环境为人类活动提供舒适的环境，如自然之美和运动空间。部分环境可能不止有一种功能，如海洋、森林等环境。环境之间的功能既有可能是互补的也有可能是竞争性的。①

在人类历史中，经济发展的确没有离开对环境的开采和利用。阿兰·兰德尔②总结了西方世界四百年繁荣的三个特点：一是这四百年的繁荣在相当大的程度上是建立在掠夺、殖民和利用先进技术开采欧洲以外的资源的基础上的。二是建立在开采非再生型资源和可耗尽资源的基础上的，资源保护并不重视，同时，与新开采资源的成本相比，回收旧资源的费用太高。三是在很大程度上，这种繁荣是建立在生态系统不断的和不可逆转的改变的基础上的。土地被用来生产而完全不管原有的植被和动物群落，农业和工业废料被排放而不考虑它们对生态的影响。

---

① ［英］A. P 瑟尔沃：《发展经济学》，第 9 版，郭熙保、崔文俊译，中国人民大学出版社，2015，第 304－305 页。

② ［美］阿兰·兰德尔：《资源经济学：从经济角度对自然资源和环境政策的探讨》，施以正译，商务印书馆，1989，第 12－16 页。

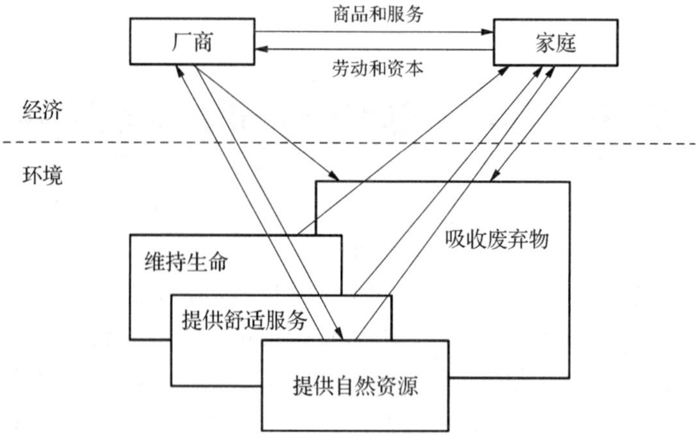

图 13－1　环境与经济的关系模型

资料来源：A. P 瑟尔沃：《发展经济学》，第 9 版，郭熙保、崔文俊译，中国人民大学出版社，2015，第 304 页。

然而，正如恩格斯指出："我们不要过分陶醉于我们对自然界的胜利。对于每一次这样的胜利，自然界都报复了我们。每一次胜利，在第一步都确实取得了我们预期的结果，在第二步和第三步却有了完全不同的，出乎预料的影响，常常把第一个结果又取消了。""因此，我们必须时时记住：我们统治自然界，绝不像征服者统治异民族一样，绝不像站在自然界以外的人一样，相反地，我们连同我们的肉、血和头脑都是属于自然界，存在于自然界的；我们对自然界的整个统治，是在于我们比其他一切动物强，能够认识和准确运用自然规律。"①随着经济发展的加快，自然界对人类"报复"的活动也日益增多，特别是 20 世纪 60、70 年代以来，面对能源危机的冲击和环境质量的下降，人类不得不反思环境和发展之间的关系。

基于人的永恒情欲和不变的自然资源基础，马尔萨斯最先指出日益增大的自然资源的相对稀缺性可能会束缚经济增长。虽然在 19 世纪工业化国家克服了马尔萨斯断言的因人口增长而不可避免的饥荒，但对马尔萨斯危机的担心却从来没有消除过。② 1968 年，30 名知名学者在意大利组成了一个专门研究发展与环境关系的研究机构——"罗马俱乐部"。在罗马俱乐部的研究报告中，梅多斯等人（Meadows, et. al）撰写的《增长的极限》一书再次将马尔萨斯理论以不同的形式展现出来。该书提出了著名的"增长的极限论"，认为在人口、工业生产和其他经济活动均按以往发展模式的基础上，只要人口增长和经济增长的正反馈回路继续产生更多的人和更高的人均资源需求，这个系统就会被推向它的极限——耗尽地球上不可再生的资源。③ 该书发表一年之后，"世界粮食危机"和第一次"石油危机"的爆发，使其产生了罕见的感染力。然而，随着危机的过去以及商品价格的下降，该书的理论基础和统计基础都遭到了批评，"增长的极限论"也受到越来越多的挑战。

信奉市场效率的经济学家对"增长的极限论"进行了有力的反驳，他们认为市场机制、

① 《马克思恩格斯文集》第 9 卷，人民出版社，2009，第 4 页。
② ［日］速水佑次郎、神门善久：《发展经济学——从贫困到富裕》，李周译，社会科学文献出版社，2009，第66 页。
③ ［美］德内拉·梅多斯等：《增长的极限》，李涛、王智勇译，机械工业出版社，2013，第 75 页。

有目标的技术革新和社会变革将会共同起作用,并解决一切稀缺问题。其内在机制是:任何变得稀缺的资源产品的价格不可避免地上升,这种价格上升会引发一系列的需求、技术和供给的相应变化。首先,用户可以转向较便宜的替代品,或采取节约、经济的措施,需求会减少。其次,价格的上涨和对稀缺的担忧会为革新发明提供一种刺激。再次,价格的上涨将使原来开采起来不合算的矿藏变成经济的,将鼓励探寻新的供给源泉,并将促进萃取技术的发展从而提高已知矿藏的有效产量(见图 13－2)。也就是说,资源的日益短缺和高昂的价格,将会促使人们对资源进行保护和节约使用。垃圾处理的费用越来越高时,人们将会发现改变浪费的习惯比较容易。同样,随着对环境退化的真正代价的认识越来越清楚和危机感越来越紧迫,人们将会做出更大的努力来保护环境质量。依据市场学派的这一看法,消费将不会增长到自然极限而至崩溃,而是随着价格的上涨相对平缓地终止。①

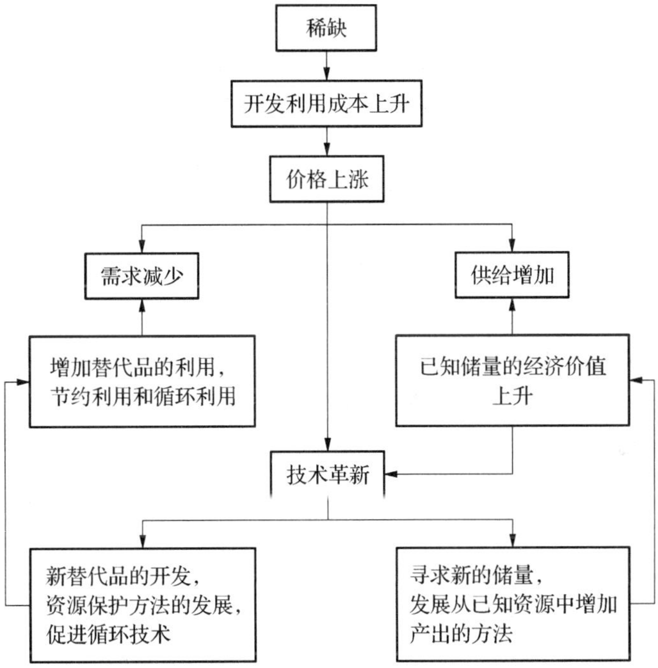

图 13－2　对资源稀缺的理想市场响应

然而,市场学派对于市场过程将自行解决一切稀缺资源的论点却同样面临广泛的挑战。一是认为市场体系是不完备的,不仅市场反应要受到信息条件的制约,还需要面对政府的干涉。二是认为市场运行的结果很可能与社会的文化、经济、政治目标不相符合。特别是资源的利用会不断降低环境的美学价值和康乐价值。三是市场不可能克服某些形式的自然资源稀缺。

事实上,单纯依靠市场并不能完全解决资源稀缺问题,而且导致了更为复杂的生态环境问题。自 20 世纪 60 年代以来,人们在处理发展与自然、环境的关系时,往往片面强调发展而忽视生态环境问题,使发展与环境的互馈关系趋于恶化,环境问题已成为威胁人类

① ［英］朱迪·丽丝:《自然资源:分配、经济学与政策》,蔡运龙等译,商务印书馆,2002,第 55－57 页。

社会经济发展的严重问题。发达国家和发展中国家在经济社会发展过程中表现出的资源和环境问题主要有“三废”物质污染、噪声污染、水资源枯竭、土地沙漠化、热带雨林过度砍伐、温室效应、核污染、大气臭氧层破坏、酸雨、非洲撒哈拉以南地区的生态灾难、生物多样性的丧失等。这些世界性公害事件的不断发生,影响了生产活动,甚至危及人们生活质量的保持。发展中国家的生态环境问题尤为突出,并日益形成了“贫困→人口增长→环境退化→贫困”的恶性循环。

二、环境“库兹涅茨曲线”

环境恶化的主要受害者通常是穷人。穷人忍受着更多因环境恶化而带来的影响,因为他们必须生活在那些被富人遗弃因而比较便宜的退化土地上。此外,穷人拥有较低的政治影响力,因而很少能得到政治支持,来减少当地的污染。贫困与环境恶化的相互作用会导致一个自循环的陷阱,在这个循环过程中,公众出于物质或经济所需,会无意识地破坏或耗竭他们赖以生存的资源。那么,如果增加穷人的收入,是否可以帮助穷人跳出这个循环陷阱,在不进一步破坏环境的条件下实现经济增长呢?这样的观点很有道理,但还是受到了挑战:提高最低收入阶层的经济地位,虽然会有很大的环境收益,但是同时其他阶层的收入水平和消费水平也在上升,环境破坏还有可能是净增加的。那么,究竟经济发展与环境之间的关系是怎样的呢?①

1995年,格鲁斯曼(Grossman)和克鲁格(Krueger)对66个国家的不同地区内14种空气污染和水污染物质12年的变动情况进行了研究,他们发现大多数污染物质的变动趋势与人均国民收入水平的变动趋势呈倒“U”型关系,即污染程度随人均收入增长先增加后下降。他们将环境污染和人均收入之间的这种倒“U”型关系作为环境库兹涅茨曲线(EKC)假说提了出来。② 他们的文章发表以后,引起了广泛的讨论,不少研究对EKC进行了新的探讨,普遍认为EKC是存在的,但也存在反对意见。支持者们认为,首先,EKC反映了经济发展的结构转变进程,从清洁的农业经济,到污染严重的工业经济,再到较为清洁的服务经济。第二,污染涉及外部性问题,而要使外部性内部化需要先进的制度条件,只有发达的经济条件才能提供这种可能。第三,环境的改善受到诸多因素的限制,如技术因素、需求因素等。随着经济的发展,这些限制因素会逐步得到缓解,从而使环境得到改善。的确,有很好的证据表明EKC适用于一些局部污染物(如空气污染)。但是,这些仅仅只是一般的模式,不同国家的实际情况会有所不同。就收入与污染的关系来看,这些国家自己采取的模式并不能很好地说明其中的因果关系。环境污染本身可能会造成缓慢的经济增长。此外,更好的环境管理不会随着收入的增加而自行出现,其出现与否在很大程度上取决于政治过程。然而,无论曲线是倒U型、下降型或是上升型,更有效的环境政策可以使污染曲线向下移动,倒U型曲线的情形如图

---

① [美]迈克尔·P. 托达罗、斯蒂芬·C.史密斯:《发展经济学》,聂巧平、程晶蓉译,机械工业出版社,2020,第325-326页。

② Grossman G M and Krueger A B, “Economic Growth and the Environment”, *The Quarterly Journal of Economics*, 1995, 110(2): 353-377.

13－3 所示。①

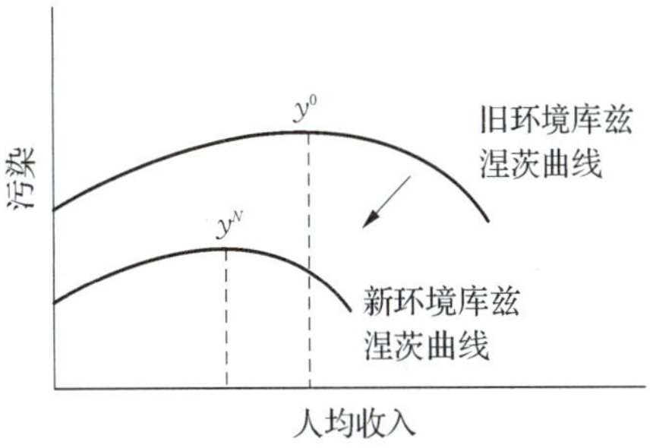

图 13－3　环境库兹涅茨曲线

三、环境外部性理论

环境污染的经济分析，源于庇古 20 世纪初关于福利经济学的分析。当时的英国在工业化进程中没有注重环境成本，使空气污染日趋严重，庇古注意到了这一问题，基于外部性理论提出了环境污染控制经济分析的基本框架。虽然不同的经济学家对外部性给出了不同的定义，但通常认为，外部性是某个经济主体对另一个经济主体产生一种外部影响，而这种外部影响是通过非价格机制的传递，即不能通过市场价格进行买卖。用数学语言来表述，所谓外部性就是某经济主体的福利函数的自变量中包含了他人的行为，而该经济主体又没有向他人提供报酬或索取补偿。

外部性可以分为正外部性(或称外部经济、正外部经济效应)和负外部性(或称外部不经济、负外部经济效应)。正外部性指一些人的生产或消费使另一些人受益而又无法向后者收费的现象；负外部性指一些人的生产或消费使另一些人受损而前者无法补偿后者的现象。环境外部性同样是指私人成本与社会成本、私人收益与社会收益的不一致，可分为环境污染的负外部性和环境保护的正外部性。环境污染的负外部性是指企业或个人活动产生的污染物或污染因素使环境的构成和形态发生改变，环境质量恶化，从而对他人的生产和生活造成损害。环境保护的正外部性则指环境治理，也包括环境服务所产生的利于他人的外部效应。

从环境污染角度来看，环境外部性主要有以下几个特征：① 非市场性，即环境外部性的影响不是通过市场发挥作用，市场机制无力对产生环境外部性的排污单位给予奖励和惩罚。② 决策的伴生性，由于个人决策的基础是生产的私人成本和私人利润动机，当边际私人成本小于边际社会成本时，外部性的产生便会超过最优水平，相反亦然，即排污单位决策动机不是为了产生环境污染的外部性，外部性是生产过程的伴随物。③ 关联性，环境污染的外部性与受损者之间具有某种关联，它必须有某种负的福利意义。

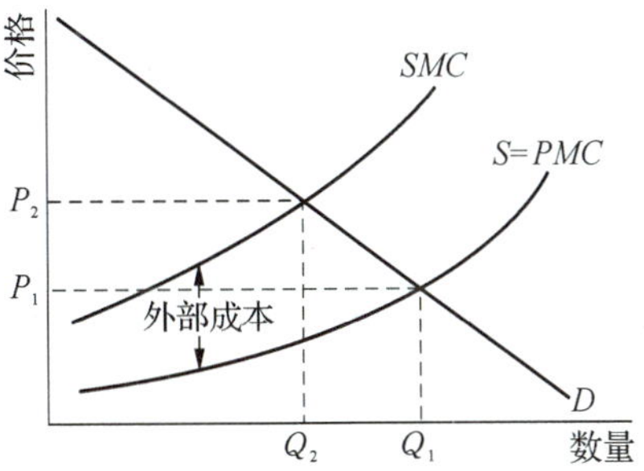

图 13－4　环境的外部不经济

环境外部性可以用图 13－4 来说明。在一个充满竞争厂商的市场里，供给曲线代表个人边际成本，市场均衡处在价格为 P_1、产出为 Q_1 的点上。但如果这是一个污染行业，外部成本在企业的成本中得到反映，社会边际成本曲线 SMC 就会是企业的边际成本曲线，市场价格将会是 P_2，产出将会是 Q_2。但是，由于企业并不承担这些成本，它们的个人边际成本曲

① [美]迈克尔・P. 托达罗、斯蒂芬・C. 史密斯：《发展经济学》，聂巧平、程晶蓉译，机械工业出版社，2020，第 326 页。

线 PMC 就更低，就会有更多的造成污染的产品被生产和消费，其数量为 Q_1。[①]

第二节 环境保护与绿色发展

一、环境规制与“波特假说”

始于 20 世纪 70 年代美国的环境保护运动，促使美国政府以及全球开始关心环境治理问题，各国政府相继采取各种规制措施来治理工业污染。环境规制是政府设定环境质量指标，通过立法、做出规定等非市场途径对环境资源利用的直接干预。它的形式多种多样，如明令禁止某些污染经营活动或资源利用和排污，要求某些污染生产工艺必须淘汰，规定只有非市场转让性的许可证持有者才可以生产或排污。实行环境规制的理论基础是市场失灵，环境规制最大的特点是能迅速地控制污染。企业必须依从政府的环境标准，从而改变生产技术，调整生产投入组合或直接投资于污染控制。随着环境规制的普遍化和长期化，人们对于环境规制政策实施可能给经济增长、产业绩效和产业国际竞争力等带来的影响，给予了极大的关注。

新古典经济学家认为，企业是追求利润最大化的，在企业最优化决策下，环境规制只会带来企业生产绩效的下降，降低国家竞争力。首先，被规制企业要遵守规制政策，必须增加投资来治理环境污染，导致生产成本提高，从而降低企业的生产绩效。其次，环境污染治理投资还有可能挤出企业的生产性投资，导致企业生产利润率下降。第三，环境规制不仅影响了企业的生产可能性边界和生产集，限制了企业生产选择范围，同时，环境规制还可能会使企业的生产、管理以及产品销售等过程发生变化，导致企业生产率降低。的确，登申(Dension)[②]、戈洛普和罗伯特(Gollop & Robert)[③]、格雷(Gray)[④]等人的实证研究都支持了这些观点。

针对上述观点，1991 年，波特(Porter)在其一篇短文中提出了自己的看法。他认为：将环境保护与经济竞争力相互对立起来是一种谬论，这源于其静态的竞争观和对经济繁荣的狭隘认识。严格的环境规制不但不会削弱国家竞争优势，反而会通过促进创新和产品升级来增强国家竞争优势，实现环境状况改善和竞争力提升的双赢。如果环境规制只是增加企业昂贵的污染控制设备，而其他情况不变的话，严格的环境规制的确会削弱竞争优势，特别是企业的竞争对手来自规制较松的国家。但是，如果规制政策关注结果而不是方法，这将鼓励企业重新设计其生产技术，全新升级的生产工艺会减少稀缺或有毒资源的使用并回收浪费的副产品，最终的规制结果不仅是更少的污染而且是低成本、高质量的产品，这些产品在国际市场上会更有竞争力。波特还指出，要想将环境问题转化为竞争优

---

① [美]吉利斯、波金斯、罗默、斯诺德格拉斯：《发展经济学》，黄卫平等译，中国人民大学出版社，1998，第151 页。

② Denison E F, “Accounting for Slower Economic Growth: The United States in the 1970s”, *Southern Economic Journal*, 1981, 47(4): 1191 - 1193.

③ Gollop F M, Robert M J, “Environmental Regulations and Productivity Growth: The Case of Fossi-lfueled Electric Power generation”, *Journal of Political Economy*, 1983, 91(4): 654 - 674.

④ Gray W B, “The Cost of Regulation: OSHA, EPA and the Productivity Slowdown”, *American Economic Review*, 1987, 77(5): 998 - 1006.

势，就必须要建立正确的规制政策。这些政策必须强调防止污染，而不仅仅是消除或清理污染。它们不能限制用于实现它们的技术，否则就会扼杀创新。规制标准必须对技术改进费用敏感，用市场激励来抵消这些成本。① 1995年，波特的另一篇文章②对这一观点做了更加详细的说明和阐释。但由于当时波特的这一观点没有完整的理论体系支持，被称为“波特假说”。由此可见，为了破解环境保护与绿色发展的难题，可以采用适宜的环境规制措施，促使企业实施绿色技术创新，为我国的经济绿色发展提供重要支撑。

二、“污染天堂”和“污染光环”假说

1972年，联合国在斯德哥尔摩召开人类环境会议之后，贸易和环境的关系越来越受到人们的广泛关注。一方面，自由贸易带来整个贸易范围内经济规模的增长，从而消耗了更多的能源，带来了更多的污染排放。另一方面，贸易自由化也会带来环境质量的改善，其一是通过更大范围的分工合作，使得各国基于比较优势专注于自身产业结构；其二是通过技术进步和技术扩散来促进绿色技术的使用，改善整体环境质量。总体而言，贸易自由化对环境质量的影响主要有“污染天堂”假说和“污染光环”假说。

“污染天堂”假说最早由瓦尔特和安格鲁(Walter & Ugelow)提出③。他们指出，如果相对于发达国家，发展中国家自愿实施较低的环境规制政策，那么发展中国家将成为全球污染产业的集中地。西伯特(Siebert)④在他的著作中将环境稀缺性作为一种生产要素纳入赫克歇尔-俄林(H-O)模型中，为“污染天堂”假说提供了一个理论支持。如果将环境要素视为一种生产投入要素，并且两国的环境政策都能准确地反映出环境要素的影子价格，则拥有较丰裕的环境资源的国家在生产环境密集型产品上具有比较优势，从而也就倾向于更多地出口环境密集产品或污染产品，而环境资源相对缺乏的国家将出口非环境密集型产品或清洁产品。环境标准较低的发展中国家将会生产较多的污染密集型产品，因此该国的环境质量将会下降。科普兰和泰勒(Copeland & Taylor)⑤在2004年的一篇文章中对“污染天堂”假说做了一个一般性的理论分析(见图13-5)。

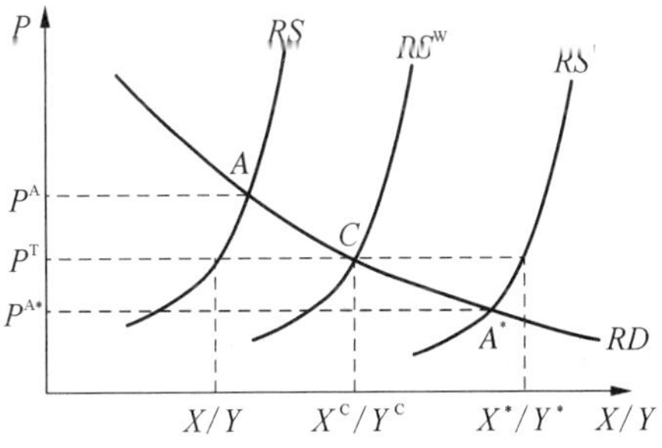

图13-5　“污染天堂”假说

假设世界分为初始状态相同的南北两部分，南方和北方分别使用资本 K 和劳动 L 生产污染资本密集型产品 X 和无污染劳动密集型产品 Y，Y 的价格设定为1。各地政府对单位生产污染 Z 的征税额为 τ，生产 X 产品的厂商将污染 Z 看作价格为 τ 的生产投入，在无外部性的完全竞争市

① Porter M, “America's green strategy”, *Scientific American*, 1991, 264(4): 168.

② Porter M E, Van der Linde C, “Toward a new conception of the environment-competitiveness relationship”, *The journal of economic perspectives*, 1995, 9(4): 97-118.

③ Walter I, Ugelow J L, “Environmental policies in developing countries”, *Ambio*, 1979, 102-109.

④ Siebert H, “Economics of the Environment”, Lexington books, 1981.

⑤ Copeland B R, Taylor M S, “Trade, growth, and the environment”, *Journal of Economic Literature*, 2004, 42(1): 7-71.

场环境下，成本最小化的行为使得污染的价格必然等于每单位污染 Z 带来的国民收入的增加。假定无收入效应的影响，X 相对于 Y 的需求为 $RD(P)$，且 $RD'(P)<0$，即南北双方相对需求曲线相同。在供给方面，X 相对于 Y 的供给取决于价格、税收和资本—劳动比率，即 $RS(P,\tau,K/L)$。当 X 的价格 P 上升的时候，更多的资源用于 X 的生产，X/Y 增加。

"污染天堂"假说认为，各国在环境政策严厉程度上的差异是污染工业从一国转向另一国寻求"庇护"的主要原因，这一点如图 13-5 所示。在模型中，假设南北双方其他条件相同，但南方（相关参数用"*"加以区别）降低污染税率 τ^*，即 $\tau^*<\tau$。这使得南方生产产品 X 的"污染投入"成本降低，南方的相对供给曲线从 RS 右移至 RS^*。在没有国际贸易的情况下，北方国内供求曲线相交于 A 点，产品 X 的国内价格为 P^A；南方国家供求曲线相交于 A^*，价格为 P^{A*}；南方价格较低，$P^{A*}<P^A$。在南北双方自由贸易达到总供求量相等的情况下，根据比较优势，南方比北方更集中于生产污染产品 X，即 $X/Y<X^*/Y^*$；南方向北方出口产品 X 并进口产品 Y。由于 X 的生产带来污染，南方环境污染加剧，而北方环境质量得以改善。这样一来，在环境政策严厉程度有差异的情况下，自由贸易导致污染工业向环境政策较为宽松的国家转移。自由贸易对环境质量的影响是负面的，因为在宽松的环境政策下，转移的污染工业会产生更多的污染，全球总体污染增加。在"污染天堂"假说中，南方宽松的环境政策可以从外生的假定变为内生的产物。假设南北双方拥有相同的人口数量，但北方较南方拥有更多资本和有效劳动，即 $K=\lambda K^*$，$L=\lambda L^*$，其中 $\lambda>0$。这意味着北方比较富裕，工人有更高的生产率和更多的人均资本；但资本和有效劳动的比例是相同的，均为 K/L，所以资本—劳动比率本身不会带来比较优势进而产生贸易。政策的不同源于收入的差异。作为正常品，环境质量的要求在富裕的北方高于欠发达的南方，因此，北方的污染价格 τ 高于南方的污染价格 $\tau*$，即环境政策标准出现了差异。由此可见，低收入国家采用的宽松的环境政策使之成为吸引污染工业的"污染天堂"。

尽管许多研究支持"污染天堂"假说，但此类研究存在某些共同的问题。第一，这些研究度量的是污染工业产出的趋势而非污染水平。这就是说，仅仅用结构效应来解释贸易给环境带来的变化。事实上，随着一国对外贸易的发展，由收入增长和技术进步带来的生产技术改进可能使得产量增加而污染排放减少。第二，一国生产结构的变化受多种因素的影响，但多数关于"污染天堂"假说的研究仅仅将产出的结构变化归结于各国环境政策差异引起的污染庇护趋势，而没有考虑其他重要的国内因素。第三，一些实证结果无法从"污染天堂"假说得出圆满的解释。因此，一些学者提出了"污染光环"假说，认为贸易自由化带来的外商直接投资能够促进地区环境质量的改善。实际上，来自发达国家的外商直接投资常常具有较高的环境规制标准，这有利于低收入国家环境质量的改善。此外，外商直接投资普遍具有先进的污染治理技术和管理经验，当这些企业进入低收入国家以后，常常会产生技术溢出效应，随着污染治理技术的逐步扩散，这反而有利于低收入国家污染治理水平的提升。值得注意的是，贸易自由化带来的外商直接投资也有助于低收入国家整体产出水平和居民收入水平的提升，而人均收入水平的提高将会倒逼企业和政府采取更加严厉的环境规制标准，这进一步提升了环境质量。综合以上分析，"污染天堂"和"污染光环”两者之间并非一成不变的，外商直接投资既可能带来环境质量的恶化，也可能带来环境质量的改善，为了实现绿色发展目标，在引进外资的过程中，需要注重外商直接投资企业的质量，将环境标准纳入引进外资的过程中，避免高污染企业进入本国市场，从而发挥外商直接投资的“污染光环”效应，促进本国的绿色发展。

三、绿色全要素生产率

效率一直是经济学的核心议题，即在一定的资源约束条件下，实现产出最大化。任何一项经济活动均需要投入一定的劳动力、资本、技术等要素，并得到相应的社会产出。全要素生产率是指总产出量与全部生产要素投入量之比，即所有投入要素的生产率之和。全要素生产率是评判经济效率的重要指标，但是随着生态环境问题的日趋严峻，经济增长与环境保护的协调发展引起学者们的广泛关注。绿色全要素生产率不仅要求经济效率提高，而且要求环境质量的改善。绿色全要素生产率是在传统全要素生产率的基础上，将劳动力、资本以及能源等作为投入要素，将地区的生产总值作为“好”的期望产出，环境污染作为“坏”的非期望产出。在这一框架下，绿色全要素生产率将能源和环境视为经济增长的内生变量，有助于充分捕捉到生态环境约束下的经济增长。

绿色全要素生产率的测算方法既要考虑期望产出的增加，又要考虑非期望产出的减少，传统的 Malmquist 指数无法进行计算。钟等(Chung, et al)①将方向性距离函数与 Malmquist 指数结合，提出了 Malmquist-Luenberger(ML)指数模型。假设经济活动的投入为 $x \in R^N$，期望产出为 $y \in R^M$，非期望产出为 $b \in R^I$，方向性距离函数为

$$\overrightarrow{D_0^t}(x^t, y^t, b^t; g) = \sup\{\beta: (y^t, b^t) + \beta g \in p^t(x^t)\}$$

式中，$g = (y, -b)$ 为方向性向量，即期望产出和非期望产出的增减方向。$p^t(x^t)$ 为生产可能性集合。β 为在期望产出最大化而非期望产出最小化的完全效率状态。

根据方向性距离函数，得到 ML 指数及其分解项：

$$ML_t^{t+1} = \left\{\frac{1+\overrightarrow{D_0^t}(x^t, y^t, b^t; y^t, -b^t)}{1+\overrightarrow{D_0^t}(x^{t+1}, y^{t+1}, b^{t+1}; y^{t+1}, -b^{t+1})} \times \frac{1+\overrightarrow{D_0^{t+1}}(x^t, y^t, b^t; y^t, -b^t)}{1+\overrightarrow{D_0^{t+1}}(x^{t+1}, y^{t+1}, b^{t+1}; y^{t+1}, -b^{t+1})}\right\}^{1/2}$$

$$\mathrm{MLEC}_t^{t+1} = \frac{1+\overrightarrow{D_0^t}(x^t, y^t, b^t; y^t, -b^t)}{1+\overrightarrow{D_0^t}(x^{t+1}, y^{t+1}, b^{t+1}; y^{t+1}, -b^{t+1})}$$

$$\mathrm{MLTC}_t^{t+1} = \left\{\frac{1+\overrightarrow{D_0^{t+1}}(x^t, y^t, b^t; y^t, -b^t)}{1+\overrightarrow{D_0^t}(x^t, y^t, b^t; y^t, -b^t)} \times \frac{1+\overrightarrow{D_0^{t+1}}(x^{t+1}, y^{t+1}, b^{t+1}; y^{t+1}, -b^{t+1})}{1+\overrightarrow{D_0^t}(x^{t+1}, y^{t+1}, b^{t+1}; y^{t+1}, -b^{t+1})}\right\}^{1/2}$$

式中，$\mathrm{ML}_t^{t+1} = \mathrm{MLEC}_t^{t+1} \times \mathrm{MLTC}_t^{t+1}$。ML 指数反映的是绿色全要素生产率的环比增长率。如果 ML 指数大于 1，说明绿色全要素生产率处于上升状态；如果 ML 指数小于 1，说明绿色全要素生产率处于下降状态。这里的 MLEC 和 MLTC 分别表示绿色技术效率和绿色技术进步。

全面提高绿色全要素生产率是实现绿色发展的根本路径。长期以来，我国经济增长

① Chung Y H, Färe R, Grosskopf S, “Productivity and undesirable outputs: a directional distance function approach”, *Journal of Environmental Management*, 1997, 51(3): 229－240.

主要依靠要素驱动和投资驱动，这种粗放式增长方式不可避免地造成了严重的环境问题。当前，我国经济已进入高质量发展阶段，经济增长必须转向更多依靠绿色全要素生产率的持续提高，不断增强我国经济竞争力。绿色全要素生产率将能源消耗和环境污染排放纳入全要素生产率的核算框架中，在实现经济效率提升的同时，也有助于环境质量的改善，从而真正实现绿色发展。

四、中国"碳达峰碳中和"行动路线图

(一) 碳达峰碳中和的战略背景

气候变化已经成为人类发展面临的共同挑战，应对气候变化成为全人类的共识。在此背景下，越来越多的国家开始加入减排阵营，相继调整相关政策，相继发布碳中和目标。1992 年 5 月，《联合国气候变化框架公约》明确指出："将大气温室气体的浓度稳定在防止气候系统受到危险的人为干扰的水平上，这一水平应当在足以使生态系统能够可持续进行的时间范围内实现"。1997 年，各国签署了《京都议定书》，要求到 2010 年，完成工业化的发达国家的二氧化碳排放水平相比于 1990 年整体减少 5.2%，发展中国家则从 2012 年开始承担碳减排义务。2009 年，《哥本哈根协议》虽然没有明确规定减排的时间表，但是规定了相对于工业革命前温度升高幅度不能超过 2 ℃的目标。2015 年 12 月，巴黎气候变化大会正式通过了《巴黎协定》，明确了"将全球平均气温较前工业化时期的上升幅度控制在 2 ℃以内，努力限制在 1.5 ℃以内，在 21 世纪后半叶实现净零排放"的长期目标。2018 年 10 月，IPCC 审议通过了《全球 1.5 ℃增暖特别报告》，强化了将温升幅度控制在 1.5 ℃的目标，根据这个目标，全球需要在 2050 年前后实现净零排放。①

作为世界上碳排放量最大的国家，碳达峰碳中和目标不仅是为了应对全球气候变化，而且是为了实现我国经济社会低碳转型的内在要求。早在 2009 年，哥本哈根大会召开之前，我国就已经提出了单位国内生产总值二氧化碳排放量下降的目标，即相对于 2005 年而言，2020 年的单位 GDP 的二氧化碳排放量减少 40%～50%。2015 年，我国在《巴黎协定》中提交了国家自主贡献目标：2030 年，二氧化碳排放量达到峰值，并争取提早达到峰值，相比于 2005 年，单位国内生产总值二氧化碳排放量下降 60%。2020 年 9 月 22 日，习近平在第七十五届联合国大会一般性辩论上发表重要讲话，指出："应对气候变化《巴黎协定》代表了全球绿色低碳转型的大方向，是保护地球家园需要采取的最低限度行动，各国必须迈出决定性步伐。中国将提高国家自主贡献力度，采取更加有力的政策和措施，二氧化碳排放力争于 2030 年前达到峰值，努力争取 2060 年前实现碳中和。各国要树立创新、协调、绿色、开放、共享的新发展理念，抓住新一轮科技革命和产业变革的历史性机遇，推动疫情后世界经济'绿色复苏'，汇聚起可持续发展的强大合力。"

(二) 碳达峰碳中和的行动路线

2030 年实现碳达峰、2060 年实现碳中和，这是一项长期工程，并且覆盖范围广，涉及能源、交通、工业、建筑、消费、基础设施等众多领域。为了如期完成碳达峰碳中和的目标，我国在抓紧制定各种行动方案。2021 年 10 月 24 日，中共中央、国务院发布了《关于完整

---

① 潘家华：《碳中和革命的发展范式转型与整体协同》，《阅江学刊》，2022 年第 1 期。

准确全面贯彻新发展理念做好碳达峰碳中和工作的意见》，明确了我国碳达峰碳中和的主要目标：到2025年，绿色低碳循环发展的经济体系初步形成，重点行业能源利用效率大幅提升；到2030年，经济社会发展全面绿色转型取得显著成效，重点耗能行业能源利用效率达到国际先进水平；到2060年，绿色低碳循环发展的经济体系和清洁低碳安全高效的能源体系全面建立，能源利用效率达到国际先进水平，非化石能源消费比重达到80%以上，碳中和目标顺利实现，生态文明建设取得丰硕成果，开创人与自然和谐共生新境界。因此，碳达峰碳中和将成为生态文明建设的有力抓手。第一，促进产业结构的绿色低碳转型。推动战略性新兴产业和先进制造业健康发展，采用适用的绿色低碳技术改造传统产业。对于新建、扩建钢铁、水泥、平板玻璃、电解铝等高耗能高排放项目严格落实产能等量或减量置换，遏制高耗能产业的发展，加强对落后产能的淘汰。加快发展新一代信息技术、生物技术、新能源、新材料、高端装备、新能源汽车、绿色环保以及航空航天、海洋装备等战略性新兴产业。第二，加强绿色低碳技术的研发和应用。一方面是加强绿色低碳技术的基础研究，根据我国碳达峰碳中和的实践路径编制技术发展路线图，在此基础上，通过对低碳基础理论的攻关，为低碳经济提供技术支持。鼓励高校增设碳达峰碳中和相关的学科专业，加强人才储备。另一方面是加快低碳技术的推广和应用，鼓励碳排放占比较高的电力、工业、建筑以及交通等行业扩大对低碳技术的使用，减少整个社会二氧化碳的排放量。第三，倡导绿色低碳的生活方式。社会公众是绿色低碳发展的践行者和参与者，需要改变公众的消费观念，增强其环保消费意识，让碳减排理念深入人们的日常生活和消费，改变传统的生活方式和消费行为。一方面，在日常生活过程中，尽量进行垃圾分类处理，减少使用一次性制成品，同时在外出过程中，尽量选择乘坐公共交通汽车。另一方面，在日常消费过程中，注重循环低碳理念，通过选择购买低碳绿色产品，倒逼企业进行产业结构转型升级。

第三节　可持续发展的理论和战略

一、可持续发展的理论演变

20世纪60—70年代以来的人口爆炸、环境污染和资源耗竭等现实及其对经济发展前景的探讨直接促进了可持续发展理论的形成。面对人类发展所面临的挑战，必须反思以前的增长方式，研究这些挑战的表现形式和相互关系，寻求正确的超越困境的发展途径。经过理论与实践的不断验证，人们终于找到了一个内涵深刻并被绝大多数人接受的理念及战略——可持续发展。

1962年，蕾切尔·卡逊(Rachel Carson)发表了一部引起很大轰动的科普著作《寂静的春天》，①作者描绘了一幅由于农药污染所导致的灾难性景象，惊呼人类将会失去“明媚的春天”，在世界范围内引发了关于发展与环境问题的讨论。1972年，梅多斯等人出版的

① Carson R, “Silent spring”, Houghton Mifflin Harcourt, 2002.

《增长的极限》[1]一书，虽然在科学上的可靠性和论断力遭到了人们的质疑，但是它在唤起公众节约和保存环境、资源意识方面却发挥了重要的作用，并且该书首次提出了“持续增长”和“合理的持久的均衡发展”的概念，为可持续发展理论的提出和形成做出了有意义的贡献。

1972年，联合国在瑞典首都斯德哥尔摩举行的人类环境与发展会议所形成的文件，体现了可持续发展的基本思想。尽管与会的代表在消除贫困与环境保护孰先孰后的问题上存在鲜明的分歧，但都认为环境与发展之间有着基本的联系，保护与改善环境已成为关系到人类幸福和经济发展的重要问题。

“可持续发展”及“持续性”的概念，首次于1980年出现在世界自然保护联盟(IUCN)的文件《世界自然保护战略》中，该文件从生物资源保护的角度提出“可持续发展强调人类利用生物圈的潜力”。[2] 此后，关于可持续发展的讨论日益增多，人们开始在文献中大量使用诸如可持续发展、可持续增长、可持续社会、可持续利用等术语，但其含义一直不明确，人们往往根据自己的理解来使用这些名词。

1987年，世界环境与发展委员会发表了《我们共同的未来》，正式提出了可持续发展的模式。该报告对人类在经济发展和环境保护方面存在的问题进行了全面系统的分析，指出发展与环境之间的影响是相互的，为了促进人类之间及人与自然之间的和谐，必须实行可持续发展战略。此后，可持续发展才有了广为接受和引用的定义。该报告也成为国际组织和各国政府制定社会经济发展计划的指南。世界环境与发展委员会(WECD)把可持续发展定义为“既满足当代人的需要，又不对后代人满足其需要的能力构成危害的发展”[3]，并且给出了可持续发展的原则、要求、目标和策略。可持续发展思想包含了当代与后代的需求、国际公平、人口控制、自然资源、生态承载力、环境与发展相结合的国际合作等重要内容。明确提出要变革人类沿袭已久的生产和生活方式，使人们在增加生产的同时充分注意生态环境的保护和改善，并且要调整现行的国际经济关系。这种变革与调整必须按照可持续性的需求进行设计和运行，它几乎涉及经济发展和社会生活的所有方面。从总体上看，该报告构建了可持续发展理论及战略的基本框架。

在《我们共同的未来》的影响和推动下，对可持续发展理论的探讨越来越深入和具体，1991年，世界自然保护同盟(IUCN)、联合国环境署(UNEP)、世界野生生物基金会(WWF)共同发表了题为《保护地球》的报告，将可持续发展定义为“在不超过支持它的生态系统的承载能力的情况下改善人类生活质量”[4]，并指出可持续经济是可持续发展的产物。世界银行在《1992年世界发展报告》中，在赞同WECD的可持续发展定义的同时，又把它限制在内涵更明确的范围内，认为可持续发展是指“把发展与环境政策建立在成本与效益相比较的基础之上，建立在审慎的宏观经济分析之上，将能加强环境保护工作，并能导致福利水平的提高和持续性”，[5]进而在1995年发展了新的国家财富及持续发展能力

① [美]德内拉·梅多斯等:《增长的极限》，李涛、王智勇译，四川人民出版社，1984。
② ICUN, UNEP, WWF, “World Conservation Strategy”, Gland, 1980.
③ 世界环境与发展委员会:《我们共同的未来》，吉林人民出版社，1997，第52页。
④ IUCN, UNEP, WWF:《保护地球》，中国环境科学出版社，1992，第3页。
⑤ 世界银行:《1992年世界发展报告》，中国财政经济出版社，1993，第8页。

的评价系统。

早在20世纪80年代，中国政府就确立了控制人口增长和保护环境两项基本国策，并把它们放在整个国民经济和社会发展的重要战略地位。

1992年，中国政府向联合国环境与发展大会提交了《中华人民共和国环境与发展报告》，系统回顾和总结了中国环境与发展的状况，阐述了中国关于可持续发展的基本立场和观点。中国政府不仅承诺将实行可持续发展作为21世纪共同坚持的发展战略，而且认为走可持续发展道路是中国的必然选择。在报告中，中国政府强调了“可持续发展的核心是发展”的观点，指出：“对于经济发展尚处于初级阶段、面临满足人民基本生活需要的许多发展中国家来讲，贫困和不发达是环境退化的最根本的原因。它们长期处于贫困、人口过度增长、环境持续恶化的恶性循环中。打破这一循环的根本出路在于保持适度经济增长，消除贫困，增强其保护自身环境并积极参加国际环境保护合作的能力。”①

1994年，中国政府制定并批准通过了《中国21世纪议程：中国21世纪人口、环境与发展白皮书》，②确立了中国21世纪可持续发展的总体框架和各领域的主要目标。在该议程中，将中国的可持续发展战略目标确立为：“建立可持续发展的经济体系、社会体系和保持与之相适应的可持续利用的资源和环境基础。”这表明，中国在总的发展目标中，不仅包括经济、社会的协调发展，还包括控制环境、改善生态这些基础性条件。

1996年，第八届全国人民代表大会第四次会议批准的《国民经济和社会发展“九五”计划和2010年远景目标纲要》，把可持续发展作为一条重要的指导方针和战略目标，并做出了中国在经济和社会发展中实施可持续发展战略的重大决策。在《纲要》中明确提出必须实现经济增长方式从粗放型向集约型转变。

1997年，中国政府发表了《中华人民共和国可持续发展国家报告》，开宗明义地指出：就全球而言，中国同意联合国环境规划署第十五届理事会通过的《关于可持续发展的声明》。在报告中，中国政府十分强调在环境和发展面前各国享有平等的权利，强调代内公平，特别是国际公平及其与此相应的国际秩序也应和代际公平一样成为可持续发展质的规定。

2007年，党的十七大报告提出：“坚持节约资源和保护环境的基本国策，关系人民群众切身利益和中华民族生存发展。必须把建设资源节约型、环境友好型社会放在工业化、现代化发展战略的突出位置，落实到每个单位、每个家庭。要完善有利于节约能源资源和保护生态环境的法律和政策，加快形成可持续发展体制机制。”这表明，进入21世纪后，中国对于可持续发展有了更为全面、深刻的认识，强调在注重经济发展的同时，特别注重资源可持续利用、环境保护以及人的全面发展。

2012年，党的十八大报告明确提出，要将生态文明建设纳入中国特色社会主义事业五位一体总体布局，建设美丽中国，实现中华民族的永续发展。2013年，党的十八届三中全会提出要紧紧围绕建设美丽中国深化生态文明体制改革，加快建立生态文明制度，健全国土空间开发、资源节约利用、生态环境保护的体制机制，推动形成人与自然和谐发展现

① 《中华人民共和国环境与发展报告(六)》，《环境保护》，1992年第6期。

② 《中国21世纪议程：中国21世纪人口、环境与发展白皮书》，中国环境科学出版社，1994。

代化建设新格局。党的十八大以后，国务院相继发布实施了《大气十条》和《水十条》，《土十条》也正在讨论制定中，近年来中国的环境政策更加注重改善环境质量，即从过去总量控制的减排目标转变为以改善环境质量为核心，实现生态环境质量总体改善。2020 年 9 月 22 日，习近平在第七十五届联合国大会一般性辩论上发表重要讲话，向国际社会明确承诺中国 2030 碳达峰、2060 碳中和的目标。

2022 年，党的二十大报告明确提出，推动绿色发展，促进人与自然和谐共生。加快发展方式绿色转型，深入推进环境污染防治，提升生态系统多样性、稳定性、持续性，积极稳妥推进碳达峰碳中和。

二、可持续发展的理论内涵

从不同的视角出发，研究者给可持续发展赋予了十分丰富的内涵，但可持续发展的经济学定义更关注资源的代际配置和福利的代际公平。可持续发展的基本内涵主要包括以下几个方面：

第一，可持续发展坚持经济增长适度。注重经济增长质量的提高，以无损于生态环境为前提，以改善人们的生活水平和提高生活质量为目的。反对以追求最大利润或利益为取向，以贫富悬殊和资源掠夺性开发为特征的经济增长。因此，必须充分认识到单纯追求产值的传统经济增长模式的弊端，通过资源替代、技术进步、结构变革和制度创新等手段，使有限的资源得到公平、合理、有效、综合和循环的利用，从而使传统的经济增长模式向可持续增长模式转化。

第二，可持续发展要以保护自然资源为前提，同环境承载能力相协调。追求经济发展的同时保护生态环境，包括改变不适当的以牺牲环境为代价的生产和消费方式等来控制环境污染，改善环境质量，保护生命支持系统，保持地球生态的完整性，使人类的发展保持在地球承载能力之内。具体来说，一是可再生资源的利用强度应限制在其最大可持续收获量之内，保证自然循环与恢复的功能不受破坏，以确保可再生资源的持续利用。二是不可再生资源的消耗应降至最低限度，并通过循环利用提高使用效率，使不可再生资源的耗竭速度低于寻求替代资源的速度。三是通过清洁生产、资源重复利用、环境政策等控制环境污染，逐步减少经济活动对环境的破坏和对生态系统的干扰。四是寻求自然资源、人力资源、物质资本与社会资本之间的合理与有效转化，形成互相支撑和弥补的体系，共同促进经济和社会的持续繁荣。

第三，可持续发展要求公平与效率的高度统一。公平主要是指人类在分配资源和获取收入或积累财富上机会的均等。效率是指资源的有效使用与有效配置，它也是可持续发展的内在要求。在效率和公平的关系问题上，可持续发展认为两者相辅相成，互相促进。一方面，增加效率、提高生产力给公平地分配资源和实行收入再分配提供了基础；另一方面，发展机会的均等导致人们的生产积极性提高，从而促进效率的提高。两者的高度统一是可持续发展的重要特征。可持续发展强调全人类赖以生存的自然资源是有限的，当代人不能为了自己的发展和需求而损坏后代人利用自然资源和生态环境的权力，当代人应自觉地考虑到有限资源的代际公平分配，明智地担负起代际合理分配资源和占有财富的伦理责任。

第四，可持续发展是一个涉及经济、社会、文化、技术及自然环境等的综合性概念。决定物质资料增长的生态、社会、文化等因素相互作用，不可分割。克服片面强调某一要素而出现的负面效果，并提高相关要素作用中的工作效能，以达到预期的发展目标。同时，可持续发展又是动态的，它要求不断地进行内部和外部的变革，在一定的经济波动幅度内，确定合理的发展速度，以达到持续稳定的经济发展目标。

第五，可持续发展要遵循创新原则。创新不仅是经济增长的动力，也是促进人与自然和谐，扩大环境容量的关键。技术创新可以使人们不断发现新的能源、资源及替代品，发现已有资源的新用途和新的使用方法，开发提高资源和环境承载力的技术，从而提高资源的利用率，拓宽可持续发展的投入要素的范围及内容。制度创新是通过建立以实现经济可持续发展为目标的各种社会及经济制度，保障经济发展与环境保护的统一。

三、可持续发展的路径选择

(一) 明晰产权保护公共资源

科斯在解决环境外部性问题上，提出了明确的思路。他认为外部效应往往不是一方侵害另一方的单向问题，而具有相互性。例如，化工厂与居民区之间的环境纠纷，在没有明确化工厂是否具有污染排放权的情况下，一旦化工厂排放废水就对它征收污染税，是不合理的。因为如果建化工厂在前，建居民区在后，那么，化工厂就可以拥有污染排放权。进而，要限制化工厂排放废水，不应是政府向化工厂征税，而是居民区向化工厂“赎买”污染的排放权。在交易费用为零的情况下，通过双方的自愿协商，就可以产生资源配置的最佳化结果。在交易费用不为零的情况下，解决外部效应的内部化问题要通过各种政策手段的成本—收益的权衡比较才能确定。

“科斯思路”将产权同外部性联系起来，强调市场机制的作用，认为可能在不需要政府干预的情况下，通过明晰产权和协调各方面的利益或讨价还价过程而使外部成本内部化。具体过程是，假定污染者有权排污，那么他就会加大排污量，使受害者的经济损失越来越严重。这样，受害者为减少损失就会与污染者谈判，要求污染者减少排污量并愿意补偿因排污量减少而遭受的损失，补偿金的款额至少相当于污染者因减少排污量而减少的边际纯收益(否则污染者将因得不偿失而拒绝减少排放)，至少相当于受害者因相应的排污量而支付的边际损失(否则受害者也将得不偿失而愿意忍受排污带来的损失)，这样就达到了一个均衡点，即污染给受害者造成的边际损失等于污染者的边际收益。反之，假定污染者能否排污决定于受害者，那么通过谈判，仍会达到同一均衡点。这样，外部成本就通过产权协调而内部化了，双方都达到了帕累托最优状态。

上述分析表明，需要综合运用三种方法处理“公用地的悲剧”。第一，明确公用地或公共资源的产权，或利用领地划分的方法使个体或组织对公共资源的权利清晰可见。第二，通过建立权威或提供一定的制度安排来进行资源的合理分配和使用。第三，利用信息或制定规则等手段改变对策结构，提高信息的传输效率，增加群体中个体的合作。事实上，产权通常在经济发展过程中被自动地提出和界定。德姆塞茨(Demsetz)[①]说明了产权制

① [美]德姆塞茨:《关于产权的理论》，载科斯等著《财产权利与制度变迁——产权学派与新制度经济学派译文集》，刘守英译，上海三联书店、上海人民出版社，1994，第97页。

度的起源“当内在化的收益大于成本时,产权就会产生,将外部性内在化。内在化的动力主要源于经济价值的变化、技术的革新、新市场的开辟和对旧的不协调的产权调整。……当社会偏好既定的条件下,新的私有或公有产权的出现总是根源于技术变革和相对价格的变化”。

大量的事实也表明产权管理是克服环境问题的重要基础。在一定的自然条件下,面临公用地两难困境的人们,可以确定他们自己的体制安排,通过明确产权和建立权威等规则来改变他们所处情况的结构。例如,对印度 89 个贫瘠地区的研究后发现,通过产权制度的明确或对资源所有权或使用权的更改,投放环境保护的劳动开始增加,人们的收入增加,并有可能保持较高的消费水平,这使人口迁移的决策发生改变,同时增强了农村环境承受庞大人口的能力并影响了城市环境的改变。这些产权的变化包括以下几个方面:明确耕地的产权以及拥有公有资源的人群范围;以契约的形式规定团体成员的义务和责任,制定“游戏规则”,包括实行轮作制和圈养牲畜;逐渐形成保证上述规则实施的机制等。在 1980 年至 1991 年,加汉豪斯巴、阿加姆、阿姆德格、尤得坡等区域出现了人口外迁减少、环境改善、公众参与指数提高等情形。

当然,产权管理的策略在实践中也存在不足,特别是在市场化程度不高的发展中国家,法制不够健全、信用度低的状况都会导致交易费用增加,产权交易困难。同时,像环境资源这样的公共物品产权往往难以界定或者界定成本很高,从而使得自愿协商失去前提。

(二) 利用价格机制配置污染权利

价格机制是从影响成本效益入手,引导经济当事人进行选择,它是向污染者自发的和非强制的行为提供经济刺激的手段。其目标和作用在于纠正导致市场失灵的外部性问题,使得外部成本内在化。它能在一定程度上避免管理失灵所造成的损失。它所依据的基本原则是 20 世纪 70 年代初期 OECD 提出的污染者付费原则。污染者付费是一条使得这些环境外部性内在化的途径,并被认为是“经济有效”的或理想化的途径。其操作方式最主要的是通过排污权交易来实现。

排污权交易,是指政府制定总排污量上限,按此上限发放许可证,排污许可证可以在市场上买卖。20 世纪 60 年代末,戴尔斯(Dales)①提出将满足环境标准的允许污染物排放量作为许可份额,准许排污者之间的相互有偿交易,随后涌现了大量的有关理论与应用的研究。20 世纪 80 年代,政府环境决策机构选择了这一制度。1986 年,美国实施了许可贸易制度。近年来,欧美的许多学者又在探讨建立国家排污许可贸易体系的问题,以控制温室效应对臭氧层的破坏。排污权交易,是由环境保护当局计算出该国或该地区可能允许的污染物排放总量,制定排污许可总额,并将其分解分配给各个排污单位,然后允许各个排污单位进行许可额的自由贸易。每个单位可以将所分配的许可额留着自用,也可以在市场上卖掉;如果排放污染的公司购买许可额比自己控制排放合算,它也会去购买排污许可额而不是自己减少排污。可见,排污权交易有很多优点,如成本最小,节约管理成本,避免了过多的政府干预且简单易行等。

---

① Dales J H, “Land, water and ownership”, *Canadian Journal of Economics*, 1968, 1(4): 791 - 804.

（三）政府干预控制污染水平

政府干预是解决环境和资源问题最常见也是提出最早的策略。作为确定私有产权的一种替代方法，政府作为公共资源的所有者，可以直接管理资源的使用。政府能够限制猎人的猎杀量、渔民的捕鱼量、伐木者的砍伐量、放牧者的牛群数和污染者的排放量。政府可采取的经济政策是：对边际私人成本小于边际社会成本的部门实施征税，即存在外部不经济效应时，向企业征税；对边际私人收益小于边际社会收益的部门实行奖励和津贴，即存在外部经济效应时，给企业以补贴。这一策略又被称为“庇古手段”。庇古认为，通过这种征税和补贴，就可以实现外部效应的内部化。庇古手段主要是利用税收手段、财政手段、收费制度和责任制度进行管理，包括排污收费、使用者收费、产品收费、财政补贴、利率优惠、押金退款制度等。

庇古税要求确定最优税率。庇古税的课收税率是在这样的一点上，即削减追加的一个单位的污染将不可能获得任何净效益。这种税收是建立在对污染造成的损失的货币价值的基础之上的，确定适宜的税收水平要估算减少一个单位污染排放所带来的追加效益以及削减该单位污染排放的成本的大小，但通常情况下很难获得这些信息。由于按照庇古税的做法来确定社会最优的排放水平过于昂贵，因此难以实现，所以通常根据一个可接受的环境改善水平，把税率设定在一定的排放或产品上。随着公众和政府可以不断获得新的信息，该排放水平可能也会随时间发生变化。

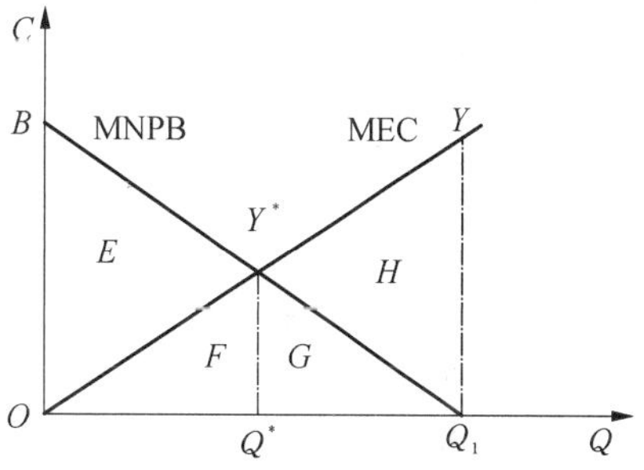

图 13－6　最优污染水平分析

有关污染控制的最优水平及其如何实现最优控制的经济分析，如图 13－6 所示。图中，MNPB 代表边际私人纯收益，即企业生产活动中得到的边际收益减去它所支付的边际成本之差。MNPB 线向右下方倾斜，意味着随着企业经济活动水平的扩大，边际私人纯收益是逐步下降的。MEC 代表边际外部成本，即生产活动产生的非生产者承担的成本。MEC 线向右上方倾斜，意味着随着经济活动水平或污染物排放量的扩大，边际外部成本是逐步上升的。Y^* 点是 MNPB 曲线和 MEC 线的交点，即均衡点，该点对应的经济活动水平或污染排放量是 Q^*，E、F、G、H 分别代表四个三角形区域。厂商之所以会生产导致环境污染的商品，其目的是为了追求最大限度的私人利润（即私人纯收益），而只要边际私人纯收益大于 0，厂商扩大生产规模就有利可图。所以，厂商希望将生产规模扩大到 MNPB 线与横轴的交点 Q_1，这时厂商从生产该商品中得到的私人总收益，就是 MNPB 线与横轴、纵轴相交而构成的三角形区域 OBQ_1，即 $E+F+G$。同时，厂商生产所造成的环境污染，将迫使社会为此支付外部成本。当生产规模和污染排放量达到 Q_1 点所表示的水平时，社会所支付的总外部成本，就是由 MEC 线、横轴和通过 Q_1 点的横轴垂线 YQ_1 所构成的三角形区域 OYQ_1，即 $F+G+H$。图 13－6 表明，在生产规模和污染排放量达到 Q^* 点所代表的水平时，社会纯收益 E-H 达到最大值，因而 Q^* 被称为最优污染水平。

一旦确定了污染控制的最优水平，下一步所要确定的就是污染控制的最优分配。所谓污染控制的最优分配，就是把控制污染的任务按某种适当的方式分配给各个不同的污染者，由它们去具体完成，并使得能够以最小的总成本为代价来实现既定的污染控制的最优水平。假如两个污染者的污染程度不同，要达到最优，就必须增加那些污染较大而边际成本较小的污染者的污染控制任务和减少那些污染较小而边际成本较大的污染者的污染控制任务，直到所有污染者控制污染的边际成本都恰好相等时为止。这样，控制污染的总成本才会最小。

"庇古思路"在经济活动中得到广泛的应用。在环境保护领域采用的"谁污染，谁治理"的政策，都是庇古理论的具体应用。"庇古思路"也存在一定的局限性：政府不一定能自觉地按公共利益对产生外部性的经济活动进行干预；政府也不是万能的，它不可能拥有足够的信息；政府干预本身也是要花费成本的，甚至导致潜在的浪费行为。

（四）资源回收利用政策

对再生材料的利用也是实现可持续发展的一个重要方面。对材料的回收利用，一方面可以避免资源的过度使用，另一方面可以减少社会处理废物的数量。废物的处理对家庭和社会来讲所需的成本是不同的，社会处理成本要大于家庭处理成本。对于家庭，玻璃容器和其他垃圾的处理成本只是所需要的时间和把垃圾扔进垃圾箱的精力，它随着所处理的垃圾的数量上升而上升。对于社会，垃圾的处理成本较高，不仅包括私人的处理成本，还包括垃圾所造成的对环境美观的影响。社会处理垃圾的边际成本也高于私人处理垃圾的边际成本。当一个家庭处理的垃圾达到一定数量时，就会涉及装运和倾倒的额外的费用，边际成本是上升的。社会的边际成本也倾向于上升，一部分原因是私人边际成本的上升，另一部分原因是随着处理数量的上升，环境美观成本急剧上升。废物的再生利用可以由政府或者私人厂商对材料的收集、汇总和加工来实现，再生的边际成本会随着再生数量的增长而增加。如图 13－7 所示，横轴表示社会处理废物的数量，处理的废物越少，回收的就越多，再生的边际成本（MCR）就越高。废物再生利用的有效数量是处理废物的社会边际成本（MSC）与再生利用废物的边际成本（MCR）相等时的数量。处理废物的社会最佳数量 Q_1 小于由私人所决定的最佳数量 Q_2。一种比较有效的纠正废物再生市场失灵的政策是押金制，政府可以通过押金制度使私人边际成本上升。在押金制度下，当可再生产品被购买时，就向店主支付押金。当容器退回到商店或者再生中心时，押金退回。押金带来了额外的处理废物的私人成本，使私人处理废物的边际成本曲线上移，再生回收的废物量上升，直到达到社会最优水平 Q_1。当私人边际成本上升 C 时，私人处理废物的最佳数量变为 Q_1，达到了调节市场失灵的效果。

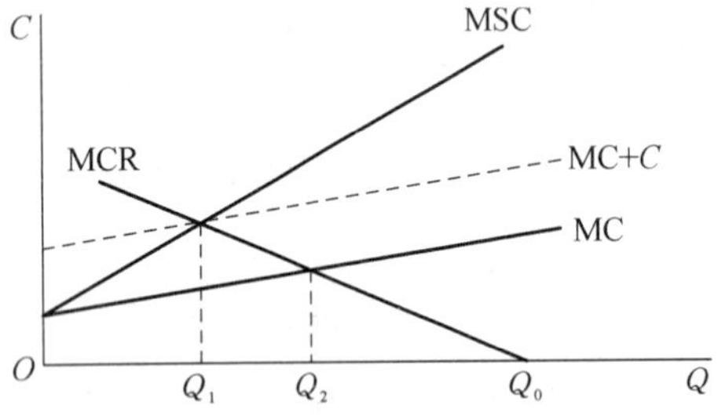

图 13－7　有效的再生数量

（五）发展循环经济

"循环经济"一词，首先由美国经济学家 K.波尔丁提出，主要指在人、自然资源和科学技术的大系统内，在资源投入、企业生产、产品消费及其废弃的全过程中，把传统的依赖资源消耗的线形增长经济，转变为依靠生态型资源循环来发展的经济。随着20世纪90年代可持续发展战略的提出，发达国家开始将发展循环经济、建立循环型社会看作实施可持续发展战略的重要途径和实现方式。

在传统经济的“资源—产品—污染排放”模式下，许多环境污染问题依靠单项技术、传统技术无法解决，必须强化技术、管理的集成，探索新的环境保护模式。循环经济就是一种以低消耗、低排放、高效率为基本特征，有效平衡经济增长、社会发展和环境保护三者关系的经济发展模式。循环经济的核心是资源的高效利用和循环利用，通过运用生态学规律，将经济活动组成一个“资源—产品—废弃物—再生资源”的反馈式循环流程。循环经济作为新的发展模式，是将环境因素作为经济发展的成本要素来考虑，是从源头预防和全过程控制污染的新经济理念。循环经济要求从生产到消费的各个领域遵循新的经济规范和行为准则，即“减量化(Reduce)、再利用(Reuse)、再循环(Recycle)”(简称3R)的实际操作原则。

减量化原则要求用较少的原料和能源投入来达到既定的生产目的或消费目的，进而到从经济活动的源头就注意节约资源和减少污染。包括在生产和服务过程中，尽可能减少资源消耗和废弃物的产生，做到节能、节水、节材、节粮与垃圾分类回收，实现产品小型化和轻型化，追求简单朴实的产品包装，逐步形成节约资源和保护环境的生活方式和消费模式。

再使用原则要求产品多次使用、修复、翻新或再创造后继续使用，尽可能地延长产品的使用周期，防止产品过早地成为垃圾。该原则抵制当今世界一次性用品的泛滥，提倡将制品及其包装当作一种日常生活器具来设计，使其像餐具和背包一样可以被再三使用。

再循环原则要求生产出来的物品在完成其使用功能后能重新变成可以利用的资源，而不是不可恢复的垃圾。按照循环经济的思想，再循环有两种情况，一种是原级再循环，即废品被循环用来产生同种类型的新产品，如报纸再生报纸、易拉罐再生易拉罐等；另一种是次级再循环，即将废物资源转化成其他产品的原料。原级再循环在减少原材料消耗上面达到的效率要比次级再循环高得多，是循环经济追求的理想境界。对不能循环再利用的废弃物要进行无害化的处理，力争做到废弃物的排放资源化和无害化。

发达国家已在发展循环经济方面积累了丰富的经验，总结了各种各样的模式，也取得了很好的效果。一些发展中国家也开始借鉴和探索通过发展循环经济实现可持续发展的目标。总结这些国家发展循环经济的做法，主要有以下几方面：

一是建立和完善各项与循环经济相关的法律法规。在以循环经济立法为主导，通过法制化发展循环经济方面，德国是走在世界前列的。德国的《废物处理法》早在1972年就已经制定，1986年德国又将该法进一步修订，将思路由“怎样处理废弃物”发展到“怎样避免废弃物的产生”。1994年，德国制定了在世界上有广泛影响的《循环经济和废物清除法》(1998年被修订)。此后，德国又制定了一系列相关法律，这些法律有效地促进了垃圾向能源的转变。为此，德国的循环经济被称为“垃圾经济”。

二是建立以收费制度和企业化运营为基础的实施机制。一些国家采取延伸生产者责任等措施，通过制度设计促使厂商进行产品的生态设计，通过事前收费和逆向物流等方法使用户、厂商和回收公司共同参与电子废弃物的处理。例如,德国由产品生产厂家、商业企业以及垃圾回收部门联合组成一个专门收集处理废弃物的中介组织,按自愿原则将相关企业组成网络,将需要回收的包装物打上标记,由中介组织委托回收企业进行处理。

三是通过政策引导循环经济的发展。推动循环经济的发展不能单纯依靠市场机制,还应采取多方面的政策措施。例如,产业政策应强调资源利用效率的提高和环境保护,促进经济结构的战略性调整。在投资政策和项目选择上,对投资方向的鼓励和限制上,向产业结构调整和升级的方向倾斜。鼓励发展资源消耗低、附加值高的高新技术产业、服务业和用高新技术改造传统产业。国家财政、税务部门制定对使用循环再生资源所生产的产品减免税收的优惠政策,鼓励企业使用循环再生资源。

四是开发共性和实用技术,形成循环经济的技术创新体系。循环经济的一个核心就是技术集成,循环经济的发展离不开基础性的技术进步。通过将循环经济的技术研究开发纳入国家中长期科技计划,确立支持循环经济发展的科技原则及工具、方法,建立一批生态工业示范园,都是实现循环经济的有效手段。

本章小结

环境是人类面对的外部世界,是人类生存和发展的必要空间和条件。环境维持经济活动的 4 个主要功能是维持生命、提供自然资源、吸收废弃物以及提供舒适服务。人类的发展受到资源的约束,如果人口、工业生产和其他经济活动均按以往发展模式,只要人口增长和经济增长的正反馈回路继续产生更多的人和更高的人均资源需求,那么人类就会陷入“增长的极限”。事实上,技术进步等因素会帮助人类逃出“增长的极限”,环境污染和人均收入之间可能是一种倒“U”型关系,即环境库兹涅茨曲线(EKC)。外部性思想可以用来分析很多环境问题。环境污染的负外部性是指企业或个人活动产生的污染物或污染因素使环境的构成和形态发生改变,环境质量恶化,从而对他人的生产和生活造成损害。环境保护的正外部性则指环境治理,也包括环境服务所产生的利于他人的外部效应。

“波特假说”认为严格的环境规制不但不会削弱国家竞争优势,反而会通过促进创新和产品升级来增强国家竞争优势,实现环境状况改善和竞争力提升的双赢。开放经济条件下,发达国家的强规制政策可能会导致污染企业向发展中国家转移,发展中国家可能成为“污染天堂”。另一种情形是贸易自由化带来的外商直接投资可能促进地区环境质量改善,带来“污染光环”效应。绿色全要素生产率将能源和环境视为经济增长的内生变量,不但要求经济效率提高,而且要求环境质量的改善。中国向世界承诺了 2030 碳达峰、2060 碳中和的目标。

可持续发展理念是人类为了应对人口爆炸、环境污染和资源耗竭等现实所形成的一种发展理念。可持续发展更关注资源的代际配置和福利的代际公平。明晰产权保护公共资源、利用价格机制配置污染权利、政府干预控制污染水平、资源回收利用政策、发展循环经济是促进全球可持续发展的几种战略和政策。

本章思考题

1. 环境库兹涅茨曲线的基本观点有哪些？
2. 环境外部性理论的主要观点是什么？
3. 什么是“污染天堂”假说和“污染光环”假说？
4. 绿色全要素生产率的含义是什么？
5. 可持续发展理论内涵和主要内容是什么？

第五篇　制度与发展

第十四章　制度、制度变迁与发展

经济活动和市场运行需要一个制度框架，经济发展不可能发生在制度真空中。制度指的是能够对个体产生激励和制约作用的规则和规范。这些制度可能是经济方面的，比如在何种条件下可以成立一家公司；也可能是政治方面的，比如选举制度的性质。而且，这些制度可能是正式的典籍，比如成文的宪法；也可能仅仅是人们自觉遵循的非正式规则。从能给国民带来长期收入流的角度来看，制度也可以看作一种独特的资本。制度安排和制度变迁不仅影响到短期内的资源配置和收入分配，更重要的是它决定了长期经济发展的绩效。

第一节　制度与制度变迁

一、制度的内涵和功能

（一）制度的内涵及形成

制度通常被定义为："是一个社会的游戏规则，更规范地说，它们是为决定人们的相互关系而人为设定的一些制约。"[①]从制度作为一种行为规则的特征出发，可以列举出一些重要而常见的具体制度，包括以下几个方面：① 用于降低交易费用的制度（如货币、期货市场）；② 用于影响生产要素的所有者之间配置风险的制度（如合约、分成制、合作社、公司、保险、公共社会安全计划）；③ 用于提供职能组织与个人收入流之间的联系的制度（如财产，包括遗产法、资历和劳动者的其他权利）；④ 用于确立公共品和服务的生产与分配的框架的制度（如高速公路、飞机场、学校和农业试验站）。[②] 在众多的制度中，产权毫无疑问是研究者最为关注并得到深入探讨的领域，这显然与产权制度对经济发展和人类福祉所具有的重大影响有关。

制度是人们权衡和选择的结果。通常用制度化程序分配稀缺资源，在这一过程中似乎任何人或团体都无法进行自由选择。然而，尽管在成本和选择之间缺乏这种一般意义

---

① ［美］道格拉斯·C. 诺思：《制度、制度变迁与经济绩效》，刘守英译，上海三联书店，1994，第 3 页。

② ［美］T. W. 舒尔茨：《制度与人的经济价值的不断提高》，载科斯等著《财产权利与制度变迁——产权学派与新制度经济学派译文集》，刘守英译，上海三联书店，1991，第 253 页。

上的重要桥梁，我们仍然可以估计不同配置情况下"可能出现却没有出现的结果"的价值。在由制度决定的配置序列中，这些价值损失估计值的形式会进入理性选择的计算中，这种计算包括对各种备择的关于分配的制度程序中较高层面的选择。[①] 当然，制度的选择不同于普通商品的选择，它是由集体做出的选择，尽管这些个人在制度选择过程中采取了不同的立场，扮演了不同的角色，得到不同的收益。

大多数情况下，制度是联合而不是单个地发挥作用。在现实社会中，众多的制度共同构成了"制度之网"，人们只能在特定的"制度之网"中进行选择和行动。从纵向来看，"制度之网"包括国际规则、国家的宪法、政治制度、经济制度、产权制度、企业管理制度等，尽管个体在行为时并不能够意识到全部的制度，但他总是在这些制度的多重限制之下进行选择。从横向来看，围绕某一市场或资源配置通常存在多方面的制度，这些制度通常是相互补充的，但有时也会冲突。

关于制度的形成，一般认为存在两条途径，即演化和设计。早在 18 世纪，休谟(Hume)、福格森(Ferguson)等就提出自发过程可能产生未预期到的制度安排。例如，休谟谈到，一种体制"对公众有利"，但它的发明者却可能"并未打算达到该目的"。福格森更是一针见血地指出："国家的偶然创立确实是人类行为的结果，但却不是任何人类设计的产物"。而后，哈耶克(Hayek)、布坎南(Buchanan)等依据当事人无知假定，认为一开始人们所面临的是无制度状态，而制度起源于社会交往，在交往的过程中，随着物品和知识的交流，当个人认为某些知识有利于交易各方降低交易过程的不确定性时，这些知识就会被认同并积淀下来，逐步形成一种能够稳定当事人预期的统一规则，即制度[②]。然而，也有一些制度主义者研究了制度形成的审慎设计过程，认为制度是人为设计的结果。例如，门格尔(Menger)把设计的制度称作"务实的"制度，而把自发出现的制度称作"有机的"制度。务实的解释就是"从人类社会联盟或者其统治者的意图、观点以及可利用的手段等方面解释社会现象的性质和起源。"[③]

然而，在实际的制度形成过程中，完全自发演进的制度和完全人为设计的制度并不存在。很多制度的形成往往是自发演进与人为设计相互交织的结果。英国学者卢瑟福(Rutherford)指出："新旧制度主义都承认制度有可能被精心设计和实施，也有可能在未经筹划或'自发的'过程中演化。"[④]柯武刚和史漫飞在其《制度经济学》一书中指出："制度是如何产生的？一种可能性是规则及整个规则体系靠人类的长期经验而形成。人们也许发现过某些能使他们更好地满足其欲望的安排。例如，向约见的人问好的习惯可能已被证明是有用的。有用的规则如果被足够多的人采用，从而形成了一定数量(临界点)以上的大众，该规则就会变成一种传统并被长期保持下去，结果它就会通行于整个共同体。当规则逐渐产生并被整个共同体所了解时，规则会被自发地执行并被模仿。不能满足人类欲望的安排将被抛弃和终止。因此，在我们日常生活中占有重要地位的规则多数是在社

① [美]史蒂文·N.杜尔劳夫、[美]劳伦斯·E. 布卢姆：《新帕尔格雷夫经济学大辞典》(第 6 卷)，第 2 版，贾拥民等译，经济科学出版，2016，第 179 页。

② 周业安：《中国制度变迁的演进论解释》，《经济研究》，2000 年第 5 期。

③ 袁庆明：《新制度经济学》，第 2 版，中国发展出版社，2014，第 286－289 页。

④ 卢瑟福：《经济学中的制度》，中国社会科学出版社，1999，第 98 页。

会中通过一种渐近式反馈和调整的演化过程而发展起来的。并且,多数制度的特有内容都将渐进地循着一条稳定的路径演变。……其他类型的制度因设计而产生。它们被清晰地制定在法规和条例中,并要由一个诸如政府那样的、高居于社会之上的权威机构来正式执行。这样的规则是由一批代理人设计出来并强加给社会的。"①

(二) 制度的功能

制度及制度变迁之所以成为经济学研究的热点,是因为它本身所具有的独特功能。制度的功能不仅重要而且呈现在经济、政治和社会生活的多个方面。一般而言,制度具有以下重要功能:

首先,制度通过向人们提供一个日常生活的结构来减少不确定性。制度具备的一项独特功能是塑造人们的思维与行为方式,提供并在某种程度上创造和扩散信息,创造较稳定的社会秩序,从而可以有效降低不确定性和风险。在人类社会中,信息的不完全和风险的普遍存在迫使人们构建一系列的制度,由此,在经济发展过程中,个人的习惯性行为逐渐形成制度化的惯例,依靠这些制度的信息功能,人们能够有效地处理提供给当事人的信息,减少日常行为中所包含的计算量。正如奈特所说:一个人只有在所有其他人的行为是可预测的,并且他能够正确地预测的时候,才能在任何规模的集团中理性地选择或计划。

其次,制度影响着资源的配置和利用状况。市场和政府通常被认为是配置资源的两大主导力量,这些认识往往忽视了制度在资源配置中的直接作用。人们在资源配置的决策中不仅需要权衡由经济条件所决定的生产费用,还需要考虑由制度规定的交易费用水平。当交易费用很高时,原来有利可图的生产决策或消费决策会受到影响,一些资源的投向或投量也将由此而改变。同时,制度也影响社会利用资源的态度和结果。在特定的制度条件下,制度能够促使人们节约,即让一个或更多的经济人在增进自身福利时而不使其他人的福利减少;或让经济人在他们的预算约束下达到更高的目标水平。但是,在相反的制度条件下,也会导致普遍浪费现象的出现。

第三,制度具有规定收入分配及再分配的功能。制度从方方面面影响了人们的收入分配,在计划经济的制度体系下和在市场经济的制度体系下,人们的收入分配决定方式截然不同。具体来说,劳动者与经济组织之间的合约通常是在国家的多个政治、经济制度影响之下形成的,合约的不同也就决定了收入分配的差异。在社会的再分配过程中,政府的各项财税制度取代企业内部合约发挥了重要作用,直接改变了人们的财产状况。事实上,政府的产业制度、外贸制度、金融制度、土地制度和住房制度通常都会在一定程度上改变或调整人们的收入水平。

总之,制度创造了秩序,减少了人们生产和生活的不确定性,影响了资源配置与收入分配。制度决定经济绩效,这正是新制度经济学所给出的重要结论。

二、制度的均衡与非均衡

(一) 制度的均衡

制度均衡是指在影响人们的制度变迁需求和供给因素一定时,制度变迁的供给适应

① 柯武刚、史漫飞:《制度经济学》,商务印书馆,2000,第35-36页。

制度变迁需求、制度安排不再变动的一种静止状态。之所以不再变动，主要是因为改变现存制度安排的成本超过了变迁带来的收益。按照诺思的话说，制度均衡是“指这样一种状态，在给定的一般条件下，现存制度安排的任何改变都不能给经济中任何个人或任何个人的团体带来额外的收入。如果安排的调整已经获得了各种资源所产生的所有潜在收入的全部增量；或者这样的潜在利润存在，但是改变现存安排的成本超过了这些潜在利润；或者如不对制度环境做某些改变，就没有可能实现收入的重新分配，那么，这一状态就存在。”①

由于制度具有单件性，制度均衡不是数量均衡，不是制度的供给数量等于制度的需求数量，而是一种行为均衡，即任何个人或组织都不再有变动现存制度的动机和行为，因为他们都不可能从这种变动中获取比不变动时更多的净收益。制度均衡也并不意味着每一个人都对现存的规则和契约感到满意，而只是指改变规则的相对成本与收益对于已签约的各方来说并不划算。现存的制度约束界定并创造了这样的均衡。

（二）制度的非均衡及其类型

制度非均衡是指在影响人们的制度变迁需求和供给因素一定时，制度变迁的供给不适应制度变迁需求，制度安排处于将要变动的一种状态。也就是，在现行制度安排下，出现了新的盈利机会。但是，如果不改变现行制度安排，这种盈利机会无法实现。这时就会产生新的潜在的制度变迁需求，并造成潜在的制度变迁需求大于制度变迁供给的情况。②按照常用的划分标准，制度的非均衡可分为制度供给不足和制度供给过剩。

1. 制度供给不足

制度供给不足，主要是指制度的供给不能满足社会对新制度的需求，从而导致制度真空的存在或低效制度不能及时被替代。制度供给不足表现为：一是制度的短期供给不足。在要素和产品相对价格等发生变动的情况下，制度变迁的需求曲线会右移，即产生对新制度服务的需求，但由于该制度实际供给的形成往往要经过一段时间，即诺思所说的制度供给“时滞”，从而造成制度的短期供给不足。制度的短期供给不足一般会随着制度的实际供给即制度的变迁而得到克服，至于制度短期供给不足到底会持续多长时间，这取决于制度变迁“时滞”的长短。二是制度的长期供给不足。制度的长期供给不足，是指制度的供给长期不能满足社会对新制度的需求，从而导致制度真空的存在或低效制度的持久不能被替代。对于制度长期供给不足的原因，新制度经济学家认为，外部效应、“搭便车”和政府“失灵”等是造成制度长期供给不足的重要原因。

2. 制度供给过剩

制度供给过剩，是指相对于社会对制度的需求，有些制度是多余的，或者是故意供给或维持一些过时的、低效的制度。制度供给过剩显然也有长短之分。短期制度过剩，主要与制度变迁需求或供给的变动有关。一般来说，如果制度变迁供给或需求能够随着制度供给的过剩而得以自动调整，制度的供给过剩就不会持久。其实，新制度经济学家更为关

---

①　[美]戴维斯、诺思：《制度创新的理论：描述、类推与说明》，载科斯等著《财产权利与制度变迁——产权学派与新制度经济学派译文集》，刘守英译，上海三联书店，1991，第297页。

②　袁庆明：《新制度经济学教程》，第2版，中国发展出版社，2014，第344－353页。

注的是后一种制度供给过剩，即制度的长期供给过剩。制度的长期供给过剩通常与政府的干预、管制密切相关。政府过多的干预、管制会导致寻租与设租活动。而寻租与设租活动的存在，就难以避免制度的长期供给过剩。例如，一些行业或部门的企业的寻租活动会导致过多的政府管制，进而导致过多的低效制度的长期供给，出现制度供给过剩。

三、制度的非均衡与制度变迁

纵观人类社会发展史，制度均衡是偶然现象，制度的非均衡是常态，制度变迁贯穿人类历史。制度变迁可以表述为：相对价格的变化导致一方或双方去进行一项交易（不管这一交易是政治的还是经济的），设想一方或双方在一个改变了的协议或合约下境况可能会更好，因而将做出对合约进行重新谈判的努力。①

制度变迁是其供给主体在变迁收益大于变迁成本情况下的一种理性行为，获得制度变迁带来的好处是其根本目标。但是，需要注意的是，不同制度变迁实现获利目标的途径不一样。根据布罗姆利（Bromley）的观点，基于目标实现途径的不同，可以把制度变迁分为四种类型，即提高生产效率的制度变迁、重新分配收入的制度变迁、重新配置经济机会的制度变迁和重新分配经济优势的制度变迁。②

根据不同的标准，可以对制度变迁方式进行不同的分类。例如，根据制度变迁的速度来考察，可分为渐进式制度变迁与激进式制度变迁；根据制度变迁的主体来考察，则可以分为诱致性制度变迁与强制性制度变迁；根据制度变迁的规模划分，可分为整体制度变迁与局部制度变迁。无论以哪种方式划分，制度变迁本质上都是高效率制度的出现或者是效率更高的制度对原有制度的替代。

一般而言，制度变迁会在以下四种情况发生：① 旧制度完全消亡，新制度产生；② 在原有的制度基础上产生新的制度安排，整个社会的制度结构增加了新的因素；③ 原来的制度安排演变为新的制度安排，或许还有旧制度的某些特征，但与原制度已有质的差异；④ 在原有的制度结构中，各种制度安排的性质、种类不变，但是相对地位发生了变化。

第二节　产权、交易成本与契约理论

一、产权

正如科斯所言，在交易费用大于零的现实世界中，产权的不同界定会对资源配置效率产生重要影响，因而产权安排是重要的。

经济学家对产权的界定，大体可归纳为两类：一类是从人与财产的关系的角度进行界定，把产权看作是一种人对财产的行为权利。例如，德姆塞茨认为："产权包括一个人或其他人受益或受损的权利。……产权是界定人们如何受益及如何受损，因而谁必须向谁提

① [美]道格拉斯·C. 诺思：《制度、制度变迁与经济绩效》，刘守英译，上海人民出版社，1994，第115-116页。

② [美]丹尼尔·W. 布罗姆利：《经济利益与经济制度》，陈郁、郭宇峰、汪春译，上海三联书店、上海人民出版社，1996，第153-172页。

供补偿以使他修正人们所采取的行动。”[①]此外，华特斯、柯武刚和史漫飞等亦持有类似观点。另一类是以财产为基础，从人与人之间关系的角度进行界定，代表人物有菲吕博顿(Furubotn)、配杰威齐(Pejovich)和费雪等，他们主张把产权视为一种由物(财产)的存在所引起的人们之间的相互认可的行为关系。例如，菲吕博顿和配杰威齐认为："对于产权概念，要注意的中心点是，产权不是指人与物之间的关系，而是指由物的存在及关于它们的使用所引起的人们之间的相互认可的行为关系。……它是一系列用来确定每个人相对于稀缺资源使用时的地位的经济和社会关系。”[②]其实，进一步分析可发现，以上两种关于产权内涵的界定仅表现为研究视角的差异，本质特征基本一致，即产权的直接内容是人对财产的一种行为权利，而这种行为权利往往又体现为人与人之间在财产基础上形成的相互认可的关系，这就是产权的本质特征。

产权作为一种财产权利，总有其归属的主体。根据产权归属主体的不同，即是归属于一个特定的人，还是归属于一个共同体的所有成员，可以将产权从根本上分为私有产权和共有产权两种类型。当然，除了两种极端的形式外，还有一些介于完全的私有产权和完全的共有产权之间的中间形式。

从理论上来说，无论是哪种产权制度，一旦确定下来，人们的自利行为会选择交易成本较低的安排。然而，曼库尔·奥尔森(Olson)发现，在分利集团和集体决策存在的情况下，产权制度就会发生转变，转变后的交易成本可能不减反加。他指出了一系列分利集团的行为特征和后果：① 社会中的特殊利益组织或集团会降低社会效率和总收入，会使政治生活中的分歧加剧。② 分利集团进行决策比其中的个人与企业决策要迟缓，从而使议事及协商日程拥挤；其决策多半倾向于固定价格而不固定数量。③ 分利集团使全社会延缓采用新技术以及在生产情况变化时阻碍重新分配资源，会降低经济增长率。④ 当分利集团发展到足以取得成功的规模时，它必然采取排他性的政策，并力图使其成员限制在收入相近与贡献相近的范围之内。⑤ 分利集团的扩大将增加法律的繁文缛节，强化政府的作用，造成协议的复杂性，并改变社会演化的方向。

奥尔森的洞见可以在私人产权制度上得到集中体现。“人们对资产的权利(包括他们自己的和他人的)不是永久不变的，它们是他们自己直接努力加以保护、他人企图夺取和政府予以保护程度的函数。”交易成本则被定义为与转让、获取和保护产权有关的成本。如果交易成本大于零，产权就不能被完整界定。[③] 在实践中，特殊利益集团通过对制度规则的修改而对私产的侵占多种多样，也导致了相应的不良后果。

二、交易成本

在古典和新古典经济学中，制度对经济体系的作用得到一定程度的认可，但由于传统的研究要么假定制度是外生给定的，要么假定制度不影响经济绩效，要么假定制度可以无成本地运行，从而忽视了制度在经济发展中的基础性作用。因此，要理解制度对经济增长

① ［美］H.德姆塞茨：《关于产权的理论》，载科斯等著《财产权利与制度变迁——产权学派与新制度经济学派译文集》，刘守英译，上海三联书店，1991，第 97 页。

② ［美］E. G. 菲吕博腾、S. 配杰威齐：《产权与经济理论：近期文献的一个综述》，载科斯等著《财产权利与制度变迁——产权学派与新制度经济学派译文集》，刘守英译，上海三联书店，1991，第 204 页。

③ ［美］Y. 巴泽尔：《产权的经济分析》，费方域、段毅才译，上海三联书店、上海人民出版社，1997，第 2－3 页。

的基础性作用,就要从交易成本出发。

交易成本可以看作一系列制度成本,包括信息成本、谈判成本、拟定和实施契约的成本、界定和控制产权的成本、监督管理的成本和制度结构变化的成本。简言之,包括一切不直接发生在物质生产过程中的成本。从定义上看,一个组织总要求有人去组织它。这就意味着,所有不是由市场看不见的手指导的生产和交换活动,都是有组织的活动。这样,任何需要经理人、监督者、管理者、实施者、律师、法官、代理人,或中间人的活动安排,都意味着组织的存在。这些职业在一个人的"鲁滨孙式"经济中是不存在的,给他们的工作支付的工资,就是交易成本。

交易成本的数量是惊人的,沃利斯和诺思(Wallis and North)①衡量了市场交易费用量的大小[如有关银行、保险、金融、批发及零售交易的成本;或按职业(如律师、会计等)划分的成本]。他们发现,美国国民收入中的45%以上被用于交易,而且这一比例比一个世纪以前增加了近25%。因此,经济中用于交易的资源不但在量上十分可观,而且还在增加。从交易成本的比率看,农业经济一般比工业经济低,而商业经济的交易成本更高。

交易成本的存在可以很好地解释组织的出现。早在1937年,科斯就指出,当测定各个工人各自的贡献和议定一个产品的各部件价格的困难,使交易成本很大时,工人就会选择在一个工厂里工作;他通过合同支出了他的劳动使用权,自愿服从看得见的手的管理,而不是自己通过市场的看不见的手向消费者出卖他的服务或产品。因此可以说,厂商取代了市场。随着这种取代的发展,决定价格成本的节约将遇到厂商内部监督和管理成本的上升的反作用。当在边际上,前者成本的节约与后者成本的提高相等时,就达到了均衡。

交易成本的存在也是要素市场与产品市场分离的前奏。因此,把厂商看作对市场的替代,或把要素市场看作对产品市场的替代,不如更正确地把它们看作一种类型的合约形式对另一种类型的替代而做出的组织选择。在这些情况下,组织安排的选择实际上是合约安排的选择。合约安排的选择当然不局限于要素市场。在产品市场里,像捆绑销售、全面抬价或俱乐部的会员费这样的定价安排,也同样可以用交易成本来解释。而且企业组织合并、特许权利各种形式的一体化经济组织,现在也开始被看作交易成本现象了。的确,对百货商店和购物中心进行仔细观察,就可以发现中心代理商与单个售卖者之间以及售卖者自己之间的定价和合约安排。

从交易成本角度分析经济组织的方法,也可以扩展到一切制度以及"政府"或国家本身。因为没有交易成本,就不会有制度、合约以及市场的安排。这些制度的出现就是为了减少社会中的交易成本。小到一个社区内的委员会,大到一个城市的议会及消防警察等规则,所有竞争制度,包括权利的界定与决定胜负的准则,一定是为了减低交易费用而存在的。

---

① Wallis J J, Douglas C N, "Measuring the Transaction Sector in the American Economy, 1870—1970", In Engerman S L, Gallman R E(eds), "Long-Term Factors in American Economic Growth", University of Chicago Press, 1986.

三、契约理论

契约又称合同、合约，最初是一个法学概念。在罗马法中，契约是指双方意愿一致而产生相互间法律关系的一种约定。新制度经济学更多地从制度的经济功能角度进行界定，即把契约看作一种交易约束的具有一定经济价值的微观制度。例如，平乔维奇(Pejovich)认为，“契约是人们用以寻找、辨别和商讨交易机会的工具。在所有权激励人们去寻找对其资产最具生产力的使用方法的同时，缔约自由降低了辨别成本”。① 克莱因(Klein)则认为，“契约是通过允许合作双方从事可信赖的联合生产的努力，以减少在一个长期的商业关系中出现的行为风险或‘敲竹杠’风险的设计装置。”②综上可见，契约是交易当事人之间在自由、平等、公正等原则基础上签订的转让权利的规则，契约的本质是交易的微观制度。新制度经济学中的契约，比法律上的契约概念更为广泛，它不仅包括具有法律效力的契约，也包括一些默认契约，实际上是将所有的交易(无论是长期的还是短期的)都看作一种契约关系，并将此作为分析的基本要素。契约分为完全契约和不完全契约。

(一) 完全契约

完全契约是指缔约双方都能完全预见契约期内可能发生的重要事件，愿意遵守双方所签订的契约条款，当缔约双方对契约条款产生争议时，第三方(如法院)能够强制执行。完全契约下的契约条款详细地表明了在与契约行为相应的未来不可预测事件出现时，每一个契约当事人在不同情况下的权利与义务、风险分享的情况、契约强制履行的方式及契约所要达到的最终结果。

完全契约的获得离不开下列条件：第一，当事人能够预见到在契约过程中一切可能发生的重要事件，预见到这些事件发生时所要修改的契约行为与支付，由此，契约当事人必须能够准确地描述这些可能发生的事件，以致在这些可能性事件讨论前能够做出明确的决策。这样，契约当事人也就能够知道他们预先所考虑的具体环境现在实际发生的状况。第二，契约当事人对每一可能事件必须愿意和能够做出决定，并同意有效的行动过程以及这些行动的支付。第三，契约当事人只要一进入契约，就必须自愿地遵守其契约条款。

(二) 不完全契约

由于人的有限理性，外在环境的复杂性、不确定性，信息的不对称性和不完全性，契约当事人或契约的仲裁者无法证实或观察一切，这就造成契约条件的不完全。用哈特的话说：“在一个不确定性的世界里，要在签约时预测到所有可能出现的状态几乎是不可能的；即使预测到，要准确地描述每种状态也是很困难的；即使描述了，由于事后的信息不对称，当实际情况出现时，当事人也可能为什么是实际状态争论不休；即使当事人之间的信息是对称的，法院也不可能证实；即使法院能证实，执行起来也可能成本太高。”③这样，契约中

① [南]平乔维奇：《产权经济学》，蒋琳琦译，经济科学出版社，1999，第 32 页。

② [美]克莱因：《契约与激励：契约条款在确保履约中的作用》，载科斯、哈特、斯蒂格利茨等著《契约经济学》，李风圣译，经济科学出版社，1999，第 185 页。

③ [美]哈特：《企业、合同与财务结构》，费方域译，上海三联书店，1998，第 28－29 页。

总留有未被指派或未被列明的事项，这样的契约就是不完全契约。导致契约不完全的原因主要有：① 契约当事人的有限理性；② 交易费用为正；③ 契约订立时双方信息不对称；④ 语言使用的模糊性等。

不完全契约理论主要有两个分支：一是以威廉姆森（Williamson）、克莱因等为代表的交易费用经济学派（TCE），认为契约不完全导致的交易费用主要源于事后的失调，因而强调事后适应性治理，主张通过比较各种不同的治理结构来选择一种最能节约事前交易费用和事后交易费用的制度。二是以格罗斯曼（Grossman）、哈特（Hart）和穆尔（Moore）等为代表的新产权学派（PRT），认为契约不完全导致的交易费用主要源于事前的专用性投资激励不足，因此强调事前的激励机制，主张通过某种机制来保护事前投资。表 14－1 显示了 PRT 与 PCE 在行为假设、信息假设、契约不完全的原因等方面的区别。

表 14－1　交易费用经济学与新产权学派不完全契约理论的区别

契约理论	行为假设	信息假设	环境假设	契约不完全的来源	契约的作用
PRT	充分的理性	签约人与第三方当事人的信息不对称	风险	关键变量的不可证实性	主要是一个用于最小化投资扭曲的激励性工具
TCE	有限理性/机会主义行为	所有当事人之间的信息不对称	不确定性	主要是有限理性	主要是一个用于最小化交易费用的适应性工具

资料来源：索西耶：《不完全契约理论与交易成本经济学：一个检验》，载科斯、诺思、威廉姆森等著《制度、契约与组织：从新制度经济学角度的透视》，经济科学出版社，2003，第 444 页。

正是不完全契约的广泛存在，给交易双方提供了“敲竹杠”这样的事后机会主义行为的可能性，这使得防范和治理“敲竹竿”问题的事后适用性工具变得十分必要。为此，迈克尔（Michael）和威廉姆森①提出了一种解决“敲竹杠”问题的办法。他认为，当资产专用性程度足够强、交易频率足够高和不确定性程度足够大时，将两个企业合并为一个企业，或者说用统一治理的关系契约代替市场治理的古典契约或第三方治理的新古典契约，可以减少“敲竹杠”所造成的交易费用。相对于市场来说，合并后的统一企业作为一种科层，拥有更多的行政控制手段和更好的事后调适能力，可以减少两个企业之间的讨价还价成本和“敲竹杠”风险，从而节约交易费用。通俗地说，如果两个独立的经理人变成了一家人，那么他们之间“敲竹杠”的程度显然会减弱。通过引入资产专用性，威廉姆森实际上将科斯的交易费用术语变成了一个可证实的概念，这一贡献是巨大的。

然而，在格罗斯曼和哈特②、哈特和莫尔③等人看来，威廉姆森的逻辑并不能令人满意。为此，他们创造性地提出了所有权—控制权模型（GHM 模型），将企业的契约性控制

① Riordan M H, Williamson O E, “Asset specificity and economic organization”, *International Journal of Industrial Organization*, 1985, 3(4): 365－378.

② Grossman S J, Hart O D, “The Costs and Benefits of Ownership: A Theory of Vertical and Lateral Integration”, *The Journal of Political Economy*, 1986, 94(4): 691－719.

③ Hart O, Moore J, “Property Rights and the Nature of the Firm”, *The Journal of Political Economy*, 1990, 98(6): 1119－1158.

权区分为特定控制权和剩余控制权，并主张契约不完全时，事前将剩余控制权配置给投资决策相对重要的一方或不可或缺的一方，有助于提高其在再谈判中的谈判能力，减少其事前专用性投资的激励扭曲，避免“敲竹杠”问题。控制权比所有权更重要。如果没有控制权，正式的产权意义不大；但是在没有明细的产权的情况下，控制权能够刺激企业家的创业行为（中国可以证明）。①

随后，哈特及其合作者基于参照点、自利偏见、互惠或报复三个行为因素创建了第二代不完全契约模型，即参照点模型②，并从不同方面进一步丰富和发展。首先，哈特③在《敲竹杠、产权与参照点》一文中对参照点模型进行了进一步拓展：一是研究的侧重点从契约类型的权衡转变为刚性契约；二是允许“敲竹杠”和再谈判。其次，哈特和霍姆斯特罗姆(Holmstrom)④基于参照点思想，建模探讨了企业的规模及内部权威与授权机制问题。此外，哈特⑤考察了长期契约的效率问题，指出现实中签订长期契约的主要目的是激励卖方投资、保证事后效率、避免投机报复行为。但研究表明，当契约发挥参照点效应时，这三个目的无法同时实现，因此，缔约方应在三者之间进行权衡。

第三节　制度变迁与发展

一、制度影响经济增长的机制

不同的合约安排会影响资源使用与收入分配，对经济增长和人们的生活有重要影响。而制度作为普遍存在的合约选择，会带来不同的竞争效果，对于经济效率具有决定性的作用，从多个方面影响经济增长。

（一）产权界定清晰有助于降低交易成本

产权是一种制度安排，是人与人之间的一种合约，它是由法律、规制、习惯或等级单位来确立，对经济效率具有决定意义。产权结构可以采取不同的形式，私人产权为一个极端，共有产权为另一个极端，大多数产权安排都处于这两者之间。“个人对资产的产权由消费这些资产、从这些资产中取得收入和让渡这些资产的权利或权力构成。”⑥一般而言，产权包括所有权、使用权和处置权等内容。

在几千年人类历史上，私人产权或接近私人产权的制度一直存在，甚至在一些极端的社会状态下，私人产权也未能被完全消除。这是因为在竞争条件下，私人产权界定最为清晰，产权的清晰界定可以减少不确定性，不确定性的减少可以降低交易费用。具体而言：

---

① ［英］A.P.瑟尔沃：《发展经济学》，第9版，郭熙保译，中国人民大学出版社，2015，第107页。

② Hart O, Moore J, John, “Contracts As Reference Points”, *Quarterly Journal of Economics*, 2008, 123(1): 1-48.

③ Hart O, “Hold-Up, Asset Ownership, and Reference Points”, *The Quarterly Journal of Economics*, 2009, 124(1): 267-300.

④ Hart O, Holmstrom B, “A Theory of Firm Scope”, *The Quarterly Journal of Economics*, 2010, 125(2): 483-513.

⑤ Hart O, “Noncontractible Investments and Reference Points”, *Games*, 2013, 4(3): 437-456.

⑥ ［以］Y.巴泽尔：《产权的经济分析》，费方域译，上海三联书店、上海人民出版社，1997，第2页。

一是产权界定清晰，使资产的使用由产权主体负责，自负盈亏，鼓励了自力更生的愿望。二是产权的转让能够使得稀缺资源的使用转换到善于利用者的手上，充分发挥资源的作用。三是在不可避免的竞争使用资源情况下，界定清晰的产权租值消散最小。四是基于界定清晰的产权市场，价格信息的传达虽然不一定准确，但比起其他制度还是远为可靠。此外，界定清晰的产权还具有一种独有的优点，即允许个人财产的所有者具有不参加某一组织的选择，而这种选择是对采用具有较高交易成本的组织的有力制约。虽然有些资产界定清晰可能费用过高，但通过一系列合约安排得以实现则与人类经济发展的趋势是一致的。

（二）市场制度有利于减少租值消散

市场制度，是在产权界定清晰条件下形成的，它不仅包含各种具体的交易安排，最重要的是它保证了产权的自由转让。市场交易本身是由一系列的合约所构成，这些合约的实现要依赖于产权的可自由转让，如果产权无法自由转让，则其潜在的租值就会消散，其利用价值也就难以提高。通过自由转让，可以使资产的租值消散降到最低，使社会财富的增长成为可能。租值消散是指本来有价值的资源或财产，由于产权安排方面的原因，其净价值（或租金）下降，乃至完全消失。在特定的情况下，只要具有自由转让权，所有权并不重要。从各国经济增长的事实来看，市场制度的建立和完善是基本的前提条件。例如，20世纪90年代初期，波兰、捷克、匈牙利等东欧国家通过价格形成机制的市场化改革、国有企业私有化、国有企业产权分割和风险自负、新兴私人企业准入等方式成功向市场化经济转轨，市场化制度的建立和完善奠定了各国经济起飞的基础。

（三）不同的合约安排会导致不同的效率

在市场制度下，复杂多样的合约安排也会导致不同的资源使用和收入分配结果。由于生产和经营活动通常由两个以上的资源所有者联合进行，就需要通过合约部分或完全地转让产权。一方面，经济组织的合约形式可以多种多样，从件工合约到跨国公司，都是为了降低交易成本，改善生产效率；另一方面，经济组织之间的合作与交易也是通过千变万化的合约安排来实现的。而构成合约结构的条款或条件通常用来规定参与者之间的收入分配、资源使用的条件等。合约的结构将使边际收益等于边际成本，一份合约可能包括大量的条款，决定与资源运用的各个方面有关的一系列边际等式。合约安排导致的经济效率往往是间接的，但却促使全社会的资源配置更趋优化。

二、发展中国家的经济发展与制度变迁

发展中国家的发展绩效令人鼓舞。发展中国家从整体上来看在经济发展方面取得了较大成就，逐步摆脱贫困，走上富强之路。世界银行统计数据显示，按照每天1.90美元（2011年PPP）标准统计，世界贫困率从1990年的35%下降到2019年的8.4%，2020年受全球疫情影响上升至9.5%。贫困人口主要分布在发展中国家，发展中国家的减贫成绩表明，发展中国家在经济发展方面取得了长足进步。

根据世界银行的划分标准，2001—2020年，低收入经济体数量从66个减少到27个，中低收入经济体的数量未发生明显改变，中高收入经济体数量从38个增加到54个，高收入经济体数量从53个增加到88个（见表14-2）。世界银行将低收入经济体、中低收入经济体和中高收入经济体归为发展中国家和地区。这意味着发展中国家和地区的数量从

2001 年的 156 个减少到 2020 年的 130 个。再从不同类型经济体占比来看，2001 年，发展中国家和地区占比为 74.64%，到 2020 年，发展中国家和地区占比下降为 59.63%。上述数据显示发展中国家经济发展取得了显著成效。

表 14－2　2001—2020 年不同类型经济体数量（世界银行标准）

年　份	高收入经济体	中高收入经济体	中低收入经济体	低收入经济体	经济体总数
2001	53	38	52	66	209
2002	57	34	54	64	209
2003	55	37	56	61	209
2004	56	40	54	59	209
2005	57	40	58	54	209
2006	61	41	55	53	210
2007	66	41	54	49	210
2008	67	46	55	43	211
2009	70	48	56	40	214
2010	71	54	56	35	216
2011	71	54	54	36	215
2012	76	55	48	36	215
2013	76	55	50	34	215
2014	80	53	51	31	215
2015	79	56	52	31	218
2016	78	56	53	31	218
2017	83	58	50	27	218
2018	82	58	52	26	218
2019	85	58	46	29	218
2020	88	54	49	27	218

数据来源：世界银行数据库，http://data.worldbank.org.cn.

与发达国家相比，发展中国家依然面临严峻的经济发展挑战。世界银行统计数据显示，2020 年全球人均 GNI 为 10 556 美元。其中，低收入经济体人均 GNI 为 745 美元，中低收入经济体人均 GNI 为 2 234 美元，中高收入经济体人均 GNI 为 9 313 美元，高收入经济体达到 41 249 美元。与世界平均水平（10 556 美元）相比，低收入经济体、中低收入经济体和中高收入经济体的人均 GNI 分别为世界平均水平的 7.06%、21.16%和 88.22%。若比较不同收入组经济体之间的收入水平，高收入经济体的人均 GNI 分别是中高收入经济体、中低收入经济体和低收入经济体的 4.4 倍、18.5 倍和 55.4 倍（见图 14－1）。由此可见，发展中国家与发达国家之间的收入差距仍然较大。

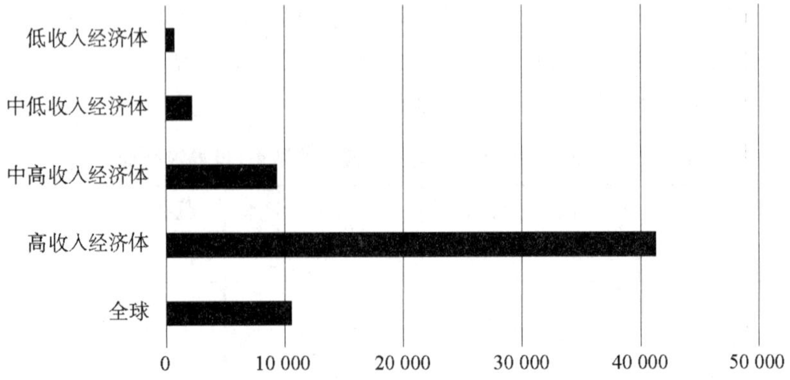

图 14-1　2020 年不同经济体人均 GNI(现价美元)

资料来源:世界银行数据库,http://data.worldbank.org.cn.

从制度层面展开分析,发展中国家长期存在基本制度缺陷、制度供给不足和强烈的路径依赖等问题。发展中国家制度发展不足和制度质量不高是阻碍经济发展的重要原因。罗德里克(Rodrik)把制度比作技术进步,认为制度能够使国家将投入转变为更高水平的产出,向外扩展一国的生产可能性边界。① 罗德里克等强调,制度质量压倒任何因素。制度发展可以由产权强度和法律规则的复合指标来度量。② 根据世界银行《2020 年全球营商环境报告》分析,与发达国家相比,发展中国家营商环境质量不高。③ 首先,在新企业创办方面,虽然高收入国家和中低收入国家在创办企业程序数量上不存在明显差异,但在创办企业耗费时间和成本上,中低收入国家高于高收入国家。其次,在合同履行方面,合同履行所需时间和合同履行成本则比发达国家高出许多(见表 14-3)。上述对比分析表明,发展中国家的制度安排在解决经济活动主体的激励机制问题上的低效,产权保护与契约难以被有效执行,导致企业组织非正常成长,是制约发展中国家经济发展的障碍。

表 14-3　不同经济体的营商环境质量比较

收入组别		创办企业			履行合同		
		创办程序的数量	所需时间(天)	创办成本占人均收入百分比	司法程序质量指数	所需时间(天)	履行成本占索赔金额的百分比
全世界		6.7	18.8	18.5	8.8	213	32.9
高收入经济体	美　国	6.0	4.2	1.0	14.6	314	30.5
	英　国	4.0	4.5	0.0	15.0	345	25.7
	澳大利亚	3.0	2.0	0.7	15.5	328	23.2

① Rodrik D, "How Far Will International Economic Integration Go", *Journal of Economic Perspectives*, 2000, 14(1): 177-186.

② Rodrik D, Subramanian A, Trebbi F, " Institutions Rule: The Primacy of Institutions Over Geography and Integration in Economic Development", *Journal of Economic Growth*, 2004, 9(2): 131-165.

③ World Bank, "Doing Business 2020: Comparing Business Regulation in 190 Economies", 2020.

续　表

收入组别		创办企业			履行合同		
		创办程序的数量	所需时间（天）	创办成本占人均收入百分比	司法程序质量指数	所需时间（天）	履行成本占索赔金额的百分比
中高收入经济体	中　国	4.6	8.6	1.1	16.5	224	16.5
	俄罗斯	4.0	10.1	1.0	9.5	157	16.5
	巴　西	10.6	16.6	4.2	13.1	550	22.0
中低收入经济体	印度尼西亚	11.2	12.6	5.7	8.9	143.4	70.3
	玻利维亚	12.0	39.5	37.3	6.0	401	25.0
	埃　及	5.0	12.0	20.3	4.0	720	26.2
低收入经济体	尼日尔	4.0	10.0	7.9	8.0	200	52.6
	阿富汗	4.0	8.0	6.8	5.0	1 420	29.0
	乌干达	13.0	24.0	40.5	8.5	365	31.3

数据来源：World Bank, “Doing Business 2020: Comparing Business Regulation in 190 Economies”, 2020.

三、现代企业制度的构建

现代企业制度对经济发展具有重要的意义。现代企业制度的建立不仅能够有效地激发企业家的创业精神，积极推动企业发展，而且能促进经济发展。

现代企业制度的建立可以明确企业家的权利义务，有效约束企业家的行为，使企业家有效地保护企业利益，规范企业行为，建立企业的良好形象。现代企业制度的建立可以有效地促进企业的发展，企业作为市场主体，只有企业的发展才能促进经济的发展。完善的现代企业制度的可以提高企业效率，降低企业成本，提高企业的经济效益。此外，现代企业制度的建立还可以有效地保护员工的权益，提高社会公平意识，使企业成为一个社会正义的支柱，促进社会稳定。现代企业制度的建立可以使企业把握市场发展趋势，增强企业的竞争力，保持企业的长期发展，为国家经济建设做出贡献。

（一）现代企业制度的内涵

现代企业制度是适应社会化大生产和现代市场经济要求，以完善的法人制度为基础、以有限责任制度为保证、以法人治理结构为核心，产权清晰、权责明确、政企分开、管理科学的新型企业制度。现代企业制度具有如下特征：第一，采用股份制的形式广泛筹集资金，分散投资风险。现代企业将资金划分为等额股份，向社会公众筹资，将多个产权主体的利益联结起来，实现利益共享，风险共担。第二，所有权与控制权分离。由于投资者众多，股权分散，单个投资者无法控制企业。大型企业的投资者往往不具备经营管理企业的能力，需要聘请受过专业训练、具有管理经验的职业经理人对企业进行管理。而职业经理人不是企业所有者，导致企业所有权和经营权分离。第三，投资者负有有限责任。实行现代企业制度的投资者以其出资额为限，对公司债务承担有限责任。第四，现代企业是法人企业。法人指具有民事权利能力和民事行为能力,依法独立享有民事权利和承担民事义务的组织。现代企业由于投资者分散和流动性大,必须具有法人资格,才能开展正常的市场交易。第五,多元化的经营目标和复杂的治理结构。现代企业经营不仅仅考虑利润最大化,企业作为一种社会化的经济组织,经营目标具有多元化特征,还应当承担一定的社会责任。第六,现代企业按照市场需求组织生产经营,以提高劳动生产率和经济效益为目的,政府不直接干预企业的生产经营活动。企业在市场竞争中优胜劣汰,长期亏损、资不抵债的应依法破产。

(二)中国特色现代企业制度的构建

经过40余年的改革探索,中国国有企业完成了公司制和股份制改革。要改革探索出社会主义市场经济条件下发展壮大国有经济、活跃多种所有制经济的路径,关键是建立现代产权制度、公司法人治理结构、职业经理人制度和国有资产监管制度四个方面内容的中国特色现代企业制度。

在建设现代企业制度中,需要通过改革和制度创新探索如何将党组织嵌入治理体系,充分发挥党的领导作用,提高企业经营效率的同时更好执行党和政府的使命。将党组织的地位和作用在公司企业治理体系中制度化,通过合理制度设计,最大限度地发挥党组织在推动国有企业发展中的作用。国有企业党委(党组)发挥领导作用,把方向、管大局、保落实,依照规定讨论和决定企业重大事项。保证监督党和国家的方针、政策在本企业的贯彻执行;支持股东会、董事会、监事会和经理依法行使职权;全心全意依靠职工群众,领导工会,保护职工权益;加强党组织的自身建设,领导思想政治工作和精神文明建设。将党的领导引入国有企业的公司治理中,不仅更加有利于平衡兼顾利益的多元性,更加有利于增强激励约束的有效性,在国有企业做大做强做优的过程中发挥重要作用。

建立完善的职业经理人制度,改变国有企业经理人由政府直接任命,政企不分,缺乏激励导致人才流失问题;改革国有资本管理体制,规范出资人和企业的关系,逐步实现"管资产"到"管资本"的转变;优化国有企业布局和结构,加快国有资本向重要行业和关键领域集中。相比于国有企业,民营企业现代企业制度建设相对滞后,大量民营企业法人治理结构有形无实,产权关系不清晰,激励机制不健全,内控制度和财务制度不健全等,严重制约了民营企业高效运营、高质量发展和参与国有企业混合所有制改革。

完善的产权制度是国有企业成为市场主体的前提,也是构建现代企业制度的基本条件。国有资产属于全体人民共同所有,但长期以来"全民"的实现形式不合理,国有资产所有者和代理人的关系不明晰,这是导致国有资产经营低效的根本原因。在坚持公有制为主体、多种经济成分并存发展的基本经济制度框架下,探索国有企业的产权实现形式,更好地适应社会主义市场经济运行要求。混合所有制经济是公有经济的重要实现形式,混合所有制改革是推动国有企业产权改革的重要途径。国有企业和民营企业的混合有利于通过股权的形式明晰产权,明确权利和利益关系,有利于搞活国有资本,增强国有资本控制力。

构建完善的法人治理结构是国有企业建立现代企业制度的关键。国有企业需加强董事会建设，避免流于形式；提高监事会的监管能力，维护出资人利益，防止国有资产流失；加强职业经理人制度建设，解决国有企业经理人“双重身份”问题，以市场化方式选聘职业经理人，并健全考核和约束机制，加强薪酬改革，完善激励措施。结合超额利润分享和股票期权等多种激励手段，使激励真正起到激发正向行为和约束负向行为的作用。

中国特色国有资产监管制度担负着监督国有资产保值、增值和防止国有资产流失的重任。契合完善法人治理结构需要，改革完善国有资产管理体制，是国有企业制度建设的重要抓手。党的十八届三中全会《决定》、党的十九大报告及党的十九届四中全会《决定》都强调完善国有资产管理体制、改革国有资本授权经营体制的重要性。国有资产监管体制和国有资本授权经营体制的改革，实际上是在改变国有资本的委托代理关系。这也是政府与企业关系以及政府与资本关系的改革。“以管资本为主”体现了对资本属性的尊重，有助于国有资本的合理流通和优化配置，从而提升国有资本的价值，并提高国有经济的竞争力、创新力、控制力、影响力以及抗风险能力。推进国有资本投资运营公司的重组和建立，是以管资本为主的国有资本管理体制改革的重要举措，并为现代企业制度建设提供服务。“政府—国有资本出资人职责的机构（部门）—国有资本投资运营公司—国有企业（主要是混合所有制企业）”将成为国有资本委托代理链条的常见模式。从制度安排的角度来看，国有投资运营公司在国有资本委托代理链条中具有关键作用，特别是能够有效地隔离国有资本出资人与生产经营实体之间的直接联系，进一步分离所有权与经营权，建立以管资本为主线的国有资本治理体系。

内部管理制度是中国特色现代企业制度的重要组成部分，其中“劳动、人事和分配”制度是关键内容。党的十八届三中全会《决定》和深化国企改革的《指导意见》对国有企业的三项制度改革提出了明确要求。近年来，为了增强企业活力和竞争力，建立了市场化劳动用工、人事和收入分配机制，使员工能上能下、员工能进能出、收入能增能减。重点建立了劳动薪酬机制，工资决定主要由劳动力市场决定，并与企业经济效益和劳动生产率挂钩；综合考虑选任方式和企业性质，建立了与经营业绩挂钩的企业领导人员差异化薪酬分配办法；对于市场化选聘的职业经理人，采用市场化薪酬和中长期激励机制。

四、中国经济发展的制度解释

中国经济发展的绩效举世瞩目。斯蒂格利茨评论说：世界上还从来未出现过如此大规模而持久的经济增长，也从来没有哪个国家像中国这样取得如此巨大的减贫成绩和发展成就。推动中国经济发展的因素众多，制度是中国经济发展不可忽视的重要解释变量。正如蒂莫西·耶格尔（Timothy J. Yeager）所说，正式经济体制上的变革是中国取得惊人发展的重要原因，中国是国家体制框架对经济表现具有持久巨大影响力的一个出色的例子。①

（1）成功建立起中国特色社会主义市场经济制度，激发、释放了各种市场主体的积极性、主动性和创造性，促使我国经济持续平稳较快发展。公有制为主体、多种所有制经济共同发展，按劳分配为主体、多种分配方式并存，社会主义市场经济体制等社会主

① ［美］蒂莫西·耶格尔：《制度、转型与经济发展》，陈宇峰译，华夏出版社，2010，193 页。

义基本经济制度，三者相互联系、相互支撑，共同构成社会资源基本经济制度，既体现了社会主义制度的优越性，又同我国社会主义初级阶段社会生产力发展水平相适应，是党和人民的伟大创造。中国特色社会主义市场经济体制有机结合了中央政府的战略领导力、竞争性地方政府的发展推动力和竞争性企业的创新活力，有效调节了社会资源在不同社会生产部门中的配置，激发了各类市场主体的活力和创造力，促进了社会生产力的发展，充分发挥了有效性、计划性和可控性等优势，增强了抵御风险的内在能力，促进了国民经济稳定发展。

(2) 不断完善国家宏观调控体制，集中力量办大事，推动经济持续稳定增长。国家调控国民经济运行的制度安排，如国民经济管理体制、宏观经济政策等，由政府主导的自上而下的强制性制度变迁来实现。宏观层面的制度能够依据市场经济的一系列规律，综合运用各种宏观调控手段，统筹安排，集中力量办大事，实现宏观经济发展的平衡，能够克服市场自发调节的自发性、盲目性、滞后性，规避市场失灵，有效应对经济危机、金融危机等重大风险。宏观层面的主导性制度，如国家的宏观经济调控体制等，在宏观维度上主导国民经济持续、稳定、协调增长。

(3) 不断明晰各类产权关系，大大降低了交易成本和交易的不确定性，促进了资源配置的帕累托改进，显著提高了我国经济发展绩效。建立归属清晰、权责明确、保护严格、流转顺畅的现代产权制度，维护公有财产权，保护私有财产权，推动各类资本的流动和重组，增强企业和公众创业创新的动力，形成良好的信用基础和市场秩序，极大地激发了经营主体从事生产性活动的积极性和创造力。

(4) 顺应我国经济深度融入世界经济的趋势，促使全方位开放格局的动态演进，构建新发展格局，充分发挥国内国际双循环对我国经济增长的溢出效应。参与国际经济循环、避免由于经济封闭导致的内卷化，突破国内客观条件的限制，推动社会生产扩大和实现高质量发展。大力发展外贸，主动引进外资，同时积极倡导和鼓励对外直接投资，获取了先进的核心技术、知识、人才等，大幅提高了我国的劳动生产率，提升在全球产业链价值链中的地位。积极参与全球治理体系的重构，在融入现有全球格局的基础上改革国际组织和国际规则中不合理的部分，增强中国治理的主动权和话语权。加强区域经济合作，以区域一体化推动全球化。

(5) 在财政分权和地方竞争的条件下，承包合约激发了地方竞争的活力，地方政府具有促进区域经济增长发动机的功能。由于地方政府具有经济发展职能，在特定的时期和条件下，地方政府作为竞争主体有强大的动力改善营商环境，促进地区经济增长。

(6) 始终处理好改革、发展、创新和稳定四者之间的辩证关系，做到相互协调、相互促进，促使我国取得了经济发展、社会发展、政治发展和文化发展的巨大进步。中国政府始终注意把握好改革的力度、发展的速度、创新的强度和社会可以承受的程度，在政治和社会稳定中推进改革和发展，在改革和稳定中推动创新发展，在改革和发展中实现政治和社会的长期稳定。

本章小结

制度是通过演化、设计形成的社会博弈规则和形塑人们关系的约束。制度具有减少不确定性、影响资源配置与利用状况、收入分配及再分配等功能。制度均衡是指制度变迁的供给适应制度变迁需求、制度安排不再变动的一种静止状态。制度非均衡有制度供给不足和制度供给过剩两种情形。纵观人类社会发展史,制度均衡是偶然现象,制度非均衡是常态。制度变迁为一种相对价格的变化使交换的一方或双方感知到:改变协定或契约将能使一方甚至双方的处境得到改善。因此,对契约进行再次协商的企图就出现了。制度变迁本质上是高效率制度的出现或效率更高的制度对原有制度的替代。

产权是人对财产的一种行为权利,而这种行为权利又体现为人与人之间在财产基础上形成的相互认可的关系。无论是哪种产权制度,一旦确定下来,人们的自利行为会选择交易成本较低的安排。在分利集团和集体决策存在的情况下,产权制度会发生转变和租值消散。交易成本包括信息成本、谈判成本、拟定和实施契约的成本、界定和控制产权的成本、监督管理的成本和制度结构变化的成本。契约是交易当事人之间在自由、平等、公正等原则基础上签订的转让权利的规则。契约的本质是交易的微观制度。

制度主要通过清晰界定产权、减少租值消散、多样化的合约安排促进经济增长。从制度层面分析发展中国家制度发展不足和制度质量不高是阻碍经济发展的重要原因。中国特色社会主义市场经济体制的改革和完善、各类产权关系的不断明晰、全方位开放格局的动态演进、承包合约以及改革、发展、稳定三者关系的妥善处理促成了中国经济发展的长期良好绩效。

本章思考题

1. 制度的内涵和功能是什么?
2. 制度主要通过哪些途径影响经济增长?
3. 试述产权和交易成本的内涵。
4. 完全契约与不完全契约有什么异同?
5. 如何从制度视角解释中国经济发展?

第十五章　市场、政府与体制转型

市场与政府是经济活动的两种基本的制度安排。市场与政府在经济运行和经济发展中发挥不同的功能和作用。实践表明，自由放任的市场经济和中央集权的计划经济均不能带来长期经济增长。正确处理市场与政府之间的关系，一直是发展中国家所面临的重要问题，也是发展经济学研究的核心内容。协调市场制度与政府制度安排是中国特色社会主义市场经济体制的重要内容，也是中国经济高质量发展的重要保障。

第一节　市场机制的作用与市场失灵

一、市场机制及其对经济发展的作用

市场机制是通过市场价格的波动、市场主体对利益的追求、市场供求的变化来调节经济运行的机制，是市场经济的总体功能，是经济成长过程中最重要的驱动因素。值得注意的是，市场机制在经济学诞生之初并没有得到重视，重商主义经济学家更加关注政府对经济的调控作用，直到重农主义的出现，市场机制才开始得到重视。亚当·斯密对市场机制这只“看不见的手”的系统论述使得市场机制成为经济发展最重要的影响机制。古典经济学家相信，只要市场机制能够正常运行，经济就能够得到很好的发展，政府只需要起到“守夜人”的作用即可。市场机制主要包括供求机制、价格机制、竞争机制和风险机制。

价格机制是指在市场竞争过程中，市场上某种商品市场价格的变动与市场上该商品供求关系变动之间的有机联系的运动。它是市场机制中最敏感、最有效的调节机制，价格的变动对整个社会经济活动有十分重要的影响。它通过市场价格信息来反映供求关系，并通过这种市场价格信息来调节生产和流通，从而实现资源配置。

供求机制是指通过商品、劳务和各种社会资源的供给和需求的矛盾运动来影响各种生产要素组合的一种机制。它联结生产、交换、分配、消费等环节，是生产者与消费者关系的反映与表现。它通过供给与需求在不平衡状态时形成各种商品的市场价格，并通过价格、市场供给量和需求量等市场信号来调节社会生产和需求，最终实现供求之间的基本平衡。供求机制在竞争性市场和垄断性市场中发挥作用的方式是不同的，主要差异在于供给方的不同，竞争性市场中的供给方没有市场势力，被动地接受价格，而垄断性市场中的供给方具有市场势力，主动干预价格。

竞争机制是指在市场经济中，各个经济行为主体之间为着自身的利益而相互展开竞争，由此形成的经济内部的必然的联系和影响。它反映竞争与供求关系、价格变动、资金

和劳动力流动等市场活动之间的有机联系。它通过价格竞争或非价格竞争，按照优胜劣汰的法则来调节市场运行。它能够形成企业的活力和发展的动力，促进生产，使消费者获得更大的实惠。竞争包括买者和卖者双方之间的竞争，也包括买者之间和卖者之间的竞争。竞争的主要手段，在同一生产部门内主要是价格竞争，以较低廉的价格战胜对手；在部门之间，主要是资金的流入或流出，资金由利润率低的部门流向利润率高的部门。

风险机制是指市场活动同企业盈利、亏损和破产之间相互联系和作用的机制。在产权清晰的条件下，风险机制对经济增长发挥至关重要的作用，它是市场运行的约束机制，它以竞争可能带来的亏损乃至破产的巨大压力，鞭策市场主体努力改善经营管理，增强市场竞争实力，提高自身对经营风险的调节能力和适应能力。风险与竞争密不可分，没有竞争就不会有风险，没有风险也不需要竞争。竞争存在着风险，风险预示着竞争，两者密不可分，所以人们常把它们合在一起，统称为风险竞争机制。

以上四种机制的运行和调节使市场机制发挥着促进经济发展的作用，而且上述机制是互相联系的，每一种机制的运行都需要另外几种机制的协助，才能更好地发挥其对经济的调节和促进作用。在古典经济学家看来，在不需要太多外力干预的情况下，"这只手"就可以接近完美地解决经济发展问题，而"这只手"其实就是上述四种机制。具体而言，市场机制主要是通过以下几个功能影响经济发展的：

第一，市场机制灵敏有效地自动调节经济运行。与其他制度相比，分权的市场更具有灵活性，能够更快速地对市场经济的变化做出反应，尤其是对市场需求的变化，为适应市场变化的调整留有更大余地，调整速度快。变化是市场经济的常态，对变化反应的快慢决定着经济运行的效率。在市场机制中，价格机制和供求机制的运行使得市场机制能够很快适应市场经济的变化。处于均衡状态的经济突然被某一因素扰动发生了变化，某种商品的需求增加了，这时供求机制呈现供不应求的情形，价格机制呈现价格上升的情况，从而使得追求利润最大化的供给通过增加产量对这一变化快速响应，直到重新达到新的均衡状态。

第二，市场机制偏向激励创新。创新是经济增长源源不断的动力，但是创新其自身的复杂性导致了结果的不确定性，如果不对创新成功给予足够的回报，则会削弱人们的创新动力。在市场经济中，个人投入时间和金钱以图获得利润，新产品、新工艺不断被发明出来，市场机制不断试验和纠正错误，淘汰不适用的创新，同时将资源分配给那些成功的创新，从而保证了创新成功的回报。

第三，市场机制对失衡的自我适应和自我纠正。市场机制的一个重要特征，在于其具有自我调整的能力。一方面，市场机制能够对周围的变化进行自我适应，这种自我适应有好的一面，如前面提到的对市场变化的迅速反应，也有不好的一面，如盲目或过度对市场变化做出反应，出现所谓的"羊群效应"，此时，供求机制导致的是非均衡的结果。但出现"羊群效应"并不影响市场机制的有效运行，因为从另一方面来看，市场机制自身还具有纠正不平衡的能力，相对价格的变动会调节需求和供给，使市场由不均衡走向均衡。

第四，市场机制更好地满足市场参与者的选择自由。选择自由对经济增长具有决定性的作用。如果没有充分的选择自由，经济运行所必需的筛选机制将会缺失，将抑制经济活动参与者自我潜能的释放，供给者的创造力难以有效发挥，需求者的需求得不到满足。

同时,选择自由有助于保证市场势力不会过于集中且形成垄断性供给者,有助于更好地满足消费者的需求,增加他们的效用。

市场机制促进经济发展的作用体现在经济社会生活中的每一个方面,市场机制是人类文明最伟大的发现,是人类追求更有秩序和更加和谐社会的结果。但市场机制远非完美,伴随经济发展,市场经济变得越来越复杂,有可能导致市场机制不能有效配置资源而出现"市场失灵"。对市场失灵的解析,有助于我们更加全面深入地理解市场机制。

二、市场失灵

市场机制不是万能的,市场失灵同样普遍。市场失灵是指市场本身不能实现资源有效率配置的情形。[①] 面对诸如贫富差距、失业、市场势力等问题,经济学家不得不反思市场机制的有效性,并重新定位市场与政府之间的关系。市场失灵的表现是市场势力、公共产品、外部性和信息不对称等。

市场势力是指某个人(或某些人)具有很大的影响市场价格的能力。市场势力主要包括完全垄断市场、寡头垄断市场和垄断竞争市场。与完全竞争市场相比,不完全竞争市场不满足市场均衡价格等于平均生产成本最低点和边际生产成本最低点的资源最优配置要求,从而导致资源配置效率的损失。完全竞争是指市场价格等于平均生产成本的最低点,从消费者角度来看,价格不可能再低,价格再低企业就将亏损,因此消费者为这种商品所花费的消费成本也是最低的;而市场价格等于边际生产成本的最低点,表明所有资源在各种用途上的配置都到达最高的效率,因此产量也是最大的。

公共产品是具有非排他和非竞争性的物品。非排他性是指产品在消费过程中所产生的利益不能为某个人或某些人所专有,而且要想将其他人排斥在该产品的消费之外,不允许他享受该产品的利益,是不可能的。非竞争性是指一部分人对某一产品的消费不会影响另一些人对该产品的消费。非竞争性具有两方面含义:一是边际成本为零,即增加一个消费者对供给者带来的边际成本为零。二是边际拥挤成本为零,即每个消费者的消费都不影响其他消费者的消费数量和质量。公共产品可分为纯公共产品和准公共产品,前者指同时具有非排他性和非竞争性的产品,比如国防;后者指只具有两个性质之一的产品,比如教育。一般来说,市场要么不提供纯公共产品,要么提供不足,比如灯塔,从单个船主的角度来看,灯塔会给他带来利益,但如果让他自己出资建造,成本就会远远超过他的收益,于是他不会选择自己出资建造,即使所有利用灯塔的船只收益之和远远大于建造成本,但仍不会有单个船主去建造。

外部性是指一个人的行为对他人的福利造成了影响。外部性可以分为负外部性和正外部性。负外部性是一个人的行为给其他人带来成本,而没有进行相应支付的情形。正外部性则是一个人的行为给他人带来了利益,而没有得到相应的收益。市场经济中的消费和生产几乎都存在一定的外部性,比如在公共场合抽烟会产生负外部性,这是消费带来的。再比如造纸厂在河流上游生产,并将废水随意排放,影响了下游的渔民养殖业,从而产生负外部性,这是生产带来的。只要存在这些外部性,就会引起资源配置的低效率。即使是正外部性,也将造成资源配置的低效率。一般而言,在存在正外部性的情况下,私人

① Mankiw N G, "Principles of Economics", 7th Edition, Cengage Learning, 2014, 820.

活动的水平常常低于社会所要求的最优水平。相反，在存在负外部性的情况下，私人活动的水平会高于社会所要求的最优水平。

信息不对称是指经济活动中当事人不能准确地掌握有关市场信息的情况。有些市场，卖方所掌握的信息多于买方，如二手车市场。在另一些市场，买方所掌握的信息多于卖方，如保险和信贷市场。一旦买卖双方所掌握的信息不对称，市场将出现问题，在此情况下所导致的均衡结果对社会来讲将是一种无效率的状况。非对称信息条件下会导致逆向选择和道德风险。逆向选择是指市场交易中，卖方利用信息优势使自己受益，使买方受损。由于存在信息劣势，买方难以有效地做出购买决策，市场价格随之扭曲并影响交易，从而导致市场效率降低。逆向选择经常发生在旧货市场中，由于买方无法识别商品质量的优劣，只愿根据商品的平均质量付费，使优质品价格被低估而退出市场交易，结果只有劣质品成交。道德风险是指参与合同的一方所面临的对方可能改变行为而损害到本方利益的风险。道德风险经常发生在保险市场或信贷市场，个人在购买了保险公司的保险后，缺乏提防行动，而采取更为冒险的行为，从而增加风险发生的概率。

第二节　政府的作用与政府失灵

一、发展中国家的政府职能

政府是一国经济和社会发展、实现社会公正和社会价值的重要制度安排。它在处理和解决公共事务中具有举足轻重的作用。发达国家市场机制比较完善，政府的职能重点是为市场机制运行提供一个稳定有序的环境。与发达国家相比，发展中国家的政府要承担更多经济发展的职能和培育市场机制的职能。在现代市场经济发展过程中，发展中国家对政府职能的认识在不断深化，从单纯强调政府的作用或市场的职能，到强调政府与市场的互补和配合，体现了理论的演变和进展。

（一）结构主义的发展中国家政府职能

20 世纪 40 年代末期，发展经济学产生初期，由于发展中国家经济缺乏伸缩性，产品和要素市场发育不完善，大多数物品和要素供给缺乏弹性，人们倾向于不依靠市场力量，通过行政行为和依靠政府促进经济发展。缪尔达尔（Myrdal）在研究南亚地区经济发展的著作《亚洲的戏剧》中认为，由于南亚地区经济长期处于相对停滞状态，经济发展面临一个比现在所有西方发达国家在一个世纪或更早以前所面临的更艰巨的任务，只有通过计划进行迅速和有力的政府干预才能结束这种停滞和带来经济进步。他建议："国家通过其自身的经营和投资行为，及其对私人部门的各种控制——主导和限制，将启动、鼓励和指导经济的发展。"①

（二）新古典主义的发展中国家政府职能

克鲁格强调，由于寻租的存在，人们认为市场机制的运行并不与社会所认同的目标相

① ［瑞典］冈纳·缪尔达尔：《亚洲的戏剧》，谭文木、张卫东译，北京经济学院出版社，1992，第 3 页。

一致，导致求助于越来越多的政府干预，也就更增加了投入寻租活动的经济资源，形成恶性循环。拉尔把反对市场机制、支持计划化、支持政府控制和干预的发展经济学家们的观点称为“国家控制教条”。他引用某些实行控制政策的国家失败的例子，猛烈抨击他所谓的“国家控制教条”。他认为，在国内经济和国际贸易中应普遍地依靠自由市场，支持有限的政府作用和有限的干预，在存在市场不完全性和政府进行干预的地方，通过利用市场机制（如通过税收和补贴，或在公共部门决策中利用影子价格），而不是用直接控制的手段——价格控制、政府配置、限额等来做到这一点。①

市场亲善论的观点认为，竞争性市场是人类迄今为止发现的有效地生产和分配货物与劳务的最佳方式，政府干预只有在对市场能产生“亲善”作用的情况下才可能是有益的。世界银行《1991年世界发展报告》认为，政府不要主动地干预，除非干预会产生更明显的良好效果，否则就让市场自行运转，并把干预持续地置于国内外市场的制约之下，使干预简洁、透明，使其受制度约束，而不是官方判断力的制约②。根据市场亲善论的观点，发展中国家政府宜采取支持而不是取代竞争性市场的战略，政府行动的重点主要体现在投资于人民、改善企业环境、向国际贸易和投资开放、制定正确的宏观经济政策等方面。

青木昌彦等经济学家认为，经济运行的协调失灵可能比市场亲善论认为的更广泛，但这并不能无条件地成为国家主导型协调替代市场协调的理由。为了解决协调问题，除了市场以外，不同的民间制度（包括企业组织、贸易联合会、金融中介、劳工组织以及商业协会等）发展起来。青木昌彦等人提出“政府政策的职能在于促进或补充民间部门的协调功能”。③ 由于受信息处理能力的制约，政府不是一个外生于经济体制的负责解决协调失灵问题的中立的全能机构，而应被视作与经济体系相互作用的一个内在参与者，它代表了一整套协调连贯的机制，通过这种机制，政府政策的目标被定位于改善民间部门解决协调问题及克服其他市场缺陷的能力。

二、政府失灵

政府失灵是指政府对经济活动的干预和调节不仅没有克服市场失灵，甚至还阻碍和限制了市场机制功能的正常发挥，加剧了市场缺陷和市场混乱，从而使社会资源不能达到最佳配置状态。对政府能干什么和能干好什么的科学界定，将直接制约政府所能扮演的角色。存在市场失灵，提供了政府干预市场的客观基础，但政府干预并不必然能够克服市场失灵，甚至在某些情况下还会造成更为严重的资源浪费和效率损失。政府失灵主要表现在以下三个方面：

第一，政府政策的低效率。政府制定的公共政策并不一定代表社会公共利益，政府的思维方式和具体行为并非完全理性、完全符合公共利益，政府有关部门为维护本部门利益而出台的非公益性政策、地方保护主义等，政府有可能借社会公共利益之名行政府机构私利之实，从而导致政府失灵。另一方面，公共政策的制定过程，实际上是一个涉及面很广、

① ［英］V. N. 巴拉舒伯拉曼雅姆、［英］桑加亚・拉尔：《发展经济学前沿问题》，梁小民译，中国税务出版社，2000，第11－13页。

② World Bank，“World Development Report 1991”，Oxford University Press，1991.

③ ［日］青木昌彦：《政府在东亚经济发展中的作用：比较制度分析》，张春霖译，中国经济出版社，1998，序言第19页，正文第2页。

错综复杂的过程，而正确的决策必须以充分可靠的信息为依据。由于这种信息分散在无数的微观个体行为者之中，政府很难全面掌握，加之现代市场经济活动的复杂性和多变性，增加了政府对信息分析处理的难度，很容易导致政府决策的失误，出现政府失灵。此外，公共政策在执行上也存在一些难以逾越的障碍。任何好的政策在实施和执行过程中，都必须具有相应的前提和条件，主要包括必要的政策资源、正确的执行策略、合格的执行者、有效的沟通、正确的协调、适宜的环境、有效的监督等，这些因素中的任何方面或它们之间的配合出了问题，都可能导致政策失效。

第二，政府机构的低效率。由于政府在提供公共物品的时候处于垄断地位，政府不但是公共物品的唯一提供者，而且政府的各个部门也处于各类公共物品的垄断生产者地位，相互之间因为缺乏替代性而无竞争，这样政府各部门就缺乏降低成本、提高服务质量的压力。同时，政府在提供公共物品和从事其他政府行为时，由于政府行为机制与市场机制的差异以及公共物品价格的非敏感性，衡量这些行为的社会成本和社会收益比确定市场行为的成本收益更加困难，政府在很多情况下很难利用“边际社会成本等于边际社会收益”的原则来判断自己的行为是否有效率。另外，由于政府机构存在预算软约束，而且本部门的年度财政节余不能自留，降低成本不能给本部门带来直接的收益，因此政府各部门都有扩大开支预算的倾向。

第三，政府寻租行为。租金是指某种资源由于产权垄断或经营垄断而产生的超额收入。寻租是指由于政府的无意创租、被动创租和主动创租可使经济中产生巨额租金，寻租人通过各种政治的、经济的、合法的、非法的手段从政府那里获得某种垄断特权或者是政府机构直接凭借其垄断特权而取得的非生产性利润的活动。由于寻租排除竞争，造成经济上的特权，阻碍生产效率的提高，过度干预资源配置，可能使社会平均利润被少数生产者不公平地占有。同时，寻租活动把本来可用于生产活动的资源浪费在无益于增加社会财富的活动上，实质上增加了全社会的非生产性支出，直接带来了资源配置的无效率及分配不公。更值得注意的是，寻租活动扭曲了政府行为，如果政府接受了来自企业的特殊利益，就会使政府行为出现不公正，出现政府滥用权力的腐败现象。

三、发展中国家政府治理能力现代化

按照新古典主义以及新制度主义的理论，政府的职能是明确界定产权、保护产权、执行合同、执行法律、维护竞争、部分地规制市场、当好裁判等。一个自由的市场要靠政府来创造条件。政府维护市场秩序的内容可以分为三类：第一类是界定产权、保护产权、执行合同。这是所有经济学公认的内容，即通常所说的“守夜人”作用。第二类是制定某些法律和规制，如反垄断法、金融市场、金融机构、公司治理结构有关的规制和一些与人体健康安全有关的环境保护法律法规。虽然有很少一部分经济学家反对政府在这些领域的干预，但大多数经济学家认为对这些领域适当地规制的正面作用大于干预带来的成本。第三类是政府对价格（房租、工资、股价、汇率等）的管制，对贸易的管制，以及有倾斜的产业政策等。没有充分的证据证明这些干预对经济发展有明显的正面作用，但其导致的负面作用（如市场扭曲、寻租、腐败）常常十分明显。一般而言，对于第一、第二类内容，政府可以发挥积极的作

用，对于第三类内容则应极为慎重。而对除此之外的市场规制都应视为过度。[①] 此外，在处理新市场失灵（不完全的信息、不完全的市场、动荡的外部性、规模收益递增、多重均衡和路径依赖性），提供公共物品，满足教育、健康、减少贫困和改善收入分配等优化要求，提供物质和社会基础设施，以及保护自然环境等方面，政府仍然具有广泛的功能。目标是使政府去做它能做得最好的事。面对的挑战则是如何以最低的代价获取政府行动的好处。[②]

从发展中国家现实来看，政府要在经济发展中更充分地发挥作用，增强政府的治理能力尤其重要。因此，必须建立和完善职能科学的政府治理结构，提高政府宏观调控和科学管理的水平。职能科学是指政府机构配置科学、结构合理和政府行政组织体制运转协调。主要强调政府内部职能尤其是部门职能不宜分得过细，更不宜在过于细化的职能分解的基础上设置政府机构。发展中国家普遍存在政府机构林立、职能交叉、政出多门、多头管理等现象，原因是多方面的，但根源在于政府职能分工过细、职能范围过窄。因此，政府职能应当转向"宽职能"，从"行业管理"向"综合管理"过渡，围绕宏观调控、市场监管、经济安全、公共服务、社会管理、环境保护等职能定位，对现有政府部门职能进行职能解析，根据职能同类原则整合一些相近的职能。职能整合不是简单地把职能相近、业务雷同部门合并或拆减，核心是要建立一个内部决策、执行和监督三种职能的相对分离，三者之间相互制约、相互协调运行的行政系统。政府要积极创造条件，促进社会组织成长，构建政府与民众畅通、高效的沟通渠道，增加公民的发言权和参与机会，使非政府组织成为政府组织有效的支持和合作者，帮助政府改善公共服务的效率，不断增强政府治理能力。

在全球化时代，政府与市场的边界更加模糊，政府与市场的功能日益融合。世界银行在 1997 年的发展报告《变革世界中的政府》中强调："市场与政府是相辅相成的：在为市场建立适宜的机构性基础上，国家是必不可少的。绝大多数成功的发展范例，不论是近期的还是历史上的，都是政府与市场形成合作关系"的结果。[③] 该报告在探讨政府可能发挥的作用和如何最好地做好它应做的事情时指出，应使政府的责任与其能力相适应，而政府的能力可以通过重振公共机构的活力得到改善。而不同国家由于市场的发育程度、政府的组织效能的不同，政府的职能也就并不是一成不变的了。

在一些全球性协调发展等问题上，应该更充分地发挥政府的作用。在谋求本国利益方面，发展中国家的政府可以更有作为。最近的经验表明，在应对金融危机中，政府的作用是不可替代的，政府适时适当干预市场是遏制金融危机的有效手段。当然，政府干预并非完美无缺，也有其局限性。政府干预在时间、范围、手段、程度等方面的局限性，客观上决定了政府干预市场的作用也是有限的，政府干预有助于市场的稳定发展，却不能确保市场的持续健康发展；政府干预有助于化解市场系统性风险，却难以消除产生系统性风险的根源；政府干预有助于缓解市场发展面临的主要矛盾，却难以解决市场发展的根本问题。因此，在强调国家宏观调控的同时，必须确保市场机制对经济的基础性调节作用得以发挥。政府和市场都存在缺陷，要促使政府与市场在发展过程中进行动态的、有机的结合，

① 钱颖一：《现代经济学与中国经济改革》，中国人民大学出版社，2003，第 23－66 页。

② [美]杰拉尔德·迈耶：《老一代发展经济学家和新一代发展经济学家》，载[美]杰拉尔德·迈耶，[美]约瑟夫·斯蒂格利茨主编，《发展经济学前沿：未来展望》，本书翻译组译，中国财政经济出版社，2003，第 24 页。

③ 世界银行：《1997 年世界发展报告：变革世界中的政府》，中国财政经济出版社，1997，第 3 页。

谋求二者在比较优势上互补，并实现政府和市场的融合。政府和市场互补的关系，必须在政策制定过程中得到重视。

因为市场、技术和企业是全球性的，而民族国家的管辖权仅仅是地方性的，所以世界银行、国际货币基金组织和世界贸易组织必须采取新的行动。作为国际公共部门的主要组成部分，它们必须设计出新的规划，以保证全球一体化的利益被更平等地分享，保证避免做出相互冲突的决策，保证不完全风险市场的问题能随着国际一体化程度的提高而得到缓解。①

进入数字经济时代，数字技术迅速发展，推动国家治理体系改革与政府治理能力现代化。党的十九届四中全会决议中，将"科技支撑"纳入加强和创新社会治理重要内容。"互联网＋政务"被纳入放管服和优化营商环境改革的重要内容。数字经济对于政府治理能力现代化建设的推进在流程上体现为三方面：一是决策科学化。数字技术变革带来信息的高速传递，使得政府在整合决策信息、扩大决策范围以及增强决策的实时性方面取得了重大突破。二是执行高效化。减少人工操作、优化资源配置和搭建开放式的技术平台等，数字政府建设优化了组织内部、外部和整体效率。三是监督立体化。网上办公和信息及时发布与获取，实现了更高水平的信息透明化，并且降低了监督门槛。从政府治理能力现代化的本质内涵上来说，数字化转型提高了政府治理效能、行政质量和公信力，加速实现"管制型政府"向"服务型政府"转变，这也是政府治理能力现代化的本质体现。

数字经济时代，政府与市场的关系发生了一些变化。数字经济通过巨量的信息与资源传输，提高了市场运行速度和效率，为市场提供了增强竞争力与创新力的数字基础。同时，在政务治理上的应用，为政府部门在协调运营机制、优化决策机构、完善监督渠道等方面做出了积极贡献，为政府数字化转型提供了条件。数字经济在高效市场与数字政府之间搭建起了数字桥梁，优化了政府与市场的关系，改善了社会运营效率。市场在资源配置中起决定性作用，更好地发挥政府作用，是社会主义市场经济体制的基本特征。

第三节　中国的体制转型

一、传统经济体制

新中国建立之初，基于多方面的原因，苏联集权式计划经济体制对我国产生了较大的影响。首先，战时和战后社会主义国家，特别是苏联和东欧国家的快速发展，使人们普遍认为社会主义制度是实现国家富强的捷径。其次，西方国家对中国的侵略，导致中国人民对西方制度和世界观的强烈怀疑以及中、西方关系的恶化。第三，由于多年战争带来的破坏和痛苦，中国人民愿意接受一个统治力较强的政府来保障自身的生命和财产安全。第四，战时的工业化遗产有助于政府推进工业化。改革开放之前，经过多次的调整和改革，中国已经建立了具有中国特色的计划经济体制。

第一，"块块经济"为主的地方经济体系。所谓"块块经济"是指各地方政府对经济活

① 高波：《全球化时代的经济发展理论创新》，《南京大学学报（哲学·人文科学·社会科学）》，2013 年第 1 期。

动有一定的相对自主权，不同于苏联模式的"条条经济"的部门管理。中央实行的"财政包干、分灶吃饭"的地方性分权体制，扩大了地方经济权利，调动了地方自主发展经济的积极性。各级政府除了具有制定地方政府计划的权利，还或多或少有计划外和预算外的权利。中央政府维持低水平的控制计划，主要体现在对物价、工资、人口流动的强控制力上，而对原材料和产品流通的控制力相对较小。

第二，扭曲的宏观环境政策。为了解决要素的相对稀缺和"赶超战略"目标之间的矛盾，中央政府采取了一系列排斥市场机制的宏观环境政策。这些环境政策主要包括低利率、低汇率、低工资和价格的"三低"政策。工业信用贷款利率在 1953 年以后一直保持在 0.9%以下。从 1952 年开始，汇率不再挂牌，仅为内部掌握，且汇率一直稳定在很低水平上。在 1978 年以前，大多数职工的平均工资都在 600 元以下，即使按照官方汇率计算，这些年份职工工资水平也仅为 200 美元左右。①

第三，计划经济体制中存在非计划经济的因素。非计划经济因素，是指计划调节以外的经济活动形式，包括市场活动及介于计划和市场之间的亚市场行为和活动。1957—1978 年，中国计划体制下的非计划经济因素，在农村主要表现为农村集体经济下的"小自由"，包括自留地、家庭副业和以其为基础的自由市场，农产品和城市工业品收购的非计划部分，社队企业等；在城市表现为城镇个体经济，大量的城市集体企业、小国有企业，以及非正规经济等。②

改革开放前的艰难探索，使我国的计划经济更具活力和市场倾向，对社会生产力的发展起到了一定的作用。但计划经济的一些基本缺陷，在我国的经济体制中同样存在，如生产效率低下、生产激励不足、经济不稳定、收入分配不公等。正是计划经济这些弊端严重阻碍了我国经济和社会的发展。

二、经济体制的市场化转型

中国的经济体制转型走了一条渐进式改革之路，包括两个时期：一是计划经济体制内的改革，在不打破原有计划经济的体制下完善计划经济体制；二是对计划经济实行全面改革，建立社会主义市场经济体制。

1978 年，党的十一届三中全会开启了中国经济体制转型的历史新时期。1979 年，农业联产承包责任制开始在农村推行，之后"放权让利"的改革逐渐扩大到社会各领域。这一时期的改革有以下几个特征：③① 实行价格双轨制。价格双轨制(Double-Track Price System)，是指同一产品计划内部分由国家定价，计划外部分为市场调节的价格制度。主要是实行工业生产资料价格双轨制。双轨制是中国经济从计划经济向市场经济转型过程中所采取的一种特殊制度安排，是渐进式增量改革(体制外优先改革)的一个重要特征。双轨制是计划和市场两种价格调节机制同时存在。② 推行承包制。为了促进双轨制的运行，政府与每家国营企业都单独签订合同。这些合同明确规定了税收和要为物资平衡计划所做的贡献。这种政策意味着中国没有正规的税收制度，只是具体到每一企业的实

① 林毅夫、蔡昉、李周：《中国的奇迹：发展战略与经济改革》，上海三联书店、上海人民出版社，1994，第 28－33 页。

② 崔建华：《政治经济学(社会主义部分)》，北京邮电大学出版社，2013，第 165 页。

③ [美]巴里·诺顿：《中国经济：转型与增长》，安佳译，上海人民出版社，2010，第 77－92 页。

际税。③ 不断放开市场准入。中央政府放松了对工业企业的垄断，大量新企业，尤其是乡镇企业迅速成长并进入存在盈利机会的部门，促进了工业部门的竞争和改善了市场状况。④ 逐步扩大产品市场的价格调节功能。20 世纪 80 年代开始，大部分交易都按市场价格进行。对大多数消费品的控制也逐渐减小，消费品价格逐步回归到市场价格体系之中。价格机制对中国经济的调节功能越来越强。⑤ 改革国有部门管理体制。这种改革并不是私有化，而是在不改变所有制前提下的国有部门内部激励和管理方式的改革。国有企业的目标函数从完成计划为主转变为追求利润为主。⑥ 持续的高储蓄和高投资。由于宏观经济的稳定，居民储蓄逐渐替代了政府储蓄，高储蓄和高投资的状况得以维持。这种情况大大增强了银行系统在将储蓄转换为投资过程中的作用。放权让利的改革取得了重大成就。国民经济实现了持续高速增长，人民生活水平和质量有了明显提高。市场范围迅速扩大，城乡农贸市场和消费品市场迅速发展，劳动、物资和资本等要素市场也陆续出现。直接面向市场的非国有经济，特别是乡镇企业取得了迅猛发展。在这一时期出现了许多问题，如地方保护主义盛行，通货膨胀上升，国有大中型企业亏损严重，农业、能源、交通等基础产业出现瓶颈，政府腐败加剧，等等。

1992 年 10 月，党的十四大确立了我国经济体制改革的目标是建立社会主义市场经济体制，标志着我国经济体制改革取得重大突破。经济体制改革的最终目标模式确立后，改革进程不断加快，改革领域不断加大，在生产资料所有制、经济决策方式、调节方式、管理方式、刺激方式等方面进行了全面的改革。[①] 我国经济体制改革取得了一系列重大进展，中国特色社会主义市场经济体制的改革和完善卓有成效。中国特色社会主义市场经济体制未来改革的着力点是：① 坚持和完善社会主义基本经济制度。以公有制为主体、多种所有制经济共同发展的基本经济制度，是中国特色社会主义制度的重要支柱，是社会主义市场经济体制的根基。公有制经济和非公有制经济都是社会主义市场经济的重要组成部分，是我国经济社会发展的重要基础。巩固和发展公有制经济，发挥国有经济主导作用。积极支持和引导非公有制经济和混合所有制经济持续稳定发展。② 建立合理有序的收入分配格局。着重保护劳动所得，努力实现劳动报酬和劳动生产率同步增长，提高劳动报酬在初次分配中的比重。健全资本、知识、技术、管理等由要素市场决定的报酬机制。多渠道增加居民财产性收入。③ 不断完善现代产权制度。产权是所有制的核心。健全归属清晰、权责明确、保护严格、流转顺畅的现代产权制度，保证公有制经济财产权和非公有制经济财产权都不受侵犯。④ 加快完善现代市场体系。统一开放、竞争有序的市场体系，是使市场在资源配置中起决定性作用的基础。加快形成企业自主经营、公平竞争，消费者自由选择、自主消费，商品和要素自由流动、平等交换的现代市场体系。⑤ 推动国有企业完善现代企业制度。国有企业属于全民所有，是推进国家现代化、保障人民共同利益的重要力量。以规范经营决策、资产保值增值、公平参与竞争、提高企业效率、增强企业活力、承担社会责任为重点，深化国有企业改革。健全协调运转、有效制衡的公司法人治理结构。⑥ 健全政府宏观调控体系。科学的宏观调控，有效的政府治理，是发挥社会主义市场经济体制优势的内在要求。健全以国家发展战略和规划为导向、以财政政策和货币

① 崔建华：《政治经济学(社会主义部分)》，北京邮电大学出版社，2013，第 168 页。

政策为主要手段的宏观调控体系，推进宏观调控目标制定和政策手段运用机制化，加强财政政策、货币政策与产业、价格等政策手段协调配合，提高相机抉择水平，增强宏观调控的前瞻性、针对性、协同性。⑦ 构建开放型经济新体制。推动对内对外开放相互促进、引进来和走出去更好结合，促进国际国内要素有序自由流动、资源高效配置、市场深度融合，加快培育参与和引领国际经济合作竞争新优势，以开放促改革。

随着市场化改革的推进，要素市场成为改革的重点。我国要素市场化改革可分为四个阶段。一是初步探索阶段(1978—1992 年)。将要素市场纳入社会主义市场体系，并且探索形成要素市场化定价机制。1985 年，取消对超产自销生产资料加价幅度不得高于国家定价 20%的限制，放开了计划外生产资料价格。1987 年，党的十三大报告中明确了社会主义的市场体系包括资金、劳务、技术、信息和房地产等生产要素市场，要理顺商品价格和各种生产要素价格、商品零售、农产品收购以及生产资料出厂环节市场调节价比例。各个要素市场开始放开流动，给予劳动者一定的自由择业权，土地使用权可以依法转让。1984 年和 1986 年，分别对银行业和企业股份制进行了改革。二是基本形成阶段(1993—2002 年)。党的十四大提出建立社会主义市场经济体制。党的十五大提出，发挥市场在资源配置中的基础性作用，着重发展资本、劳动力、技术等生产要素市场，完善生产要素价格形成机制。党的十六大进一步提出，发展产权、土地、劳动力和技术等市场，有利于要素市场价格机制形成的制度逐步建立起来。在这一阶段，劳动力、土地、资本要素进一步实现市场化配置，而能源要素于 1993 年开启市场化改革。三是发展完备阶段(2003—2012 年)。2003 年，中共中央颁布《关于完善社会主义市场经济体制若干问题的决定》，重视要素市场改革滞后于产品市场的问题，深入改革阻碍劳动力流动的户籍制度，提出逐步建立城乡统一的建设用地市场，有步骤地放宽利率和汇率管制以及初步建立反映市场供求和资源稀缺程度的能源价格动态调整机制。第四阶段是深化改革阶段(2013 年至今)。改革围绕政府与市场边界、要素产权界定、市场配置资源决定性作用发挥等要素市场化改革的核心环节展开制度创新。党的十八届三中全会通过《中共中央关于全面深化改革若干重大问题的决定》，做出了市场在资源配置中起决定性作用的重大论断。党的十九大要求，经济体制改革必须以完善产权制度和要素市场化配置为重点。这表明，我国要素市场化配置改革进入了全面深化改革的阶段。

2022 年，国务院印发了《要素市场化配置综合改革试点总体方案》，重点建设土地、劳动力、资本、技术、数据、资源环境等要素市场。① 土地要素方面，提高配置效率。以推进土地集约高效利用和建立健全城乡统一的建设用地市场为重点，赋予试点地区更大土地配置自主权，支持产业用地实行“标准地”出让、不同产业用地类型合理转换，支持探索深化农村宅基地和集体建设用地改革。支持探索推进合理有序用海，统筹陆海资源管理。② 劳动力要素方面，合理畅通有序流动。深化户籍制度改革，试行以经常居住地登记户口制度，支持建立以身份证为标志的人口管理服务制度，加快畅通劳动力和人才社会性流动渠道，加快探索灵活就业人员权益保障政策，激发人才创新创业活力，加强技术转移专业人才队伍建设。③ 资本要素方面，强化服务实体经济的发展功能。聚焦增加有效金融服务供给，建立公共信用信息同金融信息共享整合机制，推广“信易贷”模式，鼓励金融机构开发与中小微企业需求相匹配的信用产品，推动发展多层次股权市场。④ 技术要素方面，向现实生产力转化。健全职务科技成果产权制度，完善技术要素交易与监管体系。重点促进科技创新资源配置方式的完善，构建项目、平台、人才、资金等全要素一体化配置的创新服务体系，强化企业创新主体地位。推进技术和资本要素融合发展，加大对科研成果转化和创新创业人才的支持力度。⑤ 数据要素方面，探索建立流通技术规则。推动部分领域数据采集标准化，有序推动部分领域数据流通应用，探索“原始数据不出域、数据可用不可见”的交易范式，实现数据使用“可控可计量”，推动完善数据分级分类安全保护制度，探索制定大数据分析和交易禁止清单。⑥ 资源环境市场方面，加强制度建设。着力推动资源环境市场流通交易与制度创新，支持完善电力、天然气、矿业权等资源市场交易机制，健全碳排放权、排污权、用能权、用水权等交易机制，探索开展资源环境权益融资，探索建立绿色核算体系、生态产品价值实现机制以及政府、企业和个人绿色责任账户。

三、推进政府治理能力现代化

中国特色社会主义市场经济体制的改革和完善，切实要求加快转变政府职能，促进政府治理能力现代化。

第一，转变政府职能。深入推进政企分开、政资分开、政事分开、政社分开。进一步简政放权，深化行政审批制度改革，最大限度减少中央政府对微观事务的管理。尊重企业的经营自主权，支持企业自主经营、自我发展，为企业发展创造良好的市场条件和外部条件。政府加强发展战略、规划、政策、标准等制定和实施，加强市场活动监管，加强公共服务供给和推进公共服务均等化。加强中央政府宏观调控职责和能力，加强地方政府公共服务、市场监管、社会管理、环境保护等职责。重视社会作用，健全社会管理体制，促进社会组织积极参与社会管理和民众工作，完善科学有效的利益协调机制、诉求表达机制、矛盾调处机制和权益保障机制。充分发挥事业单位作用，发展社会公益事业。进一步明确政府为市场、社会和公众服务的重点、方式，充实服务内容，拓展服务渠道，改进服务方式，使政府真正成为服务型政府。

第二，深化行政体制改革。优化政府机构设置、职能配置、工作流程，完善决策权、执行权、监督权既相互制约又相互协调的行政运行机制。按照职能有机统一、机构综合设立、运行机制高效、机构序列合理来积极稳妥实施大部门制改革。进一步严格绩效管理，突出责任落实，确保权责一致。统筹党政群机构改革，理顺部门职责关系。加快事业单位分类改革，加大政府购买公共服务力度，推动公办事业单位与主管部门理顺关系和去行政化。建立事业单位法人治理结构，推进有条件的事业单位转为企业或社会组织。建立各类事业单位统一登记管理制度。

第三，创新行政管理方式，提高政府公信力和执行力，推进政府绩效管理。① 创新管理理念。树立以人为本理念，建设服务政府；树立权责一致理念，建设责任政府；树立依法行政理念，建设法治政府；树立清正廉洁理念，建设廉洁政府；树立质量效率理念，建设效能政府。② 不断完善科学民主的决策机制。合理界定政府及其部门的决策权限，依法规范和约束决策主体、决策行为和决策程序，坚持科学决策、民主决策、依法决策。属于与民众利益密切相关的重大事项，实行社会公示、听证等制度，落实民众在决策中的知情权、参与权和建议权。建立健全决策反馈纠偏机制和决策责任追究制度，确保行政决策的科学性和严肃性。③ 全面推进依法行政。进一步规范政府立法行为，坚持科学立法、民主立法，提高立法质量。④ 完善行政监督和政务公开制度。健全社会信息反馈机制，实现政府管理的公开、公正和透明。

第四，加快数字政府建设。① 加强体制机制创新，体制机制是数字政府建设的重要基石。明确各层级政府职能，加强地方政府各部门的沟通与信息对接，确保出台统一的政策和法规。推动统筹协调机制的建立与完善，引导地方数字政府实现统一规划，实现地方数字政府建设的统筹发展。② 完善相关法律法规。梳理现行法律法规中制约信息共享、政务服务网上办理等数字政府建设过程中存在的问题，及时清理、修订不适应当下建设数字政府要求的规章制度与法律法规，填补现存数字政府建设过程中存在的法律法规空白。③ 关注数字鸿沟问题。数字政府建设过程中要关注到每个群体的需求，尤其是老年人、残障人士等各类边缘群体，向弱势群体开放相关培训以增强其数字素养，线上线下融合开展信息无障碍建设，提供包容性的平等的服务。④ 加快信息处理效率和公共信息资源开放共享。加强数据供需部门协同配合效率，确保数据的精确性。推动政府数据向社会流动，为数字经济发展增添红利。⑤ 推动跨政府部门业务的整体转型。推动政府各部门实现逐步转型，扩大跨部门的在线服务范围，完善构建“最多跑一次”的一站式线上服务环境，实现数字化转型，真正推动“服务型政府”的建设。⑥ 尽快启动数据治理和保护数据安全。数据是政府治理的重要资本和重要依据，政府对数据的治理是政府治理现代化的前提。因此，加强数据采集、共享、开放、分析和运用是推动实现政府治理能力现代化的重要环节。数据安全是数据治理的命门和核心，尽快修订相应的法律法规，实现数据要素的安全应用。

本章小结

市场机制是通过市场价格的波动、市场主体对利益的追求、市场供求的变化，调节经济运行的机制，是市场经济的总体功能，是经济发展过程中最重要的驱动因素。市场机制主要包括供求机制、价格机制、竞争机制和风险机制。市场机制主要通过灵敏有效地自动调节经济运行、激励创新、自我适应和自我纠正等方式影响经济发展。市场存在市场失灵。市场失灵的表现形式是不完全竞争、公共产品、外部性和信息不对称。

政府是一国经济和社会发展、实现社会公正和社会价值的重要制度安排，在处理和解决公共事务中具有举足轻重的作用。结构主义、新古典主义和新制度主义对发展中国家政府职能的认识各有侧重。政府政策的低效率、政府机构的低效率和政府寻租行为导致了政府干预在某些情况下的资源浪费和资源配置效率损失，引发政府失灵。发展中国家政府应通过明晰政府职能、建立和完善职能科学的政府治理结构、构建政府与民众畅通高效的沟通渠道、充分发挥非政府组织在经济发展中的作用来促进政府治理能力现代化。在全球化时代，政府与市场的边界更加模糊，要谋求二者在比较优势上互补，并促使政府和市场融合。

以“块块经济”为主的地方经济体系、扭曲的宏观环境政策、计划经济体制中存在非计划经济的因素是中国的传统经济体制的主要特征。中国的经济转型走了一条渐进式改革之路，包括计划经济体制内的改革和对计划经济实行全面改革，建立社会主义市场经济体制两个时期。中国特色社会主义市场经济体制的改革和完善卓有成效。坚持和完善社会主义基本经济制度、建立合理有序的收入分配格局、不断完善现代产权制度、加快完善现代市场体系、推动国有企业完善现代企业制度、健全政府宏观调控体系、推进政府治理能力现代化、加快数字政府建设，更加完善中国特色社会主义市场经济体制。

本章思考题

1. 市场机制的主要内容是什么？
2. 市场机制是如何作用和影响经济发展的？
3. “市场失灵”和“政府失灵”分别指什么？
4. 试述发展中国家的政府职能。
5. 如何理解发展中国家政府治理能力现代化？

第十六章　文化、文化变迁与发展

现代经济学对文化在解释经济发展上的潜力还很大。无论是发展中国家的客观现实，还是历史学家、社会学家及人类学家都一再地提醒：文化是重要的。一位经济史学家指出，“如果我们能从经济发展史学到什么东西，那就是文化会使局面完全不一样（在这一点上，马克斯·韦伯是正确的）”。① 近年来，更好的技巧和更多的数据，使得确认文化的系统差异并将其与经济增长相联系成为可能。这些进展促使我们采用基于文化的经济学解释，这些解释是可以被检验的，并能够丰富人们对经济增长和发展现象的理解。

第一节　文化、文化变迁与文化资本

新制度经济学的兴起极大地提高了对长期经济发展的解释力，同时也激发了人们对更终极的增长源泉的寻找。在这一寻找的过程中，文化进入了研究者的视线。但是，对经济发展的文化解释显然存在诸多难题，包括文化定义的模糊、衡量比较的困难以及文化影响经济发展机制的广泛性。显然，解决这些难题是深入研究文化因素的重要前提。

一、文化的经济学含义

文化的概念是宽泛的，它借以进入经济话题的渠道是普遍和模糊的，必须要以一种狭小的方式来定义文化，以便确认从文化到经济结果的因果联系。准确把握文化的本质需要借助人类学家的研究成果。他们的研究表明，尽管有数百种定义，但众多的文化概念基本上都很接近，只不过角度不同。文化的基本核心由两部分组成，一是传统（即从历史上得到并选择）的思想；一是与人们有关的价值。② 从研究角度出发，本节将采用这一最具有普遍性和最本质的定义，尽管不同的人类学或文化学派别还有许多其他有趣的看法。在日常语言和学术词汇中，人们通常用其他的词语来表达或部分反映文化的内涵。人们经常与文化相互混用、联系紧密的词包括思想观念、态度、信仰、价值观及意识形态等。

诺思给文化下的定义是很有启发意义的。他指出：“文化不仅是不同种知识的混合，还包含对行为标准的价值判定，行为标准（社会的、政治的或经济的）被用来解决交换问题。在所有的社会里，都有一种非正式框架构建人类的相互作用。这种框架是基本的‘资本存货’，被定义为一个社会的文化。文化提供了一个基于语言的概念框架，破译、理解和表达来自大脑感官的信息。因此，文化不仅扮演塑造正式规则的作用，而且也对作为制度

---

① ［美］戴维·S. 兰德斯：《国富国穷》，门洪华等译，新华出版社，2001，第 732 页。

② ［美］克鲁柯亨：《文化的定义》，载庄锡昌等，《多维视野中的文化理论》，浙江人民出版社，1987，第 116 页。

构成部分的非正式制约起支持作用。"①在这里，诺思意识到了文化的复杂性，因为文化包括知识与价值判定，而这似乎使得文化囊括一切，而无法将它与其他事物区分开来。

加里·贝克尔（Becker）也专门对文化的内涵加以论述，他认为"文化与传统是人类共享的价值和偏好，它通过家庭、同辈群体、种族群体、阶级和其他群体一代一代传下来。""个体对文化的控制要弱于对其他社会资本的控制。个体不可能改变自身的种族、人种或家族历史，并且在改变他们的国籍或宗教信仰上也有困难。并且文化的贬值率很低，所以对于个体的整个一生而言，文化在很大程度上是'给定的'。"他还指出，"文化对偏好及个体行为有相当大的影响，但反过来，行为对文化的影响却十分微弱。文化方面的差异导致了对商品的偏好存在相当大的差异，如犹太和伊斯兰教忌讳猪肉，而中华民族和其他文化则崇尚孝道。"②

幸运的是，研究者对于文化的认识越来越集中而不是越来越分散。大多数人将文化定义为"伦理、宗教和社会团体代代相传的、固定不变的那些惯常的信仰和价值"。虽然这一定义并不完全，但该定义所关注的是那些能够影响经济结果的文化特性。另外，通过将潜在的影响途径限定在两个标准途径上——信仰（即先天的）和价值（即偏好），该定义为确认从文化到经济结果的因果效应上提供了一种方法。③

综上所述，从人类经济活动的角度出发可以给出文化一个经济学界定：文化是指人们所习得与遵从的特定价值观及信仰体系，它构成了人们的主观模型。无论这些价值观与信仰体系的习得是来自家庭还是学校教育或教会，它都会成为常识而支配人们的选择行为。被称之为文化的这一价值观体系并不同于人类的"本能性价值"（Instinctive Values），即人类在蒙昧期所具有的获取食物这样的已成为人类遗传的本能行为。相反，文化是人类后天所习得的价值观和信仰体系，它是人类不断探索与创造的结果。在这个价值观体系中，对人类生活所能涉及的一切要素都给予了评价并赋予其一定的地位。具体来说，这个价值观和信仰体系告诉了人们生活的目标是什么，以及如何才能达到这些目标的途径等。例如，一个在中国传统儒家文化中成长的男子就会被告知：修身、齐家、治国、平天下应当成为自己一生的最高追求，而读书科举做官则是实现这一目标的有效途径。在他的价值观体系中，经商举办企业或从事科技发明是不重要的，他遵循的是"万般皆下品，唯有读书高"的准则。

因为文化的定义最容易引起争论，需要进一步说明文化的层次问题。例如，有"高文化"与"低文化"之分；有人将文化直观地分为精神方面的与物质方面的；马林洛夫斯基将文化划分为三个层次，即器物层次、组织层次和价值观念层次；而在管理学中特别是企业文化理论中，文化又包含了行为规范等更具体的层次。但是，从经济学的角度研究表明，文化的本质是价值观与信仰体系，无论是行为规范还是器物工具，都是某种价值观体系的利用与实现，是其物化形式或现实载体。人们通常是先对某种物品或行为的主观价值进

① ［美］道格拉斯·C. 诺思：《制度、意识形态和经济绩效》，载［美］詹姆斯·A.道等，《发展经济学的革命》，黄祖辉、蒋文华译，上海三联书店、上海人民出版，2000，第119－120页。

② ［美］加里·贝克尔：《口味的经济学分析》，李杰、王晓刚译，首都经济贸易大学出版社，2000，第20－21页。

③ Guiso L, Sapienza P, Zingales L, "Does Culture Affect Economic Outcomes?", *Journal of Economic Perspectives*, 2006, 20: 23－48.

行评价排序，而后才将其当作文化传统去遵从，而不是物品与行为具有天然的某种文化。例如，所谓茶文化与咖啡文化的根本区别在于不同群体的人对于茶与咖啡的评价不同，而后才导致了行为的差异。

二、文化变迁

从长远或演进角度来看，文化正在发生变迁。文化变迁，作为文化研究的核心议题，在人类学术史上具有悠远的渊源，可以追溯到19世纪或更早。斯宾塞、泰勒、摩尔根、弗雷泽等①为代表的古典进化派，开创了文化变迁的最初研究。古典进化论学派乐观地相信，人类文化是不断地由低级向高级、由简单向复杂发展进化的。他们不仅把所有民族的文化，而且将各种文化形式及文化特质，都在一个近乎先验的和绝对的进化阶梯中加以排列，以确定其位置，强调以人类心智的一致性解释文化发展的普同性。然而，却忽视了现实中正在发生的文化变迁过程，而仅仅一般性地以历史上的文化变迁为主题，并且具有浓厚的欧洲文化中心主义色彩。

针对古典进化论学派的不足，各种反古典进化论学派相继诞生，并对文化变迁进行了不同的界定。传播学派把人类文化的变迁过程在本质上理解为传播过程，即认为文化是在传播中发生变迁的。功能学派人类学家马林诺夫斯基则把文化过程直接理解为文化变迁，他承认现存的社会秩序，包括它的组织、信仰和知识以及工具和消费者的目的等，都或多或少地以不同的速率处于改变之中，只是这种变化，以文化事象的功能的变化、消失与替代来实现。以博厄斯为代表的历史学派，研究的是在一个有限的文化区内不同文化的互相影响，致力于有限的历史复原，并尽可能避免一般化的理论建构，直接为文化变迁研究提供理论素材。②

对于文化变迁内涵的理解，并不全是人类学、民族学的理论，还有来自社会学、哲学等领域的诠释。例如，查普夫(Zapf)③认为文化变迁可以理解为社会结构的变化和社会制度的变化。普洛格(Plog)和贝茨(Bates)④将文化变迁定义为技术、社会、政治、经济组织以及行为准则的变化。

关于文化变迁的分类，根据不同的分类标准，有多种划分方法：① 以参与变迁的人的意愿为标准，可划分为"自愿变迁"和"强制变迁"；② 根据变迁在整个文化中所占的范围和比重，可划分为"有限变迁"和"无限变迁"；③ 以变迁的速度为标准，可划分为"文化渐变"和"文化突变"；④ 以人为参与的程度为标准，可划分为"自然变迁"和"计划变迁"。

综上可见，理论界关于文化变迁的含义及分类的研究，在不同的学科或学派中莫衷一是，凸显相关理论研究仍面临诸多困惑，有待进一步深入。

三、信任、网络与社会资本

文化在经济领域被关注起始于政治学家、社会学家和经济学家对信任的经济报偿的研究。信任的诱人之处在于，它可以被看作一方代理人借以对另一方代理人或代理人团

---

① [美]克莱德·M. 伍兹：《文化变迁》，施惟达、胡华生译，云南教育出版社，1989，第1页。
② [美]克莱德·M. 伍兹：《文化变迁》，施惟达、胡华生译，云南教育出版社，1989，第2-3页。
③ [德]沃尔夫冈·查普夫：《现代化与社会转型》，陆宏成、陈黎译，社会科学文献出版社，1998，第156页。
④ [美]F.普洛格、[美]D G.贝茨：《文化演进与人类行为》，吴爱明、邓勇译，辽宁人民出版社，1998，第589页。

体所要实施的特定行为进行评估的主观可能性，这样它就可以很容易地进入标准的经济模型。与信任关系密切的另一个词汇是“网络”，当一个人具有持久性的关系网络时，这个由相互熟悉的人组成的关系网络就意味着他实际或潜在拥有的资源。但是，作为一个文化变量，信任有几个方面的局限性：其一，信任不仅仅是一个继承来的文化变量。人们可根据法制的品质或作为策略性互动的结果而发展信任度，这二者往往难以区分。其二，信任甚至可以是进行最优投资的结果。其三，文化可以借助信任之外的其他机制来影响经济结果。

基于信任、网络及社会规范的作用，社会学家最早提出了“社会资本”一词来概括这一新的现象。詹姆斯·科尔曼(Coleman)[①]从学理上对社会资本给予了全面的界定和分析。他认为，社会资本是“个人拥有的社会结构资源”，“和其他形式的资本一样，社会资本也是生产性的，使某些目的的实现成为可能。而在缺少它的时候，这些目的不会实现”。社会资本存在于人际关系的结构中，不依附于独立的个人，它具有公共物品的性质，只有关系网络的所有参与者共同行动才能表现出来，这是与其他形式资本最基本的差别。社会资本的表现形式为义务与期望、信息网络、规范和有效惩罚、权威关系。有待偿还的义务关系(如欠人情)的存在也是一种资源，人们需要时可以使用它。科尔曼认为，影响社会资本形成和存亡的有四个因素：① 关系网络的封闭性，保证信任、规范、权威、制裁的维持。② 组织和个人的稳定。③ 意识形态。例如，宗教等集体意识是把某种要求强加给意识形态的信仰者，但个人主义的意识形态会对社会资本的形成起消极作用。④ 官方支持下的富裕或需要的满足，降低社会资本的价值，并使其无法更新。

罗伯特·普特曼(Putnam)[②]认为：“与物质资本和人力资本相比，社会资本指的是社会组织的特征，如信任、规范和网络，它们能够通过推动协调和行动来提高社会效率。社会资本提高了投资于物质资本和人力资本的收益。”社会资本诞生并且体现于民众交往网络之中。由于长期以来民众对本地社会经济和政治生活的参与，社会资本逐渐演进成一种能够使人们互相信赖并恩恩相报的经济资源，人们为了共同的利益而相互合作。普特曼的社会资本存量就是一个社区中人们参加社团活动的水平，测量的标准包括阅报、参与志愿者活动及对政治权威的信任表达等，实际上是一个市镇甚至整个国家的“公民精神”的水平。

弗朗西斯·福山(Fukuyama)[③]认为“社会资本的定义简单地说，就是一个群体的成员共同遵守的、例示的一套非正式价值观和行为规范，按照这一套价值观和规范，他们便得以彼此合作。如果这个群体的成员能期待其他成员的行为可靠和诚实，他们就能彼此信任对方。信任的作用像一种润滑剂，它使一个群体和组织的运行更有效率。”贝克尔[④]从经济学的层面提出了社会资本的概念，他认为“由于社会资本包含了社会环境的效应，

---

① Coleman J S, “Social Capital in the Creation of Human Capital”, *The American Journal of Sociology*, 1988, 94(1): 95－120.

② Putnam R D, “Making Democracy Work: Civic Traditions in Modern Italy”, Princeton University Press, 1993.

③ [美]弗朗西斯·福山:《社会资本》，载[美]塞缪尔·亨廷顿、[美]劳伦斯·哈里森，《文化的重要作用——价值观如何影响人类进步》，程克雄译，新华出版社，2012，第143页。

④ [美]加里·贝克尔:《口味的经济学分析》，李杰、王晓刚译，首都经济贸易大学出版社，2000，第15－16页。

因此，个人的社会资本存量主要不是由他自身的选择所决定的，而是取决于相关社交网络中同辈的选择。”“社会资本的增加能够提高或降低效用。”

综合上述观点，社会资本被认为是一种资源，即存在于社会结构关系中的资源，它体现为个人关系、成员身份、社会网络和信任关系。其中，核心要素或基础要素就是信任关系。社会资本的概念在社会科学以及经济学领域都得到了广泛的接受。经济学家使用社会资本去解释很多现象：经济增长、公司规模、制度设计和绩效、金融发展、犯罪活动、家庭权力、创新、中等教育的普及等。虽然社会资本的概念已成功地进入了经济学领域，但研究者并没有对社会资本做出严格、统一的定义，而是在“信任”“惯例或规范”和“网络”意义上交叉使用。例如，普特南把社会资本等同于公民参与网络，而把普遍化的互惠惯例、信任作为公民参与网络的衍生物来看待。

四、社会资本与文化资本

在对社会资本的批评中，索洛(Solow)①总结了当前对社会资本定义的弱点。“如果社会资本更像是专业术语”，那么社会资本的存量至少应该可以度量，即使不够准确。换句话说，要是社会资本能够继续在经济话语中使用，我们需要放弃一些模糊性而且要努力将社会资本的定义与标准人力资本的定义区别开来，还要解释社会资本积累和贬值的机制。

为了挽救社会资本这一概念，一些研究者提出了将社会资本看作“好文化”的方法。塔贝里尼(Tabellini)②显示了有可能通过与好的价值观或好信念相联系来定义资本存货。所谓的“好”意味着能够提高合作而且具有经济回报。另一些研究者则将社会资本定义为好文化，即一系列能够繁荣合作行为的信念和价值观。这一定义与普南特和福山的一个观点很相似，但是它更清楚地表明，社会资本不是有关网络，而是有关价值观和信念的，该信念和价值观由一个团体所共享而且更容易通过代际的传播在成员中扩散。

如果仅从价值观和信念的角度来定义，则可以用“文化资本”一词来替代社会资本的这一内涵。因此，这也是将文化因素纳入经济学分析范畴的一个途径，是联结文化与经济学的合理方式。当然，以“根深蒂固的价值观念”为研究的视角，并将其称为“文化资本”时，需要更多的勇气和细心。因为“文化具有的内在价值观和态度能引导民众，从这个意义上说，它令学者们害怕。它带有种族和继承的刺鼻气味，带有免疫力的味道。”同时，“对文化的批评是会得罪人的，会伤人感情和自尊心。”③

在本书中，文化资本被定义为：人们所习得的能够为其未来带来持续收益的特定价值观和信仰体系，它是未来收入的资本化。文化资本不仅是人类走出蒙昧所积累的第一笔资本，也是每个人一生中所开始积累的第一笔资本。④ 文化资本不仅具有资本的一般性质，更多的特性将它与其他的资本类型区分开来。特定的价值观体系虽然是无形的，但是

① Solow R M, “Trust: The Social Virtues and the Creation of Prosperity(Book Review)”, The New Republic, 1995, 213: 36 - 40.

② Tabellini G, “The Scope of cooperation: norms and incentives”, Bocconi University, 2007.

③ [美]戴维·S.兰德斯：《国富国穷》，门洪华等译，新华出版社，2001，第732页。

④ 社会学家布迪厄较早提出了文化资本的概念。此处所采用的定义参阅高波、张志鹏：《文化资本：经济增长源泉的一种解释》，《南京大学学报(哲学·人文科学·社会科学)》，2005年第5期。

它往往通过特定的行为、物品或信息储存手段而得以表现。历史遗迹、家庭传统、生活习俗都能够承载特定的文化观念。

文化资本投资或积累的实质是价值观体系的不断扩展。投资意味着文化资本的不断积累与变化，但我们能否对不同的文化资本进行比较呢？在增长理论研究中，物质资本的积累可以通过数量的增加而体现，在技术进步的不同阶段也可以反映出来；人力资本则以所掌握的技能与教育年限等作为比较准则。而文化资本的积累是一个动态的历史过程，所以文化资本投资或积累的实质是价值观体系的不断扩展。随着这种价值观体系的不断扩展与包容、扬弃，文化资本得以不断积累与增长。同样，制度资本的投资与积累也是如此，它是哈耶克所说的"人类合作秩序的扩展"，人类合作秩序扩展的规模与深度反映了不同制度的特性。

文化资本完全不同于人力资本。应该看到，习得特定文化的活动与人力资本投资中的教育、保健活动是不同的。一般而言，人力资本投资表现在人们对特定操作技能的掌握，体现在人们获得"怎么办"的知识；而文化资本则体现在人们获得"为什么"的知识。即使在教育的内容上，二者也是可以得到清楚地划分，文化资本的投资途径远不止学校教育。在企业培训上也是如此，人力资本体现在员工技能的学习与提高上，文化资本则表现在员工要习得与操作技艺绝不相同的特定价值观、态度与企业文化上。

事实上，研究者早就提出从文化资本的视角来定义和衡量文化因素。一些学者①依据有限道德与普世道德的标准，对文化进行了比较。所谓有限道德，通常出现在一个集权社会中，好行为和诚实行为的信号往往只局限在家庭成员等紧密相关的小群体中，离开了这个小群体，机会主义行为和高度的自私行为就被看作自然的和伦理上可接受的。相对而言，现代民主社会则将好行为的抽象规则应用于许多社会状态，而不是仅限于个人朋友和亲戚的小网络中。显然，有限道德与普世道德之间的差异有助于我们理解跨国或地区之间的文化差异，一些实证研究也是这样应用的。

使用文化资本概念有助于将文化因素引入经济学分析框架，使得定义、比较和衡量文化因素成为可能。一方面，一系列大的社会调查提供了对态度和信念的衡量。这些衡量曾有效应用于游戏或真实行为。另一方面，衡量价值观的可能方法是在没有经济激励起作用而只有个人价值观起作用的地方进行。例如，选举参与率、献血或在确保不受罚的情况下的交通违章等，所有这些方法提供了一个机会去更准确和清楚地衡量个体或群体的文化资本。

此外，文化资本的内涵体现了资本的一般特性，有效解决了索洛对于社会资本缺陷的批评。一是文化资本投资可以定义为父母对他们孩子投入和教育中更具合作性的价值观的相关资源数量。二是个体所拥有的一系列价值观的贬值可以看作文化资本的贬值。三是这一定义也可以使文化资本具有一种非负的经济支付，因为它包含了价值观和信念，可以使团体中的成员有效合作去追求共享的目标。四是文化资本可以有效地与传统的人力资本相区别。一方面文化投资过程是社会的。父母和其他社会成员对个体进行价值观和信念的传输，而不是个体本人。另一方面，如果他们没有和团体中的其他成员分享，这些

---

① Platteau J P, "Institutions, Social Norms, and Economic Development", Academic Publishers & Routledge, 2000.

价值观和信念就不能够代表文化资本。因此，文化资本能够较好地符合索洛的要求而且也更有可能融合进标准经济学模型。

第二节　文化与经济发展

一、经济学家对文化的关注

文化与经济学的研究并不是一个新话题，但它却是一个时断时续的研究主题，当经济学家直面现实的时候就会关注到文化，一旦建立起标准的模型则往往将其忽略。①

（一）古典经济学家对文化的关注

古典经济学家很乐意用文化来解释经济现象。亚当·斯密不仅将他的《道德情操论》视为《国富论》的一个组成部分，而且也直接或间接地论述了价值观和信仰在发展中的作用。斯密心目中的"经济人"实际上是当时"市民阶级"这一时代新人的"化身"，这些新的市民阶级相互结合，逐渐形成了其本身固有的文化和价值观，他们自己教育自己，聚集成一个与封建文化诀别的新兴思想阶层。他们要求自由行动，实现其"利己心"，为此，他们必须遵守社会正义的一般规律，具有"勤勉""节约""慎重""机敏""质朴""用心周到"等品德。② 可见，《国富论》中的"经济人"的活动是"经济与道德"的统一。如果不具备这些必要的伦理道德，仅仅追求自利是无法促进社会财富增进的。③ 从特定的"经济人"出发，斯密合理地指出，任何市场经济只有在共享的道德观，即信守契约、履行支付承诺、尊重市场伙伴的基础上才能正常运行。④

约翰·穆勒(Mill)在19世纪中叶说过："在现今人类进步程度很低的情况下，使人们接触与自己不同的人，接触自己不熟悉的思想方式和行为方式，其意义之大，简直是无法估计的……这种交往一直是在现代尤其是进步的主要源泉。"⑤他甚至认为文化约束有时甚至比追求个人利益更重要。穆勒还认为，一国人民的信仰和法律对他们的经济状况起很大作用，而经济状况通过对智力发展和社会关系的影响，又作用于人民的信仰和法律。他在研究生产力程度时指出，整个社会的知识水平和相互信任程度对生产要素、生产力程度有较大的决定。他还提出，建立相互信任的关系对人类的好处表现在人类生活的各个方面，经济方面的好处也许是最微不足道的，但即使如此，也是无限大的。

卡尔·马克思将文化与经济发展的因果关系方向逆转过来：不是文化决定经济关系，他认为基本技术决定了现行的社会结构的类型甚至主流文化：手工磨坊产生封建社会，蒸汽机磨坊产生资本主义社会。马克思关于意识形态与经济基础关系的论述拓展了相关认

① 高波、张志鹏：《文化与经济发展：一个文献述评》，《江海学刊》，2004年第1期。

② 朱绍文：《〈国富论〉中的"经济人"的属性及其品德问题》，《经济研究》，1987年第4期。

③ ［印］阿马蒂亚·森：《伦理学与经济学》，王宇、王文玉译，商务印书馆，2014，第27－32页。

④ ［德］霍尔斯特·施泰因曼、［德］阿尔伯特·勒尔：《企业伦理学基础》，李兆雄译，上海社会科学院出版社，2001，第25页。

⑤ ［英］约翰·穆勒：《政治经济学原理及其在社会哲学上的若干应用》下卷，胡企林、朱泱译，商务印书馆，1991，第123页。

识，展示了文化与经济发展关系的重要方面。

在20世纪初开始的对“资本主义精神”的研究上，马克斯·韦伯认为资本主义精神出自新教，他的论点是“现代资本主义精神，以及全部现代文化的一个根本要素，即以天职思想为基础的合理行为，产生于基督教禁欲主义”。[①] 韦伯命题成为20世纪有多种学科背景的学者参与的广为人知的学术争论，这一事实本身就说明了该论题的重大意义。[②] 尽管人们反对简单的宗教决定论，但韦伯学说的传统却得到了部分继承者的拥护，他们认为，持久的文化传统影响着今天各种社会的政治和经济行为。

到了马歇尔那儿，经济学研究的对象仍然是“真实的”人。马歇尔[③]提出，世界历史的两大构成力量，就是宗教和经济的力量。虽然宗教的动机比经济的动机更为强烈，但是它的直接作用，却不像经济动机那样普遍地影响人类生活。马歇尔也认识到了宗教改革对经济发展的影响，他分析道，当时英国人的性格里所幸有的庄重和大无畏精神使他们很容易接受宗教改革的理论，这些理论对他们的生活习惯起了作用，而对他们的工业也有所影响。虽然荷兰和其他国家也和英国一起经受了中世纪末期精神革命的伟大考验，但是，从许多观点特别是从经济学家的观点来看，英国的经验是最有教益的，最丰富的；而且是所有其他经验的典范。英国在由主动性和自由意志所促成的现代工业企业的演进中起了领导作用。[④] 马歇尔还探讨了风俗习惯形成的原因，他认为风俗习惯本身差不多一定是精密和细心地观察不同行为过程中利害得失的产物。

（二）20世纪50年代对文化的重视

在20世纪四五十年代，沉寂多时的文化研究又重新兴起，推动这一潮流的有两个方面：对韦伯命题的深化和发展理论的关注。

在社会学及人类学界，大批学者的研究迅速丰富了对文化与经济社会关系的认识。他们拓宽了韦伯的宗教视野，从文化的角度理解各种社会，分析它们之间的差别，解释它们的经济和政治发展状况。班菲尔德（Banfield）[⑤]是第一个试图用文化来解释经济落后的人。在《落后社会的道德基础》一书中，他将意大利南部的落后归咎于其居民过度追求狭隘的个人利益，并将这种状况称为“不道德的家庭主义”。

20世纪50年代前后的经济发展理论同样对文化因素给予了应有的重视。阿瑟·刘易斯[⑥]在全面分析影响经济增长的因素时，将“节约的意愿”和“工作态度”“冒险精神”等放在了最前面。他清楚地意识到，“经济增长依赖于人们对工作、财富、节俭、生育子女、创造性、陌生人和冒险等的态度，所有这些态度都是从人的头脑深处产生的”。但是，为什么人们的态度不同，或者说宗教信仰不同呢？刘易斯认为这也许永远也回答不了。

刘易斯将影响经济增长的态度分为两类：一是人们对财富的态度。他认为有限的眼

---

① ［美］马克斯·韦伯：《新教伦理与资本主义精神》，苏国勋、覃方明、赵立玮、秦明瑞译，社会科学文献出版社，2010，第100－119页。

② ［美］哈特穆特·莱曼、［美］京特·罗特：《韦伯的新教伦理：由来、根据和背景》，阎克文译，辽宁教育出版社，2001。

③ ［英］马歇尔：《经济学原理》上卷，朱志泰译，商务印书馆，1964，第23页。

④ ［英］马歇尔：《经济学原理》下卷，陈良璧译，商务印书馆，1965，第389－390页。

⑤ Banfield E, “The Moral Basis of a Backward Society”, Free Press, 1958.

⑥ ［英］阿瑟·刘易斯：《经济增长理论》，周师铭、沈丙杰、沈伯根译，商务印书馆，1983，第11、28页。

界影响了人们努力获取财富的意愿。他说,“各个社会在局限性程度上的差异是大不相同的,这取决于积累的物质资本和文化资本,习惯和禁忌以及纯粹的愚昧无知。”二是人们对取得财富所需做出的努力的态度,即工作态度。他认为人们的不同态度往往与宗教信仰的不同有关。同时,刘易斯还详细分析了影响人们努力实现愿望的习俗和禁忌,包括对家庭生活的偏见、职业偏见及对资源利用的限制,最突出的例子是印度教对待圣牛的态度。

冈纳·缪尔达尔(Myrdal)①集中分析了“价值观”在发展中的影响。在对南亚国家考察时,他描述了在这些国家普遍存在的传统价值观与战后现代化理想之间的冲突。缪尔达尔认为,要改变阻碍经济发展的传统价值观,“从现代化理想的角度看,所需要的仅仅是消除非理性信仰及有关价值观的形成基础。”但是,当宗教成为这一信仰和价值观的一部分时,就需要对它进行改革。而南亚各国的事实是,没有一个国家攻击宗教,因为宗教成为整个生活与工作方式的感情容器,通过宗教来约束,宗教又使它对变革具有刚性和抗性。为此,他得出结论说,“引起大而迅速的变革比小而缓慢的变革常常不是更难,而是更容易。”他觉得只有迅速和大规模的变革,才能改变拥有宗教感情基础的传统价值观的阻碍,而渐进是难以奏效的。

亚历山大·格申科伦(Gerschenkron)在分析经济落后情况下的工业化的意识形态环境中指出,在一个落后国家,为了冲破萧条的障碍,点燃人们的想象力,以及把他们的热情投入经济发展中,需要比更好地配置资源或较低的均衡价格的许诺更为强有力的思想药剂。在这种条件下,即使是商人,即使是真正勇敢的、改革的企业家,也需要比高利润的前景更有力的刺激。搬走常规和偏见的大山所需要的是信仰——用圣西门的话来说,是黄金时代并没有远去而在人类前方的信仰。②

哈耶克(Hayek)③认为,“文化既不是自然的也不是人为的,既不是通过遗传继承下来的,也不是经由理性设计出来的。文化乃是一种由习得的行为规则构成的传统”。他进一步论述说,“这种以交易为基础的社会之所以有可能,通过可变的市场价格对广泛的劳动分工间的合作进行指导之所以有可能,都是以这样一个事实为基础的,即经由逐渐演化而形成的某些道德信念在众人之间的不断传播并在传播以后得到了大多数西方人的接受。”

(三) 20世纪末文化的经济学研究的复兴

从20世纪80年代起,大量的事实又激起了文化的经济学研究的兴趣。从微观来看,如投票、献血等行为离开文化因素难以解释。从宏观和经济发展来看,无论是“东亚奇迹”,还是体制转型的差异,都无法回避文化的影响。例如,北美和拉美发展的巨大差异,使得一些研究者开始追溯到英国的新教改革与西班牙、葡萄牙天主教的不同传统。对拉美和亚洲的比较研究又引发了对“亚洲价值观”的讨论。

随着理论研究的深入,经济学家再次开始严肃地思考文化怎样有助于解释经济现象。

---

① [瑞典]冈纳·缪尔达尔:《亚洲的戏剧——南亚国家贫困问题研究》,方福前译,首都经济贸易大学出版社,2001,第26-46页。

② [美]亚历山大·格申科伦:《从历史的角度看经济落后》,载谢立中、孙立平主编,《二十世纪西方现代化理论文选》,上海三联书店,2002,第843页。

③ [英]冯·哈耶克:《哈耶克论文集》,邓正来选编译,首都经济贸易大学出版社,2001,第602、617页。

罗纳德·英格尔哈特和韦恩·贝克(Inglehart and Baker)①运用“世界价值观调查”的结果描绘了一幅“全球文化地图”，从中发现文化观念、宗教传统和社会信任与经济发展水平之间存在密切的相关性。此外，西摩·马丁·利普塞特等人还研究了价值观与腐败的关系。W. R. 哥尔德夏米德则讨论了文化因素与新专门技术获取之间的相互关系，认为技术引进必须考虑与当地文化的融合。拉尔夫·林顿(Linton)分析了影响经济增长的文化和人格因素，他指出，无论在什么社会中，与私人工业和工人财富积累有关的价值观都将是决定经济发展程度和方向的重要因素。②

劳伦斯·哈里森(Harrison)的著作《不发达是一种心态——拉丁美洲事例》在这次热潮中扮演了重要的角色。在这本书里，他用大量的案例研究表明，在多数拉美国家，文化成为发展的一大障碍。之后，他又在《泛美梦》一书中列举了进步文化区别停滞文化的十点价值观。另一位研究人员——马里亚纳·格龙多纳也同样概括划分了文化差异，他从宗教、对个人的信任、道德规范、财富观、竞争观、公平观、工作价值观、教育、理性、权力、世界观、生命观、民主观等 20 个方面来划分有利于经济发展的文化和阻碍经济发展的文化。费尔班克斯和林赛都是博德公司在第三世界传授竞争力战略的专家，他们在咨询活动中很快意识到，仅强调市场分析、合适定位、提高生产率和加强管理，还不足以保证具有成功的竞争力。他们得出结论说，首要的障碍是一些植根于文化价值观和态度的“无形”因素。因此，他们的目标是改变传统的心理模式，因为它们妨碍企业竞争力和经济增长所必需的创造性和效率。③

阿马蒂亚·森(Sen)④认为，“事实上，资本主义经济的高效率运行依赖于强有力的价值观和规范系统”。他论证说，一个交换经济的成功运行依赖于相互信任以及公开的或隐含的规范的使用。即使对机构和制度而言，其运行也是以共同的行为模式、相互信任以及对对方道德标准的信心为基础的。为了证明他的观点，森还引用了日本通过特殊的商业伦理促进成功的例子。从他的观点出发，森对发展中国家提出了忠告，他说：“发展中国家必须不仅要重视审慎行为的优良品德，还要重视那些补充性价值观的作用。”

其实，文化因素在主流经济学家那里也得到了关注。经济学家保罗·罗默(Romer)⑤认为，“思想应该是我们关注的中心……思想是极为重要的经济产品，它比大部分经济模型强调的目标重要得多。在一个物质有限的世界里，正是大思想以及大量小思想的发现，使经济的持续增长成为可能。思想是指令，它使我们把有限的物质资源融入更有价值的安排之中。”“贫穷国家所以贫穷，是因为其公民没有机会接触到被工业化国家

---

① Inglehart R, Baker W E, “Modernization, Cultural Change, and the Persistence of Traditional Values”, *American Sociological Review*, 2000, 65(1): 19-51.

② W. R. 哥尔德夏米德：《文化因素与新专门技术的获取之间的相互关系》，[美]拉尔夫·林顿：《影响经济增长的文化和人格因素》，载谢立中等编，《二十世纪西方现代化理论文选》，上海三联书店，2002，第 591-627 页。

③ [美]塞缪尔·亨廷顿、[美]劳伦斯·哈里森：《文化的重要作用——价值观如何影响人类进步》，程克雄译，新华出版社，2012，第 80-94 页。

④ [印]阿马蒂亚·森：《以自由看待发展》，任赜、于真译，中国人民大学出版社，2002，第 261-265 页。

⑤ Romer P M, “Two Strategies for Economic Development: Using Ideas and Producing Ideas”, *In Proceedings of the World Bank Annual Conference on Development Economics*, 1992.

采用的能够产生经济价值的思想。”约翰·斯蒂格利茨(Stiglitz)①在论及世界银行工作的转变时指出,目前,为了使我们的工作有一个更为全面的“新发展框架”,世界银行在很大程度上将其重心转向了无形的知识、制度和文化。例如,我们要成为“知识银行”,而不仅仅是处理基础性金融事务的银行。我们现在不太愿意把经济发展看作建设性事务,而更愿意把它看作涵盖知识、制度和文化的广泛和全面意义上的教育性事务。

二、文化影响经济发展的机制

为了回答“文化至关重要吗”这一问题,需要揭示文化的作用机制,显示出文化是可以被严格分析的,而且文化的影响也能够从制度或其他经济变量中被分离出来。事实上,对于文化影响经济发展的研究存在多种进路,并未形成标准模型和共识。

(一) 多重均衡的选择机制

为了维持“偏好稳定”这一假定,在现代经济学的分析框架中,文化特性最初被内生化处理。斯蒂格勒(Stigler)和贝克尔②从一个普通的效用和假定不同程度的投资开始,将消费者偏好内在化。之后,亚纳科内(Iannaccone)③开始将宗教和社会规范解释为团体层面上最优化的结果。格莱泽、莱布森和萨克多特(Glaeser, Laibson and Sacerdote)④将人力资本投资理论扩展到个人在社交技巧和社会交往上的投资。根据这种理论,迁移的可能性越低、剩余寿命的年数越多,在当地网络中投资的回报就越高。在这些研究中,难以看到文化的独立作用。事实上,文化唯一可能的作用是作为一个协调装置,使社会在不同的焦点上做完全相同的游戏。

戴维·克雷普斯(Kreps)⑤对企业文化的研究也是遵循了上述思路进行的。戴维·克雷普斯使用了“焦点”(Focal Piont)假说,即当参与人之间没有正式的信息交流时,他们存在于其中的“环境”往往可以提供某种暗示使得他们不约而同地选择与各自的条件相称的策略(焦点),从而达到均衡。戴维·克雷普斯认为这样的“环境”对公司的经营来说是非常重要的。在大量情况下,企业作为人们合作的“场所”无法把所有可能发生的事件明确地写到契约中。因此为了使增进福利的帕累托最优解更容易出现,公司需要形成某种“文化”即决策环境,使人们可以在不确定性情况下容易找到决策的“焦点”。也就是说,企业文化作为指令可以形成一种默契和一种微妙的暗示。反过来则意味着,“焦点”的存在减少了人们选择行为中的不确定性和机会主义倾向。这里的“焦点”很显然是一种“共享的价值观”(Shared Value),这也是企业文化的核心。事实上,戴维·克雷普斯(Kreps)的企业文化理论包含两个理论,一个理论是将文化作为确保在博弈中合作的方式;另一个则是文化起到了维持合作博弈目的而对未来不确定性分类的作用。前者可以称为“作为惯

---

① Stiglitz J E, “Knowledge for Development: Economic Science, Economic Policy, and Economic Advice”, In Plesovic B, Stiglitz J E, eds., *Annual World Bank Conference on Development Economics*, 1998.

② Stigler G J, Becker G S, “De Gustibus Non Est Disputandum”, *The American Economic Review*, 1977, 67(2): 76-90.

③ Iannaccone L, “A Formal model of Church and Sect”, *American Journal of Sociology*, 1988, 94: 241-268.

④ Glaeser E L, Laibson D, Sacerdote B, “An Economic Approach to Social Capital”, *Economic Journal*, 2002, 112(483): 437-458.

⑤ Kreps D M, “Corporate Culture and Economic Theory”, in Alt J and Shepsle K, eds., “Perspectives on Positive Political Economy”, Cambridge University Press, 1990.

例的文化”的观点，从福利角度来看，最重要的是达成合作，而不论采取哪一种方式。一般惯例节约了大量与协调相关的成本。从其本质上来说，文化惯例基于人们能够意识到它们并且能够知道如何正确地应用它们。后者则与不确定性及人们的有限理性有关，而这一因素是很难模型化的。

阿夫纳·格雷夫(Greif)①眼中文化的作用是作为多重均衡中的一个选择机制。他将热纳亚和马格里布商人不同的社会组织解释为在文化驱动下对相同经济问题的反应。格雷夫分析表明，文化背景的不同会影响到一个经济体治理机制选择的差异。他通过理论分析和历史事实证明：不同的社会历史发展进程，使热那亚和马格里布分别形成了个人主义和集体主义的文化传统，而这两种不同的文化传统，影响甚至是决定了两个地区不同的制度选择。热那亚的个人主义文化传统，使他们选择了以“个人主义”惩罚机制为基础的第二方实施制度；而马格里布的集体主义文化传统则使他们选择了以“集体主义”的惩罚机制为基础的第三方实施制度。

（二）意识形态与主观模型理论

在道格拉斯·C. 诺斯(Nortn)②研究框架里，意识形态（或文化）理论有着重要的地位。他提出，正式规则和非正式规则都要受人们对周围世界的主观认识所左右，而主观模型则是信念、教义、可靠的理论和神话传统的大杂烩。诺思认为，“一种实证的意识形态理论对进一步发展交易费用分析是必不可少的。约束性的最大化模型因限于规章及其实施的制约，留下了一个只能通过调节伦理道德准则的力量来缩小的很大的后遗症，伦理道德准则决定着个人作为白搭车者从事活动所需要的费用。”他指出，如果没有一种关于意识形态的清晰理论，那么我们解释现行资源配置或历史变革的能力便会有很大的缺口。而解释长期变革同样急需一种实证的意识形态理论。因为适用于经济发展和经济史的新古典经济学，可以很好地说明某一时期经济的成就，但它没有也不说明变革的动力。

诺思应用文化因素来解释经济增长，他认为制度和意识形态共同决定了经济绩效。在他看来，意识形态是影响经济绩效的个人选择的关键，个人如何看待游戏规则的公平与公正，明显会影响绩效。准确地说，意识形态的重要作用在于它有助于降低衡量与实施合约的交易费用。诺思认为正式规则无法保证适应性效率与经济增长，他举例说，许多拉丁美洲国家独立时采用了美国宪法或其变种，许多国家复制了西方的法律体系，然而由于忽视了相应的文化背景，期望的经济增长并没有出现。

运用主观模型的理论，诺思还从微观上研究了知识、观念和意识形态对企业家决策的影响，认为企业家所想象的“利润”大小取决于他对于新旧制度的了解和想象。后者又受到他所持“观念”和“意识形态”的影响。他试图通过研究文化对企业家的影响来找到制约经济增长的内在原因。

---

① Greif A, “Cultural Beliefs and the Organization of Society: A Historical and Theoretical Reflection on Collectivist and Individualist Societies”, *Journal of Political Economy*, 1994, 102(5): 912 - 950.

② [美]道格拉斯·C. 诺斯：《经济史中的结构与变迁》，陈郁、罗华平等译，上海三联书店，1991，第 49 - 65 页。

(三) 文化对偏好与经济绩效的影响

一些研究假设文化价值观可以通过影响人们的经济偏好(如储蓄或劳动力参与偏好)和政治偏好(如对财政再分配的偏好),从而影响到经济结果。

为揭示文化如何通过经济偏好影响经济行为和结果,曼诺莎(Manosa)、坎波斯(Campos)等集中关注了文化对储蓄决策的影响。曼诺莎等①使用生命周期模型,以来自五大洲的56个国家1960—2008年的数据为样本,研究了社会抱负对储蓄的影响,发现社会抱负对国民储蓄具有显著的正向影响。坎波斯(Campos)等②基于30个OECD国家1990—2010年的数据,研究发现节俭、信任和宗教等文化差异显著影响各国私人储蓄率。这些研究成果无不表明,要了解一国或全球范围内的储蓄率差异,文化变量与经济变量同等重要。

研究者还从文化角度进一步解释了妇女就业率。费尔南德斯和弗格里(Fernández and Fogli)③研究发现,文化传统影响人的工作和美国妇女的生育选择。在控制了妇女的家庭背景与其他特征变量后仍表明,妇女的个人经验和她的文化背景在生育率上扮演了重要角色。应用文化变量,既可以较好地解释美国妇女的就业率从1880年约2%到2000年超过70%的剧增;也可以用于说明欧洲与美国在妇女就业率上的显著差异,反映了文化信念的重要作用。科罗塔耶夫(Korotayev)等④研究发现,与众不同的阿拉伯文化,是造成中东及附近地区女性劳动参与率异乎寻常低的重要原因。

文化还通过影响个人的政治偏好而影响行为和结果,这些政治偏好是关于政府的职责。例如,政府应该多大程度地介入经济生活、促进竞争、管制市场、实行收入再分配、实施社会保障或实现某种产业和企业的国有化。阿莱西纳(Alesina)等⑤利用德国分离与合并的经验,检验了是否存在着经济统治对个人偏好的反馈过程。研究发现,在德国统一后,东德比西德更偏好于再分配和国家干预,即使控制住经济激励。这一影响对于那些老年人的影响更大。他们进一步研究发现东德的偏好逐步向西德的偏好收敛。计算表明,至少要用一代到两代人的时间才能使偏好完全收敛。

关于文化对经济绩效的影响,阿尔甘(Algan)等⑥研究发现,当面向社会合作的态度更少去支持强有力的劳动联盟(通过集体合约可以改善效率)时,最低工资管制更容易出现。实证显示,至少在短期内,跨国态度的差异导致了OECD国家在1975—2002年联盟成员在最低工资和劳动力市场绩效方面的差异。阿尔甘等⑦通过追踪不同国家、不同年

---

① Manos R, Drori I, Shoham A, Aharonson B S, "National culture and national savings: is there a link?", *International Review of Applied Economics*, 2015, 29(4): 455-481.

② de Castro Campos M, Kool C, Muysken J, "Cross-Country Private Saving Heterogeneity and Culture", *De Economist*, 2013, 161(2): 101-120.

③ Fernández R, Fogli A, "Culture: an Empirical Investigation of Beliefs, Work, and Fertility", *American Economic Journal: Macroeconomics*, 2009, 1(1): 146-177.

④ Korotayev A V, Issaev L M, Shishkina A R, "Female Labor Force Participation Rate, Islam, and Arab Culture in Cross-Cultural Perspective", *Cross-Cultural Research*, 2015, 49(1): 3-19.

⑤ Alesina A F, Fuchs-Schundeln N, "Good-bye Lenin (or not?): The effect of Communism on people's preferences", *American Economic Review*, 2007, 97(4): 1507-1528.

⑥ Algan Y, Cahuc P, "Why is the Minimum Wage so high in low-trust countries?", University of Paris, 2006.

⑦ Algan Y, Cahuc P, "Inherited Trust and Growth", *American Economic Review*, 2010, 100(5): 2060-2092.

代移居美国的居民信任度的变化情况，以此作为衡量这些国家信任变化的重要指标。研究发现，信任对解释20世纪发展中国家经济落后，以及发展中国家与发达国家之间的差距具有非常显著的效果。高波[①]通过对浙商和粤商成长经验的研究发现，区域文化、教育和宗教信仰等深深影响企业家的财富观、信任观、公平观和社会责任感，进而决定和影响一个地区的经济增长。此外，巴特勒(Butler)等[②]基于欧洲社会调查数据(ESS)和哥德堡大学社会、舆论、媒体研究中心(SOM)的微观调查数据，研究了个人信任对个人经济绩效的影响。结论显示，信任与个人经济绩效之间存在显著的驼峰关系。

(四) 文化对经济决策的影响

合作、贸易与创业、投资是影响经济发展的重要经济决策，人们在进行这些经济决策时，是否在考虑到直接的成本收益外还受到观念偏好的影响？特别是在法律法规还不够完善、实施成本太高的情况下，信任这样的良好价值观念在合作与交易中成为替代性的治理机制，这一点在国内贸易和国际贸易中都有所体现。圭索(Guiso)等[③][④]采用欧洲各国有关信任的数据，研究在这些国家的双边国际贸易中信任是否重要以及多么重要。通过对物品、金融资产和国外直接投资贸易的研究发现，信任对这些交易都有重要作用。如果一个国家对另一个国家信任度较高，它就更可能与这个国家进行物品和金融资产交易，并更可能对其进行直接投资。即使在对传统贸易理论所关注的典型变量(如距离、共同边界、共同语言)以及直到最近的贸易理论才注意到的那些变量(如两国法律起源的差异)进行控制之后，这些结果仍然成立。这些文化偏见是如此根深蒂固，它们甚至影响到了职业证券投资人的证券投资组合。

为证明文化对经济决策无所不在的影响，圭索等[⑤]研究发现，当合同不完善时，很多交易都通过握手——也就是说依靠信任来成交。一个在松垮的环境中工作的企业家就经常需要做此类交易。因此，在成为企业家方面，值得信任的人就更具有相对优势。在实证检验中，无论是最小二乘法还是Probit回归结果均显示，信任对成为企业家的可能性在统计学上具有显著的正向影响。信任能够使成为自雇(Self Employed)职业者的可能性提高1.3个百分点(样本平均数为14个百分点)。菲兹波罗(Psychogiopoulou)[⑥]研究发现，加深对各国文化的理解有助于欧盟与其他合作伙伴国家和地区达成更平衡的文化交流、合作协议和经贸协定，并主张在后欧盟时期不断加强文化合作，鼓励推进文化互动，促进经济、贸易不断取得突破。

---

① 高波：《文化资本、企业家精神与经济增长：浙商与粤商成长经验的研究》，人民出版社，2011，第1－7页。

② Butler J V, Giuliano P, Guiso L, "The Right Amount of Trust", *Journal of the European Economic Association October*, 2016, 14(5): 1155－1180.

③ Guiso L, Sapienza P, Zingales L, "The Role of Social Capital in Financial Development", *The American Economic Review*, 2004, 94(3): 526－556.

④ Guiso L, Sapienza P, Zingales L, "Cultural Biases In Economic Exchange", *The Quarterly Journal of Economics*, 2009, 124(3): 1095－1131.

⑤ Guiso L, Sapienza P, Zingales L, "Does Culture Affect Economic Outcomes?", *Journal of Economic Perspectives*, 2006, 20(2): 23－48.

⑥ Psychogiopoulou E, "The External Dimension of EU Cultural Action and Free Trade: Exploring an Interface", *Journal of Experimental Zoology*, 2014, 263(4): 382－397.

(五) 文化对制度安排的影响

制度与增长的政治经济学是一个充满希望的研究领域。但是,一些制度性的、政治的或经济结果很难完全用再分配冲突与经济激励理论解释。这些结果不仅只反映了公共政策的设计,它们也源自政府官员的行为或者是各种组织中的个体行为。也就是说,政治经济学研究方法不能够很好地解释在不同社会和不同组织中为什么和怎样克服集体选择这一几乎所有政治参与都涉及的核心问题。一个重要原因是政治经济学方法仅聚焦于经济激励和分配冲突。

然而,在观察一些官僚组织的作用时,需要超越纯粹的经济激励,去思考驱动人们行为的其他要素。规范的个人价值观就是这些要素之一。有关什么是对、什么是错的概念,一个人在特定情境下如何行事的态度都会对投票人的需求和预期、公众在群体活动中的参与、公共组织中的道德风险、个人提供公共品的意愿等产生强有力的影响。这些规范的价值观缓慢地随时间而演化,其内容主要来自对上一代人的继承。可见,久远的历史就是通过文化这一渠道影响当前制度的功能的。也就是说,文化或那些关于伦理和好行为使用范围的个人价值观和信念提供了历史传统与当今制度安排之间的"缺环"。

较早的一些研究表明,文化影响到信仰和价值观,它也会对更广泛的政治制度产生影响。例如,普特南(Putnam)①在对意大利不同地区的研究证明,大量的积极的制度结果与更高的社会资本有联系,比如更有效的卫生制度。在普特南看来,社会资本可以说是价值观和信仰的结合物。利希特(Licht)等②关注的是三个文化权衡:嵌入(Embeddedness)与自治的权衡、等级制和平均主义的权衡以及统治(Mastery)与天人合一之间的权衡。通过应用在 53 个国家中对初、高中老师所做的调查,他们证明,更倾向于自治、平均主义和统治的国家,其表现为法治化的程度更高、腐败较差、更民主。圭索等③研究发现,如果不同国家、不同文化背景的公民同处一经济联盟时,在根深蒂固的文化规范的影响下,当这些国家间发生角力时往往无法达成有效的政策,尤其是在困难时期。政治领导人也一定不会在违反国家的文化规范的前提下遵循某项政策。

此外,文化还对一国或地区金融制度选择产生重要影响。斯图尔茨和威廉姆森(Stulz and Willamson)④指出,文化主要通过价值观、制度(尤其是法系)和资源配置三种路径对一国或地区金融制度产生影响。科沃克和塔德塞(Kwok and Tadesse)⑤通过对 41 个国家的实证分析发现,一个国家的文化确实能够影响它的金融体系结构。具有较强风险规避偏好的国家,对于不完全合约缺乏足够的信心,而银行与客户间已建立了长期的关系,能够减少不确定性,因而更有可能建立以银行为主导的金融体系结构。

---

① Putnam R, "Making Democracy Work: Civic Traditions in Modern Italy", Princeton University Press, 1993.

② Licht A N, Goldschmidt C, Schwarz S H, "Culture Rules: The Foundations of the Rule of Law and Other Norms of Governance", *UC Berkely Shcool of Law*, 2006.

③ Guiso L, Herrera H, Morelli M, "Cultural Differences and Institutional Integration", *Journal of International Economics*, 2016, 99: 97-113.

④ Stulz R, Willamson R, "Culture, Openness, and Finance", *Journal of Financial Economics*, 2003, 70(3): 429-454.

⑤ Kwok C, Tadesse S, "National Culture and Financial Systems", *Journal of International Business Studies*, 2006, 37(2): 227-247.

第三节　文化资本、企业家精神与经济增长

忽视企业家作用和企业家精神的发展经济学是不完善的，因为离开了企业家解释经济增长与发展几乎是失去了主体和动力。遗憾的是，现代微观经济学中将企业视为一个“黑箱”，放弃了对企业家精神的研究。“在正统理论对市场制度的解释中，企业家不再扮演基础性的角色……人们贬低或者完全忽视了关于创新、承担不确定性、协调和套利的硕果累累的理论”①。同样，在微观经济理论研究的核心部分并没有“创新”，创新的承担者企业家以及企业家精神的地位在理论文献中总是被忽略。②

一、企业家精神的内涵

企业家精神是与企业家联系十分紧密的概念。企业家一词在 1730 年最早由法国经济学家理查德·坎蒂隆(Cantillon)③在《商业性质概论》一书中首次提出。在书中，坎蒂隆提到了 100 多次各种企业家，强调企业家洞察力(Judgement)与活力在经济中的重要性，他关注的是企业家的功能而非其个性。20 世纪 10—30 年代，熊彼特把新组合的实现称为“企业”，把职能是实现新组合的人们称为“企业家”。④ 这种新组合是指：① 采用一种新的产品。② 采用一种新的生产方法。③ 开辟一个新的市场。④ 掠取或控制原材料或半制成品的一种新的供应来源。⑤ 实现任何一种工业的新的组织。熊彼特认为，企业家执行新的组合则是发展。⑤

企业家精神(Entrepreneurship)，英语 entrepreneur 源自拉丁语动词 in prehendo-endi-ensum，意指去发现、去感知、去认识和去俘获，其语义非常丰富。在中文语境里，企业家精神既是抽象的，也是具体的、能产生社会影响的；既是个体的、展现个人英雄主义的，也是群体的、代表某个精英社群的。⑥ 根据赫伯特和林克(Hébert & Link)⑦对企业家精神的研究归类，有三个经典的学派。一是以熊彼特⑧和杜能⑨为代表的德国学派，强调企业家的创新精神。熊彼特系统地阐述了企业家的创新者角色，认为企业家善于创造性毁灭。杜能将企业家的收入分为承担风险的报酬和创新的报酬。二是以奈特⑩和舒尔

---

① ［美］阿玛尔·毕海德：《新企业的起源与演进》，魏如山、马志英译，中国人民大学出版社，2004，第 6 页。

② ［美］威廉·鲍莫尔：《资本主义的增长奇迹》，郭梅军、唐宇、彭敬、李青译，中信出版社，2004，第 63 页。

③ Cantillon R，1730，“Essai Sur la Nature du Commerce en Général”，trans. Higgs H，London：Macmillan，1931.

④ ［美］约瑟夫·熊彼特：《经济发展理论》，何畏等译，商务印书馆，1990，82－83 页。

⑤ ［美］约瑟夫·熊彼特：《经济发展理论》，何畏等译，商务印书馆，1990，73－74 页。

⑥ 孙黎、朱蓉、张玉利：《企业家精神：基于制度和历史的比较视角》，《外国经济与管理》，2019 年第 9 期。

⑦ Hébert R F，and Link A N，“In Search of the Meaning of Entrepreneurship”，*Small Business Economics*，1989，1(1)：39－49.

⑧ Schumpeter J，“The Theory of Economic Development”，Harvard University Press，1934.

⑨ Von Thünen J H，“Der isolierte Staat in Beziehung auf Landwirthschaft und Nationalökonomie oder Untersuchungen uber den Einfluß，den die Getreidepreise，der Reichtum des Bodens und die Abgaben auf den Ackerbau ausüben”，erste Auflage，Hamburg，1826.

⑩ Knight F H，“Risk，Uncertainty and Profit”，Boston and New York：Houghton Mifflin Company，The Riverside Press，1921.

茨①为代表的芝加哥学派，注重企业家的风险承担能力和冒险精神以及应付市场失衡的能力。奈特将企业家与风险承担者联系在一起，强调企业家是处理未来不确定性的主体。舒尔茨认为，经济的长期增长是一个充斥着各种类型失衡的过程，企业家才能就是应对失衡的能力。三是以米塞斯②和柯兹纳③为代表的奥地利学派，着重关注企业家对市场机会的识别能力。坎蒂隆对企业家精神的研究主要在奥地利学派这里得到了继承和发扬。米塞斯认为，由于市场的不完美，人类行为的结果常常是不确定的，企业家就是努力消除蕴藏在人们行为中的不确定性的行动者。米塞斯指出，企业家精神是承受不确定性的行为，可以用获利或亏损来辨识企业家精神。柯兹纳指出，新古典经济学描绘的均衡世界不可能自动实现，市场常常处于非均衡状态，正是这种非均衡状态的存在才使得企业家有用武之地。

从 19 世纪 70 年代中期至今，虽然企业家精神受到越来越多的重视，但是很难用传统的数理模型和最优化理论来分析企业家精神。研究企业家精神的难点不仅在于其数量的不稳定，还在于其含义的不稳定。事实上，企业家精神的含义很广泛，除了熊彼特所分析的创新性以外，有人提出它还包括节俭性、竞争性、开放性、冒险性等很多方面。彼得·德鲁克(Drucker)④认为，企业家精神的本质是有目的、有组织的系统创新，是一种行为，而不是人格特征。企业家从事创新，而创新是展现企业家精神的特殊手段。创新活动赋予资源一种新的能力，使它能创造财富。创新活动本身就创造了资源。由于企业家精神的主体包含多个层次，所以其含义也有多个层次。这里所界定的企业家精神，包括五个“元素”：创新精神、契约精神、合作精神、敬业精神和开放精神。创新精神是企业家精神的核心元素，契约精神、合作精神、敬业精神和开放精神是企业家精神的基本元素。

首先，创新精神是一种知识创造，是价值观的连绵突破和持续创新。熊彼特认为企业家为“经济领域的革命者”。这些人比一般人更早感知不平衡的魅力，接受现实世界的不可逆性，展现出充分的信任和包容力，具有独特的企业家才能。他们依据现有的资源，将其重新排列组合，然后推到市场上。他们能够改变消费者的消费习惯，改变生产方式，推出新的产品组合。创新精神是一种科学精神，意味着创新者具备强烈的创新意识、浓厚的创新兴趣、超常的创新胆识、坚强的创新决心、高超的创新思维，勇于突破旧思想、旧事物，持续创立新思想、新事物的“创造性毁灭”的价值观体系和行为方式。创新过程也是一个知识创造的过程。罗默(Romer)⑤将资本视为知识而非工厂和机器设备。知识是通过R&D 过程创造出来的。企业投资于私人知识，使用私人知识和劳动力生产最终产品和新知识，同时对公共知识的积累做出了贡献。公共知识存量的增加提高了生产要素的生产

---

① Schultz T W, “Investment in Entrepreneurial Ability”, *Scandinavian Journal of Economics*, 1980, 82(4): 437 - 448.

② Mises L V, “Human action: A treatise on economics”, New Haven, CT: Yale University, 1949.

③ Kirzner I M, “Perception Opportunity and Profit: Studies in the Theory of Entrepreneurship”, Chicago and London: University of Chicago Press, 1979.

④ [美]彼得·德鲁克:《创新与企业家精神》,蔡文燕译,机械工业出版社,2018,第 25 - 44 页。

⑤ Romer P M, “Increasing Returns and Long-Run Growth”, *Journal of Political Economy*, 1986, 94(5): 1002 - 1037.

率，促使长期经济增长。当然，创新精神并不只是指科学技术上的发现与发明，而更为重要的是价值观的持续创新。

其次，契约精神是一种文化信仰，是市场经济的支柱精神。在亚当·斯密的《国富论》中，“经济人”的活动是“经济与道德”的统一。如果不具备这些必要的伦理道德，仅仅追求自利是无法促进社会财富增进的。从特定的“经济人”出发，斯密指出，任何市场经济只有在共享的道德观，即信守契约、履行支付承诺、尊重市场伙伴的基础上才能正常运行。市场经济是一种以“契约”为基础的经济形态，市场经济下的各种交易行为都是由契约来完成的，生产者、经营者和消费者之间所进行的一切活动必须建立在自由竞争、等价交换、恪守允诺的基础之上。

再次，合作精神是一种道德素养，是现代社会人们的立身之本。这是诺斯等的新制度经济学的研究领域。企业家要实现创新方案，需要说服和感动资源的所有者把他们支配的资源汇集到一起，这就是合作。因此，合作精神要求企业家具备某种“以德报怨”的道德素养，要求企业家有这样的道德勇气去承担第一次合作可能被对手“出卖”的后果。合作精神是现代社会人们必须具备的一种基本素养，顾全大局、精诚协作、乐于奉献，追求个体利益和整体利益高度统一，进而实现组织的高效率运转。

第四，敬业精神是一种职业习惯，是精益求精的行为方式。中华民族历来有“敬业乐群”“忠于职守”的传统，敬业是中国人的传统美德。春秋时期的孔子主张，人在一生中始终要“执事敬”“事思敬”“修己以敬”。马克斯·韦伯(Weber)对新教伦理和资本主义精神的研究，阐述了这种敬业精神。韦伯认为资本主义精神出自新教，他的论点是“现代资本主义精神，以及全部现代化文化的一个根本要素，即以天职思想为基础的合理行为，产生于基督教禁欲主义。”①当企业家把所从事的工作看作天职思想的合理行为时，敬业精神油然而生。敬业精神是人们基于对职业的敬畏和热爱而产生的全身心忘我投入的一种工作态度和精神境界，脚踏实地、恪尽职守、精益求精、追求卓越的行为方式。

最后，开放精神是一种学习态度，是立足全球的战略思维。经济全球化带来的溢出效应，对于企业家如何在开放学习中开拓进取，获得比较优势并建立竞争优势，提出了挑战。E.赫尔普曼在《经济增长的秘密》一书中指出，“干中学国际溢出的程度既影响外贸结构又影响各国的增长率。尽管此类学习在某些行业可能是国家特定的，在其他一些行业可能是国际范围的”②。所以说开放精神意味着，企业家善于利用国际货物和服务贸易、FDI、OFDI、人力资本投资等方式，学习和交流先进经验、先进科学技术和技能。在一个全球化的开放系统中，人们能以一种开放求实的心态不断主动与外界交换信息和能量，海纳百川、有容乃大，善于学习、持续学习、持久提升学习能力，进而引入或建立新的生产函数，持续获取溢出效应和学习效应。

二、企业家精神与经济增长的关系

从19世纪70年代中期至今，虽然企业家精神受到越来越多的重视，但是很难用传统

① [美]马克斯·韦伯：《新教伦理与资本主义精神》，苏国勋、覃方明、赵立玮、秦明瑞译，社会科学文献出版社，2010，第110－119页。

② [以]E.赫尔普曼：《经济增长的秘密》，王世华、吴筱译，中国人民大学出版社，2007，第55页。

的数理模型和最优化理论来分析企业家精神。由于企业家精神含义的广泛性,不同学者分析企业家精神的角度不同,他们对企业家精神的理解也就不同。考克斯(Cox)①分析了51篇研究企业家精神的文献,将它们分为四类:第一类是研究企业家的特质与特征,第二类是研究企业家的成长,第三类是研究环境因素的影响,第四类是研究企业家的风险偏好。这些文献的不同研究角度就造成它们所理解的企业家精神存在很大差异。对企业家精神的不同理解,也导致了度量指标的千差万别。

虽然不同研究者对企业家精神的理解不同,所选取的度量指标也很不统一,但是,对于企业家精神的经济绩效,他们却有共同的认识:企业家精神可以促进经济增长,是不同国家和地区经济发展差异的决定因素。一般认为,企业家精神对经济增长的影响不是直接的,两者之间存在很多关联变量,如创新、竞争和就业等。为了研究企业家精神的经济绩效,不少学者对这些中间关联变量进行了分析。

根据万奈克斯和图里克(Wennekers and Thurik)②的统计,在研究企业家精神经济绩效的八个学派中,有六个学派认为创新是联系企业家精神与经济增长的关键变量,而其他两个学派则认为竞争更为重要。例如,卢卡斯(Lukas)③、迈克尔·弗里奇(Fritsch)④等认为,创新性是企业家精神的重要内容,它可以促进创新的形成,带动经济增长。然而,阿吉翁(Aghion)⑤、维罗妮卡(Veronica)⑥等研究表明,市场竞争度的增加和适度的技术扩散都可以增加企业家的创新激励,从而有利于经济增长。

除了创新和市场竞争度以外,就业也是企业家精神与经济增长的一个重要关联变量。一般认为,企业家精神的增强可以带来就业的增加,从而有利于经济增长。库埃托(Cueto)⑦将企业家精神对经济增长的贡献理解为,它创造了新的商机,带来了更多的就业机会。佐尔坦认为,在分析企业家精神的经济绩效时,必须将企业家群体分为两类:一类是非自愿型企业家,他们成为企业家的原因是没有其他更好的经济机会;另一类是自愿型企业家,他们成为企业家的原因是发现了新的商机。佐尔坦实证检验了这两类企业家对经济增长的影响,结果显示,他们的作用取决于经济发展的阶段。在发展中国家,非自愿型企业家的数量越多,经济增长就越快。但是,在发达国家,非自愿型企业家的数量增加反而会降低经济增长的速度。

---

① Cox L W, "International Entrepreneurship: A Literature Review", *International Council for small Business Conference(ICSB)*, 1997.

② Wennekers S, Thurik R, "Linking Entrepreneurship and Economic Growth", *Small Business Economics*, 1999, 13(1): 27-55.

③ Matejovsky L, Mohapatra S, Steiner B, "The Dynamic Effects of Entrepreneurship on Re-gional Economic Growth: Evidence from Canada", *Growth and Change*, 2014, 45(4): 611-639.

④ Fritsch M, Wyrwich M, "The effect of entrepreneurship on economic development—an empirical analysis using regional entrepreneurship culture", *Journal of Economic Geography*, 2017, 17: 157-189.

⑤ Aghion P, Harris C, Howitt P, Vickers J, "Competition, Imitation and Growth with Step-by-Step Innovation", *The Review of Economic Studies*, 2001, 68(3): 467-492.

⑥ Maria M V, "Perspectives on Social Entrepreneurship in Romania", *Online Journal Modelling the New Europe*, 2014, 10: 55-66.

⑦ Cueto B, Mayor M, Suárez P, "Entrepreneurship and unemployment in Spain: a regional analysis", *Applied Economics Letters*, 2015, 22(15): 1230-1235.

三、文化资本与创新的实现

对企业家精神的探索不能仅停留在创新和竞争这些行为特征上，还需要对创新行为背后的动因进行思考。从文化资本视角理解企业家精神是一种新的探索。事实上，一些学者早就注意到了文化与创新、企业家精神之间的关系。理查德(Richard)[①]研究了文化对企业家精神的影响，认为企业家精神的核心应该是一种价值观体系，也就是人们对各种事物的态度，包括对工作、生产、财富和储蓄的态度，以及对风险、失败、新信息、新发明和陌生人的态度，等等。因为，“学习不只是获取信息，而是发展认知、考虑和评价的新方法与模式。”[②]事实上，企业家不仅是一种经济现象，也是一种文化现象。日本学者名和太郎说：“作为一种经济现象，企业家是工业社会的产物；作为一种文化现象，他们是现代文化社会中一个特殊的阶层，拥有自己独特的价值观念、思维模式和行为特点。”[③]

熊彼特认为创新在经济发展过程中具有至高无上的地位。创新的主体是什么呢？熊彼特[④]认为是有见识、有组织才能、敢于冒风险的企业家，他们是“创新者”，是经济增长的动力，而创新则是企业家能力的标准。“典型的企业家，比起其他类型的人来，是更加以自我为中心的，因为他比起其他类型的人来，不那么依靠传统和社会关系；因为他的独特任务——从理论上讲以及从历史上讲——恰恰在于打破旧传统，创造新传统。虽然这一点主要是适用于他的经济行动上，但也可以推广应用于他的经济行动的道德上的、文化上的和社会上的后果。在企业家类型的人物兴起的时期也产生了功利主义，这自然不只是一种偶合。”除此之外，企业家还有心理上的特征：他们为了证明自己不同于凡人，为了表现出自己“出类拔萃”，而去竭力争取事业成功。这是一种非物质的精神力量，一种“战斗的冲动”，这种精神被称作“企业家精神”。熊彼特的深刻见解是，利润并不归结于风险或不确定性，相反，他认为企业家所冒的风险是最少而不是最多的。

在这里，我们看到，熊彼特所提出的创新并不是指科学技术上的发现与发明，而是指价值观的创新，或者用我们的术语说就是文化资本的积累与增长。无论是采用一种新产品、新的生产方法，还是开辟一个新市场，利用一种新资源，实现一种新组织，这些创新都意味着企业家价值观体系的扩展。例如，从需求的角度看，企业家精神体现为将更多的消费者的价值观纳入自身的价值观体系，使其不断扩展，从而发现和发掘消费者的新需求，以此出发来开发新产品和新市场。从这个意义上讲，企业家就是那些具有更多文化资本积累的人，他们所提供给社会的是创新的观念。

文化资本理论为理解企业家精神提供了可能思路。从这一思路出发，可以发现，创新精神、敬业精神与合作精神都反映了企业家价值观体系的不断扩展和创新，或者说是企业家文化资本的持续积累。创新精神并不只是指科学技术上的发现与发明，而主要是指价值观的创新。敬业精神则意味着从原来以读书做官、重农重商、敬神敬佛作为主要追求扩

---

① Lynn R, “The Secret of the Miracle Economy: Different National Attitudes to Competitiveness and Money”, Crowley Esmonde Ltd., 1991.

② Hodgson G M, “The Approach of Institutional Economics”, *Journal of Economic Literature*, 1998, 36(3): 166-192.

③ 转引自陈军、张亭楠：《现代企业文化：二十一世纪中国企业家的思考》，企业管理出版社，2002，第 299 页。

④ [美]约瑟夫・熊彼特：《经济发展理论》，何畏等译，商务印书馆，1990，第 102 页。

展到兴办实业、谋取利润作为人生事业。合作精神则要求包容、理解合作对象的价值观，也就是实现自身价值观体系的扩展；否则，道不同，难为谋。

准确地说，企业家是文化资本的所有者，在生产过程中，企业家所投入的正是这种稀缺资源。事实上，特定文化资本投入是企业建立的前提，而后才会吸引物质资本、劳动力以及技术的投入。在这里，企业家与其他资本所有者不仅签订了所有权合约，同时还达成了隐含的心理合约，实际上，一个企业的成立往往是由那些具有相同或相近文化观念的人组成，这就是家庭企业最早出现和成功的原因。诺思的观察又是一个证明，他说："每当由于不同经验而大相径庭的关于我们周围世界的观点发展时，企业家便涌现出来。"①

第四节　中国的文化变迁与经济发展

马克斯·韦伯②曾细心地分析过中国的文化，并预言："十有八九，中国人将会很能干地——很可能比日本人更能干地——将现代文化地区已在技术上和经济上充分发展起来的资本主义加以同化。"到 20 世纪末期，这一预言被逐步证实了，显示了从文化的经济学视角分析和推断经济发展的可能性。

一、文化变迁与经济发展

较早从文化视角来分析中国经济发展趋势的是马克斯·韦伯，③他通过对儒教与道教研究惊异地发现"中国尽管有形形色色的异端裁判，但是较之不宽容，起码较之加尔文清教的不宽容，有远为博大的宗教宽容，此外，还有广泛的物资交换自由、和平、迁徙自由、职业选择自由、生产方式自由以及丝毫没有对商人习气的厌恶。所有这些都未能让近代资本主义在中国出现。正是这个典型的营利之国反倒可以研究，营利欲、高度甚至极端推崇财富以及功利主义的'理性主义'本身，都同近代资本主义了无缘分。"韦伯将其原因归结为中国"理性主义"与清教徒"理性主义"的本质不同，他认为"儒教理性主义意味着理性地适应世界；清教理性主义则意味着理性地把握世界。"正因为如此，中国"单纯的冷静和节俭同'营利欲'和重财结合起来，还远不是典型的近代经济职业人阶层所谓的'资本主义精神'，也不能产生这种精神。"

现代化理论重点关注了中国传统的变革。S. 艾森斯塔德(Eisenstadt)认为，"在现代化的第一次冲击发生的时候，中国的知识分子和官员面对着从下列事实中产生的种种问题，这种事实就是他们的基本文化象征是深藏在现存的政治结构中的。任何政治革命或改革都必然会引起对文化秩序的抛弃和文化秩序的瓦解。同样，在意识形态上过分强调对社会—政治现状的支持，也很难将新的象征定型化，以使相对独立于以前秩序的新的社会制度获得合法性。"④依田熹家则对日、中两国现代化进程中文化形态进行了比较，认为

---

① ［美］道格拉斯·C. 诺思：《经济史上的结构和变革》，厉以平译，商务印书馆，1992，第 60 页。

② ［美］塞缪尔·亨廷顿、［美］劳伦斯·哈里森主编：《文化的重要作用——价值观如何影响人类进步》，程克雄译，新华出版社，2002，第 360－361 页。

③ ［德］马克斯·韦伯：《儒教与道教》，王容芬译，商务印书馆，1995，第 295、299－300 页。

④ ［以］S. 艾森斯塔德，谢立中、孙立平编：《二十世纪西方现代化理论文选》，上海三联书店，2002，第 1101 页。

日本文化的基本形态是并存型(兼容型)的，而中国文化的基本形态是非并存型(排他型)的；在对外来文化摄取形态上，日本是全面摄取型的，而中国是部分摄取型的；在社会的协作关系上，日本是非亲族协作型的(忠、义、理的社会)，而中国是亲族协作型的(孝的社会)；在教育形态上，日本是普及—能力提高型的，而中国是选拔—目的达成型的。在对比的基础上，依田憙家深刻地总结道，“中国是世界文明的发祥地之一，自古以来就形成了独自的文化体系。相反，日本虽然存在一定的原始文化体系，但具有经常吸收先进国家文化以提高自己文化的传统。”[①]正因为如此，日本才能在大量引进、消化和发展外国文化上取得了成功，而中国则不能。

经济史学家戴维·S. 兰德斯(Landes)[②]在分析中国近代经济的停滞时指出：“这种文化上的优越感，加上狭隘的自上而下的专制，使中国成为一个不图改进、怠于学习的国家。改进，就会对人们已经感到自在的正统观念提出挑战，必然引起不服从。引进知识和思想同样也会造成这样的结果。”兰德斯深刻地认识到“中国人的文化完整性”导致对西方科技的排斥，而一旦发现西方的强权到来时，“中国人的思想很容易地发展成了排外症。”

殷海光[③]系统地分析了文化的特征及中国文化在近代以来的命运，他提出，中国传统的文化之所以长期的相对孤立，最显而易见的原因是西阻高山、东绝大海这类自然地理环境。然而，这不是唯一的重要的原因。除了这类原因之外，就是价值观念。一个人的行为被许多价值观念所决定，同样一个文化的取向也被它具有的价值观念所左右。中国文化的基本价值是以政教礼俗为天下最美，而且在经济上什么都有、无待外求。中国人是长期被封锁在自足的“价值之幕”里。所以，西方文化的冲击来了，中国文化的反应方式是那样别扭。因此，他认为“中国文化发展成对西方近代文化之入侵‘无所措手足’的光景，主要是因为文化的负荷太重。”显然，这些论述比较准确地刻画了事实，也从文化视角对中国经济发展的轨迹提出了启发性阐释。

综合上述观点可以发现，长期以来制约中国经济发展的并非是资源、资本或劳动力，尽管这些要素在不同时期也很重要，甚至也不仅是技术进步和制度变革，而是内在地决定制度安排和技术选择的文化变迁状况。这一文化变迁的过程就是文化价值观念的边际变动过程，这一变动过程随着边际文化成本与边际文化收益的比较而进行。只有当文化创新的边际收益大于文化成本时，才有可能突破传统文化价值观的束缚，为制度创新和技术创新创造条件，从而使经济增长的潜力得以发挥。但是，由于中国传统文化的长期性、独立性和强盛性，注定了这一文化变迁的过程不是一帆风顺的，而是要经过一个漫长而艰巨的过程。事实上，中国近代以来的文化变迁与其他国家相比，表现出以下重大特征：

(1) 中国的文化变迁通常遵循了从文化的最外层，即物质层面、技术层面和制度层面进行变革，最后才到价值观念层面的变革次序。这一变革的次序实际上也反映了人们对待各类事物所具有的文化成本的排序，也体现了文化变迁收益的逐步增加。这一状况的存在无疑是由于外在的内容更容易变化，较少受到人们的极力反对。尽管外层的变迁有助于价值观层面的变化，但通常只有付出更高代价时，人们才不得不接受全面的文化变

---

① [日]依田憙家，谢立中、孙立平编：《二十世纪西方现代化理论文选》，上海三联书店，2002，第 1110 - 1145 页。
② [美]戴维·S. 兰德斯：《国富国穷》，门洪华等译，新华出版社，2001，第 474 页。
③ 殷海光：《中国文化的展望》，上海三联书店，2002，第 408 - 409 页。

迁。因此,传统价值观念的近世转型经历了从强调直观的科学技术到理论的制度创新进而到文化观念更新“三步曲”。

(2) 中国文化变迁具有阶段性,即通常会在一次大规模的变迁后停滞,而后当所积累的矛盾或者说变革的需求高涨时,才会进行新一轮变革。这就意味着中国传统文化的近代变革并非一蹴而就,而是经历了较长时期,并表现出几个大的阶段。这一变迁特征表明了当文化成本过高时,需要积累更长时间,当文化收益更高时,才能够获得突破。

(3) 中国文化在创新的同时也不可避免地存在文化停滞以及倒退现象。由于中国传统文化经历了数千年的积累,人们通常所具有的文化成本非常高,过高的文化成本不仅阻碍了文化变迁及创新,甚至会迫使许多文化变迁和创新出现倒退和反复。

(4) 中国文化变迁通过同时改变经济利益、政治周期从而对制度变迁产生影响。价值观念往往与经济利益相联系,许多价值观念的变革意味着经济利益关系的重新调整。因此,在文化变迁的过程中,通常会形成特定的政治理念推动政治运动的发展。在不同的时期,文化价值观的取向会规定政治运动的内容。

二、中国近代的三次文化变迁

从历史上来看,中国的文化变迁是缓慢和稳定的。虽然在历史上有过一次大规模的外来佛教文化的输入,但那时中国人对佛教文化的接受是以和平的方式进行的,在和平接受之后又以强大的文化传统慢条斯理地把它同化或中国化了。而多次的少数民族入侵也并未能够改变传统文化的根基,仅为传统文化增加了一些器用层面的内容。因此,中国人长期以来保持着强大的文化本位的心理优势。这一状况一直到近代以来才受到真正的全面挑战,其结果必然是深层次的文化变迁。近代以来,中国发生了三次大规模的文化变迁,尽管这三次文化变迁相互衔接,持续推进,但却又各具特色,各有重点。

(一) 从鸦片战争到抗战前夕:第一次文化变迁的推进、反复及其后果

一个人怎样信仰,也就决定了他怎样生活。从传统文化中走出的中国人,在全球竞争的格局中必然表现出不同的生活方式。近代以来,生活在自己主观世界模型里的中国在遇到西方使者后,开始发现这个世界原来和自己长期以来所想象的并不同,在中国之外还存在不同的信仰体系和生活方式。可以说,鸦片战争不仅打破了中国闭关锁国的状态,也开始了传统价值观念的近代转型。中国人被坚船利炮惊醒后,开始调整自己思考问题的价值坐标,批判地反思传统观念的有效性,逐渐走出自我、走出封闭,结束自我陶醉的盲目状态,开始面对西方文化的先进性,面对自己的落后面和黑暗面,认真地反省传统价值观念存在的问题。

中国近代以来的文化变迁基本上是三个阶段,第一阶段是从直观的科学技术和物质层面来发展和改造中国传统文化。第二阶段是从政治制度创新层面来发展和改造中国传统文化。第三阶段是从文化观念更新层面发展和改造中国传统文化。

以魏源提出“师夷长技以制夷”为开端,近代文化人一反夜郎自大的愚昧态度,怀着“海纳百川,有容乃大”的开放精神,求新知于异域,其代表人物是19世纪60年代的洋务派。在西方资本主义文明的挑战面前,他们意识到从技术上模仿西方文明的必要性;但直到甲午战争失败,维新派和革命派才开始认识到制度变革的必要性,掀起戊戌变法、辛亥

革命，谋求制度变革；在政治革命屡遭顿挫之后，五四文化的精英在苦闷困顿中萌生文化启蒙念头，企图从思想文化入手，推进现代化。对此，梁启超曾总结过从鸦片战争到五四运动前后的中国近代人紧张思考的艰难过程：在洋务运动前后，近代中国人"从器物上感觉不足"，从"觉得外国的船坚炮利为我们所不及"出发，建立福建船政学堂、上海制造局、翻译介绍西方的科教书籍；接着是戊戌维新运动时期，近代中国人"从制度上感觉不足"，从甲午战争战败中认识到中国的"体制不良"，于是搞维新、废科举、倡新学，推举西方的政治思想；最后是新文化运动时期，近代中国人"从文化根本上感觉不足"，"觉得社会文化是整套的，要拿旧心理运用新制度，决计不可能，渐渐要求全人格的觉悟"。从盲目自大到自感"三不足"记载了近代中国人反思传统价值观念的艰难历程。[①] 在中国近代化事业受到挫折后，陈独秀、胡适、鲁迅等知识分子觉察到，只是在科技和制度层面改造传统价值观念还不够，必须用新思想新文化启发国民"自觉其居于主人的主动地位"。五四新文化运动力主从传统文化深层心理结构中探寻近代以来中国社会改革的悲剧性命运和现代化运动缓慢的缘由，提出了在思想观念上对国民做彻底改造的设想，这才触及了中国近代以来起飞的核心问题。

探索这一文化变迁的艰难历程，可以发现尽管中国人试图达到富国强兵的目的，但制约中国人进行技术、制度创新的根本原因在于文化成本高昂，即旧观念对人们的制约太强，这就使得各种创新活动难以发生，经济增长和起飞缺乏条件。例如，在洋务初期，仅注重向西方学习枪炮兵船等军事技术。不过，随着这些国有军工企业带来的问题越来越严重，洋务人士开始明白，国家要强大，就必须先富有。其重点也逐步由单纯地引进西方先进技术、与西方进行兵战，转而向西方引进商业组织和工厂制度，大力发展国民经济，与西方进行商战。洋务派兴办工业的本意并不是要引进一个新体制，相反，他们这样做的目的是为了维护旧体制。在他们看来，仁义道德、纲常伦理还是中国的好，而船坚炮利、机械制造，则有学习西洋的必要，这叫中体西用。因此，洋务派兴办新式军事工业，都是由国库拨款开销，以调拨分配产品，不计成本，不求利润，基本上是官营企业的延续，市场意识非常淡薄。即使一些民营企业，也采取了官商合办或官领其总、商出资本等办法，使得近代企业难以实现市场经济所需的产权制度和自由竞争。洋务派官员郭松焘描述当时的风气："钟表玩具，家家都有；呢绒洋布，遍及穷乡僻壤；江浙地区，甚至不用铜钱而专用洋钱，高抬其价。对此都默然处之而不知有什么不妥。而一听说修铁路、电报，则反而痛心疾首，群起反对，甚至以见洋人机器为公愤。"由此可见，文化成本之高昂及对技术进步与制度变革之束缚。

甲午战争后，官绅的价值观念发生了急剧的变化，金钱逐渐开始代替功名成为社会成就和社会地位的标志。绅商及商会组织层出不穷。在此基础上，中国的近代企业进入了一个新的发展阶段。特别是在1905年后，不仅投资规模增大，而且民办的数量也大增，官办、官督商办、官商合办已不再是主要形式。例如，棉纺织、机制面粉、火柴、卷烟、机器制造、榨油、水电等都在这一时期有了较大的发展，并涌现出一批十分著名的企业。因此，从1914—1936年的一段时期被经济史学家们称为近代中国经济发展的"黄金时期"，是有其

---

① 戴茂堂、江畅：《传统价值观念与当代中国》，湖北人民出版社，2001，第178页。

内在根源的。它表明了中国近代第一次文化变迁所能够达到的最高限度。事实上,当文化变迁触及传统文化的核心价值观念层面时,变革的边际收益远不及边际成本高,而此时不仅变革被迫停止,而且一些原有的变革也会出现倒退。

洋务运动的成果并不意味着中国的经济增长就此有了高效率的企业生产力的支持。事实上,高昂的文化成本使得这次文化变迁和制度变迁停止了。尽管中国的工商财团能够左右政局,但在1927年南京政府成立到1937年抗战爆发间,南京政府仍然走了传统中央集权的道路,一方面控制商界,限制其独立发展;另一方面发展国有经济,建立起自己的经济基础,南京政府及其官员广泛参与商业、工业和银行业的活动。到抗日战争爆发前,南京政府已经基本上形成了自己的官营经济基础,建立了自己的金融、工业、商业体系。南京政府广泛插手工商业经济活动,不仅是个经济问题,其实质是文化传统的问题。可以说,这是传统的官方统治模式的再现。就本质而言,南京政府的做法,是传统中央集权制下经济管理模式的复兴,这再次证明了传统文化具有极其强大的影响力。① 这也表明了文化成本约束的突破需要更长的时间。

(二) 1949年新中国成立后的第二次文化变迁

1949年新中国成立后,在社会主义的旗帜下,社会财富的所有制形式发生了根本性变化,国家公有制成为绝对主导。在经历了一段不长时间的公私并存时期后,国家便进行了全国范围的、涉及几乎全部工商业的社会主义改造运动,其结果是,几乎所有的工商业活动,都由国家来经营、管理。可以说,采取这一制度变革有其深厚的文化背景,既有来自传统文化的大同思想与社会主义的契合与沟通,也有来自苏俄的成功经验与民族复兴的期望。

与上述的工商经济体制相适应,当时的主流政治文化也经历了一场巨大的变迁,"文化大革命"作为其最高潮而得以终结。在此期间,国内政治大搞"阶级斗争"。"文化大革命"时期,虽然在形式上以最激烈的反传统面孔出现,但正是在"文革"中发生着一件件传统"复辟"的事情,传统意识又卷土重来,一切不符合主流意识形态要求的价值观念都成为消灭的对象。可以说,此一时期既是中国文化被毁坏最严重的一次浩劫,也是中国文化走向偏执和狭隘的极端体现。

学者们在分析第二次文化变迁的恶果时,认识到在众多原因中主流政治文化对市场经济的贬低、憎恨是重要因素。由于中国传统文化一直对商品经济的发展有着一种根深蒂固的恐惧和防范,在第一次文化变迁中,工商业的发展带来的政治、经济和社会模式的严重冲击,从而加深了传统中国人的恐惧。在新中国成立后的一系列特殊条件下,一度蛰伏的传统抑商思想重新出现,以一种激进的面貌从道德评价和制度规范上加以攻击。

对于新中国成立以来的经济成就和重大损失,研究的资料较多。从总体上来说,尽管在重工业特别是国防工业上取得了重大进展,但这并不表明中国现代化的起飞得以实现。一些研究评估了"文革期间"的物质损失和人力资本损失,但却无法估量这一时期所导致的制度资本与文化资本的损失。人民生活水平停滞不前和存在大规模绝对贫困的事实显示,文化成本的约束所导致的损失是惊人的,一个国家如果无法通过文化创新突破这一约

① 夏维中:《百年商业变迁》,江苏美术出版社,2000,第110页。

束，就极难实现经济的起飞。

然而，在第二次文化变迁中所发生的一切事件也具有其必然性。正如一位学者评论的，我们也只有经历了像“文革”这样的劫难，才会最终做出伟大的抉择。一个民族，要改变长期以来早已习惯的价值观念和行为方式，去主动接受、适应异质文化价值观念和行为方式，也必须经历长期和痛苦的煎熬。①

（三）改革开放以来的第三次文化变迁

从 1978 年开始，中国的改革开放进程实际上是一次更为全面深刻的商业化进程。其涉及的人口之多、范围之广、影响之大，可以说是前所未有的。这种变化，不仅体现在有形的物质层面，而且体现在无形的制度和文化层面。因为以小农经济为基础的传统文化，难以与资本主义工商业发展相对接，即使在物质层面发生了改变，也会以欺骗性的新形式，得到延续和强化。改革开放后，人们才开始从价值观念的层面上不断创新。例如，主流文化对于工商业的价值评价也在不断突破，通过不断对商品经济、市场经济的肯定，主流政治和经济体制开始快速变革，私有工商的地位得到承认和鼓励，外资和国外技术被引进和利用。改革开放冲破了内封闭的心态和僵化的体制构成的异常坚韧的文化壁垒，使东西方之间的文化差异不再是障碍，使现代文明中的时间观念、效率观念、平等观念、人权观念、竞争观念、信息观念、市场观念等逐步成为社会的共识。这一切都为创新、企业家精神的成长和竞争力提升提供了必要的基础，显示了突破文化成本约束后，一个国家在制度创新和技术创新上所蕴藏的潜力。

对于中国的发展与转型而言，文化价值观的约束体现在整个改革过程之中，必须一次次突破意识形态的“瓶颈”，进而使制度变迁与经济发展得以实现。人们从这一视角发现，在深化改革的每一进程中都要遇到类似的“价值”和“意义”的阻力。因此，中国的经济理论与意识形态也不断地加以修正而为制度变迁开创道路。例如，社会主义市场经济理论、按要素分配理论、创新的劳动价值理论等。正如亚诺什・科尔奈所认为的，在社会主义的经济与社会体制内部，并不存在一种机制，使得经济改革必然朝“市场社会主义”方向前进。恰恰相反，从社会主义的经济与社会体制和相应的意识形态中，从维持这种官僚机制运转的一批人中，产生着一种自然的推动力，驱使现有的计划体制朝更“合理”更“完善”的方向发展。在普遍意义上，人们对于正在进行的经济改革有一种“混合感情”，人们既支持改革又反对改革。在这种“混合感情”的支配下，改革究竟能改到什么程度，没有人能知道。②

事实上，改革开放以来，中国的文化变迁也是渐进式的，在保持稳定的前提下逐步引入一系列的新观念、新认识。这一方式有利于文化转型的成功，适应了人们的思维惯性与改革预期。不能不说这是转型与发展得以顺利进行的一个重要条件。一些研究也指出，在改革中官方的意识形态适应着并反映了中国社会发生的结构性巨变。意识形态的连续性有助于平衡对未来改革的预期并减少那些潜在损失者的焦虑。

党的十八届五中全会明确提出了坚持创新、协调、绿色、开放、共享的新发展理念。新

---

① 夏维中：《百年商业变迁》，江苏美术出版社，2000，第 189 页。

② 钱颖一：《现代经济学与中国经济改革》，中国人民大学出版社，2003，第 253 页。

发展理念蕴含深厚的中华传统文化底蕴，是对改革开放以来发展经验和发展实践的高度概括，指明了未来中国文化变迁和经济发展的方向。因此，必须完整、准确、全面贯彻新发展理念，着力推动高质量发展，全面建设社会主义现代化国家。

本章小结

文化是人们所习得与遵从的特定价值观及信仰体系，它构成了人们的主观模型。从长远或演进角度看，文化正在发生变迁。文化变迁可以理解为社会结构的变化和社会制度的变化。或者说文化变迁是技术、社会、政治、经济组织以及行为准则的变化。

经济学家对文化的关注由来已久，文化的经济学研究逐渐融入主流经济学。文化影响经济发展的机制主要包括多重均衡的选择机制、意识形态与主观模型理论、文化对偏好与经济绩效的影响、文化对经济决策的影响、文化对制度安排的影响等。

企业家精神不仅是一种经济现象，也是一种文化现象。从企业家精神的内部构成看，企业家精神主要表现为创新精神、契约精神、合作精神、敬业精神和开放精神。作为文化现象的企业家精神，是企业家对文化价值观的选择，是人们理性地进行文化资本投资的结果。企业家精神主要通过创新、竞争和就业等途径影响经济增长。

中国的文化变迁制约着经济发展。中国传统文化的长期性、独立性和强盛性，注定了文化变迁的过程不是一帆风顺的。从历史上来看，中国的文化变迁是缓慢和稳定的。近代以来，中国经历了三次文化变迁，奠定了中国长期经济发展的文化基础。

本章思考题

1. 文化影响经济增长的机制是什么？
2. 什么是企业家精神？企业家精神通过哪些途径影响经济增长？
3. 如何理解文化资本、企业家精神与经济增长三者间的关系？

阅读书目

[1] [印]阿马蒂亚·森.以自由看待发展[M].北京:中国人民大学出版社,2012.

[2] [印]阿马蒂亚·森.贫困与饥荒[M].北京:商务印书馆,2001.

[3] [英]A.P.瑟尔沃.发展经济学[M].第9版.北京:中国人民大学出版社,2015.

[4] [美]W.阿瑟·刘易斯.经济增长理论[M].上海:上海三联书店,上海人民出版社,1994.

[5] [美]埃德蒙·菲尔普斯.大繁荣:大众创新如何带来国家繁荣[M].北京:中信出版社,2013.

[6] [美]爱德华·格莱泽.城市的胜利[M].上海:上海社会科学院出版社,2012.

[7] [美]保罗·克鲁格曼.萧条经济学的回归[M].北京:中国人民大学出版社,1999.

[8] [美]保罗·克鲁格曼.发展、地理学与经济理论[M].北京:北京大学出版社,2000.

[9] [美]查尔斯·I. 琼斯.经济增长导论[M].北京:北京大学出版社,2002.

[10] [美]道格拉斯·C. 诺斯.经济史中的结构与变迁[M].上海:上海三联书店,1991.

[11] [美]道格拉斯·C. 诺斯,罗伯斯·托马斯.西方世界的兴起[M].北京:华夏出版社,1999.

[12] [美]德怀特·H. 波金斯,斯蒂芬·拉德勒,戴维·L. 林道尔.发展经济学[M].第6版.北京:中国人民大学出版社,2013.

[13] [美]德隆·阿西莫格鲁,詹姆斯·A. 罗宾逊.国家为什么会失败[M].湖南:湖南科技出版社,2015.

[14] [美]戴维·N. 韦尔.经济增长[M].北京:中国人民大学出版社,2007.

[15] [美]戴维·S. 兰德斯.国富国穷[M].北京:新华出版社,2010.

[16] [法]菲利普·阿格因,[美]彼得·豪伊特.增长经济学[M].北京:中国人民大学出版社,2011.

[17] [法]菲利普·阿吉翁,[法]赛利娜·安托南,[法]西蒙·比内尔.创造性破坏的力量[M].北京:中信出版社,2021.

[18] 高波.文化资本、企业家精神与经济增长:浙商与粤商成长经验的研究[M].北京:人民出版社,2011.

[19] [英]G. M. 彼得·斯旺.创新经济学[M].上海:格致出版社,2013.

[20] [美]G. M. 格罗斯曼,E.赫尔普曼.全球经济中的创新与增长[M].北京:中国人民大学出版社,2003.

[21] [瑞典]冈纳·缪尔达尔.亚洲的戏剧:南亚国家贫困问题研究[M].北京:首都经

济贸易大学出版社,2001.

[22] [美]古斯塔夫·拉尼斯,费景汉.增长和发展:演进的观点[M].北京:商务印书馆,2014.

[23] 洪银兴.可持续发展经济学[M].北京:商务印书馆,2023.

[24] [美]杰拉尔德·迈耶,约瑟夫·斯蒂格利茨.发展经济学前沿:未来展望[M].北京:中国财政经济出版社,2003.

[25] [美]加里·S. 贝克尔.人类行为的经济分析[M].上海:格致出版社,2013.

[26] [美]加里·S. 贝克尔.人力资本[M].北京:机械工业出版社,2016.

[27] [美]基思·格里芬.可供选择的经济发展战略[M].北京:经济科学出版社,1992.

[28] [英]约翰·梅纳德·凯恩斯.就业、利息和货币通论[M].北京:商务印书馆,1963.

[29] [美]克里斯托夫·克拉格.制度与经济发展:欠发达和后社会主义国家的增长与治理[M].北京:法律出版社,2006.

[30] [美]罗伯特·D. 阿特金森,史蒂芬·J. 伊泽尔.创新经济学:全球优势竞争[M].北京:科学技术文献出版社,2014.

[31] [美]罗伯特·J. 巴罗.经济增长的决定因素:跨国经验研究[M].北京:中国人民大学出版社,2004.

[32] [美]罗伯特·J. 巴罗,夏威尔·萨拉-伊-马丁.经济增长[M].第 2 版.上海:格致出版社,2010.

[33] [美]罗伯特·M. 索洛.经济增长因素分析[M].北京:商务印书馆,1991.

[34] [美]罗斯托.经济增长理论史:从大卫·休谟至今[M].浙江:浙江大学出版社,2016.

[35] 林毅夫.新结构经济学:反思经济发展与政策的理论框架[M].北京:北京大学出版社,2012.

[36] 刘志彪.产业经济学[M].第 2 版.北京:机械工业出版社,2020.

[37] [英]马尔萨斯.人口论[M].北京:北京大学出版社,2008.

[38] [美]曼昆.经济学原理[M].第 7 版.北京:北京大学出版社,2015.

[39] [美]迈克尔·P. 托达罗,斯蒂芬·C. 史密斯.发展经济学[M].第 12 版.北京:机械工业出版社,2020.

[40] 马克思恩格斯文集[M].第 5 卷.北京:人民出版社,2009.

[41] 马克思恩格斯文集[M].第 6 卷.北京:人民出版社,2009.

[42] 马克思恩格斯文集[M].第 7 卷.北京:人民出版社,2009.

[43] [德]马克思·韦伯.经济通史[M].上海:上海三联书店,2006.

[44] [德]马克思·韦伯.新教伦理与资本主义精神[M].北京:社会科学文献出版社,2010.

[45] [英]马歇尔.经济学原理(上卷)[M].北京:商务印书馆,1964.

[46] [英]马歇尔.经济学原理(下卷)[M].北京:商务印书馆,1965.

[47] [美]O.盖勒.统一增长理论[M].北京:中国人民大学出版社,2017.

[48] [美]H.钱纳里,S.鲁宾逊,M.赛尔奎因.工业化和经济增长的比较研究[M].上海:上海三联书店,1989.

[49] [印]苏布拉塔·贾塔克.发展经济学[M].北京:商务印书馆,1989.

[50] [美]萨缪·鲍尔斯.微观经济学:行为、制度和演化[M].北京:中国人民大学出版社,2006.

[51] [美]塞缪尔·亨廷顿,劳伦斯·哈里森.文化的重要作用:价值观如何影响人类进步[M].北京:新华出版社,2002.

[52] [日]速水佑次郎,神门善久.发展经济学:从贫困到富裕[M].第3版.北京:社会科学文献出版社,2009.

[53] [法]托马斯·皮凯蒂.21世纪资本论[M].北京:中信出版社,2014.

[54] [美]威廉·伊斯特利.在增长的迷雾中求索[M].北京:中信出版社,2005.

[55] [美]维托·坦茨.政府与市场:变革中的政府职能[M].北京:商务印书馆,2014.

[56] [美]西奥多·W. 舒尔茨.经济增长与农业[M].北京:中国人民大学出版社,2015.

[57] [美]西奥多·W. 舒尔茨.改造传统农业[M].北京:商务印书馆,2010.

[58] [美]西蒙·库兹涅茨.各国的经济增长[M].北京:商务印书馆,1999.

[59] [英]亚当·斯密.国民财富的性质和原因的研究(上卷)[M].北京:商务印书馆,1972.

[60] [英]亚当·斯密.国民财富的性质和原因的研究(下卷)[M].北京:商务印书馆,1974.

[61] [英]约翰·穆勒.政治经济学原理及其在社会哲学上的若干应用(上卷)[M].北京:商务印书馆,1991.

[62] [英]约翰·穆勒.政治经济学原理及其在社会哲学上的若干应用(下卷)[M].北京:商务印书馆,1991.

[63] [美] 史蒂文·N. 杜尔劳夫,劳伦斯·E. 布卢姆.新帕尔格雷夫经济学大辞典(第1-8卷,第2版)[M].北京:经济科学出版,2016.

[64] [美]约瑟夫·E. 斯蒂格利茨,卡尔·E. 沃尔什.经济学[M].第4版.北京:中国人民大学出版社,2010.

[65] [美]约瑟夫·熊彼特.经济发展理论[M].北京:商务印书馆,1990.

[66] Acemoglu D. Introduction to Modern Economic Growth[M]. New Jersey: Princeton University Press, 2009.

[67] Adelman I, Morris C T. Economic Growth and Social Equity in Developing Countries[M]. California: Stanford University Press, 1973.

[68] Aghion P, Durlauf S N. Handbook of Economic Growth(Vol. 1A)[C]. North-Holland: Elsevier, 2005.

[69] Aghion P, Durlauf S N. Handbook of Economic Growth(Vol. 1B)[C]. North-Holland: Elsevier, 2005.

[70] Behrman J, Srinivasan T N. Handbook of Development Economics(Vol. 3)

[C]. North-Holland: Elsevier, 1995.

[71] Chenery H, Srinivasan T N. Handbook of Development Economics(Vol. 1) [C]. North-Holland: Elsevier, 1988.

[72] Chenery H, Srinivasan T N. Handbook of Development Economics(Vol. 2) [C]. North-Holland: Elsevier, 1989.

[73] Fujita M, Krugman P R, Venables A. The Spatial Economy: Cities, Regions and International Trade[M]. Cambridge: MIT Press, 2001.

[74] Henderson J V, Thisse J F. Handbook of Regional and Urban Economics(Vol. 4)[C]. North-Holland: Elsevier, 2004.

[75] Krugman P R. Geography and Trade[M]. Cambridge: MIT Press, 1993.

[76] Kuznets S. Economic Development, the Family, and Income Distribution[M]. Cambridge: Cambridge University Press, 1989.

[77] Maddison A. The World Economy: A Millennial Perspective[M]. Paris: OECD, 2001.

[78] Myrdal G. Economic Theory and Undeveloped Regions [M]. London: Duckworth, 1957.

[79] Meier G M, Rauch J E. Leading Issues of Economic Development[M]. 7th Edition. New York: Oxford University Press, 2000.

[80] O'sullivan A. Urban Economics[M]. 8th Edition. Boston, MA: McGraw-Hill Education, 2012.

[81] Rodrik D, Rosenzweig M R, Chenery H, Srinivasan T N. Handbook of Development Economics(Vol.5)[C]. North-Holland: Elsevier, 2010.

[82] Richardson H W. Regional Growth Theory [M]. New York: Halsted Press, 1973.

[83] Schultz T P, Strauss J. Handbook of Development Economics(Vol. 4)[C]. North-Holland: Elsevier, 2008.

[84] United Nations. World Population Prospects[R]. 1998.

[85] UNDP. Human Development Report[R]. Various years.

[86] World Bank. World Development Indicators[Z]. Various years.

[87] World Bank. World Development Report[R]. Various years.